# 文化发展统计分析报告 2016

2016 Statistical Analysis Report on Cultural Development

中华人民共和国文化部 编

中国统计出版社
China Statistics Press

**图书在版编目（CIP）数据**

2016 文化发展统计分析报告 / 中华人民共和国文化部编. -- 北京 : 中国统计出版社, 2016.8
ISBN 978-7-5037-7883-4
Ⅰ. ①2… Ⅱ. ①中… Ⅲ. ①文化发展－统计分析－研究报告－中国－2016 Ⅳ. ①G12

中国版本图书馆 CIP 数据核字（2016）第 184284 号

2016 文化发展统计分析报告

作　　者 / 中华人民共和国文化部
责任编辑 / 郭　栋　李　冲
装帧设计 / 黄　晨
出版发行 / 中国统计出版社
通信地址 / 北京市丰台区西三环南路甲 6 号　邮政编码 /100073
电　　话 / 邮购（010）63376909　书店（010）68783171
网　　址 / http://www.zgtjcbs.com
印　　刷 / 北京易丰印捷科技股份有限公司
经　　销 / 新华书店
开　　本 / 880mm×1230mm　1/16
字　　数 / 740 千字
印　　张 / 24
版　　别 / 2016 年 8 月第 1 版
版　　次 / 2016 年 8 月第 1 次印刷
定　　价 / 160.00 元

如有印装差错，由本社发行部调换。

# 2016 文化发展统计分析报告

## 编委会和编辑办公室

# 2016文化发展统计分析报告

## 撰稿人员

（按姓氏笔画排序）


| | | | | |
|---|---|---|---|---|
| 马立群 | 王云峰 | 王　会 | 王明亮 | 王建文 |
| 王　栋 | 王冠华 | 王晓龙 | 韦　刚 | 亢　博 |
| 孔少华 | 付凌晖 | 冯忠禄 | 朱　丹 | 刘　天 |
| 刘继龙 | 孙晓华 | 孙婷婷 | 李春江 | 李　锋 |
| 杨习跃 | 肖　蒙 | 吴　兵 | 吴海静 | 邱　剑 |
| 辛　佳 | 沈自龙 | 宋　薇 | 张良宝 | 张婧文 |
| 陈　放 | 陈　虹 | 陈　歆 | 明　珍 | 金京生 |
| 周　平 | 郑鸿波 | 赵若奎 | 胡梦蝶 | 姚仲明 |
| 袁大俊 | 耿广华 | 倪梦竹 | 殷国俊 | 郭　尧 |
| 郭　鹏 | 郭蔚婷 | 郭　懿 | 唐　迪 | 海　燕 |
| 黄　涛 | 曹　靓 | 龚跃萍 | 崔一凡 | 崔连强 |
| 梁　茵 | 蒋　林 | 韩笑梅 | 韩高军 | 程　青 |
| 蒲怀民 | 解秀海 | 戴俊骋 | 魏小军 | 魏　锋 |

**理论支持：** 中央财经大学国家文化创新研究中心

# 前言

2015年是“十二五”规划的收官之年，是全面深化改革的关键一年。一年来，全国文化系统全面贯彻党的十八大和十八届三中、四中、五中全会精神，深入学习贯彻习近平总书记系列重要讲话精神，紧紧围绕“四个全面”战略布局，坚持社会主义先进文化前进方向，坚持以人民为中心的工作导向，开拓创新，积极作为，文化改革发展取得积极成效。公共文化服务体系网络基本建成，人民群众的基本文化权益得到有效保障；文化产业蓬勃发展，日益成为国民经济新的增长点；体现民族特色和时代精神风貌的精品力作不断涌现，文艺演出异彩纷呈；文化市场监管能力稳步提高，文化市场繁荣发展；文化遗产保护工作扎实推进，中华优秀传统文化得到进一步弘扬；全方位、多领域、深层次的对外及对港澳台文化交流机制日益形成，中华文化的国际影响力进一步提升。

随着文化建设的快速发展，社会各界对文化统计信息提出了更高要求。2011年，文化部首次公开出版发行《文化发展统计分析报告》，目前已连续六年组织开展全国文化文物领域统计分析研究工作，充分发挥了文化统计工作反映文化发展、服务文化决策、引导文化实践的作用，取得了较好的社会效果。这些报告运用详实的统计数据，科学的统计方法，美观的统计图表，直观展现了我国文化改革发展现状和趋势，深入剖析了文化发展中存在的问题并提出了相应建议，对现阶段文化改革发展具有重要的参考意义。

本书的编辑出版得到了文化部各级领导、各地文化厅局以及国家发展改革委、财政部、国家统计局和中央财经大学相关同志的大力支持。在此，表示衷心的感谢。由于时间仓促，水平有限，错误和不足之处希望得到大家的谅解，并请给予批评指正。

编者

2016年8月

# 目 录

CONTENTS

## 综合篇



## 专题篇



## 地区篇

## 背景篇



## 附　录

2016 Statistical Analysis Report
on Cultural Development

# 2016文化发展统计分析报告

# 综合篇

# 2015 年全国文化发展基本情况

2015 年是“十二五”规划的收官之年，是全面深化改革的关键一年。一年来，全国文化系统全面贯彻党的十八大和十八届三中、四中、五中全会精神，深入学习贯彻习近平总书记系列重要讲话精神，紧紧围绕“四个全面”战略布局，坚持社会主义先进文化前进方向，坚持以人民为中心的工作导向，开拓创新，积极作为，文化改革发展取得新成效，“十二五”时期各项任务圆满收官，为建设社会主义文化强国、全面建成小康社会、实现中华民族伟大复兴的中国梦奠定了坚实文化基础。但总体上看，制约文化发展的深层次因素依然存在，文化发展整体水平还不高，文化发展的不平衡问题依旧存在，推动文化改革发展的任务仍然比较艰巨。在新的历史起点上，必须以新发展理念引领文化建设，进一步坚定文化自信，增强文化自觉，全面提高文化发展的质量和效益，推动社会主义文化大发展大繁荣。

## 一、文化改革发展全面稳步推进

2015 年，全国文化机构和从业人员有所增长。据统计，截至 2015 年底，纳入统计范围的全国文化单位 29.91 万个，比上年末增加 1.17 万个；从业人员 229.44 万人，比上年增加 25.42 万人。其中，各级文化文物部门所属单位 65712 个，增加 150 个；从业人员 64.54 万人，增加 7194 人。

图1　2006年-2015年全国文化单位机构数及从业人员数

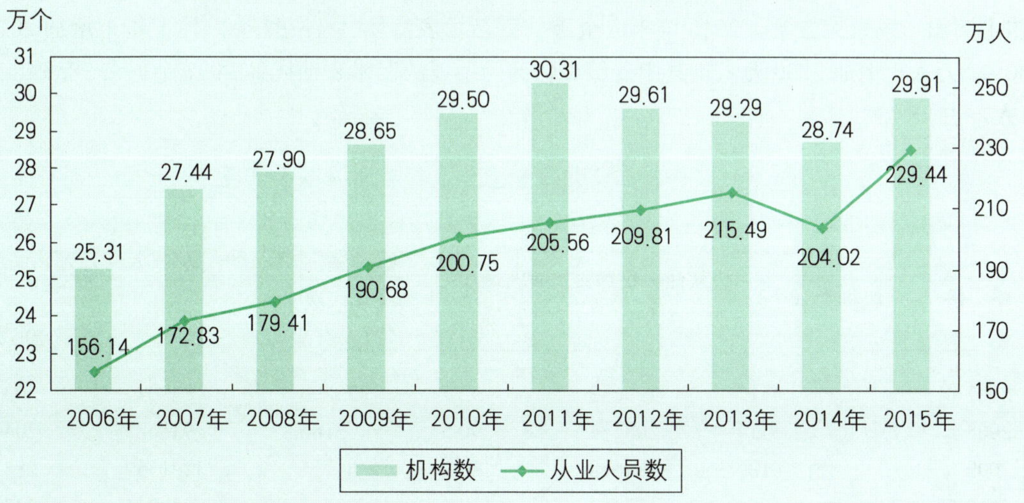


2015 年，我国各项文化建设工作取得了新的成就。文化体制机制改革稳步推进，文化市场健康有序，文化发展的基础更加坚实；文艺创作演出进一步繁荣，现代公共文化服务体系更加完善，文化产业蓬勃发展，文化遗产保护水平明显提升，文化发展的成果更加丰硕；对外和对港澳台文化交流向纵深拓展，文化对外

影响力进一步增强。

## （一）完善法制深化改革，文化改革发展路径更加明晰

1. 文化法治建设取得新进展。文化部召开全国文化法治工作会议，明确未来五年文化法治建设的总体思路、目标和重点任务。《博物馆条例》正式颁布实施，公共文化服务保障法已报请全国人大常委会审议，公共图书馆法已面向社会征求意见。文化产业促进法、文物保护法修订等重点立法项目取得阶段性进展。

2. 重点领域改革持续深化。深化行政审批制度改革，取消两项中央指定地方实施的行政审批项目。深化国有文化企业改革，贯彻落实《关于推动国有文化企业把社会效益放在首位、实现社会效益和经济效益相统一的指导意见》。出台《文化部直属企业管理办法》，推动直属企业建立有文化特色的现代企业制度。深入开展深化国有文艺院团体制改革对策研究，探寻解决方案和有效路径。

3. “十三五”规划明确发展方向。开展前期研究，召开系列研讨会，广泛征集社会意见，进一步理清思路和方向。深入研究论证总体思路和重大工程、重大项目、重大政策，初步完成文化部“十三五”时期文化改革发展规划草案编制工作。深度参与国家“十三五”规划纲要相关工作，确保文化工作重要内容纳入国家总体规划。

## （二）坚持以人民为中心，文艺创作演出更加繁荣

2015 年，全国文艺工作者认真学习贯彻习近平总书记文艺工作座谈会上重要讲话和《关于繁荣发展社会主义文艺的意见》，坚持弘扬主旋律和提倡多样化并重，坚持把社会效益放在首位，努力实现社会效益和经济效益相统一，全国文艺事业呈现繁荣发展的生动景象。

1. 艺术扶持政策措施更加完善。文化部推动出台《关于支持戏曲传承发展的若干政策》，启动全国地方戏曲剧种普查，扶持“三个一批”戏曲剧本 26 个、“名家传戏”师徒 141 组，开展戏曲剧本孵化计划。实施中国民族音乐舞蹈扶持工程，扶持“一带一路”主题采风创作项目 16 个。组织 186 批次文艺工作者深入基层，开展创作采风、结对帮扶、慰问演出等活动。国家艺术基金组织专家对 2014 年度立项资助的项目实施进行中期监督和结项验收。经专家评审，2015 年立项资助 728 个项目。发布 2016 年度国家艺术基金资助项目申报指南，新增美术创作资助项目指南。

2. 艺术演出市场繁荣发展。2015 年末，全国共有艺术表演团体 10787 个，比上年末增加 2018 个，从业人员 30.19 万人，增加 3.90 万人。其中各级文化部门所属的艺术表演团体 2037 个，占 18.9%，从业人员 11.54 万人，占 38.2%。

**表 1　2007 年 –2015 年全国艺术表演团体基本情况**

| 年　份 | 机构数（个） | 从业人员数（人） | 演出场次（万场） | 国内演出观众人次（万人次） | 总收入（万元） | |
|---|---|---|---|---|---|---|
| | | | | | | #演出收入 |
| 2007 年 | 4512 | 220653 | 92.7 | 75895.6 | 829045 | 203757 |
| 2008 年 | 5114 | 208174 | 90.5 | 63186.8 | 933685 | 204842 |
| 2009 年 | 6139 | 184678 | 120.2 | 81715.9 | 1121559 | 288214 |
| 2010 年 | 6864 | 185413 | 137.1 | 88455.8 | 1239255 | 342696 |
| 2011 年 | 7055 | 226599 | 154.7 | 74585.1 | 1540263 | 526745 |
| 2012 年 | 7321 | 242047 | 135.0 | 82805.1 | 1968802 | 641480 |
| 2013 年 | 8180 | 260865 | 165.1 | 90064.3 | 2800266 | 820738 |
| 2014 年 | 8769 | 262887 | 173.9 | 91019.7 | 2264046 | 757028 |
| 2015 年 | 10787 | 301878 | 210.8 | 95799.0 | 2576499 | 939310 |

2015 年，全国各级艺术院团努力开拓国内外市场，积极组织各类文艺演出活动，观众人次有所增长，演出收入有所增长。全国艺术表演团体共演出 210.78 万场，比上年增长 21.2%；观众人次 9.58 亿人次，增长 5.3%；总收入 257.65 亿元，比上年增长 13.8%，其中演出总收入 93.93 亿元，增长 24.1%。

2015 年末，全国共有艺术表演场馆 2143 个，观众坐席数 178.67 万个。其中各级文化部门所属艺术表演场馆 1264 个，比上年增加 16 个；全年共举行艺术演出 5.45 万场次，比上年增长 7.3%；艺术演出观众人次 2388.11 万人次，增长 11.3%。

2015 年末，全国共有国有美术馆 418 个，比上年末增加 54 个，从业人员 4095 人，增加 521 人。全年共举办展览 5264 次，比上年增长 6.3%；参观人次 3088 万人次，增长 5.0%。

3. 社会效益有力彰显。2015 年，全国各级艺术院团在大力开拓演出市场的同时，通过“文化下乡”、低票价演出等方式，面向基层、服务群众，将经济效益与社会效益有机统一起来，受到了广大人民群众的热烈欢迎和社会的广泛赞誉。据统计，2015 年，全国文化部门所属艺术表演团体共组织政府采购公益演出 13.87 万场，比上年增长 27.8%；观众 12179.31 万人次，比上年增长 23.1%。利用流动舞台车演出 11.71 万场次，比上年增长 10.3%；观众 10661.15 万人次，比上年增长 7.7%。2015 年全国艺术表演团体赴农村演出 139.08 万场，增长 22.0%，赴农村演出场次占总演出场次的 66.0%，比重比上年增加 0.4 个百分点；农村观众 5.85 亿人次，比上年增长 4.6%。

图2　2007年-2015年全国艺术表演团体赴农村演出场次及比重

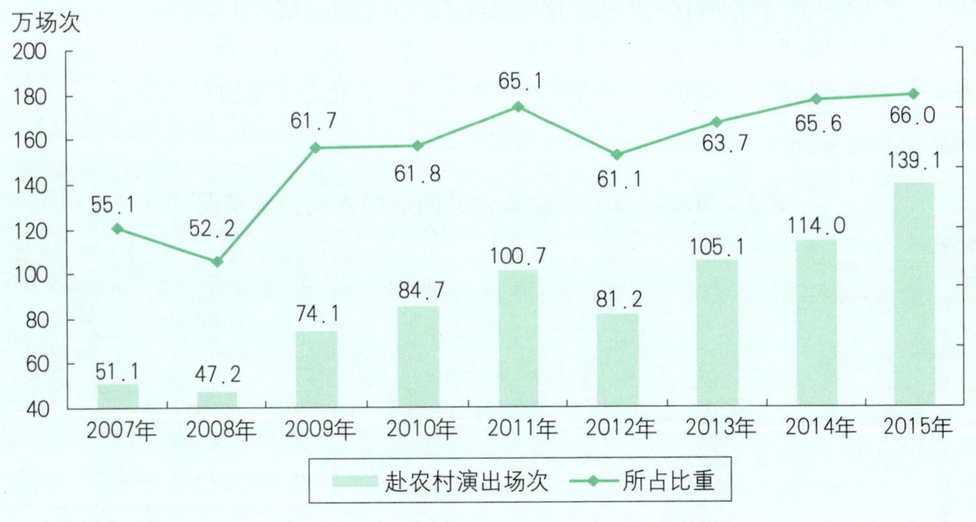


4. 国家艺术院团示范引导作用明显。2015 年，中央直属院团坚持以人民为中心的创作导向，坚持面向基层、面向群众，充分发挥了国家艺术院团的导向性、代表性和示范性作用。创作方面，集中推出了京剧《西安事变》、话剧《中华士兵》、歌剧《我的母亲叫太行》、芭蕾舞剧《鹤魂》、儿童剧《红缨》、音乐会《国之瑰宝》、《东方之声》、《抗日战争安魂曲》等一批优秀作品。演出方面，截至 2015 年 12 月，话剧《战马》演出 105 场、票房销售 3300 万元，民族乐剧《又见国乐》演出 30 多场、演出收入达 2200 万元，实现了“两个效益”的双丰收。组织歌剧《白毛女》复排巡演和 3D 舞台艺术片拍摄，得到社会各界高度评价。国家艺术院团全年共开展公益性演出 1300 余场，其中纯公益性演出 156 场，低票价演出 1144 场。全年共组织 186 批次、近 4400 名文艺工作者深入基层，开展创作采风、结对帮扶、慰问演出等活动，文艺工作者服务基层、服务人民的意识不断增强，“深入生活、扎根人民”逐步成为常态。

### （三）促公平提效能，现代公共文化服务体系更加健全

1. 宏观管理水平不断提高。2015 年，文化部通过完善顶层设计，从多个角度切实推进基本公共文化服务标准化均等化。一是加强制度建设。推动出台《关于加快构建现代公共文化服务体系的意见》和《国家基本公共文化服务指导标准（2015—2020 年）》、《关于推进基层综合性文化服务中心建设的指导意见》、《“十三五”时期贫困地区公共文化服务体系建设规划纲要》等文件，为全国公共文化事业的发展提供了有力保障。推动出台《关于做好政府向社会力量购买公共文化服务工作的意见》，引导社会力量参与公共文化服务体系建设。二是加强行业管理。加强公共文化服务技术标准和评价标准建设开展第四次全国文化馆评估定级工作。启动第三批国家公共文化服务体系示范区（项目）创建工作。继续扩大免费开放范围，首次将城市社区文化中心纳入其中。三是加强活动引导。印发《关于引导广场舞活动健康开展的通知》，举办中国老年合唱节、中国少年儿童合唱节、中国农民歌会，引导群众文化活动健康开展。实施“‘春雨工程’——全国文化志愿者边疆行”和“‘大地情深’——国家艺术院团志愿服务走基层”示范项目 140 个，5000 多名文化志愿者赴少数民族聚居区、贫困县举办各类活动 400 多场，服务群众 50 多万人次。

2. 公共图书馆事业再上新台阶。2015 年末，全国共有公共图书馆 3139 个，比上年末增加 22 个。其中少儿图书馆 113 个，增加 5 个。年末全国公共图书馆从业人员 56422 人，比上年末增加 351 人。其中具有高级职称的人员 5746 人，占 10.2%；具有中级职称的人员 18475 人，占 32.7%。

2015 年末，全国公共图书馆实际使用房屋建筑面积 1301.46 万平方米，比上年末增长 5.7%；图书总藏量 83844 万册，增长 6.0%；电子图书 83041 万册，增长 63.9%；阅览室坐席数 91.07 万个，增长 6.5%；计算机 21.18 万台，增长 6.6%；供读者使用的电子阅览终端 12.67 万台，增长 4.2%。

2015 年末，全国平均每万人公共图书馆建筑面积 94.7 平方米，比上年末增加 4.7 平方米；全国人均图书藏量 0.61 册，比上年末增加 0.03 册；全国人均购书费 1.43 元，比上年增加 0.19 元。

**图3　2006年-2015年全国公共图书馆人均资源情况**

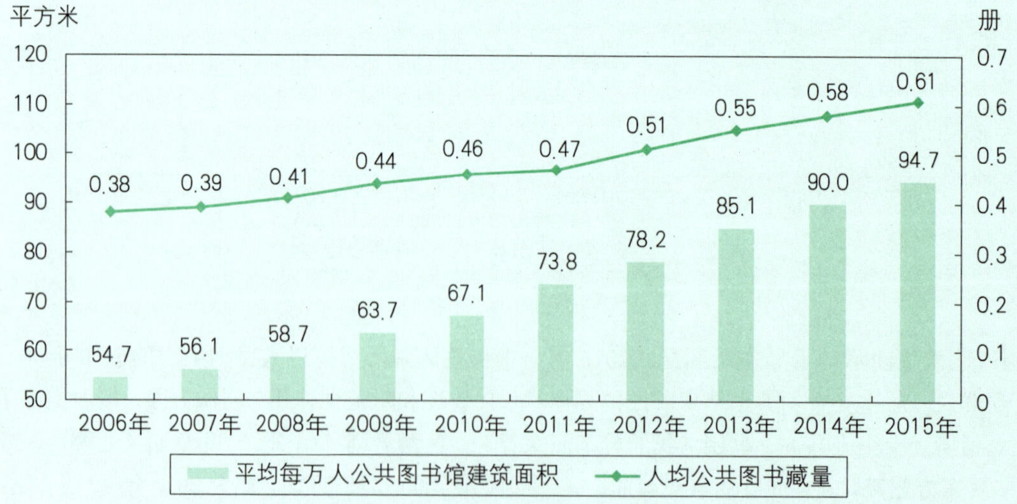


全年全国公共图书馆发放借书证 5721 万个，比上年增长 45.1%；总流通人次 58892 万，增长 11.0%。书刊文献外借册次 50896 万，增长 8.9%；外借人次 23085 万，增长 1.5%。全年共为读者举办各种活动 114544 次，增长 10.6%；参加人次 5908 万，增长 17.8%。

图4 2006年-2015年全国公共图书馆总流通人次及书刊外借册次

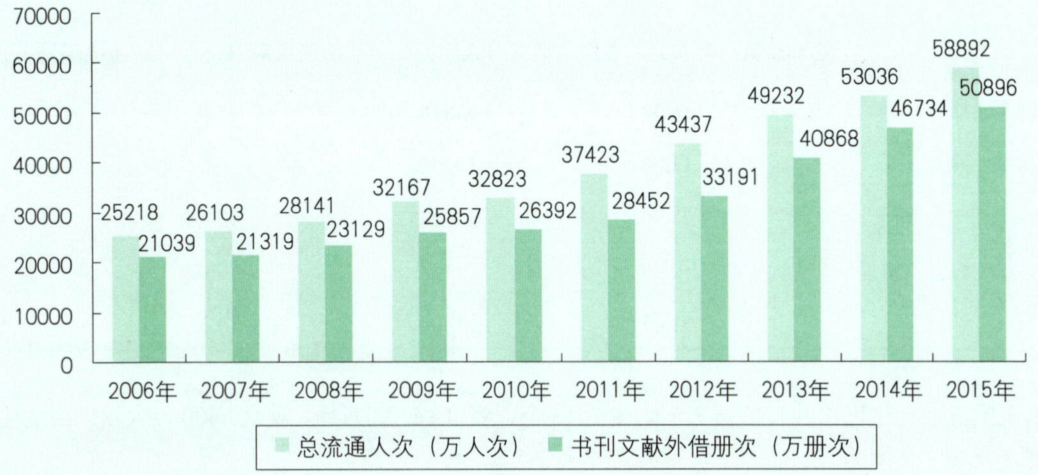


3. 群众文化事业蓬勃发展。2015 年末全国共有群众文化机构 44291 个，比上年末减少 132 个。其中乡镇综合文化站 34239 个，减少 226 个。年末全国群众文化机构从业人员 173499 人，比上年末增加 3200 人。其中具有高级职称的人员 5893 人，占 3.4%；具有中级职称的人员 16898 人，占 9.7%。

年末全国群众文化机构实际使用房屋建筑面积 3848.27 万平方米，比上年末增长 4.4%；藏书 2.62 亿册，增长 5.6%；计算机 36.14 万台，增长 4.2%；对公众开放的阅览室 109.23 万平方米，增长 1.1%。年末全国平均每万人群众文化设施建筑面积 279.95 平方米，比上年末提高 10.44 平方米。

图5 2006年-2015年全国平均每万人群众文化设施建筑面积

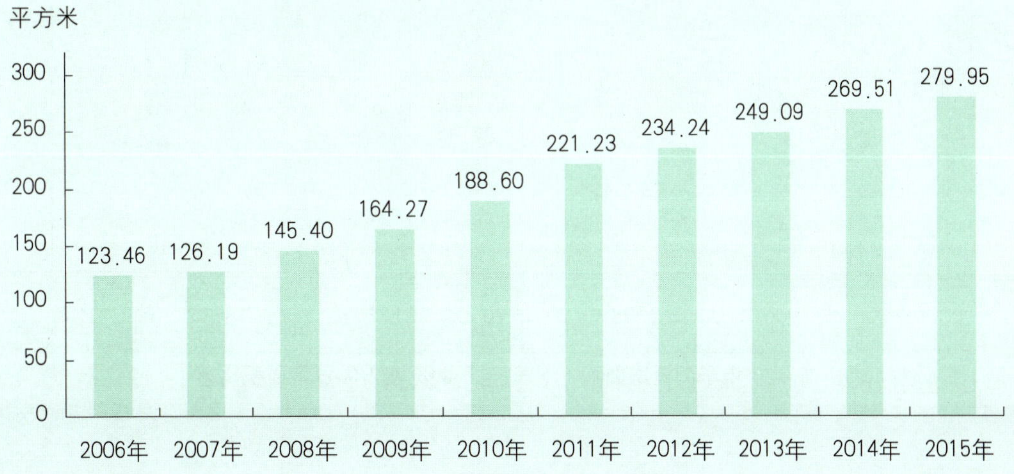


全年全国群众文化机构共组织开展各类文化活动 166.39 万场次，比上年增长 13.0%；服务人次 54826 万，增长 8.2%。

表 2　2015 年全国群众文化机构开展活动情况

| | 总量 | | 比上年增长（%） | |
|---|---|---|---|---|
| | 活动次数（万次） | 参加人数（万人次） | 活动次数 | 参加人次 |
| **各项活动总计** | **166.39** | **54826** | **13.0** | **8.2** |
| 其中：展览 | 13.98 | 10752 | 6.2 | 4.8 |
| 文艺活动 | 95.99 | 39728 | 13.5 | 9.2 |
| 公益性讲座 | 2.79 | 478 | 9.0 | 7.4 |
| 训练班 | 53.63 | 3868 | 14.3 | 8.1 |

年末全国群众文化机构共有馆办文艺团体 7618 个，演出 15.23 万场，观众 8430 万人次。由文化馆（站）指导的群众业余文艺团体 38.32 万个，馆办老年大学 853 个。

4. 信息化水平快速提高。随着信息技术的广泛应用和现代信息设备的迅速普及，全国文化信息资源共享工程、数字图书馆推广工程和公共电子阅览室建设计划等公共数字文化惠民工程稳步实施，初步构建起覆盖城乡的公共数字文化服务网络，公共文化机构信息化水平显著提升。据统计，2015 年末文化共享工程资源总量达 532TB，数字图书馆资源总量达 1129TB。2015 年末，全国各级公共图书馆共有电子阅览终端 126702 台，比上年增加了 5105 台，增长 4.2%；电子阅览室面积 55.9 万平方米，比上年增长 4.1%。

图6　2004年-2015年全国电子阅览室面积及比重

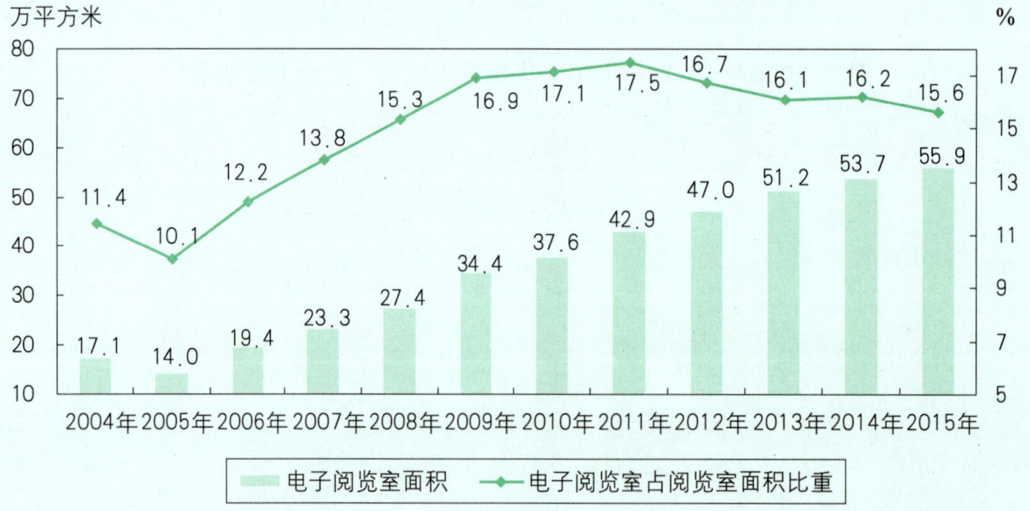


（四）放管结合优化服务，文化市场发展规范有序

1. 文化市场政策法规更加完善。2015 年，文化部落实简政放权、放管结合、优化服务的要求，定向修改《娱乐场所管理条例》、《营业性演出管理条例》、《互联网上网服务营业场所管理条例》有关条款，修订出台《艺术品经营管理办法》，印发《文化部关于落实“先照后证”改进文化市场行政审批工作的通知》，放宽准入条件，取消总量布局限制，简化审批材料，优化公共服务。制定在天津、福建、广东、北京等省市特定

区域扩大文化市场对外开放的相关政策。全面放开游戏游艺设备面向国内的生产和销售，推动游戏游艺场所管理常态化、规范化、法治化。广东、安徽、四川、贵州分别制定了本区域游戏游艺设备内容审核办法。制定外国人入境进行短期营业性演出活动的办理程序和工作指引。制定进一步深化文化市场综合执法改革的有关文件，完善文化市场综合执法有关政策和运行机制。

2. 文化市场经营主体不断壮大。2015 年末，全国文化市场经营单位 23.17 万家，比上年增长 1.15 万家；从业人员 156.47 万人，比上年增加 24.08 万人。全年全国文化市场经营单位营业收入 2965.63 亿元，营业利润 1002.09 亿元。其中，演出市场平稳运行，票房总收入 161.72 亿元，增长 9.0%；游艺娱乐经营场所全年营收 592.6 亿元，全国连锁企业扩张速度加快，知名连锁品牌的连锁门店超过 200 家，游戏游艺机销售收入达到 96.7 亿元，家用主机游戏全年销售收入 21.5 亿元；上网服务营业场所营业收入 641.7 亿元，同比增长 12.6%；网络游戏市场销售收入达 1330.8 亿元人民币，同比增长 25.3%，产生了世界最大的网游企业。

**表 3　2015 年按区域全国文化市场经营单位主要指标**

| | | 机构数（个） | 从业人员数（人） | 营业总收入（万元） | 营业利润（万元） |
|---|---|---|---|---|---|
| 总量 | **总计** | **231709** | **1564660** | **29656347** | **10020910** |
| | 城市 | 83598 | 720371 | 22838853 | 7965993 |
| | 县城 | 93228 | 653781 | 5356224 | 1616637 |
| | 县以下 | 54883 | 190508 | 1461269 | 438280 |
| 比重（%） | **总计** | **100.0** | **100.0** | **100.0** | **100.0** |
| | 城市 | 36.1 | 46.0 | 77.0 | 79.5 |
| | 县城 | 40.2 | 41.8 | 18.1 | 16.1 |
| | 县以下 | 23.7 | 12.2 | 4.9 | 4.4 |

2015 年，文化部继续大力推动行业转型升级。上网服务行业方面，印发转型升级工作指引，开展片区调研和工作交流，加强对典型经验做法的宣传推广，指导行业协会开展服务环境分级评定、制订培训规划、举办行业年会，在上网服务场所举办首届智力竞技网络夏令营，举办转型升级媒体恳谈会、高级研修班等交流研讨活动。上网服务场所环境明显改观，服务水平明显提高，市场环境逐步改善，行业开始提质增效。文化娱乐行业方面，启动转型升级工作，鼓励企业增加投入、改善装备、改造服务环境、扩大消费人群、参与公共服务，促进行业健康发展。湖南、河北、云南开展阳光文化娱乐活动，支持综合娱乐场所建设，倡导健康娱乐方式，扩大文化市场惠民消费。

3. 文化市场监管手段有所创新。全年共处理网络举报 19301 件，督办含有禁止内容类案件 185 件。其中以打击暴恐动漫、网络游戏低俗宣传为重点，开展第二十三批、第二十四批违法违规互联网文化活动查处工作，依法给予 88 家互联网文化经营单位行政处罚，关停 15 家网站。公布了含有诱导未成年人违法犯罪、渲染暴力、危害社会公德内容的 38 部网络动漫，含有渲染淫秽暴力、教唆犯罪内容的 120 首网络音乐等 2 批文化产品黑名单，禁止以任何方式出版、发行、流通或者提供。进一步改进网络音乐、网络游戏、营业性演出、艺术品市场等方面的内容审查政策。开展进口网络游戏内容审查和国产网络游戏备案工作，全年审查进口网络游戏 76 款，备案国产网络游戏 1232 款。

同时，以内容监管为重点、信用管理为手段，以划定红线、精确打击的理念，加强文化市场事中事后监管。研究制定《文化市场黑名单管理办法（试行）》，在全国试行文化产品黑名单制度，在河北、天津、上海、浙江、湖南、广东、广西、重庆、云南等9省市试点文化市场主体黑名单制度。文化部会同近40个部门签订《失信企业协同监管和联合惩戒合作备忘录》，启动对严重失信主体的联合惩戒工作。通过全国文化市场技术监管与服务平台，将文化市场业务活动、违法违规信息与经营主体信息相关联，为信用体系建设及黑名单制度实施提供保障。

4. 文化市场执法能力不断提升。2015年全国各级文化行政部门和文化市场综合执法机构共出动执法人员964万余人次，检查经营单位435万余家次，受理举报1.8万余件，立案调查3.7万余件，办结案件4.2万余件，警告5.2万余家次，罚款1.4亿余元，责令停业整顿4814家次，吊销经营许可证131家，有力打击了违法经营行为，确保文化市场平稳有序运行。文化部派出13个暗访抽查组、6个交叉执法检查组，赴76个地市的140个县（市）区，抽查3115家文化市场经营单位。

2015年，继续加大对文化市场综合执法队伍的培训考核，开展年度综合执法考评工作和形势分析研讨活动，评选文化市场十大案件和重大案件。文化部直接组织和支持文化市场综合执法培训31个班次，培训执法业务骨干3285人次。全国各级文化行政部门和文化市场综合执法机构组织开展各类培训7035场，培训近18.1万人次；组织考试1871场，近5万人参加。深入推进“中西部地区文化市场综合执法能力提升三年行动计划”，2015年东部地区共投入500多万元支持中西部地区。经全国评比达标表彰工作协调小组批准，文化部组织评选了50个单位为“全国文化市场综合行政执法先进集体”，100名执法人员为“全国文化市场综合行政执法优秀个人”。各级综合执法机构队伍建设不断增强，执法办案日益规范，执法水平不断提升。

5. 监管平台建设纵深推进。全国文化市场技术监管与服务平台“1511”整体构架初步实现，全国共有356个地市、3321个区县上线应用平台，占全国地市、区县总量的90%；通过平台办理审批业务63917起，发起日常检查1069341次，立案调查18201件，基本实现了预期目标。平台以全国文化市场基础数据库为纽带，全面实现市场主体和产品服务数据的“一户一档”。数据资源在全国范围内“部、省、市、县”共享互用，消除信息孤岛、打破部门隔阂，为文化市场信用体系建设打下坚实基础。

### （五）落实政策优化环境，文化产业快速发展

1. 文化产业发展环境进一步优化。2015年，文化部推进国家文化产业创新实验区建设，开展拉动城乡居民文化消费试点项目，积极探索建立扩大文化消费长效机制。推动落实国务院关于推进文化创意和设计服务与相关产业融合发展的政策措施，实施文化产业创业创意人才扶持计划。推动将特色文化产业发展纳入中央财政文化产业发展专项资金重点支持范围，支持专项资金1.66亿元。落实《藏羌彝文化产业走廊总体规划》，推进藏羌彝等民族聚居地区文化与生态、旅游的融合发展。建设文化产业项目服务平台，为优质文化产业项目提供公共服务。截至2015年末，共征集7134个文化产业项目。开展文化企业品牌建设现状及政策建议调研，推进文化企业品牌建设工作。目前，文化产业领域已形成规划引导、项目带动、财税激励、金融支持、服务支撑等相结合的政策体系，为文化产业发展营造了良好的政策环境。

2. 文化产业市场主体进一步发展壮大。文化部门联合相关部门积极推动文化领域大众创业万众创新，大力支持小微文化企业发展，充分发挥文化产业鼓励创新、吸纳就业的功能。据统计，截至2015年底，我国文化产业法人单位114.0万户，比2014年增长14.5%。从业人员2041万人，比上年增长6.0%。同时，以各级文化部门命名的文化产业园区、基地为代表的一批文化产业集群和骨干文化企业发展壮大，竞争力、影响力和自主创新能力不断增强，成为产业发展的领航者和探索者。据统计，2015年末全国共有10个国家级文化产业示范园区，10个国家级文化产业试验园区和335个国家文化产业示范基地。

3. 文化产业总量规模稳步提升。据国家统计局根据《文化及相关产业分类（2012）》范围初步测算，

2015 年我国文化产业实现增加值 25829 亿元，按同口径和现价计算，比上年增长 7.9%，增速比同期 GDP 现价增速高 1.5 个百分点。文化产业增加值占 GDP 的比重为 3.82%，按同口径计算，比上年提高 0.05 个百分点；文化产业对当年 GDP 增量的贡献为 4.6%。大多数地方文化产业的增长速度高于经济的整体增长速度，成为促进经济增长和就业创业的重要产业、推动产业结构优化的朝阳产业。

**表 4　2004 年 –2015 年文化及相关产业增加值和占 GDP 比重**

| 年　份 | 增加值（亿元） | 占 GDP 比重（%） |
|---|---|---|
| 2004 年 | 3440 | 2.15 |
| 2005 年 | 4253 | 2.30 |
| 2006 年 | 5123 | 2.37 |
| 2007 年 | 6455 | 2.43 |
| 2008 年 | 7630 | 2.43 |
| 2009 年 | 8786 | 2.52 |
| 2010 年 | 11052 | 2.75 |
| 2011 年 | 13479 | 2.85 |
| 2012 年 | 18071 | 3.48 |
| 2013 年 | 21351 | 3.63 |
| 2014 年 | 24017 | 3.77 |
| 2015 年 | 25829 | 3.82 |

注：1.2004—2011 年按 2004 年颁布的《文化及相关产业分类》测算。
2.2004 年、2008 年和 2013 年根据经济普查数据测算，其他年份根据年报数据测算。
3.2004—2008 年及 2013 年、2014 年、2015 年数据为全口径，其他年份仅包括法人单位数据。
4.2012—2015 年按《文化及相关产业分类（2012）》新标准测算。按新标准 2011 年数据为 15516 亿元，占 GDP 的 3.28%。

4. 文化产业投融资体系逐步形成。在国家政策引导和宏观经济形势的影响下，文化产业高附加值的特性吸引了投资者的目光，成为各类资本投资热点。2015 年，我国文化产业固定资产投资额达 28898 亿元，比同期全社会固定资产投资年均增速高 8.2 个百分点。以阿里巴巴、百度、腾讯、万达等为代表的大型企业集团通过并购、控股、参股以及股权投资、业务合作等形式，全面进入文化产业领域。文化部联合财政部、中国人民银行等部门深入推进文化产业投融资体系建设，2015 年，中央财政文化产业发展专项资金“文化金融扶持计划”对 138 个重点项目给予 11.8 亿元资金支持，资金量同比增长 75%。文化企业信贷融资、上市融资、债券融资等方面取得积极进展，不少银行机构将文化产业作为信贷投放的重要方向，成立文化产业专营机构、特色支行。

### （六）文化遗产保护全面推进，中华优秀传统文化得到弘扬

1. 文物机构总量和从业人员持续增加。2015 年末，全国共有文物机构 8676 个，比上年末增加 258 个。其中，文物保护管理机构 3307 个，占 38.1%，博物馆 3852 个，占 44.4%。年末全国文物机构从业人员 14.61 万人，比上年末减少 0.20 万人。其中高级职称 8000 人，占 5.5%，中级职称 18314 人，占 12.5%。

图7 2006年-2015年全国文物机构及从业人员情况

2. 文物机构服务能力进一步提升。国家文物局实施40个抗战类国保单位维修项目，完成731部队旧址、阜新万人坑遗址等抗战文物保护修缮和展示提升工程，113处抗战类全国重点文物保护单位全部对外开放。“土司遗址”成功申遗。首批51个传统村落保护工程全面完工，启动第二批100个传统村落保护利用项目。国务院召开长城保护工作会，全面部署长城保护工作。“平安故宫”工程、中共六大会址修复工程扎实推进。

2015年末全国文物机构拥有文物藏品4138.86万件，比上年末增加75.27万件，增长1.9%。其中，博物馆文物藏品3044.14万件，占文物藏品总量的73.6%；文物商店文物藏品728.02万件，占17.6%。文物藏品中，一级文物10.87万件，占0.3%；二级文物71.54万件，占1.7%；三级文物388.46万件，占9.4%。年末全国不可移动文物共有76.67万件。

3. 文物机构服务水平进一步提高。2015年，全国文物机构利用文物资源，开展了丰富多彩的业务活动。全国文物机构共安排基本陈列10859个，举办临时展览11805个，接待参观92508万人次，比上年增长9.8%。其中未成年人24653万人次，增长10.0%，占参观总人数的26.6%。博物馆接待观众78112万人次，增长8.8%，占文物机构接待观众总量的84.4%。

图8 2008年-2015年全国文物机构接待观众人次及未成年人观众人次

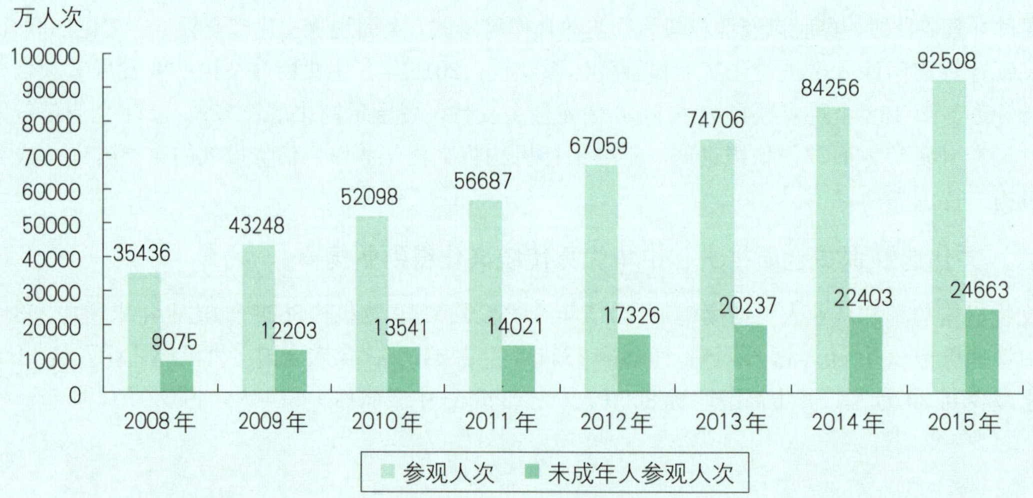

4. 非遗保护工作取得新进展。文化部开展中国非物质文化遗产传承人群研修研习培训计划试点工作，在全国范围内委托23所试点院校举办33期研修培训班，培训学员1700人，帮助非遗传承人群提高了文化艺术素养、审美能力和创新能力。在总结试点工作基础上，与教育部联合印发《关于实施中国非物质文化遗产传承人群研修研习培训计划的通知》，正式启动大规模培训工作。举办漆器类、刺绣类非遗项目传承与创新交流活动，召开“传统工艺与现代设计座谈会”，探索传统工艺发展思路。制定《国家级非物质文化遗产代表性传承人抢救性记录工作规范》，累计对318位国家级非遗代表性传承人开展了抢救性记录。对山西晋中、安徽徽州、福建闽南文化生态保护实验区进行试点评估，推动文化生态保护实验区的规范化建设。支持各地建设23个非遗保护利用设施。认定464家第四批国家级非遗代表性项目保护单位，对331家不适合的项目保护单位进行调整和重新认定。举办60个非遗保护工作人员业务培训班，培训人员4500人。成功举办第五届中国成都国际非遗节，开展第十个“文化遗产日”活动和“我们的家乡，我们的节日”春节文化活动，进一步提高了全民非遗保护意识。据初步统计，年末全国共有非物质文化遗产保护机构2637个，从业人员18657人。全年全国非物质文化遗产保护机构共举办展览16937次，比上年增长5.6%，接待观众3297万人次，比上年降低2.7%；举办演出39161场，观众3958万人次，分别比上年增长12.8%和4.3%；举办民俗活动13567次，比上年增长4.5%，观众3717万人次，比上年降低4.3%；举办培训班20588次，比上年降低1.7%，培训人数151万人次，比上年增长10.2%。

5. 古籍保护工作进入新阶段。继续实施“中华古籍保护计划”、“民国时期文献保护计划”，推进国家级古籍修复中心建设，推动海外中华古籍调查暨数字化合作项目。成立中国古籍保护协会，开展第五批国家珍贵古籍名录和全国古籍重点保护单位评审。启动中华珍贵典籍资源库、国家文献整理与研究计划，推进《中华优秀传统文化文库》编纂工作。《清史》完成144个主体类审改项目，举办清史工程优秀出版成果展，出版图书200余种。

### （七）对外和对港澳台文化交流工作全面推进，中华文化国际影响力不断提升

1. 文化服务国家外交战略作用进一步发挥。2015年，文化部服务国家“一带一路”战略，举办第十四届亚洲艺术节暨第二届海上丝绸之路国际艺术节、第二届陕西“丝绸之路”国际艺术节、“东亚文化之都”、中国－中东欧国家文化合作论坛等活动，并在上海国家艺术界、新疆国际舞蹈节、宁夏中阿博览会设置“一带一路”文化专题版块。举办中加、中英文化交流年、中美文化论坛、智利中国文化年、中俄文化大集、南非中国文化年、赫尔辛基艺术节中国主宾国等重点文化外交活动。积极参与高级别人文交流机制以及政府间对话活动，有力配合国家外交大局。

2. 海外文化阵地和品牌建设不断加强。推动地方政府与中资企业参与海外中国文化中心建设，2015年5家海外中国文化中心投入运营，总数达到25个。“欢乐春节”活动以“品牌化、本土化、市场化”为宗旨，在全球119个国家和地区开展900多项文化活动。北京、上海、深圳国家对外文化贸易基地的影响力和辐射带动作用进一步显现。

3. 中外思想文化交流机制更加有效。成功举办2015“汉学与当代中国”座谈会，被媒体誉为“国际性的思想盛宴”。组织“青年汉学家研修计划”、“中外文学翻译研修班”、“中外影视译制合作高级研修班”，致力于传播中华文化的国际学者、民间人士不断增多。汉学家数据库、中外文化译研网等服务平台基本建立，为思想文化交流的长期发展夯实了基础。

4. 对港澳台文化交流深入开展。深化职能转变，调整台湾来大陆文化交流项目审批权限。成功举办港澳大学生文化实践活动、“粤港澳青年文化之旅”、“艺海流金——丝路寻根之旅”、“两岸文学对话”等活动，为海峡两岸暨港澳地区青年搭建交流平台，提升思想领域深度交流。举办“根与魂”非遗展演、庆春节、庆中秋等活动，入岛举办北京文化庙会等，共促中华文化传承发展，发挥文化交流在促进人心回归、凝聚亲情方面的长效作用。

全年经文化系统审批的对外文化交流项目 1882 起，27386 人次参加；对港澳文化交流项目 425 项，7684 人次参加；对台文化交流项目 313 项，6804 人次参加。

### （八）全国文化（文物）事业费稳步增长，文化发展的资金保障更加坚实

1. 中央资金带动作用更加明显。2015 年，中央财政通过继续实施“三馆一站”免费开放、非物质文化遗产保护、公共数字文化建设、地市级公共文化设施建设等文化项目，共落实中央补助地方专项资金 47.80 亿元，比上年增长 1.8%。同时，积极推动国家美术馆、中国工艺美术馆、国家图书馆国家文献战略储备库等 16 项国家级重大文化设施建设，总建筑面积 116.1 万平方米，计划总投资 182.3 亿元。

图9　2006年-2015年中央对地方文化项目补助资金情况

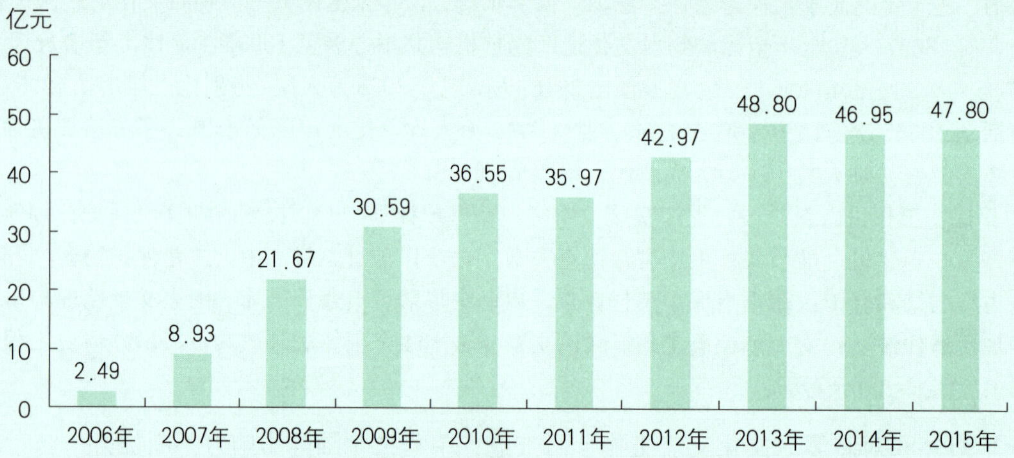


2. 全国文化事业费持续快速增长。在中央资金的带动和引导下，各级党委政府纷纷加大对文化事业的经费投放力度，全国文化事业费明显增加。据统计，2015 年全国文化事业费 682.97 亿元，比上年增加 99.53 亿元，增长 17.1%，增长速度比上年提高 7.1 个百分点；全国人均文化事业费 49.68 元，比上年增加 7.03 元，增长 16.5%。

图10　2000年-2015年人均文化事业费情况

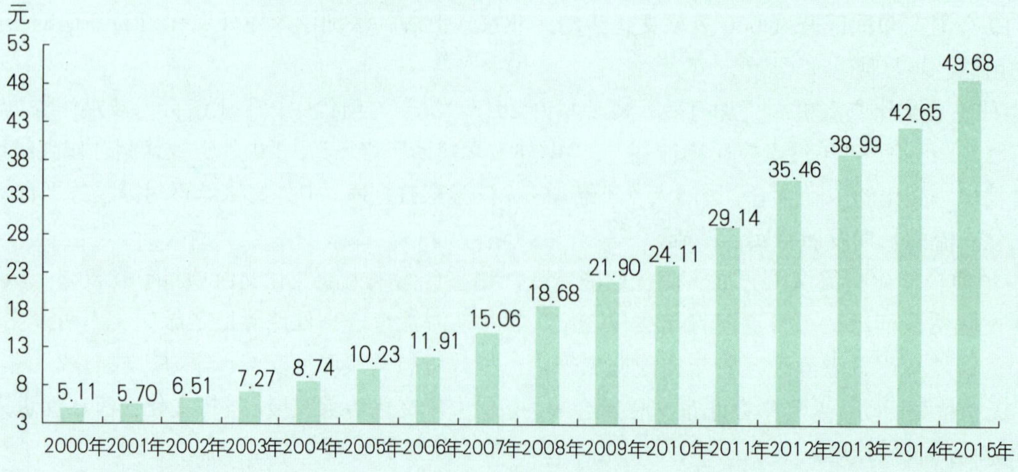

文化事业费占财政总支出的比重为 0.39%，比重比上年增加 0.01 个百分点。

全国文物事业费 280.37 亿元，比上年增加 32.50 亿元，增长 13.1%；文物事业费占财政总支出的比重为 0.16%，比重与上年基本持平。

3. 文化事业费主要集中在县以上单位和东部地区。全国文化事业费中，县以上文化单位 352.84 亿元，占 51.7%，比重比上年提高了 1.6 个百分点；县及县以下文化单位 330.13 亿元，占 48.3%，比重比上年下降了 1.6 个百分点。东部地区文化单位文化事业费 287.87 亿元，占 42.1%，比重提高了 0.5 个百分点；中部地区文化单位 164.27 亿元，占 24.1%，比重提高了 1.2 个百分点；西部地区文化单位 193.87 亿元，占 28.4%，比重下降了 0.9 个百分点。

**表 5　全国文化事业费按城乡和区域分布情况**

| | | 1995 年 | 2000 年 | 2005 年 | 2010 年 | 2013 年 | 2014 年 | 2015 年 |
|---|---|---|---|---|---|---|---|---|
| 总量（亿元） | 全国 | **33.39** | **63.16** | **133.82** | **323.06** | **530.49** | **583.44** | **682.97** |
| | #县以上 | 24.44 | 46.33 | 98.12 | 206.65 | 272.67 | 292.12 | 352.84 |
| | 县及县以下 | 8.95 | 16.87 | 35.70 | 116.41 | 257.82 | 291.32 | 330.13 |
| | #东部地区 | 13.43 | 28.85 | 64.37 | 143.35 | 231.41 | 242.98 | 287.87 |
| | 中部地区 | 9.54 | 15.05 | 30.58 | 78.65 | 120.01 | 133.46 | 164.27 |
| | 西部地区 | 8.30 | 13.70 | 27.56 | 85.78 | 152.16 | 171.15 | 193.87 |
| 所占比重（%） | 全国 | **100.0** | **100.0** | **100.0** | **100.0** | **100.0** | **100.0** | **100.0** |
| | #县以上 | 73.2 | 73.4 | 73.3 | 64.0 | 51.4 | 50.1 | 51.7 |
| | 县及县以下 | 26.8 | 26.7 | 26.7 | 36.0 | 48.6 | 49.9 | 48.3 |
| | #东部地区 | 40.2 | 45.7 | 48.1 | 44.4 | 43.6 | 41.6 | 42.1 |
| | 中部地区 | 28.6 | 23.8 | 22.9 | 24.3 | 22.6 | 22.9 | 24.1 |
| | 西部地区 | 24.9 | 21.7 | 20.6 | 26.6 | 28.7 | 29.3 | 28.4 |

## 二、存在的主要问题

### （一）文化发展的总体水平还不高

近年来，我国文化建设全面快速发展，取得了令人瞩目的成就。文化建设在引领当代价值、提升公众素养、提高生活质量、推动经济发展、优化社会氛围、塑造国家形象等方面的作用明显增强。但整体上看，我国文化发展的总体水平还不高，还难以满足人民群众日益增长的多样化精神文化需求，还难以更好地维护日益突出的国家文化安全，还难以适应我国经济社会又好又快发展的新形势。从公共文化领域看，2015 年底全国仍有 37.8% 的县公共图书馆和 46.3%的县文化馆建筑面积达不到国家最低标准。2015 年全国人均借书量仅为 0.4 册（美国 7.7 册，日本为 5.9 册），人均到公共图书馆次数 0.4 次（美国近 6 次，日本近 3 次），全国图书馆人均藏书量 0.6 册，远低于国际平均水平。从文化产业领域看，我国文化产业的增加值占 GDP 的比重仅为 3.82%，居民人均文化娱乐消费支出占人均消费支出的比重为 4.8%，与发达国家还有较大差距。从艺术市场看，全年全国平均每人观看演出次数仅为 0.7 次，艺术创作依然存在有数量缺质量、有“高原”

缺“高峰”等突出问题。

### （二）文化发展的结构还欠平衡

文化发展的结构不平衡主要体现在两个方面，一是城乡的不平衡，二是区域的不平衡。文化发展的不平衡从内容上是全方位的，从文化投入到文化服务，从公共文化到文化产业。

1. 城乡结构不平衡。农村一直是文化发展的薄弱环节，尽管近些年来国家采取了一系列调控政策，城乡的文化发展差距有所缩小，但整体上看，差距依旧明显。从文化投入看，2015 年，全国文化事业费 682.97 亿元，其中县及县以下投入 330.13 亿元，占 48.3%；从公共文化看，2015 年，主要服务于农村的 1988 家县图书馆图书总藏量 23027 万册，占全国图书馆总藏量的 27.5%；总流通人次 18003 万人次，占 30.6%；主要服务于农村的 34239 家乡镇综合文化站组织开展各类文化活动 829487 次，占 49.9%，文化服务人次 23106 万人，占 42.1%。

2. 区域结构不平衡。受经济发展水平、自然环境条件、历史文化传统等多种因素影响，我国文化发展存在着较大的地区差异。从文化投入和公共文化发展程度看，东部地区最好，西部次之，中部地区最差。究其原因，东部地区主要是由于当地经济发展水平较高，地方财政投入较多，西部地区则更多地得益于中央的转移支付；从演出市场情况看，中部地区明显好于东部地区和西部地区，这主要缘于中部地区丰富的演艺文化资源和厚重的演艺文化底蕴；从文化市场情况看，由于东部地区整体市场化发育程度较高，其文化市场经营状况也明显好于中西部地区。

**表 6　分区域 2015 年文化发展情况**

| | 东部地区 | 中部地区 | 西部地区 |
|---|---|---|---|
| 人均文化事业费（元） | 59.27 | 31.97 | 52.21 |
| 人均公共图书馆藏书册数数（册） | 0.89 | 0.39 | 0.47 |
| 人均到公共图书馆次数（次） | 0.72 | 0.26 | 0.28 |
| 人均参加文化活动次数（次） | 0.49 | 0.27 | 0.46 |
| 人均观看演出次数（次） | 0.63 | 0.91 | 0.50 |
| 人均文化市场经营资产（元） | 823.03 | 139.22 | 176.19 |
| 人均文化市场经营利润（元） | 154.41 | 21.31 | 38.40 |

### （三）文化发展的效益还比较低

从艺术领域看，全国艺术表演团体年平均演出场次处于下降趋势。据统计，2015 年全国艺术表演团体平均每团演出 195.4 场，比上年减少了 2.9 场，比 2013 年减少了 6.4 场。二是专业剧场利用率不高。2015 年国有专业剧场年平均艺术演出场次只有 52.3 场；从公共文化领域看，以群众文化需求为导向的公共文化服务供给模式尚未完全建立，广大群众喜闻乐见的公共文化产品还比较缺乏，公共文化设施尤其是基层公共文化设施的利用效率还普遍较低。如“十二五”期间，每平方米乡镇综合文化站年服务人次仅为 10.17 人次，不足公共图书馆 1/4，其中年服务人次少于 1000 的占 18.9%。从文化产业看，部分领域经营情况不佳。如 2015 年，全国娱乐场所人均利润率仅为 2.02 万元，比上年减少 1.55 万元，是“十二五”期间的最低。全国网吧人均利润率 2.71 万元，比上年减少 1.63 万元。

### （四）文化发展的保障机制仍不健全

从法制保障看，相对经济、社会、教育、卫生等领域，文化政策法规体系不健全的问题十分突出，文化法规体系建设立法盲点多、层级低、覆盖也不均衡。目前与文化关系密切的法律有3部，行政法规有10多部，文化部现行有效的部门规章只有32个；从机制保障看，目前一些地方党委政府缺乏文化自觉，对文化建设重视不够，没有将文化建设纳入政府效能和领导干部政绩考核指标体系，缺少刚性约束机制，政府主导责任得不到落实；从资金保障看，整体上总量不高、比重偏低。上世纪90年代，文化事业费占财政总支出比重在0.5%左右，在1992年最高达到了0.52%，但本世纪以来已连续15年徘徊在0.38%左右。同时，由于缺乏有效的激励措施，社会力量参与公共文化服务体系建设的积极性也不是很高；从人才保障看，一是基层公共文化领域从业人员严重不足。每个乡镇文化站从业人员只有2.8人，其中，专职人员1.7人。二是专业人才不足。如目前全国公共图书馆具有中高级职称人员仅占42.9%，文化馆具有中高级职称人员仅占41.2%。三是各领域的拔尖人才和领军人物、专门的文化产业管理人员，特别是懂策划、善经营、会管理的复合型人才和适应文化走出去需要、善于开拓市场的外向型人才尤为缺乏。

## 三、“十三五”时期文化改革发展基本思路和主要举措

“十三五”时期是全面建成小康社会、实现第一个百年奋斗目标的决胜阶段，文化小康是全面建成小康社会的题中应有之义。“十三五”时期，文化系统将高举中国特色社会主义伟大旗帜，全面贯彻党的十八大和十八届三中、四中、五中全会精神，以马克思列宁主义、毛泽东思想、邓小平理论、“三个代表”重要思想、科学发展观为指导，深入贯彻习近平总书记系列重要讲话精神，坚持全面建成小康社会、全面深化改革、全面依法治国、全面从严治党的战略布局，牢固树立和贯彻落实创新、协调、绿色、开放、共享的发展理念，加快社会主义文化强国建设步伐，为全面建成小康社会、实现中华民族伟大复兴中国梦提供强大的价值引导力、文化凝聚力、精神推动力。

到2020年，力争实现以下目标：社会主义文化强国建设取得重要进展，国家文化软实力进一步增强。中国梦和社会主义核心价值观更加深入人心，人民群众精神文化生活更加丰富，文化参与的广度和深度不断拓展，国民素质和社会文明程度显著提高。文学艺术繁荣发展，无愧于民族、无愧于时代的文艺精品不断涌现，中华优秀传统文化传承体系加速构建，现代公共文化服务体系基本建成，现代文化产业体系和现代文化市场体系更加完善，文化产业成为国民经济支柱性产业。对外文化交流体系基本形成，中华文化影响持续扩大。国家文化安全得到有效维护。区域文化发展格局更加优化，文化治理体系和治理能力现代化水平显著提升。

为实现这个目标，“十三五”时期将重点开展以下工作：

### （一）繁荣艺术创作生产

坚持“二为”方向、“双百”方针，坚持以人民为中心的创作导向，把创作生产优秀作品作为文艺工作的中心环节，努力创作生产更多传播当代中国价值观念、体现中华文化精神、反映中国人审美追求，思想精深、艺术精湛、制作精良的文艺精品。一是创作生产优秀文艺作品。聚焦中国梦时代主题，以中华优秀传统文化为根脉，以创新为动力，大力弘扬社会主义核心价值观，唱响爱国主义主旋律。持续开展“深入生活、扎根人民”主题实践活动。实施精品战略，加强艺术创作规划和资源统筹。二是完善文艺评价激励机制。进一步完善评奖机制，建立获奖作品跟踪考核机制，推动获奖作品面向公众多演出。开展积极健康的文艺批评，加强文艺评论阵地建设、理论研究和成果推广。三是加强优秀作品的传播推广。发挥中国艺术节等重大艺术活动的示范引导作用，扩大优秀艺术作品的知名度和观众覆盖面。四是提升文化艺术科研水平。以重大理论和现实问题为主攻方向，坚持基础研究和应用研究并重，推出一批高质量的文化艺术

研究成果。加大对全国艺术研究院所建设的指导和支持。

（二）构建现代公共文化服务体系

坚持政府主导、社会参与、重心下移、共建共享，以基本公共文化服务标准化均等化为突破口，立足人民群众基本文化需求，构建体现时代发展趋势、符合文化发展规律、具有中国特色的现代公共文化服务体系。一是全面推进基本公共文化服务标准化均等化。以县为基本单位，全面落实国家基本公共文化服务指导标准和地方实施标准。以标准化促进均等化，填平补齐公共文化资源，推动区域间、城乡间公共文化服务均衡协调发展。二是完善公共文化设施网络。以公共图书馆、文化馆、博物馆、乡镇（街道）综合文化站、村（社区）综合性文化服务中心为重点，以流动文化设施和数字文化设施为补充，推动各级公共文化设施达到国家建设标准。三是加大贫困地区公共文化服务体系建设力度。加强对中西部地区特别是老少边穷地区公共文化建设的帮扶。深入实施文化扶贫项目，动员社会力量积极参与，实现“一县一策”、精准扶贫。四是提高公共文化服务效能。创新公共文化管理体制和运行机制，完善公共文化服务体系建设协调机制。建立健全基层公共文化服务监督评价机制，开展常态化的公共文化服务效能评估。五是推动公共文化服务社会化发展。建立健全政府购买公共文化服务工作机制，培育文化类社会组织。支持企业、社会组织和个人提供公共文化设施、产品和服务，推动有条件的公共文化设施社会化运营。建立和完善文化志愿者注册招募、服务记录、管理评价和激励保障机制，提高文化志愿服务规范化、专业化和社会化水平。六是全面加强边境地区文化建设。以边境县为主体，以县、乡、村三级为重点，以公共文化服务体系建设为主要方面，全面加强边境地区文化建设，推动文化稳边、固边、兴边。

（三）构建中华优秀传统文化传承体系

围绕国家经济社会发展大局，全面加强文化遗产保护和利用，传承弘扬中华优秀传统文化，努力推动中华优秀传统文化创造性转化和创新性发展，加快构建中华优秀传统文化传承体系。一是加大文物保护力度。坚持全面保护，实现文物保护对象的全覆盖，统筹兼顾不可移动文物与可移动文物、各级文保单位与一般不可移动文物的保护，推动文物保护由抢救性保护为主向抢救性与预防性保护并重转变，逐步形成预防性保护的理念、制度和机制，确保文物安全。二是加强非物质文化遗产保护。进一步完善非物质文化遗产保护制度，健全非物质文化遗产代表性项目名录体系，编制国家级非遗项目保护规划。在总结经验的基础上，统筹推进国家级文化生态保护区建设。统筹建设一批传统表演艺术类、传统技艺类、传统民俗活动类非物质文化遗产项目保护利用设施。三是推进历史文化遗产的合理利用。促进文物保护与扶贫开发、生态旅游以及新型城镇化、社会主义新农村建设相结合，推动特色小镇、美丽乡村建设。

（四）推动文化产业成为国民经济支柱性产业

落实供给侧结构性改革战略部署，完善现代文化产业体系，着力发展骨干文化企业和创意文化产业，培育新型文化业态，形成新的增长点、增长极和增长带，全面提升文化产业发展的质量效益。一是推动文化产业结构优化升级。加快发展动漫、游戏、创意设计、网络文化等新型文化业态，继续引导上网服务营业场所、游戏游艺场所、歌舞娱乐等行业转型升级，推动“互联网 +”对传统文化产业领域的整合。二是优化区域文化产业发展布局。实施差异化的区域文化产业发展战略，推动形成文化产业优势互补、联动发展的布局体系。围绕“一带一路”建设、京津冀协同发展、长江经济带建设，加强重点文化产业带建设。三是培育健全各类市场主体。营造各类文化企业一视同仁、公平竞争的发展环境，推动形成不同所有制文化企业共同发展、大中小微文化企业相互促进的文化产业格局。四是扩大和引导文化消费。从供需两端发力，以创新供给带动需求扩展，努力实现更高层次的供需平衡。着力扩大文化产品和服务有效供给，改善消费条件，推动建立扩大和引导文化消费的长效机制。五是鼓励和引导社会资本进入文化产业。落实鼓励和引导社会资本进入文化领域的各项政策措施，进一步拓宽社会投资的领域和范围，鼓励社会资本进入文化企业孵化器、文化众创空间、文化资源保护开发等新兴领域。六是建立统一开放、竞争有序、诚信守法、监管有力的现代文化市场体系。以文化市场信用信息数据库建设为基础，以信息公开为监督约束手段，以警示名单和黑名单为基本制度，以协会开展信用评价、分类评定为辅助，构建守信激励、失信惩戒和协同监管机制。

### （五）提高文化开放水平

坚持政府统筹、社会参与、官民并举、市场运作，统筹对外文化交流、传播和贸易，创新方式方法，有效传播当代中国价值观念，讲好中国故事，传播好中国声音，展示中华文化独特魅力，提升国际话语权，全面提高国家文化软实力。一是积极开展文化外交。构建畅通的政府间文化交流合作机制。以重要外事活动为契机，积极开展对外文化交流。支持在各大洲举办中国文化年（节）等大型文化交流活动，持续提升“欢乐春节”等品牌的影响力。二是加强国际汉学交流和中外智库合作。促进中外智库交流与合作，大力推动国际汉学和中国研究的发展，培养一批青年汉学家、翻译家。举办高端国际文化论坛，积极参与国际文化事务，建立国际文化专家队伍，支持民间智库和社会组织在文化类公约框架下为政府间委员会提供咨询。三是加强与“一带一路”沿线国家文化交流与合作。制定实施文化部“一带一路”文化发展规划。推进与“一带一路”沿线国家的项目援助和专业交流，建设“一带一路”文化遗产长廊，鼓励丰富多样的民间文化交流，发挥妈祖文化等民间文化的积极作用，促进民心相通，夯实民意基础。四是推进海外中国文化中心建设与发展。鼓励地方政府、中资机构等参与中国文化中心建设，多模式建设布局科学、功能完善、规模适宜的海外中国文化中心，筹建中国文化中心总部。为中国文化中心提供高质量项目资源，使中国文化中心成为中华文化传播的综合服务平台。五是大力发展对外文化贸易。构建国际文化贸易合作体系，建立健全双边、多边政府间对话与合作机制。积极参与国际文化贸易规则制定。发挥国家对外文化贸易基地示范作用。引导文化企业和社会资本境外投资，拓展海外文化市场，扩大境外优质文化资产规模。提升民族文化品牌内涵，突出“中国创造”理念，建设核心文化产品资源库。六是深化对港澳台地区文化交流。加强面向港澳台地区青少年的文化交流，促进民族认同、文化认同、国家认同。与港澳特区政府定期签署内地与港澳特区文化合作执行计划，将港澳文化活动纳入国家文化交流平台。把握大势，稳妥推进两岸文化交流合作，推动两岸文化交流机制化进程。

### （六）提升文化保障能力

继续加大文化改革发展的政策、资金、法治、人才、科技等保障力度，进一步落实各项政策措施，有效发挥引导、扶持、激励、规范作用，营造良好的制度环境，确保各项工作顺利推进。一是深入推进文化体制改革。建立健全党委领导、政府管理、行业自律、社会监督、企事业单位依法运营的文化管理体制和富有活力的运行机制。深化文化事业单位人事、收入分配、社会保障、经费保障等制度改革，创新管理运行机制。深化国有文化企业改革，建立健全有文化特色的现代企业制度。培育和规范文化类社会组织。二是加强文化人才队伍建设。健全文化人才发展体制机制，加快各类文化人才成长步伐，实现人才队伍总量稳步增长，结构更加合理，活力不断增强，效能充分发挥，为文化改革发展提供坚强的人才保障和广泛的智力支持。三是加强文化财政保障。进一步健全文化财政保障机制，加大政府投入力度。加大政府性基金与一般公共预算的统筹力度，引导和激励社会力量参与文化建设，建立政府、社会、市场共同参与的多元文化投入机制。推动财政进一步优化完善转移支付机制，重点向贫困地区、革命老区、民族地区、边疆地区倾斜。四是健全文化法律制度。积极推进公共文化服务保障法和文化产业促进法、公共图书馆法、故宫保护条例、古籍保护条例、文化市场综合执法管理条例等重点立法项目进程，修订《文物保护法》等法律法规。建立健全重大决策合法性审查工作制度。建立健全文化领域知识产权保护机制，提升文化领域知识产权运用效益，发挥知识产权对文化创新发展的驱动作用。建立健全文化安全工作机制。五是提升文化科技支撑水平。探索跨部门、跨地区的文化科技融合工作机制，支持社会力量参与文化创新活动。加快文化行业标准和国家标准的制定修订，积极参与国际标准制定。围绕文化发展重大需求，加强文化领域关键共性技术研发，提升文化科技自主创新能力和技术研发水平。发挥企业主体作用，加强技术转移和科技项目成果应用。

（文化部财务司　文化部政策法规司）

2016 Statistical Analysis Report on Cultural Development

# 2016文化发展统计分析报告

# 专题篇

# “十二五”时期我国文化投入情况分析

“十二五”以来，在党中央、国务院的高度重视下，各级党委政府对文化建设的投入力度逐年加大，投入结构不断优化，投入方式有所创新，投入效果比较明显。但总体上看，文化投入总量整体不足，部分领域资金浪费现象依然存在。“十三五”期间，应按照全面建成小康社会的总体要求，进一步采取措施，加大资金保障力度，提高资金使用效能，不断满足人民群众的基本文化需求。

## 一、文化投入基本情况

### （一）文化投入总量持续增长

“十二五”以来，随着国民经济持续快速增长，各级政府不断加大财政资金投入，全国文化事业费①呈现持续快速增长态势，由 2011 年 392.62 亿元增至 2015 年的 682.97 亿元。五年累计投入达 2669.62 亿元，是“十一五”时期的 2.2 倍；年均增长 16.2%，是改革开放以来增长速度较快的一个时期。

图1 “十二五”时期全国文化事业费情况

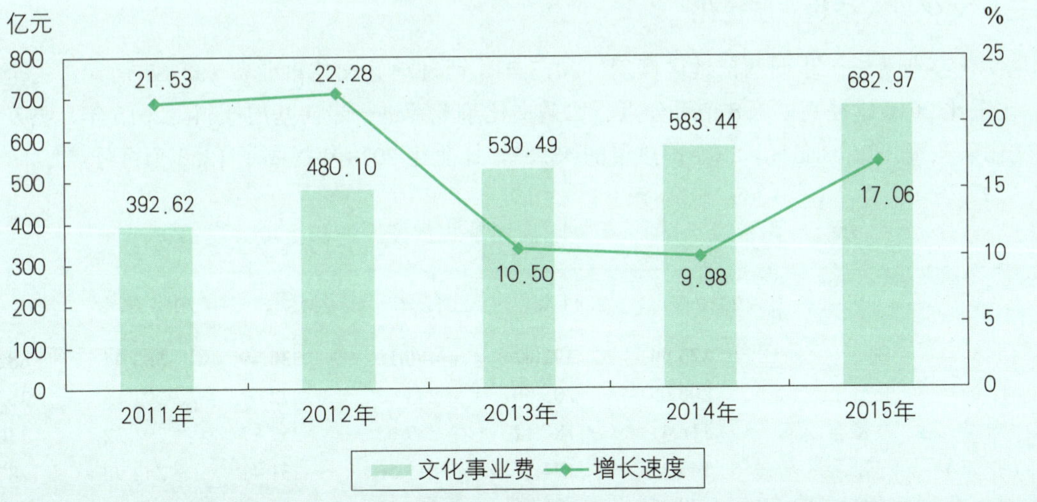


2015 年全国人均文化事业费 49.68 元，是 2010 年的 2.1 倍。其中人均文化事业费较高的五个地区是西藏、上海、北京、青海和天津，均超过了 100 元。

①文化事业费是指各级财政对文化系统所属单位投入的经费总和。根据现行统计口径，文化事业费不包括各级文化行政管理部门的行政运行经费，不包括各单位的基建拨款。

## （二）中央财政资金示范和拉动作用明显

“十二五”以来，中央财政对文化建设的投入力度明显提高，发挥着重要的示范和引领作用。主要体现在两个方面：一是不断加大对文化部本级的投入，五年累计投入 243 亿元，是“十一五”时期的 1.54 倍；二是继续通过转移支付方式，通过实施重大文化工程项目，支持各地文化建设。五年累计投入 222 亿元，是“十一五”时期的 2.22 倍，分主要项目看，“三馆一站”免费开放经费 98.39 亿元，占 45.1%；非物质文化遗产保护经费 29.88 亿元，占 13.7%；公共数字文化建设经费 26.19 亿元，占 12%；地市级公共文化设施建设经费 22 亿元，占 10.1%。

图2 “十二五”期间中央财政文化资金投入情况

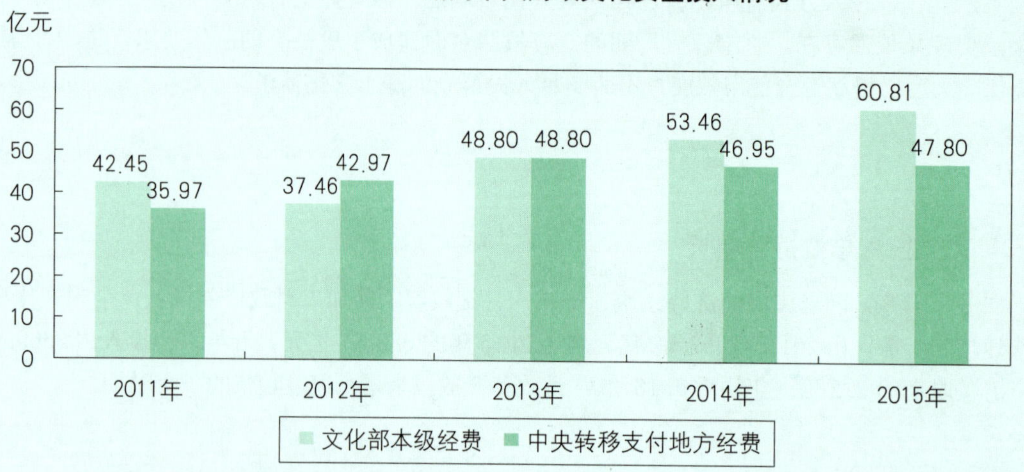


## （三）文化投入结构有所优化

一是文化事业费进一步向西部地区倾斜。2015 年，西部地区文化事业费 193.87 亿元，占全国总量的 28.4%，比重比 2010 年提高了 1.8 个百分点。二是文化事业费进一步向基层倾斜。2015 年，县及县以下文化机构文化事业费 330.13 亿元，占全国总量的 48.3%，比重比 2010 年提高了 12.3 个百分点。

**表 1 2010 年 –2015 年全国文化事业费按城乡和区域分布情况**

| | | 2010 年 | 2011 年 | 2012 年 | 2013 年 | 2014 年 | 2015 年 |
|---|---|---|---|---|---|---|---|
| 总量（亿元） | **全国** | **323.06** | **392.62** | **480.10** | **530.49** | **583.44** | **682.97** |
| | # 县以上 | 206.65 | 205.50 | 243.08 | 272.67 | 292.12 | 352.84 |
| | 县及县以下 | 116.41 | 187.12 | 237.02 | 257.82 | 291.32 | 330.13 |
| | # 东部地区 | 143.35 | 174.18 | 211.56 | 231.41 | 242.98 | 287.87 |
| | 中部地区 | 78.65 | 91.36 | 107.78 | 120.01 | 133.46 | 164.27 |
| | 西部地区 | 85.78 | 108.59 | 139.53 | 152.16 | 171.15 | 193.87 |
| 所占比重（%） | **全国** | **100.0** | **100.0** | **100.0** | **100** | **100.0** | **100.0** |
| | # 县以上 | 64.0 | 52.3 | 50.6 | 51.4 | 50.1 | 51.7 |
| | 县及县以下 | 36.0 | 47.7 | 49.4 | 48.6 | 49.9 | 48.3 |
| | # 东部地区 | 44.4 | 44.4 | 44.1 | 43.6 | 41.6 | 42.1 |
| | 中部地区 | 24.3 | 23.3 | 22.4 | 22.6 | 22.9 | 24.1 |
| | 西部地区 | 26.6 | 27.7 | 29.1 | 28.7 | 29.3 | 28.4 |

### （四）文化投入方式不断创新

为提高财政资金使用效率，各级财政和文化部门在加大投入的同时，遵循文化发展的特点和规律，积极探索转变财政投入方式。一是以实施“三馆一站”免费开放政策为契机，按照健全中央和地方财力与事权相匹配的财政体制的要求，初步建立了中央和地方分级负担的公共文化财政保障机制。二是除直接财政拨款外，文化部会同财政部成立了国家艺术基金，开拓了财政支持文化艺术发展的新平台，实现了文化艺术资助模式的转型。国家艺术基金成立两年来，共立项资助 1121 个项目，资助总额 11.53 亿元。三是推动国务院办公厅转发文化部等 4 部门制定的《关于做好政府向社会力量购买公共文化服务工作的意见》，推进政府购买公共文化服务，引导鼓励社会力量参与文化建设。据了解，目前多数地区出台了意见，公布了目录，特别是在购买公益性演出方面，大多数地区已经对艺术表演团体实行财政补助与演出场次挂钩的动态投入机制，通过购买服务，促进院团改革和机制创新。

### （五）文化投入效果比较明显

“十二五”期间，在财政资金保障下，我国文化建设全面稳步发展，呈现出整体推进、全面提升的良好态势。文化改革发展的基础进一步巩固，环境进一步改善；文化改革发展的成效更加明显，人民群众文化生活更加多彩；对外文化交流活动不断丰富，中华文化影响力不断扩大。据统计，“十二五”期间，全国公共图书馆累计流通人次达到 24.20 亿，是“十一五”时期的 1.7 倍；全国群众文化机构共组织文艺活动 385.5 万场次，是“十一五”时期的 1.5 倍；全国艺术表演团体演出 840 万场，是“十一五”时期的 1.6 倍；国内观众 43.43 亿人次，是“十一五”时期的 1.2 倍。全国文化产业增加值占全国 GDP 的比重由 2010 年 2.75% 提高到 2015 年的 3.82%。

## 二、文化投入存在的主要问题

### （一）文化投入总量依然不足

尽管近年来文化投入稳定增长，但与全面建成小康社会的目标要求相比，与人民群众日益增长的精神文化需求相比，与保护传承和弘扬优秀传统文化的任务相比，文化财政投入整体上总量不高、比重偏低。上世纪 90 年代，文化事业费占财政总支出比重在 0.5% 左右，在 1992 年最高达到了 0.52%，但本世纪以来

图3　全国文化事业费占财政总支出比重

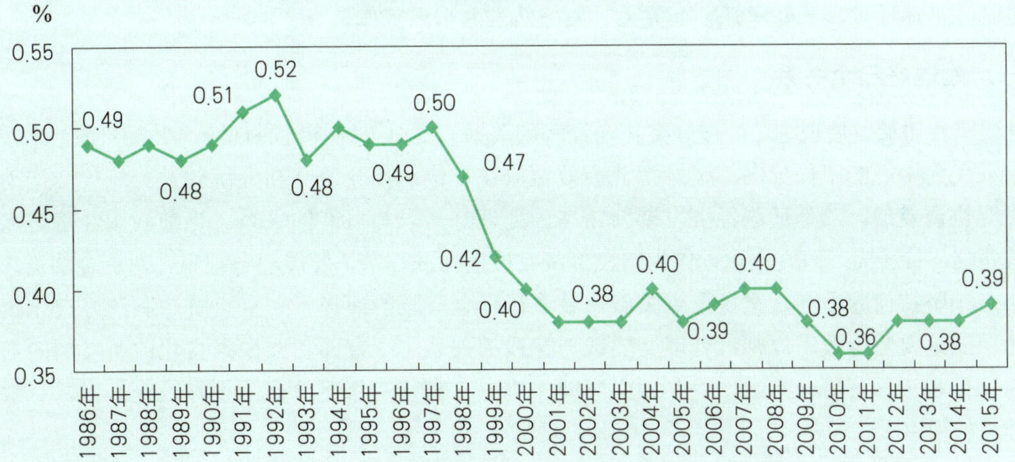

已连续15年徘徊在0.38%左右。2015年，全国文化事业费占财政总支出的比重为0.39%，比重比上年增加0.01个百分点，依然低于0.4%。同时，由于缺乏有效的激励措施，社会力量参与公共文化服务体系建设的积极性也不是很高。投入的不足，造成了现有文化设施普遍落后、文化产品和服务供给水平的不足。如按照国家建设标准，目前全国仍有37.8%的县公共图书馆和46.3%的县文化馆建筑面积达不到国家最低标准。2015年全国图书馆人均藏书量0.61册，低于国际图书联合会人均1.5-2.5册的标准；公共文化产品的新形式、新内容不多，服务方式和服务手段还比较单一，普遍缺乏广大群众喜闻乐见、丰富多彩的文化产品。

### （二）文化投入结构仍不平衡

分城乡看，尽管近几年国家加大了对农村文化建设的投入力度，县及县以下文化单位文化事业费占全国总量的比重整体上也呈现不断提高趋势，但仍然不到一半，农村基层薄弱的问题仍没有得到根本改观。广大农村文化阵地缺失、文化人才缺乏、文化产品缺位等问题，依然是制约构建现代公共文化服务体系的最大“短板”。

分区域看，受经济发展水平、中央支持政策等多种因素影响，中部地区人均文化事业费严重偏低。2015年全国人均文化事业费49.68元，中部地区31.97元，只相当于全国平均水平的64.4%。全国人均文化事业费最低的五个地区分别是河南、河北、安徽、贵州和湖南，大多数为中部地区。

### （三）资金效益问题依旧突出

据调研，在一些地区和一些领域不同程度地存在着文化资金浪费的现象，主要表现在以下几个方面：一是部分地方政府重视前期的设施建设，轻视后期的运行管理，造成了设施的“空壳化”；二是由于人员不足和内容缺乏等原因，造成了公共文化设施利用率不高，公共文化服务效能偏低；三是由于资金管理制度还不完善，监督还不到位，造成部分资金使用不规范甚至被挤占挪用。

## 三、对“十三五”时期文化投入的几点建议

“十三五”时期是我国全面建成小康社会的决定期、全面深化改革的攻坚期和全面推行依法治国的关键期。在这一历史背景下，我国文化体制改革步入深水区，文化交流交融交锋更加频繁，文化发展的任务更加艰巨，文化财政保障所面临的挑战更加巨大。为确保这些任务的完成，必须按照全面建成小康社会的总体要求，根据深入推进依法行政、建立现代财政制度和深化文化体制改革的要求，建立保障标准更加明晰，投入方式更加灵活，投入结构更加合理，监督管理更加严格，绩效评价更加科学，社会参与更加活跃，与国家文化发展战略相配套，具有现代财政制度特征，能够保障文化改革发展各项目标顺利实施的文化财政保障机制。具体地讲，要处理好三个关系、做好四方面重点工作。

### （一）处理好三个关系

一是要坚持协调发展理念，处理好文化与经济的关系。要尊重经济发展规律，更要把握艺术发展规律。要坚持以人民为中心的工作导向，坚持把社会效益放在首位，社会效益和经济效益相统一，推动物质文明和精神文明协调发展。二是适应经济发展新常态，处理好需求与可能的关系。当前我国经济进入新常态，财政收入面临下行压力，但文化建设作为国民经济发展的薄弱环节，发展任务很重，对资金的需求也很大。这就要求必须坚持问题导向，坚持重点突破，着重在资金有限的前提下，重点解决制约好文化改革发展的突出问题。三是要坚持效率原则，处理好要钱与花钱的关系。一方面，要根据文化改革发展的需要，科学谋划新的项目和工程，另一方面，更要加强事前、事中、事后的督促检查，管好钱花好钱，有效保障财政资金的合法使用。

（二）做好四方面重点工作

1. 完善机制，加大投入。要进一步健全文化财政保障机制，加大政府投入力度，并完善文化经济政策，建立政府、市场、社会共同参与的多元文化投入机制。一是要按照基本公共文化服务标准，落实提供基本公共服务项目所必需的资金，保障公共文化服务体系建设和运行；按照新形势下保护传承弘扬优秀传统文化和意识形态领域工作的要求，加大经费投入，切实担负起文化工作在全社会培育和践行社会主义核心价值观的重任。二是要进一步拓展资金来源渠道，通过政府购买、项目补贴、定向资助、贷款贴息等多种手段引导和激励社会力量参与文化建设，建立“政府主导、社会参与”的多元文化投入机制，改变文化投入渠道单一的局面。三是要推动进一步完善文化税收政策体系，加大整体性税收优惠力度，对文化产业和公益性文化单位实行差别税率政策，推动落实关于社会捐赠的税收抵扣和财政资金配比政策。

2. 加强创新，合理配置。要加强文化创新，坚持以人民需求为导向，创新文化服务方式，推动文化财政由“保供给”向“重需求”转变。一是要充分发挥市场在资源配置中的积极作用，建立健全政府向社会力量购买公共文化服务机制，将购买公共服务资金纳入各级政府财政预算，切实引导鼓励社会力量参与文化建设。二是要坚持以人民需求为导向，扩大广大群众在文化建设上的有效参与，按照人民真实文化需求来进行资金配置，进一步加大基层公共化服务体系建设，保障广大人民群众基本文化权益。

3. 保障重点，优化结构。公共文化财政投入应优化支出结构，重点向老少边穷地区和县以下基层地区倾斜，促进城乡均衡、区域均衡和群体均衡。一是要科学划分各级政府文化事权与支出责任。在文化事权上，决策与监督重心适当向中央政府倾斜，管理和执行重心适当下移，强化市县基层政府文化事权的管理和执行责任。在支出责任上，按照市县政府文化支出责任应与财力相匹配的原则，地方文化支出责任适当上移，并根据不同区域、不同层级的具体情况确立合理的经费分担机制。二是要推动各级财政转移支付从粗放投入向精准投入转变，进一步优化完善转移支付体制，加大中央财政和省级财政转移支付力度，重点向革命老区、民族地区、边疆地区和贫困地区倾斜。要以贫困地区为重点，按照中央扶贫攻坚的总体要求，推动文化财政资金向贫困地区基层农村倾斜。三是要根据深化文化体制改革的要求，按照政企分开、政事分开原则，合理确定文化财务工作保障重点领域，推动政府职能转变。

4. 加强管理，提高效益。一是制定文化投入绩效管理考核评价等相关办法，建立健全财政资金监督检查机制，强化绩效评价和监督检查结果应用，建立文化财政资金绩效评价结果与预算安排挂钩等制度，引入第三方评价机制，构建贯穿全过程、覆盖全方位的监管体系，切实遏制文化资金浪费，提高财政资金使用效率。二是要坚持文化设施建设、管理、使用相结合的理念，一方面加大财政资金的支持，逐步改善公共文化设施硬件条件，同时健全公共文化设施建设管理运行机制，遏制奢华文化设施建设，提高公共文化设施的综合效益。三是要进一步夯实统计基础，提高统计工作的及时性和准确性，切实发挥统计工作反映文化发展、服务文化决策、引导文化实践的积极作用。

（文化部财务司）

# “十二五”时期全国公共图书馆事业发展状况分析

公共图书馆作为公共文化服务体系的重要组成部分，在满足城乡居民基本公共文化需求、保障人民基本文化权益等方面发挥了重要作用。“十二五”以来，我国公共图书馆事业取得了积极进展，呈现持续快速发展态势。但是也存在着一些突出问题，需要进一步健全机制、加强管理、提高效能，实现公共图书馆事业的稳定协调发展。

## 一、现状分析

“十二五”以来，《关于加快构建现代公共文化服务体系的意见》和《关于推进全国美术馆公共图书馆(站)免费开放工作的意见》相继出台，一系列重大文化惠民工程稳步推进，公共图书馆服务体系建设成效明显。

### (一) 设施网络逐步健全

“十二五”时期，文化部会同国家发展改革委实施了《全国地市级公共文化设施建设规划》，各地结合当地特点，加大公共图书馆的建设力度，全国公共图书馆的设施水平得到极大改善，基本实现了县以上公共图书馆的全覆盖。2015 年末，全国共有县级以上独立建制的公共图书馆 3139 个，比 2010 年末增加 255 个，增长 8.8%。其中，省级公共图书馆 39 个，地市级公共图书馆 365 个，县级公共图书馆 2734 个。2015 年末，全国公共图书馆房屋建筑面积 1301.5 万平方米，比 2010 年末增加 401.1 万平方米，增长 44.5%，馆均建筑面积达 4146.2 平方米，比 2010 年末增加 1024 平方米，增长 32.8%；平均每万人公共图书馆建筑面积为 94.7 平方米，比 2010 年末增加 27.5 平方米，增长 41.1%；阅览室面积 358 万平方米，比 2010 年末增加 137.4 万平方米，增长 62.3%；阅览室座席数 91 万个，比 2010 年末增加 27.9 万个，增长 44.2%；馆均阅览座席数达 290 个，比 2010 年末增加 72 个，增长 33.0%。

图1 2010年-2015年全国平均每万人公共图书馆建筑面积情况

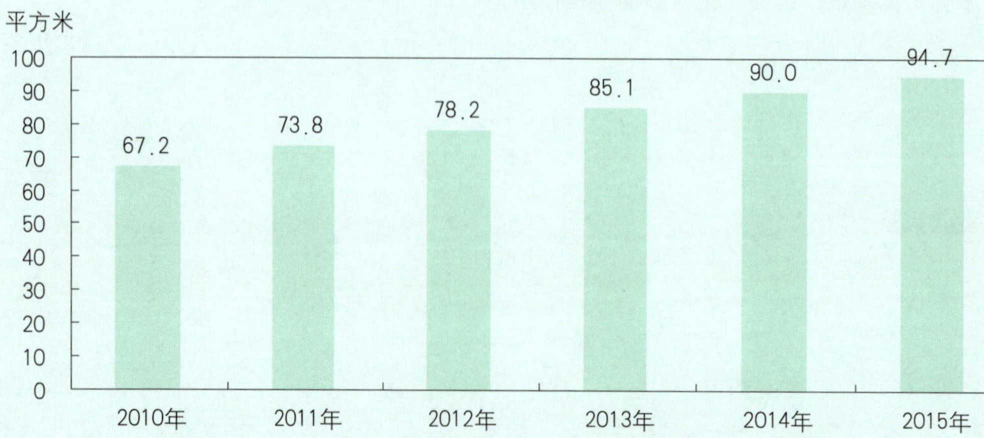

### （二）经费投入持续增加

“十二五”时期，文化部会同财政部实施“三馆一站”免费开放政策，初步建立了中央和地方分级负担的公共文化财政保障机制。五年来，国家共投入“三馆一站”免费开放经费98.39亿元，重点支持中西部地区公共文化机构开展活动。各地在国家的支持引导下，也加大了对公共图书馆的财政保障力度。据统计，2015年，各级财政对公共图书馆财政拨款为127.0亿元，是2010年的2.2倍；财政拨款占图书馆总收入比重为93.4%，比重比2010年提高了3.1个百分点；新增藏量购置费19.7亿元，比2010年增加8.6亿元，增长77.5%；全国人均购书费1.43元，比2010年增加0.6元，增长72.3%。

图2　2010年-2015年全国公共图书馆财政投入情况

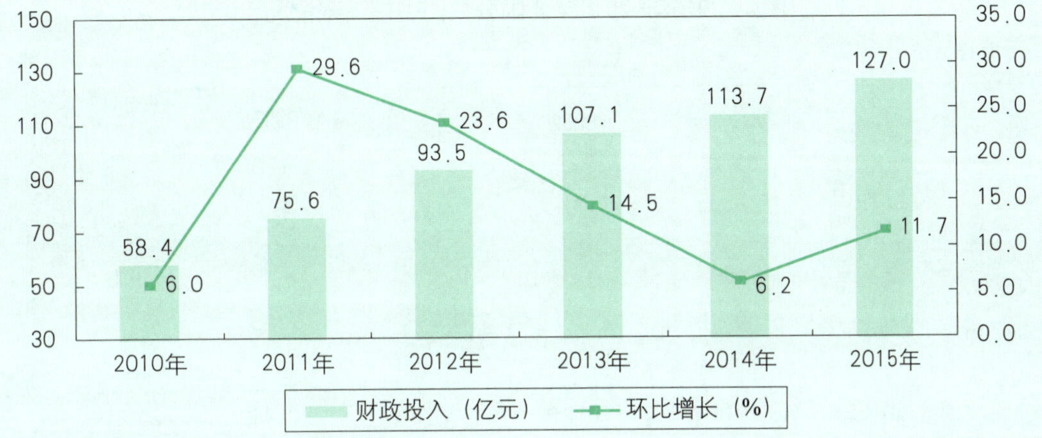


### （三）人员结构不断优化

2010年以来，全国公共图书馆人员结构进一步优化，人员素质逐步提升，为公共图书馆事业发展提供了人才保证。2015年末，全国公共图书馆共有从业人员56422人，比2010年末增加2858人，增长5.3%。其中，中级职称18475人，比2010年末增加1105人，增长6.4%；高级职称5746人，比2010年末增加1338人，增长30.4%。中高级职称人员比重为43.0%，比2010年末提高了2.3个百分点。

图3　2010年-2015年全国公共图书馆从业人员及中高级职称人员情况

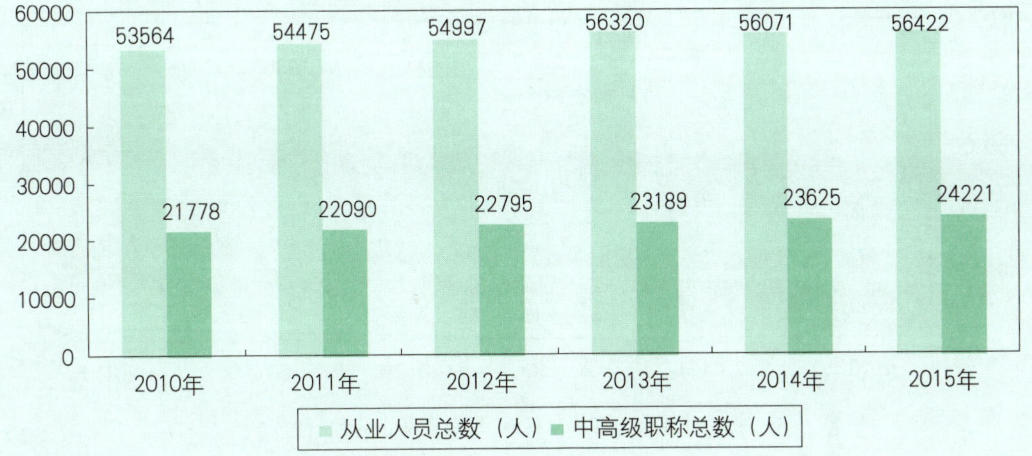

### （四）馆藏资源日益丰富

2015年末，全国公共图书馆总藏量为83844万册（件），比2010年增加22118万册（件），增长35.8%；馆均藏量26.7万册（件），比2010年末增加5.3万册（件），增长24.8%；人均藏量0.61册（件），比2010年末增加0.15册（件），增长32.6%。

新增藏量在馆藏资源中的比重不断提高。2015年，全国公共图书馆新增藏量5151万册（件），比2010年增加2195万册（件），增长74.3%，平均每馆新增藏量由2010年的10249册（件），增加到2015年的16410册（件），新增藏量占总藏量的比重从2010年的4.8%提高到2015年的6.1%。文献资源整合水平不断提升，形成了一批高质量的地方文献资源品牌。

图4　2010年-2015年全国公共图书馆馆藏情况

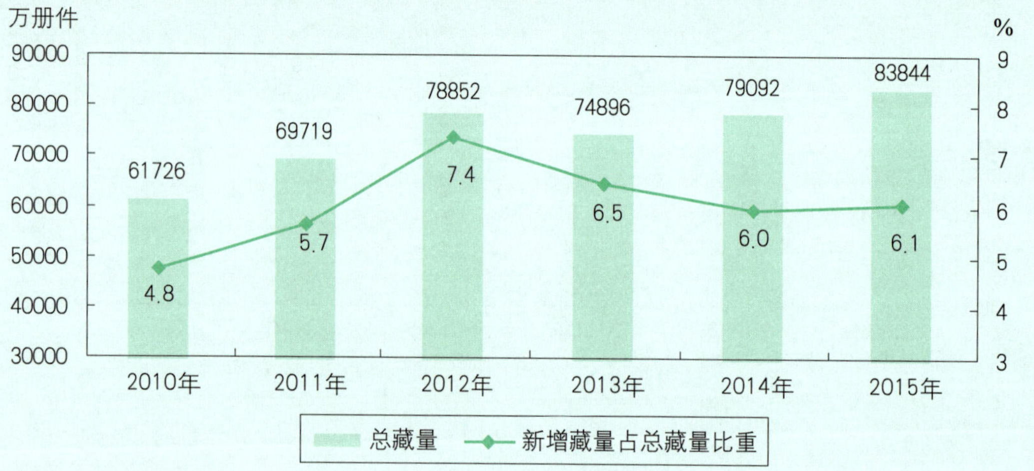


### （五）信息化水平迅速提升

随着全国公共数字文化工程稳步提升，2015年末，全国公共图书馆共有计算机211816台，比2010年末增加69044台，增长48.4%；电子阅览室终端数126702台，比2010年末增加43578台，增长52.4%。

图5　2010年-2015年全国公共图书馆计算机及电子阅览室终端数量情况

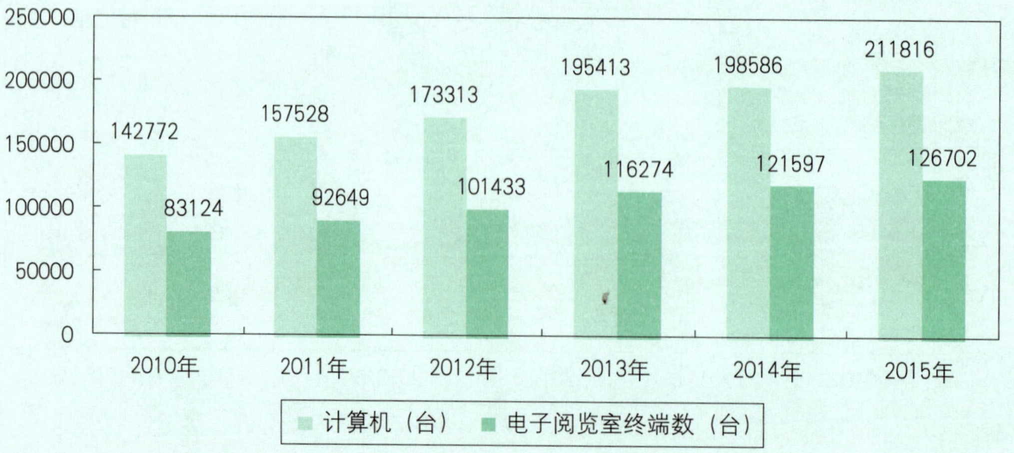

2015年末，全国公共图书馆拥有电子图书83041万册，是2011年末的14.3倍；馆均藏量26.45万册（件），是2011年末的13.4倍；人均藏量0.60册（件），比2011年末增加0.17册（件），增长40.5%。

图6　2011年-2015年全国公共图书馆电子图书情况

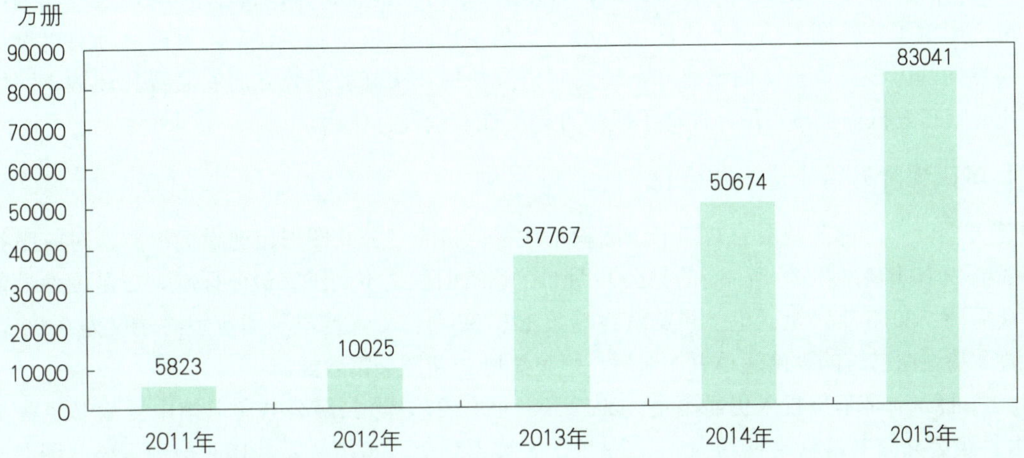


（六）服务水平不断提高

2015年，《关于做好政府向社会力量购买公共文化服务工作的意见》出台，社会力量参与文化建设的积极性进一步提高，各级公共图书馆创新服务方式，拓展服务领域，向社会提供多样化、多层次的服务。2015年，全国各级公共图书馆为读者举办活动11.5万次，比2010年增长90.8%；参加人次5908万，增长115.6%。全国公共图书馆总流通人次达到58892万人次，比2010年增加26069万人次，增长79.4%；书刊文献外借人次为23085万人次，比2010年增加9151万人次，增长65.7%；书刊文献外借册次为50896万人次，比2010年增加24504万人次，增长92.8%。

图7　2010年-2015年全国公共图书馆服务情况

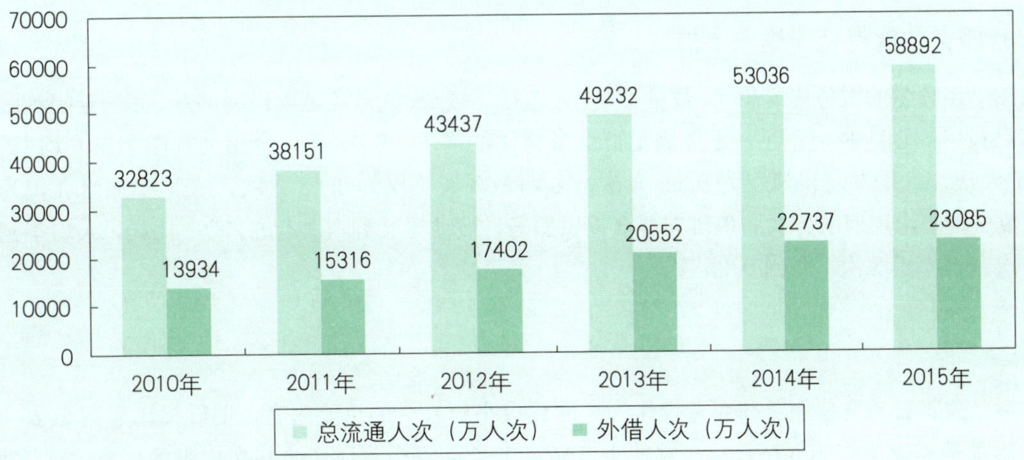

## 二、存在问题

### （一）制度机制有待于进一步健全

一是法律法规政策亟待健全。我国尚未出台公共图书馆方面的法律法规，公共图书馆事业发展缺乏法律保护。针对图书馆业务、管理和服务等方面的标准规范还有所欠缺。缺乏总分馆制、民办图书馆等重点领域的政策，影响了公共图书馆事业的深层发展。二是考核评价机制亟待建立。目前，针对以群众需求与社会效能为导向的考核评价机制尚未建立，缺乏对资金使用、实施效果等方面的监督和评估。评价主体较为单一，社会第三方机构参与不足，评价手段和方式不能有效发挥作用。

### （二）基础保障有待于进一步强化

1. 设施方面。一是部分基层公共图书馆面积不达标。按照《公共图书馆建设标准》，对应服务的城关镇人口，截至 2015 年末，仍有 37.8% 的县公共图书馆建筑面积达不到国家最低标准。二是硬件设备仍然不能满足公众需要。2015 年，全国电子阅览室终端数 126702 台，万人均电子阅览室终端仅为 0.92 台。欠发达地区和城乡基层图书馆的设施建设更加滞后，严重影响公共图书馆效能。

2. 财力方面。一是基层投入仍显不足。2015 年，我国 2734 个县级公共图书馆中无购书经费支出的有 389 个，占县级公共图书馆总数的 14.2%。二是地区发展不均衡。2015 年，我国东部地区公共图书馆购书经费为 11.0 亿元，平均每馆 136.3 万元；中部地区公共图书馆购书经费为 3.7 亿元，平均每馆 32 万元，相当于东部地区的 33.6% 和 23.5%；西部地区公共图书馆购书经费为 3.10 亿元，平均每馆 25.9 万元，相当于东部地区的 28.2% 和 19.0%，地区间差距十分明显。

3. 人才方面。一是高素质从业人员数量不足。2015 年末，全国公共图书馆从业人员 56422 人，其中具备高级专业技术职称的仅占 10.2%。二是基层从业人员数量不足。2015 年，省级图书馆的馆均从业人员为 203 人，地市级图书馆馆均从业人员为 40 人，县级图书馆馆均从业人员为 12 人。基层图书馆从业人员较少，影响了基层公共图书馆事业的发展。

4. 资源方面。公共图书馆资源藏量与满足社会公众读书看报的基本文化需求之间还有很大的差距。根据国际图书馆协会联合会的推荐标准，公共图书馆藏书量应为人均 1.5 册（件）至 2.5 册（件）。2015 年，我国人均拥有图书仅为 0.61 册（件），当年人均新增藏量仅为 0.12 册（件）。针对老年人、妇女、儿童、盲人等特殊群体的图书数量严重不足，目前，14 岁以下人口占总人口的 16.6%，而全国公共图书馆的少儿文献藏量为 7371 万册，占总藏量的 8.8%，严重低于人口比例。

### （三）服务效能有待于进一步提高

公共图书馆提供的服务内容单一，数量不足，可选择性较少，大多还是以借阅书籍、文献查阅等服务为主，对现代信息技术的创新利用不足，不能满足群众多样化的需求。2015 年，全国公共图书馆人均书刊文献外借为 0.17 人次，人均参与讲座仅为 0.09 人次，人均参观展览仅为 0.03 人次，人均参加培训仅为 0.02 人次。大多数机构仍沿用旧的方式和手段向群众提供服务，被动等着群众“走进来”。比如，人均年到馆次数，美国近 6 次，日本近 3 次，我国 0.25 次。

## 三、对策建议

党的十八大将公共文化服务体系建设作为全面建成小康社会的重要内容，明确提出了到 2020 年“公共文化服务体系基本建成”的战略目标。党的十八届三中全会将构建现代公共文化服务体系、促进基本公共文化服务标准化、均等化作为全面深化改革的重点任务之一。为落实党的十八大、十八届三中全会关于公共文化服务体系建设的要求，有针对性地解决我国公共图书馆建设中存在的问题，应从以下几个方面着手，促进我国公共图书馆事业健康发展。一是推动《公共图书馆法》的出台，推动法律尽早颁布、实施，以法律的形式对公共图书馆运行发展所涉及的各方面问题予以调整规范。二是建立健全公共图书馆标准规范体系。完善建设标准，以服务人口为依据，健全公共图书馆设施布局、用地指标、设计规范等建设标准，扩大有效覆盖范围，改善现代化办馆条件；完善服务标准，规范公共图书馆服务项目和服务流程，加强基本服务保障，推进服务创新升级；完善技术标准，加快现代信息技术的普及应用，建立技术实用、传播快捷的服务体系；完善管理评价标准，建立以群众需求与社会效能为导向的监督评价机制。三是全面建立法人治理结构，推广以县级图书馆为中心的公共图书馆总分馆制，因地制宜地通过体系化的分工合作，提升区域内公共图书馆设施、资源与服务的整体效能；推动公共图书馆组建理事会试点工作，吸纳有关方面代表、专业人士、各界群众参与管理，完善决策和监督机制；加强图书馆行业组织建设，赋予其更大的行业管理权和自治权，发挥其在行业自律、行业管理、行业交流等方面的重要作用。四是鼓励社会力量参与公共图书馆事业建设，引导社会力量、社会资本通过兴办实体、捐资捐物、自助项目、赞助活动、提供设备等形式参与公共图书馆服务体系建设；建立捐赠人激励机制，综合采取多项激励政策。鼓励文化基金会、民办非企业文化单位等文化非营利组织明确功能定位、完善内部治理结构、增强公共文化服务效能。五是增加对中西部地区、少数民族地区、边疆地区等地的设施建设和文化惠民工程的专项补助，促进公共文化资源在区域和城乡之间的合理配置，建立和完善“三馆”免费开放工作的长效经费保障机制。六是加强公共图书馆专业人才队伍建设，探索实施社会公开招聘兼职工作人员，完善用人选拔机制，根据业务发展状况动态调整人员编制标准，针对农村和社区基层图书馆员建立系统、长效的培训机制；鼓励各级图书馆建立志愿者队伍，完善志愿者选拔招募、服务管理和激励保障机制，加强对志愿者队伍的培训。七是促进新技术在公共图书馆的应用，不断丰富服务方式和内容，提高公共图书馆的使用效能。进一步促进移动服务、数字电视服务等新技术服务的推广、普及，打造基于新媒体的图书馆服务新业态，提高图书馆服务获取的便捷性；通过流动站、流动车等形式，根据服务人口、面积等指标，建立起灵活便捷的流动服务网络，定期开展流动服务；加强对特定地域、特殊群体的服务，有针对性地开辟服务渠道、丰富服务内容。

（文化部财务司）

# “十二五”时期全国文化馆（站）发展情况分析

文化馆（站）作为我国公共文化服务体系的重要组成部分，通过文艺创作、艺术培训、活动组织等方式，有效地提升了当地群众的文化素质，极大地促进了社会的进步和发展。“十二五”以来，各级党委和政府加强对文化馆（站）建设，有力地推动了我国群众文化事业的健康平稳发展。但从总体上看，文化馆（站）依然存在服务保障能力不足、区域发展不平衡、服务适用性有待提升等困难和问题，需要认真研究加以解决。

## 一、基本情况

近年来，随着我国公共文化服务体系建设深入推进，中央财政持续对包括文化馆（站）在内的公共文化设施建设和管理予以倾斜，我国文化馆（站）设施网络体系进一步完善，经费保障体系日趋成熟，文化活动开展日益丰富，队伍建设水平不断提高，社会效益显著增强。

### （一）设施网络逐渐完善

近年来，我国不断加大基层文化设施建设力度，覆盖城乡的基层公共文化设施网络初步形成。“十五”期间，中央通过财政转移支付4.8亿元资金补助地方1086个县级公共图书馆、文化馆建设项目，基本实现了“县县有文化馆”的建设目标；“十一五”期间，中央又实施了《全国“十一五”乡镇综合文化站建设规划》，投入39.48亿元补助全国2.67万个乡镇综合文化站建设项目，在全国范围内实现“乡乡有文化站”的建设目标；“十二五”期间，中央着力推进地市级“三馆”（图书馆、博物馆、文化馆）建设，共安排中央预算内资金30亿元，对地市级公共图书馆、文化馆和博物馆进行新建或改扩建。截至2015年末，全国共有文化馆（站）44291个，其中文化馆3315个，文化站40976个，基本实现了文化馆（站）的全覆盖。全国平均每万人拥有群众文化设施面积由2010年末的188.60平方米提高到2015年末的279.95平方米，增长48.4%。

图1　2010年-2015年全国平均每万人群众文化设施建筑面积

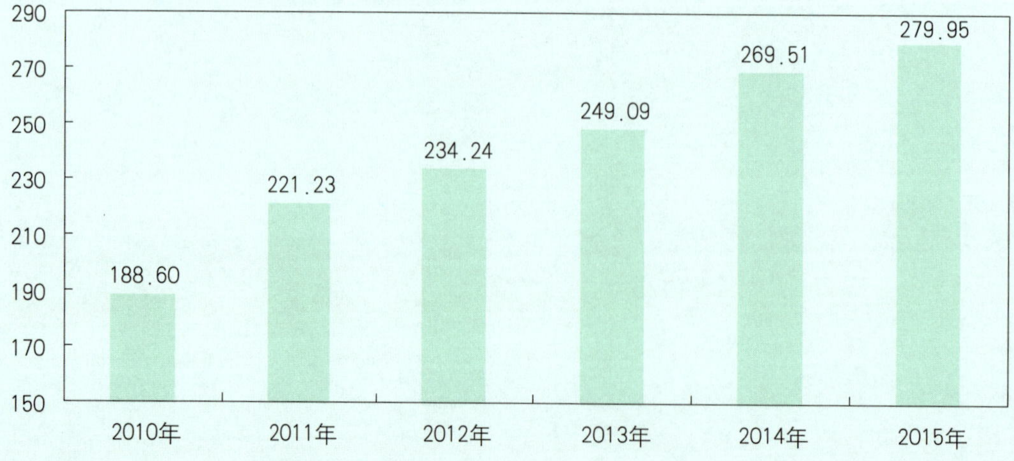

## （二）人才队伍不断优化

近年来，全国文化馆（站）从业人员数量不断增长。2015 年末，全国共有从业人员 173499 人，比 2010 年末增加 32497 人。平均来看，每个文化馆有从业人员 16.7 人，比 2010 年末增加 1.0 人；每个文化站有从业人员 2.9 人，比 2010 年末增加 0.7 人。

从人员结构来看，中高级职称人员占从业人员总数的比重逐年提高，人员素质不断提高。2015 年末，全国各级文化馆从业人员中，具有高级职称的人员 5893 人，占 10.7%；具有中级职称的人员 16898 人，占 30.6%，分别比 2010 年末提高了 1.6 个百分点和 1.1 个百分点。

图2　2010年-2015年全国文化馆从业人员职称所占比重情况

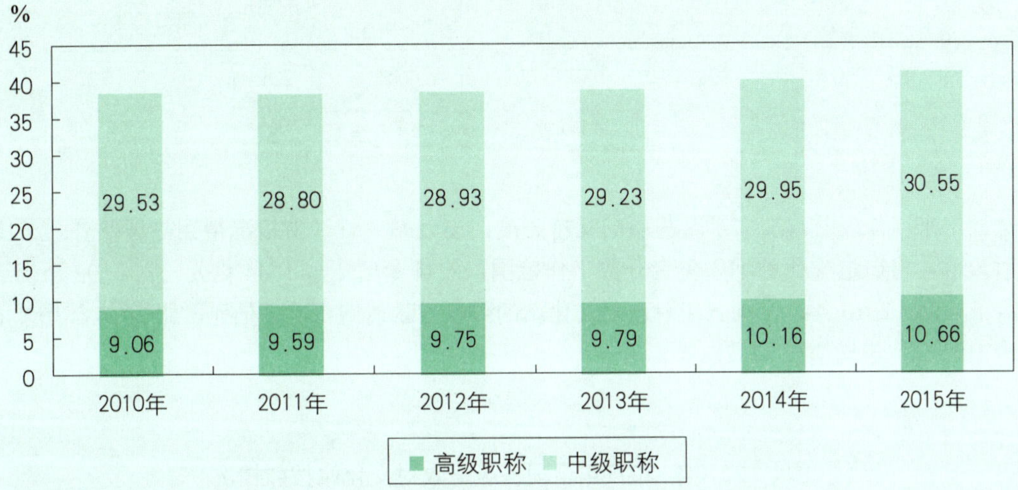


同时，近年来依托基层文化队伍培训基地、公共数字文化重点工程、“三区”人才文化工作者专项等项目的实施，各级文化部门加大了对系统内群众文化人才队伍的培训力度，有效地提升了各级群众文化人才的业务素质与能力。据统计，2015 年全年全国各级文化馆（站）共有 109.58 万人次参加了各类培训。

## （三）经费投入逐年增加

2011 年财政部和文化部联合下发《关于推进全国美术馆、公共图书馆、文化馆（站）免费开放工作的意见》，我国文化馆（站）全部实现免费开放。其中，中央财政按照每个地市级文化馆每年 50 万元、县级文化馆每年 20 万元、乡镇综合文化站每年 5 万元的标准，对中部地区和西部地区分别按 50% 和 80% 的比例予以补助，东部地区实行以奖代补。这标志着国家初步建立了中央和地方分级负担的公共文化财政保障机制，为群众文化事业健康有序发展奠定了坚实的基础。

2010 年，全国文化馆（站）财政拨款总额 80.39 亿元；2015 年各级财政对文化馆（站）财政拨款为 185.64 亿元，是 2010 年的 2.0 倍；财政拨款占文化馆（站）总收入比重为 89.4%，比 2010 年提高了 4.3 个百分点。

图3 2010年-2015年全国各级财政对群众文化机构拨款情况

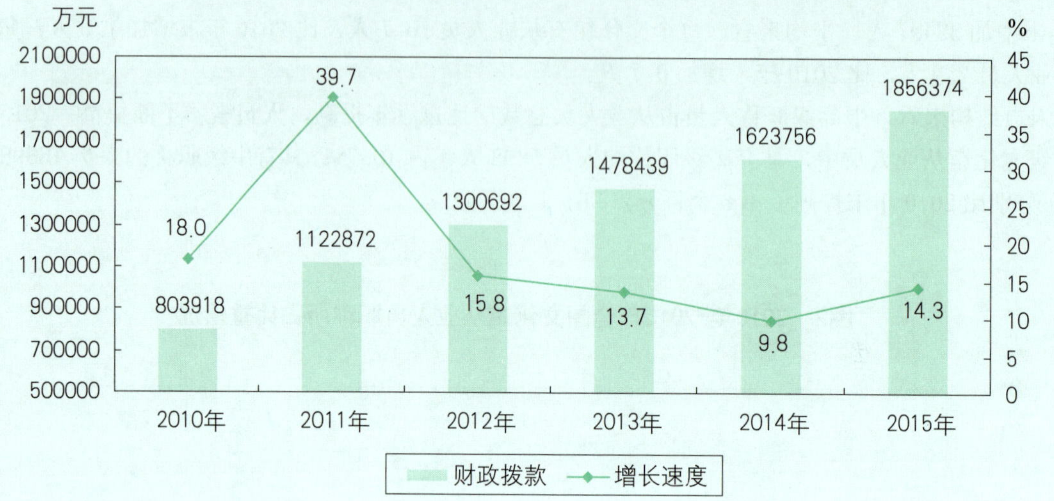


特别是近年来，各级财政加大了对基层的支持力度，文化站运行经费情况得到显著改善。2015 年，文化部会同财政部，将街道文化站纳入免费开放工作范围，安排专项资金 1.44 亿元，对 6602 个街道文化站运行经费给予补助。2015 年，全国各级财政对文化站的财政拨款达到 92.22 亿元，比 2010 年增加 51.34 亿元，增幅达 125.6%，年均增长 17.7%。

图4 2010年-2015年全国各级财政对文化站拨款情况

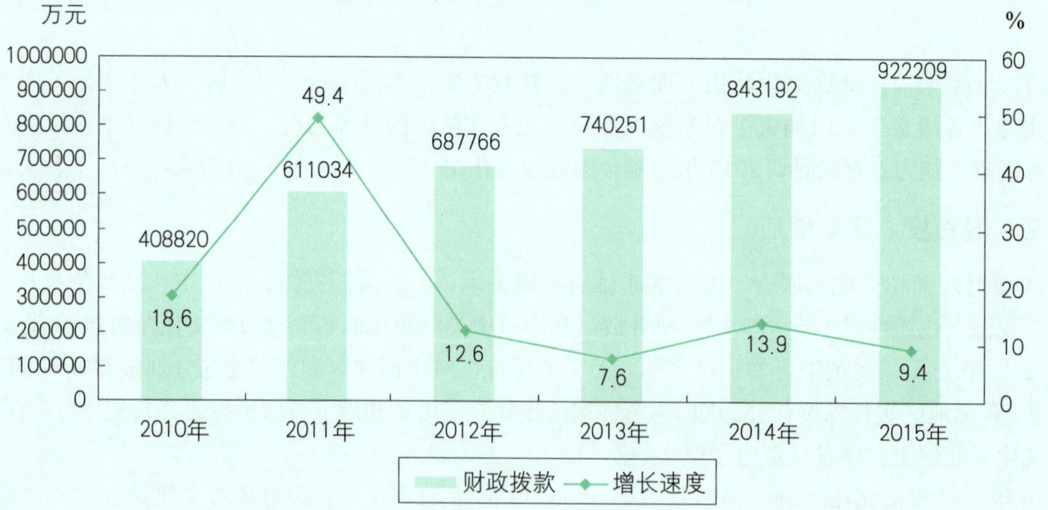


（四）服务资源更加丰富

近年来，在各级政府的高度重视下，文化馆（站）群众文化服务资源更加丰富，资产总额、藏书量以及计算机数量都有较快增长。2015 年，全国文化馆（站）资产合计 365.10 亿元，比 2010 年末增加了 156.58 亿元，增长 75.1%；藏书量 26228 万册，比 2010 年增加 10089 万册，增长 62.5%；拥有计算机数量 361359 台，比 2010 年末增加了 246090 台，增幅高达 213.5%。

### （五）服务手段灵活多样

2010年以来，文化部与中央文明办启动实施了“春雨工程”—全国文化志愿者边疆行活动，有效促进和带动了各地对文化志愿服务的实践与探索。文化志愿服务成为了一种新的文化服务方式，引导更多社会力量参与基层文化服务活动，有效增加了基层公共文化产品供给。据统计，2015年全国各级文化馆（站）共有文化志愿者服务队20354个，文化志愿者66.54万人，有力地拓展创新了公共文化服务领域，进一步保障了基层群众的文化权益。

同时，各级文化馆还积极开展流动文化服务，有效地拓展了文化服务方式与服务范围，获得了较好的社会影响。2015年，全国各级文化馆共有流动舞台车748辆，演出2.38万场次，较2010年增长126.7%，观众人次1650.59万人次，较2010年增长31.5%。

### （六）服务水平进一步提高

随着服务条件的改善，群众文化活动开展日益丰富，组织文艺活动次数、举办训练班班次及举办展览个数都明显增加，社会效益更加显著。2015年，全国文化馆（站）共组织各类活动166.39万次，比2010年末增长56.2%。文化服务惠及54826.25万人次，增长111.1%。

图5 2010年-2015年文化馆（站）开展活动情况

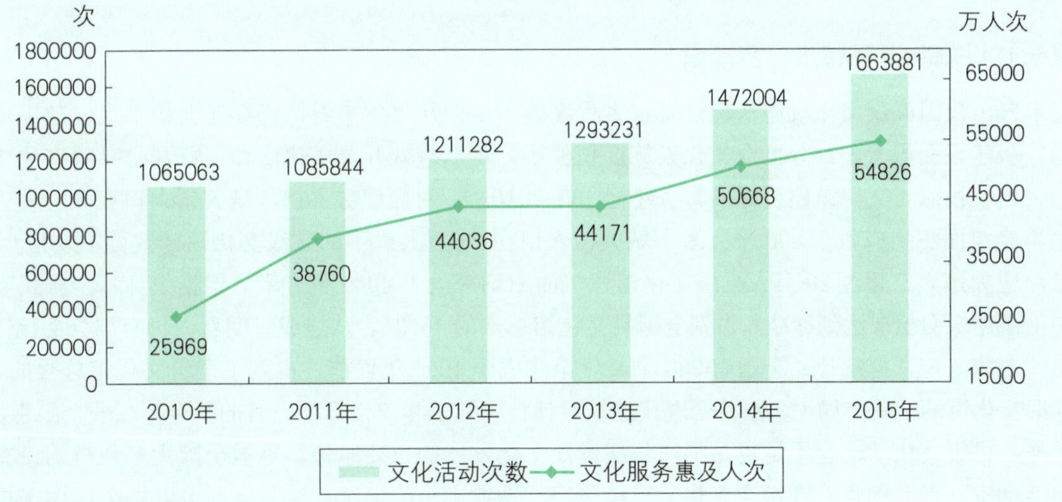


### （七）指导作用有效发挥

全国各级文化馆（站）在开展文化活动的同时，还将培养业余文化队伍作为重要工作任务，加强了对辖区内群众业余文艺团队和村（社区）文化活动室的培训指导，努力打造一支扎根基层、服务群众的群众文化服务队伍。据统计，2015年全年全国各级文化馆（站）共培训业余文化队伍人员1276.39万人次。截至2015年末，全国各级文化馆（站）共指导群众业余文艺团队383151个，241.99万人，指导辖区内村（社区）文化活动室58.21万个，平均每馆（站）指导9.4支群众业余文艺团队和14.2个社区（村）文化活动室。

### （八）乡镇综合文化站主体地位日益凸显

从结构看，乡镇综合文化站组织开展群众文化活动日趋活跃，在丰富群众文化生活、满足群众基本文化权益、促进文化均等化方面的作用十分突出。近年来，全国乡镇综合文化站组织各类活动均占到了群众文化总体比重的一半左右。

表 1 2010 年 –2015 年全国乡镇综合文化站活动情况

| 年份 | 组织文艺活动次数 | | 举办展览 | | 举办训练班 | |
|---|---|---|---|---|---|---|
| | 总量（万次） | 占群众文化总体比重（%） | 总量（万次） | 占群众文化总体比重（%） | 总量（万次） | 占群众文化总体比重（%） |
| 2010 年 | 30.5 | 52.9 | 7.6 | 65.0 | 15.3 | 42.6 |
| 2011 年 | 32.6 | 52.6 | 6.7 | 62.0 | 15.0 | 44.2 |
| 2012 年 | 37.2 | 54.0 | 7.0 | 61.4 | 16.6 | 42.8 |
| 2013 年 | 39.8 | 53.8 | 8.9 | 64.1 | 18.0 | 46.0 |
| 2014 年 | 45.6 | 54.0 | 8.3 | 62.7 | 20.0 | 42.6 |
| 2015 年 | 51.4 | 53.6 | 8.8 | 63.3 | 22.7 | 42.4 |

## 二、存在的问题

### （一）设施状况有待进一步改善

近年来，我国群众文化设施状况已有较大程度改善，但从整体来看，仍存在面积不足、建成年代久远的问题。从建设面积看，部分群众文化设施面积偏小，难以有效开展文化活动。特别是县级文化馆，此问题尤为突出。按照《文化馆建设标准》（建标 136-2010），对应服务人口，城关镇人口在 5 万人以下的县级文化馆建筑面积均应大于 800 平方米，城关镇人口在 20 万人以下的县级文化馆建筑面积均应大于 2000 平方米，城关镇人口超过 20 万人县级文化馆建筑面积均应大于 4000 平方米。但据统计，全国仍有 914 个县级文化馆建筑面积未达到标准，占到全国县文化馆总数的 46.3%。从建成时间看，仍有部分文化馆建成年代久远，设施陈旧。据统计，全国有 980 个文化馆建成于 1990 年以前，占到了全国文化馆总数的 29.6%。这些老旧文化馆的空间布局大多不符合现代建筑设计技术要求和建设标准，有的甚至存在安全隐患。

另外，村级文化活动室不足也是制约基层群众文化发展的重要瓶颈。目前全国大多数村均没有合格的村文化活动室，已有的也存在馆舍老化、设施陈旧、功能不全的情况，这与《国务院办公厅关于推进基层综合性文化服务中心建设的指导意见》提出的“到 2020 年，全国范围普遍建成基层综合性文化设施和场所”的建设目标仍有不小的差距。

### （二）区域发展不平衡

受经济发展水平影响，全国文化馆（站）设施建设存在明显的地域差异。经济发达地区的文化馆数量较多，覆盖较广，经费相对充足，服务资源相对丰富；而经济欠发达地区设施条件十分简陋，经费紧缺，服务资源相对不足。从地域来看，东部地区的群众文化设施面积及人均资源要远高于中西部地区①。2015 年，东部地区平均每万人群众文化设施建筑面积为 388.59 平方米，分别是中部地区和西部地区的 2.03 倍和 1.48 倍。

①西部地区包括的省级行政区共 13 个，分别是四川、重庆、贵州、云南、西藏、陕西、甘肃、青海、宁夏、新疆、广西、内蒙古；中部地区有 10 个省级行政区，分别是山西、吉林、黑龙江、安徽、江西、河南、湖北、湖南、河北和海南；东部地区包括 9 个省级行政区，包括北京、天津、辽宁、上海、江苏、浙江、福建、山东、广东等 9 个省（市）。

表 2　2015 年分区域群众文化设施情况

| 地　区 | 平均每万人群众文化设施建筑面积（平方米） | 人均拥有藏书量（册） | 平均每万人拥有资产总计（万元） |
|---|---|---|---|
| **全　国** | **279.95** | **0.19** | **38.97** |
| 东部地区 | 388.59 | 0.27 | 50.90 |
| 中部地区 | 191.89 | 0.13 | 20.57 |
| 西部地区 | 262.18 | 0.18 | 48.77 |

### （三）业务经费仍显不足

虽然近年来全国文化馆（站）总体收入和财政拨款连年增长，但从经费收入和支出结构来看，业务经费占整个财政拨款的比例偏低，人员工资、设施维护等基本支出占到了经费支出的绝大部分。2015 年，全国各级文化馆（站）支出合计 214.36 亿元，其中业务活动经费仅为 61.41 亿元，仅占支出合计的 28.6%。人员工资支出共计 79.17 亿元，占到了支出合计的 36.9%。

### （四）人才队伍建设仍需加强

尽管群众文化机构人员结构正在逐渐优化，但面对数量众多的服务对象，人才队伍建设仍需加强。以 2015 年乡镇文化站情况为例，全国 34239 个乡镇综合文化站中共有从业人员为 95939 人，其中，专职人员 57841 人，平均每站 1.7 人，仍有 8318 个没有专职人员，占乡镇文化站总数的 24.3%。

### （五）文化服务适用性有待提升

文化设施的服务功能设计、设施设备的配备缺乏专业机构和群众代表参与评估，适用性弱、吸引力低、调整弹性差。如部分基层文化机构花大力气组织的文艺节目，难以得到农村群众的青睐；部分乡镇综合文化站、农家书屋的藏书内容偏离“三农”特点，农民看不懂、用不上，实际效果非常有限。据统计，全国 548 个县级文化馆年服务人口少于 10000 人，占 18.7%；全国 6466 个乡镇综合文化站年服务人口少于 1000 人，占 18.9%。

## 三、有关建议

### （一）进一步完善设施网络

一是按照国家颁布的《文化馆建设标准》，对未达到标准的县级文化馆进行适当改扩建，使全国所有县级地区都建有设施达标、布局合理、功能完善的文化馆；二是按照《中共中央、国务院关于打赢脱贫攻坚战的决定》、《中共中央办公厅、国务院办公厅关于加快构建现代公共文化服务体系的意见》和《国务院办公厅关于推进基层综合性文化服务中心建设的指导意见》的有关要求，启动村级文化活动室建设项目，打通公共文化服务“最后一公里”；三是进一步加强文化馆流动服务，尽快配备流动文化车，为基层开展图书借阅、文艺演出、电影放映等流动文化服务，实现城市社区和农村公共文化服务的资源整合和互联互通。

### （二）建立健全经费保障机制

一是综合考虑物价上涨等因素，适当上浮免费开放补助标准，同时加大对中西部边远、贫困、少数民族地区的倾斜力度；二是健全免费开放工作的绩效评价考核和监督机制，明确奖惩措施，制定具体考核标准和量化指标，定期开展检查督导工作，促进群众文化设施提高服务水平；三是加大政府购买公共文化服务力度，鼓励社会资本参与群众文化建设，拓宽现有资金来源渠道。

### （三）创新文化馆（站）管理机制

一是建立健全法人治理结构，吸纳有关方面代表、专业人士、各界群众参与管理，健全决策、执行和监督机制，促进政事分开和管办分离；二是进一步推进文化志愿者服务，坚持志愿服务与政府服务、市场服务相衔接，构建参与广泛、内容丰富、形式多样、机制健全的文化志愿服务体系，动员更多群众以及专家学者、艺术家等参与到文化志愿服务中来；三是稳步推进文化馆总分管体系，推动各级文化馆通过资源和活动优化整合、共建共享，实现区域内资源与服务流动，促进基本公共文化服务的普遍均等；四是鼓励公民个人、社会团体、社会舆论机构、中介评估机构等采取多种方式，参与评估文化馆（站）绩效评估，逐步形成政府、市场、社会共同参与文化馆（站）服务体系建设的格局，努力构建充满生机与活力的文化馆（站）运行管理体系。

### （四）加强人才队伍建设

一是要充实人员。协调人事部门，切实贯彻中宣部、中编办等六部委《关于加强地方县级和城乡基层宣传文化队伍建设的若干意见》精神，明确核定乡镇综合文化站人员编制，确保每个乡镇综合文化站配备不少于 2 个以上的人员编制，稳定乡镇综合文化站人员队伍；二是要提高素质。建立群众文化从业人员职业资格标准，建立准入制度，明确准入门槛，并加大基层文化工作者的培训力度，特别是业务技能培训，提升基层文化工作者的业务素质和职业技能；三是对工作人员实行岗位管理。做到“按需设岗、按岗聘用、竞争上岗、择优聘用、严格考核”；四是进一步加强文化志愿者服务，拓宽供给渠道，引导更多社会力量参与基层文化服务活动。

### （五）不断提升文化服务水平

一是改进服务方式，充分尊重群众的需求和参与权、表达权，建立健全基层文化需求跟踪反馈机制，建立“自下而上、以需定供”的互动式、菜单式服务方式，多开展群众乐于参与、便于参与的文化活动，提高服务的针对性、满意度；二是积极发挥文化馆（站）的组织、辅导功能，既要将群众吸引到文化设施中开展活动，又要积极“走出去”，送文化下乡、入村，培养一批爱好文艺、具备一定业务素质的基层文化队伍，让基层群众自觉主动加入群众文化建设中去；三是要促进文化与科技融合，广泛采用现代信息技术提升服务能力，加快推进文化馆（站）数字化建设和数字资源建设，形成阵地服务、流动服务和数字服务有机结合的服务模式。

（文化部财务司）

# “十二五”时期贫困地区公共文化发展情况分析

构建中国特色现代公共文化服务体系、实现基本公共文化服务标准化均等化，最艰巨、最繁重的任务在贫困地区。“十二五”以来，贫困地区公共文化服务体系建设取得了积极进展，但也存在基础保障不足、服务效能不高等突出问题。本文依据839个贫困县①公共文化数据，对当前贫困地区公共文化的发展状况进行了分析，并对下阶段公共文化领域扶贫攻坚工作提出了参考建议。

## 一、近年来贫困地区公共文化发展情况

近年来，随着各级政府对贫困地区经济社会发展的高度重视，贫困地区公共文化服务体系建设实现了快速发展。

### （一）机构队伍逐步健全

近年来，文化部会同国家发展改革委，相继实施了乡镇综合文化馆建设规划和县级“两馆”修缮项目。在建设过程中针对贫困地区给予了重点倾斜，贫困地区公共文化基础条件得到显著改善，公共文化机构进一步健全。同时，为了弥补贫困地区人员数量不足、总体素质偏低的问题，文化部实施“大地情深”—国家艺术院团（馆）志愿服务走基层和“春雨工程”—全国文化志愿者边疆行活动两大工程，相继实施了400多个志愿者服务项目，组织1万多名文化志愿者深入边疆民族地区城乡基层，举办各类演出、讲座和展览1200多场，受益群众达百万人次。同时，积极推动 “全国基层文化队伍培训项目”，对各地城乡基层文化干部和业余文化队伍等进行了培训，人员队伍得到切实加强。

表1　2011年–2015年贫困地区公共文化机构情况

| 年　份 | 机构数（个） | 从业人员数（人） | 实际使用房屋建筑面积（万平方米） | 计算机台数（台） |
|---|---|---|---|---|
| 2011年 | 15188 | 49873 | 769.84 | 64223 |
| 2012年 | 15271 | 53082 | 808.30 | 82069 |
| 2013年 | 15475 | 55283 | 826.26 | 99927 |
| 2014年 | 15671 | 59234 | 923.28 | 116631 |
| 2015年 | 15553 | 60982 | 945.06 | 124731 |

①《中国农村扶贫开发纲要（2011—2020年）》确定的六盘山区、秦巴山区、武陵山区、乌蒙山区、滇桂黔石漠化区、滇西边境山区、大兴安岭南麓山区、燕山—太行山区、吕梁山区、大别山区、罗霄山区等区域的集中连片特困地区和已经明确实施特殊政策的西藏、四省藏区、新疆南疆四地州，以及连片特困地区以外的国家扶贫开发工作重点县。

据统计，2015 年末贫困地区公共文化机构[②] 15553 个，比 2011 年末增加 365 个；从业人员 60982 人，增加 11086 人，其中拥有中高级职称 7331 人，占 12.0%，比 2011 年末增长 0.5 个百分点；公共文化设施实际使用面积 945.06 万平方米，比 2011 年增长了 22.8%；公共文化机构计算机 12.47 万台，是 2011 年末的 1.94 倍。

### （二）资金投入持续提升

“十二五”时期，文化部会同财政部印发《关于推进全国美术馆、公共图书馆、文化馆（站）免费开放工作的意见》，初步建立了中央和地方分级负担的公共文化财政保障机制。五年来，国家共投入“三馆一站”免费开放经费 98.39 亿元，重点支持包括贫困地区在内的中西部地区公共文化机构免费开放并开展公益性服务活动。各地在中央资金的支持带动下，也加大了对贫困地区公共文化的财政保障力度。据统计，“十二五”期间，各级财政对贫困地区公共文化机构财政拨款 183.81 亿元，年均增长 11.2%。

图1 2011年-2015年贫困地区公共文化服务财政拨款情况

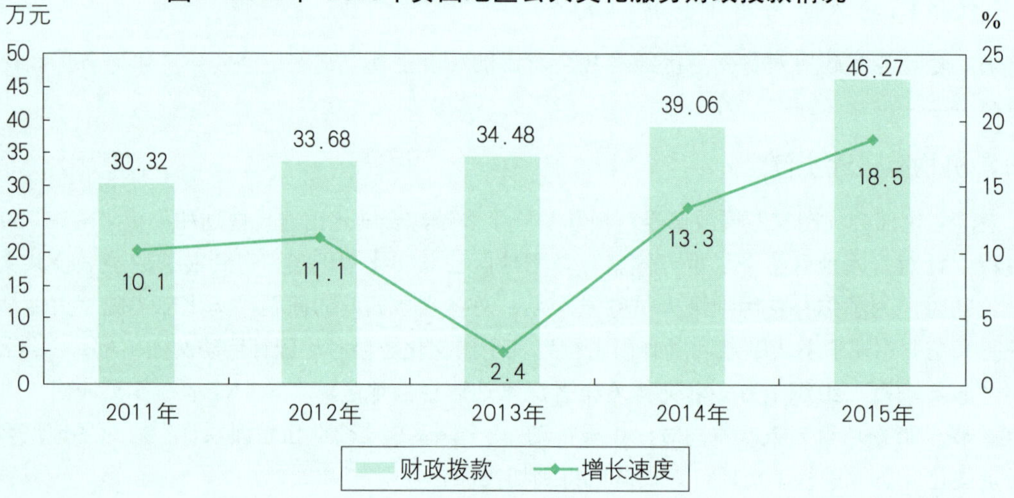


### （三）文化资源日趋丰富

随着资金投入的加强，硬件设施的不断完善，贫困地区文化信息资源日趋丰富。“十二五”期间，贫困地区各类公共文化机构的藏书从 8050.77 万册增加到 10690.06 万册，增长了 7.3%。其中公共图书馆总藏量从 5034.41 万册增加到 5943.26 万册，年均增长 4.2%；文化馆总藏量从 109.86 万册增加到 182.53 万册，年均增长 13.5%，文化站总藏量从 2906.50 万册增加到 4564.27 万册，年均增长 11.9%。

信息技术的发展也为文化信息化服务水平的提升奠定了良好的基础。以图书馆为例，2015 年贫困地区公共图书馆共有电子阅览终端 22632 个，比 2011 年增长 22.1%，电子图书 4587.01 万册，是 2011 年的 47 倍。图书馆网站访问量大幅度提升，2015 年总访问量达到 6431.37 万页次，是 2011 年的 26 倍。

②指公共图书馆、文化馆（站）和博物馆。

**表 2　2011 年 –2015 年公共图书馆电子资源概况**

| 年　份 | 电子图书（万册） | 电子阅览室终端数（台） | 图书馆网站访问量（页次） |
|---|---|---|---|
| 2011 年 | 98 | 18531 | 2505439 |
| 2012 年 | 663 | 19584 | 5556242 |
| 2013 年 | 3197 | 21072 | 14591596 |
| 2014 年 | 4240 | 22377 | 65147518 |
| 2015 年 | 4587 | 22632 | 64313685 |

（四）服务水平显著提高

“十二五”以来，贫困地区的公共文化服务能力不断提升，服务效能不断提高，服务形式更加多元。据统计，2015 年贫困地区公共图书馆总流通人次 3388.22 万人，比 2011 年增长 24.8%；文化馆组织各类文艺演出总服务人次 4376.98 万人，增长 57.8%；文化站组织各类文艺活动总服务人次 5687.61 万人，增长 26.9%；博物馆参观人次 9932.27 万人，增长 58.2%。

图2　2011年-2015年各类文化机构服务人次

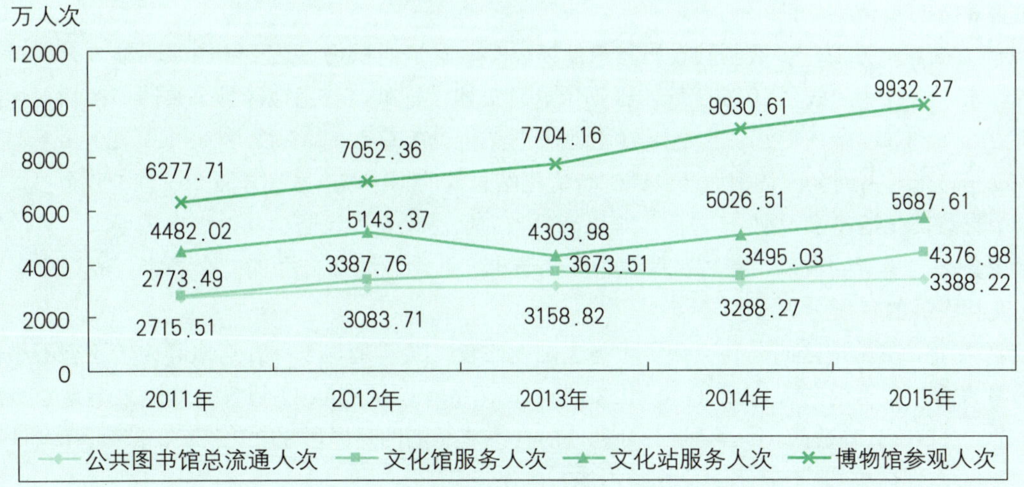


## 二、贫困地区公共文化发展面临的突出问题

尽管贫困地区的公共文化服务有了长足的发展，但是仍然面临诸多需要解决的问题。只有解决好这些问题，才能实现贫困地区公共文化的跨越式发展，实现公共文化服务的均等化。总体来看，当前贫困地区公共文化服务发展面临以下几个突出问题：

### （一）贫困地区政府部门"轻文化"的思想依然普遍存在

通过调研了解到，贫困地区政府往往更多的考虑当地经济发展，有些地区热衷于搞经济、上项目，追求短期目标，认为经济、项目是硬道理，以期通过快速经济增长来达到立竿见影的效果，忽视了文化对推动农村经济和社会全面进步的积极作用，重经济、轻文化的现象比较突出。一些地方领导未能形成文化发展助力脱贫致富的认识，难以从经济与文化协调发展的高度上去认识公共文化服务工作的重要性，对文化工作重视不够、支持不力。

### （二）贫困地区公共文化建设保障机制还比较薄弱

1. 人才方面。相比较各种文化设施的硬件建设不断完善，公共文化管理人才的数量与质量等软件建设却难以与之匹配。队伍不稳定、专业人才缺乏，队伍总体素质不高的问题还比较突出。基层文化人才紧缺已经成为制约我国贫困地区公共文化服务体系建设的关键因素。如何组建一支扎根贫困地区、扎根基层的公共文化服务人才队伍，已经成为解决好贫困地区公共文化服务"最后一公里"的核心问题。

据统计，2015 年贫困地区 13194 个文化站中有 3704 个没有专职人员，占 28.1%；有 4056 个机构没有在编人员，占 30.7%；8524 个没有专业技术人员，占 64.6%。当前乡镇文化干部"在编不在岗、专干不专用"现象普遍存在，基层服务队伍数量短缺、质量不足等问题也使得公共文化服务设施的作用没能得到真正的发挥。

2. 资金方面。尽管近年来贫困地区文化投入稳定增长，但与全面建成小康社会的目标要求相比，与贫困地区人民群众日益增长的精神文化需求相比，与保护传承和弘扬优秀传统文化的任务相比，贫困地区文化财政投入整体上总量不高的问题依旧突出。据统计，2015 年，贫困地区文化事业费为 60.81 亿元，仅占全国文化事业费的 8.9%。

3. 设施方面。一方面，多数基础设施建筑规模偏小，建筑面积仍然达不到国家标准，无法满足当地的文化服务需求。据统计，截至 2015 年底，根据国家有关建设标准，贫困地区县公共图书馆和文化馆不达标的分别有 278 个和 284 个，分别占到全国贫困地区县文化设施总数的 33.2% 和 32.9%；2219 个综合文化站未达到 300 平方米，占到全国贫困地区乡镇综合文化站总数的 16.8%。另一方面，还有 186 个县级公共图书馆和 226 个县级文化馆建于 1990 年之前，难以满足当前信息化布线、防尘、防静电的要求。有的甚至不具备安全保卫条件，珍贵的古籍、善本在保藏中面临防火、防潮、防盗方面的安全隐患，成为严重制约当前贫困地区文化发展的瓶颈。

4. 资源方面。贫困地区的公共文化资源与全国相比较，尤其是与东部发达地区比较还有不小差距。从人均藏书量来看，贫困地区人均拥有藏书 0.22 册，远远低于全国的 0.61 册。人均藏书不足 0.6 册的贫困县达 683 个，占贫困县总数的 81.4%。近三分之一的县不能经常性开展群众文化活动；部分家庭听不到广播、看不到电视、上不了网，群众基本文化权益不能有效保障。

### （三）服务手段单一，服务产品不对路

从目前贫困地区公共文化发展情况来看，公共文化设施闲置浪费，公共文化投入来源分散，公共文化服务手段单一，公共资源没有实现最大社会效益，不能满足贫困地区人民群众的实际文化服务需求。一方面，公共文化服务手段过于单一，服务的手段也仅限于提供文化书籍等，不能满足群众多样化的需求，影响了公共文化设施的有效利用。同时，贫困地区的公共文化建设还在一定程度上也存在"重硬件建设，轻软件管理"的现象，由于缺乏公共文化服务必要的人员和内容，造成公共文化设施闲置浪费现象严重；另一方面公共文化服务忽视贫困地区的阶段性和地域性的特点，提供的文化产品针对性不强，文化服务需求方和文化服务供给方缺少实施对接。一是随着城镇化进程的发展，贫困地区农村居民以留守老人、妇女儿童为主，但是面向农村留守老人、妇女儿童和残疾人等特殊群体的公共文化服务项目和产品严重不足。二是随着公

共文化服务向少数民族地区推进，以少数语言为主要的文化产品和服务需求逐渐增多，现有的文化服务针对少数民族群众的民族语言书籍、影视产品总量仍然不足。三是在扶贫搬迁、城镇化和农村社区化改造过程中，民族民间优秀传统文化资源在消失，非物质文化遗产传承后继乏人。

### （四）服务效能低，服务效果差

尽管近年来在国家大量财政投入的情况下，各类公共文化机构的硬件设施不断完善，但是空心化严重，硬件设施利用率偏低的现状仍然是亟待解决的问题，以图书馆为例，2011 年贫困地区公共图书馆藏书量与实际使用面积比是 53.57，非常接近全国水平，但是到了 2015 年贫困地区这一比例降低到 48.05，已经远低于全国平均水平的 64.42；再以图书馆流通人次与面积比这一数字来看，2011 年贫困地区单位面积流通人次为 28.90，低于全国水平的 41.51，到了 2015 年这一比值与全国的平均水平进一步拉大，贫困地区的比值降为 27.39，远低于全国水平的 46.22。再以文化馆流动舞台车为例，2011 年车均服务人次 2.30 万，为全国水平的 65.0%，到了 2015 年有所改善，但是仍然低于全国水平，为全国平均水平的 76.3%。

## 三、推动贫困地区公共文化发展的对策建议

发展贫困地区公共文化是新阶段扶贫工作的重要工作之一，是满足人民群众日益增长的物质文化需求，全面建设小康社会的必然选择；是提高群众参与度，增强“获得感”的有效途径；是维护社会稳定，促进民族团结的重要保障。为了实现十八大提出的“到 2020 年公共文化服务体系基本建成”的战略目标，切实完善贫困地区的公共文化建设，有针对性地解决贫困地区在公共文化建设中存在的问题，应从以下几个方面着手推动贫困地区的文化建设。

### （一）建立信息对接平台，突出精准性

一方面加强针对贫困地区的文化统计工作，深入调查，了解贫困地区文化发展的人力、物力、财力需求，通过信息平台共建共享机制，推动人才、设施、资金的精准投放，推动文化扶贫项目建设的精准化。另一方面，根据贫困地区不同地域、不同年龄层次、不同文化程度、留守老人（妇女、儿童）等特殊群体的多元化的文化需求差异，利用大数据、云计算等为代表的新兴信息技术，建立文化精准扶贫信息平台，突出文化扶贫的精准性。

### （二）完善沟通协调机制，突出统筹性

纵向上，探索实施公共文化设施总分馆制。以图书馆为例，可以建立以县级图书馆为总馆，乡镇文化站为分馆的县级两级图书馆资源建设、流通、服务网络，形成图书馆统筹管理在总馆，开放借阅在分馆的模式，规范管理，分级运行，定期配送，通借通还。横向上，加强各级文化部门对贫困地区公共文化建设的沟通和协调，确立各级文化部门的主导地位，协调文化、教育、科技、广电等部门的职责，建立联席会议机制，整合资金和资源，形成贫困地区公共文化建设合力。

### （三）引入社会力量参与，突出社会性

进一步落实国务院办公厅《关于进一步动员社会各方面力量参与扶贫开发的意见》，培育多元社会扶贫主体，大力倡导民营企业扶贫、积极引导社会组织扶贫、广泛动员个人扶贫，调动社会各界力量，不断提高加大对贫困地区文化建设的投入水平。探索鼓励社会各界捐赠公共文化事业建设的文化政策，拓宽支持公益性文化事业建设的途径，积极引导社会力量以捐赠、赞助、免费提供设施等形式参与贫困地区公共文化服务。

（四）推动文化产业扶贫，突出实效性

根据贫困地区当地特有的民族、民俗等特色文化资源情况，以当地特色文化为引领，打造当地特有的文化品牌。通过文化产业发展，一方面增强贫困地区文化氛围，提供有助于公共文化发展的良好环境，另一方面提高贫困地区的自我造血功能，增加当地群众收入，扩大就业，缩小贫富差距，从而实现有效脱贫。

（文化部财务司　中央财经大学国家文化创新研究中心）

# “十二五”时期我国公共文化设施利用效率评价

公共文化设施①是现代公共文化服务体系建设的重要内容和基本保障。近年来，随着我国公共文化设施建设进程的明显加快，公共文化设施的利用效率备受社会各界广泛关注。本文利用详实的统计数据和科学的分析方法，对“十二五”期间我国公共文化设施利用效率进行了简要分析。

## 一、公共文化设施利用效率评价指标体系

从对国际上现行对公共文化设施的评价方法看，主要从宏观、中观和微观三个角度展开。宏观评价指标体系如欧洲文化首都评价、欧洲创意指数等，是将区域内公共文化设施利用情况作为总体评价的一个重要组成部分。中观评价指标体系如美国创意活力指数、澳大利亚 CCI 创意城市指数、英国绩效评估考核体系等从政府绩效的角度出发，探讨某个国家或者地区自身的公共文化设施利用效率。微观评价指标体系如英国 YALSA 图书馆评价、中国社科院博物馆评价则从具体实操角度出发，分别针对某个具体的博物馆、图书馆等进行评价。

现阶段国际上对公共文化设施效益评价的重点，已从经济效益和社会效益并重转向社会效益优先，特别是反映公共文化活动参与程度的内容得到重点关注。评价的指标也从单纯的存量指标转向存量指标和增量指标并重。如英国绩效评估考核体系中的 c11b 是反映平均每千人每年新增馆藏指标。

在充分借鉴国外研究成果的基础上，结合我国文化自身发展的现状和特点，从指标体系的科学性、简洁性和可获得性角度出发，我国公共文化设施利用效率评价指标体系的构建可使用“单位面积服务人次（人次 / 平方米）”这一核心指标，并从存量和增量两个角度（绝对效率和弹性系数），对全国和不同领域（包括不同层级、不同地区和不同类型）的公共文化设施利用效率进行度量分析。其含义和计算公式分别如下：

1. 公共文化设施利用绝对效率表示报告期内公共文化设施单位面积所服务的人次。这个指标越高，表示单位面积服务人次越多，公共文化设施利用的效率越高。计算公式为：

绝对效率 = 公共文化设施服务人次 / 公共文化设施面积。

2. 公共文化设施利用弹性系数即公共文化设施服务人次增长率与面积增长率的比值，用来衡量面积增加幅度与服务人次增长幅度的依存关系。计算公式为：

弹性系数 = 公共文化设施服务人次增长速度 / 公共文化设施面积增长速度，增长速度为报告期内年均增长速度。

| 弹性系数 | 内容 | 含义 |
|---|---|---|
| <1 | 服务人次增长速度低于面积增长速度 | 增加设施面积的效果不明显 |
| =1 | 服务人次与设施面积同比例增长 | |
| >1 | 服务人次增长速度高于面积增长速度 | 增加设施面积的效果比较明显 |

①本课题中公共文化设施包括图书馆、文化馆（站）和博物馆。

公共文化设施面积主要通过公共图书馆、文化馆（站）和博物馆的实际使用建筑面积来反映，年度公共文化设施面积取年初建筑面积数与年末建筑面积数的平均值。图书馆的服务人次用公共图书馆总流通人次反映，文化馆和文化站的服务人次用举办各种活动（展览、文艺活动、公益性讲座、培训班）参与人次来反映，博物馆服务人次用博物馆参观人次反映。

## 二、“十二五”时期全国公共文化设施总体利用效率情况

### （一）全国公共文化设施总体利用绝对效率逐步提高，2015 年与 2011 年相比，每平米公共文化设施多服务 1.67 人次

“十二五”时期，全国公共文化设施建筑面积从 2011 年末的 5156.01 万平方米增加到 2015 年末的 7198.77 万平方米，增长 39.6%；服务人次从 2011 年的 123962.12 万人次增加到 2015 年的 191830.19 万人次，增长 54.8%。可以看出，全国公共文化设施建设力度不断增强，整体服务水平不断提高。

“十二五”时期，全国公共文化设施利用的绝对效率为 26.51 人次 / 平方米。分年度看，绝对效率整体上呈现不断提高的趋势。从 2011 年的 25.64 人次 / 平方米上升至 2015 年的 27.31 人次 / 平方米，提高了 1.67 人次 / 平方米，相当于每平米公共文化设施可以多服务 1.67 人次。

图1　全国公共文化设施利用绝对效率

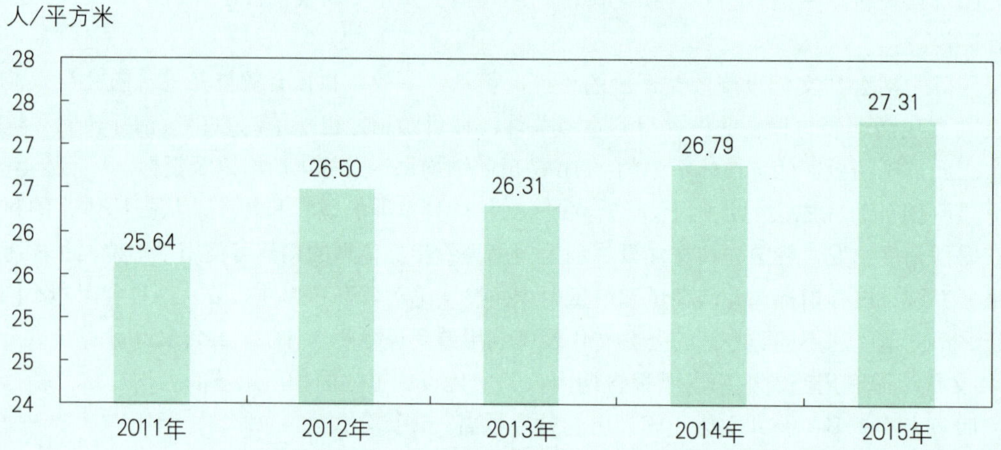


### （二）全国公共文化设施利用弹性系数大于 1，显示公共文化设施建筑面积的增长有效带动了服务人次的增长

“十二五”期间，全国公共文化设施弹性系数平均值为 1.18，大于 1，表明全国公共文化设施服务人次增长速度高于设施建筑面积增长速度，显示设施面积的扩大有效带动了服务人次的增加。分年份看，2011-2012 年弹性系数为 1.31，其后有所回落，到 2014-2015 年弹性系数又回升至 1.28。

图2　全国公共文化设施总体利用效率弹性系数

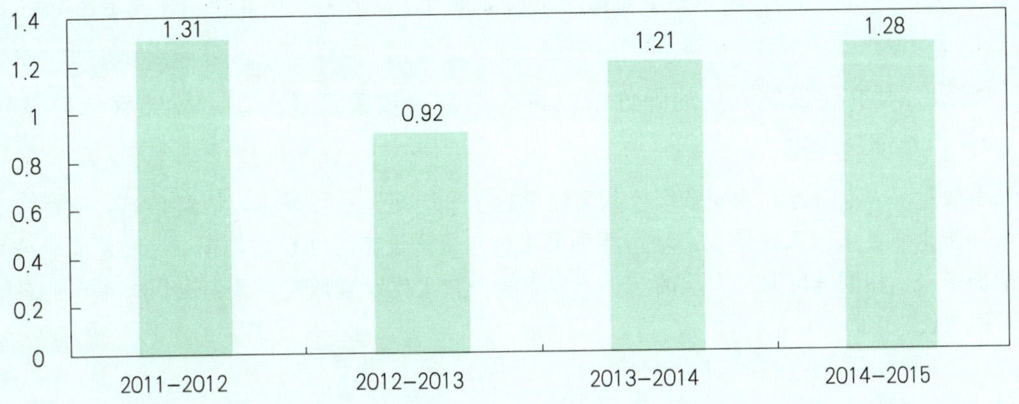


## 三、不同层级公共文化设施利用效率情况

### (一) 层级越高，公共文化设施利用的绝对效率越高，省级公共文化设施利用的绝对效率是乡镇级的 4 倍多

“十二五”时期，省级公共文化设施建设面积从 2011 年末的 369.81 万平方米增加到 2015 年末的 459.46 万平方米，增长 24.2%；服务人次从 2011 年的 12373.12 万人次增加到 2015 年的 19847.03 万人次，增长 60.4%。地市级公共文化设施建设面积从 867.37 万平方米增加到 1243.90 万平方米，增长 43.4%；服务人次从 32534.78 万人次增加到 48453.78 万人次，增长 48.9%。县级公共文化设施建设面积从 1587.81 万平方米增加到 2523.94 万平方米，增长 59.0%；服务总人次从 32534.78 万人次增加到 48453.78 万人次，增长 62.6%；乡镇级公共文化设施（乡镇综合文化站）建设面积从 2274.06 万平方米增加到 2893.42 万平方米，增长 27.2%；服务人次从 21510.04 万人次增加到 31051.09 万人次，增长 44.4%。

“十二五”期间，省级公共文化设施利用的绝对效率最高，五年平均达到 41.85 人次 / 平方米，地市级平均为 40.31 人次 / 平方米，县级平均为 36.87 人次 / 平方米，乡镇级最低，平均为 10.17 人次 / 平方米。

图3　不同层级公共文化设施利用绝对效率

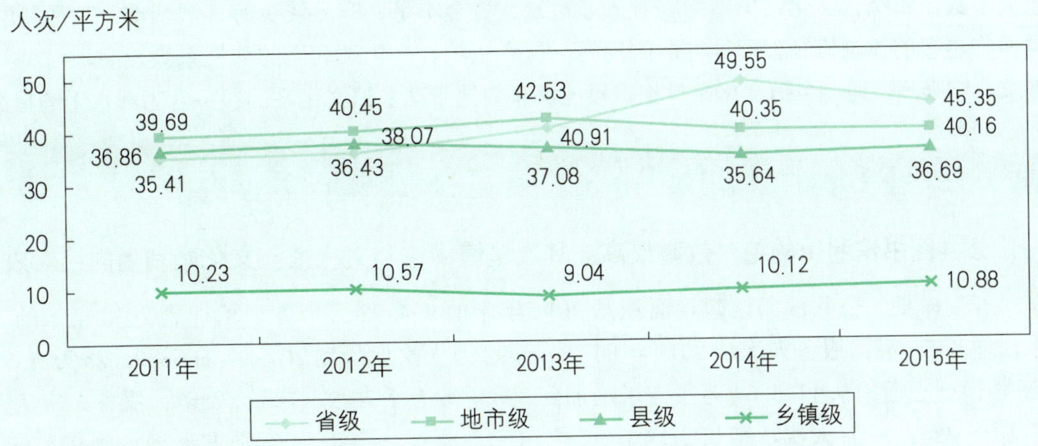

分年度看，省级公共文化设施利用的绝对效率整体上呈现逐渐上升趋势，从35.41人次/平方米提高到45.35人次/平方米。地市级、县级和乡镇级公共文化设施利用的绝对效率相对都比较稳定，地市级基本稳定在40人次/平方米左右，县级基本稳定在36人次/平方米左右，乡镇级基本稳定在10人次/平方米左右。

### （二）省级公共文化设施利用的弹性系数高达2.17，乡镇级是1.21，地市级和县级公共文化设施利用的弹性系数均接近于1

从弹性系数看，“十二五”期间省级公共文化设施年平均弹性系数最高，达到2.17，表明省级文化设施面积的增加带来服务人次大幅增长。地市级和县级公共文化设施弹性系数均在1左右，显示公共文化设施面积的增加带来了相同速度服务人次的增长。乡镇级公共文化设施弹性系数为1.06，显示服务人次增长速度高于面积增长速度。

图4　不同层级公共文化设施利用弹性系数

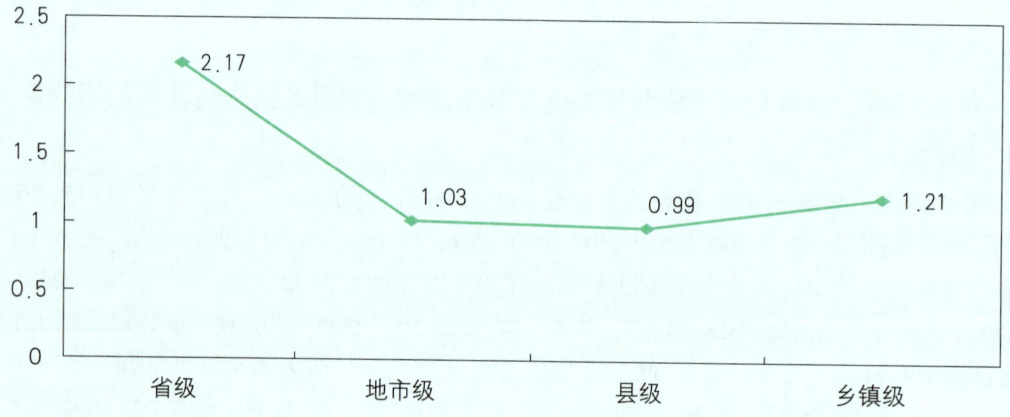


总体上看，层级越高，公共文化设施的利用效率越高。省级公共文化设施利用的绝对效率和弹性系数都处于绝对领先地位，乡镇级公共文化设施利用的绝对效率最低。导致这种现象的原因是多方面的，也具有一定的客观必然性：一是层级越高，区域人口密度相对越大，公共文化设施的辐射潜力越高；且层级越高的人口（尤其是省级和地市级城市人口）文化素质较高，收入水平较高，文化参与热情和参与能力较强。二是当前文化资源依然集中在城市，层级越高的公共文化设施软硬件环境更加完善，设施的管理使用更加到位，而大多数乡镇综合文化站仍然面临着人才短缺、资金不足、产品较少等客观困难。三是基层公共文化单位也面临更多的体制机制管理等方面的问题。但乡镇综合文化站利用的弹性系数较高，也说明基层群众文化需求非常强烈，通过乡镇文化站设施建设能够有效地带动乡镇文化站的服务能力和水平的提高。

## 四、不同类型公共文化设施利用效率情况

### （一）公共图书馆利用的绝对效率最高，其次是博物馆和文化馆，文化站利用的绝对效率最低

“十二五”时期，公共图书馆建设面积从2011年末的994.92万平方米增加到2015年末的1316.76万平方米，增长32.4%；服务人次从2011年的38150.92万人次增加到2015年的58892.25万人次，增长54.4%。博物馆建设面积从1178.54万平方米增加到2033.75万平方米，增长72.6%；服务人次从1859.93万人次增加到2257.04万人次，增长21.4%。文化馆建设面积从708.49万平方米增加到954.85万平方

米，增长 34.8%；服务人次从 17250.48 万人次增加到 23775.17 万人次，增长 37.8%。文化站建设面积从 2274.06 万平方米增加到 2893.42 万平方米，增长 27.2%；服务人次从 32875.67 万人次增加到 54826.22 万人次，增长 44.4%。

“十二五”期间，公共图书馆利用的绝对效率最高，五年平均达到 43.52 人次 / 平方米，博物馆平均为 40.64 人次 / 平方米，文化馆平均为 26.91 人次 / 平方米，文化站最低，平均为 10.17 人次 / 平方米。

分年度看，公共图书馆利用的绝对效率逐年攀升，从 2011 年的 40.26 人次 / 平方米上升至 2015 年的 46.22 人次 / 平方米；博物馆利用的绝对效率整体上缓慢下滑，从 2011 年的 40.26 人次 / 平方米下降至 2015 年的 39.38 人次 / 平方米；文化馆和文化站利用的绝对效率基本保持稳定，文化馆基本稳定在 27 人次 / 平方米左右；文化站基本稳定在 10 人次 / 平方米左右。

**图5 “十二五”时期各类型公共文化设施利用绝对效率**

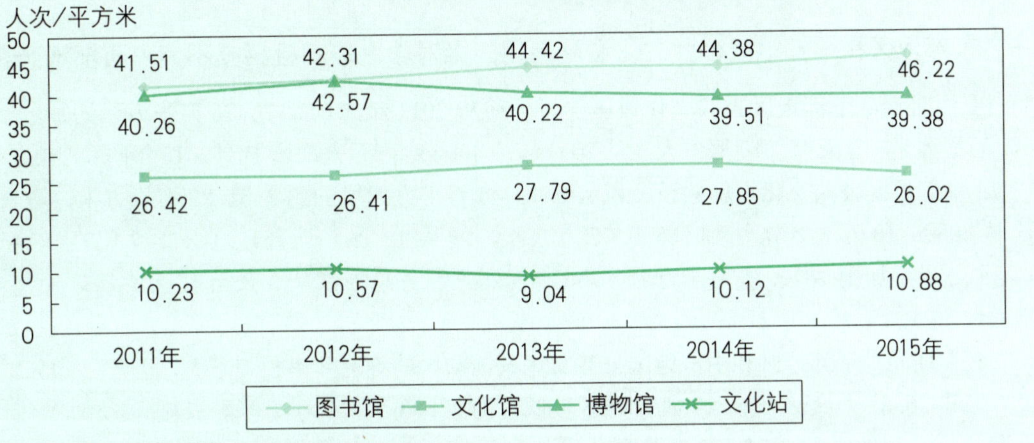


## （二）公共图书馆利用的弹性系数高达 1.49，其次是文化站 1.21，博物馆和文化馆利用的弹性系数均略低于 1

“十二五”时期，公共图书馆设施利用的年平均弹性系数为 1.49，博物馆为 0.90，文化馆为 0.95，文化站为 1.21。博物馆、文化馆利用的弹性系数均略低于 1，显示出这两类公共文化设施服务人次增长速度低于面积增长速度，通过单纯增加面积提高服务人次的效果不佳。

**图6 不同类型公共文化设施利用弹性系数**

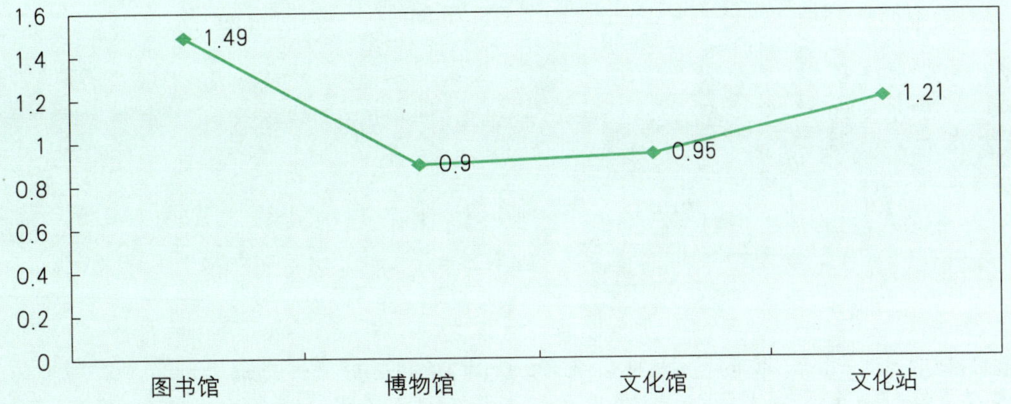

总体上看，公共图书馆利用的绝对效率和弹性系数都是最高的，说明公共图书馆的利用效率处于领先地位，增加公共图书馆建设规模的效果也是最优的。究其原因，有以下几个方面：一是影响不同类型公共文化设施利用效率的主要因素不同，影响公共图书馆利用效率的主要因素是馆藏图书，影响文化馆和文化站服务效率的主要因素是文化专业人才，影响博物馆服务效率的主要因素是文物藏品。相对而言，公共图书馆馆藏图书的增加和更新是比较容易的，而文化专业人才和文物藏品的增加比较困难，公共图书馆的利用效率可以短期内迅速提高。二也受益于公共图书馆近年来数字化进程的大力推进，新型阅读空间和阅读方式为公共图书馆的发展带来的新的生机。博物馆和文化馆利用的弹性系数小于 1，显示近年来其服务人次增长速度已经低于建筑面积增长速度，单纯增加这些设施的建筑面积已经无法带来服务人次的同水平增长。如何有效利用现有的设施资源，提高设施的综合服务能力是值得研究的重要课题。

## 五、不同区域②和省份公共文化设施效率情况

### （一）东部地区和中部地区公共文化设施利用的绝对效率较高且相差不大，西部地区相对较低

"十二五"时期，东部地区公共文化设施建设面积从 2011 年末的 2176.25 万平方米增加到 2015 年末的 3081.69 万平方米，增长 41.6%；服务人次从 2011 年的 49924.86 万人次增加到 2015 年的 83242.34 万人次，增长 66.7%。中部地区公共文化设施建设面积从 1602.36 万平方米增加到 2161.28 万平方米，增长 34.9%；服务人次从 39844.18 万人次增加到 56559.75 万人次，增长 42.0%。西部地区公共文化设施建设面积从 1320.44 万平方米增加到 1877.75 万平方米，增长 42.2%；服务总人次从 31884.47 万人次增加到 49382.78 万人次，增长 54.9%。

"十二五"期间，东部地区和中部地区公共文化设施利用的绝对效率相差不大，五年平均分别为 26.22 人次 / 平方米和 26.67 人次 / 平方米。西部地区较低，为 23.93 人次 / 平方米。

分年度看，东部地区和西部地区公共文化设施利用绝对效率均呈现稳步提升态势，其中东部地区从 2011 年的 24.12 人次 / 平方米上升至 27.90 人次 / 平方米，西部地区从 2011 年的 23.54 人次 / 平方米上升至 2015 年的 24.47 人次 / 平方米。中部地区公共文化设施利用绝对效率年度间有所波动，整体上从 2011 年的 27.00 人次 / 平方米略回落至 2015 年的 26.79 人次 / 平方米。

图7 东、中、西部文化设施利用绝对效率

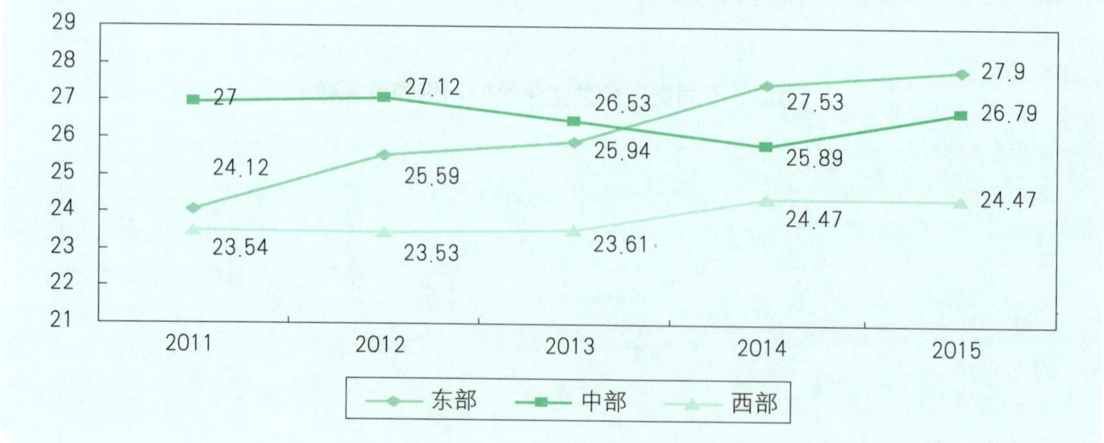


②根据国家发改委关于东部、中部、西部的分类，东部 8 省（市）包括北京、天津、上海、江苏、浙江、福建、山东、广东；中部 11 省包括以及东北地区的辽宁、吉林和黑龙江、河北、山西、安徽、江西、河南、湖北、湖南、海南；西部 12 省（区、市）包括内蒙古、广西、重庆、四川、贵州、云南、西藏、陕西、甘肃、青海、宁夏和新疆。

分省份看，“十二五”时期，公共文化设施利用的平均绝对效率排名前五位分别是广西、湖南、上海、重庆、河南，并无明显的区域差别。排名后五位的分别是西藏、内蒙古、山西、青海和新疆，大多数为西部少数民族地区（见附表）。

（二）东部地区公共文化设施利用弹性系数为 1.42，中部地区略低于 1，西部地区略高于 1

从弹性系数来看，“十二五”时期，东部地区公共文化设施年均弹性系数最高为 1.42，中部地区为 0.98，西部地区为 1.06，显示中部和西部地区公共文化设施面积增长速度与带来服务人次增加长速度基本持平，目前中、西部地区公共设施面积增加带来的服务人次增加作用并不显著。相比较而言，西部地区增加面积带来的服务人次增加作用要略优于中部。

分省份看，“十二五”期间，公共文化设施利用弹性系数居前五位的是海南、福建、青海、浙江、山东五个地区。北京、河北、辽宁、吉林、安徽、湖北、重庆、贵州、陕西、宁夏 10 个地区弹性系数低于 1，反映这些地区公共文化设施服务人次增长速度已经低于设施面积的增长速度。

总体上看，东部地区和中部地区公共文化设施利用的绝对效率相差不大，在一定程度上说明各地公共文化设施利用效率与经济发展水平之间并没有必然的联系（如绝对效率排名靠前的广西、湖南、重庆和河南等地经济实力并不靠前）。西部地区特别是新疆、内蒙古和西藏三个民族自治区公共文化设施利用效率偏低，在很大程度上受人口密度相对较小影响。另一方面，中西部地区公共文化设施利用弹性系数不高，说明中西部地区公共文化设施的转化利用效率较低，如何协调处理好公共文化设施的建设管理和使用，促进公共文化在区域间的均等化仍是当前公共文化服务体系建设的一项重要内容。

## 六、几点结论

（一）现阶段，我国公共文化设施投入整体上对服务人次提升的作用比较显著，公共文化设施建设仍有很大空间

“十二五”时期全国公共文化设施绝对效率 26.51 人次 / 平方米，年度之间呈现逐步提高态势；“十二五”时期全国公共文化设施弹性系数为 1.18，明显大于 1，显示全国公共文化设施服务人次增长速度要高于建设面积增长速度。可见公共文化设施面积的增长，对服务人次的提升作用显著，公共文化设施建设仍有很大空间。

（二）不同领域公共文化设施利用效率呈现强者更强的特点

受多种因素的影响，不同领域（不同层级、不同类型、不同区域）公共文化设施利用效率差异较大。但从具体指标看，绝对效率和弹性系数呈现较强的一致性，绝对效率较高的领域，其弹性系数一般也比较高。如类型分组中的公共图书馆、层级分组中的省级公共文化设施和区域分组中的东部地区公共文化设施都呈现全面的领先地位，这也在一定程度上反映了现阶段我国公共文化资源的相对集中，表明加大这些领域的设施投入将实现较大幅度的服务人次增长。

（三）兼顾效率与公平，进一步加大对基层和中西部地区投入，推进基本公共服务均等化

从效率的角度看，公共文化设施应投向绝对效率和弹性系数较高的领域；从公平角度看，当前我国公共文化服务体系建设还处在区域不均衡、城乡不均衡的发展阶段，公共文化设施应着重对目前较落后的基层地区、老少边穷地区予以倾斜。以下几个领域应是当前公共文化设施投入的重点：一是乡镇级（包括村级）公共文化设施。尽管绝对利用效率不高，但弹性系数较高，表明通过基层公共文化设施的建设能够有效增加服务能力和水平。二是西部地区公共文化设施。虽然其绝对利用效率也不高，但弹性系数超过了中部地区，表明加大西部地区公共文化设施建设效果也较为明显。

### （四）因地制宜，不断提高公共文化设施利用效率

影响公共文化设施利用效率的因素是多方面的，既有自然环境、人口密度和文化传统等方面的客观原因，也有人力、财力、物力等方面的保障制约，更有体制机制管理等方面的主观因素。因此，针对不同领域，应因地制宜，针对短板，采取不同的措施。如针对弹性系数小于 1 的领域，应在保证硬件投入的同时，更多地注重其软件环境的改善。针对人口密度较小的边疆地区和农村地区，应在保证设施体系健全的基础上，更注重流动设施和数字设施的建设。

（文化部财务司　中央财经大学国家文化创新研究中心）

2016 Statistical Analysis Report
on Cultural Development

# 2016文化发展统计分析报告

# 地区篇

# 北京市 2015 年文化发展情况分析

2015 年是“十二五”规划的圆满收官之年。一年来，全市文化系统深入贯彻落实党的十八大和十八届三中、四中、五中全会精神，认真落实市委、市政府的决策部署和工作要求，坚持和强化首都城市战略定位和京津冀协同发展要求，适应新常态、新形势，坚持以人民为中心的工作导向，大力推动文化改革发展，各项工作取得了新的进展和成效。

## 一、机构、人员、经费总体情况

### （一）机构人员不断增加

截至 2015 年底，纳入统计制度的全市文化行业共有产业机构 3177 个，从业人员 72232 人， 由于行业管理的需要，文化市场经营单位范围的不断调整，机构数和人员数分别与 2014 年相比增长幅度较大。与“十一五”末期相比，产业机构总量增加了 724 个。2015 年文化部门所属单位 435 个，占到机构总数的 14%，从业人员 8217 人，与 2014 年相比保持平稳态势。

表 1　2013 年 –2015 年机构、人员情况

| | 机构（个） | | | 从业人员（人） | | |
|---|---|---|---|---|---|---|
| | 2013 年 | 2014 年 | 2015 年 | 2013 年 | 2014 年 | 2015 年 |
| 总计 | **2746** | **2758** | **3177** | **36551** | **29701** | **72232** |
| # 文化部门 | 423 | 430 | 435 | 8055 | 8028 | 8217 |

### （二）文化产业增加值快速增长

在“十一五”基础上，“十二五”期间由于文化行业发展趋势的变化，文化产业的单位数量不断增加，使得文化产业增加值继续保持增长势头，由 2010 年的 20.7 亿元，增长到 2015 年的 109.6 亿元，5 年间增长了 5 倍。

### （三）文化投入经费小幅增长

2015 年全市文化单位总收入（扣除基建拨款，下同）为 45.00 亿元，其中文化事业费（不含基建拨款，下同）27.58 亿元，同比增长了 7.6% 和 10.6%。

从人均数据看，2015 年北京市人均文化事业费达到 127.08 元，排名全国第 3 位，与 2014 年相比，人均费用增长了 10%，排名持平。相比“十一五”末期文化事业费增长了 71%，人均文化事业费增长了 54%，文化投入的逐步增长，为全市文化的发展与繁荣打下坚实的基础。

表 2　2013 年 –2015 年经费情况

| 年份 | 总收入（亿元） | 文化事业费（亿元） | 文化事业费占财政支出比重 | | 人均文化事业费 | |
|---|---|---|---|---|---|---|
| | | | (%) | 全国排位 | （元） | 全国排位 |
| 2013 年 | 39.78 | 24.46 | 0.59 | 4 | 115.66 | 2 |
| 2014 年 | 41.82 | 24.94 | 0.55 | 3 | 115.91 | 3 |
| 2015 年 | 45.00 | 27.58 | | | 127.08 | 3 |

从分功能区看，城市功能拓展区常住人口占到了全市常住人口的 49%，人均文化事业费 40.42 元，在四个功能区中最低。人口的相对集中，拉底了城市功能拓展区的人均文化事业费。

表 3　2015 年分功能区人均文化事业费情况

| 区 | 常住人口（万人） | 人均文化事业费（元 / 人） | 人均文化事业费比 2014 年增长（%） |
|---|---|---|---|
| 首都功能核心区 | 220.3 | 167.08 | 0.7 |
| 城市功能拓展区 | 1062.5 | 40.42 | 9.3 |
| 城市发展新区 | 696.9 | 60.83 | -2.5 |
| 生态涵养发展区 | 190.8 | 143.33 | 24.3 |

### （四）重点文化设施建设稳步推进

北京文化活动中心建设项目顺利开工建设；北方昆曲剧院院址改建稳步推进；中和戏院、广和剧场、吉祥戏院等老字号演出场所的重建、改造、修缮工程也在稳步推进；同时农村文化设施建设继续推进，街道（乡镇）文化中心新增设施 12 万平方米，全市四级文化设施建有率达到 98%。

## 二、着力推动文艺创作，持续繁荣首都舞台

### （一）艺术表演团体总体情况

截至 2015 年底，全市共累计审批艺术表演团体 640 家，全年共演出 21321 场，国内观众 1134 万人，演出收入 5.5 亿元（含中央及其他部委、市区属、社办团）。

表 4　2015 年艺术表演团体基本情况

| 指标 | 单位 | 合计 | 中央及其他部委 | 市属 | 区属 | 社会办团 | 部队院校 |
|---|---|---|---|---|---|---|---|
| 机构数 | 个 | 640 | 17 | 12 | 7 | 587 | 17 |
| 演出总场次 | 场次 | 21321 | 3256 | 7851 | 869 | 9345 | |
| 国内演出观众 | 万人次 | 1134 | 400 | 369 | 27 | 338 | |
| 演出收入 | 万元 | 55329 | 28908 | 21582 | 402 | 4437 | |

备注：1. 社办团机构数，为历年累计审批数。
2. 社办团数据延用 2011 年数据。

### （二）整合市属演艺资源

12 家专业院团在弘扬优秀传统文化中发挥主力军作用，全年共演出 7851 场，比上年减少了 12%，国内观众 369 万人，演出收入 2.2 亿元，比上年增长了 1%。

**表 5　市属艺术表演团体 2015 年、2014 年主要指标对比情况**

| 指标名称 | 单位 | 2015 年 | 2014 年 | 同比增长（%） |
|---|---|---|---|---|
| 机构数 | 个 | 12 | 11 | —— |
| 演出场次 | 场次 | 7851 | 8961 | -12 |
| 国内演出观众 | 万人次 | 369 | 389 | -5 |
| 演出收入 | 万元 | 21582 | 21292 | 1 |

市属各院团积极开展精品剧目展演、公益惠民服务演出、戏曲传承演出等重点活动。北京京剧院举办第三届青年京剧演员擂台邀请赛、“裘韵流芳·戎耀百年”、纪念谭元寿先生舞台生活八十周年座谈会以及新编历史剧和经典现代戏展演等一系列活动；北京交响乐团在坚持举办高水平交响乐音乐季的基础上，开展“进校园、下基层”公益演出，为广大学生、普通民众普及高雅艺术，同时积极推动在保利院线全国巡演，努力开拓商业性演出市场；北方昆曲剧院积极开展昆曲系列传承活动，与河北省霸州市共建“昆曲传承培训基地”，参加第六届中国昆剧艺术节、“2015 中国非遗演出季之昆曲专场”、第八届“东方名家名剧月”等演出活动。

### （三）艺术创作成果丰硕

2015 年以围绕“中国梦”和抗战胜利 70 周年开展主题创作，全年市属院团共新创剧目 25 台。评剧《母亲》于 7 月 6 日成功首演，并参加了文化部组织的纪念抗战胜利 70 周年优秀剧目巡演活动，京剧《正考父》《裘盛戎》、昆曲《李清照》《孔子之入卫铭》、河北梆子《张居正》被列为北京市文化精品项目；北京交响乐团委约创作《云南随想 2》、曲剧《十不闲传奇》，木偶剧《飞吧，丹顶鹤》、儿童剧《胡同》、话剧《司马迁》等一批新创剧目亮相首都舞台，深受观众好评。

### （四）搭建服务创新平台

北京剧目排练中心是我国第一个以政府购买服务方式建立的公益性剧目排练服务平台，也是我国首个舞台艺术孵化基地，向首都文艺团体提供质优价廉的排练场地服务。剧院运营服务平台有效解决了优秀剧目走向市场的终端问题，实现剧场、剧团、观众三方受益，平台计划每年采购各类剧场资源 200 个场次以上，重点扶持弘扬社会主义核心价值观、反映时代主旋律、传承中华优秀传统文化的优秀剧目，打造全国演艺中心。

### （五）演出市场有序发展

2015 年全市 135 家营业性演出场所全年演出达到 24238 场，与上年持平，吸引观众 1036 万人次，演出收入 15.49 亿元，比上年增长了 4%。其中 55 个主要艺术剧场，全年演出 16035 场，占总演出场次的 66%；观众 646 万人次，演出收入 8.37 亿元，占总演出收入的 54%。

**表 6　营业性演出场所 2015 年、2014 年主要指标对比情况**

| 指标名称 | 单位 | 2015 年 | 2014 年 | 同比增长（%） |
|---|---|---|---|---|
| 演出场所 | 个 | 135 | 130 | —— |
| 演出场次 | 场次 | 24238 | 24595 | -1 |
| 观众人次 | 万人次 | 1036 | 1012 | 2 |
| 演出收入 | 亿元 | 15.49 | 14.96 | 4 |

55 个主要艺术剧场总平均上座率 56%，同比上年上升了 1 个百分点。扣除 11 家以旅游演出为主的剧场，一批设施完备的艺术演出场所平均上座率达到 70%，比上年下降了 5 个百分点。

## 三、公共文化服务体系建设稳步推进

### （一）公共图书馆总体情况

截至 2015 年底，北京地区 25 个公共图书馆（含国家图书馆）总藏量 5943 万册，全年总流通人次 1652 万人。其中北京市 24 个公共图书馆总藏量 2425 万册，全年总流通人次 1264 万人，两项指标保持 9%—10% 的增长；为读者举办各种活动 2759 次，外借书刊 940 万册，两项指标分别下降了 7% 和 1%；新购藏量 196 万册。

**表 7　北京市属公共图书馆 2015 年、2014 年主要指标对比情况**

| 指标名称 | 单位 | 2015 年 | 2014 年 | 同比增长（%） |
|---|---|---|---|---|
| 机构数 | 个 | 24 | 24 | —— |
| 总藏量 | 万册 | 2425 | 2223 | 9 |
| 总流通人次 | 万人次 | 1264 | 1146 | 10 |
| 阅览室面积 | 万平方米 | 7 | 7 | —— |
| 阅览室坐席 | 个 | 15469 | 15908 | -3 |
| 人均拥有藏书 | 册 | 1.12 | 1.03 | 9 |
| 人均购书经费 | 元 | 3.87 | 3.35 | 16 |

2015 年北京市人均拥有藏书 1.12 册，人均购书经费 3.87 元，两项人均指标与上年同期相比分别为：人均藏量增长了 9%，居全国第三位，排位比上年上升 1 名；人均购书经费增长了 16%，居全国第二位，排位与上年持平。全市（不含国家图书馆）平均每万人拥有公共图书馆设施面积达到 113.60 平方米，大大超出全国平均水平。

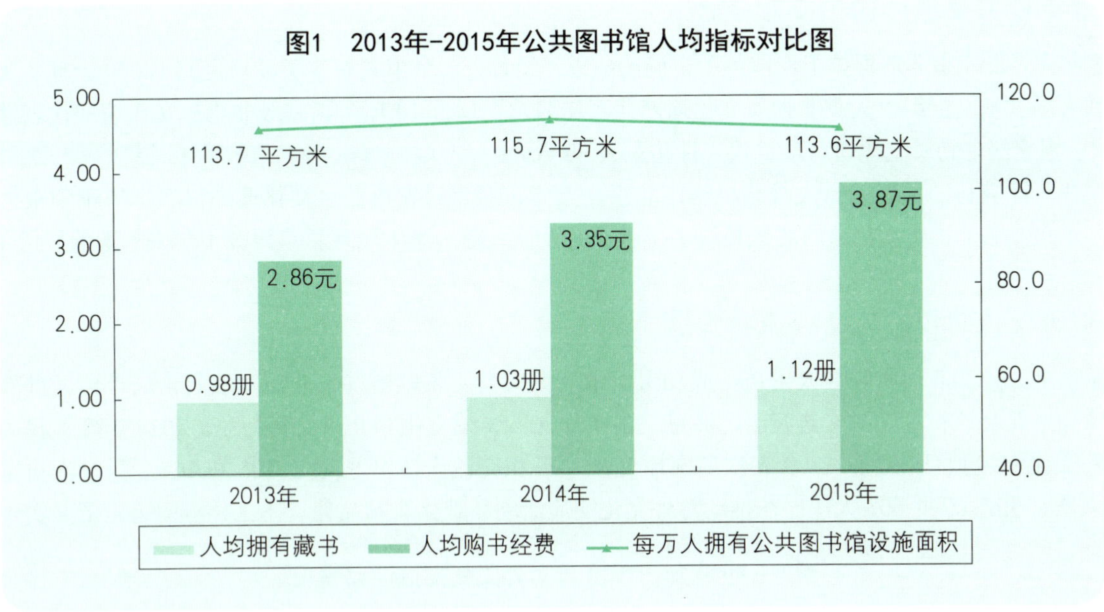


（二）群众文化总体情况

截至 2015 年底，全市群众艺术馆 1 个，文化馆 19 个，文化站 329 个，提供文化服务次数 67486 次，比上年增长了 20%，惠及 875 万人，其中组织文艺活动 27175 次，参加人次 582 万人，举办训练班 37433 次，培训 170 万人次，举办展览 1992 个。

（三）公共文化服务效能情况

围绕构建现代公共文化服务体系的总目标，形成公共文化设施建设、管理、服务、绩效等上下衔接的指标体系。推动图书馆总分馆制服务体系、文化馆文化辅导配送体系和公益演出下基层配送体系建设，实现群众需求与文化服务高效对接，全年共有 300 余家文艺团体参加“万场演出下基层活动”，演出 11000 余场，吸引观众 400 余万人次，最大限度地方便群众参与文化活动。

## 四、文化市场良性健康发展

2015 年全市纳入备案的文化市场经营单位分别为：演出经纪机构 1478 家，比上年下降了 6%；互联网上网服务营业场所 1504 家，娱乐场所经营单位 2131 家，均与上年基本持平；互联网文化经营单位 1242 家，比上年增长了 5%。良好的市场环境，是文化市场保持较快发展的保证。

## 五、文化产业逐步成为新的经济增长点

2015 年全市动漫游戏企业总产值约 455 亿元，占全国动漫游戏企业总产值三分之一，同比增长 22%，出口额约 58.7 亿元，同比增长 38%。尤其是以移动游戏为代表的创新类游戏高速发展，2015 年全市移动游戏企业产值 287.6 亿元，占全国移动游戏产值的 65%，高居榜首。

目前我市已有 25 家企业成为国家文化产业示范基地，共涉及演艺、动漫游戏、艺术品、传媒等多个行业。文化创意产业已成为北京经济的重要支柱产业和新的经济增长点，在稳增长、调结构、惠民生中发挥出越来越重要的作用。

## 六、非物质文化遗产保护成效显著

近年来，北京市非遗保护工作取得了丰硕的成果。经普查，全市共有各类非遗资源 12000 余项，其中，入选联合国教科文组织“人类非物质文化遗产代表作名录”项目 10 项，国家级非物质文化遗产代表性项目 126 项、国家级非物质文化遗产项目代表性传承人 85 人。

抓住京津冀协同发展的重大战略机遇，北京、天津、河北三省市在“文化遗产日”十周年到来之际共同举办了京津冀非物质文化遗产展暨传统手工艺作品设计大赛，集中展现了京津冀十年来非遗保护成果。

## 七、对外交流特色文化品牌成功塑造

配合重大外交活动和领导人出访，成功组织米兰世博会、冬奥申办、亚信非政府论坛年会、世界田径锦标赛等重要会议和活动的文艺演出，注重突出中华优秀传统文化和北京文化特色。2015 年度，我局共受理对外文化交流项目 207 批 3859 人次，同比交流项目和交流人次分别增长 10% 和 16%，其中出访 147 批 3304 人次，引进 60 批 555 人次。在推动对外文化交流活动品牌化、精品化、本土化方面迈出了坚实步伐。

表 8　2013 年 –2015 年对外文化交流活动情况

| 年份 | 总计 | | 出访 | | 引进 | |
|---|---|---|---|---|---|---|
| | 批次 | 人次 | 批次 | 人次 | 批次 | 人次 |
| 2013 年 | 183 | 4330 | 140 | 2979 | 43 | 1351 |
| 2014 年 | 188 | 3341 | 130 | 2542 | 58 | 799 |
| 2015 年 | 207 | 3859 | 147 | 3304 | 60 | 555 |

## 八、文物工作成效显著

### （一）统筹规划，突出重点，文物修缮及历史文化名城保护工作成效显著

一是加强京津冀交流与合作。组织召开了京津冀三地长城保护工作座谈会，京津冀三地文物局共同签署了《京津冀三地长城保护工作框架协议》，正式确立了京津冀长城保护全方位战略合作关系。二是围绕抗日战争暨世界反法西斯战争胜利 70 周年纪念活动，推进全市抗战文物的保护利用。实施了 68 项抗战文物修缮以及环境整治项目。三是重点文物修缮工程进展顺利。皇城墙修缮工程主体完工，天安门东西朝房修缮工程已启动，天安门地区石质文物清洗工程已竣工。天安门城楼及城台检测工程已完成，天安门城楼及城台修缮工程立项已获国家文物局批准。完成了景山寿皇殿文物建筑群修缮工程的设计编制、审批工作，大高玄殿文物保护工程已经开工。颐和园园墙修缮（三期）已完成主体施工，镜桥修缮工程已竣工。周口店遗址第 1 地点（猿人洞）保护设施工程已开工，遗址监测工作继续开展。四是积极推进地下文物保护工作。全年共完成勘探项目 158 项、勘探面积 1700 万平方米，完成发掘面积 32700 平方米，发掘和保护古墓葬等遗址 1600 多座，出土文物共计 1322 余件（套）。

2015 年，北京市辖区共有不可移动文物 3840 处，其中全国重点文物保护单位 126 处，市级文物保护单位 216 处。市属文博机构数 96 家，其中文物科研机构 2 家，文物保护管理机构 25 家，博物馆 41 家，文物商店 2 家，其他文物机构 26 家。机构总数比上年保持一致。

2015 年，北京市属文博系统内文物保护管理机构总收入 159922 万元，比上年同比增长 55.26%，其中

财政拨款 111810 万元，比上年增长了 107.63%。

通过以上数据分析得出，北京市文物修缮成果显著，考古勘探项目稳步推进，财政资金支持力度有了较大幅度的跨越增长，文物保护机构以它独特的资源优势在丰富市民精神文化生活中发挥了越来越重要的作用。

### （二）突出特色，创新思维，不断提升博物馆建设和公共文化服务水平

截至 2015 年底，北京地区注册博物馆数量为 173 座，其中：中央属博物馆 56 座，市属博物馆 43 座，区县属博物馆 44 座，民办博物馆 30 座。注册博物馆数量比 2014 年增加了 2 座，截至 2015 年末，北京市文博系统内博物馆共计 41 家，与上年数量一致。其余大部分博物馆分别隶属于各中央在京部委、大专院校、部队、科研院所、行业企业集团及市园林、宗教、民政、科委等部门以及社会公民个人。

2015 年，北京文博系统博物馆共接待参观人数 579 万人次，与去年增长 16.50%，博物馆总收入 61007 万元，收入比去年略有下降。藏品数 1229829 件，其中一级藏品 532 件，二级藏品 5399 件。藏品总数比上年同期减少 21755 件。主要原因为全国可移动文物普查对藏品进行了重新认定及规范。

表 9　2012 年 –2015 年北京文博系统内博物馆基本情况表

| 年份 | 文博系统内博物馆数量（座） | 从业人员（人） | 文物藏品（件 / 套） | 本年收入（万元） | 参观人次（万人次） |
| --- | --- | --- | --- | --- | --- |
| 2012 年 | 41 | 1171 | 1140193 | 71966 | 529 |
| 2013 年 | 41 | 1101 | 1142291 | 69415 | 500 |
| 2014 年 | 41 | 1222 | 1251584 | 69262 | 497 |
| 2015 年 | 41 | 1260 | 1229829 | 61007 | 579 |

通过分析得出，2015 年，北京文博系统内博物馆从业人员保持基本稳定，文物精品数量逐步增长。财政支持力度保持基本平稳，展览不断丰富，吸引了很多观众来到博物馆参观。取得了较好的社会效益。

2015 年，北京地区博物馆继续突出北京特色，博物馆展览水平获得提升。一是组织相关博物馆参加了第十二届全国十大精品陈列展览评选工作，共有首都博物馆《呦呦鹿鸣——燕国公主眼里的霸国》等四项展览入选，创一省获奖展览项目数量之最。配合京津冀一体化协同发展战略，协调天津市、河北省文物部门，于 6 月 23 日在首都博物馆推出“京津冀历史文化展”。二是是继续推进北京市第一次全国可移动文物普查工作。北京市在全国可移动文物普查平台上已采集藏品总数 662 万件（套），登录藏品总数 531 万件（套），全国排名第一。三是在元旦、春节、五一、端午、暑假等节假日期间，组织全市博物馆推出了丰富多彩的展览与文化活动，受到了广大观众的欢迎。

### （三）加强拍卖市场管理，积极推动文化创意相关产业融合发展

2015 年北京举办文物艺术品拍卖会共 243 场，上拍文物件数 170843 件（套），成交总额达 177.48 亿元人民币，与 2014 年同类数据相比，拍卖标的数，拍卖会场次和成交金额同比下降 8.27%，4.33%，23.35%。

表 10　2012 年 –2015 年北京市文物拍卖标的及成交额情况

| 年份 | 拍卖场次（场） | 拍卖标的（万件） | 拍卖成交额（亿元） |
|---|---|---|---|
| 2012 年 | 215 | 17.07 | 240.34 |
| 2013 年 | 260 | 18.52 | 256.78 |
| 2014 年 | 254 | 18.62 | 231.57 |
| 2015 年 | 243 | 17.08 | 177.48 |

可以看出，2015 年北京市文物拍卖行业拍卖市场目前继续处于大调整时期，除了与经济和市场环境有关之外，作品质量和市场信心也是重要的影响因素，拍卖行业市场格局正在发生变化，中国拍卖巨头市场支撑力度下降，由于收藏性需求的支撑和艺术品资本策略的调整，中档价位拍品成为当前维持市场稳定的重要因素，高价拍品成交率不理想。

### （四）文物安全管理水平获得提升　推进京津冀一体化执法工作

2015 年，北京市文物行政执法人员对对文保单位开展执法巡查 3084 次，安全检查 3090 次，发现隐患 42 次，责令整改 42 次，立案 1 起。接到举报、信访、上级督办事项 65 件。责令改正 35 起；转区县文委行政执法队督办查处 29 起；1 起正在办理中。配合公检法机关协调文物鉴定专家为涉案文物鉴定 41 次，2428 件。积极推进京津冀文物安全与执法联动机制。在研究交流各地文物保护举措的基础上，开展京津冀三地联合巡视检查及执法督察工作，促进京津冀文物保护工作协同发展、协调发展、共同发展。

## 九、可持续发展的建议

### （一）实施培训工程，推动高素质基层文化人才队伍建设

实施“千人培训”计划，按照“六会”的要求，培养一批相对稳定、专业化水平较高的专职基层文化组织员队伍，完成 1000 名的培训任务。

### （二）发挥政策引导作用，营造文艺舞台繁荣的生态环境

弘扬传承中华优秀传统文化，推动制定我市支持戏曲传承发展的实施意见，促进戏曲传承发展和流派创新。修订完善《北京市惠民低价票演出补贴项目管理办法》，落实《北京市文化局舞台艺术展演补贴办法》，为优秀剧目的展演展示以及传播交流提供支持。

### （三）加强文物保护工作，逐步破解不可移动文物修缮难的问题

探索政府主导，吸引社会力量参与文物保护的体制、机制、路径及政策措施。

### （四）落实《博物馆条例》，继续做好国有可移动文物普查工作

加强博物馆展览组织策划工作，推出博物馆展览季。推进社区（乡村）博物馆建设。发挥博物馆社教功能，倡导全市博物馆为青少年社会教育课程开发教育体验活动。加强可移动文物管理工作。

（北京市文化局　北京市文物局）

## 北京：文化发展多措并举

★率先制定"1+3"公共文化政策，引导提升公共文化服务效能。"1+3"公共文化政策是"十三五"时期首都公共文化服务体系建设的基本遵循，也是推进基层公共文化服务标准化、均等化、社会化、数字化的具体举措。

★扶持原创，力推精品，建立北京剧目排练中心。北京剧目排练中心是我国第一个以政府购买服务方式建立的公益性剧目排练服务平台，也是我国首个舞台艺术孵化基地。以"扶持原创、力推精品，激发社会文化活力，培育舞台艺术生产"为宗旨，支持优秀剧目创作。

★以需求为导向，统筹全市剧场资源，运营北京市剧院运营服务平台。通过政府购买服务的方式搭建公益性演出平台，使之成为一项让更多百姓走进剧院、共享文化成果的惠民工程。剧院运营服务平台计划每年采购各类剧场资源200个场次以上。

★传承弘扬中华优秀传统文化，组织实施"戏曲院团驻场演出"，打造全国地方戏曲演出中心。在中国评剧大剧院试点每场演出都推出60%以上价格在100元以下的惠民低价票，以驻场演出为抓手，丰富文化消费选择，搭建惠民演出平台，打造戏曲演出品牌，扩大戏曲演出市场规模，培育戏曲观众人群。

★文艺创作贴近生活，首都文艺舞台出精品、出人才、出影响力。将2015年定为艺术生产年，紧紧围绕中国梦、抗战胜利70周年开展主题创作，推出26部原创主题舞台艺术作品。

★对外文化交流活跃，塑造对外交流特色文化品牌。配合重大外交活动和领导人出访，成功组织米兰世博会、冬奥申办、亚信非政府论坛年会、世界田径锦标赛等重要会议和活动的文艺演出，注重突出中华优秀传统文化和北京文化特色。在推动对外文化交流活动品牌化、精品化、本土化方面迈出了坚实步伐。

★"动漫北京"成为文化消费新热点。自2012年"动漫北京"展会设立以来，市文化局注重发挥市场作用，探索出一条政府引导、市场主导、企业为主体的市场化运作道路。

★联手举办京津冀非物质文化遗产展，不断扩大非遗保护影响力。抓住京津冀协同发展的重大战略机遇，北京、天津、河北三省市在"文化遗产日"十周年到来之际共同举办了京津冀非物质文化遗产展暨传统手工艺作品设计大赛，集中展现了京津冀十年来非遗保护成果。

★统筹资源、主动融入，京津冀三地演艺领域合作向纵深迈进。在京津冀文化领域协同发展战略框架协议基础上，正式成立了京津冀演艺联盟。京津冀三地已将这项展演作为品牌项目持续进行，共同培育三地的戏曲演出品牌。

# 天津市 2015 年文化发展情况分析

2015 年，天津市文化广播影视系统全面贯彻党的十八大和十八届三中、四中、五中全会精神，深入学习贯彻习近平总书记系列重要讲话精神，认真落实市委、市政府决策部署，围绕中心、服务大局，抢抓京津冀协同发展等重大国家战略机遇，推进文化改革发展取得显著成绩，为建设文化繁荣、社会文明的魅力人文之都、全面建成高质量小康社会奠定了坚实文化基础。

## 一、机构和人员

2015 年末，纳入统计范围的天津市各类文化（文物）单位 2271 个，比上年末增加 112 个；从业人员 20575 人，减少 1383 人。其中，各级文化文物部门所属单位 481 个，比上年末减少 39 个；从业人员 7884 人，减少 173 人。

图1　2010年-2015年天津市文化文物单位机构数及从业人员数

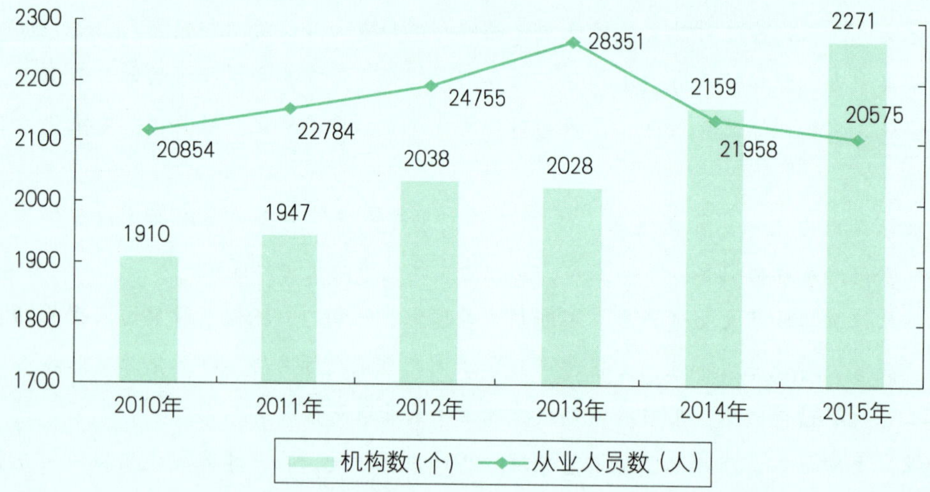


## 二、艺术创作生产

### （一）天津市艺术表演团体和场馆基本情况

2015 年末天津市共有艺术表演团体 86 个，比上年末增加 20 个，从业人员 2909 人，增加 148 人。其中各级文化部门所属的艺术表演团体 16 个，占 19%，从业人员 1962 人，占 67%。

全年天津市艺术表演团体共演出 1.76 万场，比上年增长 59.67%，其中赴农村演出 0.18 万场，降低 26.61%，赴农村演出场次占总演出场次的 10.35%，比重比上年减少 12.17 个百分点；国内观众 672.63 万人次，增长60.77%，其中农村观众187.22万人次，比上年增长35.84%；总收入52217万元，比上年增长14.49%，其中演出收入5635.9万元，增长59.16%。

表1　2010年–2015年天津市艺术表演团体基本情况

| 年份 | 机构数（个） | 从业人员数（人） | 演出场次（万场） | 国内演出观众人次（万人次） | 总收入（万元） | |
|---|---|---|---|---|---|---|
| | | | | | | #演出收入 |
| 2010年 | 36 | 2123 | 0.46 | 318.3 | – | 2657 |
| 2011年 | 53 | 2180 | 0.43 | 286.64 | – | 2590 |
| 2012年 | 48 | 2328 | 0.52 | 231.46 | – | 2467 |
| 2013年 | 58 | 2564 | 0.69 | 284.94 | 39707 | 1822 |
| 2014年 | 66 | 2761 | 1.10 | 418.38 | 45609 | 3541 |
| 2015年 | 86 | 2909 | 1.76 | 672.63 | 52217 | 5636 |

全年天津市文化部门所属艺术表演团体共组织政府采购公益演出0.03万场，比上年增长210%；观众18.92万人次，增长137.97%。利用流动舞台车演出0.05万场次，增长4.26%；观众60.5万人次，降低11.29%。

年末天津市共有艺术表演场馆50个，比上年增加22个，观众坐席数23438个，比上年增加8313个。其中各级文化部门所属艺术表演场馆29个，比上年增加1个，观众坐席数16362个，比上年增加1237个；全年共举行艺术演出2.43万场次，比上年增长51.66%，艺术演出观众人次91.73万人次，增长11.76%。主要原因为2015年按照新修订的文化文物统计制度要求，“非公有制艺术表演场馆”重新纳入统计范围内，故随着2015年艺术表演场馆的机构数增加，艺术表演场次和观众人次等指标数据较大幅度提高。

年末天津市共有美术馆3个，与上年末相比无变化，从业人员44人，增加7人。全年共举办展览77次，比上年增长14.93%，参观人次332.65万人次，比上年增长19.13%。

### （二）2015年艺术创作生产情况

1. 艺术创作生产机制进一步健全

2015年出台《天津市舞台艺术创作生产规划》、《市文广局直属艺术院团重点剧（节）目管理办法（试行）》，建立天津市文化广播影视局艺术指导委员会，成立舞台艺术评论员队伍，艺术创作生产的规划和引导进一步加强。

2. 精品生产再创佳绩

创作排演了芭蕾舞剧《吉赛尔》、大型歌舞乐《梦回丝路》等一批优秀作品和演出，加工提高了京剧《康熙大帝》《钦差林则徐》、舞剧《泥人的事》等一批剧目，完成京剧电影《乾坤福寿镜》等的拍摄制作。录制“像音像”工程戏曲剧目21台。

3. “深入生活、扎根人民”步入常态

制定《“深入生活　扎根人民”主题实践活动长效机制实施方案》，设立艺术创作基地5个、采风创作基地5个，确定结对帮扶单位18个，开展“结对子、种文化”活动214次，深入基层演出93场，受益观众近8万人。启动“戏曲名家志愿进社区，千场普及辅导培训工程”，深入33个社区开展辅导活动422场。

4. 文艺演出精彩纷呈

举办2015年名家经典惠民演出季，演出300场，受益观众13万人次，较2014年均翻了一番。与北方演艺集团共同举办天津市2015年文化进万家“喜气洋洋迎新春惠民演出月”，演出145场，丰富了市民文化生活。局直属专业艺术院团全年演出835场，观众约54万人次。圆满完成天津市2015年军民春节联欢晚会、达沃斯论坛“天津之夜”等重点演出任务。

5. 艺术科研创新发展

市艺术研究所创办《天津文艺观察》，撰写评论文章66篇，国家核心期刊刊载10篇。国家级艺术学项目“天津曲艺老艺人口述史研究”年度任务完成。申报2015年度全国艺术科学规划项目74项、国家社会科学基金艺术学重大项目1项，获得国家级立项4项、文化部立项2项。《第七届中国京剧艺术节参演剧目评论集》出版。

## 三、公共文化服务体系建设

### （一）现代公共文化服务体系建设制度机制进一步健全

率先出台《关于加快构建现代公共文化服务体系的实施意见》和《天津市基本公共文化服务实施标准》，整体指标高于先进地区平均水平。建立起由30家市级部门组成的公共文化服务体系建设协调组。设立规模近9亿元的基层公共文化服务体系建设专项资金，制定《天津市基层公共文化服务体系专项资金管理暂行办法》。与市财政局联合出台《天津市市对区县财政文体传媒一般性转移支付资金管理暂行办法》，为全市现代公共文化服务体系建设提供了制度和资金保障。

### （二）文化惠民取得新成果

北辰区、滨海新区、西青区成功创建国家公共文化服务体系示范区、示范项目。高质量完成市20项民心工程文化项目，截止2015年，建成公共电子阅览室232家，实现街乡镇全覆盖。发行文化惠民卡6万张，投入2400万元对市民观看文艺演出进行补贴。数字群艺馆、数字非遗微信平台、公共文化民心桥平台、“百姓选书我买单”微信平台等“公共文化数字为民服务平台”正式开通。开展“文化惠民基层行”系列文化志愿服务活动，全年下基层演出6400场，受益群众约 196万人次。实施新一轮“千村百站”文艺骨干培训工程。

### （三）公共图书馆情况

年末天津市共有公共图书馆31个，其中少儿图书馆11个，均与上年末持平。年末天津市公共图书馆从业人员1189人，比上年末减少28人。其中具有高级职称的人员141人，占11.86%；具有中级职称的人员359人，占30.19%。

年末天津市公共图书馆实际使用房屋建筑面积25.901万平方米，比上年末增长0.81%；图书总藏量1696.927万册，增长6.18%，其中古籍57.84万册；电子图书387.94万册，增长67.57%；阅览室座席数14500个，增长1.7%；计算机3714台，增长3.02%；供读者使用的电子阅览终端1972台，增长9.19%。

年末天津市平均每万人拥有公共图书馆建筑面积167.43平方米，比上年末减少1.95平方米；天津市人均拥有公共图书藏量1.10册，比上年增加0.05册；全年天津市人均购书费3.15元，比上年增加0.42元。

表 2　2010 年 –2015 年天津市公共图书馆基本情况表

| 年份 | 图书总藏量（万册次） | 总流通人次（万人次） | 书刊文献外借册次（万册次） | 本年新购藏量（万册次） | 每万人拥有公共图书馆建筑面积（平方米） |
|---|---|---|---|---|---|
| 2010 年 | 1258 | 606 | 572 | 74 | 103.1 |
| 2011 年 | 1354 | 572 | 601 | 81 | 121.4 |
| 2012 年 | 1469 | 630 | 562 | 109 | 181.7 |
| 2013 年 | 1595 | 714 | 658 | 121 | 168.1 |
| 2014 年 | 1830 | 681 | 779 | 122 | 169.4 |
| 2015 年 | 2085 | 789 | 859 | 102 | 167.4 |

注：以上六年的图书总藏量中均包括电子图书，2013 年包括电子图书的数量为 121 万册，2014 年为 232 万册，2015 年为 388 万册。

全年天津市公共图书馆发放借书证 735990 个，比上年增长 9.29%；总流通人次 788.69 万人次，增长 15.81%。书刊文献外借册次 859.29 万册次，增长 10.29%；外借人次 305.68 万人次，增长 7.36%。全年共为读者举办各种活动 1303 次，降低了 22.99%；参加人次 120.07 万人次，增长 36.33%。其中，天津图书馆实现与市内六区、环城四区图书馆通借通还，图书流通总量 37.7 万册次。

（四）文化中心引领示范作用更加突出

各场馆全年组织公益文化普及活动 700 余场，发放“天津文化中心公益文化消费券”近 7 万张、“公益文化活动安排宣传单”24 万张，受益市民约 60 万人次。向 32 场高端演出和 3 个高端展览提供财政补贴。设立“支持本市老年人免费观看演出专项经费”，13550 名老年人免费观看演出。开通文化中心网站、手机客户端，为群众提供更广泛、更优质、更及时的信息化服务。

（五）公共文化设施网络更加完善

修改完善了《天津市文化设施空间布局规划》。完成周邓纪念馆西花厅、北疆博物院和李叔同纪念馆修缮，天津歌舞剧院、交响乐团新址概念方案，天津艺术职业学院（中国北方曲校校区）改扩建工程积极推进，群星剧院维修项目立项。津南区、蓟县公共文化设施和基本文化服务项目全部免费对公众开放。北辰区文化馆新馆和图书馆新馆建设正式启动。武清区推动 6 个镇（街）文化广场提升改造，全区镇（街）文化广场覆盖率达到 70%。

（六）群众文化活动丰富多彩，品牌影响不断扩大

第五届“和平杯”中国京剧小票友邀请赛、首届“董湘昆杯”全国京东大鼓邀请赛等 7 大全国性群众文化活动影响力进一步扩大。天津市第十届滨海艺术节、第八届“七里海”文化旅游节等 9 大市级品牌群众文化活动成功举办，百姓文化生活更加丰富。

年末天津市共有群众文化机构 260 个，比上年末减少 39 个，主要原因为区县文化部门根据文化部和市财政局的标准，重新核定应纳入统计制度范围的文化站数量。其中街道文化站 107 个，比上年末减少 40 个，乡镇综合文化站 134 个，比上年末增加 1 个。年末天津市群众文化机构从业人员 1208 人，比上年末增加 144 人。其中具有高级职称的人员 74 人，占 6.13%；具有中级职称的人员 201 人，占 16.64%。

年末全国群众文化机构实际使用房屋建筑面积 31.71 万平方米，比上年末增长 5.77%；藏书 150.84 万册，增长 3.14%；计算机 3423 台，增长 23.53%；对公众开放的阅览室 0.275 万平方米，降低 18.4%。年末天津

市平均每万人拥有群众文化设施建筑面积 204.97 平方米，比上年末提高 7.34 平方米。

表 3　2010 年 –2015 年天津市群众文化活动情况对比表

| 年份 | 财政补贴收入（万元） | 组织文艺活动次数（次） | 群众文化机构培训人次（万人次） |
|---|---|---|---|
| 2010 年 | 10026 | 5067 | 25.7 |
| 2011 年 | 11906 | 6485 | 28.4 |
| 2012 年 | 12807 | 6354 | 47.3 |
| 2013 年 | 24045 | 6334 | 38.7 |
| 2014 年 | 22672 | 7734 | 40.0 |
| 2015 年 | 22909 | 9391 | 46.6 |

全年天津市群众文化机构共组织开展各类文化活动，提供文化服务 20032 次，比上年增长 27.19%；文化服务惠及人次 359.63 万人次，增长 17.86%。年末天津市群众文化机构共有馆办文艺团体 79 个，演出 973 场，观众 36.76 万人次。由文化馆（站）指导的群众业余文艺团体 4355 个，馆办老年大学 3 个。

## 四、文化市场管理

2015 年，根据文化部文化市场统计制度规定，天津市文化市场统计主要涵盖了网络文化、演出、娱乐三大行业领域。统计有经营单位 1795 家，共涉及 6 类文化市场主体。分别为：上网服务场所 1004 家、经营性互联网文化单位 29 家、文艺表演团体 70 家、演出经纪机构 58 家、演出场所经营单位 39 家、娱乐场所 595 家；从业人员总数 13791 人，创造营业总收入约 47.48 亿元，实现营业利润约 14.39 亿元。

### （一）网络文化市场

1. 上网服务场所

根据 2015 年统计数据，全市共有 1004 家取得《网络文化经营许可证》的场所，从业人员 3209 人，有 105686 台计算机终端，实现年营业总收入 2.24 亿元，比 2014 年减少 0.75 亿元；实现营业利润 0.43 亿元，相比 2014 年减少 0.36 亿元。从上述数据可以看出，2015 年我市上网服务行业整体收入规模呈现明显下降趋势，行业利润进一步降低。但从实际经营来看，部分区域特别是外来务工人员聚集区、城乡结合部、小城镇及农村地区的上网服务市场依然活跃。同时，由于我市大力推动整个行业转型升级，部分场所积极转变发展理念，改进经营模式，正在以信息装备先进、场所明亮舒适的优势，成为适应不同年龄层次和职业人群，兼具多种功能的一个新去处。整个行业面貌正在发生深刻变革。

2. 经营性互联网文化单位

网络游戏作为新兴文化市场已成为网络文化市场发展的主导力量，是一种高科技、高增加值的产业形态。2015 年我市网络游戏产业实现快速发展，全市 29 家互联网文化企业资产总计达 43 亿元，注册用户总数 3 亿人次，实现年营业总收入 34.46 亿元，占整个文化市场营业总收入的 72.58%。从产品数量来看，2015 年共运营 7079 个网络游戏产品，其中有 6921 个移动端网络游戏，有 79 款游戏产品拥有自主知识产权。从数据分析看，我市已形成了一批行业领军企业，正带动着整个行业不断快速发展；从总体来看，我市互联网文化企业数量和规模还不算大，与北京、上海、广东等省市相比还存在一定差距，很多企业处于刚起步阶段，产品效益和竞争实力有待进一步增强。

## （二）演出市场

2015 年，我市统计有 167 家演出单位（不含事业类演出团体和演出场馆），从业人员 3890 人，实现年营业总收入 5.99 亿元。从各门类演出单位分析来看：2015 年，我市民营文艺表演团体共举办演出 13748 场次（其中农村演出 1144 场次），观众人次达 417.3 万人次，演出总收入 1768 万元。民营文艺表演团体在丰富活跃人民群众文化生活方面发挥了重要作用。2015 年，全市 39 家企业类演出场所累计演出场次 4616 场，观众人次达 119.5 万人次，演出总收入 3140 万元，其中的茶馆相声、小剧场演出逐渐为人们所喜爱，成为人民群众重要的休闲娱乐方式。2015 年，我市演出经纪机构实现营业总收入 5.5 亿元，其中引进外国及港澳台表演团体或个人来津演出 446 批次，包括 109 项大型涉外及涉港澳台演出。演出经纪机构引进的国外、港澳台、国内其它省市的演出剧（节）目形式多样，既有高雅艺术，又有各地民俗特色演出，在促进文化交流和合作方面发挥了重要作用。

从整个演出市场情况分析来看，2015 年我市演出市场继续保持繁荣活跃的发展态势，各类演出活动总量明显增多，演出形式异彩纷呈，既丰富了人民群众的文化需求，又活跃了天津的演出市场。尤其是民营演出经纪机构在促进本市演出市场繁荣发展方面发挥了生力军的作用，例如文化中心大剧院已成为我市引进涉外演出的主战场，一批世界顶级的艺术团组相继来津演出，不仅使观众们欣赏到了高水平的演出，同时也提升了我市整体文化品位。

## （三）娱乐市场

2015 年，全市统计共有 595 家娱乐场所，比 2014 年减少 22 家，其中歌舞娱乐场所 342 家、游艺娱乐场所 244 家，从业人员总数 4971 人，比 2014 年减少 3614 人。全市娱乐场所年营业总收入 3.89 亿元，比 2014 年减少 0.75 亿元， 实现营业利润 1.03 亿元，比 2014 年减少 0.08 亿元。从总体发展来看，全市娱乐市场经营规模继续呈现下滑趋势，行业利润空间大大降低，整个行业亟需调整经营结构和模式，以应对和改变当前持续低迷的行业困境。

**图2　2013年-2015年天津市演出市场三大行业总收入对比表**

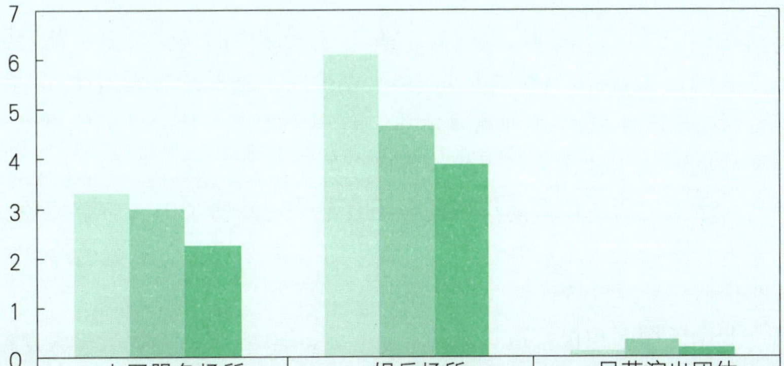


| | 上网服务场所 | 娱乐场所 | 民营演出团体 |
|---|---|---|---|
| 2013年总收入（亿元） | 3.3 | 6.11 | 0.12 |
| 2014年总收入（亿元） | 2.99 | 4.64 | 0.36 |
| 2015年总收入（亿元） | 2.24 | 3.89 | 0.18 |

## 五、文化产业示范基地和动漫企业发展

### （一）总体情况

1. 文化产业示范基地

天津市列入 2015 年度统计范围的各级文化产业示范基地共 58 家，其中国家级文化产业示范基地 7 家，市级文化产业示范园区 14 家、市级文化产业示范基地 45 家。

我市示范园区从业人员数量为 3460 人，示范基地从业人员 15901 人。其中具有大专以上学历 6832 人，占 35.3%。示范园区资产总额达 1898595.1 万元；营业总收入达 317235.5 万元，利润总额 41926.8 万元；缴纳税金 14451.5 万元；示范基地资产总额达 1352718.5 万元；营业总收入达 381647.5 万元；缴纳税金 19256 万元。相比 2014 年度，从业人员数量、资产总额、营业收入和净利润都出现了下降。

2. 动漫企业

2015 年，天津市经过国家认定的动漫企业 15 家，其中重点动漫企业 3 家，新增认定动漫企业 2 家（暂未纳入统计范畴）。这 15 家企业共有从业人员 392 人；资产总额 4.6 亿元；营业总收入 516.1 万元，其中自主开发动漫产品收入 214.9 万元；利润总额 99.3 万元；共有经营面积 5305 平方米；年生产原创漫画 115 部，原创动画作品 36 部，自主知识产权动漫软件 53 套；网络动漫（含手机动漫）下载次数达到 3.78 亿次。原创漫画、动画作品的数量保持增长态势，网络动漫下载次数突破 3 亿次，但总体利润仍然较低。

### （二）主要特点

1. 天津市文化产业示范基地和园区的发展特点

部分文化企业逆势发展。2015 年，在全国经济下行压力加大的大背景下，天津市文化企业总体营业收入和利润水平出现下降。可喜的是，部分示范园区和基地逆势发展，取得了良好的业绩。天津市津宝乐器有限公司实现营业收入增长 5.6%，利润增长 17.4% 的新突破，国外市场的订货量也稳定增加。天津滨海广告园实现了业绩的大幅增长，入驻园区的数量不断增加，利润由 2014 年的亏损转为盈利 200 万元。天津北方网新媒体集团股份有限公司营业收入增长 51.5%，利润增长 45.1%，企业还成功登陆新三板，进入了资本市场。凌奥创意产业园集团、天津市名流文化艺术中心、天津广播电视网络有限公司等企业也实现了营业收入和利润的增加。

示范基地和园区创新能力有所提高。2015 年天津市的文化产业示范园区和基地共获得著作权、发明专利总数达 419 项，比 2014 年度增加 11.4%，连续两年增长速度超过 10%，创新能力不断增强；获得国家级奖项 41 项，比 2014 年度的 20 项翻了一番，代表了我市文化企业的发展水平。天津北方网新媒体集团股份有限公司制作的网络访谈作品《“当代鲁班”的中国梦》获得中华全国新闻工作者协会主办的第二十五届中国新闻奖一等奖；天津滨海航母旅游集团有限公司获得了国家旅游局颁发的“全国研学旅游示范基地”称号；天津大行道动漫文化发展有限公司制作的《56 个民族大家庭的故事》系列漫画获得“2015 年弘扬社会主义核心价值观动漫扶持计划”奖励等等。

文化产业示范园区积极打造“双创”新平台。2015 年，为响应“大众创业、万众创新”的国家号召，各文化产业示范园区充分利用自身聚集能力强、发展空间大、服务体系全的优势，积极打造众创空间，通过创业咖啡、导师辅导、免费场地、融资支持等手段，吸引创业者入驻园区。滨海广告产业园、C92 文创园、6 号院创意产业园等园区吸纳了大量的初创型小微文化企业，为创业者提供了全方位的支持与服务。

示范园区和基地社会责任感明显增强。2015 年文化产业示范基地和园区共向社会捐款达 215 万元，比 2014 年增加了 21.9%，充分体现出了示范基地和园区更加注重企业的社会责任、注重回馈社会。

2. 天津市动漫产业的发展特点

动漫产品创作和生产水平持续增长。坚持产品的创作和生产是动漫企业发展的根本。天津动漫企业在

利润较低，举步维艰的情况下，锐意创新，坚持原创，2015 年天津市优秀原创动漫作品生产创作在质量、数量上都有新的提升，涌现出一批优秀作品。3 个项目入选“弘扬社会主义核心价值观动漫扶持计划”，1 个项目入选“2015 年国家动漫品牌建设和保护计划”。我市动漫企业普遍重视产品的研发，用于研发的经费达 476 万元。

动漫企业发展渠道不断拓展。随着智能手机、移动终端、互联网的不断升级发展，动漫产业进入到一个数字化、网络化、移动化的新时代。我们积极促进动漫与新媒体渠道对接，助推互联网 + 动漫发展。天津市动漫企业主动适应产业发展大背景，发展新媒体动漫，开拓了崭新的发展渠道。2015 年，我市网络动漫（含手机动漫）的下载次数突破 3 亿次， 2014 年这个数字还不足 1 亿。

## 六、文化遗产保护

2015 年天津市列入“全国文化文物统计报表制度”范围并上报文物统计年报表的文物业机构 39 个（包括博物馆、文物保护管理机构、文物商店、其他文物机构），与上年末持平。其中，文物保护管理机构 8 个，占 20.51%，博物馆 22 个，占 56.41%。年末天津市文物机构从业人员 998 人，比上年末增加 53 人。其中高级职称 107 人，占 10.72%，中级职称 240 人，占 24.05%。另外，天津市还有文物拍卖企业 11 个，从业人员 143 人。

年末天津市文物机构拥有文物藏品 102.53 万件，比上年末减少 9373 件，降低 0.91%。主要原因为按照文物普查工作要求，很多基层文物单位重新核定藏品数据。其中，博物馆文物藏品 673291 件，占文物藏品总量的 65.67%；文物商店文物藏品 349791 件，占 34.12%。文物藏品中，一级文物 1043 件，占 0.1%；二级文物 5367 件，占 0.52%；三级文物 134187 件，占 13.09%。

全年天津市文物机构共安排基本陈列 71 个，举办临时展览 90 个，接待观众 1024.31 万人次，比上年增长 7.98%。其中未成年人 307.41 万人次，降低 3.59%，占参观总人数的 30.01%。博物馆接待观众 1002.66 万人次，增长 8.3%，占文物机构接待观众 97.89%。

### （一）博物馆公共服务效能进一步提升

1. 天津市博物馆的总体概况

博物馆是可移动文物的重要收藏保管场所。截止 2015 年底，正式在市文化广播影视局备案的博物馆共 73

图3　2015年度天津市注册博物馆分布情况

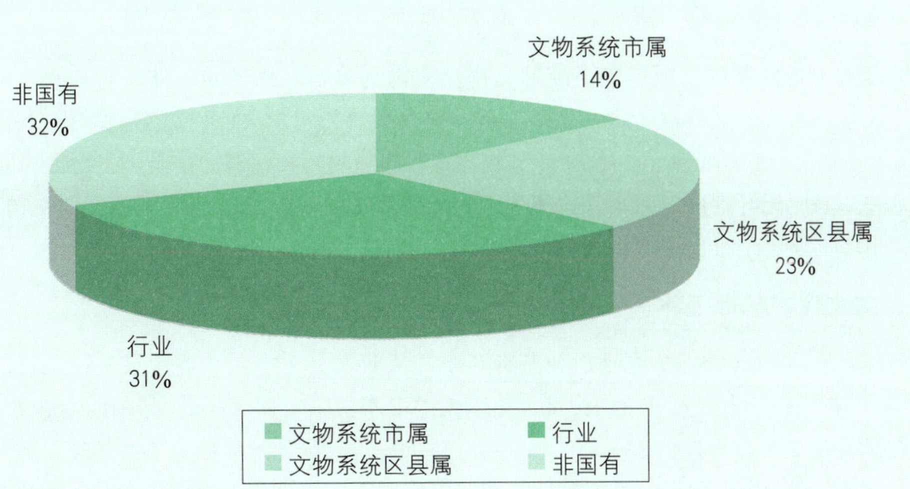

座，正常开放的65座。其中，市文物局直属10座，区县级文化系统所属17座，文物类博物馆在全市博物馆中占据着主体地位。非文化系统国有博物馆（即行业博物馆）23座，非国有博物馆23座。我市博物馆涉及内容门类丰富，包括历史、民俗、军事、自然、人物、遗址、遗迹、中共党史及行业历史等诸多领域，成为传承天津文明，俯瞰天津历史，纵观天津文化的重要载体。

2015年，我市新增天津联升斋刺绣艺术博物馆和天津建筑工法展览馆共2座非国有博物馆。

2. 博物馆行业建设和服务水平获得提升

天津自然博物馆《家园•生命》主题展览荣获第十二届全国博物馆十大陈列展览精品奖。天津博物馆《鹾之韵——长芦盐业与天津城市文化》、李叔同（故居）纪念馆《海河之子——李叔同与天津》等10项展览入选2015年度全国博物馆展览季活动目录。天津博物馆《器与道》展览入选国家文物局2016年度社会主义核心价值观展览项目。天津市政府支持的高端展览补贴项目《苏比拉克中国巡回大展》《璀璨的欧洲绘画——16-18世纪的欧洲艺术》两大展览圆满展出，赢得广泛赞誉。天津美术馆公共美术普及项目《国际高端艺术展览与本土化公共教育形式结合的探索》在"协调•合作——2015年全国美术馆公共教育年会"上作为经典案例予以推介，反响热烈。

通过多种媒体开展国际博物馆日系列宣传活动，取得良好社会效果。组织"践行核心价值观 送展览服务社会"走基层进校园系列活动，举办巡展60余个，宣讲70余场。各博物馆共举办公益讲座90余场，受众达2万余人次。开展2014年度博物馆纪念馆考评、天津市博物馆纪念馆首届优秀原创展览评比、第五届讲解员大赛和博物馆安全工作培训，博物馆工作基础进一步夯实。

3. 加强社会文物管理工作

为贯彻落实国务院关于简化事前审批，加强事中事后监管的工作部署，切实加强对文物拍卖经营活动的管理，印发了《关于进一步做好我市文物拍卖标的审核备案工作的通知》及《天津市文物拍卖管理暂行办法》，对报审管理和申报程序作了进一步要求，规范了文物拍卖流程。截至2015年底，组织开展文物拍卖标的审核23次，审核各类文物标的12006件（套），撤拍17件。严格依法办事，做好文物进出境审核和文物鉴定工作。

**表4 2012–2015年天津市文物拍卖情况对比表**

| | 2012年 | 2013年 | 2014年 | 2015年 |
|---|---|---|---|---|
| 拍卖场次（场） | 24 | 26 | 26 | 23 |
| 审核标的量（件/套） | 13917 | 14803 | 18041 | 12006 |

接受携运人申请办理进出境审核手续的文物及文物复仿制品总计403件，对389件拟携运出境的文物进行审核，经审核有6件文物属于禁止出境文物。并对允许出境的44件文物开据《文物出境许可证》，333件器物开具《文物复仿制品证明》。对14件文物进行临时进境审核工作，出具《文物临时进境审核登记表》。配合天津海关，共同把好国门，防止文物流失。为天津海关鉴定未经出境审核的疑似文物19次，总计1762件。其中有104件属于禁止出境文物，允许出境的文物159件，文物复仿制品1499件。

## （二）文物保护基础工作进一步夯实

2015年末，天津市文物保护管理机构共计8个，从业人员131人，各区县文物主管部门工作人员总数与2014年比基本一致，队伍人员结构稳定，年末天津市本辖区文物点（处）共有2082处。

1. 文化遗产保护工作有序开展

与市国土房管局、市民政局、市宗教局等相关单位对天津市国有文物保护单位、历史风貌建筑、公园、寺庙等信息进行核查，并将结果在本部门官方门户网站进行公布，接受社会监督；积极组织全市各区县，落实国家文物局古建类全国重点文物保护单位重大险情排查28，对排查出的险情，制定整改计划，落实整改措施，确保文物安全；做好《天津市境内国家级、市级文物保护单位保护区划》的宣传报道工作。检查督导各相关区县及局属文博单位做好文物安全工作。

2. 各项业务工作实绩

积极推进大运河遗产监测系统建设、记录档案著录等工作；启动《五大道建筑群保护规划》和《宁河天尊阁总体保护规划》编制工作；完成文昌阁等10处市级文物保护单位修缮方案论证和天津市不可移动文物信息管理平台项目方案论证；开展“陕京四线输气管道工程”基本建设考古调查；全面落实文物保护工程项目审，2015年底完成1800万资金核拨工作；组织2015年文化遗产日主题宣传活动，开展文物保护工程资质年检，确定新一批资质单位；做好全国重点文物保护专项补助资金的立项申请工作，2015年先后上报独乐寺观音像及壁画保护工程前期研究等国家重点文物保护专项补助资金共计10项，与2014年7项相比增加3项，提高43%。2015年合计申请国家重点专项补助资6716.48万元，比2014年增加100%；做好《天津市全国重点文物保护单位概览》和《天津市市级文物保护单位概览》的编辑出版工作；进一步做好文物保护标志的检查更新工作。

### （三）非物质文化遗产保护深入开展

年末天津市共有非物质文化遗产保护机构31个，从业人员498人。全年天津市非物质文化遗产保护机构共举办展览234次，比上年增长50.97%，接待观众81.6万人次，比上年增加42.63万人次，增长109.41%；举办演出713场，观众36.41万人次，分别比上年增长71.81%和0.46%；举办民俗活动146次，比上年增长20.66%，观众46.3万人次，比上年增长78.57%；举办培训班562次，比上年增加31.92%，培训人数3.647万人次，比上年降低2.46%。

有102人被认定为天津市第三批非物质文化遗产项目代表性传承人，覆盖了非遗全部十大类别。开展非物质文化遗产保护暨代表性传承人申报专题培训，培训人员200余人，提高了非遗保护工作人员的业务能力。举办“振兴传统工艺—天津市非物质文化遗产生产性保护工作对接会”，搭建了非遗生产性项目保护单位与设计企业对接的平台。举办非遗进校园、进课堂和非遗系列讲座等活动，与天津相声广播联合主办“欢声笑语校园行·非遗技艺有传承”系列巡演，走进天津市11所高校开展活动，惠及近万名大学生。

## 七、对外和对港澳台文化交流

### （一）文化交流服务外交大局的作用进一步发挥

充分发挥天津文化的优势和特色，深入开展多渠道多层次多形式的对外文化交流。全年共办理办理对外及对港澳台派出文化交流事项29项、400人次。“2015欢乐春节”天津共派出7个团组、119人次分别赴哥伦比亚、智利等11个国家和地区访演，是历年来派出团组最多、参与人数最多、访演国家最多的一次。天津霍元甲文武学校武术队随习近平主席参加“中非合作论坛约翰内斯堡峰会”，举行精彩武术表演，是近年来天津艺术团参加的最高规格的出访团组。“相约看天津”非遗展参加“2015南非·中国年”德班站活动，代表中国非物质文化遗产项目首次走进南非。“美丽天津”艺术团赴斯里兰卡中国文化中心进行了首次大型综合演出，进一步扩大了天津文化的国际影响。

### （二）重点文化交流项目影响广泛

成功举办2015天津国际少年儿童文化艺术节，来自全世界60个国家和地区，以及国内24个省市自治区的优秀少儿艺术团体的2000余名中外少年儿童参与，举行中外儿童大联欢、世界儿童绘画比赛和展览暨

“一带一路”沿线国家儿童绘画展览、国际儿童论坛等系列活动，是艺术节举办以来规格最高、规模最大、内容活动最丰富的一次艺术盛会。天津京剧院访问捷克、“美丽天津”艺术团访问马尔代夫、天津青年京剧团访问法国、塞舌尔、津巴布韦等重点交流活动集中彰显了天津文化的独特魅力。华夏未来少儿艺术团2015“中国梦·世界梦”全球巡演成功走进7个国家10余座城市，传播了中国文化，展示了天津良好形象，天津市委代理书记、市长黄兴国，市人大常委会副主任苟利军，副市长曹小红等市领导同志批示表扬。

### （三）文化交流渠道进一步拓宽

推荐3名天津画家赴南非、纳米比亚等地参加交流活动，这是天津首次参加该项目的交流活动。成功举办“第三期非洲武术学员培训班”和“第二期非洲学员游戏制作及影视后期培训班”。加快推进天津市融入“一带一路”文化建设，制定完成《中蒙俄经济走廊合作规划（文化部分）》。起草了《关于进一步加强对外和对港澳台文化交流工作的规划》。积极推动天津市国家对外文化贸易基地筹建工作。

## 八、文化资金投入

全年天津市文化事业费15.37亿元，比上年增加3.1亿元，增长25.26%；天津市人均文化事业费99.39元，比上年增加18.52元，增长22.9%。全年天津市文物事业费2.67亿元，比上年增加0.02亿元，增长0.75%。天津市文化文物事业费的持续增长，有力地促进了我市文化文物事业健康发展。

**表5　天津市2013年–2015年主要文化发展指标与全国排名情况**

| 主要指标 | 计量单位 | 2013年 | | 2014年 | | 2015年 | |
|---|---|---|---|---|---|---|---|
| | | 数值 | 排名 | 数值 | 排名 | 数值 | 排名 |
| 1. 文化事业费 | 亿元 | 9.56 | 26 | 12.27 | 23 | 15.37 | 22 |
| 2. 人均文化事业费 | 元 | 64.96 | 8 | 80.87 | 5 | 99.39 | 5 |
| 3. 每万人拥有公共图书馆面积 | 平方米 | 168.05 | 2 | 169.38 | 2 | 167.43 | 3 |
| 4. 人均拥有公共图书馆藏书 | 册 | 1.00 | 2 | 1.05 | 2 | 1.10 | 4 |
| 5. 人均购书费 | 元 | 2.28 | 5 | 2.73 | 3 | 3.15 | 5 |
| 6. 每万人拥有群众文化设施面积 | 平方米 | 172.53 | 25 | 197.63 | 25 | 204.97 | 25 |
| 7. 人均群众文化业务活动专项经费 | 元 | 1.23 | 25 | 5.11 | 5 | 3.95 | 14 |
| 8. 艺术表演团体个数 | 个 | 58 | 27 | 66 | 27 | 86 | 26 |
| 9. 艺术表演团体国内演出观众人次 | 万人次 | 285 | 29 | 418 | 27 | 673 | 26 |
| 10. 艺术表演团体演出收入 | 千元 | 18222 | 28 | 35410 | 26 | 56359 | 25 |
| 11. 文化部门艺术表演团体经费自给率（事业） | % | 9.14 | 26 | 13.84 | 19 | 15.00 | 21 |
| 12. 文物藏品数量 | 件（套） | 1057629 | 12 | 1034701 | 13 | 1025328 | 13 |
| 13. 博物馆参观人次 | 万人次 | 546 | 26 | 926 | 25 | 1003 | 24 |

（天津市文化广播影视局）

## 天津：积极探索政府购买公共文化服务项目

### 一、设立专项经费购买演出展览等公益文化活动

天津市财政局、天津市文广局设立支持高端演出、高端展览和公益文化普及活动专项经费。至2015年底，天津大剧院接受政府补贴的高端演出达71场，引进了包括俄罗斯马林斯基剧院芭蕾舞剧《安娜　卡列尼娜》等演出剧目，天津博物馆、天津美术馆引进高端展览6个，文化中心各场馆开展公益文化普及活动2501次，使津城百姓在本市以较低票价欣赏到国际一流演出和展览，进一步提升了我市公共文化服务品质。天津市文广局又联合北方演艺集团推出“文惠卡”项目，“文惠卡”每张面值500元，市民只需支付100元，余下400元由政府直接补助，可用于购买11个市属专业院团的演出门票，部分场次享受补贴后的票价不足10元。2015年，市财政投入2400万，发售文化惠民卡6万张，两个月内全部惠民卡被抢购一空，受到百姓一致好评。

### 二、通过政府购买服务方式支持民营院团及文化志愿服务发展

与今晚传媒集团、达仁堂京万红药业有限公司三家联手打造“天津市民营剧团产业孵化基地”，40多家民营剧团陆续落户。政府购买服务使得民营剧团演出市场份额迅速提升，不断丰富了百姓的文化生活。新华社、人民日报、新浪网等全国主要媒体纷纷予以关注，中央电视台《新闻联播》进行报道并配发短评。

# 河北省2015年文化发展情况分析

## 一、河北省文化机构和从业人员情况

截止2015年底，河北省共有文化机构14418个，比上年增加845个，增幅6.23%，从业人员104967人，比上年增加16448人，增幅18.58%。其中：群众文化服务机构有2402个，从业人员7138人；分别比上年增加0.21%和减少0.52%；文化站有2222个，从业人员4774人；分别比上年增加0.23%和减少0.23%；其他文化及相关产业有190个，从业人员4891人；分别比上年减少41.72%和23.95%。

表1　2015、2014河北省文化机构和从业人员情况

| 项目 | 机构数（个） | | | 从业人员数（人） | | |
|---|---|---|---|---|---|---|
| | 2015年 | 2014年 | 增幅（%） | 2015年 | 2014年 | 增幅（%） |
| 总计 | 14418 | 13573 | 6.226 | 104967 | 88519 | 18.58 |
| 1. 艺术业 | 606 | 537 | 12.85 | 16171 | 15024 | 7.635 |
| 其中：艺术表演团体 | 596 | 458 | 30.13 | 14492 | 13750 | 5.396 |
| 艺术表演场馆 | 108 | 77 | 40.26 | 1679 | 1197 | 40.26 |
| 2. 图书馆 | 172 | 172 | 0 | 1855 | 1899 | -2.32 |
| 3. 群众文化服务 | 2402 | 2397 | 0.209 | 7138 | 7175 | -0.52 |
| 其中：文化站 | 2222 | 2217 | 0.226 | 4774 | 4785 | -0.23 |
| 4. 艺术教育业 | 5 | 5 | 0 | 597 | 600 | -0.5 |
| 5. 文化市场经营机构 | 7801 | 7069 | 10.36 | 44716 | 29167 | 53.31 |
| 6. 文艺科研 | 12 | 12 | 0 | 160 | 164 | -2.44 |
| 7. 文物业 | 304 | 303 | 0.33 | 8494 | 8327 | 2.00 |
| 8. 其他文化及相关产业 | 190 | 326 | -41.72 | 4891 | 6431 | -23.95 |

## 二、河北省文化事业经费投入情况

2015年河北省文化、文物部门经费收入合计486838.6万元，比上年增加了100821.2万元，增加26.12%。其中，财政补助收入288231万元，比上年增加55039.3万元，增长23.6%；事业收入50220.4万元，比上年增加6817.1万元，增加15.7%；经营收入2135.4万元，比上年增加211.3万元，增长10.98%；其他收入144941.4万元，比上年增加41770万元，增长40.48%；资产总计790724.7万元，比上年增加244297.6万元，增长44.7%。

政府对文化的投入有所增加，财政拨款比上年增长 23.6%，增幅有较大的提高。从财政拨款结构中可以看出，承担公共文化服务的图书馆、群众文化和博物馆等公益性单位的财政拨款数仅占财政拨款总数的 47%，比例接近一半了，群众文化所占比例最多，达到 21%。教育机构和其他文化机构所占比例为 5%，艺术表演场馆和文物科研机构所占比例不高于 2%，比例较低。

2015 年，河北省人均文化事业费达到 24.96 元，比上年增长了 28.2%。首次高于全国人均文化事业费增速 11.71 个百分点。从 11 个设区市（为保持统计口径一致，2 个省直管市仍放在原设区市对比），2015 年人均文化事业费最高的为张家口市达 45.94 元，最低的衡水市仅仅有 8.54 元，可以看出河北省人均文化事业费地区差异较大。虽然近三年人均文化事业费的总量在递增，但是增长速度却是有较大幅度的较低，与全国的平均水平仍有不小的差距。

图1　2014-2015年河北省各市人均文化事业费

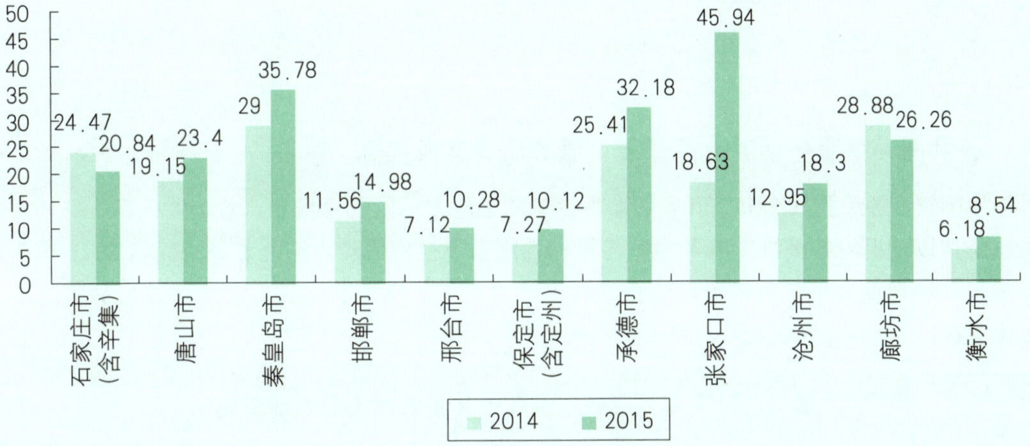


由上图可知 2014、2015 年各市人均文化事业费较高的是秦皇岛市、承德市和廊坊市，石家庄（含辛集市）和唐山市差不多，最低的是衡水市。2015 年人均文化事业费最高的是张家口市，最低的还是衡水市。2014 年和 2015 年对比各市大致趋势是一样的，唯独张家口市是增长幅度最大的，其他各市均没有太大变化。

**表 2　河北省 2015 年文化设施投资情况**

| 项目 | 计划总投资（万元） | 建筑总面积（万平方米） | 本年到位资金（万元） | 国家预算内资金（万元） |
|---|---|---|---|---|
| 总计 | 202741.1 | 32.17 | 22945.2 | 17690.2 |
| 文化合计 | 126230.3 | 21.93 | 8349.1 | 8094.1 |
| 艺术表演场馆 | --- | --- | --- | --- |
| 公共图书馆 | 14687.3 | 2.22 | 1377 | 1377 |
| 文化馆 | --- | --- | --- | --- |
| 文化站 | 1117.9 | 0.55 | 546.9 | 291.9 |
| 其他 | 110425.1 | 19.16 | 6425.2 | 6425.2 |
| 文物合计 | 76510.8 | 10.24 | 14596.1 | 9596.1 |
| 博物馆 | 74772.2 | 8.91 | 14557.5 | 9557.5 |
| 其他 | 1600 | 1.3 | --- | --- |

2015年全省文化设施年内建设项目34个，全年计划总投资额20.27411亿元，与2014年相比没有增加；本年到位资金2.29452亿元，与上年相比没有增加，其中国家预算内资金1.76902亿元，占到位资金的12.97%；本年完成投资额1.08173亿元，竣工项目11个，面积4.08万平方米。从这两年的计划总投资和年到位资金看，投资规模没什么变化。

从各级财政预算内资金占本年到位资金比重看，文化设施投资方式开始向多渠道多元化发展，逐渐形成中央、地方政府、企业、民间共同投资的新格局。从2015年河北文化设施投资项目分类看 ，公共文化、基础设施投资主体依然是以政府为主导，如：博物馆本年到位资金1.45575亿元，财政预算内资金占19.03%，比重较好。发生投资变化的是带有经营性的文化产业，社会和民间资本有选择地大量地投向经营性文化产业。

综上分析，河北省人均文化事业费在全国的排名第29位，较上年又提升1位，但仍然不容乐观，特别是河北省属人口大省，对文化事业发展至关重要的文化投入和设施建设等指标在全国排名都较为落后，人均核算后的全国排名基本都是倒数一二。

## 三、河北省主要文化发展指标情况

### （一）公共图书馆服务活动有序开展，服务质量有所提高

与上年相比较，各级公共图书馆开展的服务活动明显增多，图书总藏量，总流通人次、书刊文献外借、举办讲展览培训以及组织各类讲座等各项服务指标均比去年稳步增加。河北省图书馆自2011年7月新馆免费开放以来，共办理读者证7万多个，接待读者上百万人次，成为名副其实的“百姓大书房”，也成为省会新的文化地标。

**表3　2015年河北省各市间公共图书馆主要指标对比**

| | 总藏书（万册） | 购书经费（万元） | 实际使用建筑面积（万平方米） | 财政补贴收入（万元） | 举办活动次数（次） |
|---|---|---|---|---|---|
| 石家庄市 | 340.71 | 460.9 | 5.14 | 3669.4 | 346 |
| 唐山市 | 239.36 | 471.4 | 4.23 | 2941.3 | 124 |
| 秦皇岛市 | 130.73 | 107.4 | 2.46 | 1447.0 | 146 |
| 邯郸市 | 172.58 | 259.4 | 6.42 | 2426.1 | 253 |
| 邢台市 | 149.14 | 242.1 | 4.31 | 1827.7 | 152 |
| 保定市 | 194.55 | 124.6 | 3.27 | 1657.5 | 115 |
| 张家口市 | 145.66 | 138.7 | 1.61 | 1760.1 | 105 |
| 承德市 | 95.00 | 83.3 | 1.85 | 1509.2 | 54 |
| 沧州市 | 139.38 | 606.2 | 4.93 | 4081.3 | 262 |
| 廊坊市 | 227.23 | 345.8 | 2.80 | 1943.0 | 150 |
| 衡水市 | 67.47 | 185.6 | 1.38 | 480.1 | 75 |

可以看出，石家庄市的总藏书是最多的，有340.71万册，其次是唐山市和廊坊市，分别有239.36万册和227.23万册，衡水市的最少，有67.47万册，其他各市相差不大。沧州市的购书经费是最多的，有606.2万元，其次是唐山市，有471.4万元，购书经费最少的是承德市，只有83.3万元。实际使用建筑面

积邯郸市最多，有6.42万平方米，石家庄市、沧州市、唐山市、邢台市的实际使用建筑面积相差不大。

石家庄市的公共图书馆在图书总藏量、举办活动次数和财政补贴收入三个方面都位居全省第一，分别是340.708万册、346次、3699.4万元。在财政补贴收入方面，沧州市、唐山市、邯郸市的公共图书馆分别位居第二、三、四，衡水市排在最后，石家庄市的公共图书馆财政补贴收入是衡水市的7.69倍。在图书总藏量方面，唐山市、廊坊市、保定市分别位居第二、三、四，衡水市排在最后，石家庄市的图书总藏量是衡水市的5.05倍。在举办活动方面，沧州市、邯郸市、唐山市分别位居第二、三、四，衡水市排在最后，石家庄市的公共图书馆举办活动次数是衡水市的4.6倍。整体来看，各市公共图书馆均衡发展，与各自地区 实际情况相适应，协调有序。各级公共图书馆积极开展各种活动，创新服务方式，为广大群众提供优质服务，为构建和谐社会、促进文化大发展大繁荣营造良好的环境。

### （二）文化惠民政策成效显著，群众文化丰富多彩

**表4　2015年河北省群众文化机构及活动基本情况**

| | 合计 | 文化馆 | 文化站（%） |
|---|---|---|---|
| 机构数（个） | 2402 | 180 | 2222 |
| 从业人员（人） | 7138 | 2364 | 4774 |
| 举办展览个数（个） | 5106 | 965 | 4141 |
| 组织文艺活动次数（次） | 41732 | 12444 | 29288 |
| 举办训练班次数（次） | 16189 | 5807 | 10382 |

2015年，全省共有群众文化馆（站）机构2402个，从业人员7138人。其中文化馆180个，有从业人员2364人；文化站2222个，有从业人员4774人。文化活动内容丰富、形式多样，深受基层群众欢迎。各级文化馆（站）全年共为全省群众提供文化活动服务6.4623万次、文化服务惠及1408.942万人次。其中组织文艺活动41732次、参加人次1064.858万人，举办训练班16189次、培训103.728万人次，举办展览5105个。公益惠民演出规模数量继续扩大，各市文化馆自办文艺团队，常年活跃在基层，为群众演出，文化馆还指导群众业余文艺团队，极大地丰富和带动了邻里乡亲的文化生活。

## 四、河北省文化市场发展情况

河北省贯彻一致的文化发展理念，在积极促进文化市场繁荣、加强文化市场培育的同时，坚持对文化发展的依法管理、严格监管，始终打造内容健康、规范有序的文化市场发展环境。根据统计，2015 年河北省共有7801个文化市场经营机构，从业人员75884人，较2014年均有小幅的增长；其中娱乐场所2258个，比2014年增加15处；网吧4956个，比2014年增加了130处；营业收入246888万元，利润总额41416万元，资产总计674336万元。利润总额有较大幅度的减少，说明文化市场经营单位经营成本加大，经营状况有较大波动。

表 5 2015 年河北省文化发展文化市场统计数据情况

| 指标 | 单位 | 总量指标 | | 增长速度（%） |
|---|---|---|---|---|
| | | 2014 年 | 2015 年 | |
| 机构数 | 个 | 7396 | 7801 | 5.5 |
| 娱乐场所 | 个 | 2243 | 2258 | 0.7 |
| 网吧 | 个 | 4826 | 4956 | 2.7 |
| 从业人员 | 人 | 68787 | 75884 | 10.3 |
| 营业收入 | 亿元 | 20.69 | 24.69 | 19.3 |
| 利润 | 亿元 | 5.96 | 4.14 | -43.9 |
| 资产总额 | 亿元 | 55.53 | 67.43 | 21.4 |

同时，河北省文化厅举办了河北省文化市场行政执法培训班，河北省 70 余名市、县文化市场行政执法一线骨干参加了培训。执法从业人员数目较 2014 年增加 47 人，执法机构数也有增加。可以看出河北省对于文化市场的规范力度以及监管程度。

## （一）演出市场的创新性稍显欠缺

截止到 2015 年底，河北省演出市场中剧场演出 2060 次，较以往有所减少，其中惠民演出场次为 250 场，比 2014 年有少许增长。影剧院演出场次 310 次，包括惠民演出 190 场。综合性场馆演出 540 次，惠民演出 90 次，较 2014 年小幅增加。艺术表演的观众人次主要集中在剧场、影剧院，其他形式所占比重小甚至为零。而书场、曲艺场、杂技马戏和音乐厅均无演出场次，同时也没有相应的市场机构。演出市场机构类型比较单一，创新不足，创新点较少，大部分收入来自影剧院。

图2 2015年河北省全省艺术表演场馆综合情况

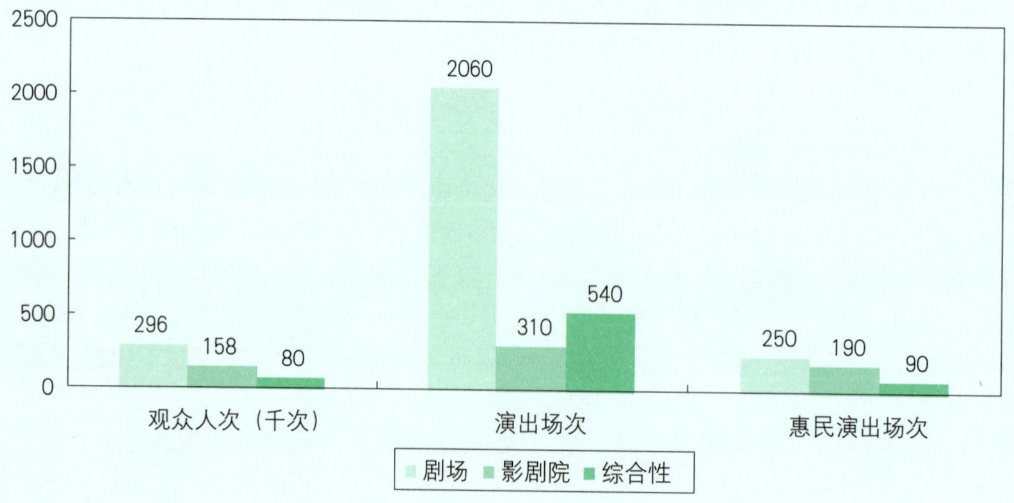


## （二）艺术表演团体多体制形式发展，逐渐完善

2015 年末，河北省艺术表演团体共计 596 个，从业人员 14492 人。演出场次共计 82570 场，国内演出

观众 4559.022 万人次。其中农村演出 54060 场，农村观众 3194.561 万人次，分别占同比总数的 66。7%和 70.1%。74 辆流动舞台车充分发挥其功效，全年演出共 5970 场，涉及观众 593.188 万人次，较 2014 年有大幅度增加。政府采购的公益演出共 4090 场，惠及观众 349.14 万人次。河北省剧团财政补贴共计 30860.8 万元。涉及的剧种有：杂技、魔术、马戏类、歌舞、音乐类、京剧、昆曲类、地方戏曲、曲艺类等。

**表 6　2015 年河北省艺术表演团体主要业务活动**

| 项目 | 财政补贴团数 | 平均每团从业人员 | 本团原创首演剧目 | 农村演出场次 | 国内观众人数（万人次） | 演出收入（万元） |
|---|---|---|---|---|---|---|
| 事业 | 72 | 36 | 23 | 11170 | 1415.8 | 4726 |
| 企业 | 14 | 59 | 18 | 5730 | 742.9 | 4397 |

两种体制下的艺术表演团体其经济效益和社会效益各有所长，不断地完善和发展。事业性质的艺术表演团体创作能力强， 吸纳的各种专业人才多，又拥有的国家财政补贴多，演出成本亦高，演出影响力广，所以社会效益显著、社会影响也比较广泛。而企业性质的艺术表演团体更多的是追求经济效益的最大化，但其接受的政府补助少，市场化程度很高，承受力强，在激烈的市场竞争中易于存活，所以其演出收入也比较高，而且演出收入会有逐步提升的空间。

### （三）网吧市场趋于稳定，文化娱乐市场整体规范性加强

2015 年，河北省共有网吧 4956 家，比 2012 年减少了 26.17%，网吧的精减有利于网吧市场的更加规范化。文化娱乐市场全年实现增加值为 171554 万元，2014 年为 1137598 万元，增长幅度较大。娱乐场所按城乡分，其中城市 748 家，从业人员为 7644 名，县城 1274 家，从业人员为 8137 名，县以下 236 家，从业人员为 1308 名，较以往几年都有稳定比例的下降。按经营类别分，歌舞娱乐场所有 1779 家，比 2012 年减少 11.9%，游艺娱乐场所有 476 家，比 2012 年减少 20.6%。娱乐场所的营业收入和营业利润大部分来自歌舞娱乐场所，占比分别为 90.99% 和 86.08%。但和去年相比较，歌舞娱乐场所机构明显减少，而游艺娱乐场所机构有一定数量的增加。

**图3　2015年河北省文化娱乐市场概况**

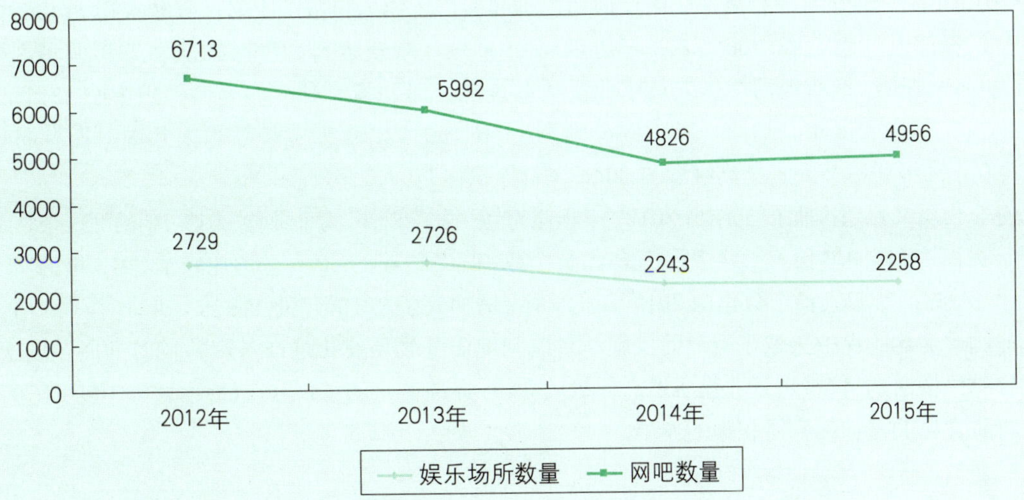

### （四）文化市场水平有所提高

文化厅坚守于“三化”推进文化市场管理“三大平台”建设。围绕规范文化市场管理，优化文化市场环境，着力建设河北省网吧监管、文化市场办公应用、文化市场信用管理三大平台，全面提高文化市场管理动态化、规范化、科学化水平。2015 年文化娱乐市场明显调整经营策略、规范了文化娱乐市场，歌舞娱乐场作为最主要经营场所其机构数、营业收入和营业利润都有所下降。但是从文化娱乐整体的占比可以看出，这种经营策略的转变并没有从根本上改变歌舞娱乐场在文化娱乐整体中的首要地位，适当地、持续的调整经营策略是当下迫切需要解决的问题。

表 7　2014、2015 年河北省文化市场经营单位情况

| 指标 | 2014 年 | | 2015 年 | |
|---|---|---|---|---|
| | 歌舞娱乐场所 | 歌舞娱乐场所 | 游艺娱乐场所 | 游艺娱乐场所 |
| 机构个数（个） | 1672 | 1779 | 547 | 476 |
| 从业人员（人） | 14366 | 15558 | 1180 | 1501 |
| 营业收入（千元） | 903603 | 881588 | 56399 | 87274 |
| 营业利润（千元） | 266378 | 212916 | 19301 | 34433 |

## 五、文物文化遗产保护情况

截至 2015 年底，河北省文物业机构共计 304 个，其中博物馆 107 个，文物科研机构 5 个，文物保护管理机构 165 个，其它文物机构 24 个。从业人员共 8494 人，从业人员增幅较稳。

### （一）2015 年博物馆基本情况

截止 2015 年底，河北省博物馆机构达 107 个，从业人员总数 3519 人。河北省共有文物藏品 271992 件，博物馆免费开放工作顺利开展，已有 82 个博物馆面向社会免费开放。河北省博物馆志愿者队伍亦日益壮大。2015 年全省博物馆共接受财政补贴 30962 万元，资产总计达到 109740.7 万元。博物馆总体在稳步发展。

### （二）非物质文化保护工作稳步上升

截止 2015 年底，河北省非物质文化遗产博物馆 182 座，工作人员数 781 名，收藏实物 11426 件，举办展览 785 次，参观人员达到 96.966 万次；举办演出 2130 场，观众达到 1186.702 万人次；并多次开展开展非遗工作人员培训班，不断提高工作人员职业素质和技能。河北省有独立的非遗保护中心 48 个，比 2014 年又增加一处，其中省区市、地市、县市区分别为 1、8、39 个。在专业级技术人才中，拥有职称的人为 128 人，其中正高级职称 2 人、副高级职称 20 人、中级职称 60 人。

河北省非物质文化遗产保护工作与 2012 年相比有较大提高。机构个数由 2012 年的 23 个，增加到了 2015 年的 48 个，三年间增长了 108.7%；工作人员个数由 2012 年的 80 人，增加到了 2015 年的 119 人，三年间增长了 48.8%；专职人员个数也由 2012 年的 33 人增加到了 2013 年的 119 人，增加了 1.6 倍。此外，河北省就非物质文化的保护采取了有效的措施，贯彻《河北省非物质文化遗产条例》；同时开展多场次的展览、演出以及各类民俗活动，积极进行非物质遗产保护的知识，提高群众的意识和关注度，惠及 109.446 万次群众。这些对非物质文化的保护起到了积极的作用。

## 六、对外文化交流工作情况

在京津冀一体化的大背景下，京津冀的文化交流也日益增多，互相学习借鉴。同时，河北省民间工艺、京剧、杂技、河北梆子、民族舞蹈等赴港澳台及国际展演，引起强烈反响。配合对外经贸洽谈，河北举办了一系列文化活动。杂技国际商演日益活跃。吴桥杂技、京剧、河北梆子等传统文化走出国门，走向国际，扩大了河北文化对外的影响。在对外影响扩大的同时，河北省也引进了一些域外文化来满足河北群众的文化需求。这些都坚持了“走出去，引进来”的宗旨。

## 七、文化产业发展状况

### （一）产业园区不断壮大

大力推进文化产业园区建设，河北省已有文化产业示范园区和示范基地 150 个，其中国家级 15 个，省级文化产业示范园区 26 个，省级示范基地 109 个；在职人员 139277 人，同时从业人员素质有了整体性的提升。2015 年主营业收入达到了 558.27 亿元，利润总额 198.75 亿元，向社会捐赠总额 460.6 万元，各文化单位对于促进全省经济发展、提升群众文化产品消费水平起到积极作用。积极培育省级文化产业园区，通过对部分市省文化产业示范基地进行抽检，详细了解了企业发展情况，对重点企业进行全方位宣传推介与产业交流，贯彻文化产业发展理念，积极引导其科学发展，文化产业发展势头强劲。

### （二）动漫产业发展上升空间极大

河北省文化底蕴强，历史文化资源丰富，通过不断的累计发展，外加近年来政策扶持，使本地动漫产业发展愈来愈快。截止 2015 年，全省拥有动漫机构数 13 个，从业人员 488 人。2015 年动漫产品研发开发经费为 621.5 万元，原创漫画作品 61 部，原创动画作品 19 部，极大地促进和显示了文化的创新。河北省有大小美术学校近千家，美术人才众多，不少大专院校已开设了数字媒体、动画等专业和课程。仅石家庄就有 27 所大中专院校已设置了动漫专业，为动漫人才培养提供了良好的条件。

近年来，河北省动漫产业亏损较多，但 2015 年实现了 47.8 万元，扭转了一直亏损的局面。但是由于基础薄弱，产业链仍不成熟，发展过程中有不少困难。河北省动漫产业发展以石家庄、廊坊、邯郸等为代表，规模以石家庄市为最。但目前河北省动漫相关企业的规模均相对较小，注册资本较少，主创人员较少，资金短缺等问题比较突出，很难实现长篇动画连续剧和电影的创作。近年来，河北省个别动漫企业创作了几部原创作品， 在社会上产生了一定的影响，但整体上产业链仍未能建立，规模效应尚未显现，市场效益仍有待提高。

## 八、对策建议

目前，河北省文化发展一是独特的地理区位优势。河北省沿海地区毗邻京津，具有独特的“内环京津”以及“外环渤海”的“两环优势”，尤其是在京津冀协同发展的大环境下，河北省承接了京津地区的城市功能拓展和产业转移，是华北地区、西北地区极其重要的外开放枢纽，这样就可以利用京津地区一切有利因素来促进全省的文化发展。二是绵长的文化资源优势。河北省有深厚的文化底蕴，历中文化遗产较多，成为河北省文化资源深度开发和文化产业整体发展的坚实基础。三是全面的文化人才优势。河北在艺术表演、创作、教育等专业领域活跃着众多的专业艺术骨干。河北省应在充分利用这些有利条件的基础上，结合自身的现有条件大力发展文化产业，丰富人们的文化生活。

### （一）打破原有发展观念，建立发展合作机制

政管理部门要从打破行政壁垒开始，破除各方面的观念壁垒，积极树立大区域的发展观念，充分利用

区位优势，特别是在文化产业发展方面，营造区域协同发展的氛围；建立京津冀文化创意产业协同发展中心并赋予一定的权力并使它独立于三地文化创意产业管理部门，这样在保证了京津冀协同发展中的平等地位，一定的放权有利于整体区域的创意产业的发展；建立文化创意产业发展联盟，加强各地区创意城市之间的合作与交流，突出区域内文化创意产业优势行业的发展。

### （二）深入实施文化惠民工程，丰富群众文化生活

广泛开展群众文化活动。评选优秀群众文艺作品，推出一批在当地乃至全国具有广泛影响力的群众文化活动品牌和一批长期扎根生活、具有蓬勃朝气和创造力的群众文艺工作者，为广大基层群众展示艺术才华、实现艺术理想搭建一个广阔的平台，极大地调动基层群众文艺创作的积极性，促进群众文化艺术的繁荣发展。

推进数字图书馆建设。借助数字图书馆推广工程的宣传推广优势，在多媒体阅览室开展数字资源推介，让读者掌握如何在互联网及移动智能终端利用数字图书馆查找所需资源。

推进文化信息资源共享工程。各级中心推出网络视频展播和优秀电影和动画视频展播，采用播放视频讲座和邀请专家现场讲座相结合的方式，举办各类专题讲座，积极主动面向困难群众、少年儿童等群体开展延伸服务，主动将数字资源、图书等免费送到群众手中，享受到文化带来的乐趣。

### （三）统一制定产业发展规划，积极进行合理布局

制定统一的文化产业发展规划，将局部利益和区域整体利益统一起来。在京津冀区域一体化的大背景下，发挥自身优势实现错位发展；在区域文化产业园区集聚方面，政府应该建立区域公共服务平台，完善公共支撑服务体系，促进文化产业信息资源共享，减少强制干预，努力深入发掘、创新各地特色文化，避免重复建设和同质发展的情况。

### （四）统一市场准入标准，促进文化资源流动

统一市场准入标准，培养真正的市场主体，主动吸收利用社会资本；引入竞争机制，增强市场活力。政府在扶持骨干、龙头企业的同时重视民营创意企业和中小创意企业，全面提高产业自主创新能力。这样发挥龙头企业的带动作用和示范作用，加强区域优势行业的发展和区域文化创意产业品牌建设，实现规模效益。

### （五）继续加大人才培养，健全人才长效培养机制

文化发展离不开人才的利用和引入，促进文化人才在区域范围内的流动，加强同其他地区尤其是京津地区文化人才的交流与合作，充分发挥教育的作用，建立健全人才培养机制，培养专业人才和相应的管理人才。

（河北省文化厅）

## 河北：文化工作稳步前进，成绩显著

2015年，河北省文化厅认真贯彻落实党的十八全会精神以及文化发展规划，遵循创新发展、统筹发展、开放发展、绿色发展、安全发展的总体原则，站在全面深化改革、建设文化大省的高度，牢牢把握以人民为中心的工作导向，充分利用京津冀一体化协同发展的有力区位优势，抓住历史机遇，扎扎实实地做好文化工作。

文化市场监察工作有条不紊，逐渐增强。2015年全省文化行政执法模式培训班成功举办，不断增强执法人员专业素养，为规范文化市场提供强大支撑力；同时，开展文化市场安全生产隐患排查治理活动以及安全生产督导检查行动，不断规范文化市场；各市也相应展开对文化市场的规范监察活动，邯郸市强力推出“三个延伸”、夯实“扫黄打非”基层基础工作等。

优秀剧目成果显著；地区交流加强。杂技音乐儿童剧《蔬菜总动员》成功入选第八届全国儿童剧优秀剧目展演；三台剧目入选全国“纪念中国人民抗日战争暨世界反法西斯战争胜利70周年优秀剧目巡演”活动；同时，《大众文艺》喜获优秀期刊奖；大型风情歌舞剧《挂红灯》首先于张家口亮相，反映良好；京津冀管弦民族音乐会《国乐盛典》成功上演；“京津冀公共文化示范走廊”发展联盟在北京成立，更好促进京津冀区域文化发展。

非物质文化遗产保护活动丰富，宣传加强。2015年河北省于天津成功举办京津冀民间剪纸漫画展；成功启动河北省非遗衍生品设计推广评选活动；全省首个曲艺非遗班在河北艺术职业学院开班，受到广泛的关注；并成功地举办了对非物质文化遗产保护中心工作人员的培训班，以提高其技能和素养，更好的开展非遗保护工作。

群众文化生活愈来愈活跃丰富。为不断丰富广大群众的文化生活，鼓励文化工作者和各界人士志愿参与基层文化建设，在全省开展特色鲜明的文化志愿服务活动；省图书馆成功举办“文明阅读－你我他”第二季活动，积极组织群众读书活动，并提高其文明读书意识；省图书馆多次成功举办抗日战争胜利图片展；同时举办精彩纷呈的少儿暑期活动以及大规模的广场舞大赛，丰富群众文化娱乐生活。

# 山西省2015年文化发展情况分析

2015年，是“十二五”文化发展规划的收官之年，山西文化文物系统自觉、主动服务于省委、省政府“净化政治生态、实现弊革风清，重塑山西形象、促进富民强省”工作大局，以“文化惠民在三晋”活动为龙头，以加快构建现代公共文化服务体系和现代文化市场体系为目标，积极深化文化体制改革，大力推进全省文化、文物事业和文化产业繁荣发展，开创了文化产业与经济平稳较快增长的良好格局，为全省国民经济和社会发展营造了良好的社会环境。

## 一、主要指标保持基本平稳，文化发展环境更趋优化

2015年，党的十八届五中全会召开，国民经济和社会发展进入新的历史时期，文化发展面临的改革与发展任务更加艰巨，建设社会主义文化强国的提出，充分彰显了中央高度的文化自觉，为文化建设的开展提供了领导保证、思想保证和组织保证，全省文化发展环境进一步优化。

### （一）机构人员稳中有升，文化产业规模进一步扩大

截止2015年底，我省共有文化及相关产业机构7683个，比上年增加233个，增长3.13%；从业人员6.59万人，比上年增加0.49万人，增幅7.86%。文化机构及从业人员主要包括：文化部门产业机构2718

**表1 2015年山西省文化及相关产业机构及从业人员情况**

| 单位 | 2015年 | | 与上年增减变动 | |
|---|---|---|---|---|
| | 机构数 | 从业人员数 | 机构数 | 从业人员数 |
| **总计** | **7683** | **65946** | **233** | **4863** |
| **一、文化部门产业机构** | **2718** | **33142** | **141** | **2613** |
| 1. 艺术表演团体 | 456 | 15987 | 105 | 2319 |
| 文化部门艺术表演团体 | 157 | 8258 | 7 | 178 |
| 2. 艺术表演场馆 | 137 | 1997 | 38 | 528 |
| 文化部门艺术表演场馆 | 100 | 1457 | 11 | 94 |
| 3. 图书馆 | 126 | 1554 | | -39 |
| 4. 群众文化服务 | 1540 | 4442 | 2 | -221 |
| 其中：群众艺术馆 | 12 | 369 | | -7 |
| 文化馆 | 119 | 1440 | | -60 |
| 文化站 | 1409 | 2640 | 2 | -154 |
| 其中：乡镇文化站 | 1196 | 2153 | | -133 |
| 5. 艺术展览创作机构 | 28 | 276 | 2 | |
| 其中：美术馆 | 25 | 224 | 2 | 3 |
| 6. 艺术教育业 | 19 | 1426 | | -11 |
| 7. 文艺科研 | 31 | 1094 | 4 | 251 |
| **二、文化市场经营机构（不含非公有制艺术表演团体）** | **4622** | **25564** | **88** | **1965** |
| **三、文物业** | **343** | **7240** | **4** | **323** |

个，从业人员 3.31 万人，比上年增加 141 个机构、0.26 万人（主要为文化主管部门纳入统计范围）；文化市场经营机构（不含非公有制艺术表演团体）4622 个，从业人员 2.56 万人，比上年增加 88 个机构、0.2 万人；文物部门产业机构 343 个，从业人员 0.72 万人，比上年增加 4 个机构、0.03 万人；具体情况如表 1：

### （二）文化部门积极作为，文化投入稳定增长

2015 年，我省经济下行压力持续加大，通过积极争取和多方努力，我省文化投入仍然保持了稳定增长，为全省文化文物事业稳步发展奠定了基础。

1. 文化部门所属机构主要情况

2015 年，全省文化业总收入 28.99 亿元，总支出 28.04 亿元，分别比上年增加 20.84% 和 21.86%，收支大体平衡。

**表 2　2015 年山西省文化部门收支情况**

| | 2015 年（亿元） | 占总收入比重（%） | 与上年增减变动 | |
|---|---|---|---|---|
| | | | 绝对值（亿元） | 百分比（%） |
| **总收入** | **28.99** | | **5** | **20.84** |
| 其中：财政补贴收入 | 18.74 | 64.64 | 4.16 | 3.86 |
| 上级补助收入 | 0.5 | 1.72 | 0.21 | 0.51 |
| 事业收入 | 1.22 | 4.21 | 0.25 | 0.17 |
| 其他收入 | 8.53 | 29.42 | 0.52 | -3.97 |
| | 2015 年（亿元） | 占总支出比重（%） | 与上年增减变动 | |
| | | | 绝对值（亿元） | 百分比（%） |
| **总支出** | **28.04** | | **5.03** | **21.86** |
| 其中：基本支出 | 13.21 | 47.11 | 2.9 | 2.3 |
| 项目支出 | 10.15 | 36.2 | -0.97 | 4.74 |
| 经营支出 | 0.46 | 1.64 | 0.11 | 0.08 |
| 费用中：工资福利支出 | 8.76 | 31.24 | 0.3 | 4.08 |

财政拨款占到总收入的 64.64%，说明我省文化事业特别是公益文化事业单位的发展主要依靠各级政府的推动；事业收入稳中有升，说明文化工作者主动适应文化市场发展规律、积极开拓市场，取得了一定的成绩，为文化发展积累了财富、拓展了空间。在总支出中，工资福利支出占到 31.24%，用于人员开支的费用大约占到财政补贴收入的 46.74%，远远高于文物单位 25.07% 的比重，充分说明：各级财政对文物事业的专项经费投入远远高于对文化事业的专项经费投入，对文化事业的投入还有很大的提升空间。

2015 年，我省人均文化事业费 49.67 元，略低于全国平均水平（49.68 元）。如图 1 所示：与中部六省相比，我省人均文化事业费近年来始终排名第一，但增幅不高，2015 年仅略高于河南省，排名中部六省倒数第二位。与其他省份相比，我省人均文化事业费总量及增幅都低于陕西、内蒙古等周边地区，更低于北京、上海等地，且差距逐年拉大。

图1 2010-2015年山西人均文化事业费与中部六省及部分其他省份对比情况

北京、上海属于传统意义上的文化高投入地区，与我省及全国大多数省份相比，比较优势十分明显；陕西、内蒙古属于西部大开发地区，中央财政转移支付比例高于中部地区，加之近年来省级投入增速明显，同我省相比，优势也十分明显；湖北、湖南等五省与我省同属中部地区，中央财政转移支付比例相同，增幅差距主要来自省级特别是省本级的差距。通过对比，我省在继续争取中央支持的同时，加大省级特别是省本级文化投入，应当成为“十三五”时期的工作重点，否则不仅会进一步拉大与文化高投入地区的差距，而且在中部六省中的比较优势也将失去。

2. 文物部门所属主要情况

2015年，全省文物业总收入17.44亿元、总支出16.79亿元，分别比上年增长2.65%和8.96%。在总收入中：财政拨款14.08亿元，比上年增长2.1%，占到总收入的80.73%，比上年下降0.44个百分点。在总支出中：项目支出11.12亿元，比上年增长14.21%，占到财政拨款总额的78.98%，比上年增长8.38个百分点。“十二五”时期，全省文物事业费基本处于稳步上升状态，仅在2014年出现小幅下滑，文物事业费的稳定增长，为全省文物事业发展打下了良好基础。

图2 “十二五”时期山西文物事业费投入情况

## 二、精品战略稳步推进，演出市场日益繁荣

2015 年，全省文艺工作者深入学习贯彻习近平总书记在文艺工作座谈会上的重要讲话和王儒林书记在省委常委会上对繁荣发展戏曲和文艺事业提出的要求，紧扣“中国梦”和“三个文化”主题打造精品力作，有 30 个项目入选国家艺术基金资助项目，获得资助 3737 万元，位居全国第三。我省继续加大剧目创作力度，全省各级剧团原创首演剧目 62 个，包括戏曲类 53 个，歌舞、音乐类 6 个，话剧、儿童剧、滑稽剧类 1 个，杂技、曲艺类 2 个。省委宣传部、省文化厅组织晋剧《于成龙》、音乐剧《火花》、儿童剧《红星杨》、话剧《生命如歌》、晋剧《红高粱》、舞剧《吕梁英雄传》、京剧《陈廷敬》、话剧《村官段爱平》、北路梆子《续范亭》、歌舞剧《太行奶娘》等 10 部新创舞台剧晋京演出，标志着我省艺术创作又达到了一个新的高度。我省文艺精品创作演出在丰富文艺舞台的同时，也收到了良好的经济效益，全省各级剧团实现文化产业增加值 5.43 亿元，比上年增加 1.06 亿元，增幅 24.26%。从图 5 可以看出：2014 年以来，随着我省经济下行压力持续加大，演出市场受到很大影响，剧团演出场次、观众人次、演出收入降幅明显。为克服演出市场不利影响，各级政府加大对剧团演出的补贴力度，尝试用政府购买公共演出服务的方式来提高剧团收入，政府购买补贴逐年提高，在为广大基层群众提供免费、高质量专业演出服务的同时，为剧团度过演出难关起到了积极的推动作用。

## 三、注重宏观政策引导，公共文化服务提质提速

我省以保障群众基本文化权益为目标，积极研究编制《山西省人民政府关于提高公共文化服务水平的若干措施》，加快构建现代公共文化服务体系。

### （一）公共图书馆业发展情况

图3　山西省公共图书馆经费收入情况（亿元）

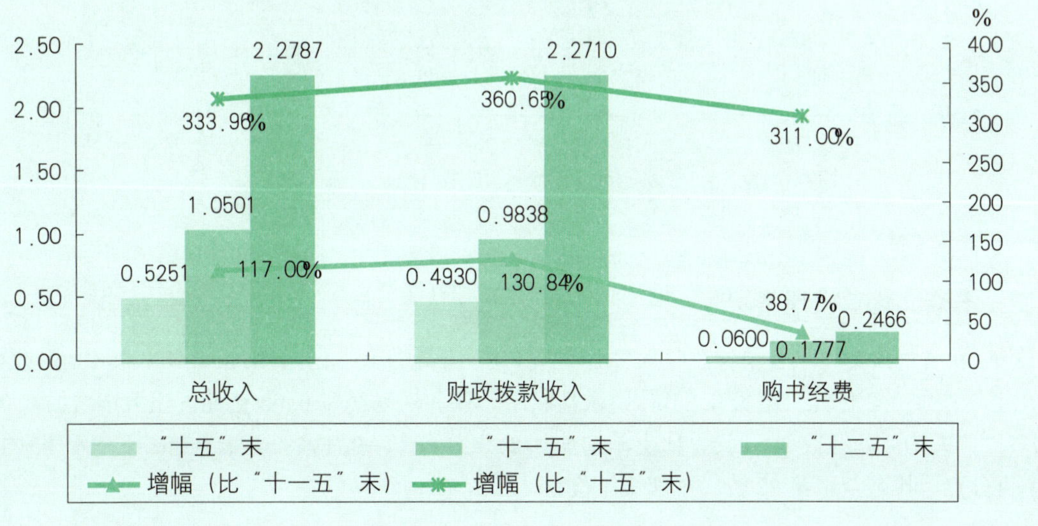


2015 年，我省公共图书馆总收入 2.28 亿元，比上年增加 0.08 亿元，增幅 3.64%，其中：财政拨款 2.27 亿元，比上年增加 0.13 亿元，增幅 6.07%，是“十一五”期末的 2.31 倍，占总收入的 99.56%。各级政府投入的稳步增长成为促进公共图书馆事业发展的主要动力，免费开放经费的投入为“十二五”公共图书馆业的发展打下了良好的基础。

2015年，我省各级公共图书馆累计支出2.31亿元，其中：基本支出1.38亿元，占总支出的59.96%，比上年下降0.54个百分点；项目支出0.914亿元，占总支出的39.65%，比上年增加6.65个百分点，支出结构进一步优化。在各项费用中，工资福利支出8921.7万元，占总支出的38.62%，比上年增长1.12个百分点；新增藏量购置费2466万元（其中包括新增数字资源购置费793.8万元），占总支出的10.68%，人均购书费0.67元，不足全国平均水平（1.43元）的一半，排名全国第21位、中部六省第3位。全省新增藏量81.19万册(件)、新增电子图书85.29万册，分别比上年增长13.47%、18.62%，总藏量达到1548.46万册，电子图书530.59万册，分别比上年增长，5.21%、19.98%，人均拥有公共图书馆藏量0.42册，低于全国平均水平（0.61册），排名全国第23位、中部六省第3位。

“十二五”时期，在政府投入特别是免费开放资金的大力支持下，我省各级公共图书馆充分利用自身条件，为广大群众提供优质服务，服务方式得到更新，服务范围得到延伸，与“十五”时期、“十一五”时期相比，服务人次增幅明显，在丰富群众精神文化生活的同时，也为构建和谐社会、建设美丽山西营造了良好的环境。

图4 山西省公共图书馆业务开展情况

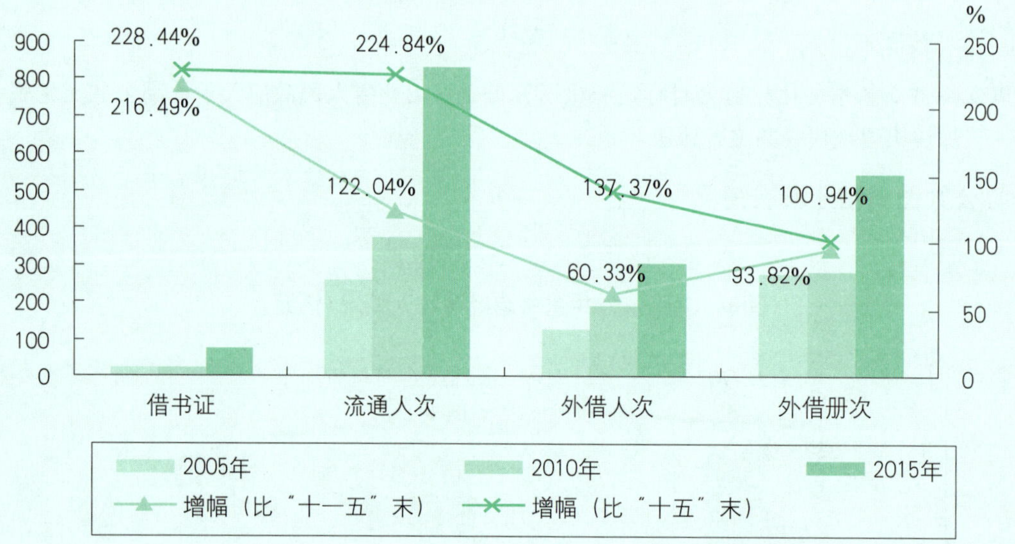


（二）群众文化业发展情况

2015年，我省群众文化事业单位总收入3.17亿元，比上年增加0.2亿元，增长6.73%，其中：财政拨款3.12亿元，比上年增加0.2亿元，增长6.85%；财政拨款中，业务活动经费0.93亿元，比上年增加0.09亿元，增长10.71%；人均活动经费2.54元，比上年增加0.24元，增长10.43%，仍低于全国平均水平（4.47元）43.18个百分点，排名全国第22位、中部第1位。

图5 山西省群众文化业经费投入情况

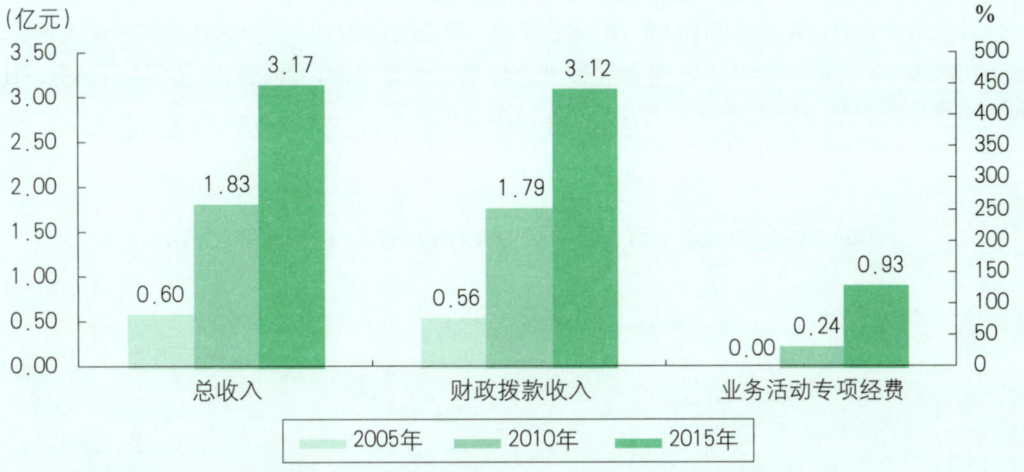


与“十一五”期末相比，全省群众文化事业单位总收入、财政拨款收入在“十二五”期末分别增长73.23%、74.3%，政府投入的稳步增长成为推动群众文化事业加快发展的主要动力，但与全国整体水平相比，还有一定的差距。2015年，各级政府继续加大对群众文化的扶持力度，与以往历史时期相比，增幅普遍较高，并且呈现出市、县、乡逐级提高的趋势，说明各级政府对基层，特别是对农村文化投入的力度明显加强。2015年，我省各级文化馆（站）共为群众提供文艺活动、训练班、各种展览、公益讲座等文化服务3.9万次，参与群众达到1053.54万人次，分别比去年增长2.09%和21.84%，基层群众多层次、多方面、多样化的文化需求进一步满足、基层文化生活进一步丰富。

## 四、积极转变政府职能，文化惠民工程扎实推进

### （一）政府投资提质提速，文化设施改善明显

2015年，全省各地积极规划和建设与城市相适应的文化设施，在建项目278个，其中：公共图书馆19个、文化馆21个、文化中心（文化馆图书馆合建项目）10个、艺术表演团体及演出场馆2个、文化站12个、文物保护管理机构125个、博物馆44个、其他文物机构42个。

2015年，山西省少儿图书馆改建工程、山西省古籍保护中心改造工程、山西晋剧艺术中心加快建设，太原市图书馆、临汾市图书馆、晋中市图书馆、晋中市群众艺术馆等一批市级文化设施相继开工建设；通过扶持和引导，广灵县文化馆图书馆、长治市城区图书馆、榆社县文化馆、永济市图书馆、曲沃县文化馆等一批县级文化设施相继建成或得到改善；晋绥边区革命纪念馆、晋国博物馆等一批县级特色博物馆得到新建。如上图所示：2015年，我省文化建设项目资金总计6.38亿元，比上年增长17.06%，其中：国家预算内投资2.17亿元，占总投入的34.01%，包括中央投资6973万元、省级投资7646.9万元、市级投资7136.8万元，形成了有效的合力。截止2015年底，我省平均每万人拥有公共图书馆、文化馆建筑面积分别为114.33 m²、267.35 m²，排名全国第11位和第14位，两项指标在中部六省中均排名第一。

### （二）重点建设工程进展顺利，辐射带动作用明显

“十一五”期末，参考国家建设标准和区域服务人口，我省设定了“省市县三级公益文化设施达标率”（简称“达标率”），避免服务人口不等按同一标准衡量的不科学性，并将“达标率”实现80%作为“十二五”时期全省国民经济和社会发展的重要约束性指标加以考核。2008-2015年，我省加快推进“百县强基”工程，

累计利用中央投资 1.3 亿余元，省级投资 1.835 亿元，开工新建、改扩建县级公共图书馆、文化馆 150 多个。截止 2015 年底，我省县级公共图书馆公用房屋建筑面积 24.84 万平方米，平均每馆 2087 ㎡，比 2008 年底增长 1.17 倍；文化馆公用房屋建筑面积 25.13 万平方米，平均每馆 2112 平方米，比 2008 年底增长 1.05 倍。如下图所示，经过 7 年来的不断努力，我省县级“达标率”明显提高，2015 年底达到 84.03%，比 2008 年底提高 43.4 个百分点，为全面完成“十二五”文化改革发展指标打下良好基础。

图6 2008-2015年山西省县级公益文化设施建设达标率变化情况

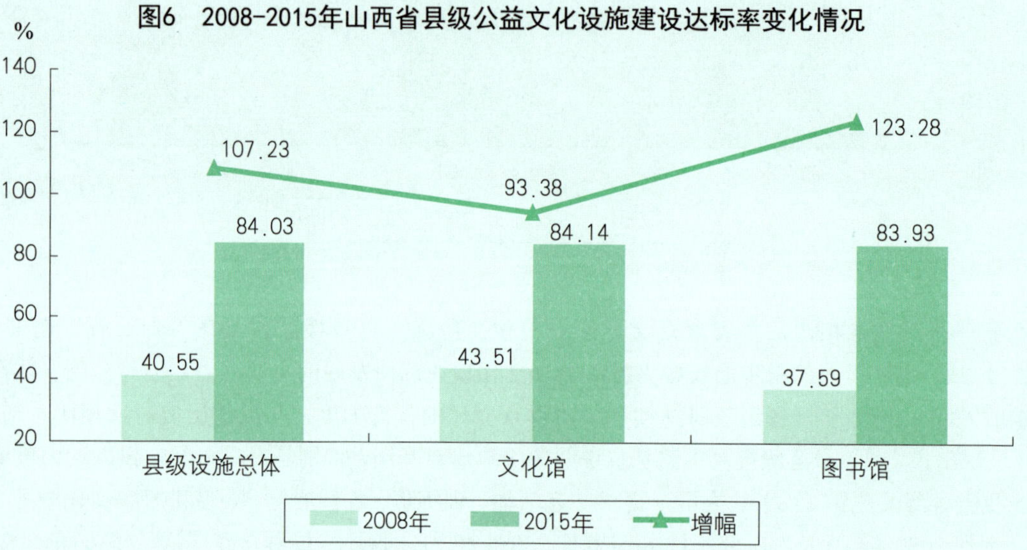


### （三）调整财政支出方式，政府购买公共文化服务成效初显

2015 年，省文化厅加快研究制定《关于做好政府向社会力量购买公共文化服务工作的实施意见》，进一步细化完善《山西省省级购买公共演出服务实施方案（试行）》、《山西省省级购买公共演出服务实施细则（试行）》，扎实推进政府购买公共文化服务试点工作。2015 年，省级落实专项资金 1100 万元，购买公共演出 371 场，其中：定向补贴演出 214 场，主要开展剧场常态化惠民演出，为群众提供低票价戏剧、艺术鉴赏服务；送戏下乡演出 157 场，主要面向基层厂矿、企业、贫困地区、革命老区开展惠民演出。政府购买公共演出服务促进了政府职能和财政支出方式的转变，为政府购买公共服务积累了经验，受到省内外关注，《文化部简报》、《文化体制改革简报》予以介绍，人民网、中国政府采购网等多家媒体进行了专题报道。在政府购买公共演出服务政策推动下，省直院团演出遍布 11 个市、60 多个县，改善了文化民生，实现了群众多看戏、看好戏的目的，在最困难的时候给省直院团提供了难得的演出市场。在省级示范效应下，我省已有 10 个市出台规范政策，落实专项购买资金 4000 余万元，演出 9974 场，观众超过 800 万人次，成效明显。

## 五、把握综改试验机遇，非遗保护迈上新台阶

我省以晋中文化生态保护区建设为试点，探索非遗整体性保护体制机制，出台《关于建设“晋中文化生态保护实验区”的意见》，制定《晋中文化生态保护区总体规划实施细则》、《山西省非物质文化遗产生产性保护示范基地中长期规划》。我省启动实施“乡村文化记忆工程”，在全省 112 个乡镇开展试点工作，依托乡镇综合文化站，对乡村历史脉络、文化烙印、传统街区和乡风民俗等进行调查整理和科学保护展示，拓展了弘扬中华优秀传统文化和非遗保护的新领域。第五批国家级非物质文化遗产代表性项目代表性传承

人申报推荐工作完成，国家、省、市、县四级保护体系进一步完善，有116项非遗入选国家名录，保护单位168个，居全国第三，代表性传承人106名；公布省级非遗403项，保护单位723个，代表性传承人815名。

## 六、文物保护事业获得稳步发展，社会效益和经济效益明显提升

截至2015年底，我省共有文物机构343家，其中：文物保护管理机构140家、文物科研机构11家、文物商店1家、其他文物机构91家、博物馆机构100家，其中：省级馆5家、市级馆18家、县级馆77家，在博物馆机构中，已经实行免费开放的47家。

2015年，全省对外开放文博单位共计举办基本陈列200个、临时展览164个，接待观众2222.98万人次，全年门票销售总额4.18亿元，分别比“十五”期末、“十一五”期末增长2.62倍和0.78倍，对经济社会发展的拉动力进一步提升。2015年，全省文物部门共实现文化产业增加值5.56亿元，比上年增加1.12亿元，增长25.23%，在促进发展、惠及民生方面迈出了坚实的步伐，全省文物事业的社会贡献率日益提升。

## 七、注重人才培养和基地建设，艺术教育科研工作取得新成绩

截至2015年底，我省共有文化部门艺术教育机构19所，其中：高等院校2所，中等学校16所，其他教育机构1所，全年累计招生2900人，在校生达到9700人，毕业生2666人。我省高度重视文化艺术人才培养工作和艺术研究、艺术科研基地建设，山西戏剧职业学院入选全国文化干部培训基地；山西艺术职业学院、山西戏剧职业学院通过高职高专人才培养工作评估。在山东济南举办的“第十九届中国少儿戏曲小梅花荟萃”评选活动中，我省选送的11位选手全部获得“小梅花奖”，至此，我省已有45人49次获戏曲梅花奖，172人获小梅花奖，大小梅花均居全国之最。全省艺术科研工作围绕建设文化强省这一主题，突出地域研究特色， 完成《山西公共文化服务机构免费开放模式与路径研究》等一批有重要学术价值与社会影响的研究成果，全年共成功申报国家级课题2项、文化部课题2项、省艺术科学规划课题54项。

## 八、加强文化市场监管，文化娱乐业健康发展

我省文化市场坚持一手抓繁荣、一手抓规范，扎实推进“六权治本”，依法确定5类22项行政权力，建立权力清单和责任清单，绘制权力运行流程图，并在省文化厅官网公布。通过积极开展文化市场技术监管和服务平台建设，经营场所录入和网上激活率达98%以上，全年准入办理6168个，执法办理11060个，被文化部评为2015年度文化市场综合执法优秀单位。通过加强行政审批和综合执法人员培训与管理，组织全省执法队伍技能大比武、文化市场综合执法案卷评查活动，组织检查经营单位10余万家次。我省加快推进网吧转型升级，全省转型升级试点网吧达到160余家，文化市场进一步规范。

我省文化市场经营机构及人员稳中有升，在丰富群众业余文化生活的同时，对增加就业起到了积极的推进作用，但受经济下行压力影响，我省文化市场经营机构经济效益下滑明显，产业结构有待进一步优化。

## 九、注重政策指导，文化产业提质提速

我省以加强顶层设计和完善政策措施为重点，出台《关于支持文化产业加快发展的若干措施》，加快重点项目推进，由省文化厅与省投资集团合作建设的山西省文化保税区开工建设，山西省文化产业园中的孟母文化广场已经建成，山西文化云平台启动建设。我省积极举办文博会、书博会、体博会、农博会和组织参加山西品牌中华行等54场国内外会展活动，扩大了山西文化产业影响力。我省积极组织动漫企业参加国家动漫企业认定，总数达到10家，《一代廉吏于成龙》等3个原创动漫品牌入选国家动漫扶持计划。平定县冠窑砂器有限责任公司等7家企业成为第三批省级文化产业示范基地，截止2015年底，我省共有国家

级文化产业示范基地 9 家，省级文化产业示范基地 41 家。全省文化产业增速明显，2014 年全省文化及相关产业实现增加值 239.63 亿元，占 GDP 比重 1.88%。

## 十、加强沟通合作，对外文化交流丰富多彩

2015 年，山西文化走出去步伐加快，全年开展对外文化交流 10 批、264 人次，提升了山西文化影响力。省文化厅与葡萄牙里斯本大学孔子学院签署合作协议，与毛里求斯中国文化中心建立长期合作机制。通过组织参加山西品牌丝路行，赴匈牙利、俄罗斯、意大利等国推介山西文化和经贸项目。围绕国家文化援疆战略，创作话剧《生命如歌》并赴疆巡演 22 场，这是 19 个援疆省份中第一部专题援疆文艺作品。

## 十一、文化发展的机遇与挑战并存，文化强省战略任重道远

### （一）抢抓机遇、创新理念，科学设置文化考评体系

省委、省政府把转型发展、跨越发展作为全省工作的主题和主线，把早日建成中部地区经济强省和文化强省作为“十二五”及未来一段时期的奋斗目标，在加快经济转型跨越发展的同时，也为文化的转型发展带来了重要的战略机遇。我省继续开展公共文化服务绩效考评创新，提出“公共文化服务绩效考核评价指数”，对引导市、县各级政府进一步提高文化建设的主动性和自觉性，起到了积极的推动作用。

### （二）深入分析、科学解读，把脉文化发展短板

通过考评，我们看到制约我省文化发展的深层次矛盾依然没有得到根本解决，文化大发展、大繁荣的任务依然十分艰巨。

1. 地区性差异明显，文化建设亟待制度化、法制化

图7 山西省部分市、县公共文化服务考核对比情况

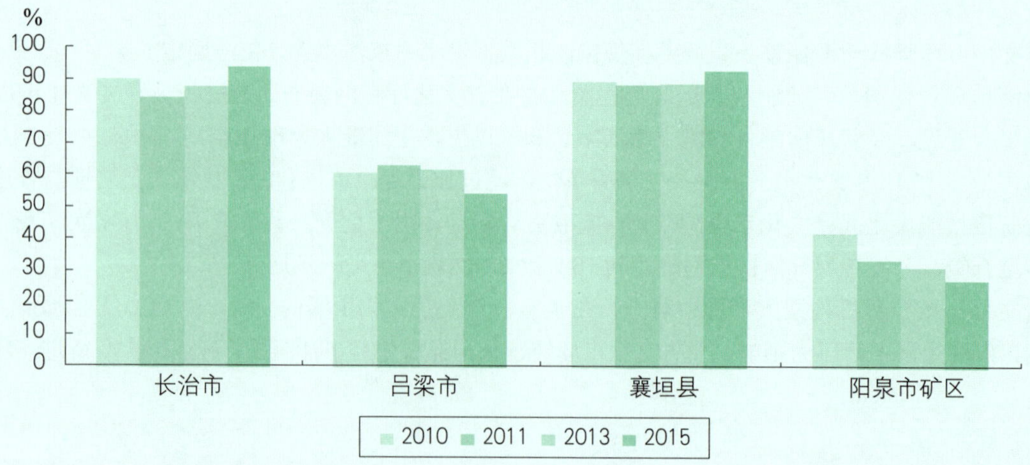


近年来，长治市、襄垣县等地的公共文化服务体系建设保持了较高水平，而吕梁市、阳泉市矿区则始终在低水平徘徊。全省文化建设的地区性差异十分明显，重经济建设、轻文化工作的现象在一些地区仍然比较突出，且长期存在。文化亟需立法，以便督促文化工作推进迟缓地区政府及有关职能部门加快落实中央和省委省政府部署，保障当地人民群众享受到均等的文化权益。

2. 市级情况不容乐观，对县级的示范作用有待加强

考评数据显示：2015 年，我省市级“公共文化服务绩效考核评价指数”平均为 78.09%，仍有 2 个市低于 70%，1 个市低于 60%。全省 11 个市中，仍有 2 个市既无图书馆建制也无场所，5 个市级群众艺术馆无馆址或面积不达标，5 个市尚未出台覆盖面较广的文化投入政策，对县级的示范引导作用亟待加强。

3. 城区发展成瓶颈，政策支持需提质提速

在县、区、市的对比中，县级市的完成情况最好，县次之，而城区公共文化服务体系建设水平还低于县城。城区文化建设遇到的困难集中表现在：基础设施常年得不到更新、文化事业费投入严重不足等方面，成为文化建设的一个最薄弱环节。

### （三）深入实践、总结经验，寻求体制机制创新

作为中部经济欠发达省份，我省经济实力相对较弱，对文化特别是基层文化设施建设的投入相对不足，历史欠账较多。在充分调研和论证的基础上，省财政厅、省文化厅联合印发了《县级文化基础设施省级彩票公益金资助项目管理指南》，利用社会资金资助建设文化设施工作全面推进。截止 2015 年底，省级共下达 9 批共计 1.07 亿元资助资金，受资助项目涉及全省 63 个县（市、区）的 46 个公共图书馆和 38 个文化馆。由于制约措施严格，全省受资助项目开工率 96%，完工率 85%，收到了良好的预期效果。

2015 年，在全省经济下行压力持续加大的严峻形势下，通过全省广大文化文物工作者的艰苦努力，全省文化工作扎实推进、亮点频现，实现了文化部门的应有作为。但同时也要看到，文化建设与全面建设小康社会的目标尚有差距，与政治、经济、社会、生态文明建设的协调发展还有待提高。2016 年是全面深化改革的关键之年和“十三五”规划的开局之年，全省文化系统将紧紧围绕省委、省政府决策部署，以创新、协调、绿色、开放、共享、安全和廉洁发展理念为引领，把“马上就办、真抓实干”的作风贯穿到各项工作和工作的方方面面，努力实现文化产业发展、公共文化服务、对外文化交流、人才队伍建设“四个突破”，争创戏曲传承发展振兴、艺术精品创作、非物质文化遗产保护、红色文化传承保护与开发“四个一流”，着力建设优秀传统文化传承、现代文化市场、现代公共文化服务、文化产业“四个体系”，为推进“六大发展”作出新贡献，努力实现“十三五”文化改革发展的良好开局。

（山西省文化厅 山西省文物局）

## 山西：加快推进政府购买公共文化服务工作

根据《国务院办公厅转发文化部等部门关于做好政府向社会力量购买公共文化服务工作意见的通知》精神，山西加快推进落实，先后出台《山西省人民政府关于提高公共文化服务水平的若干意见》、《关于做好政府向社会力量购买公共文化服务工作的实施意见》，于2014年先期试点政府购买公共演出服务，取得宝贵经验。

强调支付手段创新，购买预算实现突破。一是强调全省统一协调，购买资金列入省、市、县三级预算；二是加大现有资金整合力度，引导农村文化建设资金、免费开放资金等规范使用；三是新增专项资金，2014—2016年落实省级购买演出预算3200万元，带动全省落实购买资金6900余万元。

解决基层实际困难，实现五个“有利于”。一是解决基层文化需求与文化供给不足矛盾，有利于为群众提供更好的演出服务；二是解决不同区域、群体间服务提供不均等，有利于促进基本公共文化服务均等化；三是解决经济下行期间演出难，有利于转制文艺院团改革发展；四是解决现有资金分散问题，有利于充分发挥财政资金效益；五是解决基层购买经验少，有利于为全领域购买积累经验。

坚持四个“基本原则”，确保购买方向。一是政府引导、突出为民，体现服务型政府；二是正确导向、确保质量，让群众喜闻乐见；三是公开择优、市场运作，充分发挥市场在配置资源中的积极作用；四是加强管理、不断完善，建立健全山西特色购买机制。

完善购买流程，细化四个“实施步骤”。一是出台《方案》和《细则》，明确具体规程；二是建立工作机制，突出联席会议制度；三是完善购买程序，政府采购中心、演出院团、文化主管部门分工合作；四是推动文化惠民，2014—2015年省级累计面向基层购买演出679场。

注重实践总结，突出四个“主要成效”。一是为政府购买公共服务积累经验，体现正确导向；二是促进政府职能和财政支出方式转变；三是实现群众多看戏、看好戏目的，改善基层文化民生；四是为院团打造平台、疏通渠道、增加活力。

强调手段创新，购买领域实现突破。通过引导，我省购买工作在多个领域实现突破，一是购买公共演出领域，10个市出台政策，购买专项超过4000万元／年，2015年惠民演出9974场，观众超过800万人次；二是基层文化管理领域，探索用政府购买公共文化服务岗位的办法解决乡镇文化站人员普遍短缺问题，并在朔州国家公共文化服务示范区成功实践。

# 内蒙古自治区2015年文化发展情况分析

“十二五”以来，我国文化建设进入了一个繁荣发展的黄金期。特别是十八大以来，习近平总书记从实现中华民族伟大复兴的“中国梦”的战略高度，对文化遗产保护、传承和弘扬中华优秀传统文化等方面作了系列重要阐述，极大地开阔和提升了我国文化建设的新境界，社会主义文化道路、理论、制度更加自信。自治区党委、政府也高度重视文化工作。2011年，在第九次党代会上提出由建设民族文化大区向民族文化强区跨跃的奋斗目标；九届十一次全委会上进一步提出了打造祖国北疆文化繁荣亮丽风景线的发展目标。为此我区文化工作在“十二五”时期取得了繁荣发展。

## 一、2015年内蒙古文化发展情况

### （一）机构、从业人员比上年略有增加

2015年底，全区共有文化文物（含文化市场）机构8311个，比上年减少65个，下降0.8%；从业人员43132人，比上年增加1159人，增长2.8%；其中：文化部门直属机构1709个，从业人员17818人；文物机构183个，从业人员2252人；文化市场经营机构6419个，从业人员23100人。具体情况如表1：

**表1　2015年全区文化机构和从业人员情况**

| 单位类型 | 机构数（个） | | | 从业人员数（人） | | |
|---|---|---|---|---|---|---|
| | 2014年 | 2015年 | 增减 | 2014年 | 2015年 | 增减 |
| **总　计** | **8376** | **8311** | **-65** | **41973** | **43170** | **1219** |
| 艺术表演团体 | 177 | 175 | -2 | 7428 | 7553 | 404 |
| 艺术表演场馆 | 19 | 25 | 6 | 327 | 385 | 10 |
| 图书馆 | 116 | 117 | 1 | 1964 | 1942 | -34 |
| 群众文化服务机构 | 1156 | 1179 | 23 | 5008 | 5274 | 359 |
| 其中：文化站 | 1038 | 1060 | 22 | 3055 | 3286 | 328 |
| 艺术教育业 | 3 | 4 | 1 | 336 | 367 | 31 |
| 文化市场经营机构 | 6442 | 6334 | -108 | 20812 | 21090 | 278 |
| 文艺科研 | 11 | 11 | 0 | 141 | 141 | 0 |
| 文物业 | 173 | 183 | 10 | 2204 | 2252 | 48 |
| 其中：文物保护管理机构 | 89 | 90 | 1 | 643 | 608 | -35 |
| 博物馆 | 75 | 84 | 9 | 1470 | 1543 | 73 |
| 其　他 | 279 | 254 | -25 | 3753 | 3929 | 176 |

### （二）“十二五”以来文化文物（不含基本建设投资）事业费持续增长

“十二五”时期，文化文物事业投入大幅增长，投入总量显著提高。5年全区文化文物事业财政拨款111.46亿元，比“十一五”时期的44.18亿元增加了67.27亿元，年均增长15.1%。其中：全区文化事业费财政拨款88.21亿元，比“十一五”期间的36.13亿元增加了52.08亿元，年均增长了29.8%；文物事业拨款23.25亿元，比“十一五”期间的8.05亿元增加了15.2亿元，年均增长39.9%。文化文物事业费的持续增加，有力支持和保证了文化事业的繁荣和发展。

### （三）“十二五”时期公共文化设施建设成效显著

“十二五”时期，全区文化设施建设项目443个，比“十一五”时期减少272个，五年完成投资27.04亿元，比“十一五”时期39.83亿元，减少12.79亿元，建成项目287个，竣工面积91.67万平方米，这一时期是我区文化设施建设取得可喜成绩的五年，使我区文化设施状况得到逐步改善。

**表2 “十二五”时期全区文化基本建设投资情况**

| 年 份 | 项 目（个） | 本年计划投资（亿元） | 本年完成投资（亿元） | 本年竣工项目（个） | 本年竣工面积（万平方米） |
|---|---|---|---|---|---|
| 2011年 | 227 | 8.65 | 7.69 | 182 | 15.03 |
| 2012年 | 100 | 11.46 | 9.33 | 70 | 16.90 |
| 2013年 | 36 | 2.74 | 2.52 | 17 | 9.42 |
| 2014年 | 36 | 4.78 | 4.4 | 16 | 43.82 |
| 2015年 | 44 | 3.07 | 3.1 | 2 | 6.5 |

上表显示，2015年文化建设项目比上年略有增加，本年完成投资额比上年减少1.3亿元，下降29.6%。从文化设施拥有量来看，2015年全区公共文化设施建筑面积总量稳步提高，全区每万人拥有公共文化设施面积为744.7平方米，比上年增加15.4平方米，增长2.1%。其中全区每万人拥有公共图书馆面积为138.52平方米，比上年增加1.48平方米，增长1.1%；全区每万人拥有群众文化设施面积为301平方米，比上年增加9.95平方米，增长3.42%。

### （四）文艺创作进一步繁荣，文化惠民活动丰富多彩

1. 艺术创作和演出取得新进展，2015年，艺术扶持政策措施更加完善，制定出台了《全区舞台艺术2015—2017年创作规划》和《自治区文化厅关于开展以“中国梦”为主题向社会力量征集优秀舞台剧本的通知》。按照“规划一批、扶持一批、推出一批”的原则，创作生产出《草原上的乌兰牧骑》、《驼乡新传》等一批优秀新剧目。《烽火宁城》和《凤祥楼》参加了全国“纪念中国人民抗日战争暨世界反法西斯战争胜利70周年优秀剧目巡演”。设立了艺术创作采风基地，开展了“深入生活、扎根人民”的主题实践活动。举办了全区蒙古语和汉语小戏小品比赛。全年共进行了25场国内外交流演出， 12台剧目参加了“第十二届草原文化节”展演，圆满完成中蒙博览会承办任务。全区三级文艺院团深入基层演出7000余场。全区获得国家艺术基金资助金额2215万元。

2. 文化惠民演出活动丰富多彩。2015年，全区共有175个艺术表演团体，从业人员7575人。面向基层开展一系列精彩文艺演出，极大丰富了城乡群众文化生活。全年新创作并首演的剧目62个，比上年减少6个；全年共演出3.91万场，比上年增加1.35万场；其中赴农村演出1.88万场，占演出场次总数的48.1%，服务观众人次达1123万人，其中农村观众人次579万人，占观众人次总数的51.6%。全年演出收入

7234 万元，比上年增加 1304 万元，增长 21.98%。全区文化部门管理的院团有 97 个，民营剧团 78 个，其主要活动情况对比如下（见下表）：

表 3　2015 年全区艺术表演团体主要业务活动情况

| | 机构数（个） | 从业人员（人） | 财政补贴团数（人） | 本团原创首演剧目（个） | 演出场次（场） | 农村演出场次（场） | 观众人次（万人） | 演出收入（万元） |
|---|---|---|---|---|---|---|---|---|
| 文化 | 97 | 5659 | 97 | 62 | 12840 | 7780 | 956 | 1039 |
| 民营 | 78 | 1856 | 4 | 0 | 26260 | 11000 | 168 | 6195 |

2015 年全区文化部门所属艺术表演团体共组织政府采购的公益演出 0.53 万场，比上年增长 17.8%；观众 374.5 万人次，比上年增长 17.6%。利用流动舞台车演出 0.45 万场次，比上年增长 28.6%；观众 249.2 万人次，比上年下降 2.1%。

年末全区国有艺术表演场馆 25 个，观众坐席数 1.6 万个。全年共演映 1.53 万场，其中：艺术演出 0.29 场，观众 107 万人次，其中：艺术观众 58.2 万人次，比上年下降 0.7%。

### （五）公共文化服务水平持续提升

1. 公共图书馆服务社会的能力明显加强。2015 年，公共图书馆财政拨款 3.85 亿元，比上年增加 0.74 亿元，增长 23.79%，其中：图书购置费 3209 万元，比上年增加 569 万元，增长 21.6%；人均购书费 1.28 元，比上年增加 0.23 元，排全国第 14 位；人均拥有图书藏量 0.60 册，比上年增加 0.02 册，排全国第 12 位；每万人拥有公共图书面积 138.52 平米，比上年增加 1.48 平米，排全国第 5 位。政府投入的稳步增长为公共图书馆事业的健康发展打下良好的基础。

表 4　“十二五”时期全区公共图书馆主要业务指标

| | 图书馆经费（万元） | 新增藏量购置费（万元） | 人均购书费（元） | 人均拥有公共图书馆藏量（册） | 每万人拥有公共图书馆建筑面积（平方米） |
|---|---|---|---|---|---|
| 2011 年 | 20954 | 2004 | 0.81 | 0.44 | 94.6 |
| 2012 年 | 26029 | 2838 | 1.14 | 0.49 | 104.9 |
| 2013 年 | 28999 | 3148 | 1.26 | 0.53 | 131.5 |
| 2014 年 | 31052 | 2640 | 1.05 | 0.58 | 137.0 |
| 2015 年 | 38852 | 3209 | 1.28 | 0.60 | 138.5 |

2015 年，“数字文化走进蒙古包”工程投入 3500 万元，建设一级数字加油站 242 个，移动数字加油站 810 个，受益人群共达 200 余万人。“彩云服务” 成为重大创新项目，得到了中宣部、文化部领导重要批示并在全国进行宣传推广。全区“三馆”免费开放经费资金投入 1.07 亿元，其中中央投入 0.88 亿元，自治区投入 0.19 亿元，使全区各级公共图书馆积极开展各种活动，创新服务方式，为广大群众提供优质服务。

2. 群众文化活动日益丰富。2015 年，全区文化馆（站）1179 个，从业人员 5274 人，其中：群艺馆 13 个，文化馆 106 个，文化站 1060 个；全年财政拨入群众文化经费 4.56 亿元，比上年增加 0.24 亿元，增长

5.6%，其中用于业务活动专项经费9030万元，比上年增加2334万元；平均每人拥有业务活动专项经费3.59元，比上年增加0.92元；排全国第12位；全区每万人拥有群众文化设施面积301平方米，比上年增加9.95平方米。排全国第10位。

**表5　2015年全区群众文化开展活动基本情况**

| | 举办展览（个） | 组织文艺活动次数（次） | 举办训练班（次） | 培训人次（万人次） | 公共房屋建筑面积（万平方米） |
|---|---|---|---|---|---|
| 总 计 | 2143 | 17072 | 8734 | 46.6 | 75.54 |
| 群艺馆 | 67 | 676 | 423 | 3.9 | 6.88 |
| 文化馆 | 435 | 4541 | 3881 | 16.7 | 20.49 |
| 文化站 | 1641 | 11855 | 4430 | 26.5 | 48.17 |
| 其中：乡镇站 | 1261 | 8384 | 3299 | 21.3 | 38.59 |

（1）群众文化活动精彩纷呈，各地开展了一系列大型的群众性文化活动，全年提供文化服务28730次，文化服务惠及百姓888.2万人。其中：举办展览2143个，组织文艺活动17072次，其中：老年人专场1078次，未成年人专场475次，农民工专场437次。举办各种训练班8734次，培训人员46.6万人次。促进了广大城乡居民整体素质和文明程度的提高。而形式多样、健康向上的群众文化活动，更能凝聚人心，陶冶情操，鼓舞斗志， 提高人们的思想道德素质和科学文化水平。

（2）品牌活动推陈出新，全年组织品牌节庆活动187个，全区各地举办的节庆活动、主题文化活动精彩份呈。内蒙古草原文化节、呼和浩特昭君文化节、包头鹿城文化节、通辽赛马节、乌海市广场文化艺术节、赤峰红山文化节、额济纳胡杨节等特色化、品牌化、规模化节庆文化活动日益活跃，每年吸引广大观众积极参与，丰富了广大群众的精神文化生活，深受广大群众的喜爱。通过各地各具特色的文化节庆活动广泛深入开展，全区社区文化节等群众性文化活动掀起新的高潮，让人民群众共享文化发展成果。

## （六）文化产业稳步发展

2015年，进一步推动文化产业重大项目建设，呼伦贝尔中俄蒙文化产业园等7个项目共获得国家文化产业专项资金3870万元，内蒙古民隆文化产业园等4个项目获得国家文化产业特色项目专项资金2180万元。评审了第一批自治区级文化产业园区和第四批自治区级文化产业示范基地。制定了《进一步促进文化与旅游融合发展的指导意见》，举办了“第二届文化与旅游融合发展系列主题活动”，15个项目成功签约，项目总投资232亿元。举办了“第二届内蒙古自治区工艺美术创新作品大赛”。积极发挥政银合作平台作用，截至目前，有25家文化企业获得银行贷款26.7亿元。组织参加了深圳文博会，成功签约119个项目，合作金额2.45亿元，现场销售额近500万元。全区现有国家级文化产业示范基地6个，自治区级文化产业示范基地34个，国家级动漫企业5家。

## （七）文化市场健康有序发展

2015年，全区文化市场经营单位（含互联网上网服务营业场所、娱乐场所和民营艺术表演团体）6419个，比上年减少54个；从业人员23100人，比上年增加616人。全年全区文化市场经营单位营业收入16.5亿元，比上年减少9亿元，下降35.3%；营业利润6.54亿元，下降24.7%。

表 6　2015 年按区域全区文化市场经营单位主要指标

| | | 机构数（个） | 从业人员（人） | 营业收入（亿元） | 营业利润（亿元） |
|---|---|---|---|---|---|
| 总量 | **总计** | **6419** | **23100** | **16.54** | **6.54** |
| | 城市 | 1883 | 8260 | 5.80 | 2.22 |
| | 县城 | 3852 | 13333 | 9.80 | 3.87 |
| | 县以下 | 684 | 1507 | 0.94 | 0.45 |
| 比重（%） | **总计** | **100.0** | **100.0** | **100.0** | **100.0** |
| | 城市 | 29.3 | 35.8 | 35.1 | 33.9 |
| | 县城 | 60.0 | 57.7 | 59.2 | 59.2 |
| | 县以下 | 10.7 | 6.5 | 5.7 | 6.9 |

分区域看，年末盟市所在地文化市场经营单位 1883 个，占文化市场经营单位总量的 29.3%；旗县所在地 3852 个，占 60%；县以下地区 684 个，占 10.7%。

表 7　2015 年全区文化市场经营单位按业务分组情况

| | | 机构数（个） | 从业人员（人） | 营业收入（亿元） | 营业利润（亿元） |
|---|---|---|---|---|---|
| 总量 | **总计** | **6419** | **23100** | **16.54** | **6.54** |
| | #娱乐场所 | 2677 | 10108 | 7.12 | 2.94 |
| | 互联网上网服务营业场所 | 3508 | 10274 | 8.0 | 3.3 |
| 比上年增长（%） | **总计** | -0.08 | 2.7 | -35.1 | -24.7 |
| | #娱乐场所 | -11.7 | -11.3 | -57.1 | -41.0 |
| | 互联网上网服务营业场所 | 4.2 | 11.7 | -0.49 | -8.3 |

年末全区共有娱乐场所 2677 个，比上年减少 355 个；从业人员 10108 人，减少 1291 人；全年营业收入 7.12 亿元，比上年下降 57.1%；营业利润 2.94 亿元，下降 41%。

年末全区共有互联网上网服务营业场所 3508 个，比上年增加 141 个；从业人员 10274 人，增加 1079 人；全年营业收入 8 亿元，比上年下降 0.49%；营业利润 3.3 亿元，下降 8.3%。

通过数据分析，2015 年我区文化市场在发展过程中，娱乐场所机构、从业人员比上年均有减少，互联网上网服务营业场所（网吧）机构、从业人员比上年略有增加。同时数据显示 2015 年娱乐场所、互联网上网服务营业场所（网吧），经济效益继续下滑。总之，我区文化市场还需加强培育和管理，产业结构有待进一步完善。

### （八）文化遗产保护成效显著

1. 基本情况。2015 年，全区有各类文物业机构 183 个，从业人员 2252 人，机构和人员分别比上年增加 10 个和 52 人，其中：文物科研机构 2 个，文化保护管理机构 90 个，文化部门管理的博物馆 84 个，文物商店 1 个，文物藏品 57.2 万件，其中：一级文物 2266 件，占总数的 0.4%。本年举办陈列、展览 533 个，接待观众 1232 万人次，有效发挥了文博机构服务社会、服务公众的公益性功能。

**表 8 “十二五”时期全区文博事业基本情况**

| 年份 | 机构数（个） | 从业人员（人） | 文物藏品（万件） | 举办陈列展览（个） | 参观人次（万人次） |
|---|---|---|---|---|---|
| 2011 年 | 147 | 2108 | 48.99 | 378 | 687 |
| 2012 年 | 155 | 2000 | 54.09 | 525 | 1021 |
| 2013 年 | 169 | 2133 | 55.94 | 396 | 1012 |
| 2014 年 | 173 | 2204 | 55.75 | 518 | 1105 |
| 2015 年 | 183 | 2252 | 57.24 | 533 | 1232 |

2. 民族文化遗产保护传承成效显著。2015 年召开了“全区长城保护工作会议”，签订了《长城保护责任状》，制定下发了《内蒙古自治区关于加强长城保护工作的实施意见》。结合国家“一带一路”战略，认真开展“万里茶道”内蒙古段申遗工作，举办了《万里茶道内蒙古段申遗文物展览》，把万里茶道文物保护列入今年文物工作重点，确定了我区申遗的节点城市，推进了中蒙联合考古工作，“蒙古族源”工程考古研究取得重要成果。锡盟正镶白旗伊和淖尔墓群被评为“全国十大考古新发现”，呼伦贝尔市陈巴尔虎旗岗嘎墓地被评为“中国六大考古新发现”。发布了联合考古 10 年取得的重要成果。文物保护项目申报获批 59 项，申请到位资金 2.3 亿多元。启动了全区智慧博物馆建设工作。

截止 2015 年，内蒙古已查明的不可移动文物 21673 处（古遗址 15240 处，古墓葬 3160 处，古建筑 452 处，石窟寺及石刻 472 处，近现代重要史迹及代表性建筑 1759 处，其他 16 处）。全区有世界文化遗产 2 处（长城、元上都遗址），1 座全国历史文化名城（呼和浩特市），2 处全国历史文化名镇（赤峰市喀喇沁锦山镇、锡盟多伦镇），2 个全国历史文化名村（包头市美岱召村、五当召村）。全国古村落 24 处，有全国重点文物保护单位 141 处，自治区重点文物保护单位 511 处，旗县级重点文保单位 2212 处，全区还拥有 7570 公里的历代长城，总长度位居全国第一。

3. 博物馆事业蓬勃发展。2015 年，全区文物部门博物馆为 84 个，从业人员 1543 人，分别比上年增加 9 个和 73 人，文物藏品为 50.6 余万件（套），比上年增加 1.2 万件（套），其中：一级文物 1950 件（套）。全年举办陈列展览 455 个，接待观众 1150 余万人。2015 年全区博物馆财政拨款 3.58 亿元，比上年增加 0.73 亿元，增长 25.6%。全区现有博物馆房屋面积 57.99 万平方米，平均每万人拥有博物馆面积 230.94 平方米，比上年增加 7.04 平方米。

**表 9 “十二五”时期全区文化部门博物馆基本情况**

| 年 份 | 机构数（个） | 文物藏品（万件） | 举办陈列展览（个） | 参观人次（万人次） | 房屋面积（万平方米） | 每万人拥有博物馆面积（平方米） |
|---|---|---|---|---|---|---|
| 2011 年 | 59 | 43.3 | 304 | 610 | 36.20 | 145.87 |
| 2012 年 | 65 | 48.2 | 399 | 940 | 44.42 | 178.40 |
| 2013 年 | 72 | 49.8 | 333 | 908 | 52.13 | 208.7 |
| 2014 年 | 75 | 49.4 | 429 | 990 | 56.07 | 223.9 |
| 2015 年 | 84 | 50.6 | 455 | 1150 | 57.99 | 230.9 |

4. 非物质文化遗产保护取得新进展。2015 年，我区有人类非物质文化遗产代表作 2 项（世界级）；国家级非遗代表性项目 78 项；自治区级非遗代表性项目 398 项 ；盟市级项目 1190 项；旗县级项目 2312 项。有国家级非遗项目代表性传承人 37 人，自治区级承人 508 人，盟市级传承人 2104 人，旗县级 3732 人。基本实现了全区非物质文化遗产代表项目及其代表性传承人的分级保护。

2015 年，全区拨入非物质文化遗产保护专项资金 2228 万元，其中中央财政下拨 1327 万元，自治区财政拨付 901 万元，使各级非物质文化遗产保护中心添置了必要的设施设备，并建立了非遗普查工作档案，积极组织开展卓有成效的传承和保护工作。

### （九）对外文化交流亮点纷呈

2015 年，制定出台了《进一步加强与俄罗斯和蒙古国进行文化交流的意见》，建立我区与俄蒙文化交流长效机制。全年共派出 30 个团组、239 人次，赴 17 个国家和地区开展了文化交流活动，来我区的有 10 余个国家和地区，329 名文化艺术工作者。在丹麦举办了“美丽的草原我的家”——“丹麦·中国内蒙古文化周”活动。派团赴泰国参加了 2015“欢乐春节”活动，赴非洲进行了访问演出活动。承办了第三届驻华外交官“文化中国行”内蒙古文化之旅活动。呼和浩特演艺集团的《马可波罗》剧走进欧洲，全年国外演出场次达 167 场，在文化“走出去”上进行了新的探索。

## 二、文化发展中存在的困难和问题

2015 年，内蒙古文化发展取得了新成效，但同时也要看到，总体上与内蒙古经济发展规模和速度还不协调，与人民群众迅速增长的精神文化需求不相适应，文化建设存在投入不足，地区之间文化发展不平衡，基层文化设施建设薄弱，等问题，具体表现在：

### （一）城乡之间、地区之间发展不平衡

近年来，内蒙古的文化建设虽然取得了长足的进步，但总体上还滞后于经济建设，区域之间、城乡之间的发展还很不平衡，贫困地区和农村、牧区文化建设相对薄弱。一些地方领导的文化自觉还不够，与城市相比，农村、牧区缺乏必需的文化基础设施和基本条件，财政对文化的投入不能满足人民群众对文化发展的需求，城乡差别更大。同时，不同地区的文化发展水平也不平衡，一些地区对文化的投入明显滞后于经济发展的速度。

### （二）文化投入总量偏少

随着全区各级财政收入不断增加，各级政府对文化的投入也相应逐年增加，但是长期以来欠账太多，基数较低，文化投入所占财政支出比重始终徘徊在 0.5% 左右，距文化事业发展的需求不相适应。如下表：

**表 10　“十二五”时期全区文化部门事业费占财政支出比重**

| | 2011 年 | | 2012 年 | | 2013 年 | | 2014 年 | | 2015 年 | |
|---|---|---|---|---|---|---|---|---|---|---|
| | 拨款（亿元） | 占支出比重（%） | 拨款（亿元） | 占支出比重（%） | 拨款（亿元） | 占支出比重（%） | 拨款（亿元） | 占支出比重（%） | 拨款（亿元） | 占支出比重（%） |
| 文化事业费 | 12.77 | 0.43 | 16.22 | 0.47 | 17.36 | 0.47 | 18.97 | 0.49 | 22.89 | 0.53 |

投入不足是制约我区文化事业发展的主要因素。与人民群众的精神文化需求不相适应。

### （三）文化设施难以满足公共文化服务体系建设的要求

1. 大多公益性文化单位面积狭小、陈旧落后，设备紧缺。自治区本级，群艺馆建筑面积 3570 平米，低于省级群艺馆 6000 平米的国家最低标准。也没有省级非遗展示馆，国家已启动中国非遗展示馆建设，并支持建设非遗保护设施，全国近 10 个省市区建有非遗馆。在盟市，3 个图书馆低于 4500 平方米的国家最低面积标准，10 个群艺馆低于 4000 平方米的国家最低面积标准。在旗县，有 56 个图书馆不足 1500 平方米，文化馆有 50 个不足 1500 平米，不符合国家二级图书馆、三级文化馆的最低面积要求。国家数次评估定级不能达标，远远滞后于公共文化服务体系发展需求。还有的文化馆借用其他场所或与其他单位合用，无法真正发挥作用。全区 11224 个嘎查村建有文化室 9405 个，但很多文化室面积狭小，达不到规范要求。随着城镇化建设加快，大量农牧民人口转移，大部分盟市旗县缺乏社区文化活动场所，进城务工农牧民在文化权益保障上存在盲区、死角。

2. 截止 2015 年底，全区现只有 8 个旗县有剧场、影剧院， 92% 的旗县政府所在地都没有专业演出的剧场或影剧院，文艺演出活动受到演出场地的限制。

3. 乌兰牧骑是我区文艺战线的一面旗帜，被誉为“草原文艺轻骑兵”。成立 50 年来，为宣传党的民族政策、活跃广大农牧民的精神文化生活发挥了重大作用。目前，自治区按照中央要求，对乌兰牧骑等文艺院团进行了体制机制改革。48 支保留事业体制乌兰牧骑，由于历史和体制等方面原因，事业发展也面临诸多困难和问题，突出问题是办公条件和排练场所简陋。现有办公和排练场所面积不足 2000 平方米的有 25 支，不足 1000 平方米的有 30 支；设施的落后严重制约了乌兰牧骑事业的发展。

### （四）日常运行经费不足，难以有效地发挥其应有的作用

1. 公共图书馆购书费短缺，制约了其服务功能的发挥，全年图书购置费 3209 万元。其中：自治区级馆购置费 809 万元；盟市级馆平均 144 万元，旗县级馆平均 6.4 万元，31 个图书馆无购书专项经费，全年没有购置新书。全区人均藏量 0.6 册，仅比上年增加 0.02 册，人均藏量居全国 12 位，投入不足导致图书馆新书入藏少、难以吸引读者和满足群众阅读需求，是影响我区图书馆事业发展的重要因素。

2. 大多数旗县文化馆(站)业务经费短缺。2015年平均每馆业务费27.4万元，人均业务活动专项经费3.59元，大多每年只能开展一次春节元宵文化活动。乡镇文化站年平均业务经费仅为4.8万元，基本活动难以开展，特别是冬季取暖都成问题。

3. 文物事业发展相配套的地方专项资金拨付不到位，如可移动文物普查旗县区配套经费投入不足。

## 三、文化发展对策及建议

### （一）健全完善文化投入机制

合理划分各级政府文化事权与支出责任，推动基层按照公共文化服务标准化、均等化要求，落实基本公共文化服务所必需的资金，保障广大人民群众的基本文化权益。引导和激励社会力量参与文化建设，建立政府主导、社会参与的多元文化投入机制。建立健全文化专项资金绩效评价和监督管理机制，提高资金使用效益。

### （二）进一步完善公共文化政策体系

推动文化用地纳入城乡发展规划、土地利用总体规划，在国家土地政策许可范围内，优先保证重要公益性文化设施和文化产业设施、项目用地。完善文化市场准入等政策，鼓励和支持非公有资本以多种形式投资文化产业。

### （三）以标准化均等化发展为核心，加快构建现代公共文化服务体系

1. 创新公共文化运行机制和管理体制。积极推进“互联网＋公共文化”，提高公共文化管理、服务的数字化、网络化水平，逐步形成内容丰富、技术先进、覆盖城乡、传播快捷的公共数字文化服务网络体系。创新服务方式，大力推进“数字文化走进蒙古包”工程，扩大实施区域、提高传输质量。全面推广内蒙古图书馆“彩云服务”项目。落实《内蒙古自治区公共文化服务体系建设评价考核办法》，逐步建立和完善嘎查村、社区基层综合性文化服务中心统一的管理和服务标准。建立县级公共文化机构总分馆体系，到2020年初步形成以盟市公共图书馆、群艺馆为中心，以旗县级公共图书馆、文化馆为总馆，苏木乡镇（街道）综合文化站为分馆，嘎查村（社区）综合性文化服务中心为基层服务点的总分馆体系。

2. 推动公共文化设施标准化建设。完善自治区级公共文化基础设施建设，创建内蒙古图书馆达到国家二级标准。完成不达标旗县级“两馆”建设。加大资源整合力度，采取盘活存量、调整置换、集中利用等方式，在苏木乡镇（街道）和嘎查村（社区）建设集宣传文化、党员教育、科学普及、普法教育、体育健身等功能于一体的基层综合性文化服务中心。实施贫困地区“百县万村” 综合性文化服务中心示范建设工程。

3. 推进基本公共文化服务标准化均等化。落实自治区《关于加快构建现代公共文化服务体系的实施意见》（内党办发〔2016〕8号），围绕文体活动、文艺演出、展览展示等群众基本文化需求，提供的文化产品和服务达到基本公共文化服务实施标准要求。以实现城乡、群体基本公共文化服务均等化为目标，推动公共文化服务重心下移、资源下移。根据城乡人口变化等情况，均衡配置公共文化资源。以农民工、老年人、未成年人、农村留守儿童、残疾人群为重点服务对象，开辟服务渠道，丰富服务内容，切实保障特殊群体的基本文化权益。

4. 加快贫困地区公共文化服务体系建设步伐。落实《加快自治区贫困地区公共文化服务体系建设的指导意见》，加大文化资源、项目向贫困地区倾斜力度，提高贫困地区公共文化设施覆盖率、达标率。为每个贫困旗县配备用于业务培训、展览展示、辅助演出等多功能的流动文化车。依托基层综合文化设施，加强流动服务点建设，逐步形成流动文化服务网络。推动城市与农村开展帮扶活动，以城带乡，精准扶贫。到2017年和2020年，分别实现26个自治区级、31个国家级贫困旗县公共文化服务体系建设达到或接近全区平均水平。

5. 提高公共文化产品供给和服务能力。分年度举办“农牧民文化周”、“社区文化周”和“群众广场舞”活动。打造一批在全国有影响、特色鲜明的示范性社会文化活动。大力培育特色鲜明、形式多样、彰显地方文化魅力、群众广泛参与的文化活动品牌。按照《推进社区与机关单位文化服务设施共建共用办法》，推动社会企事业单位内部管理的文体设施，逐步面向社会免费提供基本文体服务项目。依托基层综合性文化服务中心，整合各级各类基层公共文化资源和项目，提供公共文化“一站式”服务。

（内蒙古自治区文化厅）

## 内蒙古：数字文化走进蒙古包

“数字文化走进蒙古包”工程是结合自治区实际，利用互联网、无线 WIFI 和 3G 网络，通过移动服务终端，为边远农村牧区免费提供蒙汉双语公共数字文化服务的创新工程。在全国率先实现了数字文化服务“人人通”，打通了农村牧区公共文化服务的“最后一公里”。“数字文化走进蒙古包”工程自 2012 年 8 月实施以来，得到了文化部的高度重视和大力支持。2014—2015 年度国家财政共计投入 5995 万元用于在内蒙古的站点建设。截至目前，已在全区 10 个盟市中的 28 个旗县共建设 242 个一级数字加油站、2 个二级数字加油站、810 个移动数字加油站，服务地域面积达 40 余万平方公里，累计服务农牧民达 200 余万人。2016 年将建设完成 1260 个移动数字加油站，目前已完成了基础设施的建设，正在分批分点的安装调试设备，到年底将实现全区 20 个边境旗县全覆盖。

# 辽宁省 2015 年文化发展情况分析

2015 年，在省委、省政府的正确领导下，省文化厅深入学习贯彻党的十八届三中、四中、五中全会和习近平总书记系列讲话精神，围绕《省政府工作报告》确定的“开展社会主义核心价值观教育、完善现代公共文化服务体系、加强历史文化遗产保护”3 大重点任务，认真落实省委、省政府关于文化工作的一系列重大部署，研究探索全省文化工作的新思路、新举措，各项工作取得了新进展。

## 一、我省文化事业发展现状

我省是文化大省。全省各级各类文化事业单位 2200 余个，从业人员 2 万余人。全省专业艺术院团 23 个；专业艺术演出剧场 25 个；公共图书馆 129 个，拥有藏书 3736.3 万册；群众艺术馆（文化馆）124 个，实现了市、县均有图书馆、文化馆的目标；乡镇和城市街道文化站 1419 个，乡镇文化站覆盖率达 90% 以上；社区文化室 3473 个和村文化室 9134 个；文化系统所属博物馆 64 个，省级以上文物保护单位 472 个，拥有文物藏品 75 万余件，一级品 2024 件；全省各级各类文化市场经营场所 9364 个，安排就业人员 4 万余人。

表 1　2013 年 –2015 年全省机构、人员情况

| 项目 | 机构（个） | | | 从业人员（人） | | |
|---|---|---|---|---|---|---|
| | 2013 年 | 2014 年 | 2015 年 | 2013 年 | 2014 年 | 2015 年 |
| 总计 | 2265 | 2252 | 23370 | 23290 | 21623 | 21928 |

积极争取文化投入，基础设施建设成绩突出。全省 2015 年文化投入 17.46 亿元 ，比上年增长了 16.6%。2015 年省本级部门年初预算安排资金 3.49 亿元，其中：财政拨款收入 3.22 亿元；纳入预算管理的行政事业性收费等非税收入 994 万元；纳入专户管理的行政事业性收费等非税收入 421.5 万元；其他非税收入 1262.3 万元。

省博物馆、省图书馆新馆建筑面积分别为 10 万平方米，两馆现已搬入新馆，对外服务。辽宁艺术中心建筑面积 11.5 万平方米，正在办理移交手续，预计 10 月份搬迁。新建大连京剧院综合楼、大连市群众艺术馆新馆。鞍山市群众艺术馆、胜利剧场、美术馆等公共文化设施的改造、改建、新建列入政府规划。正式启动锦州文化艺术中心（锦州大剧院、市群众艺术馆、市青少年宫）建设项目，总建筑面积约为 68000 平方米，占地约 70 亩，预计总投入 5.6 亿元。营口图书大厦主体建设工程基本完成，辽河大剧院实施了维修改造。

公共文化服务成效显著。起草《辽宁省加快构建公共文化服务体系建设实施意见》和《实施标准》；命名民间文化艺术之乡 3 个，文化先进乡镇（街道）40 个、文化先进村（社区）92 个；辽宁省图书馆新馆试开馆两个多月，接待读者 25 万多人次；成功举办 2015 辽宁省群众文化节，围绕“植根沃土 • 铸梦辽宁”

主题开展群众文化活动500余项，受益群众180万人；开展2014年度“七个一百”群众文化活动品牌评审，评选一批群众文化活动典型；为厅直单位配备第一批流动文化服务用车7辆，开展各类流动文化活动7000场。全省公共图书馆事业稳步发展，公共图书馆服务水平有了明显的提高。公共图书馆共发放借书证126万个，比上年增加16万个，增长14.5 %。全省公共图书馆图书总流通人次为2068万人次、比上年增长9.3%；书刊文献外借册次为1708.4万册次，比上年增长5.3%。为读者服务组织各类讲座2321次，参加活动的有22.9万人次；举办展览774次，参观活动的有181万人次；举办培训班1761个，培训68581人次。

**表2　2013年–2015年全省图书馆情况**

| 指　标 | 计量单位 | 2013年 | 2014年 | 2015年 |
|---|---|---|---|---|
| 机构数 | 个 | 129 | 129 | 129 |
| 从业人员 | 人 | 2892 | 2932 | 2805 |
| 总藏量 | 万册、件 | 3355.4 | 3562.9 | 3736.3 |
| 本年新购藏量 | 万册、件 | 168.9 | 194.0 | 178.5 |
| 实际使用公共房屋建筑面积 | 万平方米 | 45.4 | 34.9 | 55.5 |
| #书库 | 万平方米 | 7.9 | 8.3 | 9.5 |
| 阅览室 | 万平方米 | 11.3 | 11.9 | 15.1 |
| 阅览座位 | 万个 | 3.0 | 3.0 | 3.5 |
| #少儿阅览室 | 万个 | 0.8 | 0.8 | 0.8 |
| 图书借阅情况 | — | | | |
| #外借人次 | 万人次 | 1939.3 | 1891.7 | 2068.0 |
| 书刊文献外借册次 | 万册次 | 1749.8 | 1622.7 | 1708.4 |
| 累计发放有效借书证数 | 万个 | 102.1 | 109.9 | 126.0 |
| 为读者举办各种活动 | — | | | |
| 次数 | 次 | 2099 | 2343 | 2321 |
| 参加人次 | 万人次 | 34.6 | 35.0 | 26.4 |
| 年末固定资产原值 | 亿元 | 10.3 | 10.6 | 12.5 |

专业艺术工作。组织全省中青年优秀编剧人才深入基地采风，汲取创作营养；修改加工话剧《祖传秘方》、舞剧《梅兰芳》、歌剧《雪原》、芭蕾舞剧《八女投江》、京剧《李善祥》等剧目；举办“纪念中国人民抗日战争胜利70周年展演活动”；出台《关于振兴辽宁地方戏曲的实施意见》，举办“菊苑流芳－首届辽吉黑蒙四省区地方戏曲优秀剧目展演”活动，演出7个剧种10台剧目；开展“深入生活，扎根人民”主题实践活动，截至10月末，全省共完成“送戏到基层”演出5110场，观众近350万人；省直4家院团和沈阳市、大连市各3家院团与全省18家基层院团开展结对共建活动。

表 3　2012 年 –2015 年全省艺术表演团体综合情况

| 项目<br>年份 | 机构数（个） | 从业人员（人） | 本团创作首演剧目（个） | 演出场次（场） | 国内演出观众人次（万人次） | 财政拨款（万元） | 演出收入（万元） |
|---|---|---|---|---|---|---|---|
| 2012 年 | 23 | 2314 | 5 | 2700 | 245.9 | 23638 | 2028.5 |
| 2013 年 | 23 | 2234 | 10 | 2650 | 255 | 23758 | 2147.2 |
| 2014 年 | 23 | 1872 | 18 | 3563 | 263.6 | 24442 | 1765.0 |
| 2015 年 | 23 | 1828 | 11 | 2860 | 216.1 | 29204 | 1538.7 |

文化遗产保护工作取得进展。组织开展“传承民族文化，筑梦精神家园”非物质文化遗产进校园、进社区系列活动 306 场（次）；公布第五批省级非物质文化遗产代表性项目名录 58 项；围绕全国第十个文化遗产日开展宣传展示活动；成功举办非遗传统技艺大展暨金秋皇寺庙会，130 项各具特色的非遗项目、400 多名传承人参加，接待观 40 余万人次。

阜新万人坑死难矿工纪念馆于 8 月 15 日开馆；台吉万人坑等 3 处省保单位保护方案编制、论证和审批工作完成；25 个全国重点文物保护项目、18 个保护工程设计方案、4 处抗战纪念设施文物保护工程立项获国家文物局批准；完成文保工程勘察设计项目 36 项，锦州广济寺古建筑群维修工程入选“第二届全国十佳文物保护工程”；启动了第七批国保、第九批省保单位保护范围和建设控制地带划定工作；实施了辽阳江官屯窑址、朝阳半拉山遗址等考古发掘；辽宁省博物馆顺利搬迁新馆，5 月 16 日试开馆以来，举办 8 个展览，截至 11 月接待观众 26 万人次；推进第一次全国可移动文物普查工作；对鞍山、锦州进行文物执法督察。

表 4　2012 年 –2015 年全省文物业综合情况

| 项目 | 机构数（个） | 从业人员（人） | 藏品数（件 / 套） | 一级品 | 二级品 | 三级品 | 本年新增藏品数（件 / 套） | 举办展览（个） | 参观人次（万人次） |
|---|---|---|---|---|---|---|---|---|---|
| 2012 年 | 127 | 3651 | 710761 | 1668 | 14151 | 113719 | 4330 | 253 | 1257.3 |
| 2013 年 | 127 | 3669 | 745930 | 1726 | 13306 | 133624 | 7041 | 330 | 1391.2 |
| 2014 年 | 143 | 3818 | 779775 | 1988 | 13864 | 136533 | 9747 | 424 | 1336.5 |
| 2015 年 | 143 | 3725 | 754521 | 2024 | 13971 | 136605 | 13994 | 500 | 1364.3 |

文化产业发展势头强劲。推进辽宁剧院联盟建设，达到 31 家，全年演出 3600 余场。全省民营演出团体 318 家，演出近 6.3 万场；省内大型娱乐场所 123 家，演出 36000 余场。全省演艺业实现产值 5.84 亿元；成功举办中国（沈阳）动漫电玩博览会暨首届中国（沈阳）创意创业博览会，接待国内外观众超过 15 万人次，交易额 1.8 亿元，全省动漫游戏业实现产值 55 亿元；培育鞍山岫玉、阜新玛瑙、本溪辽砚等工艺美术品牌，实现产值 45 亿元；成功举办第六届中国东北文化产业博览交易会，东北三省、京津冀等 600 余个企业参展，参观人数 30 余万人，成交额 3113 万元，文化会展业实现产值 26.5 亿元。

对外文化交流工作。圆满完成南非“中国年”、“中津建交 35 周年”访演任务，辽宁芭蕾舞团在两个国家巡演 33 天演出 21 场；圆满完成我省与墨西哥中国文化中心对口合作项目，组织文艺演出、非遗展览等文化交流团组 5 批次 79 人次赴墨西哥中国文化中心开展文化交流；辽宁人民艺术剧院的话剧《祖传秘方》赴台参加纪念抗战胜利 70 周年交流演出；辽宁省图书馆首次走出国门，在俄罗斯国立图书馆举办“中国传统节日系列图片展”。

表 5　2012 年 –2015 年全省境外展览团和文化代表团来访情况

| 年份 | 展览团（个） | 文化代表团（个） | 文化代表团来宾人数（人） |
|---|---|---|---|
| 2012 年 | 6 | 222 | 1535 |
| 2013 年 | 3 | 171 | 1959 |
| 2014 年 | 4 | 96 | 1269 |
| 2015 年 | 7 | 149 | 2285 |

文化市场监管与繁荣并重。通过以案施训、培训执法骨干等形式与广西开展综合执法协作交流；举办 2 期全省文化市场综合执法骨干培训，培训执法骨干 100 人；举办辽南、辽西和辽东北三片区执法培训，培训一线年轻执法人员 200 人；推进平台建设，全省平台存量数据激活率和使用率接近 100%；推进上网服务营业场所转型升级，确定沈阳、大连等 5 市为试点城市，试点场所 100 家；全年审批 20 家演出机构，审批各类文化经营场所 252 家；有针对性开展专项整治，办理案件 700 余件。

全省互联网上网服务营业场所（网吧）5070 个，娱乐场所 4110 个，为活跃群众的各种文化生活做出了贡献，同时有部分文化企业已成为发展文化产业的中坚力量。

## 二、文化发展存在的主要问题

### （一）城乡之间、地区之间发展不平衡

长期以来，辽宁的文化建设虽然取得了长足的进步，但总体上还滞后于经济建设，区域之间、城乡之间的发展还很不平衡，贫困地区文化建设相对薄弱。辽南与辽北，辽东与辽西之间都存在差异。一些地方领导的文化自觉还不够，一些地方文化建设还处于边缘化境地。与城市相比，农村缺乏必需的文化基础设施和基本条件，财政投入明显滞后于城市，城乡差别很大。同时，不同地区的文化发展水平也不平衡，一些地区对文化的投入明显滞后于经济发展的速度。

### （二）文化产业规模偏小

文化产业总体实力不强，缺少品牌和龙头文化企业，新兴文化产业业态还处在发育阶段，推动文化产业转型升级、优化结构的力量和步伐还要进一步加大加快。文化消费还有待进一步引领和培育，还需要进一步加强文化消费供给，丰富文化消费业态。

### （三）人才缺乏，后劲不足

高层次、高素质管理人才、专业人才和复合型人才普遍紧缺，部分专业已经出现断档。话剧表演、指挥、演出经纪、文博拔尖人才严重不足，艺术科研专业具有研究人员能力的人员不多。

## 三、几点建议

为深入贯彻落实党的十八届四、五中全会精神，大力发展社会主义先进文化，扎实推进社会主义核心价值体系建设，努力抓好各项文化工作，开创文化工作新局面。建议如下：

### （一）加大文化产业扶持资金投入

按照“推动文化产业成为国民经济支柱产业”、优化产业布局、打造知名品牌、发展特色产业等一系列要求，应加大对文化产业投入力度，推动文化产业快速发展。

### （二）加强文化队伍建设，提高服务能力

造就高层次领军人物，培养一批文化名家和拔尖人才。完善人才结构，加大人才储备力度。加强基层文化人才队伍建设，培养一批基层文化骨干。建立完善人才培训机制和激励机制。

### （三）加快推进公共文化服务均等化

构建现代公共文化服务体系在制度上需要全面探索和进一步创新。伴随文化传播手段的日益多样化，在创新公共文化供给上，依托互联网、云计算等智慧文化建设还处在设计论证阶段，需要借助外脑和社会资源，加快实施，取得进展。加快建成覆盖城乡、便捷高效、保基本、促公平的现代公共文化服务体系。

（辽宁省文化厅）

## 辽宁：大力推进全省抗战遗迹保护工作

我省是抗战文物资源大省，在长达十余年的抗日战争中，遗留了大量宝贵的抗战遗迹，其中全国重点文物保护单位9处，省级文物保护单位14处，市县级文保单位及不可移动文物200余处。在国家文物局的领导和各级政府的支持下，全省抗战遗迹保护工作措施得当，推进有力，效果明显。

阜新万人坑保护展示工程有力推进。一是精心组织，高效完成方案编制。按照国家文物局和省政府批准公布的《阜新万人坑文物保护规划》，共确定了7个文物保护和展示项目，为确保设计方案的科学合理，省文物局采取会战的形式，协调中国文化遗产研究院、清华大学、南京博物院、辽宁省文保中心等10余家省内外高水平设计单位合力攻坚，连续数周野外勘查测绘，部分昼夜编制保护方案，在最短时间内，高质量完成了所有方案编制工作。二是积极筹措落实项目资金。根据方案和预算，省文物局积极向国家文物局申请项目资金，国家文物局和财政部给予大力支持，累计安排资金5193万元。省政府为保护工程先期投入、地方配套及其他相关工程安排了专项经费。阜新市政府投入了大量人力和物力，为工程的顺利实施创造了基础条件。三是统筹安排，科学实施保护工程。阜新万人坑保护展示工程背景特殊、意义重大，社会各界关注度极高。省文物局与阜新市政府及工程项目指挥部共商推进进度责任到人，倒排工期。委派专人进驻现场，全程跟踪，指导工程项目。

全面启动省级以上保护单位的抗战遗迹保护工程。抚顺战犯管理所旧址、旅顺日俄监狱旧址、本溪湖工业遗产群肉丘坟、南子弹旧址4处国保单位的保护工程立项获得国家文物局批准；启动了侵华日军关东军护路守备队旧址、李兆麟将军故居等省保单位保护工程。

在全国人民抗日战争暨世界反法西斯战争胜利70周年之际，全省抗战遗迹保护工作有力推进，以抗战遗迹保护工程为牵动，制定全省抗战遗迹保护规划，建立保护长效机制，逐步消除文物安全隐患，进一步提高和完善抗战遗迹的管理设施及相关技术手段，全面提高我省抗战遗迹保护、管理、展示和利用水平。

# 吉林省 2015 年文化发展情况分析

2015 年，是深入学习贯彻党的十八大和十八届三中、四中、五中全会精神，深入学习贯彻习近平总书记系列重要讲话精神特别是文艺工作座谈会和视察吉林重要讲话精神，也是“十二五”收官之年和“十三五”谋划之年。在省委、省政府的正确领导下，在有关部门的大力支持下，全省文化系统围绕中心、服务大局、改革创新、狠抓落实，文化事业和文化产业发展取得了新成效。

## 一、全省文化文物基本情况

### （一）机构、人员情况

2015 年末，纳入统计范围的全省各类文化（文物）单位 5924 个，比上年末增加 329 个；从业人员 29460 人，减少 544 人。其中，各级文化（文物）部门所属单位 1451 个，比上年末增加 4 个；从业人员 13541 人，减少 91 人。其中：图书馆 66 个，从业人员 1628 人；群众艺术馆、文化馆 78 个，从业人员 2349 人；文化站 901 个，从业人员 2185 人（其中：乡镇文化站 626 个。从业人员 1627 人），艺术表演团体 40 个，从业人员 2510 多人；博物馆 76 个，从业人员 1127 人；美术馆 9 个，从业人员 78 人。

**表 1　2014 年 –2015 年全省文化文物机构及从业人员情况**

| | 机构数（个） | | | 从业人员数（人） | | | 其中：文化部门 | | | | | |
|---|---|---|---|---|---|---|---|---|---|---|---|---|
| | | | | | | | 机构数（个） | | | 从业人员数（人） | | |
| | 2014 年 | 2015 年 | 增减 | 2014 年 | 2015 年 | 增减 | 2014 年 | 2015 年 | 增减 | 2014 年 | 2015 年 | 增减 |
| 总 计 | 5595 | 5924 | 329 | 30004 | 29460 | -544 | 1466 | 1451 | 5 | 13615 | 13541 | -74 |
| 艺术表演团体 | 56 | 49 | -7 | 2954 | 2882 | -182 | 40 | 40 | 0 | 2540 | 2510 | -30 |
| 艺术表演场馆 | 28 | 49 | 21 | 570 | 735 | 165 | 28 | 28 | 0 | 581 | 543 | -27 |
| 公共图书馆 | 66 | 66 | 0 | 1642 | 1628 | -14 | 66 | 66 | 0 | 1642 | 1628 | -14 |
| 群众文化服务 | 974 | 979 | 5 | 4565 | 4534 | -31 | 974 | 979 | 5 | 4565 | 4534 | -31 |
| 其中：文化站 | 896 | 901 | 5 | 2084 | 2185 | 101 | 896 | 901 | 5 | 2084 | 2185 | 101 |
| 艺术教育业 | 2 | 1 | -1 | 14 | 6 | -8 | 2 | 1 | -1 | 14 | 6 | -8 |
| 文化科研机构 | 8 | 9 | 1 | 151 | 193 | 42 | 8 | 9 | 1 | 151 | 193 | 42 |
| 文化市场经营机构（不包括非公有制院团和场馆） | 4123 | 4436 | 313 | 15324 | 14958 | -366 | 0 | 0 | 0 | 0 | 0 | 0 |
| 文物业 | 140 | 138 | -2 | 1562 | 1457 | -105 | 137 | 138 | 1 | 1534 | 1457 | -77 |
| 其他 | 198 | 197 | -1 | 3222 | 3067 | -45 | 211 | 190 | -1 | 2588 | 2670 | 71 |

### （二）全省文化事业经费投入情况

2015年，全省文化文物总收入26.99亿元（不含基建拨款），比上年增加了4.14亿元，增长11.88%。其中：财政补助收入20.18亿元，比上年增加了2.91亿元，增长16.82%；上级补助收入0.27亿元，比上年增加了0.01亿元，增长2.97%；事业收入0.77亿元，比上年增加了0.11亿元，增长16.05%；经营收入0.05亿元，比上年减少了0.0001亿元，增长-0.24%；其他收入5.72亿元，比上年增加了1.12亿元，增长24.37%。

全省文化事业费20.18亿元（不含基建拨款），占财政支出3217.10亿元的比例为0.63%；人均文化事业经费56.81元，排全国第11位。

全省文化事业经费逐年增加，特别是党的十六大以来，我省各级党委、政府更加重视文化建设，把文化发展列入经济和社会发展的总体规划之中，不断加大投入，使文化建设的基础更加巩固。1998年-2015十七年间，全省各级财政对文化事业经费投入累计达127.98亿元（不含基建拨款），从1998年的1.62亿元增加到2015年的20.18亿元，年均增长18.29%。

**图1　1998-2015年全省文化事业经费财政拨款情况表**

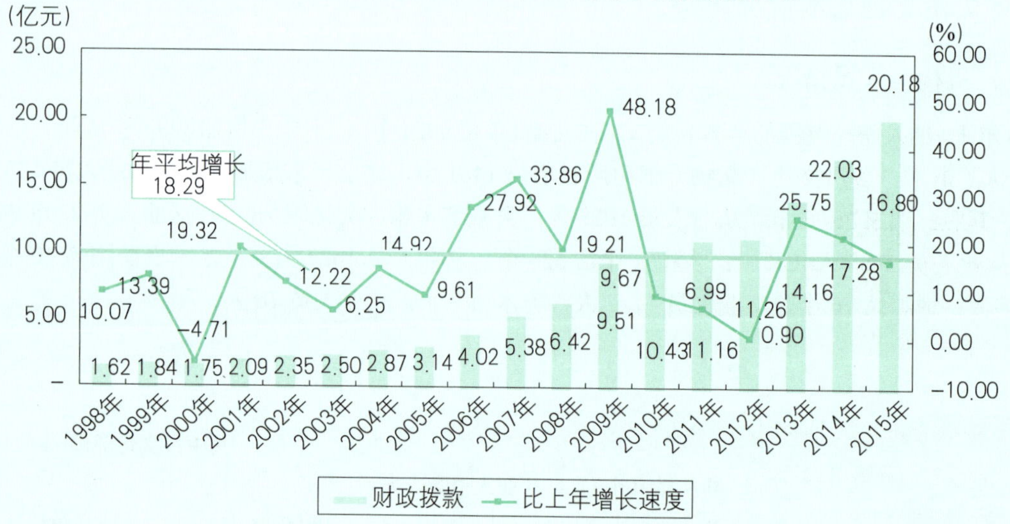


**图2　2015年度各类文化机构单位财政拨款的比重**

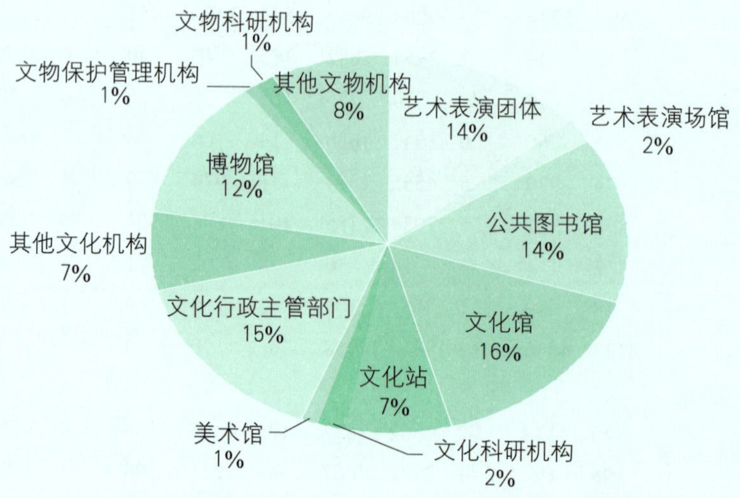

其中：对公共图书馆经费投入从1998年的0.24亿元增加到2015年的2.84亿元，年均增长18.00%。对群众文化经费投入从1998年的0.27亿元增加到2015年的4.68亿元，年均增长20.79%。对艺术表演团体经费投入从1998年的0.42亿元增加到2015年的2.77亿元，年均增长13.35%。对博物馆经费投入从1998年的0.11亿元增加到2015年的2.47亿元，年均增长22.97%。省直文化事业经费从1998年的0.51亿元增加到2014年的3.83亿元，年均增长14.39%。

## 二、2015年文化工作硕果累累

### （一）文艺创作演出机构

1. 全省艺术表演团体总量和从业人员情况。截止到2015年底，全省共有艺术院团49个，从业人员2772人，其中：省直艺术院团4个，从业人员654人；各级文化部门管理的艺术院团36个，从业人员1856人；民间职业剧团9个，从业人员262人。

2. 吉剧振兴工程深入推进。成立了吉剧音乐创作研究中心；创排了吉剧《吴亚琴》、《关东草》；吉剧电影《大唐女巡按》在长首映并荣获第三十届中国电影金鸡奖“最佳戏曲片奖”，这是继上世纪八十年代吉剧影片《桃李梅》、《包公赔情》、《燕青卖线》在国内外发行后吉剧影片又一次登上全国性平台，也是吉剧影片首次获得“金鸡奖最佳戏曲片奖”，为戏曲界赢得了荣誉。

3. 舞台艺术影响力不断提升。成功举办吉林省首届交响音乐节、“吉林省第七届二人转·戏剧小品艺术节”、长白山森林音乐节等活动，“吉林省优秀戏曲剧目展演”在北京成功举办；朝鲜族唱剧《春香传》获得全国第四届少数民族戏剧汇演“优秀剧目奖”；《大山里的红灯笼》、《长白山精灵》入选第八届全国优秀儿童剧展演。创新工作理念。省直文艺院团从2015年年初开始推行演出季，一批精品剧目相继登台，实现了院团、剧场周周有演出，锻炼了队伍，开拓了市场，满足了群众的文化需求。京剧《杨靖宇》参加第十四届中国戏剧节，在国家大剧院汇报演出，省内外巡演45场，并获得广泛赞誉。

表2　2009年–2015年全省文化部门艺术表演团体基本情况

| | 机构数（个） | 从业人员数（人） | 演出场次（场） | 国内演出场次 | 农村演出场次 | 国内演出观众人次（万人次） | 演出收入（万元） | 实际使用房屋建筑面积（万平方米） | 排练场 |
|---|---|---|---|---|---|---|---|---|---|
| 2009年 | 68 | 4103 | 8382 | 7225 | 3598 | 729.60 | 5070 | 9.47 | 2.53 |
| 2010年 | 69 | 4101 | 8806 | 8063 | 4158 | 885.90 | 3274 | 9.66 | 2.14 |
| 2011年 | 67 | 4043 | 8955 | 8326 | 5467 | 893.60 | 4342 | 9.47 | 2.77 |
| 2012年 | 41 | 2803 | 6591 | 5266 | 2980 | 588.02 | 5588 | 8.88 | 2.48 |
| 2013年 | 39 | 2700 | 4912 | 4845 | 3091 | 389.47 | 2983 | 9.32 | 2.42 |
| 2014年 | 40 | 2540 | 4467 | 4218 | 2526 | 372.38 | 2860 | 9.48 | 2.60 |
| 2015年 | 40 | 2510 | 4980 | 4720 | 2690 | 349.75 | 3074 | 9.84 | 2.26 |

### （二）公共文化服务方面

1. 全省公共文化服务机构总量与分布。截止到2015年底，公共文化服务机构1130个，其中：公共图书馆66个、文化馆（含群艺馆）78个、乡镇综合文化站626个、街道文化站275个、博物馆76个、美术馆 9 个。

2. 公共文化设施面积偏低。全省有公共文化机构 1130 个，实际使用房屋建筑面积为 1279310 平方米，每万人拥有公共文化设施面积 477.61 平方米。

**表 3　全省每万人拥有文化设施面积情况**

| 排位 | 城　市 | 每万人拥有公共文化设施面积（平方米） | 备注 |
|---|---|---|---|
| | 全省合计 | 477.61 | |
| 1 | 长春市 | 723.53 | |
| 7 | 吉林市 | 371.12 | |
| 9 | 四平市 | 178.61 | |
| 4 | 辽源市 | 492.60 | |
| 3 | 通化市 | 497.65 | |
| 6 | 白山市 | 386.95 | |
| 5 | 松原市 | 461.25 | |
| 8 | 白城市 | 227.01 | |
| 2 | 延边朝鲜族自治州 | 531.83 | |
| 10 | 其 他 | 158.52 | 包括公主岭市、梅河口市和长白山管委会 |

3. 全省公共文化服务体系财政补助经费逐年不断提升。近六年来，从 2010 年的 5.16 亿元，增加到 2015 年的 10.44 亿元（不含基建拨款），年平均增长 26.50%。

六年来，全省公共文化服务体系财政补助经费累计达到 43.59 亿元（不含基建拨款）。

按机构类型分，公共图书馆 9.62 亿元，占公共文化服务体系财政补助总计的 28.72%；文化馆（含群艺馆）10.08 亿元，占 30.07%；文化站 5.17 亿元，占 15.42%；博物馆 8.04 亿元，占 23.99%；美术馆 0.60 亿元，占 1.79%。

图3　近六年来，全省公共文化服务体系财政补助经费累计达到43.95亿元（按机构类型分）

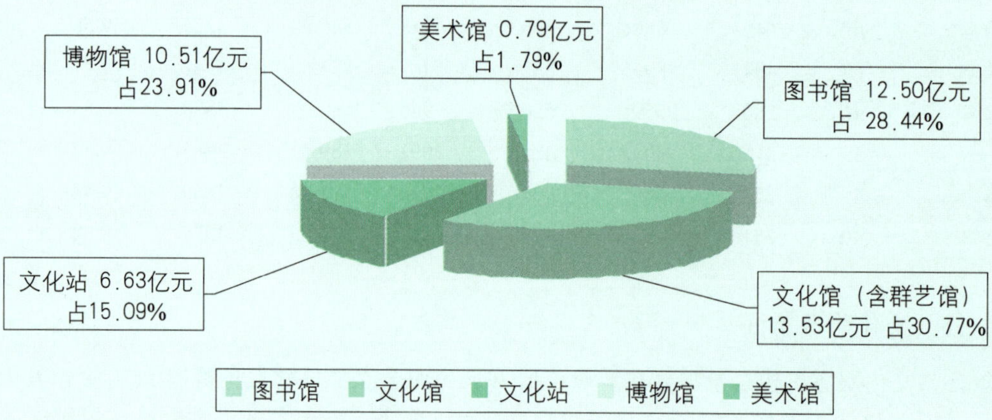

按地区分，长春地区（含省直单位）16.14亿元，占公共文化服务体系财政补助总计的36.72%；吉林地区6.42亿元，占14.62%；四平地区2.32亿元，占5.27%；辽源地区2.28亿元，占5.19%；通化地区2.88亿元，占6.55%；白山地区2.23亿元，占5.07%；松原地区2.63亿元，占5.98%；白城地区2.17亿元，占4.93%；延边朝鲜族自治州5.93亿元，占13.50%；其他（包括：公主岭市、梅河口市、长白山管委会）0.95亿元，占2.17%。

图4 近六年来，全省公共文化服务体系财政补助经费累计达到43.95亿元（按地区分）

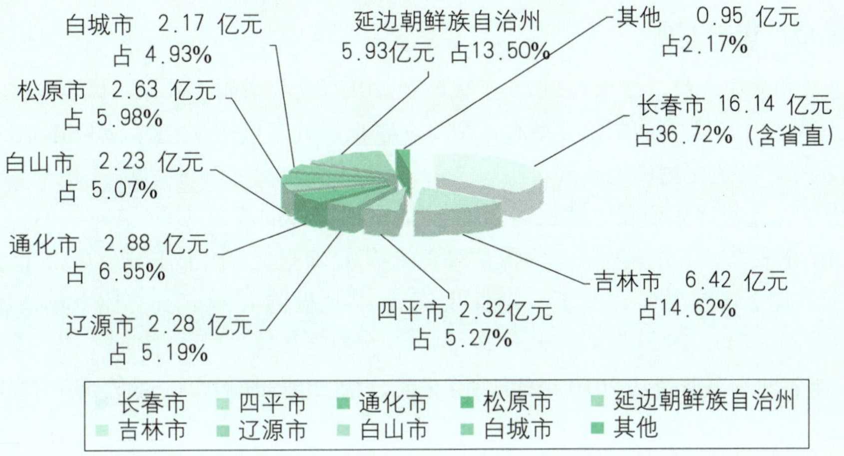


4. 不断提升公共文化服务体系综合服务水平。扶持建设农村文化小广场200个，提升农村文化大院1500个。公共文化设施建设得到加强，省文化活动中心、省美术馆、东北抗日联军纪念馆项目建设启动，建成了一批地市级、县级图书馆和文化馆。全省公共图书馆、文化馆（站）、博物馆、美术馆免费开放工作有序进行，长春市宽城区文化馆、安图县石门镇综合文化站被文化部评为全国优秀文化馆站（全国仅20家）。成功举办“市民文化节”和“农民文化节”，开展文化共享工程活动1000余次，受众达76万人次，进一步活跃了群众文化生活。

## （三）文化市场建设方面

1. 全省文化市场经营单位总量和从业人员。截止到2015年底，全省文化市场经营单位4465家，从业人员15384人。其中娱乐场所1666家，从业人员7189人；互联网上网服务营业场所（网吧）2710家，从业人员7008人；非国有艺术表演团体9家，从业人员262人。资产总计28.60亿元，比上年增加2.74亿元，增长10.60%。营业收入12.48亿元，比上年增加0.28亿元，增长2.30%。利润总额4.80亿元，比上年减少0.31亿元，增长-6.07%。

2. 以精简行政审批事项为契机，进一步强化了对文化市场的事中事后监管。行政审批项目做到了“应进必进，应进全进”，简化了审批流程、压缩了审批时限，实现了“一站式”集中行政审批服务。

3. 文化市场综合执法成果进一步巩固。印发《吉林省文化市场监管办法》。顺利实现文化市场技术监管与文化部平台数据的互联互通。积极引导上网服务场所转型升级，行业发展呈现良好态势。印发了《全省文化系统“四化融合”、“三位一体”安全监管防控体系建设实施方案》。文化市场监管水平进一步提升。省文化厅连续七年被省政府评为全省安全生产工作先进集体。

### （四）文化产业发展方面

1. 歌舞演艺、动漫游戏、工艺美术、艺术培训为重点的文化产业加快发展。探索实践政府职能转变新模式，推动成立吉林省文化企业商会，对全省文化产业聚合发展起到了积极的促进作用。建立了文化产业综合数据管理平台，实现了对园区和基地的动态管理。

2. 动漫网游业快速发展。吉林风雷网络科技有限责任公司成功上市。有 4 名动漫人才加入“文化部动漫高端人才库”，有 5 个动漫重点项目列入“国家动漫企业项目资源库”。

3. 松花石（砚）产业竞相发展。成立了吉林省松花石商会和吉林省工艺美术交流中心，成功举办松花石艺术节和松花石发展论坛，通化关东（松花石）文化产品交易市场列入国家重点特色项目。

### （五）文化遗产保护方面

1. 文物业总量和从业人员。截止到 2015 年底，全省共有文物机构 138 家，比上年减少 2 家；从业人员 1,457 人，比上年减少 105 人。从单位类型看，全省文物保护管理机构 52 家、博物馆 76 家、文物科研机构 3 家、文物商店 1 家、其他文物机构 6 家。

2. 全省文物事业经费逐年增长。截止到 2015 年底，财政补助收入 4.54 亿元（不含基建拨款），比上年增加 0.87 亿元，增长 23.55%，其中：文物保护管理机构 0.18 亿元，比上年减少 0.25 亿元，增长 -58.71%；博物馆 2.47 亿元，比上年增加 0.13 亿元，增长 5.59%；其他机构 1.89 亿元，比上年增加 0.98 亿元，增长 108.07%。

近六年来，全省文物事业费从 2010 年的 1.40 亿元，增加到 2015 年 4.54 亿元，年均增长 48.01%。

图5　全省文物机构数与从业人员变化情况

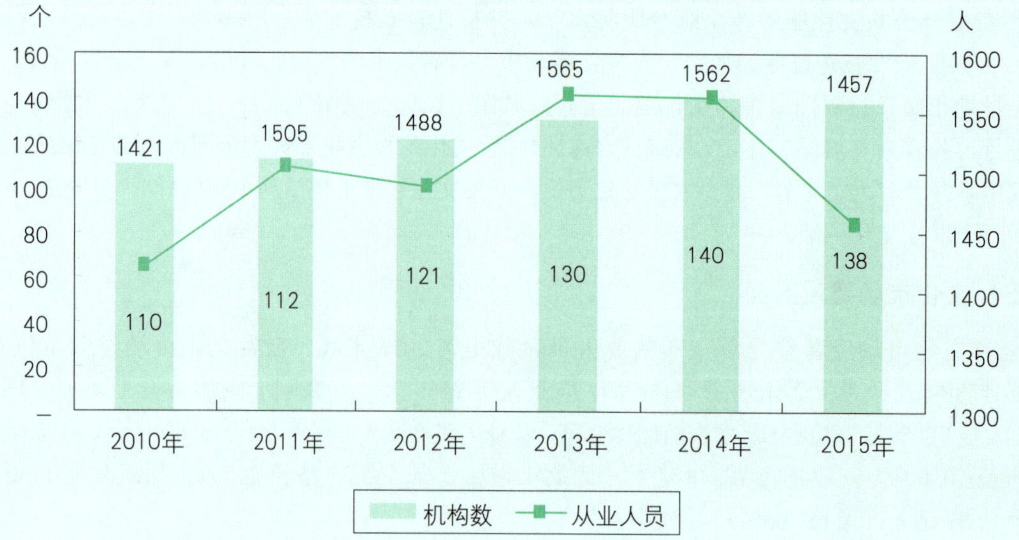

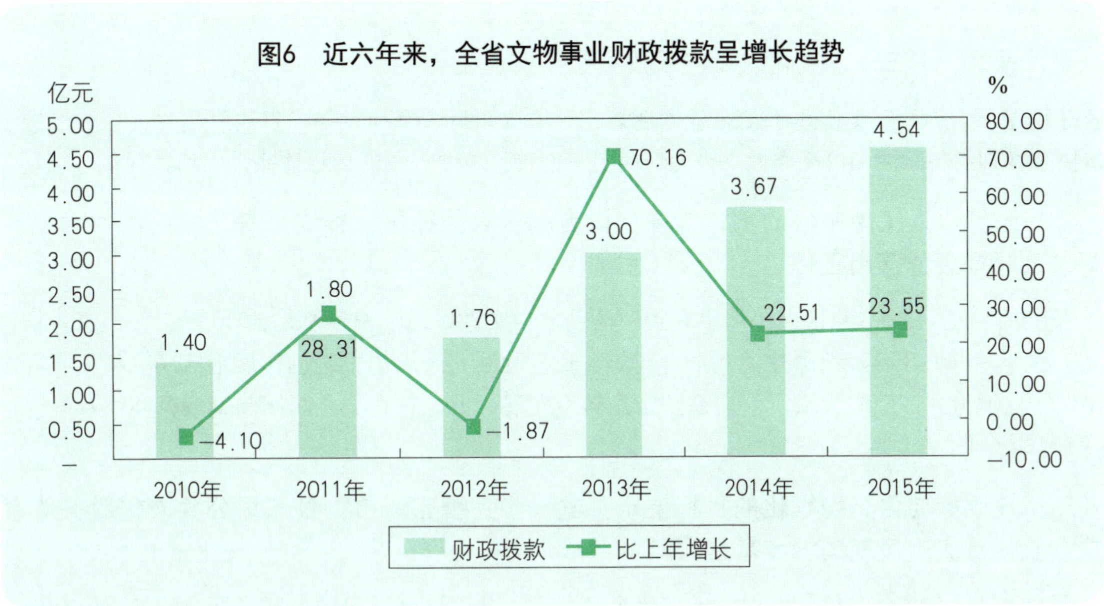


3. 积极推动全省重要文物保护工程的实施，对 11 项重点文物保护工程项目进行重点督办，项目实施率达到 100%。我省集中成片历史文化街区的保护工作取得历史性突破。长春市第一汽车制造厂历史文化街区入选国家住建部、国家文物局公布首批 30 个中国历史文化街区。为迎接世界反法西斯战争胜利七十周年暨中国人民抗日战争胜利七十周年，组织召开了东北抗战遗迹联盟成立大会，全省共开展各类纪念活动 165 项。可移动文物普查工作顺利推进。探索实践博物馆工作新模式，吉林市博物馆、延边州博物馆理事会试点工作顺利实施。加强了对全省文物安全工作的指导，文物执法督察力度进一步加强。

4. 非物质文化遗产传承保护水平进一步提高。基础性保护工作稳步推进，全省 44 个国家级非遗保护项目有 12 个项目得到中央财政扶持；评选了第三批省级非物质文化遗产项目传承人 34 名；完成了第三批《满族说部》文字整理工作；探索社会力量承办专业展会新模式，成功举办吉林省非物质文化遗产及民族特色商品博览会。成功举办“2015 文化遗产日”系列活动，非遗文艺项目彩街巡游、非遗项目广场文艺演出等活动，受到社会各界好评。

### （六）对外文化交流方面

“走出去”成果丰硕。我省文艺团组以“吉风吉韵送吉祥”为主题，先后赴印度尼西亚、菲律宾、阿尔及利亚等地进行访问演出；圆满完成在朝鲜开展文化交流、在泰国举办“欢乐春节”、在法、德两国举办“感知中国－吉林文化周”和东北亚地区地方政府首脑会议暨“第十七届东北亚地区美术作品展”等演出、参展任务；大型歌舞晚会《雪韵春光》闭幕专场文艺演出，亮相“2015 中韩旅游年”，受到各界好评；成功组织省内文化企业参加“海峡两岸文化创意产业展”，成为我省与台湾文化交流的新平台。“引进来”异彩纷呈。美国、英国、俄罗斯、韩国及北京、上海等地优秀剧目相继与观众见面，丰富了省内群众文化生活，促进了文化双向交流。成功举办歌剧《白毛女》长春站巡演活动受到社会各界的高度赞誉。

## 三、2016 年全省文化工作思路

2016 年是“十三五”开局之年，全省文化系统将全面贯彻落实党的十八大和十八届三中、四中、五中全会精神，深入贯彻习近平总书记系列重要讲话精神特别是文艺工作座谈会和视察吉林重要讲话精神，深入贯彻落实省委十届六次全会精神，坚持以“四个全面”战略布局为引领，全面贯彻落实创新、协调、绿色、开放、共享的发展理念，全面推动吉林文化强省建设。

### （一）做好“十三五”文化改革发展规划组织实施工作

做好我省“十三五”文化改革发展总体规划、专项规划与国家和省委、省政府相关规划的衔接工作，进一步提升规划的科学性和可操作性，努力形成上下衔接、步调一致的规划体系，推动各项任务顺利实施。

### （二）坚持以人民为中心的创作导向，以吉剧振兴为抓手，推动多种艺术门类共同发展，切实做好文艺精品创作演出工作

持续开展“深入生活 扎根人民”主题实践活动，切实做好送演出下基层4000场工作。深入推进“吉剧振兴工程”。组织开展好纪念建党九十五周年、长征胜利八十周年主题创作展示活动。积极引导国有文艺院团转变发展方式，面向大众、面向商演市场转型发展；做好省直文艺院团和剧场公益性及低票价演出工作。

### （三）按照标准化、均等化的目标要求，进一步完善省、市、县三级公共文化服务体系，把公共文化资源最大限度地向城乡基层倾斜

做好扶持建设200个农村文化小广场文化惠民项目。重点抓好面向城乡基层群众的基层综合性文化服务中心建设，继续抓好“三馆一站”免费开放工作。举办好“农民文化节”和“市民文化节”两大群众文化活动。

### （四）不断完善现代文化市场体系

坚持放管结合，落实责任清单，规范权力边界，依法管理市场。

### （五）以文化产业示范园区（基地）建设为平台，推动文化产业和多种产业的融合发展，全面提升文化产业发展质量和效益

以文化产业示范园区（基地）建设为平台，推动文化产业和多种产业的融合发展，全面提升文化产业发展质量和效益。

### （六）遵循科学保护、依法保护的原则，做好文化遗产保护利用工作，促进文化遗产保护利用融入经济社会生活

继续做好第一次全国可移动文物普查、第七批全国重点文物保护单位“四有”、长春市新民大街历史文化名街相关建设和文物保护重大项目申报工作，重点推进我省长城资源保护工作。增强博物馆展陈感染力，推进博物馆资源与学校教育衔接，积极开发文化创意产品。全面做好非物质文化遗产保护工作。

### （七）积极开展对外文化交流活动

促进文化交流与文化经贸、对外人文交流有机衔接，讲好中国故事，传播好吉林声音，不断扩大吉林的对外影响力。

（吉林省文化厅）

# 吉林：大力实施“吉剧振兴工程”

我省文化系统深入贯彻落实习近平总书记文艺工作座谈会重要讲话精神和中央印发的《关于繁荣发展社会主义文艺的意见》，以全省艺术创作工作会议为契机，文艺创作演出取得可喜成果。

2015年9月19日，在第24届中国金鸡百花电影节暨第30届中国电影金鸡奖颁奖典礼上，由吉林省戏曲剧院联合南山国际影视文化有限公司、人民日报文化传媒有限公司、北京九州同映电影院线有限公司等单位投资摄制，吉林省戏曲剧院吉剧团演出的吉剧电影《大唐女巡按》荣获“第30届中国电影金鸡奖最佳戏曲片奖”。这是继上世纪八十年代吉剧影片《桃李梅》、《包公赔情》、《燕青卖线》在国内外发行后吉剧影片又一次登上全国性平台，也是吉剧影片首次获得“金鸡奖最佳戏曲片奖”。

吉剧电影《大唐女巡按》改编创新自家喻户晓的古代传奇人物谢瑶环的故事，集中呈现谢瑶环清正廉洁、秉公执法、为国为民不计个人生死荣辱的高贵品质，是一部具有时代精神和现实意义的历史廉政文化题材优秀作品。该片由国内著名剧作家韩志君、韩志晨担任编剧，国内著名作曲家张振国、赵黎东、杨柏森联合作曲，国家一级导演韩志君执导，吉林省戏曲剧院吉剧团优秀吉剧演员演出。自2015年6月首映以来，受到电影界、戏剧界专家和广大观众的一致好评。

吉剧电影《大唐女巡按》荣获“金鸡奖最佳戏曲片奖”，是在我省实施“吉剧振兴工程”的大背景下取得的。在省委、省政府的高度重视下，2013年12月，我省启动实施“吉剧振兴工程”，并设立了专项扶持资金。在一年多的时间里，“吉剧振兴工程”取得重要阶段性成果：吉剧《站醒台》荣获第十三届全国精神文明建设“五个一工程”戏剧奖；吉剧《焦裕禄》荣登国家大剧院舞台；吉剧经典剧目《包公赔情》参加2015年全国新年戏曲晚会。中共中央政治局委员、中央书记处书记、中宣部部长刘奇葆同志，文化部党组书记、部长雒树刚同志分别对我省实施“吉剧振兴工程”给予了充分肯定。

下一步，我们将抢抓国家政策契机，充分发挥我省振兴戏曲起步早的优势，以实施“吉剧振兴工程”为引领，带动京剧、评剧、满族新城戏、黄龙戏等戏曲剧种共同发展，努力打造更多精品力作，树立吉林戏曲品牌，为吉林新一轮振兴发展和文化大省建设作出新的贡献。

# 黑龙江省2015年文化发展情况分析

2015年，全省文化系统深入贯彻党的十八大和十八届三中、四中、五中全会精神，深刻领会习近平总书记系列重要讲话精神，认真落实省委省政府各项决策部署，紧紧围绕中心服务大局、面向基层服务群众，以求真务实的作风、攻坚克难的勇气和团结奋进的精神，积极推进全省文化改革与发展，圆满完成了2015年各项工作任务，实现了“十二五”时期的顺利收官。

## 一、机构和人员

2015年末，纳入统计范围的全省各类文化（文物）单位9308个，比上年末减少156个；从业人员41229人，减少259人。其中，各级文化文物部门所属单位2279个，从业人员13982人，减少331人。

图1　2009年-2015年黑龙江省文化机构及从业人员情况

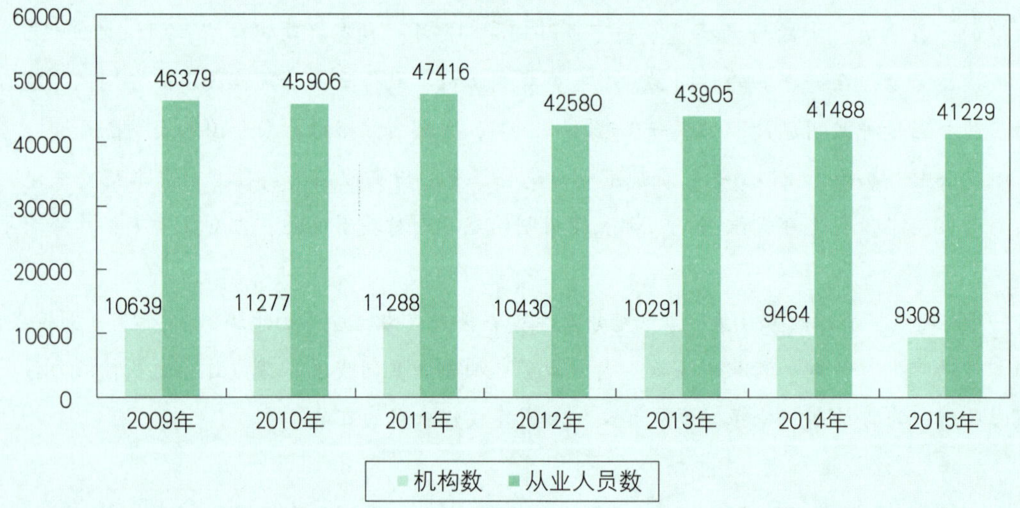


## 二、艺术创作演出

2015年，全省共有艺术表演团体51个，比上年增加12个，增加剧团均为其他部门剧团；其中各级文化部门国有艺术表演团体28个，占54.9%。全省艺术表演团体从业人员3393人，比上年增加120人；其中具有高级职称的人员1025人，占32.7%；具有中级职称的人员958人，占30.5%；各级文化部门国有艺术表演团体从业人员3138人，占92.5%。

2015年我省确立符合本省实际的剧目立项论证机制、剧目排演和储备机制、创作资源整合机制以及人才建设和资金投入保障机制，使文化部门主导文艺作品创作的职能作用不断增强。全省新创作40余部具有较高艺术水准的文艺作品，其中2部获中宣部“五个一工程”奖，3部剧目入选国家舞台艺术精品工程30

台剧目，京剧《月照塞北》等多部剧目获文华奖，另有 30 部剧目和一批美术、舞蹈、杂技项目及十余位艺术家获得国家级奖项。年内全省有 2 人获中国戏剧“梅花奖”，并成功申报 18 个项目入选国家艺术基金扶持项目，获支持资金 1826 万元。

年内全省艺术表演团体共演出 7810 场，比上年增长 37.7%，其中赴农村演出 1690 场，增长 29%，占总演出场次的 21.6%；国内观众 327.6 万人次，增长 5.4%，其中农村观众 116.9 万人次，增长 12.6%。艺术表演团体总收入 44434 万元，比上年增长 28.3%，其中演出收入 2769 万元，增长 45.6%。

表 1　2007 年 –2015 年机构、人员情况

| 年　份 | 机构数（个） | 从业人员数（人） | 演出场次（场） | 国内演出观众人次（万人次） | 总收入（万元） | |
|---|---|---|---|---|---|---|
| | | | | | | #演出收入 |
| 2007 年 | 84 | 5447 | 9620 | 834.1 | 22315 | 994 |
| 2008 年 | 84 | 5229 | 9260 | 854.6 | 26072 | 1119 |
| 2009 年 | 82 | 5122 | 9460 | 932.9 | 30023 | 1624 |
| 2010 年 | 82 | 5109 | 10730 | 813.8 | 31463 | 1804 |
| 2011 年 | 82 | 5064 | 8730 | 800.1 | 33767 | 2276 |
| 2012 年 | 77 | 4915 | 7500 | 699.4 | 36062 | 1816 |
| 2013 年 | 28 | 3361 | 4280 | 361.5 | 35810 | 1928 |
| 2014 年 | 28 | 3299 | 4890 | 306.9 | 34163 | 1768 |
| 2015 年 | 28 | 3138 | 5300 | 259.6 | 42941 | 1392 |

年内全省文化部门所属艺术表演团体共组织政府采购公益演出 1790 场，比上年增长 71.1%；观众 85.7 万人次，增长 80.1%。利用流动舞台车演出 570 场次，增长 39%；观众 66.9 万人次，增长 91.7%。

年末全省文化部门所属艺术表演场馆达到 38 个，比上年增加 4 个；观众坐席数 18493 个，比上年减少 980 个。全年共演（映）1910 场次，增长 63.3%；观众 53.6 万人次，增长 4.1%。

年末全省共有国有美术馆 7 个，比上年末增加 1 个；从业人员 59 人，增加 7 人。全年共举办展览 42 个，比上年增长 5%，参观人次达 15.1 万人次。

## 三、公共文化服务体系

2015 年，我省成立公共文化服务体系建设协调机制领导小组，通过了《黑龙江省公共文化服务体系建设协调机制领导小组工作方案》和《领导小组议事规则》，以省委、省政府两办名义出台《黑龙江省关于加快构建现代公共文化服务 体系的实施意见》和《黑龙江省基本公共文化服务实施标准（2015—2020 年）》，并制定了《边疆万里数字文化长廊建设实施方案》及《黑龙江省文化志愿者管理办法》，有力推动了公共文化服务体系的建设和发展。

### （一）公共图书馆

年末全省共有公共图书馆 107 个，与上年持平。其中地市级 11 个，县级 63 个，区级 32 个。共有从业人员 1693 人，同比减少 4 人。其中具有高级职称的 383 人，占 22.6%；具有中级职称的 702 人，占 41.5%。

年末全省公共图书馆实际使用房屋建筑面积 29.21 万平方米，增长 0.6%；平均每万人拥有公共图书馆建筑面积 76.63 平方米，增加 1 平方米。全省人均购书费 0.64 元，比上年增加 0.16 元。图书总藏量 1827 万册，增长 6.2%。其中古籍 45 万册；电子图书 818 万册，增长 53.5%；阅览室座席数 2.33 万个；计算机

5990 台，增长 2.8%；供读者使用的电子阅览终端 3821 台；全省人均图书藏量 0.48 册，增加 0.03 册。

年内全省公共图书馆发放借书证 61.4 万个，比上年增长 12.1%；总流通人次 967.8 万人，增长 8.4%。书刊文献外借 688 万册次，增长 9.0%；外借 330.1 万人次，增长 6.0%。全年共为读者举办各种活动 2150 次，增长 4.9%；参加活动 89 万人次。

表 2　2007 年 –2015 年黑龙江省公共图书资源及流通情况

| | 平均每万人拥有公共图书馆建筑面积 | | 人均拥有公共图书馆藏量 | | 公共图书馆总流通人次 | | 书刊外借册次 | |
|---|---|---|---|---|---|---|---|---|
| | 绝对值（平方米） | 增长速度（%） | 绝对值（册） | 增长速度（%） | 绝对值（万人次） | 增长速度（%） | 绝对值（万册次） | 增长速度（%） |
| 2007 年 | 57.8 | 0.9 | 0.4 | 2.9 | 555 | 1.1 | 469 | 10.1 |
| 2008 年 | 58.0 | 0.3 | 0.4 | 2.6 | 613 | 10.5 | 673 | 43.5 |
| 2009 年 | 62.2 | 7.2 | 0.4 | 5.1 | 617 | 0.7 | 560 | -16.8 |
| 2010 年 | 65.0 | 4.5 | 0.4 | 4.9 | 622 | 0.8 | 479 | -14.5 |
| 2011 年 | 67.5 | 3.8 | 0.4 | 2.3 | 694 | 11.6 | 483 | 0.8 |
| 2012 年 | 70.3 | 4.1 | 0.5 | 4.5 | 822 | 18.4 | 524 | 8.5 |
| 2013 年 | 72.3 | 2.8 | 0.5 | 4.3 | 836 | 1.7 | 575 | 9.7 |
| 2014 年 | 75.7 | 4.7 | 0.5 | -6.2 | 893 | 6.8 | 631 | 9.7 |
| 2015 年 | 76.6 | 1.2 | 0.5 | 6.7 | 968 | 8.4 | 688 | 9.0 |

（二）群众文化机构

年末全省共有群众文化机构 1641 个，其中文化馆 148 个，乡镇综合文化站 900 个，街道文化站 593 个。全省群众文化机构从业人员 5193 人，比上年末减少 106 人。其中具有高级职称的人员 606 人，占 11.7%；具有中级职称的人员 853 人，占 16.4%。

年末全省群众文化机构实际使用房屋建筑面积 81.56 万平方米，比上年末增长 3.3%；平均每万人拥有群众文化设施建筑面积 213.99 平方米，增加 8.02 平方米。群众文化机构藏书 515.31 万册，增长 3.9%；计算机 7602 台，增长 6.8%；对公众开放的阅览室 2.61 万平方米，增长 19.7%。

图2　2006年-2015年黑龙江省每万人文化设施建筑面积

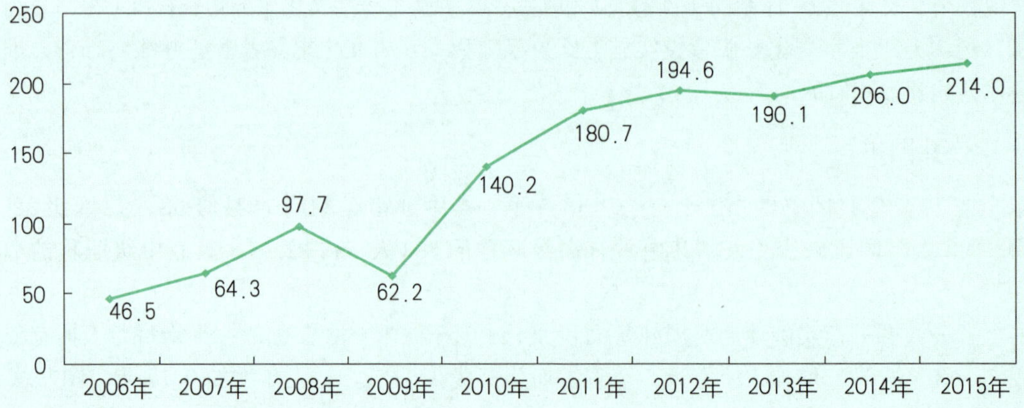

年末全省群众文化机构共有馆办文艺团体 275 个，演出 4508 场，观众 203.4 万人次。由文化馆（站）指导的群众业余文艺团体 7090 个，馆办老年大学 23 个。年内全省群众文化机构共组织开展各类文化活动 32766 次，比上年增长 4.0%；提供服务 899.7 万人次，增长 8.6%。

**表 3　2015 年黑龙江省群众文化机构开展活动情况**

| | 总量 | | 比上年增长（%） | |
|---|---|---|---|---|
| | 活动次数（次） | 服务人数（万人次） | 活动次数 | 服务人次 |
| **各项活动总计** | **32766** | **899.7** | **4.0** | **8.6** |
| 其中：展览 | 2946 | 167.6 | 4.5 | -11.5 |
| 文艺活动 | 21569 | 665.9 | 2.9 | 15.5 |
| 公益性讲座 | 631 | 10.3 | -11.7 | -1.5 |
| 训练班 | 7620 | 55.9 | 8.3 | 6.1 |

## 四、文化市场

2015 年我省在全省范围内实现平台数字化运行，与文化部 2 个网络审批平台实现有效对接。同时推进了互联网上网服务行业转型升级，并先后开展安全消防应急演练 172 次，办班讲座 187 次。我省还开展了全省文化市场综合执法案卷评查工作，有 18 个重大案件参加全国案件评选，2 份案卷分别被评为全国文化市场综合执法优秀案卷和规范案卷，4 个案件被评为 2014-2015 年度全国文化市场重大案件。

2015 年末全省文化市场经营单位 6938 个，比上年末减少 1145 个；其中坐落于城市的文化市场经营单位 2640 个，占 38.1%；坐落于县城的文化市场经营单位 3182 个，占 45.9%；坐落在县以下的文化市场经营单位 1116 个，占 16.1%。文化市场经营单位从业人员共计 23217 人，比上年减少 4024 人。全年实现营业总收入 15.2 亿元，营业利润 5.2 亿元。

**表 4　2015 年黑龙江省文化市场经营单位主要指标**

| | | 机构数（个） | 从业人员数（人） | 营业总收入（万元） | 营业利润（万元） |
|---|---|---|---|---|---|
| 总量 | **总计** | **6938** | **23217** | **152091** | **52067** |
| | 城市 | 2640 | 12187 | 86844 | 22554 |
| | 县城 | 3182 | 8788 | 54724 | 24649 |
| | 县以下 | 1116 | 2242 | 10523 | 4864 |
| 比重（%） | **总计** | **100.0** | **100.0** | **100.0** | **100.0** |
| | 城市 | 38.1 | 52.5 | 57.1 | 43.5 |
| | 县城 | 45.9 | 37.9 | 36.0 | 47.4 |
| | 县以下 | 16.0 | 9.6 | 6.9 | 9.1 |

年末全省共有娱乐场所 2637 个，从业人员 9911 人，全年营业总收入 5.3 亿元，营业利润 2.1 亿元。

年末全省共有互联网上网服务营业场所 4243 个，从业人员 1.2 万人，全年营业总收入 8.8 亿元，营业利润 3.4 亿元。

## 五、文化产业与文化科技

2015 年全省推进文化产业重点项目 96 个，完成投资 79.9 亿元，超出年初计划 6.4 亿元；18 个文化企业争取中央文化产业发展专项资金 7255 万元，在建文化产业项目实际利用银行贷款超过 12.5 亿元。其中安排省级文化产业重点项目扶持资金 1 亿元，扶持奖励重点项目和重点文化企业共计 30 个。黑龙江文化金融服务中心建成 28 个项目，部分投入使用。文化产业从探索起步阶段进入平稳发展新时期，年末全省共有国家文化产业示范基地 10 个，文化产业增加值占 GDP 的比重上升到 3.2%。年内全省拥有文化创意重点项目 102 个，建成投产 40 个，完成投资 197 亿元，使全省动漫企业达到 14 个，哈尔滨品格文化 3D 动画电影《008 倒霉熊》等 23 个项目进入收尾阶段，有 5 个企业进入国家动漫企业项目资源库，1 个被认定为国家动漫企业，雪娃文化《小豆豆成长记》入选国家弘扬社会主义核心价值观优秀产品。

2015 年，我省积极组织国家级文化项目申报，共获国家级艺术科研立项 6 项、国家社科基金青年项目 2 项、文化部科技创新项目 1 项。开展了全省艺术科研立项和优秀艺术科学规划项目申报评审工作，办理结题 257 项，取得艺术科研项目成果 597 个，申报数目质量和实用价值较上年又有明显提升。此外还开展了 2015 年度国家级项目中期检查，搭建了全省艺术科研网络平台。

## 六、文化遗产保护

2015 年末全省共有文物机构 250 个，其中文物保护管理机构 86 个，占 34.4%；博物馆 158 个，占 63.2%。年末全省文物机构从业人员 2618 人，同比减少 173 人。其中高级职称 289 人，占 11.0%；中级职称 570 人，占 21.8.%。

全省文物机构共有文物藏品 77.3 万件，比上年末增加 5.1 万件，增长 7.1%。其中，博物馆文物藏品 69.5 万件，占 89.9%。文物藏品中，一级文物 2866 件，占 0.3%；二级文物 5962 件，占 0.7%；三级文物 3.9 万件，占 5.1%。年末全省不可移动文物 10759 处，其中国家级文物保护单位 48 处，省级文物保护单位 361 处，市县级 2000 处。

图3　2008年-2015年黑龙江省博物馆藏品及参观情况

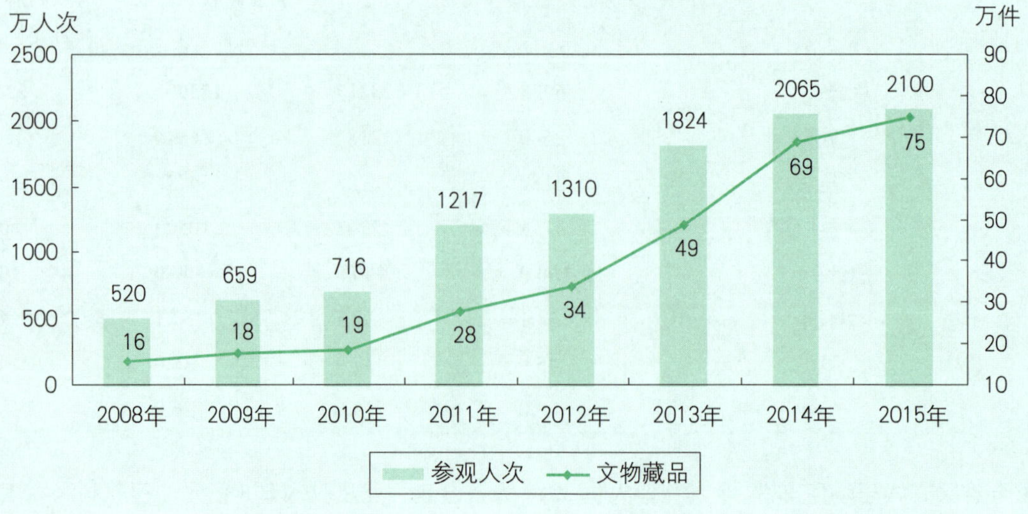

年内我省出台了《黑龙江省全国重点文物保护单位文物保护规划、保护工程申报及保护工程施工管理暂行规定》，共上报30项文物保护项目立项和技术方案，争取专项资金1.34亿元，同时争取国家文物保护专项资金 4.03亿元。全省完成32项基建考古勘查发掘项目，并有15处文物保护单位修缮工程相继竣工。使省级文物保护单位由191处增至361处，国家级重点文保单位由29处增至48处。我省更新推出6个抗战类博物馆、纪念馆基本陈列，举办25个抗战专题临时展览，使全省文物机构举办基本陈列达到381个，举办临时展览402个，接待参观2156万人次，比上年增长1.1%。其中未成年人664万人次，占参观总人数的30.8%。其中博物馆接待参观2100万人次，增长1.7%，占文物机构接待参观97.4%。有8个抗战专题展览列入国家文物局集中宣传推介展示名单。

2015年年末全省共有非物质文化遗产保护机构68个，从业人员374人。全年非物质文化遗产保护机构共举办展览321次，比上年增长5.5%，参观人53.5万人次，比上年增长10.3%；举办演出542场，观众81.3万人次，分别比上年增长1.3%和34.4%；举办民俗活动315次，比上年增长12.1%，参与人20.2万人次，比上年增长42.3%。

2015年《黑龙江省非物质文化遗产条例》已步入立法程序。赫哲族伊玛堪、望奎皮影成功入选世界文化遗产名录，实现历史性突破。利用伊玛堪说唱与皮影戏，创新推出伊玛堪皮影戏《西温莫日根》，被文化部列入全国非遗创新保护项目巡演活动，并在全国皮影戏大赛中获金狮奖“最佳剧目奖”。年内我省申报国家级非物质文化遗产34项、代表性传承人13人，全省省级非物质文化遗产名录由145处增至252处。我省第五批省级非物质文化遗产名录评审后，新增项目50项、扩展项目17项；评选命名首批老汤精等17个生产基地、9个研究基地；并向国家争取专项资金近800万，争取社会资金14万元。

## 七、对外和对港澳台文化交流

2015年我省研究出台了对外和对港澳台文化工作的政策文件，以对俄为重点，全方位推进对外文化交流。截至2015年我省已连续6年举办中俄文化大集，并作为两国文化部和地方政府间交流项目，交流内容由文化向教育、旅游、体育等领域拓展，同时带动经贸合作升级，促使对俄文化交流向品牌化发展。到2015年我省已经连续4届举办黑龙江国际文化周，并以唯一省级部门身份承办中俄文化论坛——边境论坛主题论坛，呈现出活动地区从远东向欧洲拓展，边境城市与对岸城市交流活动日益丰富多彩等新的特点。2015年我省累计派出102 个文化交流团，出访30个国家和地区，完成了中共与俄共举办的“共同胜利的70年”纪念活动演出、“2015哈巴罗夫斯克边区黑龙江日”演出展览任务和赴台展览演出任务。承办了省部合作项目文化部“欢乐春节”“一路一带”访演任务，并先后赴尼日利亚、波兰、匈牙利、蒙古、毛里求斯等国家进行访演，展现了龙江精神，宣传了中华文化。我省还举办了《中苏抗日战争历史特别展》和《“共同的胜利”图片展》，烘托人类社会和平、进步、发展等永恒主题。完成了2015年意大利米兰世博会中国馆“黑龙江日”经贸文化交流活动工作任务。

我省对台文化交流取得新进展。黑龙江艺术团随黑龙江省交流考察团赴台交流，完成了“黑龙江省冰雪·民俗文化风情展”以及联谊演出等系列任务，以文化的独特魅力和人文交流的特殊作用，缩短了台湾与黑龙江民众间的距离。参与执行省政府高访团组接待任务，参加白俄罗斯维捷布斯克州州长、荷兰弗里斯兰省省长来访相关接待工作，并举行文化项目洽谈，收到良好成效。举办中俄图书馆学术研讨会，由省图书馆与俄罗斯远东国家科学图书馆签订长期战略合作意向书，加深了彼此合作和发展。省内各地也开展形式多样的文化交流活动。哈尔滨市成功举办“2015首届哈尔滨中俄文化艺术交流周”活动，包括四大类46项文化活动持续开展近4个月；俄罗斯国立交响乐团、俄罗斯国家芭蕾舞团等世界级演出团体亮相冰城。牡丹江市举办东北亚区域文化艺术交流专场演出活动。鸡西市与俄罗斯远东国立艺术学院签署文化艺术友好交流协议，双方就建立中俄版画、油画创作培训交流中心，举办中俄版画油画联展和开展音乐艺术交流活动开展合作。

## 八、文化事业投入

2015年全省文化事业费15.26亿元，比上年增加2.57亿元，增长21.9%，增速比上年提高7.1个百分点；文化事业费占财政总支出的比重为0.36%，比上年提高0.07个百分点。全省人均文化事业费达到40.03元，比上年增加7.4元，增长22.7%，有效推动了各项文化事业的发展。

图4　2005年-2015年黑龙江人均文化事业费情况

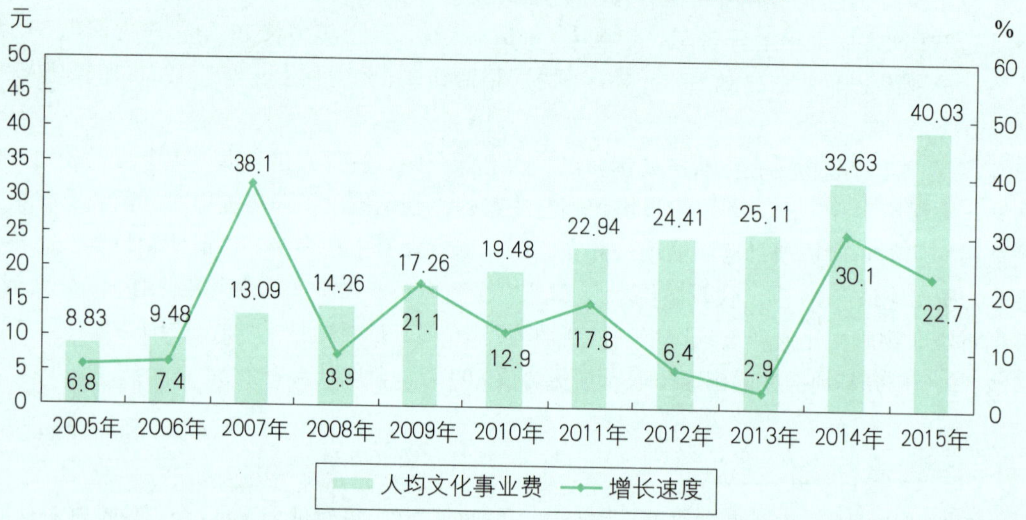


2015年全省文物事业费达到27097万元，比上年增加1986万元，增长7.9%；文物事业费占财政总支出的比重为0.1%，比上年略有提高，基本满足了文物事业发展的需要。

尽管近年来，特别是2015年我省文化文物事业取得了长足的发展和进步，但由于经济处于低速增长状态，致使财政收入呈现小幅增长甚至负增长、百姓收入和支出水平提升缓慢、相对降低等情形，制约和影响了文化文物事业的发展。一是经济总量和居民收入支出水平相对较低。２０１５年我省地区生产总值15084亿元，排名全国第21位，比上年降低1位。受此影响，城镇居民人均可支配收入、人均消费支出分别为24203元和17152元，排名全国第30位和26位，比上年降低3位和5位；农村居民人均纯收入、农村人均生活消费支出分别为11095元和8391元，排名全国第１３位和２１位，比上年降低1位和3位。二是文化事业费等相对较少。受经济总量偏低和地方财力不足等影响，２０１５年我省文化事业费排名全国第２３位，比上年降低1位；人均群众文化业务活动专项经费２．２元，排名全国第２７位，比上年降低6位。三是部分文化活动规模相对较小。２０１５年我省平均每万人拥有的公共图书馆建筑面积76.6平方米，排名全国第２２位，比上年降低1位；艺术表演团体国内演出观众人次328万人次，排名全国第３１位，比上年降低1位；博物馆参观总人次2092万人次，排名全国第１６位，比上年降低1位。四是文化市场经营机构和文化部门艺术表演团体经营状况仍不乐观。２０１５年我省文化市场主要受商事制度改革、经营许可和监管纳入网络管理等影响，经营机构和从业人员数量双双降低，分别比上年减少１４．２%和１４．８%，进而使全省文化文物机构和从业人员分别比上年减少１．６%和０．６%；文化部门艺术表演团体经费自给率（事业）为4.5%，排名全国第３１位，比上年降低1位。

针对文化文物事业发展中存在的上述问题，我省要以习近平同志的重要讲话，特别是视察黑龙江时的重要讲话精神为指针，开动脑筋，转变方式，调整结构，推动文化文物事业持续健康发展。一是借助国家振兴东北老工业基地的有利时机，用好用活各种政策，积极转变发展方式，调整产业结构，努力推动包括文化文物业在内的第三产业快速发展，不断增强总体经济实力，提高本省财政和居民收入水平。二是设法增加文化文物事业的资金投入。文化文物事业极具社会公益性，需要各级政府站在惠民利民和改善民生的高度加以重视，继续加大资金投入；同时制订出台优惠政策，鼓励全社会投资创业，兴办文化事业和文化产业；进一步加强社会服务能力建设，健全社会保障体系，使广大人民群众有能力、放心主动增加文化消费。三是进一步加强公共文化服务能力建设。加快推进文化基础设施建设，推动开工复建省博物馆新馆项目建设，加大地市级“三馆”和县级“两馆”达标建设推进力度，加强乡镇综合文化站的使用管理，确保充分发挥功能作用。四是努力创作演出文艺精品，提高文化经营管理能力和水平。要深入贯彻落实习近平总书记文艺座谈会重要讲话精神和《中共中央关于繁荣发展社会主义文艺的意见》，坚持两个文明一起抓，创新发展理念，抓住关键环节，丰富文艺内容和形式；坚持高起点、高标准打造文化精品，着力打造重点剧（节）目，促使艺术创作生产质量和水平不断提升，从供给侧不断加以优化，进而充分满足人民群众日益增长的精神文化需求，同时提升文化市场经营主体适应市场能力和自我生存、自我发展能力，将文化经营管理水平和效益提高到更高的水平。

（黑龙江省文化厅）

## 黑龙江：打通公共文化服务“最后一公里”

为改善黑龙江农村文化设施落后面貌，打通农村公共文化服务“最后一公里”，2015年黑龙江在财力十分紧张的情况下，保障民生投入，整合涉农资金4.35亿元，建设完善2604个“广场+活动室”，占全省行政村总数近1/3。这项惠民工程极大地改善了黑龙江农村文化设施落后面貌，受到基层群众热烈欢迎和真心拥护。此项工作得到中宣部和文化部的充分肯定，在推进全国基层综合性文化服务中心建设会议上，黑龙江作为全国仅有的2个省级典型做经验介绍。

抓住机遇，精心谋划，及时启动村级文化设施建设。党的十八大以来，国家提出了打通公共文化服务最后一公里，实现公共文化服务均等化的目标。黑龙江省文化厅党组把解决农村文化设施问题作为解决农村文化工作的首要问题，经多次向省委省政府主要领导汇报争取，引起高度重视，决定整合涉农资金，启动村级综合文化活动中心建设项目。

统筹推进，合作共建，提高建设实效。积极和财政、发改、新农村办等有关单位沟通协调，研究建设的资金来源、建筑面积及标准、资金分配使用原则、设施配备和采购方式等问题，确定选取区位条件相对较好、人口相对集中、经济实力相对较强的2604个中心村，作为首批建设试点。省体育局为广场配置健身器材，省新闻出版局增配图书，省科协设立科普宣传栏，最终形成了建设合力，提高了设施的实用性。

多策并举，因地制宜，发挥资金最大效能。为切实发挥省级资金的撬动作用，一些地方采取从县级财政划拨一块、乡镇政府匹配一块、村民“一事一议”出工顶替一块的办法，全省累计匹配资金近10亿元。一些地方积极整合闲置的厂房、学校或空地，全省共整合房屋4329间，有效利用空地130万平方米。还有一些地方想方设法节约施工成本，积极动员民间团体、企业单位赞助建筑材料，全省累积节约建筑材料约5000万元。通过灵活的建设方式，90%的中心村文化广场突破了1000平方米标准，最高达到5000平方米，许多广场配建了路灯、篮球场、草坪、电子屏等多种设施。

勇于担当，强力推进，确保工程质量。省文化厅主动承担起主管部门职责，发挥组织、协调、推进的职能作用。采取公开招标的形式选择施工队伍和设备采购，对资金实行专款专用、专人监督、专人审核，确保工程质量。建成的文化广场成为了农民群众茶余饭后、农闲时节的聚集场所，各中心村先后组建20人以上文化团队4300多支，打造一村一特色的文化品牌3000多个，真正实现了建一处文化广场，凝聚一方群众，带动一方活动开展的目标，成为黑龙江省新农村建设一大亮点。

# 上海市 2015 年文化发展情况分析

2015 年，上海认真落实习近平总书记系列重要讲话和中央文艺工作座谈会精神，着重围绕抗战胜利 70 周年和“中国梦”两大主题，推动宣传文艺创作、适时举办各种重大文艺活动和市民文化赛事等。在深化文艺院团改革中不断探索推进国有市级文艺院团“一团一策”管理机制改革创新。在管理方面加快政府职能转变，率先发布政府权力清单、责任清单。同时实现全部行政审批项目网上审批，推进行政审批标准化建设。加大社会文化人才集聚和培养力度，积极培育文化类社会组织。

2015 年上海市文化文物类机构共计 4598 个，从业人员为 75055 人。文化文物类相关产业按性质可分为公益性文化、经营性文化和文物业。公益性文化主要包括图书馆、群众文化服务、艺术教育业、文艺科研等单位 417 个；市场经营性机构共 4071 个，主要包括非公有制艺术表演团体 157 个，非公有制艺术表演场馆 24 个，娱乐场所 2075 个，互联网上网服务营业场所（网吧）1337 个，经营性互联网文化单位 278 个，艺术品经营机构 88 个，演出经纪机构 112 个，文化市场经营机构营业总收入为 293.41 亿元，营业成本为 256.17 亿元，营业利润为 37.24 亿元；历史文化遗产机构数 110 个，其中文物保护管理机构 6 个，博物馆 99 个，文物商店 1 个，其他文物机构 4 个。

**表 1　2015 年文化文物基本情况表**

单位：个、人

| 机构类别 | 机构数 | 从业人员 |
|---|---|---|
| 艺术表演团体 | 180 | 6106 |
| 艺术表演场馆 | 50 | 1930 |
| 图书馆 | 25 | 2113 |
| 文化馆（站） | 237 | 4835 |
| 艺术教育业 | 1 | 74 |
| 文艺科研 | 2 | 40 |
| 文化市场经营机构 | 3890 | 53486 |
| 文物业 | 110 | 3315 |
| 其他 | 103 | 3156 |

## 一、营造浓郁的城市文化氛围

根据中央对构建现代公共文化服务体系系列要求，我市在 2015 年继承以弘扬、创新发展优秀传统文化为指导，加强方案规划的顶层设计，强化措施方案的基层落地，多措施并举加快推进上海现代公共文化服务体系建设。同时坚持以人民群众的文化需求为目标中心，注重弘扬社会主义核心价值观。并依托公共图书馆广泛开展全市性全民阅读活动。

## （一）文化资源利用率不断提升

截至 2015 年底共有区县级以上公共图书馆 25 个。其中：市级 2 个，区级 22 个，县级 1 个，与去年相同。2015 年上海市图书总藏量 7363 万（册、件），比去年增加 205 万（册、件）。图书总流通 3931 万人次，比去年减少 30 万人次。图书馆业 2015 年总收入 9.53 亿元，比去年增加 0.27 亿元，其中财政拨款 8.50 亿元，比去年 8.14 亿元增加 0.36 亿元，占总收入的 89.19%。2011 年～2015 年上海公共图书馆基本情况参见表 2。

**表 2　2011–2015 年上海公共图书馆基本情况**

| | 总流通人数（万人） | 图书总藏量（万册） | 总收入（万元） |
|---|---|---|---|
| 2011 | 1926 | 6891 | 67287 |
| 2012 | 2062 | 7202 | 74425 |
| 2013 | 3605 | 7239 | 86639 |
| 2014 | 3961 | 7363 | 92581 |
| 2015 | 3931 | 7568 | 95303 |

截止 2015 年 11 月，中心图书馆一卡通服务流通册次 5725.48 万，同比增长 8.67%；借阅人次 1257.75 万，同比增长 2.35%。 各级公共图书馆在 4 月 23 日世界读书日期间广泛开展各类阅读推广活动。据统计，世界读书日期间全市各级公共图书馆开展各类读书活动 621 场（次），市民参与人数为 28.3 万人次。“履行图书馆只能，促进全面阅读，建设书香社会”为主题的图书馆服务宣传周共组织开展 464 场（次）读书活动，市民参与活动人数达 236.9 万人次。

## （二）群众性文化活动日益丰富

截至 2015 年底，本市共有 25 个文化馆（市级 1 个、区级 23 个，县级 1 个），文化站有 212 个（其中乡镇文化站 108 个）。从业人员 4835 人。举办展览 3259 个，举办训练班 5.14 万次。群众文化 2015 年全年保障经费总收入 15.21 亿元，比去年 13.07 亿元增加了 2.14 亿元，其中财政拨款 12.70 亿元占收入的 83.50%。

**表 3　2011–2015 年上海市群众文化服务基本情况**

| | 举办展览（个） | 培训人次（万人） | 本年收入（万元） |
|---|---|---|---|
| 2011 | 2520 | 139 | 95375 |
| 2012 | 2754 | 173 | 109010 |
| 2013 | 3220 | 241 | 129717 |
| 2014 | 3423 | 287 | 130707 |
| 2015 | 3259 | 341 | 152144 |

1. 加快推进上海现代公共文化服务体系建设。重点推进社区文化活动中心社会化专业化管理，在徐汇、浦东、嘉定、闵行等 4 个国家和市级公共文化服务体系示范区试点，从督导反馈看，各街镇均已落实选定了合适的管理模式，试点初见成效。

2. 扎实开展群众文艺工作。一是推进 2015 年群众文艺创作，开展 2015 年“上海之春”群文新人新作展评展演活动。经专家评审和建议共有 31 个作品获“优秀新作奖”，88 个作品获“新作奖”。二是做好 2015 年上海市市民文化节推进、服务、保障、管理、监督工作。及时在市政府 12345 市民服务热线平台上，发布市民文化节各项赛事信息，让广大市民知晓，使市民合唱大赛、市民手工艺大赛、中华语言文字大赛、中华戏曲演唱大赛、“家文化”系列五大赛事在全市有序展开。

### （三）财政投入持续增长

2015 年上海市文化系统财政拨款 37.45 亿元，比去年增加 3.23 亿元，增长 9.44%，艺术表演团体财政拨款 6.43 亿元，艺术表演场所财政拨款 0.42 亿元，图书馆财政拨款 8.5 亿元，群众文化活动经费拨款 12.7 亿元，增长 13.80%，其它文化事业经费拨款 9.40 亿元。

图1　2011-2015年财政文化事业财政拨款走势

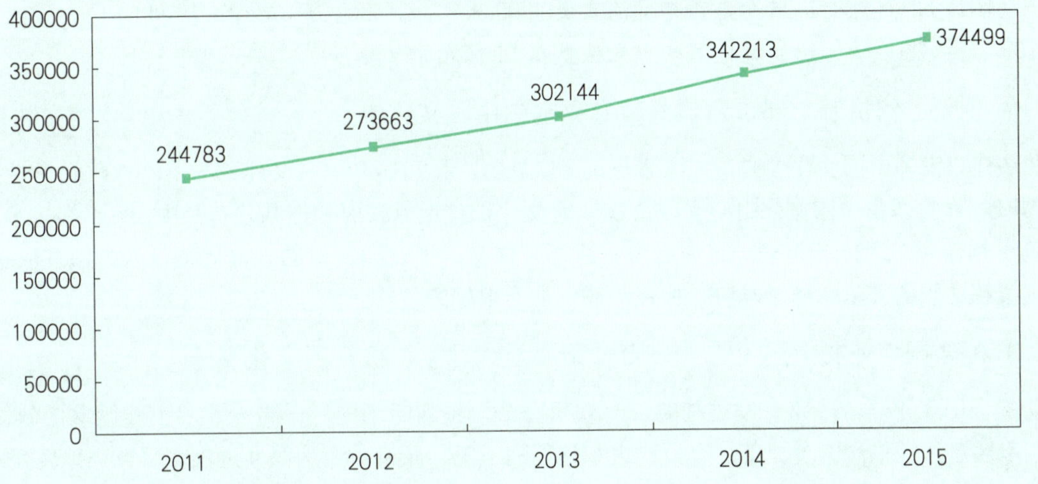


积极与市财政、市委宣传部、发改委等部门协调沟通，争取专项资金保障文化项目的顺利实施。各单位按照优化预算支出结构、保障重点、兼顾一般的原则，科学安排节约使用经费。2011 年至 2015 年，财政部门对文物事业投入由 2011 年 24.48 亿元增至 2015 年 37.45 亿元，累计投入达 153.73 亿元，年均增长 11.23%，有效地保证了上海文化事业和文化产业的发展。

## 二、培育主体与营造氛围

截止 2015 年底，全市注册文化市场经营单位 8204 家，比去年增加 5.4%。其中，演出单位 1299 家，艺术品单位 501 家，网络文化单位 538 家，动漫企业 180 家，娱乐场所 2796 家，网吧及连锁企业 1708 家，棋牌室 1182 家。

### （一）着眼未来，深入思考文化市场发展新目标

在抓好“十二五”文化市场建设规划收尾工作的基础上，对上海市文化市场发展实际及国内外特大城市成功经验进行梳理研究，在配合做好“十三五”文化发展总体规划的同时，制定了剧场设施建设规划、演艺产业及艺术品产业发展等 3 个专题规划，明确了未来五年文化市场及重点领域的发展目标和任务。

### （二）着眼问题，积极探索文化市场管理新举措

重点开展为期 3 个月的安全消防专项检查，出动 1.15 万人次，检查 6345 家场所，整改 1215 处隐患。完善与全国文化市场技术监管与服务平台的数据对接，利用上网服务技术监管平台进行 2 万余次远程随机抽查，屏蔽非法网站 340 万次，非法游戏 2.9 万余次。

### （三）着眼发展，积极培育文化市场合格主体

加强合格市场主体的发现与联络机制，全年走访百余家企业，倾听需求、提供服务，探索建立合格市场主体发展档案。坚持公开透明、聚焦重点，完成动漫游戏、民营院团及公益性演出专项资金评审，大幅增加可量化客观评价标准，重点完善财政资助惠民公益票的预先核准及公开发售制度。

## 三、加快文化“走出去”步伐，提升国际影响力

为提高文化开放水平，强化国际活动的外宣功能，上海依托海外平台开展对外文化宣传交流。2015 年上海市出访团体 63 个，来访 96 个，参与交流人员 4899 人次，其中官方 105 个，民间 54 个。演出（展览）天数 1210 天，经费收入 1.42 亿元，其中财政拨款 0.11 亿元。

### （一）创新工作机制，部市合作共建布鲁塞尔中国文化中心

为加快建设海外中国文化中心，文化部创新工作机制，于 2015 年 2 月文化部与上海市政府正式签订“部市合作”共建“布鲁塞尔中国文化中心工作协议”，是文化部与地方政府合作共建首个中国在海外的文化中心，具有示范引领作用。运行一年来，充分展现了海外文化交流平台和窗口的强文优势，为外国友人了解中国的发展、了解中国的文化、增进友谊、加强沟通创造了很好的条件。

### （二）配合国家外交大局，与“一带一路”沿线国家积极开展文化交流

主动配合国家“一带一路”发展战略，“欢乐春节”系列活动向”一带一路“沿线国家倾斜，组织上海文化艺术团赴波兰华沙、奥波莱、克拉科夫和匈牙利卡巴、佩奇、布达佩斯巡演，受到当地民众欢迎。

通过泰国驻沪总领馆邀请泰国外交部国际经济司组织泰国文化企业来沪参加第十一届中国国际动漫游戏博览会，签署战略合作框架备忘录。

### （三）打造文化品牌，持续推动两岸四地文化交流合作

2 月组织上海文化艺术团赴台湾举办“欢乐庆元宵”巡演活动，在台北、高雄、南投、花莲等四个城市演出六场，吸引上万名观众参与观展，增进“两岸一家亲”理念。邀请台湾工艺美术研究发展中心组织工艺美术和非遗项目来沪参加“上海民族民俗民间文化博览会”，并取得良好的效果。

## 四、促进文化产业融合发展，逐步优化市场发展环境

截止 2015 年底，上海共有经文化部命名的国家文化产业示范园区 1 家，国家文化产业示范基地 15 家。16 家示范园区和基地在搭建公共服务平台、完善孵化功能、提升技术创新和模式创新、促进文化与相关产业融合发展等方面起到了良好的示范带动作用。国家级示范基地和园区从业人员 19494 人，年营业收入 412.36 亿元，利润总额 67.87 亿元，向社会捐赠总额 0.11 亿元，获得国家级文化奖项 20 个，获得著作权、发明专利权 688 项。

重点推进闸北环上大国际影视园区集聚发展。截止 2015 年底，园区内共入驻包括博纳影业、银润传媒、麒麟影业、亚洲传媒等业内知名影视企业近百户。2015 年园区内影视企业共有 17 部电影在上海立项。

2015 年度有 13 个项目获得国家文化产业专项资金 6640 万元奖励，4 家文化企业获得国家文化产业专

项资金 340 万元的出口奖励，1 个项目获得市服务业发展引导资金 200 万元的支持。536 个项目（或单位）获得我局共计 9965.9 万元的文化专项资金资助。

## 五、抓建设、优服务，延续城市历史文脉

2015 年纳入国家文物局统计范围的上海市文博业机构共计 110 个，其中文物保护管理机构 6 个，博物馆 99 个，文物商店 1 个，其他文物机构 4 个，从业人员 3315 人（其中，高级职称 56 人）。文物藏品 385.02 万件，其中：一级文物 2074 件，占总数的 0.05%。2015 年修复藏品数为 373 件，本年举办基本陈列 428 个、临时展览 414 个，参观人数 1937.58 万人次，其中，未成年人 477.18 万人次。

### （一）博物馆（纪念馆）公共文化服务能力不断提升

截止 2015 年底，在上海市文物行政部门登记，并通过市文物行政部门年检审核备案的博物馆数量总计达 125 个。（本年纳入国家文物局统计范围的有 99 家）。博物馆从业人员队伍也进一步充实壮大，2015 年底上海博物馆（纪念馆）从业人员 3117 人。

2015 年上海纳入国家文物局年报统计范围博物馆 99 个，文物藏品共计 215.26 万件 / 套，其中一级品 2074 件 / 套，本年从有关部门接收文物 30 件 / 套。

1. 组织全市博物馆纪念中国人民抗日战争暨世界反法西斯战争胜利 70 周年活动。

积极协调推进上海淞沪抗战纪念馆、四行仓库抗战纪念地、金山卫抗战遗址纪念园、上海犹太难民纪念馆、上海大韩民国临时政府旧址等抗战主题纪念设施改造、建设，重点组织、策划和推介一批有影响力的抗战文物和专题展览和形式多样的主体纪念与宣传活动，在弘扬以爱国主义为核心的民族精神，营造珍惜和平、创新发展氛围的同时，也推动了本市抗战主体类场馆公共服务能级的提升。

2. 提升博物馆文创品设计开发水平，让文物资源“活”起来。

为了引导和鼓励全市博物馆和社会力量充分利用丰富多彩的博物馆文化元素，加强博物馆文化产品的创意设计，开发一批兼具创新性和实用性，适应市场趋向和公众需求的博物馆文化产品，本市组织开展了 2015 年上海市博物馆文创设计大赛，通过设计作品征集、系列讲座、作品展评，进一步挖掘了全市博物馆藏品的文化内涵，丰富了博物馆文创产品设计的创意。

### （二）文物保护工作不断加强，延续城市文脉

2015 年，上海文物围绕“坚持文物工作方针不动摇，坚持公益属性不动摇，坚持政府主导不动摇，坚持服务社会、惠及民生不动摇”的原则，通过制定规划政策，加大经费投入、鼓励社会参与等措施，开展文物保护、利用、宣传、管理、普查、认定、研究等各项工作。

“十二五”期间，上海市不可移动文物保护卓有成效。目前，本市有全国重点文物保护单位 29 处，市级文物保护单位 238 处（含保护地点、纪念地点），区（县）级文物保护单位 411 处。10 座中国历史文化名镇，2 座中国历史文化名村，1 片中国历史文化街区，3 条中国历史文化名街。

在人才培养方面，“十二五”期间全市共开展 7 期文物保护工程职业资格培训，共培训 1819 人，合格 1519 人，继续教育 342 人。在文物进出境方面，2015 年文物临时进境 124 人次共 3594 件，文物出境鉴定 72 人次共 2118 件，文物临时进境复出境 44 人次共 1341 件，复仿制品出境鉴定 531 件。文物进出展览共计 64 次，文物展品千余件。

表 4　2015 年上海市历史文物保护基本情况

| 指标名称 | 合计（个） | | | |
|---|---|---|---|---|
| | | 全国重点保护 | 市重点保护 | 区县重点保护 |
| 总计 | 678 | 29 | 238 | 411 |
| 古遗址 | 27 | 5 | 11 | 11 |
| 古墓葬 | 10 | 1 | 5 | 4 |
| 古建筑 | 168 | 5 | 26 | 137 |
| 石窟寺及石刻 | 8 | 1 | 0 | 7 |
| 近现代重要史迹及代表性建筑 | 465 | 17 | 196 | 252 |
| 其他 | 4 | 0 | 0 | 0 |

## 六、立法先行，稳步推进非遗保护工作

2015 年上海非物质文化遗产保护工作制度化、规范化又上新台阶，市人大对非遗保护地方性立法的审议通过，将成为“十二五”末文化创新发展的点睛之笔。2015 年文化部新认定本市国家级非物质文化遗产项目代表性名录 41 个，目前上海市国家级非物质文化遗产项目代表性名录达到 220 项，获得 2015 年国家非遗保护专项资金支持共计 1076 万元，其中，国家级项目补助经费 600 万元，国家级传承人抢救性记录工作经费 400 万元，国家级传承人补助经费 76 万元。

### （一）完成《上海市非物质文化遗产条例》（草案）起草工作

《上海市非物质文化遗产条例》（草案）通过市十四届人大常委会第 23 次会议审议，2015 年底市人大全体会议正式表决通过，2016 年上半年颁布实施。

### （二）推出 2015 年〝文化遗产日〞非遗系列活动

充分结合 2015 年市民文化节全年活动安排，紧紧围绕“非遗十年”，聚焦“传统手工艺”，发动全市百余家非遗项目保护单位，推出“2015 非遗活动大放送”，包括 10 项重点活动，39 个互动体验项目、13 场讲座培训、21 场展演、37 个展览、20 个专题非遗展馆，共 140 项全民非遗体验活动，鼓励市民通过观赏、聆听、触摸、学习、品尝、游戏，拉近非遗与普通市民的距离。

### （三）非物质文化遗产宣传普及有声有色

2015 年上海市非物质文化遗产保护传承（传统医药）专题培训班在本市成功举办，100 多名学员参加了培训。与市教委共同推进非遗进校园工作，共有 23 所大学举手参与，吸引参与师生 2000 余人次。

### （四）认定第五批上海市非物质文化遗产代表性项目

经社会申报、专家评审、公示复核、报市政府审核等程序，市政府于 7 月正式公布确定的第五批市级非遗名录推荐项目，其中新入选项目 41 项，扩展进入前四批名录的项目 16 项。至此，本市非物质文化遗产代表性项目达到 220 项。

（上海市文化广播影视管理局）

# 上海：切实满足群众公共文化需求

2015年上海公共文化服务体系建设在市委、市政府的领导下，注重顶层设计，着力机制创新，取得了一系列显著的成绩，较好地满足人民群众对公共文化服务的需求。

（一）深耕厚植市民文化节。2015年上海市民文化节继续发挥平台效应，聚焦价值引领、机制创新、氛围营造和社会治理。将中华优秀传统文化和社会主义核心价值体系贯穿始终；牵手大型节庆，助推品牌活动更加亲民、放大效应；筹建成立上海市民文化协会，搭建凝聚和服务社会主体的新平台；进一步深化全媒体、常态化、重策划、重聚焦、重辐射的宣传工作机制。截至2015年12月底，以“家”为主题线索，通过举办市民合唱大赛、市民手工艺大赛、中华语言文字大赛、中华戏曲演唱大赛、“家文化”系列五大赛事，推出各类活动4万7千多项，惠及大众约2800万人次，极大地丰富了上海市民的文化生活。

（二）完善公共文化配送体系。经过前期改革推进，目前，市、区县二级配送体系已基本建成，部分街镇已完成三级配送体系，并按照公益性、基本性、均等性和便利性的要求，实行公共文化资源差异化配置。2015年，全市配送服务受众总人次达2325万，市区两级服务总场次较2014年增加27%。根据重点向远郊和人口集聚区倾斜的资源额度分配机制，崇明、金山、奉贤三个远郊区县人均公共文化配送资源享受额度比中心城区提高28%。

（三）完成公共文化三年万人培训计划。从2013年起，市文广局以政府购买服务的方式，委托本市高校用3年时间实现对全市公共文化从业人员进行轮训。培训对象覆盖上海市各级文化相关单位、机构的公共文化从业人员，文化类社会组织相关从业人员等，采取5天脱产住校的集中培训方式，引入艺术体验、学习讨论、实地考察、总结交流等多样化培训环节，培训内容紧扣工作实际，邀请各领域大师级人物、知名教授、专家学者以及具有丰富实践经验的优秀专业人员担任主讲。2015年，“万人培训”项目开班16个，讲座9场，培训3500人次。至此，“万人培训”总计进行了六轮培训，共计10150人次参训。培训有力地提升了全市公共文化从业人员业务水平，培训满意率达到98.7%。

# 江苏省2015年文化发展情况分析

"十二五"期间，在省委、省政府的领导下，全省文化系统深入学习贯彻党的十八大和十八届三中、四中、五中全会精神，深入学习贯彻习近平总书记系列重要讲话精神特别是视察江苏重要讲话精神，紧紧围绕"推动文化建设迈上新台阶"的新要求，认真落实省委、省政府各项决策部署，砥砺奋进，求真务实，文化事业和文化产业发展工作取得新成效。

## 一、"十二五"与"十一五"主要指标分析

"十二五"期间各级财政加大文化事业投入，累计拨款245.75亿元，其中对公共文化服务机构投入142.8亿元，分别比"十一五"期间增长146.32亿元、88.36亿元，增幅分别为147.16%、162.31%。"十二五"期间公共文化服务机构财政投入占财政总投入的比重由"十一五"时期的54.75%上升到58.11%，公共文化服务保障经费得到进一步提高。从图一可以看出公共文化机构财政投入均实现翻番，增幅最大的是博物馆机构，达到193.1%，增幅最小的是图书馆机构，达到108.5%。

图1　公共文化机构财政投入情况

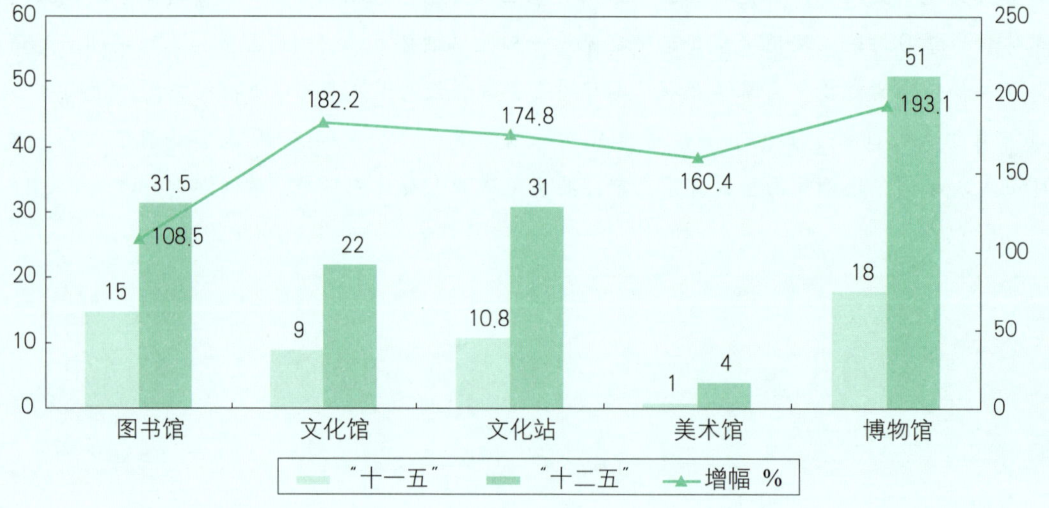

表 1　主要文化业务活动对比情况表

| 指标名称 | 单位 | “十一五” | “十二五” | 增幅（%） |
|---|---|---|---|---|
| 国内艺术演出场次 | 万场次 | 25.4 | 44.7 | 76.0 |
| 国内艺术演出观众人次 | 万人次 | 12961.4 | 15226 | 17.5 |
| 图书馆总流通人次 | 万人次 | 11844.3 | 24541 | 107.2 |
| 图书馆为读者举办各种活动 | 次 | 20262 | 26862 | 32.6 |
| 图书馆为读者举办各种活动参加人次 | 万人次 | 1223.4 | 1249.4 | 2.1 |
| 文化馆（站）组织文艺活动次数 | 次 | 146008 | 216201 | 48.1 |
| 文化馆（站）组织文艺活动参加人次 | 万人次 | 5160 | 8161.2 | 58.2 |

从表一可以看出，“十二五“期间图书馆总流通人次、国内艺术演出场次出现较大增长，而图书馆为读者举办各种活动参加人次增幅较小，在财政大力投入的情况下，公共文化活动场所得到扩大、公益惠民文化项目快速增长，而群众参与度增长较慢，需要文化工作者加以引导，加强信息沟通，培养群众积极参与文化活动的热情。

上述分析简要说明了文化投入、文化业务活动“十二五”与“十一五”对比情况，成绩是主要的，但发展速度不一，从财政投入看快速增长，从业务参与度看，尚待提高。下面就“十二五”期间文化机构、人员、经费、业务活动等情况进行分类分析。

## 二、“十二五”文化机构和人员构成情况

“十二五”期间文化机构和从业人员稳步增长。截止 2015 年底，全省文化及相关行业机构 20263 个，从业人员 167883 人，其中专业技术人才 26281 人，在专业技术人才中，正高级职称 1211 人，副高级职称 2595 人，中级职称 7485 人。

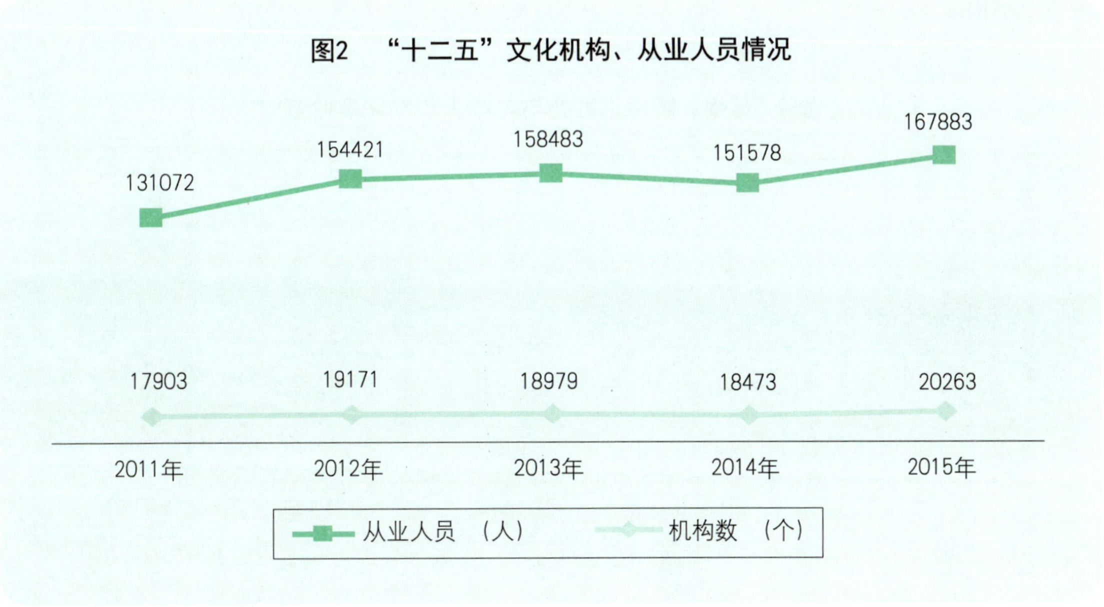

## 三、公共财政投入情况

2015年，全省文化（文物）行政事业单位财政拨款总额为56.08亿元，较上年增长11.65%。全省人均文化事业费（不包括文物业和艺术教育业）50.58元，全国排名14位，与上年同期保持一致。各级财政对艺术业（包含艺术表演团体、艺术表演场馆及艺术教育）、图书馆业、群众文化业、其它文化业（包含艺术展览创作机构、非物质文化遗产保护、其他文化事业机构及文化产业等）、文物业（包含博物馆、科研保护机构及其它文物机构等）的投入分别占总投入的14.7%、14.7%、22.9%、24.2%、23.5%。

“十二五”期初，各级财政加大对文化的投入，2011-2013年保持年均30%以上的增速，2014年较2013年有所减少，2015年财政投入较上年增长11.6%，整个“十二五”期间财政投入年均增长达到19.63%，远高于同期GDP增速。

图3 “十二五”公共财政投入、年增长速度情况

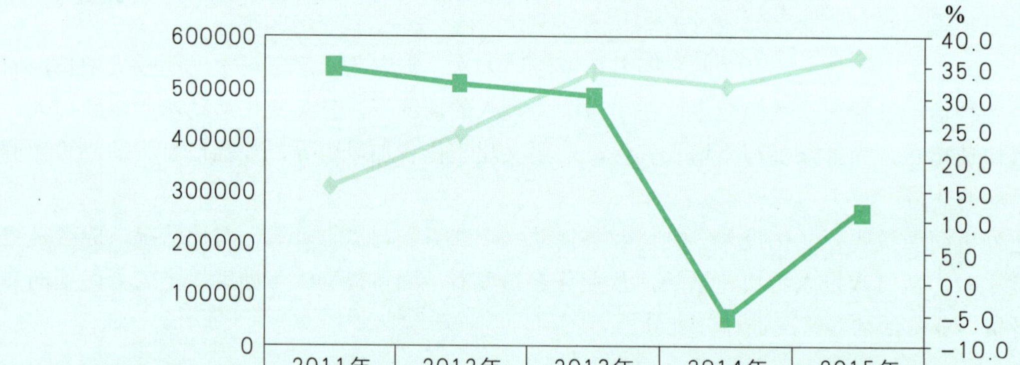


| | 2011年 | 2012年 | 2013年 | 2014年 | 2015年 |
|---|---|---|---|---|---|
| 财政投入（万元） | 308363.3 | 407620.7 | 531379.5 | 502390.8 | 560847.8 |
| 年增长速度% | 34.7% | 32.2% | 30.4% | -5.5% | 11.6% |

“十二五”期间“苏南五市”人均文化事业费由2011年的49.37元，，逐步增长到106.62元，高于“苏中三市”和“苏北五市”人均水平，也远高于全国平均水平，“苏中三市”和“苏北五市” 平稳增长，但仍低于全国平均水平。

图4 苏南、苏中、苏北与全国人均文化事业费对比

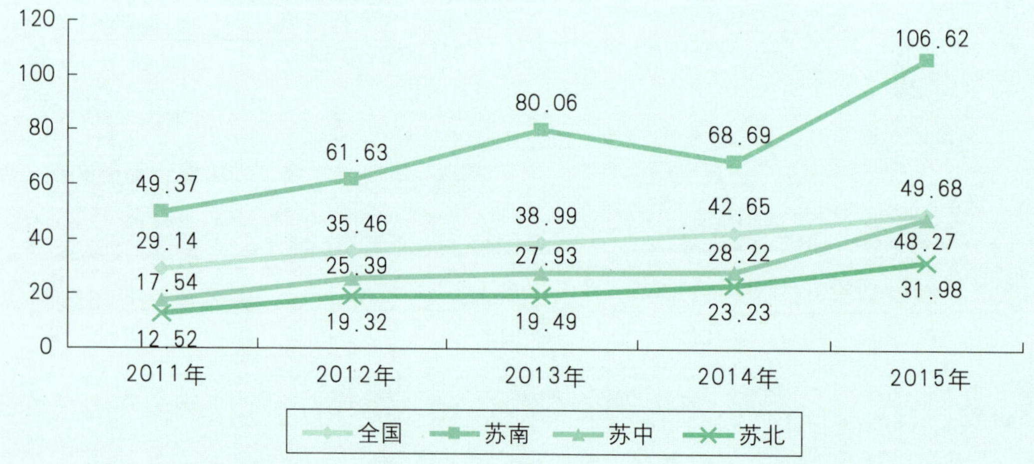

## 四、艺术创作情况

截止 2015 年底，全省共有艺术表演团体 309 个、艺术表演场馆 207 个（包括非公有制艺术表演团体、艺术表演场馆）。从业人员 15758 人，具有高级职称（含副高）人员 1208 人，占从业人员的 7.67%。原创首演剧目 117 个，与上年持平；国内艺术演出 9.6 万场次，比上年增长 22.3%；艺术观众 3112.57 万人次，比上年增长 75%。政府采购的公益演出 0.68 万场次，受众 514.14 万人次，同比分别增长 30%，可见政府采购的公益文化产品受到市民喜爱。

图5 演出收入及财政补贴占总收入的比重

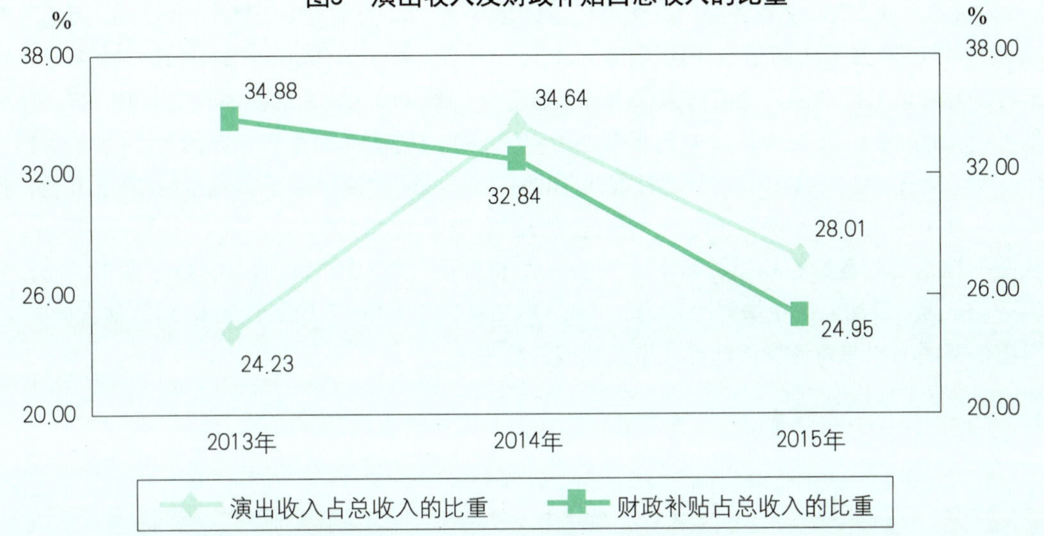


因 2011 年、2012 年未进行艺术演出总收入数据统计，图中反映出 2013 年财政对艺术机构的补贴从占比高于演出收入，到 2014 年起占比低于演出收入，文艺院团转企改制的深入，艺术表演团体和艺术表演场馆的财政补贴逐年递减；而演出收入总体稳定，但演出收入占总收入的比重仍然很小，没有达到或超过 50%，艺术表演团体和剧场演出市场化经营能力有待提高。

图6 公有制剧团、剧场演出收入及财政补贴占总收入的比重

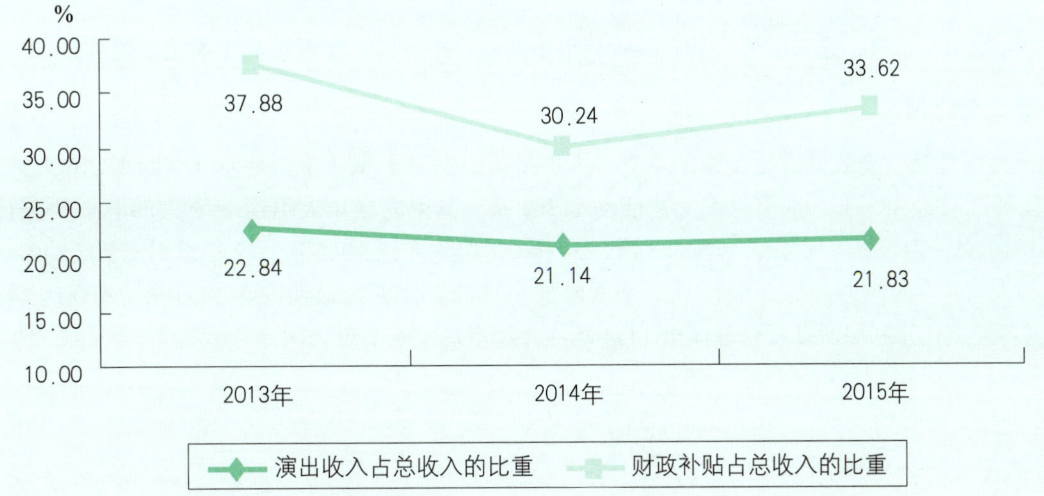

可以看出，享受财政补贴的公有制剧团、剧场2015年总收入、演出收入、财政补贴分别较上年增长4.7%、3.8%、11.7%。增长幅度较大的仍是财政补贴，演出收入虽呈逐年增长趋势，但历年财政补贴占总收入的比重均大于演出收入占总收入的比重，同样说明公有制艺术团体、剧场演出市场化经营能力有待提高。

## 五、公共文化服务情况

### （一）公共图书馆

截止2015年底，全省共有公共图书馆114个，其中少儿图书馆9个。从业人员3183人，其中高级职称（含副高311人）362人。全省各级公共图书馆总藏量6846.93 万册，电子图书4353.46 万册（件、种）。本年新增藏量477.69万册，新增电子图书519.53万册（件、种）。发放借书证1107.32万个，因苏州市区市民卡自动开通借书证功能，全省有效借书证数较上年增长110.61%。总流通人次6001.25万人次，其中书刊文献外借人次2881.75万人次，书刊文献外借4979.84万册次，为读者举办的各类活动5943个，受众351.9万人次。全省各级公共图书馆共有计算机10291台，供读者使用电子阅览室终端5810台；阅览室坐席50707个，其中少儿阅览室坐席14329个、盲人阅览室坐席1365个。

公共图书馆主要业务指标均呈稳步上升趋势，“十二五”期间图书总藏量、电子图书、总流通人次、举办各类活动、活动参加人次年增幅分别为9.34%、48.64%、14.83%、7.0%、7.08%，增幅最大的是电子图书。走进图书馆借阅图书和参与各类活动已成市民休闲的好去处。

**表2 “十二五”公共图书馆主要业务指标情况**

| 指标名称 | 单位 | 2011年 | 2012年 | 2013年 | 2014年 | 2015年 | 年均增长(%) |
|---|---|---|---|---|---|---|---|
| 总藏量 | 万册 | 4781 | 5468 | 5770 | 6280 | 6847 | 9.34 |
| 电子图书 | 万册 | 600 | 1238 | 3489 | 3782 | 4353 | 48.64 |
| 总流通人次 | 万人次 | 3542 | 4527 | 5047 | 5425 | 6001 | 14.83 |
| 举办各类活动 | 个 | 4412 | 5298 | 5579 | 5630 | 5943 | 7.00 |
| 活动参加人次 | 万人次 | 172 | 215 | 247 | 264 | 352 | 7.08 |

目前除徐州、常州、连云港外，其它各省辖市所辖县、市（区）实现公共图书馆全覆盖。

### （二）文化馆

截止2015年底，全省共有文化馆115个，从业人员2125人，其中高级职称（含副高210人）253人。品牌文化活动共计432个。全年组织文艺活动11364次。其中为老年人组织专场2359次、为未成年人组织专场1210次、为残障人士组织专场338次、为农民工组织专场1035次。全年组织文艺活动参加人次达837.13万人次。全年举办训练班6377次、举办展览1412个、组织公益性讲座1909个。观众达243.9万人次。全省各级文化馆利用流动舞台车演出1444场次，观众达138.7万人次。

表 3 “十二五”文化馆主要业务指标情况

| 指标名称 | 单位 | 2011 年 | 2012 年 | 2013 年 | 2014 年 | 2015 年 | 年均增长 (%) |
|---|---|---|---|---|---|---|---|
| 组织文艺活动 | 次 | 7218 | 8257 | 8792 | 9321 | 11364 | 11.74 |
| 文艺活动观众人次 | 万人次 | 418 | 709 | 650 | 682 | 837 | 17.23 |
| 举办培训班 | 次 | 3867 | 5242 | 4812 | 5383 | 6377 | 1.96 |
| 培训人次 | 万人次 | 23 | 29 | 40 | 38 | 37 | 6.50 |
| 举办展览 | 次 | 989 | 1157 | 1302 | 1261 | 1412 | 8.97 |
| 参观人次 | 万人次 | 63 | 126 | 156 | 133 | 176 | 24.43 |
| 组织公益性讲座 | 次 | 820 | 959 | 1231 | 1792 | 1909 | 11.27 |
| 参加人次 | 万人次 | 11 | 17 | 17 | 29 | 30 | 14.87 |

公共文化馆举办各类业务活动均有所增长，增幅最高的是举办展览观众人次年均增幅达到 24.43%。“十二五”时期文化站组织文艺活动、文艺活动观众人次、举办训练班、训练班培训人次、举办展览、举办展览参观人次、组织公益性讲座、公益性讲座参加人次年均增长为 11.74%、17.23%、1.96%、6.50%、8.97%、24.43%、11.27%、14.87%。各级文化馆组织的文艺活动以及公益性讲座受到市民喜爱，在为老年人、未成年人、残障人士、农民工等群体提供公共文化服务均等化方面优势明显，利用流动舞台车提供的文艺演出受到观众的喜爱，场均观众人次稳中有升。受多元化社会办学影响，市民参与培训班的人次增幅较低，特别是自办老年大学机构拥有率 42.6%，仍属较低水平。目前除徐州外，其它各省辖市的县、市（区）已实现文化馆全覆盖。

### （三）文化站

截止 2015 年底，全省共有文化站 1281 个，其中乡镇文化站 912 个。从业人员 4855 人，其中专业技术人员 1278 人。全年组织各类活动 6.73 万次，观众达 1554 万人次。文化站藏书 2840.6 万册，文化站建筑面积 282.8 万平方米，全省共有文化室 24912 个，其中社区文化活动室 8400 个、村文化活动室 16512 个。文化室建筑面积共计 510.46 万平方米。

表 4 “十二五”文化站主要业务指标情况

| 指标名称 | 单位 | 2011 年 | 2012 年 | 2013 年 | 2014 年 | 2015 年 | 年均增长 (%) |
|---|---|---|---|---|---|---|---|
| 组织文艺活动 | 次 | 23316 | 31095 | 33855 | 39049 | 43934 | 11.01 |
| 文艺活动观众人次 | 万人次 | 661 | 1118 | 891 | 1077 | 1118 | 8.63 |
| 举办培训班 | 次 | 11901 | 13774 | 13975 | 15037 | 16348 | 4.43 |
| 培训人次 | 万人次 | 96 | 120 | 117 | 123 | 140 | 5.92 |
| 举办展览 | 次 | 5963 | 6151 | 6527 | 6586 | 7055 | 2.24 |
| 参观人次 | 万人次 | 225 | 286 | 275 | 274 | 296 | 4.46 |

### （四）美术馆

截止 2015 年底，全省共有独立建制美术馆 25 个，较上年增加 2 个，目前全部对外免费开放。全省各级美术馆从业人员共计 366 人，具有高级职称（含副高 56 人）96 人。全年举办展览 532 个（其中自主办展 348 个），参观人次 293 万人次，其中未成年人参观人次 70 万人次。

图7 “十二五”各级美术馆举办展览和参观人次对比

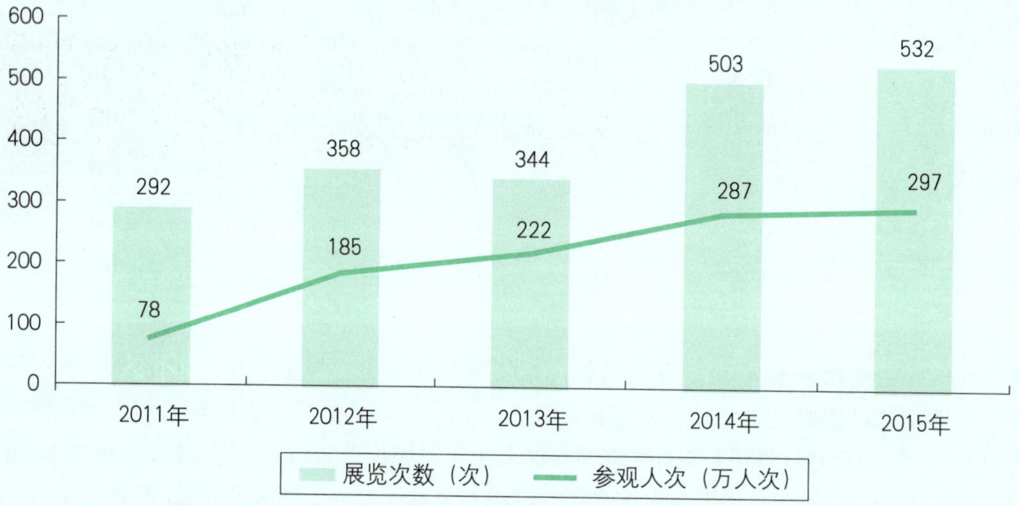


## 六、非物质文化遗产保护情况

截止 2015 年底，全省共有各级非物质文化遗产保护机构 114 个。目前国家级非物质文化遗产名录 140 个，保护单位 136 个；省级非物质文化遗产名录 424 个，保护单位 354 个；市级非物质文化遗产名录 778 个，保护单位 1137 个；县级非物质文化遗产名录 2949 个，保护单位 1512 个。全年举办各类宣传展示活动共计 4045 个，参与人次达 479.12 万人次，同比分别增长 102.9%、40.4%，增长较大的原因是拓宽统计口径，首次把开展传承人群培训纳入统计范围。普查成果 20121 件（套、册），同比去年增加 5993 件（套、册）。目前各类传承人共计 3277 人，学徒 6094 人。表七为“十二五”时期非物质文化遗产保护相关指标情

表 5 “十二五”非物质文化遗产保护相关指标情况

| 指标名称 | 单位 | 2011 年 | 2012 年 | 2013 年 | 2014 年 | 2015 年 |
|---|---|---|---|---|---|---|
| 国家级非物质文化遗产名录项目 | 个 | 127 | 127 | 127 | 143 | 140 |
| 省级非物质文化遗产名录项目 | 个 | 396 | 394 | 298 | 375 | 424 |
| 国家级代表性传承人 | 人 | 102 | 133 | 131 | 110 | 107 |
| 省级代表性传承人 | 人 | 268 | 231 | 231 | 394 | 382 |
| 举办各类活动 | 次 | 2721 | 2800 | 3733 | 1994 | 4045 |
| 参与人次 | 万人次 | 423.67 | 391.8 | 517.42 | 341.27 | 479.12 |
| 项目资源总量 | 件 | 33061 | 20477 | 22136 | 14128 | 20121 |

况。从表七可见非遗保护活动开展丰富，更多的观众参与各类活动。

## 七、对外文化交流情况

积极参与文化部“欢乐春节”活动，按照“品牌化、本土化、市场化”的工作方针，组织江苏最具代表性的节目赴丹麦、荷兰、俄罗斯、智利、以色列等国开展“欢乐春节·精彩江苏”活动，受到文化部领导的肯定。积极发挥江苏海外友城多的优势，组派江苏文博代表团赴加拿大安大略省，参加“庆祝江苏省—安大略省结好30周年系列人文经贸交流活动”。在米兰成功举办世博会江苏活动周文化艺术展演活动。举办“精彩江苏进剑桥”系列文化活动，省文化厅和剑桥大学达成合作协议。举办“精彩江苏·丝路情韵——中国江苏传统服饰秀”，庆祝中泰建交40周年。积极引进精品展览，南京博物院举办了“飞越欧洲的雄鹰——拿破仑文物特展”、“伦勃朗的时代——16至18世纪欧洲油画展”、“乔治王时代”展等系列特色展览，省美术馆举办了“胜利：1945-2015——纪念世界反法西斯战争胜利70周年俄罗斯美术作品巡展”。积极开展港澳台文化交流，承办2015“两岸文学对话”活动，组团参加第26届澳门艺术节、“2015台中元宵灯会”、香港“2015中国戏曲节”、“海峡两岸合唱节”等系列活动。南京图书馆联合台湾汉学研究中心等机构在台湾举办海峡两岸第二届玄览论坛。连云港民乐团获乌兹别克斯坦“东方旋律”音乐节特等奖。积极推动对外文化贸易，全省共有96家企业、28个项目入选商务部、文化部评选的国家文化出口重点企业和重点项目，数量居全国前列。

## 八、文化产业发展情况

出台《江苏省重点文化产业示范园区、重点文化产业示范基地认定管理办法》，开展首批省级重点文化产业示范园区（基地）的评选，全省33家园区（基地）入围参评，更加突出文化产业园区的产业集聚作用、项目孵化作用和示范引领作用。省政府召开全省文化金融合作推进会，省文化厅联合相关部门出台了《关于促进江苏省文化金融发展的指导意见》及《三年行动计划》；12个项目入选财政部、文化部做好“文化金融扶持计划”，入选数量在全国各省中名列第一。淮安市组建苏北首家文化银行，为文化企业放贷3065万元。文化创意与相关产业融合发展。全省45个项目获中央文化产业发展专项资金1.479亿元支持，其中文化创意类项目占78%；214个项目获省级文化产业引导资金2.399亿元资助，其中文化创意类项目占80%。56个项目入选文化部文化产业重点项目库，3个项目入选文化部特色文化产业项目库。3件动漫产品及创意项目入围文化部“2015年度国家动漫品牌建设和保护计划”，数量居全国前列。成功举办第四届中国苏州文化创意设计产业交易博览会、2015第十二届中国（常州）国际动漫艺术周、第五届中国（无锡）国际文化艺术产业博览交易会等文展活动，组织省内文化企业参加境外演艺交易会、艺术博览会、动漫游戏节等国际大型展会。表八为“十二五”文化部门文化产业增加值相关情况。2015年数据为当年预估值。

## 九、文化市场情况

截至“十二五”末，全省共有网络文化、娱乐、艺术品、演出等文化市场经营企业17586个，同比（与“十一五”末相比，下同）增加2176个。从业人员103343人，同比增加24491人。资产总计2889841.0万元、营业收入1563925.6万元、营业利润459271.4万元，分别同比增长146.54%、110.89%、76.29%。

### （一）网络文化市场

截至“十二五”末，全省共有互联网上网服务营业场所9230个，同比增加1182个。从业人员27968人，同比减少5570人。资产总计555174.7万元、营业收入329548.0万元、营业利润112100.2万元，分别同比增长14.42%、10.60%、0.09%。全省共有经营性互联网文化单位164个，同比增加140个。从业人员

12531人，同比增加10802人。资产总计887257.6万元、营业收入477722.4万元、营业利润159504.4万元，分别同比增长1006.40%、989.32%、796.62%。

### （二）娱乐市场

截至“十二五”末，全省共有歌舞、游艺等娱乐场所7443个，同比增加372个。从业人员52517人，同比增加10647人。资产总计947710.7万元、营业收入530626.8万元、营业利润144178.9万元，分别同比增长66.77%、42.70%、15.19%。

### （三）艺术品市场

截至“十二五”末，全省共有艺术品经营机构184个，同比增加109个。从业人员1057人，同比增加801人。资产总计96963.9万元、营业收入57967.5万元、营业利润19696.5万元，分别同比增长2294.53%、843.71%、3614.22%。

### （四）演出市场

截至“十二五”末，全省共有演出经纪机构219个，从业人员2635人，资产总计180047.3万元，营业收入101441.2万元，营业利润-4916.5万元。非公有制艺术表演团体256个，从业人员4793人，资产总计173803.1万元，营业收入45567.2万元，营业利润23990.8万元。

“十二五”以来，全省各级文化市场管理部门和文化综合执法机构敢于担当、勇于进取，牢牢把握社会主义先进文化方向，坚决维护文化安全和意识形态安全，努力促进文化市场规范有序、繁荣发展，受到党委、政府和社会各方面的好评。

从产品形态看，文化产品的表现形式日趋多样，使用周期缩短、更新频率加快。原来可视可触摸的产品扩展为实物与虚拟的多样化产品。虚拟现实和增强虚拟现实技术将成为新的大众应用。

从产品进入市场的途径看，网络直销比例大幅增长，实体店销售的比例明显下降；文化产品生产与传播几乎同步进行，与消费者几乎是“零时差”见面。

从市场主体形态看，平台企业大量增加，只见产品和服务不见供应方，以及非企业的个人销售、跨境销售已成常态。

从市场业态看，传统文化行业转型升级，多业态融合经营成为新的趋势。新业态出现并形成产业的速度明显加快。电子竞技赛事、演唱会网络直播、网游竞技直播等发展迅速，正在成为新的产业。集上网服务、歌舞娱乐、游戏游艺、电子竞技等多种业态于一身的城市文化综合娱乐体开始出现。

从消费人群和参与方式看，文化市场消费大众化、全年龄段化趋势明显。原来很小众的高消费场所开始面向大众，一些行业的消费人群开始从以年轻人为主扩展至全年龄段。特别是上网服务、歌舞娱乐、游戏游艺场所和家庭游戏等领域趋势更加明显。

从经济发展与文化产业的交互影响看，传统商业形态的调整正在为文化产业发展腾出空间。一些大型购物中心受互联网经济的挤压，正在调整转型，将部分商业楼面改为体验互动的游戏游艺综合场所。游戏游艺将成为国民经济的新增长点和社会消费的新热点。

从政策调整和行政审批制度改革的效应看，政策调整正在催生新的业态和新的市场主体；行政审批制度改革又要求改变长期沿袭的文化行政审批工作方式。

从文化市场的复杂性看，维护市场秩序规范的任务仍然相当繁重。文化市场与其它市场一样，鱼龙混杂，良莠不齐。

## 十、关于文化建设发展的几点建议

一是全面建成“四级公共文化服务体系”。继续提高财政投入，重点突破精准化服务，深入开展公共文化服务均等化，制订农村地区文化服务特殊政策，提高农村基础性文化活动场所和阵地，提供更多惠民文化活动，增强人民群众文化获得感。

二是加大公共财政对文化产业的引导。公共财政应加大对公益项目的购买，推动高雅艺术演出市场、民办博物馆、民办美术馆、文化产业园区、动漫企业、文物拍卖企业走上良性发展之路。制订相关政策，合理利用现有校、企文化资源，采用财政杠杆作用，实现文化场馆及文化资源共享。

三、做好文化法制建设和人才培养、引进工作，创造良好的文化发展环境，促进文化事业繁荣、文化产业发展。

（江苏省文化厅）

## 江苏：艺术创作生产别开生面呈现新气象

贯彻落实习近平总书记在文艺工作座谈会上重要讲话精神，导向更加明确，措施更加有力，推出情景朗诵剧《一代楷模——学习恩来精神　践行三严三实》、淮剧《小镇》、扬剧《完节堂1937》、锡剧《紫砂梦》、锡剧《夕照青果巷》、舞剧《英雄玛纳斯》等一批优秀文艺作品，艺术创作生产特别是戏曲现代戏创作在全国产生较大影响，文化部部长雒树刚、时任省长李学勇以及董伟副部长、曹卫星副省长等部省领导相继作出重要的批示。雒树刚要求总结江苏抓戏曲工作的做法和经验。李学勇批示，全省文化系统为此付出了辛勤努力，省文化厅很好地发挥了统筹协调和推动作用，希望进一步做好戏曲保护、传承、发展各项工作，推出更多艺术精湛、群众喜爱的戏曲精品。省委、省政府印发《关于支持戏曲传承发展的实施意见》，省文化厅联合省财政厅出台《关于加大资金投入，繁荣美术创作的意见》。参照国家艺术基金模式，率先在全国成立省级政府艺术基金，同时成立江苏艺术基金管理中心（正处级全额拨款事业单位）。省戏校开办定向委培昆剧班和淮剧班。全省有31个项目获2015年度国家艺术基金1982万元资助，位列全国第一方阵；有10部剧目入选省舞台艺术精品工程，5部剧目入选舞台艺术重点资助工程。成功举办第二届江苏艺术展演月，40台舞台演出，11个书画展览次第展开，评出第二届江苏省文华奖大奖7个，文华优秀剧（节）目奖21个，单项奖54个，文华美术奖10个及美术提名奖19个。苏州市精心实施的“第四次中国－中东欧国家领导人会晤”文艺演出获李克强总理批示。创办首届江苏省青年美术作品展览，举办“傅抱石双年展?2015江苏中国画作品展”、纪念抗日战争胜利暨世界反法西斯战争胜利70周年江苏美术作品展、“新金陵画派”精品赴京展、“江南如画——中国油画作品展（2015）”等系列美术展，广受好评。镇江、泰州出台《繁荣美术创作的实施意见》。

# 浙江省 2015 年文化发展情况分析

2015 年，浙江省文化系统在省委、省政府的正确领导下，全面贯彻党的十八大和十八届三中、四中、五中全会精神，深入学习贯彻习近平总书记系列重要讲话精神，紧紧围绕省委、省政府中心工作，以创建全国文化发展示范区为目标，以“三严三实”为要求，主动适应文化新常态，着力抓好文化强省建设重点任务，各项工作取得明显成效，“十二五”时期确定的各项任务圆满收官，为“十三五”时期我省文化改革发展打下了坚实的基础。

## 一、机构和人员

2015 年末，纳入统计范围的全省各类文化（文物）单位 1.69 万个，比上年末增加 2075 个；从业人员 16.61 万人，增加 2.31 万人。其中，各级文化文物部门所属单位 2181 个，增加 11 个；从业人员 2.9 万人，增加 1640 人。

图1　2011年-2015年浙江省文化单位机构数及从业人员数

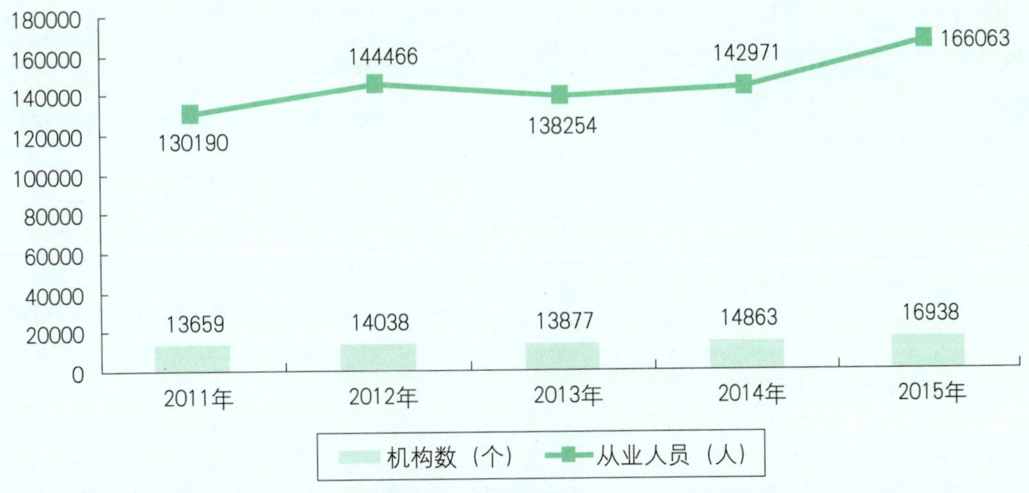


## 二、艺术创作演出

2015 年，深入贯彻习总书记文艺工作座谈会重要讲话精神，制定实施了《浙江省文艺工作者深入基层蹲点采风活动实施管理办法》，加大文艺创作扶持力度，全省文艺创作日益活跃。围绕“中国梦”主题、纪念中国人民抗日战争暨世界反法西斯战争胜利70周年、弘扬浙商精神等重大创作题材，推动了话剧《凤凰》、京剧《东极英雄》、越剧《吴越王》、越剧版《牡丹亭》、交响音乐会《胜利之歌》、音乐舞蹈专场《和平三部曲》的创作。我省 30 个项目获国家艺术基金 2015 年度资助，获资助资金总额 3350 万元（立项率和获助资金数均列省区市第4位）；32个项目入选2015年度文化部“中华优秀传统艺术传承发展计划”戏曲专项扶持项目。成功举（承）办了浙江省纪念中国人民抗日战争暨世界反法西斯战争胜利70周年系列活动并承担了全国纪念抗战胜利70周年优秀剧目巡演华东（南）片的组织工作、第八届全国儿童剧优秀剧目展演、第五届浙江曲艺杂技魔术节、李岚清同志篆刻书法素描艺术展、第二届世界互联网大会文艺演出等重大艺术活动；组织举办了浙江省第十四届音乐新作演唱演奏大赛、浙江省第二届村歌大赛、浙江省农村文化礼堂群众文艺展演等17次省级重大群文活动，促进了文艺创作，丰富了群众文化生活，营造了良好的社会氛围。浙江美术馆高票入选文化部第二批国家重点美术馆，跻身全国一流美术馆行列。

年末全省共有艺术表演团体1024个，比上年末增加133个，从业人员3.15万人，增加4232人。其中各级文化部门所属的艺术表演团体57个，占5.6%，从业人员3671人，占11.6%。

全年全省艺术表演团体共演出21.82万场，比上年增长19.4%，其中赴农村演出18.66万场，增长27.8%，赴农村演出场次占总演出场次的85.5%，比重比上年提高5.5个百分点；国内观众15336.73万人次，增长4.5%，其中农村观众12640.72万人次，比上年增长33.1%；总收入23.75亿元，比上年增长29.1%，其中演出收入15.75亿元，增长40.4%。

表1 2011年–2015年浙江省艺术表演团体基本情况

| 年份 | 机构数（个） | 从业人员数（人） | 演出场次（万场） | 国内演出观众人次（万人次） | 总收入（万元） | |
|---|---|---|---|---|---|---|
| | | | | | | #演出收入 |
| 2011年 | 498 | 16833 | 13.61 | 5091.45 | 133481 | 88287 |
| 2012年 | 609 | 19053 | 13.63 | 8624.35 | 161224 | 84219 |
| 2013年 | 733 | 24968 | 14.55 | 9272.08 | 448562 | 110646 |
| 2014年 | 891 | 27293 | 18.27 | 14669.63 | 183996 | 112186 |
| 2015年 | 1024 | 31525 | 21.82 | 15336.73 | 237508 | 157500 |

全年全省文化部门所属艺术表演团体共组织政府采购公益演出5020场，比上年增长9.8%；观众484.69万人次，增长21.2%。利用流动舞台车演出720场次，观众87.65万人次。

年末全省共有艺术表演场馆308个，观众坐席数17.47万个。各级文化部门所属艺术表演场馆65个，比上年增加3个，观众坐席数6.04万个，全年共举行艺术演出0.84万场次，比上年增长60.6%；艺术演出观众人次322.53万人次，增长12.9%。

## 三、公共文化服务体系

2015年，认真贯彻中办、国办《关于加快构建现代公共文化服务体系的意见》，推动成立浙江省公共文化服务体系建设协调组，牵头制订《浙江省关于加快构建现代公共文化服务体系的实施意见》和《浙江省基本公共文化服务实施标准》，制定实施《浙江省基本公共文化服务标准化均等化行动计划（2015—2020年）》，研究提出了推进基本公共文化服务标准化重点市县建设工作方案并确定10个重点市县，指导推动各重点市县人民政府制定实施为期2年的基本公共文化服务标准化提升计划。认真贯彻国办《关于推进基层综合性文化服务中心建设的指导意见》，研究起草了《浙江省推进基层综合性文化服务中心建设的实施意见》，截至2015年全省已累计建成农村文化礼堂4959个；推进全省县图书馆乡镇分馆建设，目前全省共建成乡镇（街道）分馆 577 个。积极组织第三批国家公共文化服务体系示范区（项目）申报，我省有 1 个示范区、2 个示范项目通过了文化部专家评审；15 个项目入选浙江省第三批示范项目。开展浙江省文化强镇、文化示范村（社区）评选和复查工作。与省委宣传部等部门联合举办了首届浙江全民阅读节。加强基层公共文化服务工作，全省文化系统共送戏下乡 1.78 万场，送书 235 万册次，送讲座展览 4140 场；开展文化走亲 1270 场。成立了省文化志愿者总队。

### （一）公共图书馆

年末全省共有公共图书馆 100 个，比上年末增加 2 个。其中少儿图书馆 4 个，增加 1 个。年末全省公共图书馆从业人员 3577 人，比上年末增加 94 人。其中具有高级职称的人员 332 人，占 9.3%；具有中级职称的人员 993 人，占 27.8%。

年末全省公共图书馆实际使用房屋建筑面积 95.08 万平方米，比上年末增长 10.7%；图书总藏量 6249.79 万册，增长 10.9%，其中古籍 192.69 万册；电子图书 39345.18 万册，增长 2 倍；阅览室座席数 6.08 万个，增长 19.3%；计算机 2.04 万台，增长 1 倍；供读者使用的电子阅览终端 6599 台，增长 14.7%。

年末全省平均每万人公共图书馆建筑面积 171.66 平方米，比上年末增加 15.76 平方米；全省人均图书藏量 1.13 册，增加 0.11 册；全年全省人均购书费 3.21 元，比上年增加 0.49 元。

全年全省公共图书馆发放借书证 1638.60 万个，总流通人次 7941.99 万，增长 44.9%。书刊文献外借册次 5726.66 万，增长 16.0%；外借人次 2253.08 万，增长 15.3%。全年共为读者举办各种活动 10456 次，增长 26.8%；参加人次 512.55 万，增长 18.6%。

图2 2011年-2015年浙江全省公共图书馆总流通人次及书刊外借册次

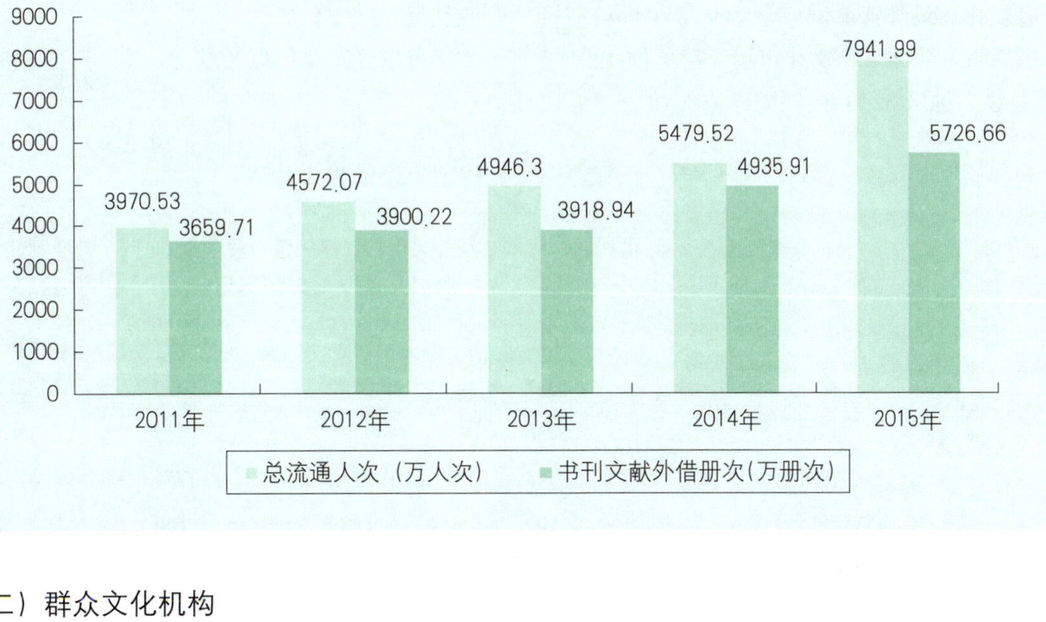


### （二）群众文化机构

年末全省共有群众文化机构 1417 个，比上年末减少 3 个。其中乡镇综合文化站 1315 个，减少 3 个。年末全省群众文化机构从业人员 6998 人，比上年末增加 90 人。其中具有高级职称的人 468 人，占 6.7%；具有中级职称的人员 717 人，占 10.3%。

年末全省群众文化机构实际使用房屋建筑面积 375.23 万平方米，比上年末增长 9.5%；藏书 2269.87 万册，增长 10.8%；计算机 16025 台；对公众开放的阅览室 4.519 万平方米，增长 9.6%。年末全省平均每万人群众文化设施建筑面积677.44平方米，比上年末提高55.46平方米。

全年全省群众文化机构共组织开展各类文化活动122803场次，比上年增长22.3%；服务人次5168.79万，增长34.3%。

**表2 2015年浙江省群众文化机构开展活动情况**

| | 总量 | | 比上年增长（%） | |
|---|---|---|---|---|
| | 活动次数（次） | 服务人数（万人次） | 活动次数 | 服务人次 |
| **各项活动总计** | **122803** | **5168.79** | **22.3** | **34.3** |
| 其中：展览 | 10043 | 1019.82 | 12.6 | 25.4 |
| 文艺活动 | 67323 | 3818.59 | 26.9 | 38.4 |
| 公益性讲座 | 2158 | 36.34 | 12.3 | 38.7 |
| 训练班 | 43279 | 294.03 | 18.4 | 18.3 |

年末全省群众文化机构共有馆办文艺团体377个，演出6519场，观众501.65万人次。由文化馆（站）指导的群众业余文艺团体3.57万个，馆办老年大学22个。

## 四、文化市场

年末全省文化市场经营单位1.46万家，比上年末增加2027家；从业人员13.50万人，增加2.08万人。全年全省文化市场经营单位营业总收入204.40亿元，营业利润45.71亿元。

分区域看，年末城市文化市场经营单位4221个，占文化市场经营单位总量的28.9%；县城6456个，占44.1%；县以下地区3948个，占27.0%。

**表3 2015年按区域浙江省文化市场经营单位主要指标**

| | | 机构数（个） | 从业人员数（人） | 营业总收入（万元） | 营业利润（万元） |
|---|---|---|---|---|---|
| 总量 | **总计** | **14625** | **134986** | **2044009** | **4570857** |
| | 城市 | 4221 | 40075 | 1121979 | 2801226 |
| | 县城 | 6456 | 74937 | 731275 | 1340172 |
| | 县以下 | 3948 | 19974 | 190754 | 429459 |
| 比重（%） | **总计** | **100** | **100** | **100** | **100** |
| | 城市 | 28.9 | 29.7 | 54.9 | 61.3 |
| | 县城 | 44.1 | 55.5 | 35.8 | 29.3 |
| | 县以下 | 27.0 | 14.8 | 9.3 | 9.4 |

年末全省共有娱乐场所4860个，从业人员6.41万人，全年营业总收入71.26亿元，营业利润12.47亿元。

年末全省共有互联网上网服务营业场所8037个，从业人员2.99万人，全年营业总收入30亿元，营业利润8.09亿元。

## 五、文化产业与文化科技

2015年，研究制定了我省《关于扶持木雕根雕石刻产业传承发展的指导意见》和《关于扶持文房产业传承发展的指导意见》。草拟了推动文化产业转型升级三年行动计划，推动义乌文交会、杭州国际动漫节转型升级向深度拓展，其中第10届义乌文交会实现洽谈交易额50.67亿元，同比增长3.2%，文化“广交会”地位进一步显现。举办第三届动漫衍生品授权交易会，交易额达1.58亿元。开展文化产业示范园区基地巡检考核和认定工作，做好重点文化产业项目的申报推荐，19个项目成功入选文化部文化产业重点项目库。2015年我省文化系统管理的29个文化产业项目得到中央专项资金补助8653万元。与省科技厅建立文化科技协同创新联席会议机制，2个专项、7个文化科技重大项目被纳入省重点研发计划。我省获批成立国内首个文化科技类部省协同创新平台，批复成立了2个全省文化科技创新基地（中心）。有14个项目入选国家社科基金艺术学项目（总数居全国第三）。积极探索国有剧院加强运营管理的有效途径，推动浙江新远文化产业集团着手探索“剧院院线”。开展“上网服务行业转型升级”和“上网服务营业场所分级管理”试点工作。着力推进网络文化内容自审管理工作，对145家新设立网络文化企业内容审核人员进行了培训。加大对民营文艺表演团体扶持力度，重点支持曲目创作与人才培育，评出年度4家“优秀剧团”和4部“优秀剧目”，并开展了进农村文化礼堂活动。进一步完善了民营文艺表演团体人才培养机制，逐步由单一的越剧培训向多剧种培训转变，培训演职人员近千人次。进一步加强对文化市场综合行政执法的指导监督，一手抓内容安全、一手抓场所安全，开展2015年“平安浙江”专项行动，部署“清网”“护苗”“打违”三大行动，加强与公安、工商、消防、通管、城管等部门的协作和联系，积极探索文化市场综合执法信息化、规范化监管创新机制，全省文化市场保持了平稳有序、规范发展的良好态势，得到了文化部等上级部门的充分肯定。在文化部2013-2015年度全国文化市场综合执法案卷评查中，获得了全国“十佳案卷”“优秀案卷”和“规范案卷”全部三个奖项。圆满完成文化部委托我省承担制作的8个文化市场综合执法规范化课件课题。

## 六、文化遗产保护

我省第一次全国可移动文物普查进展顺利，截至2015年12月底，全省申报藏品总数887399件/套，已登录藏品总数865324件/套（含浙江图书馆古籍普查转换导入93370件/套），藏品报送进度达97.51%。加强大运河申遗后保护管理，统筹推动良渚古城遗址申遗和江南水乡古镇、海上丝绸之路、中国明清城墙、浙江青瓷窑址联合申遗。加强大遗址保护管理，13处遗址类国保单位保护规划编制获国家文物局批准立项。考古管理获重要成果，依法实施了36项考古发掘项目，上虞禁山早期越窑遗址被列入“2014年度全国十大考古新发现”，湖州钱山漾文化遗址被命名为“世界丝绸之源”。指导实施建德新叶等国家文物局首批传统村落保护利用项目，指导推动松阳县传统村落保护利用，松阳县被国家文物局列为传统村落保护利用试验区。推进水下考古工作，建立了全省水下考古工作业务指导机构，国家文物局水下文化遗产保护舟山工作站挂牌成立。4个历史文化街区入选首批中国历史文化街区，新增省历史文化名城1座。认真组织《博物馆条例》学习、宣传与贯彻。进一步充实完善了全省博物馆陈列展览交流平台，开展了从线上到线下的展览交流。开展了非国有博物馆运行评估工作和未定级国有博物馆运行评估课题研究。持续实施博物馆陈列展览精品工程，两个展览荣获全国博物馆十大陈列展览精品推介优胜奖。开展“2015年度完善博物馆青少年教育功能试点工作”。指导推动了各地平安工程的实施，国有文物收藏单位实现第十个安全年。进一步强化文物行政执法监察工作，加快推进“天地一体”预警系统研发应用。

年末全省共有文物机构388个，比上年末增加41个。其中，文物保护管理机构96个，占24.7%，博物馆224个，占57.7%。年末全省文物机构从业人员8321人，比上年末增加1281人。其中高级职称588人，占7.1%，中级职称958人，占11.5%。

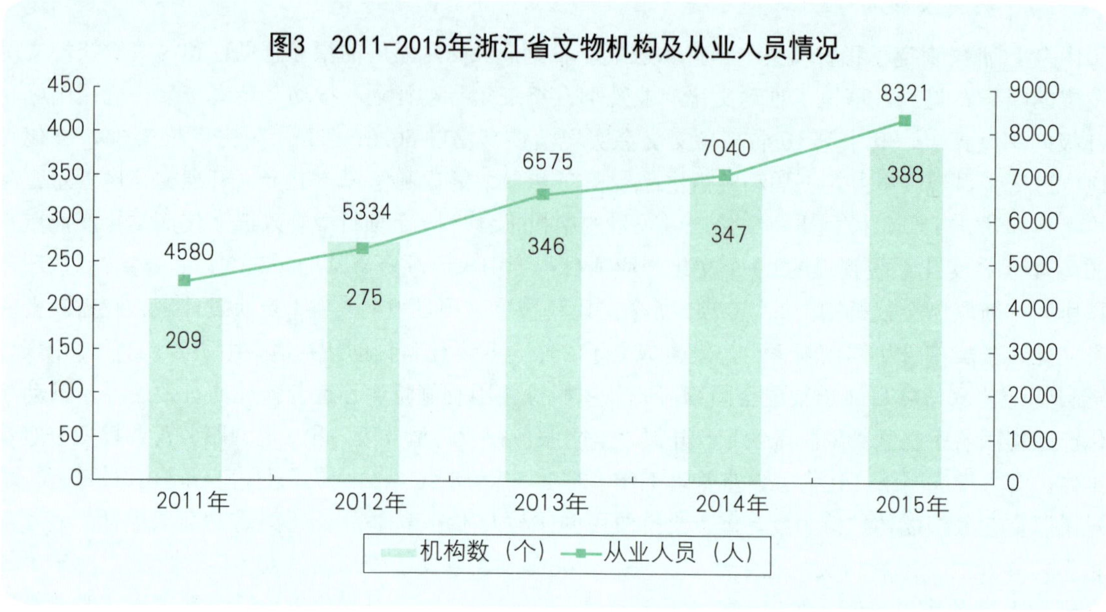


年末全省文物机构拥有文物藏品133.13万件，比上年末增加2.26万件，增长1.7%。其中，博物馆文物藏品118.62万件，占文物藏品总量的89.1%；文物商店文物藏品2.12万件，占1.6%。文物藏品中，一级文物4141件，占0.3%；二级文物12125件，占0.9%；三级文物79512件，占6.0%。

全年全省文物机构共安排基本陈列691个，举办临时展览1218个，接待观众6855.41万人次，比上年增长25.4%。其中未成年人1447.87万人次，增长13.6%，占参观总人数的21.1%。博物馆接待观众4577.15万人次，增长11.1%，占文物机构接待观众66.8%。

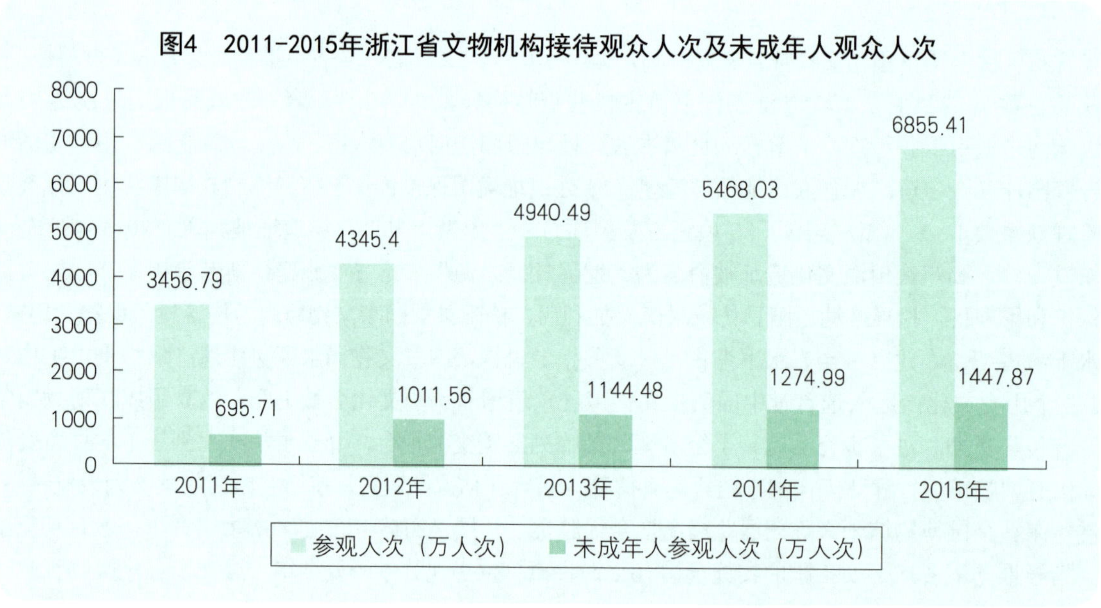


2015年，召开学习实践习总书记浙江非遗保护重要批示十周年座谈会，举办了第十个“文化遗产日”、第十届浙江省非物质文化遗产节、2015年非遗电视春晚、第七届中国（浙江）非物质文化遗产博览会等活动。开展美丽非遗乡村行动，深化美丽非遗进礼堂活动。积极探索非遗主题小镇（实验）建设，共评出非遗主题（实验）小镇和民俗文化村 30 个。完成了第五批国家级代表性传承人推荐申报工作。建立 3 个国家级培训试点基地，实施了传承人群研修培训计划。全省 12 家市县综合非遗馆建成开馆。古籍保护工作持续推进，国家级古籍修复技艺传习中心、浙江传习所在浙江图书馆成立。

据统计，年末全省共有非物质文化遗产保护机构 102 个，从业人员 392 人。全年全省非物质文化遗产保护机构共举办展览 1116 次，比上年增长 4.0%，接待观众 333.19 万人次，比上年增长 4.2%；举办演出 4151 场，观众 294.79 万人次，分别比上年增长 11.2% 和 19.4%；举办民俗活动 891 次，比上年增长 8.7%，观众 385.30 万人次；举办培训班 1212 次，培训人数 6.22 万人次。

## 七、对外和对港澳台文化交流

围绕国家重大公共外交活动、“一带一路”战略，组织实施了多项高水平的对外文化活动，组派艺术表演、非遗展示参加南非“中国年”活动，组派浙江小百花越剧团赴泰国参加庆祝中泰建交 40 周年演出活动，长兴百叶龙艺术团赴英参加 2015 中英文化交流年“中国文化季”活动——爱丁堡皇家军乐节演出，举办中阿合作论坛框架下的首期阿拉伯国家文博专家研修班，组派浙江歌舞剧院有限公司赴“丝绸之路”沿线国家——卡塔尔和巴林演出；配合中日韩外交战略，成功推荐宁波市当选为 2016 年“东亚文化之都”；圆满完成文化部海外“欢乐春节”演出任务，组派三个艺术团赴美洲、非洲 6 国共演出 31 场，观众人数逾 7 万人，获得了当地媒体的广泛报道。积极配合省委、省政府重大涉外活动，组派文化艺术团赴瑞士、捷克举办演出展览活动，赴澳门参与第四届世界旅游经济论坛活动。持续实施“浙江文化节”品牌项目，赴爱尔兰、土耳其、南非成功举办了“浙江文化节”，进一步扩大了“浙江文化节”的影响力和辐射力。根据文化部工作部署，落实“2015 年对非文化工作部省对口合作计划”，继续开展与驻莫桑比克、马拉维、马达加斯加使馆的对口合作。发挥对台文化交流基地作用，赴台举办第九届“台湾·浙江文化节”，成功承办由中华文化联谊会、省人民政府主办的“情系青春——两岸青年吴越行”活动，并在文化创意、宗教文化、民间艺术、博物科普等领域开展多项双向交流。继续深化对港澳文化交流，组派浙江小百花越剧团参加第 43 届香港艺术节演出活动，该项目被列入文化部 2015 年度全国对港澳文化交流重点项目；组织 15 家文化机构（企业）参加香港国际授权展，我省成为香港国际授权展中国内地馆主力；组织 14 家澳门文创机构参加第 10 届中国（义乌）文化产品交易会；组派浙江歌舞剧院有限公司赴澳门参加《澳门之歌》音乐会演出。深入开展文化系统文化产品和服务对外贸易发展调研，扶持我省文化企事业单位赴国外开展商业性演展活动，评审出 10 个演展项目入选《浙江省商业演出展览文化产品出口指导目录》。2015 年，我省共实施对外对港澳台文化交流项目 1168 起，其中，对外文化交流项目 991 起，对台文化交流活动 94 起，对港澳文化交流项目 83 起。

## 八、文化资金投入

2015 年，省级文化系统一般公共预算财政拨款 136764.8335 万元；中央、省公共文化（包括基层公共文化服务、文物保护、非遗等）转移资金达到 91768 万元，其中一般性转移支付 71380 万元，其余为戴帽项目。

全年全省文化事业费 48.82 亿元，比上年增加 10.9 亿元，增长 28.7%，增长速度比上年提高 23.4 个百分点；全省人均文化事业费 88.14 元，比上年增加 19.29 元，增长 28%。

图5　2011年-2015年浙江省人均文化事业费及增速情况

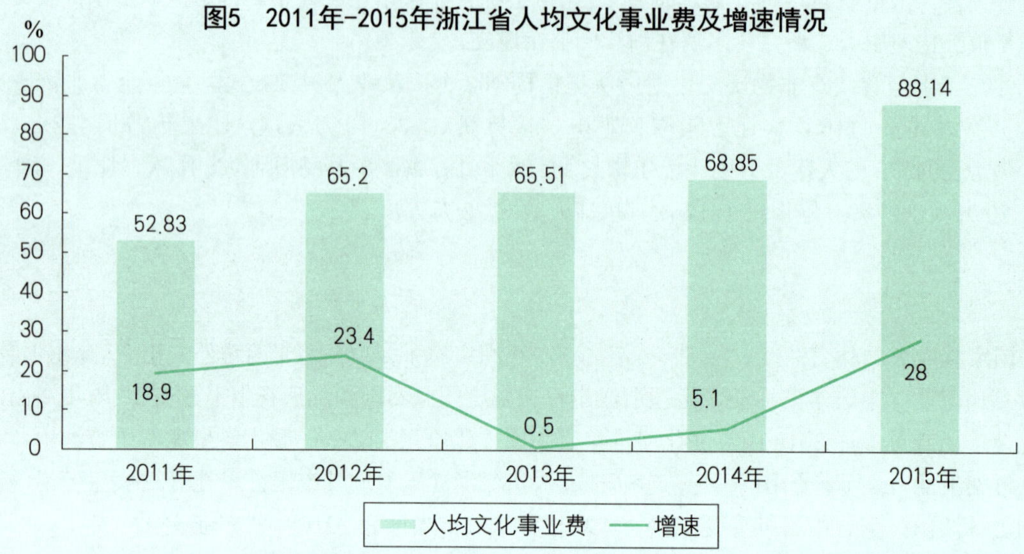


文化事业费占财政总支出的比重为 0.73%，比重与上年持平。

图6　2011年-2015年浙江省文化事业费占财政支出的比重

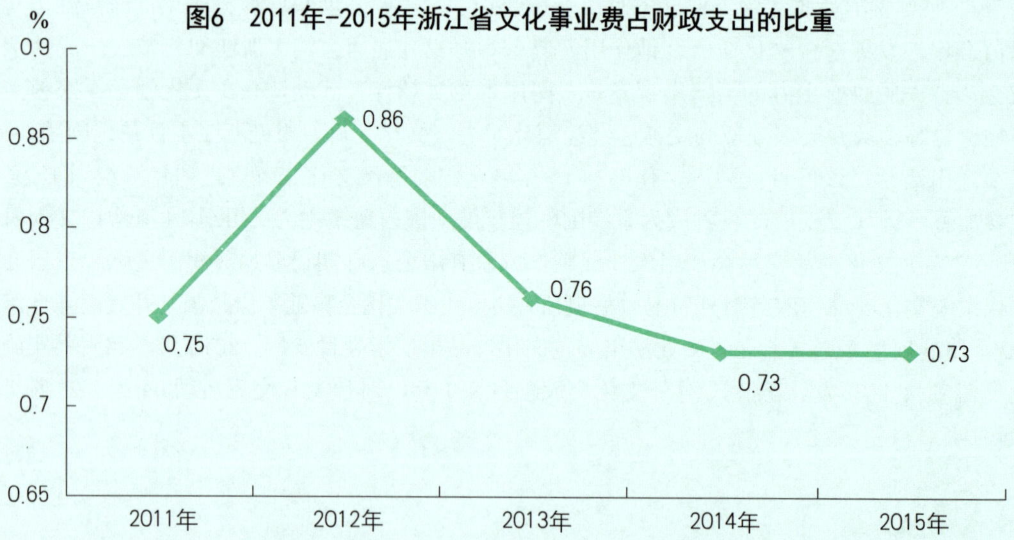


全年全省文物事业费 16.91 亿元，比上年增加 1.86 亿元，增长 12.4%；文物事业费占财政总支出的比重为 0.25%，比重比上年减少 0.04 个百分点。

据财政部统计，2015 年全省财政支出中，文化体育传媒经费 165.38 亿元，比上年增长 43.8%，占财政支出的 2.5%，比重比上年提高 0.03 个百分点。

图7　2011-2015年浙江省文化体育传媒经费总量及增长速度

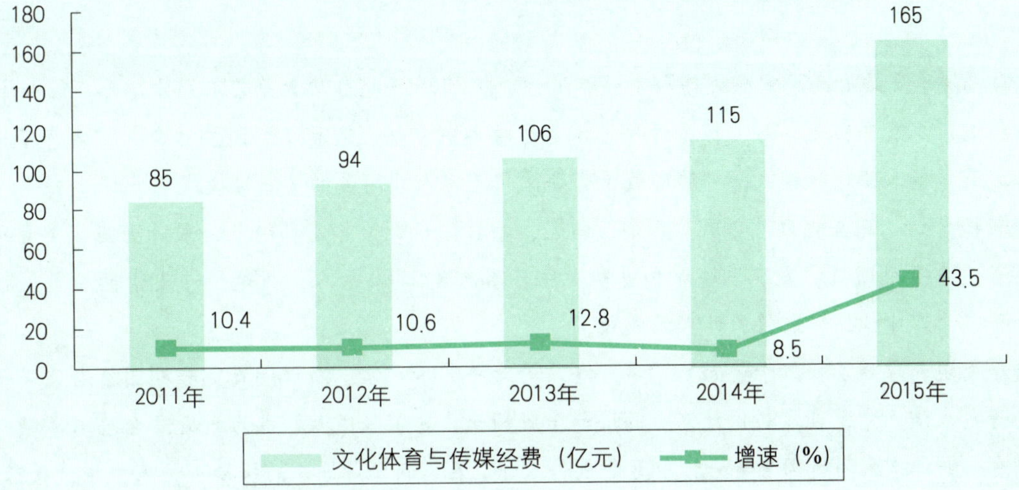


（浙江省文化厅）

## 浙江："新松计划"十年促进艺术人才培养

浙江省委、省政府高度重视文艺人才培养工作，自2005年起启动青年艺术人才培养"新松计划"，从基础抓起、从青年抓起，努力探索青年艺术人才培养的新路，实施了"团校结合""名师带徒"等多种行之有效的人才培养模式，带动形成了青年文化艺术人才培养的"浙江模式"。

"新松计划"涵盖戏曲、音乐、舞蹈、曲艺、杂技、话剧等各艺术门类，累计实施各类青年艺术人才培养150多个项目，发现、培养和资助青年艺术人才1500余人，打造了一支崇德尚艺、服务人民的青年艺术人才队伍，取得了可喜的成效。

一、发现和培养了一批崇德尚艺、富有潜质的青年艺术人才。浙江小百花越剧团蔡浙飞等一大批优秀的青年表演人才，在"新松计划"的培养下脱颖而出、茁壮成长，成为我省舞台艺术年轻一代中的佼佼者。浙江京剧团翁国生等一批中青年创作人才，在"新松计划"的扶持下施展才华、崭露头角，给浙江的舞台艺术注入了一股全新的活力。浙江歌舞剧院青年歌唱家郑培钦、浙江首个魔术世界冠军戴滨淳、全国"牡丹奖"十佳青年培养对象贯冰等一大批青年艺术骨干，在"新松计划"的资助下举办个人艺术专场，成为各艺术门类的未来之星。"浙话新势力"、浙京"五朵金花"、小百花"新生代"、杭越"五朵梅花"、浙婺表演新梯队，一个个富有活力、朝气蓬勃的年轻艺术群体在全省各地竞相涌现、争奇斗艳，浙江舞台艺术呈现出后继有人、充满活力的可喜局面。

二、探索和建立起一整套结构合理、富有实效的人才培养机制。一年一次的青年演员大赛，搭建起各艺术门类青年艺术人才勤学苦练、比学赶超的艺术平台。每年一期的青年戏曲演员高级研修班、中青年创作人才高级研修班，成为青年艺术人才脱胎换骨、负冀前行的"黄埔军校"，也是全国省市区中最早尝试名师带徒、名家传艺的人才孵化平台。三年滚动培养的省属拔尖艺术人才培养计划，是培养更高层次人才、抢占未来人才高地的全新探索。全省中青年编剧扶持计划则着力破解编剧人才青黄不接的难题，努力锻造一支年轻的本土编剧人才队伍。

三、带动和形成了一系列覆盖完整、各具特色的人才培养品牌。继"新松计划"之后，省文联、省作协、省新闻出版广电局也陆续推出了青年视觉艺术人才培养"新峰计划"、青年文学人才培养"新荷计划"、青年影视人才培养"新光计划"等相应的青年艺术人才培养计划，在省委宣传部的统筹规划下，打造推出了浙江青年文化艺术人才培养"四新计划"的系列品牌，形成了青年文化艺术人才培养的"浙江模式"。"越华如水"青年越剧演员专场、"新松吐翠"青年话剧演员专场、"五朵京花"青年京剧旦角演员专场、"龙腾虎跃"青年京剧武戏演员专场、"七彩舞秀"青年舞蹈演员专场、浙江交响乐团青年演奏家专场、浙江歌舞剧院青年歌唱家专场等各艺术门类的艺术专场年年举办，已经成为受广大观众喜爱和认可的品牌活动，也成为助推青年艺术人才成长的重要平台。

"新松"十年，是一个收获的节点，也是再次出发的起点。浙江将始终坚持"人才兴则事业兴"这条路，发挥"新松精神"，坚持"新松品格"，持之以恒推动"新松计划"的实施，努力开创浙江舞台艺术人才培养的新局面。

# 安徽省2015年文化发展情况分析

2015年，全省文化系统在各级党委政府的坚强领导下，深入学习贯彻习近平总书记系列重要讲话精神，认真落实中央和省委、省政府各项决策部署，围绕中心，服务大局，推进改革创新，突出重点，狠抓落实，全省文化建设整体推进，各项工作取得新进展新成效。

## 一、全省文化机构和人员数量稳步增长

截止2015年底，全省共有文化及相关产业机构14264个，比上年增加2003个，增长16.3%；从业人员100413人，比上年增加18507人，比上年增长22.6%。

表1 2015年全省文化机构数及从业人员情况

| 机构类别 | 机构数（个） | 从业人员数（人） |
| --- | --- | --- |
| 总计 | **14264** | **100413** |
| 一、文化合计 | 13987 | 96914 |
| 艺术表演团体 | 1617 | 30940 |
| 艺术表演场馆 | 76 | 1446 |
| 公共图书馆 | 122 | 1510 |
| 文化馆 | 122 | 1474 |
| 文化站 | 1437 | 4418 |
| 其中：乡镇综合文化站 | 1288 | 4060 |
| 艺术展览创作机构 | 20 | 153 |
| 艺术教育业 | 6 | 415 |
| 文化科研机构 | 11 | 139 |
| 文化市场经营机构（不包括非公有制院团和场馆） | 10327 | 51908 |
| 文化行政主管部门 | 125 | 2433 |
| 其他文化机构 | 124 | 2078 |
| 二、文物合计 | 277 | 3499 |
| 博物馆 | 171 | 2778 |
| 文物保护管理机构 | 95 | 542 |
| 其他文物机构 | 11 | 179 |

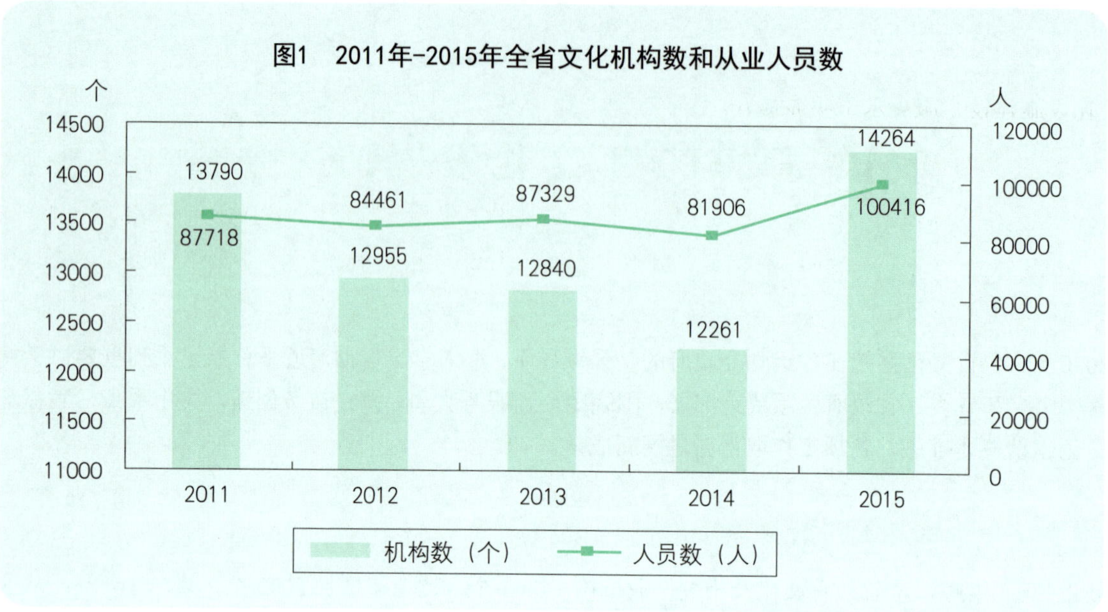


## 二、文化事业投入不断增加

2015 年，我省各级财政对文化的投入总量达 14.68 亿元，增长 9.8%。其中，文化事业费 14.63 亿元，增长 22%。按年末常住人口计算，人均文化事业费 23.81 元，增长 20.7%。

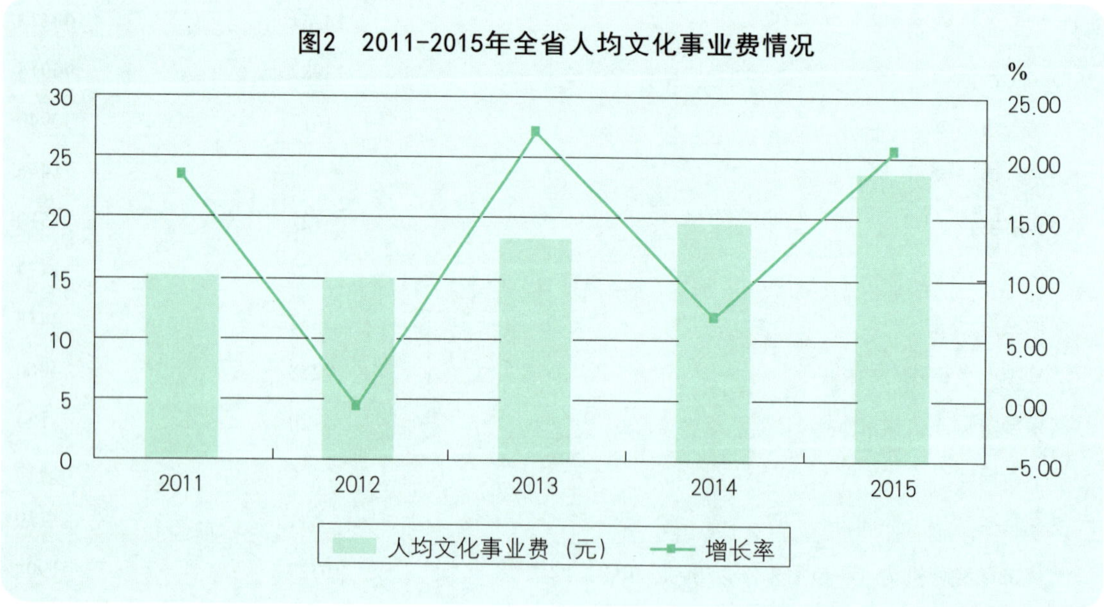


可以看出，2011-2015 年我省文化事业费总量和人均文化事业费总体呈上升趋势，说明我省各级党委、政府重视文化建设，投入不断加大，文化建设的基础更加巩固。

## 三、公共文化服务体系不断完善

2015 年，我省《关于加快构建公共文化服务体系的实施意见》和标准出台。围绕推进公共文化服务标准化、均等化，以开展全国综合性文化服务中心建设试点省为抓手，按照功能整合、设施整合的要求，开展了 30

个乡镇综合性文化服务中心试点；新建200个农民文化乐园，省级试点总数达到300个。马鞍山、安庆、铜陵、蚌埠、宣城、亳州、池州等市积极推进国家、省级公共文化服务标准化试点城市、示范区（项目）创建工作，公共文化设施建设、服务水平明显提升。

（一）公共图书馆业发展情况

2015年，全省公共图书馆全年收入2.71亿元，比上年增加0.14亿元，增长5.4%，其中图书购置专项经费 3865万元，比上年增加595万元，增长18.2%；人均购书费0.75元，比上年增加0.12元，增长19%。全省113个公共图书馆总藏量1942.36万册，增加188.56万册，比上年增长10.8%，其中：图书1575.6万册、增长27%；人均拥有公共图书馆藏量0.32册，比上年增长10.3%；书架单层总长度285937米，比上年增长24.1%；共计发放有效借书证966420个，比上年增长28.4%。

表2　2011年—2015年图书馆基本情况

| 年份 | 实际使用房屋建筑面积（万平方米） | 总藏量（万册） | 人均藏量（册） | 购买报刊种类（种） | 书架单层总长度（米） | 发放有效借书证（个） |
|---|---|---|---|---|---|---|
| 2011年 | 24.5 | 1207 | 0.23 | 22053 | 168751 | 440488 |
| 2012年 | 28.2 | 1407 | 0.24 | 27031 | 190171 | 529348 |
| 2013年 | 35.4 | 1687 | 0.28 | 37710 | 219700 | 650698 |
| 2014年 | 36.9 | 1753 | 0.29 | 34465 | 230300 | 752542 |
| 2015年 | 39.9 | 1942 | 0.32 | 35397 | 285937 | 966420 |

2015年，我省公共图书馆惠民业务活动创新开展，读者积极参与，各项业务指标稳步上升。全省图书馆总流通人次达到1738.9万，比上年增长12.5%；书刊外借1480.9万册次，比上年增长6.2%。全年组织各类讲座2023次，比上年增长14.4%；举办展览603次，比上年增长3.3%；举办培训班797个，比上年增长18%。

图3　2012年-2015年全省公共图书馆业务活动指标对比

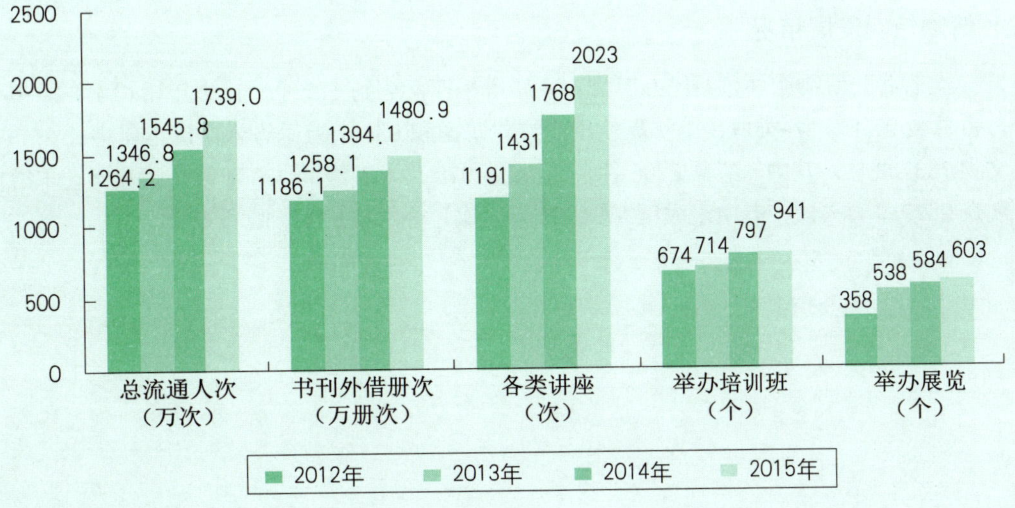

## （二）群众文化事业发展情况

2015 年，全省群众文化服务机构 1559 个，实际使用建筑面积 102.01 万平方米，比上年增长 4%；藏书 574.4 万册，比上年增长 1%；组织各类文艺活动 36210 次、公益性讲座 863 次，分别比上年增长 8.7%、23%；举办培训班 19436 班次、展览 5465 个，分别比上年增长 8.8% 和 6.8%。文化馆（站）文化服务惠及 1815.9 万人次，比上年增长 17.7%。

**表 3　2011 年 –2015 年文化馆基本情况**

| 年份 | 实际使用房屋建筑面积（万平方米） | 文化服务惠及人次（万人次） | 组织各类文艺活动（次） | 公益性讲座（次） | 举办培训班（个） | 藏书（万册） |
|---|---|---|---|---|---|---|
| 2011 年 | 82.41 | 635.97 | 17757 | 587 | 12850 | 394.87 |
| 2012 年 | 90.65 | 1184.71 | 20196 | 591 | 13580 | 511.03 |
| 2013 年 | 92.21 | 1427.79 | 27422 | 683 | 15174 | 536.87 |
| 2014 年 | 98.05 | 1542.09 | 33318 | 701 | 17869 | 568.89 |
| 2015 年 | 102.01 | 1815.94 | 36210 | 863 | 19436 | 574.40 |

2015 年，全省群众文化活动开展丰富多彩。在滁州、安庆、黄山分别举办了第五届中国农民歌会、第七届中国（安庆）黄梅戏艺术节、第二届中国非物质文化遗产传统技艺大展等三项国字号文化品牌活动，获得社会各界广泛好评。“送戏进万村”活动成为我省最受欢迎的民生工程之一，2015 年全省送戏 18733 场，完成年度任务的 121%，庐江县等地经验做法在全省推广。深化“百馆（站）千村”文化结对帮扶，组织开展“群星奖”获奖作品基层巡演、全省“六一”少儿文艺调演等活动。精心组织开展第二届“安徽省文化惠民消费季•好戏大家看”系列活动，400 多场演出实行低票价，惠民乐民。

同时，文化服务机制不断优化，不断深化“三馆一院联盟”工作机制，省图书馆、博物院、文化馆、书画院充分发挥省馆（院）龙头作用，通过省、市、县三级联动，推出了书香安徽等系列活动，带动基层馆院能力提升，联盟影响不断扩大。在全省推广金寨等 6 县公共图书馆总分馆制试点经验，基本实现了县、乡公共图书资源服务一体化。持续深化群众文化辅导工作，实行注册登记、等级管理，全省文化辅导员队伍突破 1 万名。

## （三）博物馆业发展情况

2015 年，全省各类博物馆（包括民办博物馆）新增 7 家，达到 171 个，比去年增长 4.3%，其中免费开放 157 个，占总数 91.8%。各类博物馆实际使用房屋建筑面积 65.57 万平方米，比上年增长 2.7%。全省博物馆馆藏文物 733703 件，其中一级品 2205 件，二级品 4970 件，三级品 47254 件，藏量比上年增长 2.5%；全年接待观众 2679.9 万人次，其中未成年人数 801 万人次，分别增长 11.4% 和 6.9%。

图4　2013年-2015年博物馆基本情况

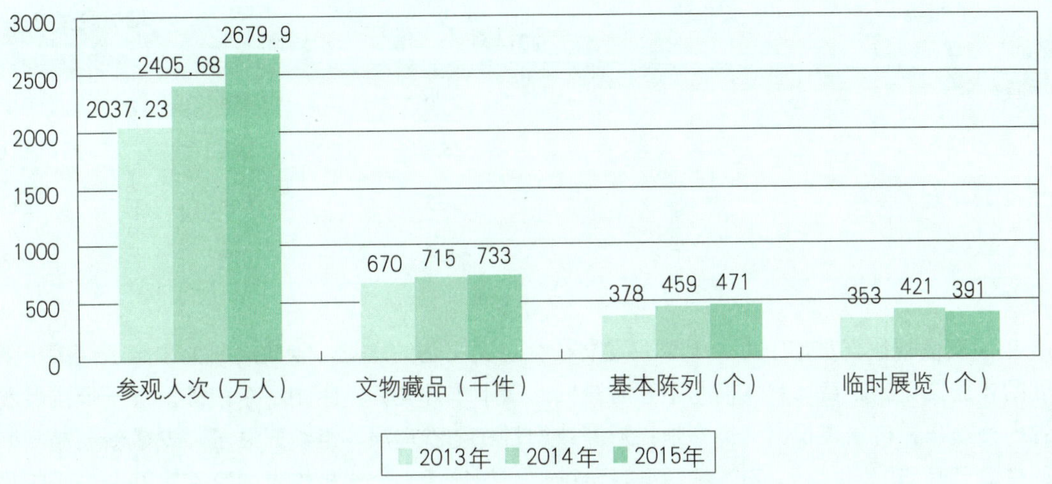


博物馆公共服务能力不断提升，全省博物馆陈列展览联盟工作日趋成熟。“明德至善　家国天下—古代徽州文化展” 入选国家文物局核心价值观展览项目。召开全省博物馆展览联盟第三次工作会议，联合举办抗战纪念活动，同时吸纳全省 23 家博物馆、纪念馆加入展览联盟，联盟成员达 100 家。原创推出“皖江洪流—安徽军民抗战史实展”、“氤氲长虹—纪念黄宾虹诞辰 150 周年特展”、 “吉羊如意——羊年文物新春特展”、“佛光恒常——安徽佛教文物精品展”等系列展览，开展省内外巡展。先后为黄宾虹纪念馆、天长抗大八分校等基层博物馆开展陈列技术指导工作和出借大量藏品支持基层博物馆组织展览。

## 四、文化设施建设进展顺利

2015 年，我省总共实施文化文物基础设施建设项目 10 项，总计建筑面积 4.32 万平方米，总投资 13.67 亿元，当年完成投资 4730 万元。安徽省重点文化项目省美术馆基建工程顺利推进，主体结构验收完成，艺术 MALL 结构浇筑完成。截止 2015 年底，省美术馆完成投资额 15584 万元。全省地市级公共文化设施（中央预算内投资申报拟重点支持项目）6 个建设项目中：亳州市文化馆和安庆市博物馆开工建设；蚌埠市文化馆工程改造部分已完工，新建部分即将动工；六安市文化馆主体结构已完工；蚌埠市博物馆和宣城市博物馆主体工程已完工，正在进行布展施工。

## 五、艺术创作生产呈现新气象

截至 2015 年底，我省有各类艺术表演团体 1615 个，从业人员 30896 人，创作首演剧目 51 个，其中：地方戏曲类 23 个，歌舞、轻音乐类 12 个，综合性艺术表演类 10 个，曲艺类 3 个，京剧、昆曲类 2 个，话剧、儿童剧、滑稽剧类 1 个。艺术表演团体机构数、演出场次、演出收入都有了较大幅度的提高（见表 4）。

表 4　2014 年 –2015 年安徽艺术表演团体演出情况

| 指标 | 单位 | 总量指标 | | 增长速度（%） |
|---|---|---|---|---|
| | | 2014 年 | 2015 年 | |
| 机构数 | 个 | 988 | 1615 | 63.46 |
| 国内演出场次 | 万场次 | 28.90 | 39.03 | 35.05 |
| 国内演出观众人次 | 万人次 | 5355 | 10681 | 99.46 |
| 演出收入 | 万元 | 64283 | 80997 | 26.00 |

2015 年，安徽省认真贯彻中央关于繁荣发展社会主义文艺的意见，省政府研究出台了《关于支持戏曲传承发展的实施意见》。黄梅戏《榴花不开盼哥回》《半个月亮》、庐剧《东门破》等一批抗战题材优秀剧目在省内外演出。宿州市推出《平安是福》廉政剧目在全省巡演。组织开展了“安徽新创精品剧目晋京展演”、“徽风皖韵中国行——安徽精品剧目全国巡演”等活动。积极推进国家艺术基金申报工作，一批项目获得审批。深入推进民营艺术院团“四个十”工程，激励引导全省民营院团出人才、出好戏。

## 六、文化遗产保护利用取得新成效

文物重点工程加快推进，含山县凌家滩、凤阳县明中都皇故城两个国家级大遗址公园加快建设。完成含山县凌家滩遗址防洪一期工程，加快推进墓葬、祭祀区展示工程和粮库区域改造整治工程，组织开展防洪二期工程深化设计。凤阳县明中都皇故城城墙修缮一期工程，完成公园区域内 170 万平方米的考古勘探工作，部分地点正在进行考古发掘。徽州区呈坎村、泾县黄田村两个全国文物保护样板工程一期工程完工。世界文化遗产大运河保护管理工程和传统村落整体保护利用项目进展顺利。第一次可移动文物普查加快推进。完成 10 个国家级非遗濒危项目抢救工程和 3 个项目的国家数字化试点工作。修改完善《安徽省文物保护工程管理办法》，制订出台《安徽省文物保护工程竣工验收管理暂行办法》。拍摄完成非遗系列专题片《家院乾坤》《粉墨春秋》。《安徽省非物质文化遗产乡土读本》皖北、皖中卷出版。加快推进徽州文化生态保护综合性非遗传承中心建设，积极推进黄山市创建国家非遗展示基地。结合《安徽省非物质文化遗产条例》实施，开展了形式多样、深受群众欢迎的文化遗产日和非遗进课堂、进乡村、进家庭等系列宣传活动。

表 5　2013 年 –2015 年安徽省非遗项目及传承人情况

单位：个、人

| | 国家级 | | 省级 | | |
|---|---|---|---|---|---|
| | 非遗项目 | 非遗传承人 | 非遗项目 | 非遗传承人 | 传习基地（传习所） |
| 2013 年 | 60 | 75 | 343 | 409 | 33 |
| 2014 年 | 72 | 75 | 343 | 576 | 50 |
| 2015 年 | 72 | 75 | 343 | 576 | 54 |

## 七、文化产业进一步转型增效

2015年，安徽省认真贯彻国家和省委、省政府文化产业发展的战略部署，促进文化产业进一步转型增效。一是推动产业项目进入国家重点文化产业项目库。积极组织、辅导企业申报国家文化产业重点项目及文化金融合作项目等，并做好衔接和跟踪服务工作。我厅组织申报的“铜官府铜工艺文化产业园”等6个列入文化部特色文化产业重点项目，13个进入财政部、文化部文化金融合作项目库；二是服务、推进文化产业项目建设。2015年，在省政府下达的重点项目投资计划中，由省文化厅直接联系的亿元以上项目107个，三是以园区基地为示范，引领文化产业发展。我省共有10家文化部命名的国家文化产业示范基地、102家省文化厅命名的安徽省文化产业示范基地，示范基地在自身加快发展的同时，示范引领带动效应显著，成为安徽文化产业的生力军、“领头雁”。四是以金融合作为平台，助推文化产业发展。根据省政府部署，省文化厅负责建立全省文化直接融资企业后备库，到2015年底，已有126家企业145个项目入库，在全国率先建成省级文化直接融资后备企业资源库。五是以动漫产业为突破，创新文化产业发展。到2015年，安徽被国家认定的动漫企业总数已达33家。

## 八、文化市场繁荣有序发展

2015年，我省共有经营性文化产业机构11918个，其中：娱乐场所3555个、网吧6582个、非国有艺术表演团体1563个，非公有制艺术表演场馆28个，经营性互联网文化单位98个，艺术品经营机构59个，演出经纪机构33个；从业人员79873人。机构数和从业人员数比去年分别增长20%和29.7%。

图5　安徽省2015年文化市场经营机构城乡分布情况

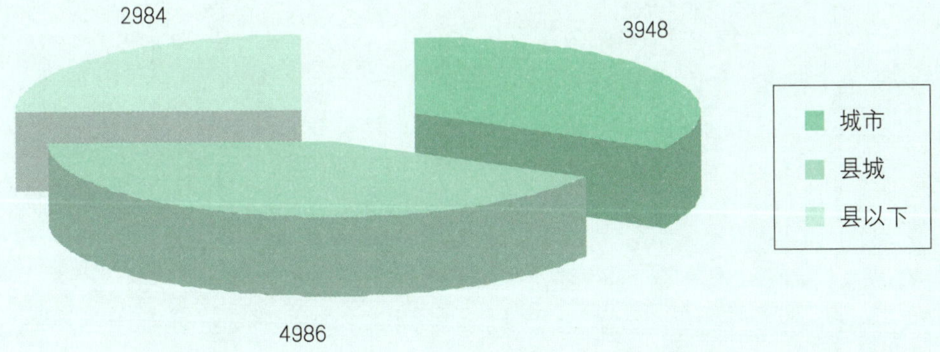


近年来，我省文化市场工作紧紧围绕构建“统一开放、竞争有序、诚信守法、监管有力”的现代文化市场体系总体目标，一手抓市场监管和执法队伍建设，提高执法能力；一手抓调动市场主体积极性，提高管理水平，实现了监管与服务并重，文化市场总体平稳有序。2015年，全省3单位获全国文化市场综合行政执法先进集体、1件案卷入选2013-2015全国文化市场十佳案卷、1件案卷入选规范案卷、4个案件入选全国文化市场重大案件。通过简政放权，激发释放市场活力，社会资本进入文化市场的热情空前高涨，2015年全省新增文化市场经营主体2300余家，办理涉外和涉港澳台演出300余批次，文化市场活力有效迸发。

## 九、文化交流合作取得新成果

圆满完成了赴美国、泰国“欢乐春节”演出活动。组织开展了赴加勒比海3国、韩国文化交流演出。深入推进中俄“两江地区”文化交流活动。成功举办了“2015台湾·安徽文化交流周”活动，在台湾推出了《安徽省非遗大师工艺美术大师赴台技艺展示》等文化交流项目。精心组织优秀非遗项目祁门目连戏、池州傩戏赴澳门、香港演出，促进了我省与港澳台文化交流合作，扩大了安徽文化影响力。进一步推进皖台两地文化交流，与台湾佛光山佛陀博物馆达成协议，举办了“星云大师一笔字书法展”，5年内 “安徽佛教文物精品展”等5个展览赴台湾展出。

2015年，安徽文化建设取得了可喜的成绩，在总结成绩的同时，我们也清醒地看到，文化建设还存在着一些问题和短板，如：基层特别是农村和社区文化设施还比较薄弱；县乡文化场馆达标率还不高，管理服务水平还不高；文化产品和服务的供给还不能完全满足群众的需求。文艺创作数量不丰、精品更少的现象同时存在，推出精品力作的任务仍然艰巨。文化人才队伍建设亟待加强，高端领军人物和基层文化活动人才都很缺乏。这些都需要我们高度重视，并在今后工作中认真研究，努力加以解决。

（安徽省文化厅）

## 安徽："送戏进万村"活动成效显著

近年来，为提高专项资金使用绩效，探索文化惠民资金使用新方式，安徽省文化厅、财政厅创新工作机制，采取政府购买服务的方式，在全省开展"送戏进万村"活动，实现全省15539个行政村全覆盖，社会效益显著，群众广泛称赞。

一、有的放矢，制度设计科学

为了将农村文化活动——"送戏进万村"一开始就引上资金使用规范化、绩效化和公共文化服务标准化、均等化的正确轨道，安徽省文化厅、财政厅在制度设计伊始，就以问题为导向，有的放矢，突出重点。先期的调研显示，不少交通闭塞条件差的行政村多年无戏进村；一些演出因经费所限或缺乏制度约束，质量良莠不齐，送戏进村摆花架子走过场；中央及地方农村文化建设专项补助资金使用分散，没有发挥最佳效益。因此，在制度设计中，以各县级文化主管部门为实施主体，严格采购条件，建立反馈、督查机制，通过政府统一采购、公开择优选定演出剧团等措施着重扭转农村文化活动中所表现出的不均等、不规范、形式主义等主要问题。因为有了既符合省情又具操作性的制度设计，财政资金得到有效整合和高效使用，避免了送戏活动的任意和无序。

二、注重实效，惠民效果显著

"送戏进万村"活动，使全省15539个村庄的农民在家门口观看了至少1场有质量的文艺演出。每年2万多场的演出，从整体上活跃了乡村的文化生活，取得了显著的惠民效益，出现了许多农民观众欢迎送戏进村的动人情形。金寨县一位老农说，这是我活了70年第一次不出村就能看到好戏，感谢政府惦记着我们山里人。为确保"送戏进万村"活动取得实效，各级文化部门充分发挥发挥乡镇综合文化站和村委会等职能作用，构建了较为科学的联合监督体系，激发现场观众、人大代表或政协委员等参与意识，通过填写《演出服务检查记录表》《演出服务回执单》《2016"送戏进万村"群众节目满意度调查表》等，大大增强了演出单位责任意识和质量意识，提升了演出质量。

三、盘活资源，演出市场活跃

"送戏进万村"这一文化惠民工程的正效应引起了社会各界的关注，不少市县在计划外追加财政资金，用来增加送戏场次。一些社会资金也参与进来，赞助演出。由于国有剧团和民营剧团在同一平台上竞标，竞争机制的引进有效激发了两类院团的艺术生产力，盘活了演出资源，推动了文艺创作，大大激活了农村演出市场。近年来不少国有市、县戏曲剧团面临人才匮乏、艺术生产无力、观众流失等诸多困难。众多场次的进村演出是占领农村演出市场的大好机遇，许多国有剧团自觉"备战"参与竞标，疲乏衰颓之风为之一扫，不少剧团还复排或改编了多年不演的优秀传统戏。2015年有49家国有县、市级剧团中标，占全省国有文艺表演团体的92%，完成演出场次占送戏总场次的32.7%。因为安徽省近年来加大对民营剧团的扶持力度，民营演出呈现空前活跃态势，民营剧团成了送戏进村的主力，大量接地气的演出深受农民欢迎。现在，"送戏进万村"活动已家喻户晓，成为安徽文化的一个品牌。

# 福建省2015年文化发展情况分析

2015年，全省文化系统全面深入贯彻落实党的十八届三中、四中、五中全会和习近平总书记系列重要讲话精神，贯彻落实省委九届十四次、十五次全会精神，紧紧围绕“四个全面”战略布局，坚持社会主义先进文化前进方向，坚持以人民为中心的工作导向，开拓创新，积极作为，文化改革发展取得新成效，“十二五”时期各项任务圆满收官，为建设社会主义文化强省、全面建成小康社会奠定了坚实文化基础。

## 一、机构和从业人员

2015年末，纳入统计范围的全省各类文化文物单位6370个，比上年末增加16个；从业人员76613人，增加7725人。其中，各级文化文物部门所属单位145个，与上年持平；从业人员2357人，增加172人。

图1　2006年-2015年福建省文化单位机构数及从业人员数

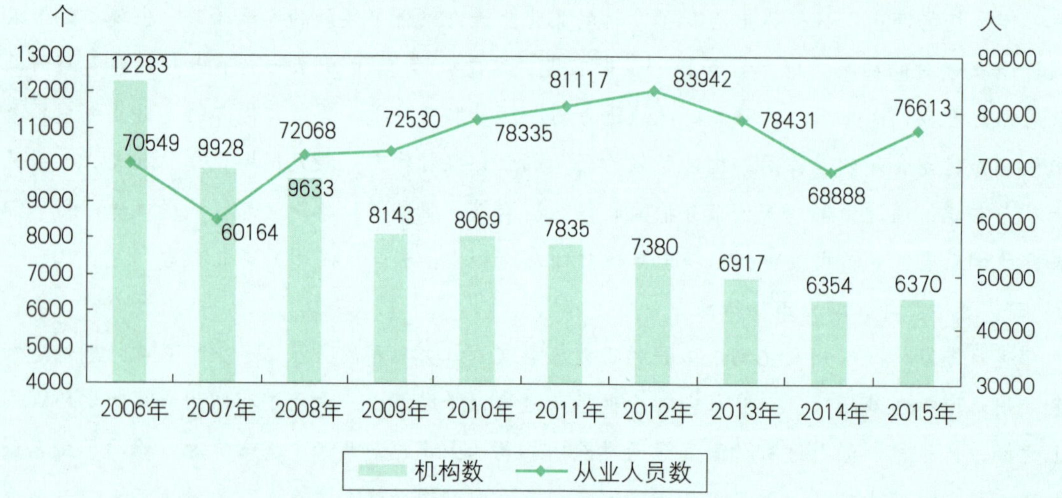


## 二、艺术创作演出活动取得新进步

艺术创作生产取得新成效。我省广大文艺工作者认真学习贯彻习近平总书记文艺工作座谈会重要讲话精神和中共中央《关于繁荣发展社会主义文艺的意见》、国务院办公厅《关于支持戏曲传承发展的若干政策》和省两办颁发的《关于传承和弘扬福建戏曲的若干意见》精神，深入生活、扎根人民，积极开展“中国梦”和社会主义核心价值观主题创作，推出了一批优秀文艺作品，艺术创作生产呈现可喜的新气象，得到社会各界高度评价。

图2　2015年省属六院团演出场次及演出收入情况

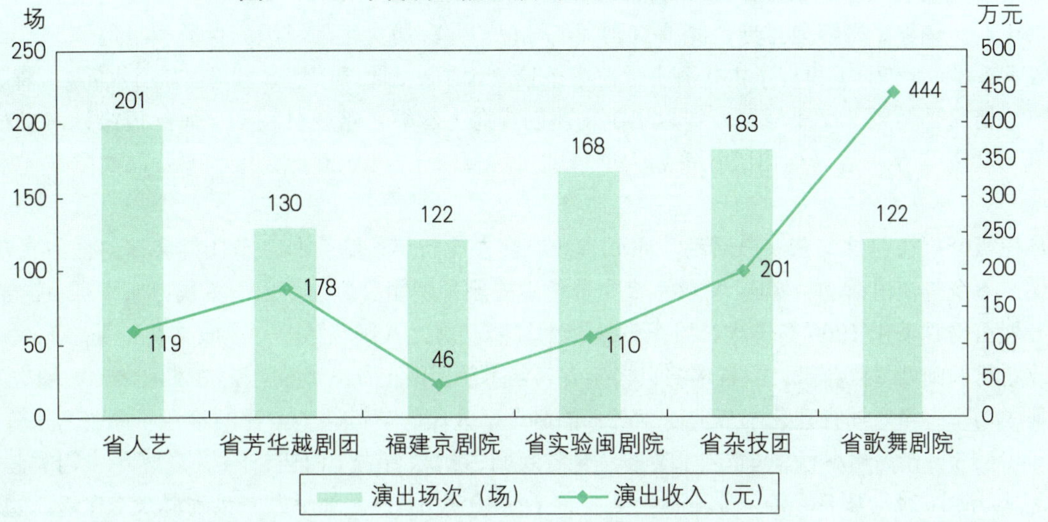


一是我省大型舞剧《丝海梦寻》境外巡回演出。应邀赴联合国总部、联合国教科文总部、欧盟总部、台湾、香港、澳门、上海、陕西、 新疆、甘肃、宁夏、江西以及中央党校、清华大学、中国人民大学等国内外重要场合演出近 60 场。在国内外演出都反响热烈，有效打响了“海丝”文化品牌和福建文化品牌。2015 年 10 月 25 日晚，中央电视台《新闻联播》头条以文艺作品应该“为人民抒写、为人民抒情”为题，用近 6 分钟的篇幅详细介绍了舞剧《丝海梦寻》的情况及福建文化现象。

二是开展全国地方戏曲剧种普查工作。文化部委托我省艺术研究院牵头组织，这是文化部对我省地方戏曲保护传承工作的高度认可。我们也适时召开了闽剧艺术研讨会。2015 年我省有 7 个项目入选文化部“中华优秀传统艺术传承发展计划”扶持专项，有 18 个项目获得国家艺术基金年度资助。其中：福州市的闽剧《杨门女将》应邀参加第十二届契科夫国际戏剧节展演、《丹青魂》（片段）参加 2015 年新年戏剧晚会、《王茂生进酒》入围第十四届中国戏剧节、《林则徐复出》及主演入选全国地方戏优秀中青年演员会演、儿童剧《判官审石头》入选第八届全国儿童剧优秀剧目。龙岩市积极打造红色题材戏剧和大型闽西汉剧现代戏。福建

图3　2015年省属六院团公益性演出场次及补贴收入情况

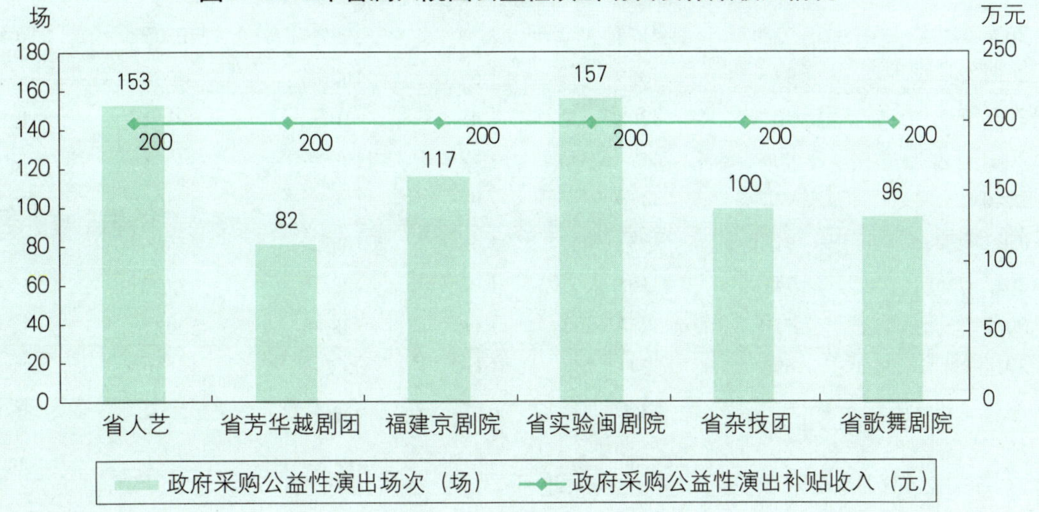

艺术职业学院深化特色办学，鼓励师生创作，涌现了一批优秀的音乐、舞蹈、美术作品。以省歌舞剧院为龙头整合的福建剧院联盟，全年在全省 13 家剧场开展公益性和商业演出 60 余场。福建人艺创演大型历史剧《陈嘉庚》。福建京剧院复排红色经典京剧《红灯记》并参加文化部组织的优秀剧目巡演。省闽剧院新创闽剧戏歌《郑和下西洋》再现了古代海上丝路繁荣景象。省杂技团新创情景剧《逐梦山水间》、舞蹈诗《海峡情缘》、情景体验剧《平安号》。省芳华越剧团创排海上丝绸之路题材越剧《海丝情缘》，王君安获第 27 届中国戏剧梅花奖。省音像出版社策划大型舞剧《丝海梦寻》30/20 舞台电影并争取到国家艺术基金的大力支持。

三是积极开展公益性文艺演出活动。完成省政府交办的新年茶话会和春节团拜会演出任务。开展文化拥军、文艺下乡等演出活动。实施“扶持 39 个非遗地方剧种剧团公益性演出”为民办实事项目，各非遗院团全年开展公益性演出 1900 多场次。组织省属艺术院团开展“八闽清风——廉政文艺走基层”演出活动，组织廉政题材的闽剧《兰花赋》全省巡演。去年省属艺术院团演出 926 场次，公益性演出 705 场次。

四是成功举办第六届福建艺术节。以“艺术的盛会，人民的节日”为主旨的第六届福建艺术节于 11 月 23 日至 12 月 15 日在福州举行，本届艺术节荟萃全省戏剧、歌舞、杂技、曲艺、书法、美术等多门类艺术精品。其中，戏剧会演有 34 台剧目参演，音舞曲杂类有 15 台专场演出。在各地举办一系列群众文化活动的基础上，还举办了全省“激情广场大家唱”合唱比赛和社会文化及文博展览展示系列活动。本届艺术节最鲜明的特点是我省深入贯彻落实了习近平总书记在文艺工作座谈会上的重要讲话精神，我省广大文艺工作者深刻领会了讲话关于文艺工作的新思想新观点新论断，用文艺引领新时代的新风气。

年末全省共有艺术表演团体 70 个，比上年末增加 1 个，从业人员 3472 人，增加 131 人。其中执行事业会计制度的艺术表演团体 67 个，占 95.71%，从业人员 3360 人，占 96.77%。

全年全省艺术表演团体共演出 0.961 万场，比上年下降 7.41%，其中赴农村演出 0.473 万场，下降 24.9%，赴农村演出场次占总演出场次的 51.02%，比重比上年回落了 11.41 个百分点；国内观众 651.61 万人次，下降 19.45%，其中农村观众 325.95 万人次，比上年下降 33.59%；总收入 6.21 亿元，比上年增长 25.56%，其中演出收入 0.76 亿元，增长 41.05%。

**表 1　2006 年 –2015 年福建省艺术表演团体基本情况**

| 年　份 | 机构数（个） | 从业人员数（人） | 演出场次（万场） | 国内演出观众人次（万人次） | 总收入（万元） | |
|---|---|---|---|---|---|---|
| | | | | | | #演出收入 |
| 2006 年 | 92 | 4175 | 1.38 | 992.6 | 20575 | 3084 |
| 2007 年 | 92 | 4059 | 1.57 | 1626.6 | 24994 | 4141 |
| 2008 年 | 90 | 4208 | 1.48 | 1102.2 | 29711 | 4350 |
| 2009 年 | 90 | 4109 | 1.48 | 1399.2 | 34003 | 4893 |
| 2010 年 | 93 | 4468 | 1.63 | 1304.2 | 40706 | 7024 |
| 2011 年 | 91 | 3957 | 1.58 | 1382.9 | 42646 | 6527 |
| 2012 年 | 74 | 3465 | 1.08 | 723.76 | 48404 | 5807 |
| 2013 年 | 77 | 3452 | 1.08 | 838.38 | 52922 | 5491 |
| 2014 年 | 69 | 3341 | 1.03 | 808.95 | 49430 | 5391 |
| 2015 年 | 67 | 3360 | 0.96 | 651.61 | 62067 | 7605 |

全年全省文化部门所属艺术表演团体共组织政府采购公益演出 0.426 万场，比上年增长 26.78%；观众 246.27 万人次，增长 3.04%。利用流动舞台车演出 610 场次，增长 27.08%；观众 31.16 万人次，下降

23.66%。

年末全省共有艺术表演场馆 54 个。执行事业会计制度的艺术表演场馆 46 个，比上年减少 2 个，执行企业制度的艺术表演场馆 8 个。观众坐席数 32523 个，比上年减少 2931 个；全年共举行艺术演出 960 场次，比上年减少 4.67%；艺术演出观众人次 32.44 万人次，下降 7.15%。

年末全省共有国有美术馆 9 个，比上年末增加 1 个，从业人员 51 人，增加 6 人。全年共举办展览 63 次，比上年增长 117.24%，参观人次 33.82 万人次，增长 20.82%。

## 三、公共文化服务体系建设取得新进展

一是推进公共文化服务体系建设。贯彻落实中办、国办《关于加快构建现代公共文化服务体系的意见》，牵头建立我省现代公共文化服务体系协调机构，牵头拟定的《福建省关于加快构建现代公共文化服务体系实施意见》，已经省委办公厅、省政府办公厅印发。国家公共文化服务示范区、示范项目创建工作取得新成绩，福州市、宁德溪山书画院分别入选第三批国家公共文化服务体系示范区（示范项目）创建单位。推进村级文化协管员、“文化一点通”服务、海上丝绸之路数字文化长廊、地方特色文化资源和特色文献数据库等建设。三明市公共文化服务体系建设“六联六创”工作机制被省委、省政府列入福建省全面深化改革第一批复制推广典型目录。南平市加快推进武夷新区文化艺术馆、图书馆、美术馆等重大文化项目规划建设。以海洋文化为主体的特大型“中国海洋文化中心”项目落户平台。

二是开展丰富多样的群众公共文化活动。组织开展世界读书日阅读推广、“书香伴我同行”等系列活动。省图书馆全年举办讲座、展览等读者活动 409 场，参与读者 40 余万人。“闽图大学堂”坚持每周末开展系列社科主题公益讲座，“东南周末讲坛” 荣获“福建省十佳社会科学讲坛”。正谊书院开展了福建古代书院展、国学国画系列课程讲座等活动。省少年儿童图书馆围绕儿童阅读推广和国学培训两大主题，举办各类读者活动 309 场。省美术馆举办了乔十光漆艺展、童小鹏与苏静摄影展等 16 场精品展览，观众近 30 万人次。省文物鉴定中心开展国际博物馆日公益鉴赏等文化惠民活动近 10 场。省人民剧场举办“文化遗产专题电影周”和“抗战影片展映周”活动。

开展“美丽福建农村文化行”等文化志愿服务活动。与省文联联合主办第三届福建舞蹈百合花奖专业舞蹈大赛暨中国舞蹈荷花奖福建选拔赛和第三届福建声乐金钟花奖比赛。省艺术馆组织举办首届海峡杯两岸少儿获奖歌手音乐交流演唱会巡演和第十一届全省少儿故事大王比赛。参加首届华东六省一市现代地方小戏大赛，我省获一金二银的好成绩。《丝海梦寻》舞剧赴新疆乌鲁木齐和昌吉州演出，圆满完成文化部安排的 2015 “春雨工程——全国文化志愿者新疆行”任务。

### （一）公共图书馆

年末全省共有公共图书馆 90 个，比上年末增加 2 个。其中少儿图书馆 6 个。年末全省公共图书馆从业人员 1330 人，比上年末增加 52 人。其中具有高级职称的人员 97 人，占 7.29%；具有中级职称的人员 457 人，占 34.36%。

年末全省公共图书馆实际使用房屋建筑面积 38.05 万平方米，比上年末增长 1.44%；图书总藏量 2821.13 万册，增长 6.05%，其中古籍 47.91 万册；电子图书 1854.27 万册，增长 11.67%；阅览室座席数 31799 个，增长 4.41%；计算机 6101 台，增长 3.21%；供读者使用的电子阅览终端 3902 台，增长 6.9%。

年末平均每万人公共图书馆建筑面积 99.11 平方米，比上年增加 0.58 平方米；全省人均图书藏量 0.73 册，增加 0.04 册；全年全省人均购书费 1.62 元，比上年增加 0.23 元。

图4 2006年-2015年福建省公共图书馆人均资源情况

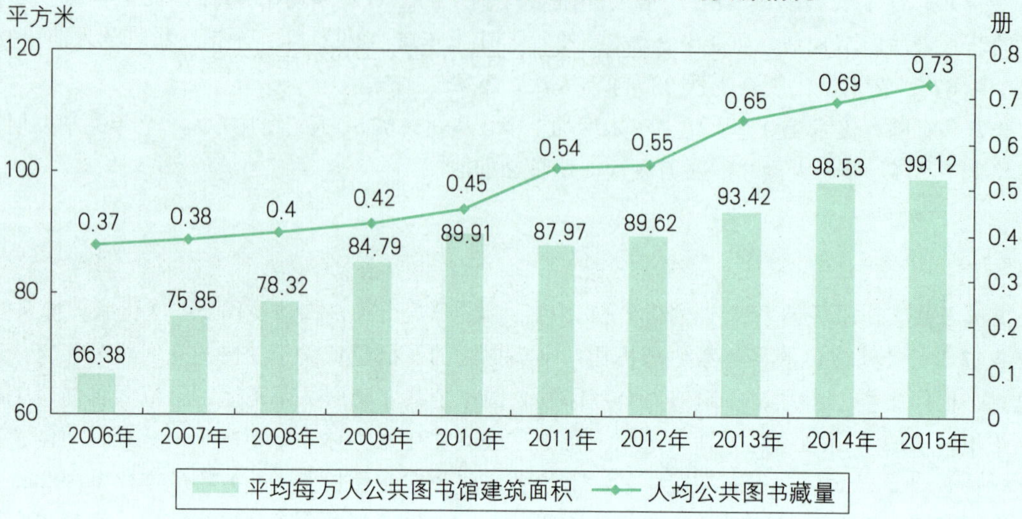


全年全省公共图书馆发放借书证102.48万个，比上年增长11.92%；总流通人次2396.33万人次，增长16.78%。书刊文献外借册次2465.14万，增长16.41%；外借人次980.74万，增长15.22%。全年共为读者举办各种活动4686次，增长21.55%；参加人次176.44万，增长2.49%。

图5 2006年-2015年福建省公共图书馆总流通人次及书刊外借册次

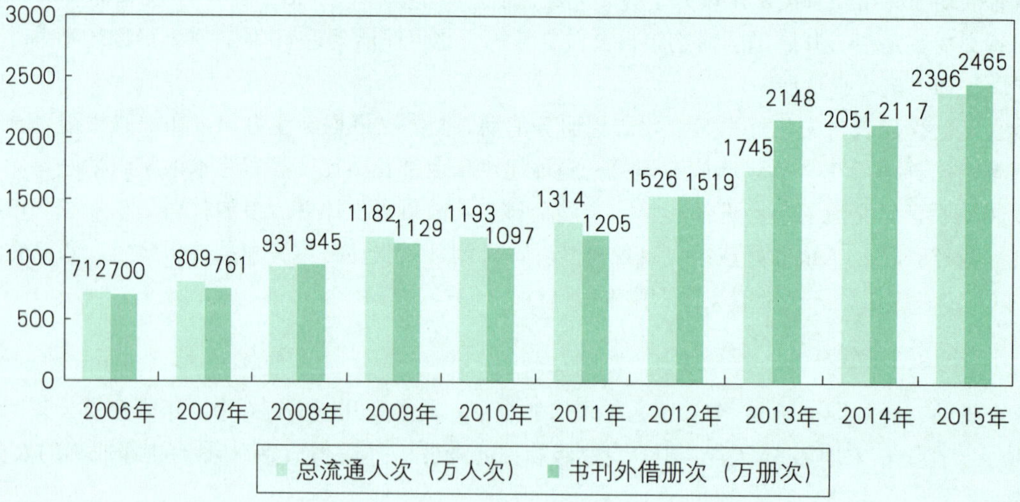


（二）群众文化机构

年末全省共有群众文化机构1222个，比上年末增加7个。其中乡镇综合文化站962个，增加1个。年末全省群众文化机构从业人员3761人，比上年末增加159人。其中具有高级职称的人员127人，占3.37%；具有中级职称的人员319人，占8.48%。

年末全省群众文化机构实际使用房屋建筑面积125.02万平方米，比上年末增长3.02%；藏书557.74万册，增长1.18%；计算机7881台，减少10.86%；对公众开放的阅览室2.83万平方米，减少21.82%。年末全省平均每万人群众文化设施建筑面积 325.65 平方米，比上年末提高 6.81 平方米。

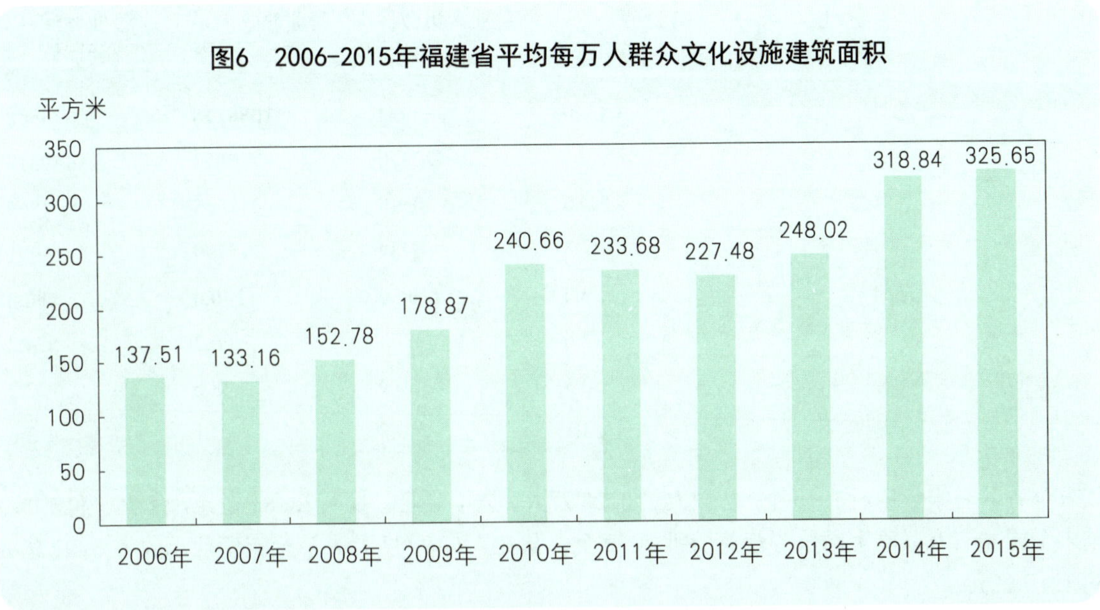


全年全省群众文化机构共组织开展各类文化活动 34627 场次，比上年增长 20.22%；服务人次 1493.7 万，下降 5.63%。

**表 2 2015 年全省群众文化机构开展活动情况**

| | 总量 | | 比上年增长（%） | |
|---|---|---|---|---|
| | 活动次数（次） | 服务人数（万人次） | 活动次数 | 服务人次 |
| **各项活动总计** | **34627** | **1493.7** | **20.22** | **-5.63** |
| 其中：展览 | 3682 | 369.4 | 8.07 | -19.06 |
| 文艺活动 | 15940 | 1036.1 | 7.00 | -1.73 |
| 公益性讲座 | 639 | 10.2 | 39.51 | 37.83 |
| 训练班 | 14366 | 78.0 | 43.07 | 21.87 |

年末全省群众文化机构共有馆办文艺团体 200 个，演出 1679 场，观众 127.87 万人次。由文化馆（站）指导的群众业余文艺团体 8198 个，馆办老年大学 28 个。

## 四、文化市场和文化产业取得新发展

年末全省文化市场经营单位 4540 家，比上年末增加 18 家；从业人员 60053 人，增加 7503 人。全年全省文化市场经营单位营业总收入 108.82 亿元，营业利润 33.65 亿元。

分区域看，年末城市文化市场经营单位 1251 个，占文化市场经营单位总量的 27.55%；县城 2286 个，占 50.35%；县以下地区 1003 个，占 22.09%。

表 3　2015 年按区域全省文化市场经营单位主要指标

| | | 机构数（个） | 从业人员数（人） | 营业总收入（万元） | 营业利润（万元） |
|---|---|---|---|---|---|
| 总量 | 总计 | 4540 | 60053 | 1088218 | 336588 |
| | 城市 | 1251 | 22970 | 720853 | 249817 |
| | 县城 | 2286 | 30599 | 311565 | 74869 |
| | 县以下 | 1003 | 6484 | 55799 | 11901 |
| 比重（%） | 总计 | 100.0 | 100.0 | 100.0 | 100.0 |
| | 城市 | 27.6 | 38.3 | 66.3 | 74.2 |
| | 县城 | 50.3 | 50.9 | 28.6 | 22.2 |
| | 县以下 | 22.1 | 10.8 | 5.1 | 3.6 |

年末全省共有娱乐场所 1915 个，从业人员 3.25 万人，全年营业总收入 33.81 亿元，营业利润 5.17 亿元。

年末全国共有互联网上网服务营业场所 2052 个，从业人员 0.87 万人，全年营业总收入 5.91 亿元，营业利润 1.16 亿元。

一是文化市场发展健康有序。我省文化市场落实“先照后证”政策，积极转变职能，放管结合，强化事中事后监管。厦门 1311、违法网络动漫网站案获评十大案件，省文化稽查总队和厦门市文化市场综合执法支队获全国文化市场综合行政执法先进单位。开展福建自贸区文化市场开放政策试验工作。加强对演出市场的培育和引导，积极引进国内外优秀演出剧节目。

年末全省共有 2 个国家级文化产业示范园区，1 个国家级文化产业试验园区和 5 个国家文化产业示范基地，有 5 个省级文化产业示范基地。

二是文化产业发展进一步推动。2015 年，举办第八届海峡两岸文化产业博览交易会和第十届中国（莆田）海峡工艺品博览会。推进动漫产业发展，向文化部申报举办“第七届厦门国际动漫节”。33 个动漫项目入选弘扬社会主义核心价值观动漫扶持计划，7 家企业通过国家动漫企业认定，5 个动漫创意产品、2 个动漫产品申报国家动漫品牌建设和保护计划，7 个动漫项目进入首批国家动漫项目资源库；评选第九批福建省文化产业示范基地 13 家。

## 五、文化遗产保护与利用取得新成果

进一步协调推进文物保护与利用。2015 年，全省文物系统认真学习贯彻习近平总书记关于传承中华优秀传统文化的重要论述。扎实推进历史名城名镇名村保护和传统村落整体保护利用，《福建省历史文化名城名镇名村保护条例》列入省政府立法计划，全面实施第一批整体保护利用传统村落的保护展示工程，做好第二批整体保护利用传统村落的相关工作。大力推动涉台文物保护工程，开展朱子文物调查和保护利用工作，组织实施林则徐故居等涉台文物保护工程。

厦门鼓浪屿申报世界文化遗产工作，被确定为 2017 年中国世界文化遗产申报项目。启动“海丝古城——泉州” 申报世界文化遗产工作。加强“海上丝绸之路”22 个史迹点的保护和展示利用。《福建省“海上丝绸之路——漳州史迹”保护管理办法》《古泉州（刺桐）史迹遗址保护管理办法》经省政府公布。漳州市全力实施漳州古城保护建设一期工程。平潭引进长福集团建设亚洲最大的民间博物馆。福建博物院获 2015 年度全国最具创新力博物馆之一。

年末全省共有文物机构 145 个。其中，文物保护管理机构 37 个，占 25.51%，博物馆 98 个，占

67.58%。年末全省文物机构从业人员 2357 人，比上年末增加 172 人。其中高级职称 182 人，占 7.72%，中级职称 329 人，占 13.95%。

图7　2006年-2015年福建省文物机构及从业人员情况

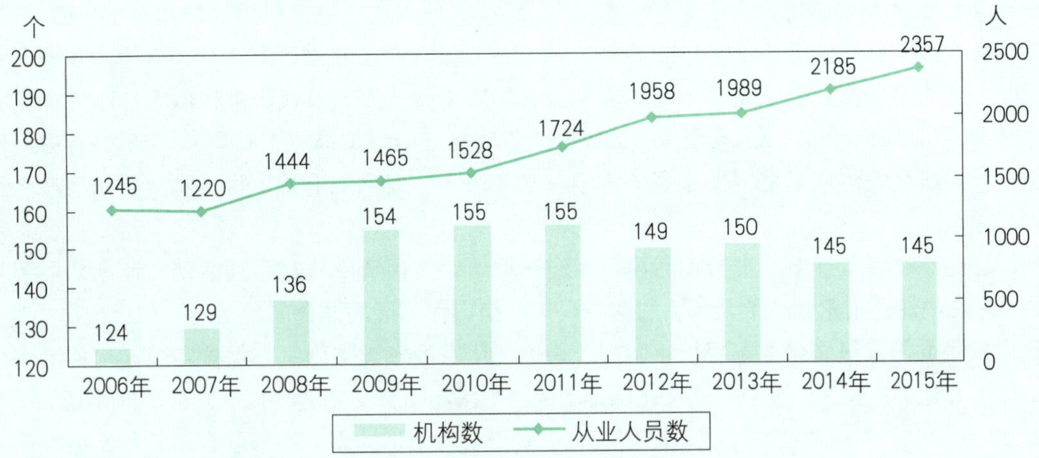


年末全省文物机构拥有文物藏品 56.10 万件，比上年末增加 1.49 万件，增长 2.74%。其中，博物馆文物藏品 51.4 万件，占文物藏品总量的 91.6%；文物商店文物藏品 4.26 万件，占 7.59%。文物藏品中，一级文物 1083 件，占 0.19%；二级文物 3044 件，占 0.54%；三级文物 98267 件，占 17.51%。年末全省不可移动文物共有 3.32 万件。此外，全省共有全国重点文物保护单位（1-7 批）共 137 处 291 个点，省级文物保护单位（1-8 批）共 674 处，市、县、区级文物保护单位 5000 余处。

全年全省文物机构共安排基本陈列 271 个，举办临时展览 531 个，接待观众 2459.11 万人次，比上年增长 5.34%。其中未成年人 860.15 万人次，增长 4.26%，占参观总人数的 34.97%。博物馆接待观众 2412.13 万人次，增长 4.5%，占文物机构接待观众 98.09%。

图8　2006年-2015年福建省文物机构接待观众人次及未成年观众人次

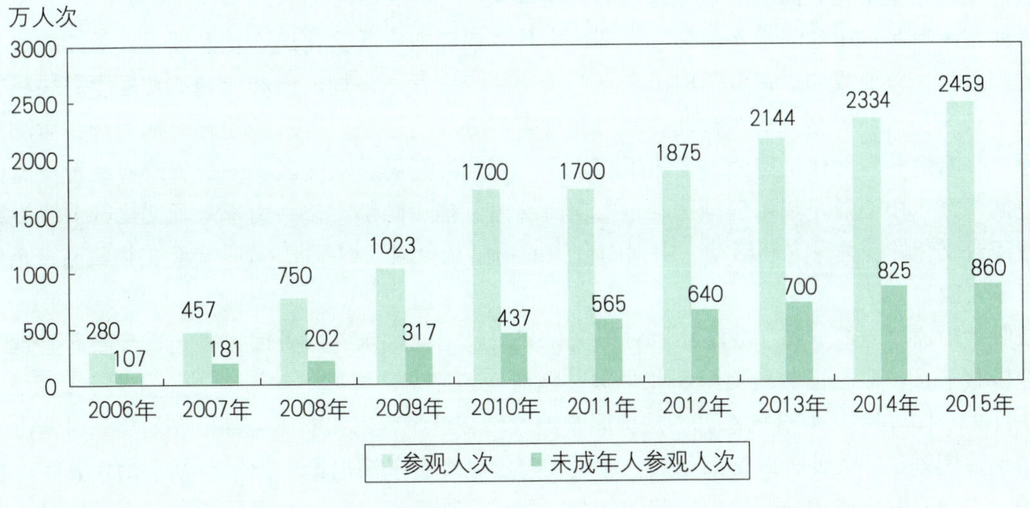

## 六、非物质文化遗产保护传承不断

2015年，我省按照《国家级非物质文化遗产代表性传承人抢救性记录工作规范》，组织开展了10位国家级非遗代表性传承人的抢救性记录。协助文化部认定了17个第四批国家级非遗代表性项目保护单位，对3个不适合的项目保护单位进行调整和重新认定。截至2015年末，我省共有4项非物质文化遗产项目入选联合国教科文组织“人类非物质文化遗产代表作名录”、2项入选“急需保护的非物质文化遗产名录”，1项入选“优秀实践名册”。国务院共公布了1372个国家级非物质文化遗产代表性项目中，我省就有130个项目；同时，我省报经文化部认定了109名国家级非物质文化遗产项目代表性传承人。此外，我省共有省级项目353个，市级项目602个，县级项目841个。省市县三级保护单位1503个。全省共有省级代表性传承人552人，市级代表传承人85人，县级代表传承人670人。全省共有国家级非物质文化遗产生态保护区1个，省级1个。

此外，还组织开展了春节元宵节期间民俗活动和第十个文化遗产日等系列活动。策划举办了“忘不了的乡愁——派江吻海、山水相依的八闽古村落古民居”摄影作品展的非遗展示活动。积极推进福建（闽西）客家文化申报设立国家级文化生态保护实验区、朱子文化申报省级文化生态保护实验区相关工作；加强省级妈祖文化生态保护实验区工作。完成文化部部署的“中国非物质文化遗产传承人群培训计划”试点工作，继续开展2016年度“中国非物质文化遗产传承人群研修研习培训计划”。与联合国教科文组织亚太地区非遗国际培训中心，在柬埔寨、印尼、中国福州和泉州、澳大利亚等地共同举办了“保护非遗实践国际培训及中国福建木偶戏在亚太地区的传播交流推广活动”。

据初步统计，年末全省共有非物质文化遗产保护机构84个，从业人员497人。全年全省非物质文化遗产保护机构共举办展览505次，比上年下降14.1%，接待观众211万人次，比上年增加8.2%；举办演出1094场，观众106.21万人次，分别比上年增长38.48%和18.28%；举办民俗活动553次，比上年下降4.98%，观众89.19万人次，比上年降低19.36%；举办培训班922次，比上年增长12.16%，培训人数7.99万人次，比上年增长41.41%。

## 七、对外和对港澳台文化交流取得新突破

一是深入开展对台文化交流。2015年，我们继续开展“福建文化宝岛行”系列活动，先后组织了54批系列文化交流活动，有42个院团（组）近3000人入岛交流，展演216场次。如：舞剧《丝海梦寻》赴台湾佛光山和台湾艺术大学展演。星云法师观看了在佛光山的演出并发表即席讲话，还赠送“同根同源”的亲笔墨宝，福建东南卫视和海峡卫视频道同时向全球48个国家作现场直播。我省非遗项目35位工艺大师的近200件艺术珍品，在台湾佛光山举办为期一个月“福建非物质文化遗产精品展”。继续抓好“福建文化宝岛校园行”，莆仙戏先后在台湾中山大学等7所院校进行了多场演出和座谈；首届“海峡杯”两岸少儿获奖歌手音乐交流演唱会入岛在台北、新竹和屏东举办3场巡演。省杂技团春节期间赴台湾澎湖演出。厦门组织“乡音之旅”文化交流团、泉州组织木偶戏赴台湾开展巡演交流。配合省政府经贸交流团，厦门小白鹭民间舞艺术中心及泉州木偶剧团赴金门交流演出。福州闽都文化、南平朱子文化、宁德畲族文化等开展反映闽台文化渊源关系专题活动。中国闽台缘博物馆从台湾岛内征集63件/套文物藏品，全年接待台胞6.8万多人次。

二是服务国家“一带一路”战略拓展对外文化交流。主动融入并服务国家“一带一路”建设。应中国常驻联合国代表团、联合国教科文组织和中国驻欧盟使团邀请，舞剧《丝海梦寻》分别于2月4日、4月21日、4月25日，在美国联合国总部、法国联合国教科文组织总部和欧盟总部所在地比利时演出。中国常驻联合国代表团刘结一大使、联合国秘书长潘基文等出席观看了演出。中国常驻联合国代表团、教科文组织代表团、中国驻欧盟使团分别向中宣部、外交部、文化部及省政府发专电：认为该剧紧扣习近平主席在

教科文组织总部发表的主题为“文明交流互鉴”重要演讲和中央“一带一路”战略，产生了良好的政治社会效应。

以“情系亚洲、逐梦海丝”为主题，泉州市成功举办第十四届亚洲艺术节暨第二届“海丝”国际艺术节。推进部省合作项目，我省组派木偶戏赴柬埔寨、印尼、澳大利亚开展交流推广活动，落实“中国福建木偶戏在亚太地区的传播交流推广”的国家项目。“丝路帆远——海上丝绸之路文物精品图片展”，分别赴泰国曼谷、印尼雅加达和南美国家展出，该展被外交部列为2015年中国——东盟海洋合作年系列活动之一。

全年经文化系统审批的对外文化交流项目54起，1068人次参加；对港澳文化交流项目16项，722人次参加；对台文化交流项目39项，2126人次参加。

## 八、文化资金投入有了新增长

全年全省文化文物事业费 25.03亿元，比上年增加2.99亿元，增长13.57%，增长速度比上年提高10.14个百分点；全省人均文化文物事业费65.21元，比上年增加7.29元，增长12.59%。按文化部同口径年末全年全省文化事业费19.08亿元，比上年增加3.89亿元，增长2.56%。全省人均文化事业费49.71元，比上年增加9.79元，增长24.54%。

图9 2006年-2015年福建省人均文化事业费及增速情况

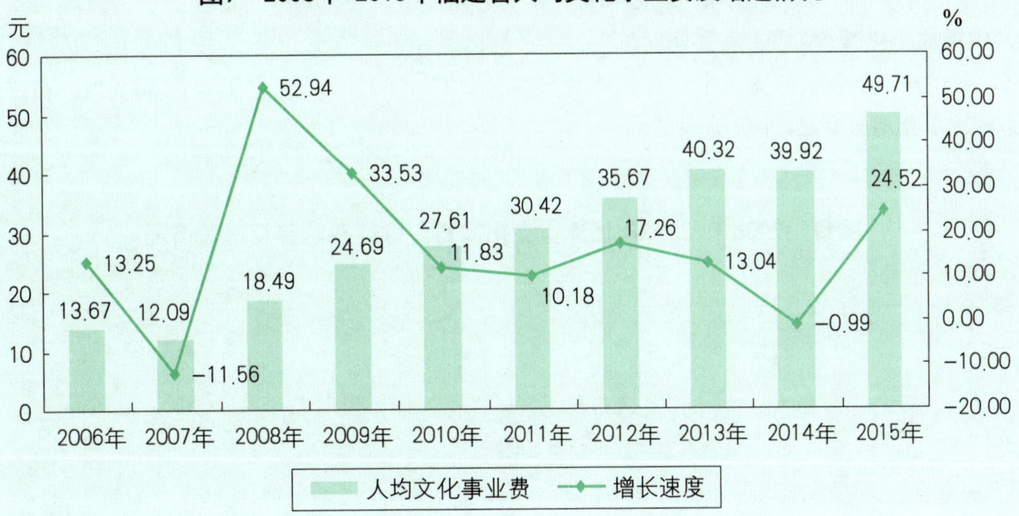


文化事业费占财政总支出的比重为0.48%，比重比上年提高0.02个百分点。

图10　2006年-2015年福建省文化事业费占财政总支出比重

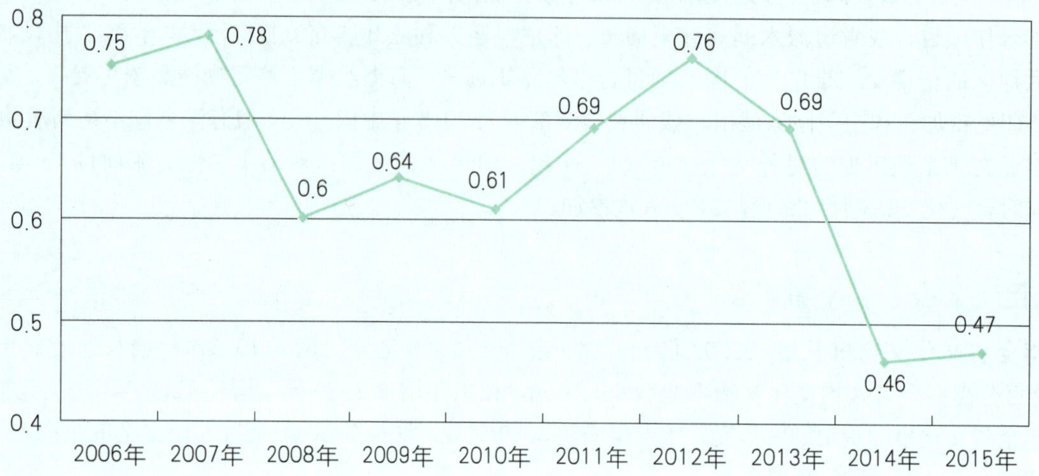


全年全省文物事业费5.95亿元，比上年减少0.1亿元，下降1.65%；文物事业费占财政总支出的比重为0.15%，比重比上年减少0.03个百分点。

据统计，2015年全省财政支出中，文化体育传媒经费87.41亿元，比上年增长36.21%，占财政支出的2.18%，比重比上年增长0.24个百分点。

图11　2006年-2015年福建省文化体育传媒经费总量及增长情况

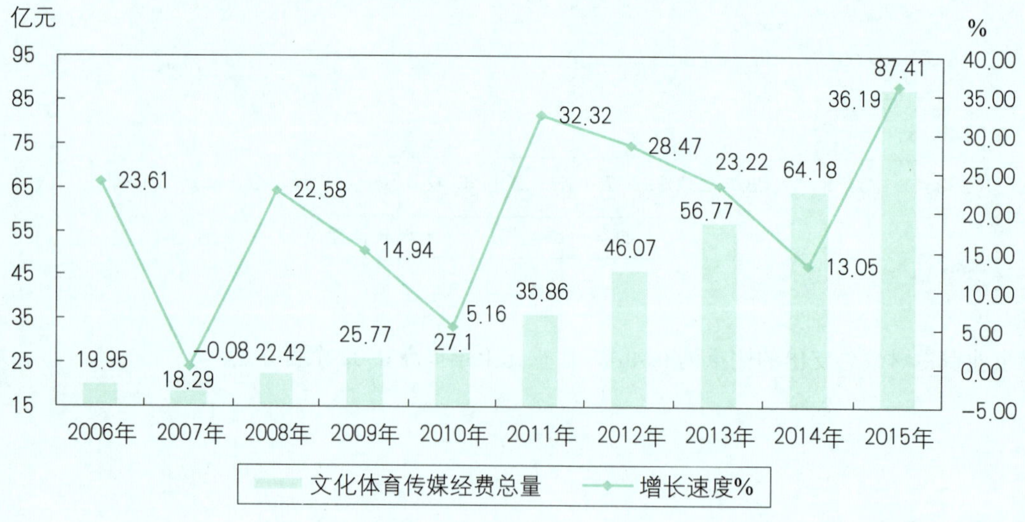


2015年，中央和省级财政通过继续实施“三馆一站”免费开放、非物质文化遗产保护、公共数字文化建设、地市级公共文化设施建设等文化项目，共落实中央和省级财政补助地方专项资金1.05亿元，比上年增长26.5%。

（福建省文化厅）

# 福建：2015 年文化发展全面开花

2015 年，全省文化系统全面深入贯彻落实党的十八届三中、四中、五中全会和习近平总书记系列重要讲话精神，贯彻落实省委九届十四次、十五次全会精神，开拓创新，积极作为，为建设社会主义文化强省、全面建成小康社会奠定了坚实文化基础。

艺术创作演出活动取得新进步。一是我省大型舞剧《丝海梦寻》应邀赴联合国总部、联合国教科文总部、欧盟总部等境内外巡回演出。在 内外演出都反响热烈，有效打响了“海丝”文化品牌和福建文化品牌。去年 10 月 25 日晚，中央电视台《新闻联播》头条以文艺作品应该“为人民抒写、为人民抒情”为题，用近 6 分钟的篇幅详细介绍了舞剧《丝海梦寻》的情况及福建文化现象。二是开展全国地方戏曲剧种普查工作和公益性文艺演出活动。省属艺术院团演出 926 场次，公益性演出 705 场次四是成功举办第六届福建艺术节。

公共文化服务体系建设取得新进展。一是推进公共文化服务体系建设。福州、宁德溪山书画院分别入选第三批国家公共文化服务体系示范区（示范项目）创建单位。三明 公共文化服务体系建设“六联六创”工作机制被省委、省政府列入福建省全面深化改革第一批复制推广典型目录。二是开展丰富多样的群众公共文化活动。开展“书香伴我同行”“闽图大学堂”“东南周末讲坛”等系列活动和“美丽福建农村文化行”等文化志愿服务活动。

文化市场和文化产业取得新发展。一是文化市场发展健康有序。省文化稽查总队和厦门文化场综合执法支队获全国文化市场综合行政执法先进单位。二是文化产业发展进一步推动。2015 年，举办第八届海峡两岸文化产业博览交易会和第十届中国（莆田）海峡工艺品博览会。

文化遗产保护与利用取得新成果。《福建省历史文化名城名镇名村保护条例》列入省政府立法计划。大力推动涉台文物保护工程。厦门鼓浪屿申报世界文化遗产工作，被确定为 2017 年中国世界文化遗产申报项目。启动“海丝古城——泉州”申报世界文化遗产工作。

非物质文化遗产保护传承不断。共有 4 项非物质文化遗产项目入选联合国教科文组织“人类非物质文化遗产代表作名录”、2 项入选“急需保护的非物质文化遗产名录”，1 项入选“优秀实践名册”。在中国美术馆成功举办了“忘不了的乡愁——派江吻海、山水相依的八闽古村落古民居”摄影作品展的非遗展。

对外和对港澳台文化交流取得新突破。一是深入开展对台文化交流。继续开展“福建文化宝岛行”系列活动，先后组织了 54 批系列文化交流活动，有 42 个院团（组）近 3000 人入岛交流，展演 216 场次。二是服务国家“一带一路”战略拓展对外文化交流。舞剧《丝海梦寻》邀请到联合国总部、教科文组织总部和欧盟总部演出，产生了良好的政治社会效应。以“情系亚洲、逐梦海丝”为主题，成功举办第十四届亚洲艺术节暨第二届“海丝”国际艺术节。

# 江西省 2015 年文化发展情况分析

2015 年，全省文化工作在省委省政府的正确领导下，认真贯彻落实党的十八大和十八届三中、四中、五中全会精神以及习近平总书记系列重要讲话精神，尤其是文艺工作座谈会上的讲话精神以及对江西提出的“一个希望、三个着力”的工作要求，紧紧围绕“发展升级、小康提速、绿色崛起、实干兴赣”十六字方针，创新工作理念，拓宽工作视野，融入工作大局，以改革的思路谋新篇，以担当的勇气求突破，以严实的作风抓落实，文化各项工作开创了新局面、取得了新业绩，为“十二五”规划收官画上了圆满句号，为“十三五”规划开局奠定了坚实基础。

## 一、机构人员及经费总体情况

### （一）文化部门机构和人员情况基本平稳

截止到 2015 年底，全省文化文物及相关部门机构为 9632 个，比 2014 年的 10077 个，减少了 445 个；从业人员为 58050 人，比 2014 年的 60145 人，减少了 2095 人。文化部门机构和人员情况基本平稳，但弱有下降，机构和人员减少的主要原因是因经济下行，文化产业园和文化市场企业增减变化较大。

**表 1　江西省文化文物部门机构情况**

单位（个）

| | 2014 年 | 2015 年 | 同比增长（%） |
|---|---|---|---|
| 总计 | **10077** | **9632** | **-4** |
| 1. 文化合计 | 2460 | 2341 | -5 |
| 艺术表演团体 | 219 | 236 | 7 |
| 艺术表演场馆 | 49 | 57 | 14 |
| 图书馆 | 114 | 114 | 0 |
| 群众文化 | 1880 | 1881 | 0.001 |
| 其他文化 | 198 | 86 | -130 |
| 2. 文物合计 | 235 | 235 | 0 |
| 文物科研机构 | 2 | 2 | 0 |
| 文物保护管理机构 | 66 | 66 | 0 |
| 博物馆 | 137 | 137 | 0 |
| 文物商店 | 4 | 4 | |
| 其它文物机构 | 26 | 26 | 0 |
| 3. 文化市场合计 | 7365 | 6891 | -6 |
| 文化市场 | 7365 | 6891 | -6 |

### （二）文化投入经费总量平稳增长

在各级政府的努力下，文化投入的稳步增长，为全省文化的发展和繁荣打下了坚实的基础。 截止到2015年底， 全省文化文物总收入为314281.3万元，其中：财政收入为188780.2万元，事业收入5831.6万元，经营收入为2930万元，总支出是268941.4万元。

1. 从我省的文化投入来看，2015年文化事业费（不含基建拨款）127094万元，比上年增长了22.54%；

2. 从人均文化事业费来看，2015年全省人均事业费27.84元，较2014年的人均事业费22.83元，增长了21.94%；

3. 从文化事业费占财政支出来看，2015年全省文化事业费占财政支出为0.287%，2014年的文化事业费占财政支出0.27%，比上年增长了0.02个百分点。

表2　2014年–2015年全省文化投入情况

| | 文化事业费（万元） | 人均事业费（元） | 文化事业费占财政支出比重（%） |
|---|---|---|---|
| 2014年 | 103717 | 22.83 | 0.26 |
| 2015年 | 127094 | 27.84 | 0.27 |

## 二、文化活动丰富多彩

2015年艺术表演团体共组织演出3.02万场，国内演出观众达1543.829万人次，其中到农村演出2.311万场，观众达1039.499万人次。演出收入达11862.2万元。

2015年公共图书馆总流通人次1258.317万人次，书刊文献外借1118.591万册次。为读者举办各种活动3364次，参加活动人次达193.29万人次。

2015年群众艺术馆、文化馆（站）全年举办展览4208个，参观人次235.72万人次；组织文艺活动20079次，组织文艺活动参加人次917.58万人次；举办训练班12311次，培训77.60万人次。

### （一）艺术创作生产呈现新气象

歌剧《回家》作为一出舞台剧目，创造了江西艺术创作史的“三个第一”：第一次在新华社《参考清样》上刊发专文。《参考清样》第793期以《弘扬故土情怀，增进两岸认同——歌剧“回家”在台演出成功的启示》为题刊发专题文章；第一次在多个中央部委刊发专题简报。中宣部、中央台办、文化部就此事分别刊发专题简报；第一次得到中央政治局常委的高度评价。中央政治局常委、全国政协主席俞正声同志在第七届海峡论坛上指出：“孤客一生千里外，不知归期是何年。江西省歌舞剧院创作的民族歌剧《回家》在两岸上演多场，感动了无数的人。加深了两岸同胞的交流，增进了彼此理解，拉近了心理距离，为台海摆脱动荡不安，推动两岸关系向前发展提供了强大动力，也拓展了两岸交流领域，丰富了交流内涵，给两岸同胞带来了实实在在的好处”。以此为动力，省京剧团创作出了现代京剧《生死愿》，强书记等领导观看后评价：“这出戏展示的是艺术，宣传的是精神，传播的是大爱，弘扬的是正能量，戏抓人、更感人”，此剧参加全国京剧节、戏剧节均获好评；省话剧团创作出话剧《遥远的乡土》，在昌演出多场获好评后又赴北大百年讲堂演出，省委强书记等30多位省部级干部前往观看，赢得专家和观众的一致认可。在省直院团的带动下，市县院团创作热情高涨，纷纷推出新剧目，全省各级院团新创舞台剧目59部，比去年新增17部。上饶市诗画情景剧《为了可爱的中国》入选文化部2015年全国巡演剧目并成功在人民大会堂演出。多个设区市创作的戏剧、歌曲和舞蹈参加全国性展演并获大奖。在抓创作的同时，扎实推进艺术作品传播，全省国有改制院团完成送戏下乡演出8439场，开展商业演出3568场，省京剧团通过演艺联盟成功将现代儿童剧《岳家小将》推向10个省25个城市巡演。各地还举办系列文艺展演、艺术节庆等活动，景德镇市举办2015国际陶瓷博览会歌舞晚会、宜春市举办第十三届赣台经贸文化合作交流大会文艺晚会、吉安市承办全省第二届畲族文化艺术节等等，受到群众“点赞”。

### （二）公共文化服务体系建设取得新突破

围绕构建现代公共文化服务体系，着力补短板、抓改革、强服务，实现“四个突破”：推进基本公共文化服务标准化均等化有新突破。出台了未来五年全省实现文化小康的纲领性文件，省委办公厅、省政府办公厅印发《关于加快构建现代公共文化服务体系的实施意见》和《江西省基本公共文化服务保障实施标准（2015-2020年）》。在22个县（市、区）开展基本公共文化服务标准化均等化试点，其中12个试点县为国定贫困县。寻乌县在财政薄弱的情况下，统筹资源、整合资金，新建村（社区）文化广场32个、提升文化设施20个，从试点情况看，基本公共文化服务日益成为精准扶贫、文化小康的重要内容和抓手；补齐公共文化服务短板有新突破。省本级文化设施一直是我省公共文化服务体系建设的短板，在省委省政府的高度重视，特别是强书记、鹿省长的亲自关心下，启动了省级文化中心建设，全面完成建设方案设计、地面建筑拆迁和余土清运等工作，首期10亿元建设资金全部到位，省级文化中心建成将彻底改变我省公共文化基础设施落后于全国的状况；公共文化服务配套改革有新突破。在九江、新余、赣州、上饶4个设区市和新干、靖安2个县开展公共文化机构理事会试点。出台了政府向社会力量购买公共文化服务的实施意见；创新现代公共文化服务方式有新突破。江西省数字图书馆正式开放，全省文化馆“云服务”平台已经建成，赣州市实施“文化信息资源+电子商务”，新余市建立数字文化网及手机APP服务，公共数字文化、在线服务、电子借阅等新兴服务快速发展。“百姓大舞台”、书香赣鄱、文化志愿服务等品牌活动惠及城乡，南昌“群星大讲堂”、抚州“梦想广场”、瑞金“红都之春群众艺术节”等各具特色的群众文化活动蓬勃开展，展现了老区人民意气风发的精神风貌。

## 三、文化产业发展取得新进展

围绕项目带动、龙头培育、产业融合、政策扶持精准发力，文化产业发展实现“三个首次”：首次承办省委省政府交办的文化产业招商任务。文化厅第一次承办了在南京举办的文化产业合作推介会，签约项目70个、签约金额达360亿元，78个项目在深圳文博会签约，签约金额达317.25亿元；首次实现文化企业密集上市。建立文化企业上市储备库，全年新增8家上市文化企业，是全省2010年到2014年五年上市企业总和的2倍，至此全省文化上市企业达12家，直接融资超过26亿元；首次推动文化企业大规模融资。出台深化文化金融合作的意见，建立文化金融合作联席会议机制，出台加快推进文化创意和设计服务与相关产业融合发展专项规划（2015—2020年），组建江西省文化产业公共服务平台，全年各类金融机构为文化企业发放贷款超过50亿元，20个项目获中央文化产业资金扶持，3家文化企业纳入文化部文化金融合作项目库。各地纷纷推出文化产业政策措施，新余市出台促进文化产业发展办法，南昌市出台鼓励社会资本进入文化领域实施办法，吉安市建立文化产业电子商务平台，鹰潭市加快建设黄蜡石创意产业公共服务平台，萍乡市通过政府购买服务的方式对安源大剧院市场化托管等。与此同时，推进文化旅游深度融合，全省景区（城区）演艺项目达15个，九江市以文化场馆为载体组建文化旅游投资公司；实施互联网服务行业转型升级，全省确定265家县级以上互联网经营场所升级试点单位，全面推广文化市场技术监管与服务平台，利用平台审批主体736家、立案582件、检查经营单位69037家。文化产业日益成为“大众创业、万众创新”的重要领域。

## 四、文化遗产保护呈现新亮点

2015 年我省共有文物机构 235 个，从业人员 4285 人，比上年增加了 144 人。全年收入 77134.9 万元，比上年增加了 6470.5 万元，其中：财政拨款 62528 万元，比上年增加了 3819.9 万元。2015 年总支出 131257.8 万元，比上年增加 70467.7 万元，本年支出中基本支出 33168.1 万元，比上年增加 6713.7 万元。

2015 年全省文物机构共举办陈列、展览 608 个，参观 3288.365 万人次，比上年增加 460.11 万人次。

**表 3　2015 年文物机构财政拨款情况**

单位：万元

| | 2014 年 | 2015 年 | 同比增长（%） |
|---|---|---|---|
| 文物科研机构 | 4263.4 | 4315.0 | 1.21 |
| 文物保护管理机构 | 11391.5 | 9583.0 | -15.88 |
| 博物馆 | 39846.3 | 42298.1 | 6.15 |
| 其它文物机构 | 3206.9 | 6331.9 | 97.45 |

坚持科学保护、依法保护，文化遗产保护形成“三大亮点”：南昌西汉海昏侯墓考古发掘成为全国考古界的新亮点。出土各类文物两万多件，被国家文物局及专家评价为：文物保存最完好、墓园及主墓内结构最完整、墓园区及城池区布局最清晰、出土文物品类数量最丰富，具备申报世界文化遗产和建设世界科学考古圣殿的意义、条件和价值。考古发掘得到省委省政府和国家文物局的高度重视，强书记、鹿省长等省领导多次亲临现场指导，考古发掘由省级考古上升为国家级考古，尤其是主椁室考古发掘现场直播以来，成为全国第一个边发掘、边保护、边展示、边宣传的成功案例，在全国乃至海外产生重要影响。考古发掘创下江西文博史的“四个新纪录”：发掘成果展一个月观众达 20 余万人次，创下江西文博展览单月参观人数新纪录；先后有 95 个国家级和兄弟省市的学术研究机构和文博单位的专家学者前往参观展览和交流，创下江西文博展览受全国研究机构关注的新纪录；展览现场留下五本厚厚的观众留言，创下江西文博展览观众留言数量新纪录；考古发掘中中央、地方和海外媒体刊发报道 152.1 万条，视频报道 1659 条，央视 6 个频道均做了连线报道，报道观阅量累计达数千万人次，创下江西文博工作媒体关注新纪录。尤其是中央政治局常委刘云山、中央政治局委员赵乐际等中央领导同志亲临展览现场观展并给予高度评价。随着考古发掘的深入，海昏侯墓的保护利用将对南昌建设国际性城市发挥不可估量的作用。文物保护利用有新亮点。景德镇御窑厂遗址保护得到习近平总书记、李克强总理等中央领导的重要批示，遗址保护作出重新规划，御窑厂保护区范围从 8.7 公顷扩展到 13.1 公顷，保护工作全面启动。第一次可移动文物普查成果突出，预计全省国有单位可移动文物达 90 万件，是普查前 43 万件的两倍多。瑞金市成功申报国家历史文化名城，赣南等原中央苏区革命遗址、鹰潭龙虎山大上清宫遗址、中国传统村落等保护利用工作有序推进。与此同时，加强文物执法，全省组织开展文物安全检查 137 次、执法督查 139 次，检查各类文物保护单位 3047 处。非遗保护有新亮点。完成《江西省非遗保护条例》立法，这是全国第 17 个省出台非遗保护地方性法规，《条例》在全国首开先河出台为非遗传承人建立健康档案、给予生活补助等关爱政策，条例的出台标志着非遗保护进入法治新常态。景德镇陶瓷文化、赣南客家文化、吉安庐陵文化生态保护实验区建设加快推进。非遗生产性保护取得成效，新余市夏布绣旅游系列商品获 2015 年中国特色旅游商品金奖，鄱阳县将传统脱胎漆器等非遗项目发展成特色文化产业，全省国家级、省级非遗生产性保护基地达 14 个。完成 116 部国家级珍贵古籍数字化，启动建设国家古籍修复中心江西省分中心。

## 五、文化市场繁荣呈现新特点

2015 年是我省文化市场平稳发展的一年，文化市场结构得到进一步优化。我省狠抓市场结构调整和优化，在继续整合互联网市场、艺术品市场，积极推动互联网上网服务营业场所转型升级工作，2015 年文化市场机构数达 7092 家，较去年下降 0.06%；从业人员达到 38425 人，较去年减少 0.05%；文化市场资产总值 614412.7 万元。2015 年江西文化市场发展主要呈现以下几个特点：

### （一）互联网上网服务场所转型升级

2015 年我省互联网上网服务场所共计 4126 家，较去年减少 0.04%。从业人员 16758 人，较 20114 年增长 0.07%；互联网上网服场所资产总计 237721 万元，较 2014 年增长 3%；营业利润 135930 万元，较 2014 年增长 0.03%。

从上可以看出，互联网上网服务场所的转型升级可促进我省文化市场健康发展，提升行业的整体形象，形成多重功能的文化消费场所。

### （二）娱乐场所稳步发展

截止 2016 年，娱乐场所经营单位共计 2706 家，较去年减少 0.11%。从业人员 16758 人，较 2014 年减少 0.19%；资产总计 234479 万元，较 2014 年减少 0.17%；营业总收入 127800 万元，较 2014 年减少 0.04%；营业总成本 80023 万元，较 2014 年增长 0.04%；整个市场实现利润 47644 万元，较 2014 年减少 0.16%。

我省的歌舞娱乐场所都积极采用高新技术改进传统娱乐形式，引进开发新的娱乐品种，建设现代化的娱乐产业，是娱乐产品和服务层次上和内容上不断提高，保持着稳步发展。

### （三）演出市场繁荣有序

对演出市场繁荣，重点是切实加强演出市场的培育引导，要求各地在加强监管同时，积极服务于演出主体，及时办理演出申报的审批手续。2015 年，全省共举办各类演出 21135 场，演出收入近 1 亿元，观众总人数 990 余万人。其中涉外演出 128 场，有近 2129 名国（境）外演艺人员来赣演出，新增演出经纪机构 29 家。各地民营院团共 197 家，总资产收入达到了 1063.7 万元，占全省演出市场盈利资产的 80%。

### （四）文化市场执法工作全面开展

全省执法单位紧紧围绕关系人民群众切身利益的问题，抓住重点领域、重点问题和重点地区，明确某一个时期的阶段性目标，有的放矢地开展规范和执法工作。2015 年 1—10 月份，全省各级执法队伍共出动人员 33.36 万余人次，检查各类文化经营单位 19.19 万余家次，责令整改 2500 余家次，立案 629 件，办结 592 件，罚款 972 余万元。

2015 年 5 月份，按照文化部文化市场综合执法培训模式要求，省厅举办了全省文化市场综合执法培训模式示范班，从培训形式、内容、程序等方面对业务培训班进行了规范，并对市县开展培训工作起到积极的示范作用。为了确保各地培训工作取得成效，省总队在给市、县培训主办单位选派、外请授课教员同时，下派检查督导组对培训过程进行监督，力戒培训重形式、走过场。截止 11 月底，全省共开展各类业务培训 40 余次，培训人员 2900 余人次，基本实现了全员培训目标。并向外派员学习交流。抓住文化部开展的各类培训机会，让执法业务骨干“走出去”，是省厅一贯坚持的培训模式。通过与外省文化市场执法人员的交流，受训人员能不断感知文化市场新业态、新形势，不断提高业务能力水平。2015 年省厅先后外派 5 批 50 余人次参加了文化部举办的全国文化市场综合执法师资巡讲班、网络文化案件“以案代训”和全国文化市场综合执法地市级执法机构负责人培训班等活动。

### （五）经营性互联网文化单位有待发展

截止 2015 年，我省共有经营性互联网文化单位 1 家，从业人员 16 人，营业收入 55 万元，利润总额 25 万元。我省将进一步推动引导经营性互联网文化单位发展。

### （六）艺术品市场有待成熟

由于江西地处中部地区，经济发展相对滞后，艺术品消费市场起步较晚，成熟度还远远不够。2015 年，江西全省艺术品市场实现成交额 104 万元人民币。主要是当代陶瓷艺术品市场出现大幅滑坡，同比 2013 年，成交额减少近一半。

## 五、对外文化交流实现新作为

我省积极融入“一带一路”国家战略，江西文化国际影响力不断提升，对外文化交流呈现出“三个最”：对外文化交流项目为历年来最多。策划“一带一路”项目，参与部省合作交流项目，全年实施重大文化走出去项目比上年增长 27%，全年引进文化交流项目比上年增长 14%；对外文化交流范围为历年来最广。在组织对港澳台地区文化交流的同时，先后组织实施中俄“两河流域”文化交流、江西米兰文化交流、马德里部省对口合作计划等一系列文化交流项目，交流足迹遍及亚欧非等国家，部分设区市也结合实际开展对外交流，南昌市赴马其顿首都开展“欢乐中国年·魅力南昌”系列文化交流活动，得到外交部通报表扬，抚州市组团赴英国、西班牙开展文化交流等；对外文化交流影响力为历年来最大。千年瓷都——中国景德镇陶瓷文化国际巡展，在俄罗斯、西班牙、意大利和港澳台等国家和地区反响热烈，中央政治局委员、书记处书记、中宣部部长刘奇葆同志参观了在西班牙马德里中国文化中心的展出后指出：“‘一带一路’就需要这样更多更好的中国故事中国文化传播出去”。随着交流力度加大，江西陶瓷文化必将在国际上产生更大影响。

## 六、存在的问题

文化发展还存在诸多不足和问题，如艺术作品传播体系尚未完全建立，作品获奖声誉好传播难的现象仍然存在，优秀拔尖演艺人才数量不足和结构不合理的问题依然突出；基层公共文化设施分布不合理、使用效率低的问题亟待解决；文化产业发展势头强劲，但能抓在手上的大项目不多；文化遗产保护成果的合理利用与经济社会发展要求相比还存在较大差距；一些文化单位活力不足，缺乏有效激励；一批重大文化政策有待细化落实。这些都需要我们高度重视，并在今后的工作中采取有效措施加以解决。

（江西省文化厅）

## 江西：文化工作扎实有效

随着2015年工作任务的完成，标志着“十二五”文化改革发展顺利收官，各项主要目标任务全面完成。经过五年的发展，全省文化软实力更强、发展基础更牢、发展后劲更足、发展势头更旺。主要表现在：

一、全省艺术创作传播能力显著增强。创作100台舞台剧目的目标超额完成，4部剧目、2首歌曲获“五个一”工程奖和文华奖，2名青年演员获戏剧表演最高奖“梅花奖”，第五届江西艺术节、“北京　江西文化月”等活动的成功举办，探索出整合资源、激励创作、鼓励传播的新路。

二、公共文化服务水平显著提高。基层文化基础设施全面改善，市、县、乡文化设施全面升级换代，省级文化中心建设启动；公共图书馆上等级率达93.7%，高于全国平均水平8.6个百分点，上等级博物馆总数达31家，居全国第11位，6个项目成功创建国家公共文化服务体系示范项目，3个市成功创建国家公共文化服务体系示范区。

三、文化产业整体实力明显提升。上市文化企业由“十二五”前的1家增至12家，2015年全省文化产业主营业务收入预计达2350亿元，比2010年844.31亿元增长178.3%，文化产业增加值占GDP比重由2.43%提高至3.8%，全省文化产业发展综合指数、文化产业影响力指数、核心文化产品出口创汇均居全国前十以上。

四、文化遗产保护跨入全国先进行列。经普查，全省不可移动文物数量由全国第21位前移至第11位，成为名副其实的文物大省；国家级历史文化名镇名村、中国传统村落、全国重点文保单位等“国字号”较“十一五”大幅增加，新增一座国家级历史文化名城，御窑遗址保护、海昏侯墓的考古发掘升格为国家级项目，赣南客家文化生态保护区升级为国家级保护区，新增国家级非遗项目24项，新增数量全国第二。

五、文化交流形成双向开放新格局。“十二五”交流项目连年增加，总数是“十一五”的三倍；连续两年荣获全国对外文化交流先进称号；与境外文化机构建立6对友好合作关系，圆满完成“巩固港澳台、拓展东南亚、突破欧美非”的对外文化交流任务。

# 山东省 2015 年文化发展情况分析

2015 年，山东省文化厅深入学习贯彻党的十八大和十八届三中四中五中全会精神，学习贯彻习近平总书记系列重要讲话和重要批示精神，按照省委、省政府“走在前列”和“一个定位、三个提升”的目标要求，坚持改革创新、锐意进取，正风肃纪、真抓实干，“十二五”时期各项任务圆满收官，文化事业、文化产业继续呈现出蓬勃发展的良好态势。

## 一、机构和人员

2015 年末，纳入统计范围的全省各类文化（文物）单位 16,955 个，比上年增加 783 个；从业人员 106,667 人，比上年增加 10,077 人。其中，各级文化文物部门所属单位 3172 个，增加 180 个；从业人员 35,932 人，增加 5,069 人。

图1　2011年-2015年山东省文化单位机构数及从业人员数

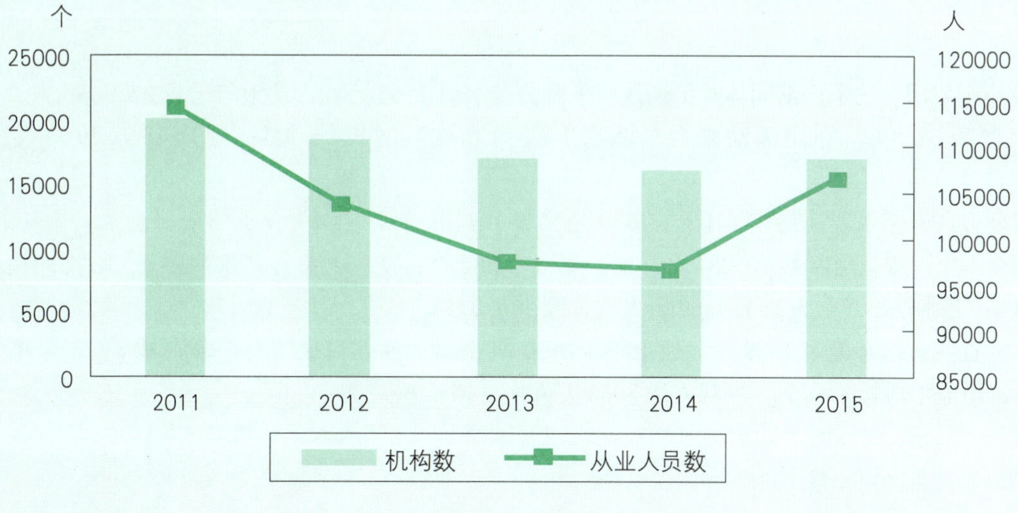


## 二、艺术创作演出

2015 年我省坚持以人民为中心的创作导向，深入实施舞台艺术“4+1 工程”，制定出台《关于进一步推动山东艺术创作繁荣发展的意见》、《重点选题评选资助办法》等，在选题立项、剧目加工、演出奖励、文艺评价、艺术人才培养各个环节进行“全链条”扶持引导，形成“山东模式”并在全国推广。

国家艺术基金评选中，我省 35 个项目入选，居全国第三，获资助资金 2985 万元，立项数量和资助金额同比增长 220% 和 270%。持续深化院团改革，艺术创作呈现井喷态势。“十二五”全省推出 369 部大戏，2 个剧目获中宣部“五个一工程戏剧奖”，4 个剧目获文华大奖或文华特别奖，一大批优秀演员和剧目获得梅花奖、红梅奖、兰花奖、全国戏剧奖、中国歌剧奖及国际杂技金奖。吕剧《回家》获“中国戏曲学会奖”，儿童剧《绿色的梦想》入选全国儿童剧优秀剧目展演，吕剧《苦菜花》、舞剧《红高粱》入选参加文化部“纪念中国人民抗日战争暨世界反法西斯战争胜利70周年优秀剧目巡演”。文化部“三个一批”创作扶持项目，我省吕剧《姊妹易嫁》、柳子戏《张飞闯辕门》、新创作剧本《严蕊》全部入选，是全国为数不多的三个门类全覆盖的省份之一。

年末全省共有国有艺术表演团体104个，与上年持平，从业人员5,368人，减少360人。全年全省国有艺术表演团体共演出2.55万场，比上年增加10.87%，其中赴农村演出1.85万场，增加22.76%；国内观众2,304万人次，比上年增长6.08%，其中农村观众1714万人次，增长12.05%；总收入69,196万元，比上年增长12.88%，其中演出收入6,665万元，减少3.49%。

**表1　2011年–2015年我省国有艺术表演团体基本情况**

| 年　份 | 机构数（个） | 从业人员数（人） | 演出场次（万场） | 国内演出观众人次（万人次） | 总收入（万元） | |
|---|---|---|---|---|---|---|
| | | | | | | 演出收入 |
| 2011年 | 116 | 6163 | 2.01 | 2296 | 49115 | 6741 |
| 2012年 | 104 | 5722 | 2.03 | 1901 | 52826 | 7397 |
| 2013年 | 103 | 5557 | 2.10 | 2175 | 65838 | 5416 |
| 2014年 | 104 | 5728 | 2.30 | 2172 | 61298 | 6906 |
| 2015年 | 104 | 5368 | 2.55 | 2304 | 69196 | 6665 |

2015年全省国有艺术表演团体共组织政府采购公益演出1.35万场，比上年增长37.90%；观众1341.23万人次，增长38.38%。利用流动舞台车演出1.61万场次，增长24.94%；观众1545.79万人次，增长20.43%。

年末全省共有艺术表演场馆101个，观众坐席数107195个。各级文化部门所属艺术表演场馆92个，比上年减少1个，观众坐席数70,281个，比上年减少382个；全年共举行艺术演出0.218万场次，比上年增长1.87%；艺术演出观众人次158.56万人次，减少0.04%。

年末全省共有国有美术馆39个，比上年末增加15个，从业人员323人，增加104人。全年共举办展览609次，比上年增长33.55%，参观人次3053万人次，增长66.30%。

## 三、公共文化服务体系

我省在公共文化建设方面不断加强顶层设计，逐步健全政策体系。在全国率先制定出台《关于加快构建现代公共文化服务体系的实施意见》和《山东省基本公共文化服务实施标准（2015-2020年）》，对全省现代公共文化服务体系建设工作作出总体设计。各市迅速行动，认真贯彻，17市均已制定贯彻落实方案，形成了整体推进的战略态势。制定出台《山东省人民政府办公厅关于贯彻落实国办发〔2015〕37号文件做好政府向社会力量购买公共文化服务工作的实施意见》，社会力量参与公共文化服务的各项政策进一步细化。

### （一）公共图书馆

年末全省共有公共图书馆154个，比上年末增加1个。其中少儿图书馆1个，与上年持平。年末全省公共图书馆从业人员2750人，比上年末增加20人。其中具有高级职称的人员407人，占14.8%；具有中级职称的人员 1106 人，占 40.22%。

年末全省公共图书馆实际使用房屋建筑面积 825666 平方米，比上年末增长 12.94%；图书总藏量 47,273,831 册，增长 5.51%，其中古籍 1420494 册；电子图书 19081596 册，增长 8.77%；阅览室座席数 55991 个，增长 11.77%；计算机 11353 台，增长 4.40%；供读者使用的电子阅览终端 7364 台，增长 7.68%。

年末全省平均每万人公共图书馆建筑面积 83.85 平方米，比上年末增加 9.2 平方米；全省人均图书藏量 0.48 册，增加 0.02 册；全年全省人均购书费 0.78 元，比上年增加 0.07 元。

图2　2011年-2015年山东省公共图书馆人均资源情况

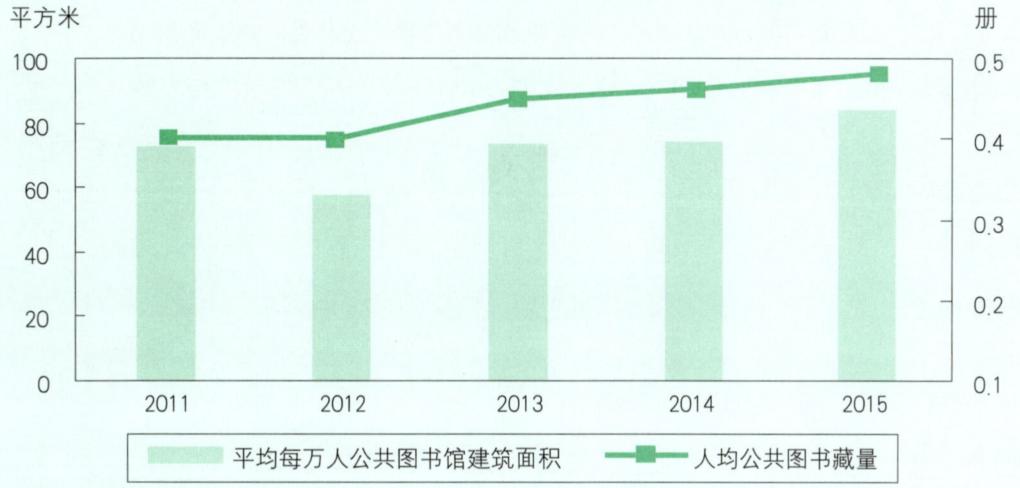


全年全省公共图书馆发放借书证 1888828 个，比上年增长 13.82%；总流通人次 27289746，增长 6.69%。书刊文献外借册次 23312693，减少 11.14%；外借人次 15076575，减少 2.10%。全年共为读者举办各种活动 6408 次，增长 21.32%；参加人次 1953876，增长 12.44%。

图3　2011年-2015年山东省公共图书馆总流通人次及书刊外借册次

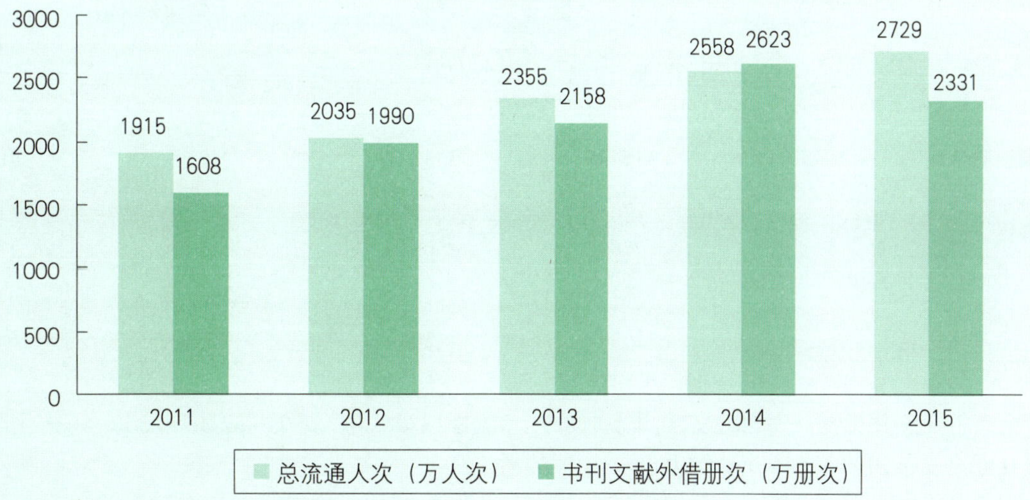

### （二）群众文化机构

年末全省共有群众文化机构 1971 个，比上年末增加 2 个。其中乡镇综合文化站 1238 个，与上年持平。年末全省群众文化机构从业人员 8568 人，比上年末增加 340 人。其中具有高级职称的人员 440 人，占 5.1%；具有中级职称的人员 1087 人，占 12.7%。

年末全省群众文化机构实际使用房屋建筑面积 251.86 万平方米，比上年末增长 2.6%；藏书 2132.66 万册，增长 2.8%；计算机 25,068 台，减少 4.0%；对公众开放的阅览室 6.31 万平方米，增长 6.9%。年末全省平均每万人群众文化设施建筑面积 255.77 平方米，比上年末提高 5 平方米。

图4　2011年-2015年山东省平均每万人群众文化设施建筑面积

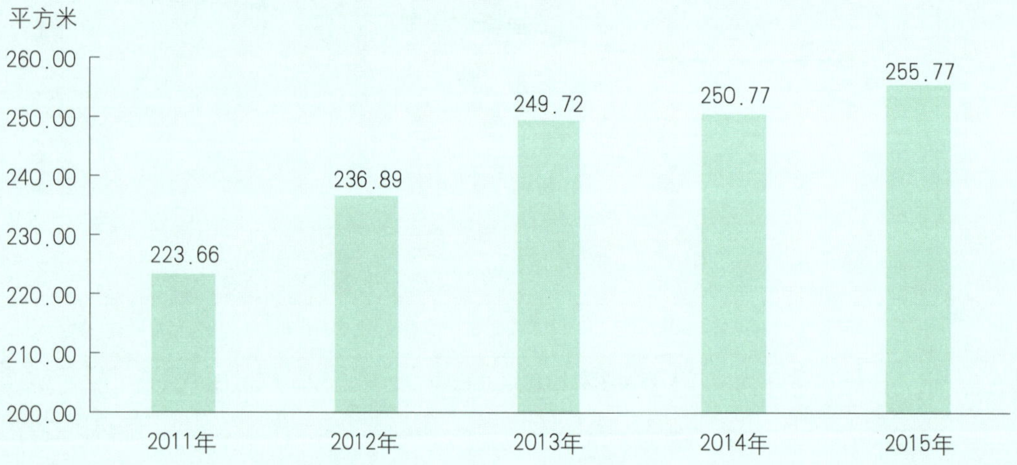


全年全省群众文化机构共组织开展各类文化活动 115435 场次，比上年增长 19.6%；服务人次 3433.41 万，增长 10.5%。

**表 2　2015 年全省群众文化机构开展活动情况**

| | 总量 | | 比上年增长（%） | |
|---|---|---|---|---|
| | 活动次数（次） | 服务人数（万人次） | 活动次数 | 服务人次 |
| **各项活动总计** | **115435** | **3433.41** | **19.6** | **10.5** |
| 其中：展览 | 9935 | 622.13 | 8.3 | -1.7 |
| 文艺活动 | 73897 | 2505.21 | 22.4 | 13.8 |
| 公益性讲座 | 2156 | 45.0 | 20.65 | -1.6 |
| 训练班 | 29447 | 261.1 | 16.8 | 15.17 |

年末全省群众文化机构共有馆办文艺团体 403 个，演出 13328 场，观众 936.2 万人次。由文化馆（站）指导的群众业余文艺团体 30691 个，馆办老年大学 59 个。

## 四、文化市场

年末全省文化市场经营单位 13783 家，比上年末增加 690 家；从业人员 70735 人，增加 8934 人。全年全省文化市场经营单位营业总收入 478337 万元，营业利润 157366 万元。

分区域看，年末城市文化市场经营单位 5112 个，占文化市场经营单位总量的 37.1%；县城 6213 个，占 45.1%；县以下地区 2458 个，占 17.8%。

表 3　2015 年按区域全省文化市场经营单位主要指标

| | | 机构数（个） | 从业人员数（人） | 营业总收入（万元） | 营业利润（万元） |
|---|---|---|---|---|---|
| 总量 | **总计** | **13783** | **70735** | **478337** | **157366** |
| | 城市 | 5112 | 31146 | 238542 | 74614 |
| | 县城 | 6213 | 32517 | 195979 | 65836 |
| | 县以下 | 2458 | 7072 | 43816 | 16916 |
| 比重（%） | **总计** | **100** | **100** | **100** | **100** |
| | 城市 | 37.1 | 44.0 | 49.9 | 47.4 |
| | 县城 | 45.1 | 46.0 | 41.0 | 41.8 |
| | 县以下 | 17.8 | 10.0 | 9.2 | 10.8 |

年末全省共有娱乐场所 2661 个，从业人员 29280 人，全年营业总收入 153088 万元，营业利润 50029 万元。

年末全省共有互联网上网服务营业场所 10015 个，从业人员 28395 人，全年营业总收入 186430 万元，营业利润 73246 万元。

年末全省共有民营艺术表演团体 519 个，从业人员 8489 人，全年共演出 10.77 万场，总收入 35655 万元，其中演出收入 23741 万元。

## 五、文化产业与文化科技

2015 年我省按照省委、省政府“敲开核桃、一业一策”，全面推动服务业转型升级的决策部署，研究制定《山东文化产业转型升级实施方案》，郭树清省长亲自主持召开专题座谈会研究部署，把文化产业纳入全省经济“转调创”大局，充分发挥文化产业在“转调创”中的积极作用。制定实施“两区一圈一带”多个区域文化产业发展专项规划，着力打造文化产业发展高地。

年末全省拥有国家级文化产业示范园区（基地）17 个、国家级动漫产业基地 4 个、省级文化产业示范园区（基地）136 个。积极推介重点项目，5 个项目入选文化部 2015 年度特色文化产业项目库，9 个项目列入文化部 2015 年文化金融合作项目库。2015 年实现文化产业增加值 2370 亿元，同比增长 8.57%。

我省充分发挥山东演艺联盟作用，建立完善集剧场院线、票务系统、联盟理事会三位一体的大型演艺产业发展平台，有效促进了演艺市场繁荣发展。与建设银行山东分行合作，利用移动媒介推介演艺剧目 15 个，发送推介信息 12 万条。山东省杂技团联合上海杂技团、武汉杂技团、重庆杂技团、天津杂技团等国内一线杂技团，成立了剧场院线，并与国际最知名的太阳马戏团达成合作。积极引进中演院线、保利院线等国内龙头演艺机构，新版歌剧《白毛女》、新版现代京剧《红灯记》、舞剧《铁道游击队》、经典歌剧《费加罗的婚礼》等精品剧目先后在济南等各地剧院上演，山东正在成为中国北方又一个舞台艺术演出中心地带。

2015 年我省组织开展第二届山东省文化创新奖评选，各地各单位推荐申报项目 136 项，评选出“图书馆+书院”公共文化服务模式、国家文化创新工程“小品进社区”等30个创新项目。扎实推进文化课题研究，“转制文艺院团发展的产业生态研究”、“京剧器乐曲牌研究”等8个课题入选2015年度国家社科基金艺术学项目，“中国古代历史题材绘画中的人物服饰研究”、“自媒体时代微电影青年亚文化研究”2个课题入选文化部文化艺术科学研究项目。组织开展2015年度全省艺术科学重点课题立项评审工作，全省立项课题547项，占申报总数43.1%，涵盖优秀传统文化研究、文化综合研究、文化产业研究、艺术理论研究等12个门类艺术学科。

## 六、文化遗产保护

年末全省共有文物机构506个，比上年末增加75个。其中，文物保护管理机构113个，占22.33%，博物馆312个，占61.66%。年末全省文物机构从业人员11510人，比上年末增加838人。其中高级职称675人，占5.86%，中级职称1587人，占13.79%。

年末全省文物机构拥有文物藏品209万件，比上年末增加13万件，增长6.6%。其中，博物馆文物藏品162万件，占文物藏品总量的77.51%；文物商店文物藏品21万件，占10.05%。文物藏品中，一级文物1.26万件，占0.6%；二级文物1.54万件，占0.74%；三级文物9.66万件，占4.6%。年末全省不可移动文物共有5万余处。

全年全省文物机构共举办基本陈列1164个，其中举办临时展览1054个，接待观众6564万人次，比上年增长7.2%。其中未成年人1835万人次，增长2.7%，占参观总人数的27.96%。博物馆接待观众5130万人次，增长6.5%，占文物机构接待观众78.15%。

2015年我省坚持创造性传承、创新性保护、创意性发展，打造载体，培育品牌，积极构建项目、传承人、传习所、生产性保护基地、生态保护区“五位一体”的非遗保护传承体系。“十二五”期间，全省各级投入非遗保护资金超过21亿元。目前，全省共有联合国教科文组织认定的“人类非物质文化遗产代表作名录”项目8个，国家级非遗项目173个，占全国总数的12.6%，居全国第二，建成1个国家级文化生态保护实验区、9个省级文化生态保护实验区。启动国家级传承人抢救性记录工程，实施中国传承人群研修研习培训计划，开展“齐鲁文化喀什行”文化援疆行动，我省国家非遗保护数据库试点建设进展顺利。举办7期“齐鲁非遗大讲堂”，实现308个省级非遗项目保护单位和312个国家级、省级非遗传承人培训全覆盖。成功举办第十个“文化遗产日”非遗系列活动，全省各地开展活动3200多场次，参与群众达到700万人。中国非物质文化遗产博览会落户济南，中国非遗传承人群培训成功举办。

据初步统计，年末全省共有非物质文化遗产保护机构121个，从业人员605人。全年全省非物质文化遗产保护机构共举办展览1278次，比上年增长4.67%，接待观众152.498万人次，比上年增加11.53%；举办演出2129场，观众157.568万人次，分别比上年增长12.05%和20.93%；举办民俗活动944次，比上年增长20.25%，观众208.322万人次，比上年增长47.44%；举办培训班1515次，比上年增长21.69%，培训人数12.98万人次，比上年增长14.67%。

## 七、对外和对港澳台文化交流

2015年，我省按照“政府主导、企业主体、市场运作、社会参与”的思路，整合儒学研究、舞台艺术、美术、文物、非遗、动漫、图书、产业项目等资源，大力开展多种形式的对外文化交流活动。

积极组织参加文化部“欢乐春节”活动，共派出12批322人次赴日本、韩国、埃及、新加坡、法国、台湾等8个国家和地区的15个城市开展系列演出、展览，取得圆满成功。办理出访团组142起，1562人次；接待来访团组406起，4894人。

我省成功举办第七届世界儒学大会、中韩儒学对话会、米兰世博会山东周演出、“泰国•中国山东文化年”、

"曼谷·尼山论坛"，中宣部、文化部将尼山论坛纳入国家对外文化交流工作规划。着力推进"孔子文化展"标准化建设，在法国举办"孔府乐舞"演出，在立陶宛举办"孔子文化展"。"2015东亚文化之都·中国青岛活动年"策划活动150多项，中日韩文化部长会议、中日韩艺术之夜演出活动取得圆满成功。

着力加强对外文化贸易，积极扶持重点文化贸易企业和重点项目，文化产品和服务进出口额逐年提升。2015年，全省核心文化产品进出口总额45.3亿美元，同比增长40.4%。

## 八、文化资金投入

### （一）文化事业费

2015年我省文化事业费29.98亿元，比上年增加4.63亿元，增长18.23%，增长速度比上年提高15.31个百分点。分地区看，有11个市文化事业费投入过亿元，分别是青岛（3.92亿）、济南（2.87亿）、烟台（2.62亿）、济宁（2.16亿）、潍坊（1.67亿）、淄博（1.47亿）、临沂（1.27亿）、菏泽（1.15亿）、泰安（1.03亿）、东营（1.01亿）、聊城（1.01亿）。淄博、枣庄、济宁、日照、临沂、滨州、菏泽7市增长幅度超过全省平均水平。

图5　2011年-2015年文化事业财政拨款及增长速度

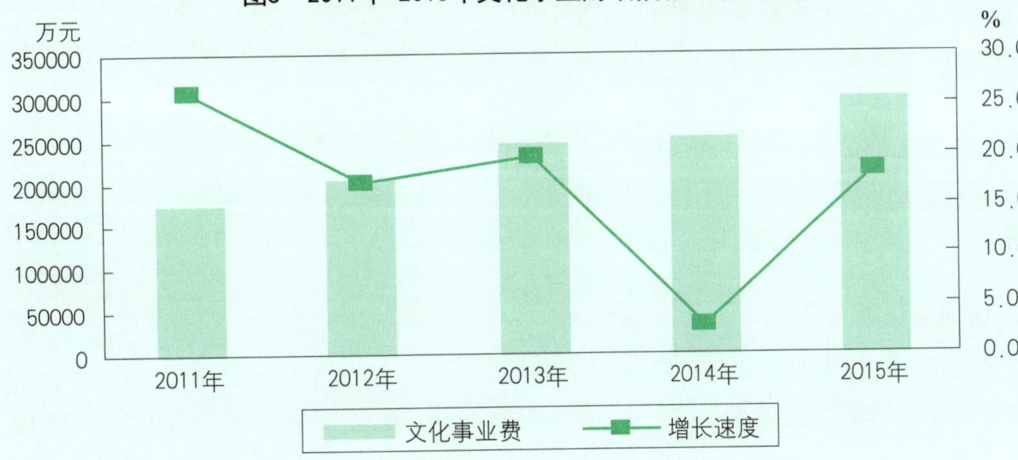


图6　2011年-2015年全省文化事业费占财政总支出比重

文化事业费占财政总支出的比重为 0.36%，比重比上年提高 0.01 个百分点。

### （二）文物事业费

2015 年我省文物事业费 14.77 亿元，比上年增加 2.52 亿元，增长 20.54%；文物事业费占财政总支出的比重为 0.18%。分地区看，有 13 个市的文物事业费投入比上年有所增加，分别是青岛（53.60%）、淄博（187.23%）、东营（86.06%）、烟台（59.99%）、潍坊（2.34%）、泰安（24.85%）、威海（15.37%）、日照（21.91%）、临沂（609.91%）、滨州（8.84%）。

图7　2011年-2015年文物事业财政拨款及增长速度

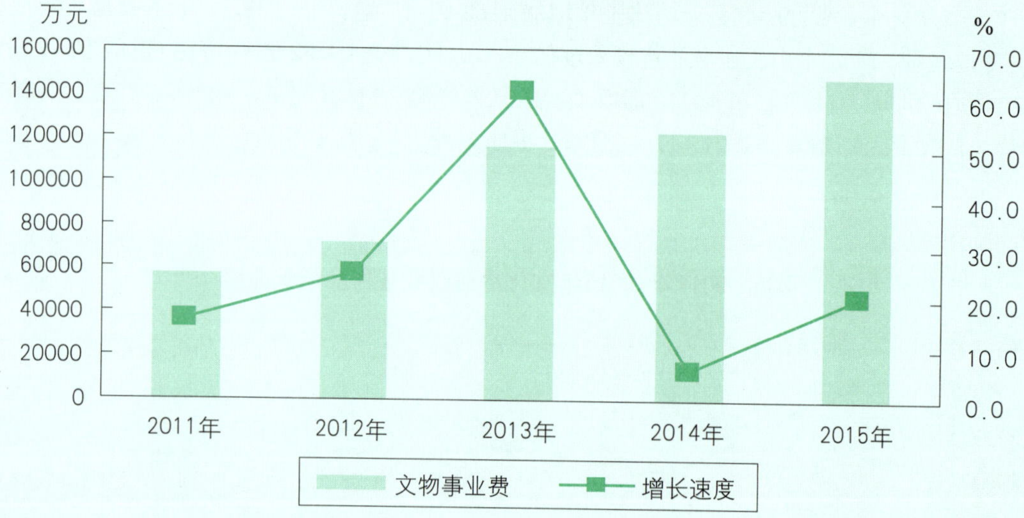


### （三）人均文化事业费

2015 年全省人均文化事业费 30.44 元，比上年增加 4.54 元，增长 17.53%。我省 2015 年文化事业费总量居全国第 6 位，但人均文化事业费 30.44 元，列全国第 26 位，比全国平均水平（49.68 元）低 19.24 元。

图8　2011年-2015年全省人均文化事业费及增速情况

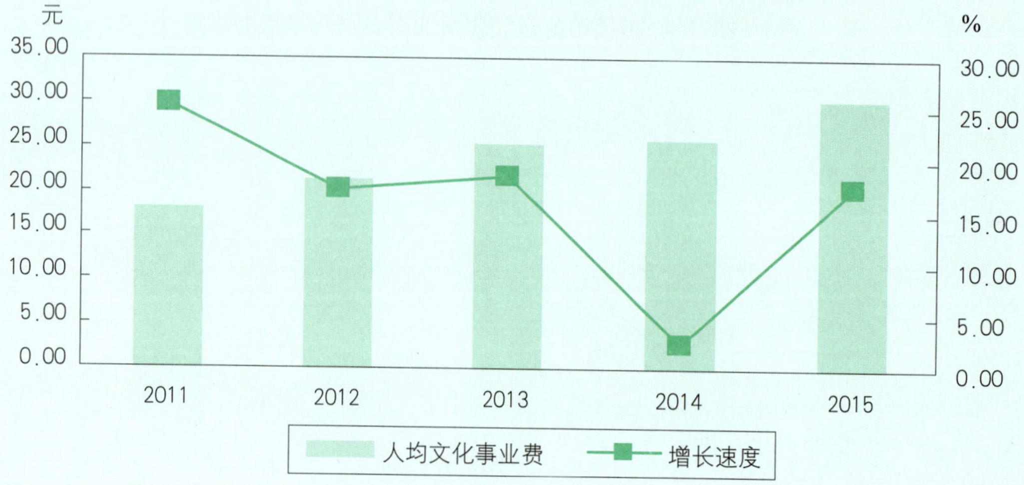

有 6 个市超过平均水平，最高的东营市 47.64 元，最低的临沂市 12.34 元，相差 35.30 元。从文化事业费占地方财政支出的比重来看，有 5 个市超过全省平均水平，最高的济南市 0.44%，最低的莱芜市 0.22%。

**表 4　2015 年全省各市文化事业费占财政支出与人均文化事业费情况表**

| 地区 | 文化事业财政拨款（万元） | 文化事业财政拨款占地方财政支出的比重（%） | 人均文化事业费（元） |
|---|---|---|---|
| **全　省** | **299770** | **0.36** | **30.44** |
| 济南市 | 28710 | 0.44 | 40.26 |
| 青岛市 | 39216 | 0.32 | 43.11 |
| 淄博市 | 14709 | 0.38 | 31.69 |
| 枣庄市 | 5682 | 0.24 | 14.65 |
| 东营市 | 10054 | 0.39 | 47.64 |
| 烟台市 | 26223 | 0.41 | 37.39 |
| 潍坊市 | 16716 | 0.27 | 18.02 |
| 济宁市 | 21590 | 0.42 | 26.01 |
| 泰安市 | 10320 | 0.32 | 18.43 |
| 威海市 | 9658 | 0.29 | 34.43 |
| 日照市 | 4632 | 0.25 | 16.08 |
| 莱芜市 | 1857 | 0.22 | 13.74 |
| 临沂市 | 12720 | 0.24 | 12.34 |
| 德州市 | 9218 | 0.27 | 16.05 |
| 聊城市 | 10052 | 0.29 | 16.83 |
| 滨州市 | 9678 | 0.31 | 25.08 |
| 菏泽市 | 11497 | 0.29 | 13.53 |
| 聊城市 | 10052 | 0.29 | 16.83 |
| 滨州市 | 9678 | 0.31 | 25.08 |
| 菏泽市 | 11497 | 0.29 | 13.53 |

（山东省文化厅　山东省文物局）

# 山东：大力弘扬中华优秀传统文化

为深入学习贯彻习近平总书记系列重要讲话和重要批示精神，大力弘扬中华优秀传统文化，着力建设社会主义核心价值体系，按照省委、省政府部署要求，结合我省文化工作实际，2015 年我省实施了传承弘扬优秀传统文化十大行动：

一、制定《“曲阜文化建设示范区”规划编制工作实施方案》，示范区建设稳步推进，大力推动孔子学院总部体验基地项目建设，着力打造公共文化服务体系完善、文化产业发达的“曲阜文化经济特区”。

二、围绕用好齐鲁文化资源丰富的优势，在研究阐发、普及推广、对外传播等 3 个方面下功夫求实效，初步构建起孔子及儒家思想研究传播体系。

三、充分挖掘中国古代、近代及当代的优秀文化资源，历时 4 个月，共征集各类故事 3348 篇，故事会框架设计 59 个。故事内容丰富，形式新颖，区分青少年、中老年等各年龄段不同群体，面向不同国籍、不同民族、不同语言等各类受众，适应党政机关、企事业单位、新兴社会组织等从业人员不同需求。

四、围绕齐鲁大地古代文明、重大文化事件、重要历史名人，组织实施书法美术、舞台艺术创作，齐鲁优秀传统文化题材创作工程取得突破。

五、深入挖掘我省丰富的革命历史文化资源，深化沂蒙精神内涵研究，整理研究展示革命文化，推动革命文化教育普及，山东革命历史文化挖掘传承得到加强。

六、积极开展普查保护，包括保护、征集、整理有地方特色的自然生态，历史建筑和构筑物，传统生产生活用品、生产方式、风俗习惯、传承人口述史等物质和非物质文化遗产，以及加强文化遗产的抢救性记录工作等；启动实施“乡村记忆工程”，加强展示传播，提升当地民众传统文化遗产保护意识。

七、统筹全省县史、镇史、村史、红色文化、传统特色文化等历史文化资源，“县及以下历史文化展示工程”深入推进，为城镇化进程中历史文化遗产保护利用打造重要平台。

八、创新对外文化交流工作思路，进一步拓宽交流渠道、搭建交流平台，着力加强对外文化贸易，积极扶持重点文化贸易企业和重点项目，齐鲁文化走出去成效显著。

九、成功举办第十届山东文化艺术节，充分发挥引领带动作用，形成新一轮创作热潮，着力打造“齐鲁文化盛会、山东人民节日”品牌。

十、开展山东区域文化发展战略规划调研，鼓励引导各地深化特色文化研究，整合优势力量，区域文化研究开发蓬勃兴起。

# 河南省 2015 年文化发展情况分析

2015 年，在省委、省政府领导下，在文化部指导下，河南省文化系统广大干部职工认真学习贯彻党的十八大及十八届三中、四中、五中全会精神和习近平总书记系列重要讲话精神，解放思想，努力拼搏，圆满完成全年各项工作任务，实现了全省文化事业和文化产业的繁荣发展。

## 一、基本情况

### （一）全省文化机构和人员数量稳定

截止 2015 年底，全省共有文化文物机构 16012 个，比 2014 年增加 812 个，从业人员 119018 人，比 2014 年增加 7538 人。从机构类型看，大部分文化行业机构数和从业人员数与上年持平，艺术表演团体机构数量稳步增长，文物业机构继续增加，主要原因是：我省艺术表演团体的转企改制工作已进入稳定阶段，市场化机构逐步纳入统计范围机构有所增加；同时，各级政府增设了文物保护管理机构。

**表 1　2015 年全省文化机构和人员与 2014 年对比情况**

| 单位 | 机构数（个） | | 从业人员（人） | |
|---|---|---|---|---|
| | 2015 年 | 2014 年 | 2015 年 | 2014 年 |
| **总计** | **16012** | **15200** | **119018** | **111480** |
| 1. 艺术业 | 974 | 738 | 30360 | 23318 |
| 其中：艺术表演团体 | 824 | 598 | 26668 | 20053 |
| 艺术表演场馆 | 150 | 140 | 3692 | 3265 |
| 2. 图书馆 | 158 | 157 | 2949 | 2934 |
| 3. 群众文化服务 | 2533 | 2523 | 10967 | 10878 |
| 其中：文化站 | 2328 | 2318 | 7453 | 7319 |
| 4. 艺术教育业 | 9 | 9 | 357 | 349 |
| 5. 文化市场经营机构（不含非公有制艺术表演团体） | 11425 | 10859 | 54454 | 54715 |
| 6. 文艺科研 | 17 | 18 | 173 | 180 |
| 7. 文物业 | 544 | 544 | 12102 | 11862 |
| 8. 其他 | 352 | 352 | 7676 | 7244 |

### （二）文化投入稳步增长

2015 年，各级党委政府对文化工作高度重视，文化投入明显增长。全省文化事业费 20.6 亿元，比上年增加 3.2 亿元，增长 18%。全省人均文化事业费为 21.7 元，比上年提高 3.2 元，增长 17.3%。

### （三）公共文化服务体系建设稳步推进，重点项目建设成效明显

1. 公共文化服务体系逐步完善

2015 年，全省公共图书馆 158 个，从业人员 2949 人。总藏量 2472.3 万册（件），电子图书 1244.6 万册，共计 3716.9 万册，比上年增加 388.7 万册。全年总收入 33951.1 万元，比上年增加 5716.2 万元，增加 20%。

**表 2　2011 年 –2015 年全省公共图书馆主要业务指标**

| 年　份 | 机构数（个） | 总藏量（万册） | 总流通人次（万人） | 书刊外借册次（万册） | 本年新购图书（万册） | 公共用房建筑面积（万平方米） |
|---|---|---|---|---|---|---|
| 2011 | 152 | 2121.9 | 1260.9 | 805.3 | 113.7 | 42.1 |
| 2012 | 156 | 2257.2 | 1637.7 | 1377.8 | 93.5 | 43.0 |
| 2013 | 157 | 2218.2 | 1785.2 | 1464.8 | 111.2 | 53.5 |
| 2014 | 157 | 2312.3 | 1968.1 | 1569.1 | 104.2 | 54.6 |
| 2015 | 158 | 2472.3 | 2233.2 | 1676.0 | 124.3 | 54.9 |

注：2011 年、2012 年、2013、2014 年、2015 年为实际使用公共房屋建筑面积；2013 年、2014 年、2015 年总藏量中不包含电子图书。

2. 群众文化活动广泛开展

2015 年，全省群众艺术馆 19 个，从业人员 542 人；文化馆 186 个，从业人员 2972 人；文化站 2328 个，从业人员 7453 人，其中：乡镇文化站 1902 个，从业人员 6357 人。全年共组织品牌节庆活动 215 个，举办展览 9008 个，组织文艺活动 48646 次，举办训练班 24281 个，组织各类公益性讲座 1425 次。

**表 3　2011 年 –2015 年近几年群众文化服务基本情况**

| 年　份 | 机构数（个） | 从业人员（人） | 举办展览（个） | 组织文艺活动（次） | 举办训练班（次） | 公共房屋建筑面积（万平方米） |
|---|---|---|---|---|---|---|
| 2011 | 2506 | 10779 | 7583 | 33398 | 15985 | 119.6 |
| 2012 | 2514 | 10843 | 8090 | 38639 | 19207 | 122.8 |
| 2013 | 2527 | 10908 | 8529 | 41410 | 19783 | 127.9 |
| 2014 | 2523 | 10878 | 8702 | 44527 | 21628 | 133.4 |
| 2015 | 2533 | 10967 | 9008 | 48646 | 24281 | 135.0 |

3. 省重点项目建设取得明显进展

在发改、财政等部门的共同支持下，我省文化重点项目建设取得明显进展。河南豫剧院三团新建剧场项目开工建设；河南歌舞演艺集团、河南省京剧艺术中心新建剧场项目和河南省曲剧保护传承中心、河南省话剧艺术中心新建剧场项目完成施工前期工作；河南豫剧院“香玉剧院”（院址项目）重新调整建设方案，

完成了土地审批等基础工作。争取至 2016 年底，河南歌舞演艺集团、省京剧艺术中心新建剧场项目主体工程完成 80%，完成投资 9000 万元；省曲剧保护传承中心、话剧艺术中心新建剧场项目主体工程完成 40%，完成投资 6000 万元；河南豫剧院一团香玉剧院主体工程完成 40%；河南豫剧院三团剧场基本完工。

### （四）文艺创作生产传播成绩显著，河南文艺影响力日益扩大

2015 年，全省共组织舞台艺术送农民演出 3043 场。其中，省直文艺院团演出 1000 场，市、县及优秀民营院团演出共 2043 场。中原文化大舞台惠民演出共选定剧目 175 台，在全省组织演出近 500 场次。其中，省直文艺单位共安排巡演 142 场，各省辖市、县（市）共安排演出 357 场。全省各市、县实行政府购买院团演出，全省公益演出全年达到近 1.8 万场，受益观众达 4500 万人次。

成功举办上海合作组织成员国政府首脑理事会第十四次会议欢迎宴会文艺晚会演出。演出既有“河南特色”，又达到“中国水平”，受到出席会议的各国首脑的高度好评和赞扬。组织优秀剧（节）参加“第二届丝绸之路国际艺术节”，获得主办方和广大观众的广泛好评。

### （五）文物保护利用成效显著

1. 全省文物机构及人才队伍建设不断加强

2015 年全省文物机构共有 544 个，其中：博物馆 248 个，文物保护管理机构 124 个，文物科研机构 15 个，文物商店 6 个，其它文物机构 7 个，文物行政主管部门 144 个。全省文物系统具有中级以上专业技术职称的人员 1615 人，其中高级职称 475 人。

2. 文物保护和利用并重，成效显著

重点文物保护利用工程有序推进。积极组织做好开封城墙、商丘归德府城墙、洛阳关林等文物建筑保护修缮工程。组织编制 89 个全国重点文物保护单位文物保护项目立项和 11 个保护规划立项。完成 30 个全国重点文物保护单位修缮工程、保护设施建设工程、环境整治工程立项申报工作。通过配合做好国家、省重点建设项目中的文物保护工作，达到经济建设与文物保护的“双赢”目标。

加强南水北调等重点项目建设中的文物保护。继续做好南水北调文物保护项目田野考古发掘资料的验收工作，完成了 10 个省辖市受水区考古发掘项目以及丹江口水库水源地文物保护项目验收工作。

大遗址保护工作取得较大成绩。围绕隋唐洛阳城等重要大遗址保护工程，申请保护展示立项项目 17 个；在 2014 年度“全国十大考古新发现”评选中，我省隋代回洛仓与黎阳仓粮食仓储遗址、郑州东赵遗址成功入选，河南获此殊荣的项目总数已达 42 项，位居全国首位。

开展对世界文化遗产地的巡视和调研工作，切实保障遗产及周边环境安全。组织编制安阳殷墟遗址展示专项规划、新安汉函谷关遗址本体抢险加固工程等立项报告；积极会同湖南、湖北等 8 省推进万里茶道申报世界文化遗产工作。

3. 博物馆事业发展持续加快

全省共有博物馆 248 座，其中，文物部门博物馆 176 座，占总数的 71%；其他部门博物馆 16 座，占总数的 6%；民办博物馆 56 座，占总数的 23%。

2015 年，我省积极协调推进偃师二里头夏都文化遗址博物馆和中原考古博物院建设的前期工作。积极落实中央免费开放部署，全省博物馆纪念馆累计举办陈列展览 1100 多个，年接待观众近 5000 万人次，7 个陈列展览获评为“河南省优秀陈列展览”，10 个展览入选《2015 年度全国博物馆展览季活动推介目录》，河南郑州博物馆的“古都郑州”展和洛阳博物馆的“河洛文明” 展列入 2015 年度全国 12 个数字化展览项目中，洛阳博物馆“唐代洛阳展”获得“全国十大精品陈列”优胜奖。在郑州、洛阳等地积极推进博物馆理事会制度试点工作，11 月河南博物院等已正式组建理事会。按照国家文物局部署，结合河南实际，组织开展了全省基层文物收藏单位藏品检查和调研、全省博物馆年检备案等工作。完成了全省免费开放博物馆

纪念馆绩效考评、非国有博物馆规范化建设评估，共评出免费开放博物馆纪念馆优秀单位 27 家、优秀非国有博物馆 5 家。

### （六）文化产业加快发展，新兴、特色文化产业势头良好

立足河南得天独厚的文化资源优势，一手抓传统文化产业的升级，一手抓新兴文化业态的培育，文化产业实现新突破。郑州、开封、洛阳文化产业观摩会极大地推动了多地文化产业发展，全省建成国家级文化产业示范园区 1 个、文化产业基地 12 个，省级文化产业示范园区 9 个、文化产业基地 87 个，从业人员达 35 万人，总资产 320 多亿元，营业收入近 280 亿元。全省 7 家企业、2 个项目进入国家文化出口重点企业、重点项目目录，8 个项目入选“国家文化金融扶持计划”。特色文化产业生机迸发。开封“一城宋韵”文化娱乐中心改造工程入选 2015 年度国家特色文化产业项目。全省建成 41 个特色文化产业村、34 个特色文化产业乡镇，文物复仿制品以及汴绣、钧瓷、汝瓷、牡丹瓷等文化产品的开发实现较大突破，镇平县石佛寺镇玉石产业、固始县三河尖柳编工艺品、孟津县平乐村牡丹画、民权王公庄画虎村等乡村文化产业享誉海内外。新兴文化产业势头良好。全省动漫企业发展至 100 多家，从业人员近 5000 人，其中 18 家动漫企业通过国家认定，2 部动漫作品入选国家弘扬社会主义核心价值观动漫扶持计划，13 部原创动画片入选全国推荐播出优秀动画片目录，20 多部动漫画作品走出国门。政策扶持力度不断加大。省财政设立新型文化业态发展专项引导资金，年投入达 4000 万元。

### （七）文化市场发展健康有序

1. 文化市场监管更加规范。以优化行政审批、改善管理服务、加强市场监管为抓手，持续推进文化市场健康有序发展。行政审批规范化建设得到加强。适应商事制度改革，研究出台《河南省文化厅关于贯彻落实“先照后证”制度改进全省文化市场行政审批和市场监管工作的意见》，部署开展文化市场行政审批标准化试点工作，放宽市场准入，简化行政审批，五年全省新增文化市场主体 5000 多个。上网服务行业转型升级效果显著。调整完善上网服务企业管理政策，积极推动上网服务企业行业转型升级，部署在 16 个省辖市、4 个直管县开展试点工作，我省上网服务行业焕发新的活力，文化部在全国推广洛阳网吧转型升级经验。

2. 文化市场监管力度不断加大。建立文化市场技术监管系统，完成 15 万家文化市场经营单位存量激活。以整治演出、娱乐、网吧、网络文化市场、农村文化市场违法违规行为为重点，适时开展文化市场专项整治、文化市场交叉检查、文化市场综合执法“闪电”系列活动，检查文化经营单位 40 万家次，5 年办结案件 12 万件，净化了文化市场环境。

3. 执法队伍综合素质得到加强。初步完成文化市场综合执法改革，持续开展执法人员大培训、执法岗位大练兵、执法技能大比武活动，全面加强综合执法机构负责人、执法骨干、执法师资人员、基层行政审批工作人员等教育培训，执法水平不断提高。

### （八）对外及对港澳台文化交流亮点纷呈

积极创新“央地合作”模式，实施 2015“欢乐春节”项目，共派出 10 个文化艺术团组，分 11 个批次 229 人，赴美国、加拿大、突尼斯、新西兰、汤加、斐济、巴西、智利、巴拿马、哈萨克斯坦、乌兹别克斯坦等国家和台湾地区开展 “欢乐春节”活动，共演出、展览 81 场，直接观众达 12 万人次。继续开展对非洲文化交流工作。承办了文化部第三届“非洲武术学员班”，来自非洲 5 个国家的 23 名学员入住少林寺，学习少林禅武艺术和中华传统文化。我省为配合外交部外事工作，组派由少林寺和郑州歌舞剧院组成的河南文化艺术团，赴南非开展“2015 南非中国年—河南周”项目，并赴博茨瓦纳开展文化交流，庆祝中博建交 40 周年。

加强对港澳台文化交流。对澳门文化交流取得骄人成绩。组派郑州、开封、洛阳、驻马店、淮阳、潢川等地民间艺人组成的河南非物质文化遗产展演团组一行 70 人赴澳门开展为期 20 天的“根与魂—非物质

文化遗产展演”活动。受澳门特别行政区文化局的邀请，组派鹿邑县民间艺人一行 30 人，参加庆祝澳门回归的“第五届澳门拉丁城区幻彩大巡游”活动。与香港文化交流进一步深化。应香港文化中心邀请，组派漯河杂技团赴香港交流演出，在香港文化中心、长州体育馆、汉华中学、福建中学等 5 个社区、3 所中学进行了巡回演出。11 月，在文化部港澳台办的支持下，选派豫剧研究专家谭静波、省豫剧院青年团赴香港大学、香港城市大学、香港理工大学、香港演艺学院、香港浸会大学开展豫剧讲学、示范演出。对台交流工作继续开展。组派河南豫剧院青年团排演的豫剧《玄奘》赴台演出，获得巨大成功。邀请台湾奇巧剧团的儿童戏曲歌舞剧《空空戒戒木偶奇遇记》来河南交流演出，剧团在豫专门举办了“海峡两岸·共庆佳节”活动，受到广大少年儿童的喜爱。

## 二、存在问题

由于人口多、底子薄，全省文化工作也存在着一些不容忽视的困难和问题。主要表现在：

### （一）文化经费投入不足

尽管各级财政尽了最大努力投入文化建设，但与全国平均水平、与先进地区相比差距明显。目前，用于文化建设的财政投入还是低水平的保障，基层公共文化单位工作经费、运转经费保障不足。

1. 文化事业费虽然持续增长，但总量偏低

2015 年，全省文化事业费 20.6 亿元，比上年增加 3.2 亿元，增长 18.4%。从全国各地情况看，2015 年，文化事业费超过 20 亿元的地区有 11 个，周边省份文化事业费较高的是山东。尽管我省近五年来我省文化事业费总量持续增长，但作为全国人口大省，文化事业费总量在全国位居第 10 位，总量偏低。

**表 4　全省各地文化事业费投入情况**

| 地区 | 2014 年文化事业费（万元） | 2015 年文化事业费（万元） | 增减额（万元） | 增减幅度（%） |
|---|---|---|---|---|
| **全省** | **173941.6** | **206034.0** | **32092.4** | **18.5** |
| 郑州市 | 21341.3 | 21661.9 | 320.6 | 1.5 |
| 开封市 | 6086.4 | 2941.4 | -3145 | -51.7 |
| 洛阳市 | 12178.2 | 15501.8 | 3323.6 | 27.3 |
| 平顶山市 | 9572.7 | 11450.1 | 1877.4 | 19.6 |
| 安阳市 | 7865.0 | 9875.0 | 2010 | 25.6 |
| 鹤壁市 | 4033.5 | 7333.5 | 3300 | 81.8 |
| 新乡市 | 7839.0 | 8207.3 | 368.3 | 4.7 |
| 焦作市 | 6879.3 | 7794.1 | 914.8 | 13.3 |
| 濮阳市 | 5658.6 | 2973.8 | -2684.8 | -47.4 |
| 许昌市 | 6569.1 | 7794.1 | 1225 | 18.6 |
| 漯河市 | 4843.0 | 8499.1 | 3656.1 | 75.5 |
| 三门峡市 | 6742.2 | 6801.8 | 59.6 | 0.9 |
| 南阳市 | 12802.9 | 13955.7 | 1152.8 | 9.0 |
| 商丘市 | 9809.7 | 10791.8 | 982.1 | 10.0 |
| 信阳市 | 7658.5 | 8182.3 | 523.8 | 6.8 |
| 周口市 | 8858.8 | 11257.0 | 2398.2 | 27.1 |
| 驻马店市 | 7325.7 | 2140.1 | -5185.6 | -70.8 |
| 济源市 | 2685.4 | 3855.2 | 1169.8 | 43.6 |

分地区看，全省各地文化事业费分布不平衡。2015 年，文化事业费前五位分别是：郑州、洛阳、南阳、平顶山、周口。18 个省辖市中 6 个地市文化事业费增幅超过 20%。有 3 个地区文化事业费较往年减少幅度大，原因是 2014 年财政拨款较多。

2. 人均文化事业费水平低

2014 年，全省人均文化事业费为 21.73 元，比上年提高 3.3 元。全国人均文化事业费为 49.68 元，我省人均文化事业费在全国排在第三十一位，还不及全国平均水平的一半。在中部省份中，我省文化事业费倒数第一。山西人均文化事业费在全国排名第 16 位；安徽排名在第 30 位，人均文化事业费高出我省 7.92 元。因此我省的财政投入还需加大力度，逐步提高文化投入在财政支出中的比重，才能有效提高全省文化事业费位次。

**表 5　中部六省人均文化事业费情况**

| | 2014 年人均文化事业费（元） | 2015 年人均文化事业费（元） | 同比增长（%） | 全国位次 |
|---|---|---|---|---|
| 山西 | 38.63 | 49.67 | 28.6 | 16 |
| 湖北 | 28.89 | 40.27 | 39.4 | 21 |
| 安徽 | 19.72 | 23.81 | 20.7 | 30 |
| 湖南 | 24.14 | 28.57 | 18.4 | 27 |
| 江西 | 22.83 | 27.84 | 21.9 | 28 |
| 河南 | 18.43 | 21.73 | 17.9 | 31 |

### （二）现代公共文化服务体系有待完善

中央和全省各级政府近年不断加大公共文化服务投资建设，文化设施建设呈快速发展趋势，但总体看来，公共文化服务体系建设仍存在不容忽视的问题，如城市社区和乡村公共文化基础设施覆盖率偏低，文化服务、文化活动开展得不平衡，乡镇综合文化站功能未得到充分发挥，基层综合性文化服务中心试点建设进展不均衡，基层群众文化人才不足等。这些问题，需要我们在工作中不断给予重视和完善。

## 三、几点建议

### （一）进一步完善现代公共文化服务体系

构建均等标准的现代公共文化服务体系，是保障我省亿万人民文化权益的重大制度设计。今年和今后一个时期，要以落实中办、国办《关于加快构建现代公共文化服务体系的意见》和我省《实施意见》为主线，突出重点，强力推进。目前，《河南省人民政府办公厅关于做好政府向社会力量购买公共文化服务工作的实施意见》已经出台，我厅正在牵头起草《河南省人民政府办公厅关于推进基层综合性文化服务中心建设的实施方案》《全省公共文化服务体系建设绩效考核办法》等配套政策文件，争取早日出台。创新政府购买公共文化服务方式，树立“大文化”的理念，把民办博物馆、民办图书馆、民营演艺机构、民办非遗展示馆传习所、民办上网服务场所等提供的优秀公共文化服务，纳入政府购买范围，力争取得突破，促进公共文化服务提供主体和提供方式的多元化。加快公共文化基础设施建设，重点推进省直文艺院团新建剧场和偃师二里头夏都文化遗址博物馆、中原考古博物院、河南博物院改造工程等项目建设，重点推进基层综合性文化服务中心建设。

### （二）进一步繁荣文艺创作生产

今年是贯彻落实习近平总书记文艺工作座谈会重要讲话和中央《关于繁荣发展社会主义文艺的意见》的关键一年。当前，省财政对文艺创作的投入也在不断加大，要充分调动广大文艺工作者的积极性，鼓励原创和现实题材创作，组织好以“中国梦”为主题的文艺创作，力争把河南省的艺术创作生产水平提高到一个新的高度。

### （三）强化文化市场监管

建立健全现代文化市场体系，是十八届三中全会提出的重要任务。要实现这一目标，必须坚持一手抓文化市场发展繁荣，一手抓文化市场执法监管，确保文化市场统一开放、竞争有序、诚信守法、监管有力。落实“先照后证”改革要求，放宽准入标准，优化审批服务，鼓励各种社会力量进入文化市场领域，推动大众创业、万众创新。加快建设多层次文化产品和文化要素市场，重点发展演出、娱乐、网络文化、艺术品等市场，鼓励、扶持和规范民营艺术表演团体发展。

（河南省文化厅）

## 河南：传统美术抢救保护工程正式启动

传统美术是优秀文化遗产的重要组成部分，河南传统美术类非物质文化遗产数量多、分布广、价值高，蕴含着浓厚的中原文化特色与乡土记忆。但随着工业化、城镇化的快速推进，不同程度地出现了消失速度加快、传承后继乏人、投入不足等问题，抢救保护工作刻不容缓。2015年3月，中原传统美术保护传承座谈会暨河南省传统美术抢救保护工程启动仪式在河南周口淮阳举行。河南省文化厅计划用两年时间，对河南省境内列入各级非物质文化遗产名录的传统美术项目进行抢救保护。传统美术抢救保护工程是继河南成功实施稀有剧种抢救工程后，对非遗分类保护的又一重大实践，将按照“六个一”的标准推动实施，即分别为每个项目和传承人建立一套纸质和数字记录档案、编辑一批书籍图录、拍摄一批项目和传承人的纪录片、征集一批实物和作品、建成一批专题展示馆、培养一批高素质的工作人员。力争通过两年努力，摸清底数，完善措施，改善保护状况，为进一步传承利用奠定坚实基础。

# 湖北省 2015 年文化发展情况分析

2015 年，全省文化系统深入学习贯彻党的十八大、十八届三中、四中、五中全会和习近平总书记系列重要讲话精神，在文化部的正确指导下，认真落实省委、省政府各项决策部署，紧紧围绕文化强省建设，稳中求进，开拓创新，求真务实，积极作为，在推动我省文化事业改革发展方面不断取得新突破。

## 一、文化服务中心工作作用进一步发挥

2015 年，省文化厅紧紧围绕中央和省委、省政府工作大局谋划文化建设，圆满完成了《省委常委会 2015 年工作要点》和《政府工作报告》确定的重点工作任务。围绕“一带一路”、长江经济带及长江中游城市群重大战略实施，积极推进“万里茶道”联合申报世界文化遗产项目，组织举办第二届长江文化论坛、2015 中国长江非物质文化遗产大展，发起成立了长江流域矿冶考古联盟，促进了文化交流与合作。充分发挥文化在实施“四个全面”战略布局中的教化作用，创作生产一大批文艺精品，策划举办一系列展览展演活动。制定了《关于贯彻落实省委十届六次全会精神扎实推进文化扶贫的工作方案》，深入推进文化援疆、援藏和本省文化扶贫工作。

## 二、公共文化服务机构规模稳中有增

截至 2015 年底，纳入统计的全省文化文物部门机构数为 2264 个，同比增长 3.95%；从业人员 26387 人，同比增长 12.11%。其中，艺术业 137 个，公共图书馆 112 个，群众艺术馆（文化馆）等文化服务机构 1399 个，艺术教育业 7 个，文化科研机构 11 个，博物馆、文物保护管理机构、文物科研机构、文物商店及其他文物机构共计 302 个。公共图书馆、群艺（文化）馆、博物馆、综合文化站、美术馆等公共文化服务机构总数为 1662 个，从业人员 10275 人，公共文化服务机构和从业人员规模与本省文化事业发展比例较为协调，并保持稳中有升，稳中向好的趋势。

## 三、文化事业投入持续增长

### （一）总收入和财政补贴收入持续增长

2015 年全省文化文物单位实现总收入 46.56 亿元，比上年增长 10.1 亿元，同比增长 21.70%。其中，财政补助收入 33.81 亿元，比上年增长 9.63 亿，同比增长 39.82%。2015 年财政补助收入达到总收入的 72.60%，比 2013 年占比增加 6.3%，文化投入仍主要依赖财政拨款。

**表 1　2011 年 –2015 年近五年财政补助收入情况**

| 年份 | 总收入（亿元） | 财政补贴收入（亿元） | 财政补贴收入占总收入比重（%） |
|---|---|---|---|
| 2011 年 | 25.34 | 17.29 | 68.23 |
| 2012 年 | 28.81 | 19.63 | 68.00 |
| 2013 年 | 33.83 | 22.85 | 67.54 |
| 2014 年 | 36.46 | 24.18 | 66.32 |
| 2015 年 | 46.56 | 33.81 | 72.62 |

### （二）文化事业费继续增长

2015年，全省文化文物事业费32.29亿元，比上年增加9.12亿元，增长39%。其中，文化事业费23.56亿元，比上年增加6.5亿元，增长38%，全国排名第8位，比上年提升4位；在中部6省中，排名第一。文物事业费8.73亿元，比上年增加2.62亿元，增长42.88%。全省人均文化事业费40.32元，全国排名21位，比上年提升4位。

图1　2015年中部6省人均文化事业经费情况

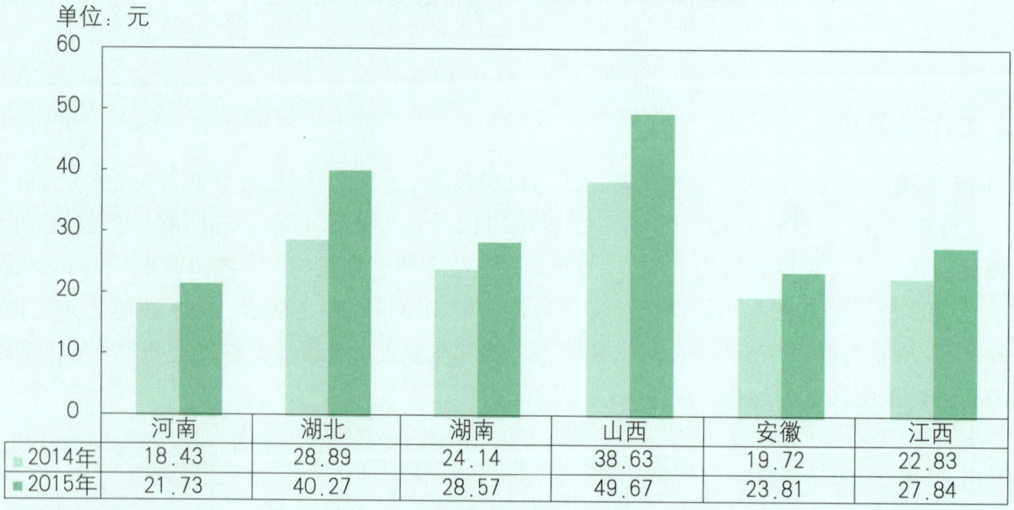


全省市、州按文化文物事业费总额排名，武汉市文化文物事业费9.75亿元，排名第一；恩施州2亿元，排名第二；宜昌市1.78亿元，排名第三。（省本级不参加排名）

全省市、州按文化事业费排名，武汉市7.74亿元，排名第一；宜昌市1.38亿元，排名第二；襄阳市1.33亿元，排名第三。（省本级不参加排名）

全省县（市、区）按文化事业费排名，名列前十的地区是：潜江市4754万元、洪山区4082万元、黄陂区3646万元、天门市2800万元、蔡甸区2361万元、江夏区2345万元、东西湖区2030万元、利川市2020万元、仙桃市1965万元、南漳县1824万元。

（三）公共文化设施投资持续推进

表 2　2011 年 –2015 年全省基建投资情况表

| 年份 | 项目数 | 建筑面积（万平方米） | 本年完成投资（亿元） | 竣工项目数（个） |
|---|---|---|---|---|
| 2011 年 | 87 | 57.10 | 8.34 | 46 |
| 2012 年 | 63 | 74.27 | 5.45 | 14 |
| 2013 年 | 96 | 86.15 | 8.33 | 18 |
| 2014 年 | 72 | 115.71 | 6.44 | 15 |
| 2015 年 | 79 | 79.43 | 3.59 | 19 |

按照加快构建现代公共文化服务体系的总要求，湖北各级文化系统积极推进公共文化场馆设施建设。省级层面，推进省博物馆三期、湖北艺术职业学院新校区、省京剧院谭鑫培大剧院、省群艺馆新馆等工程建设相关工作。市县级层面，加快推进市、县级公共文化场馆设施建设，截至 2015 年底，列入国家规划的 35 个“三馆”项目，总建筑规模约 57 万平方米，总投资约 43 亿元，20 个项目开工（其中完工 8 个），累计完成投资 13.62 亿元，开工率和完工率排在全国前列；100 个县级“两馆”项目、2 亿元补助资金全部落实到位，总建筑规模约 43 万平方米，总投资约 22 亿元，已开工建设项目 73 个（其中进入装修阶段或已完工的项目 40 个），开工率 73%（除去 2015 年安排项目开工率为 88%），累计完成投资 8.94 亿元。

图2　2011年-2015年全省公共文化设施面积情况

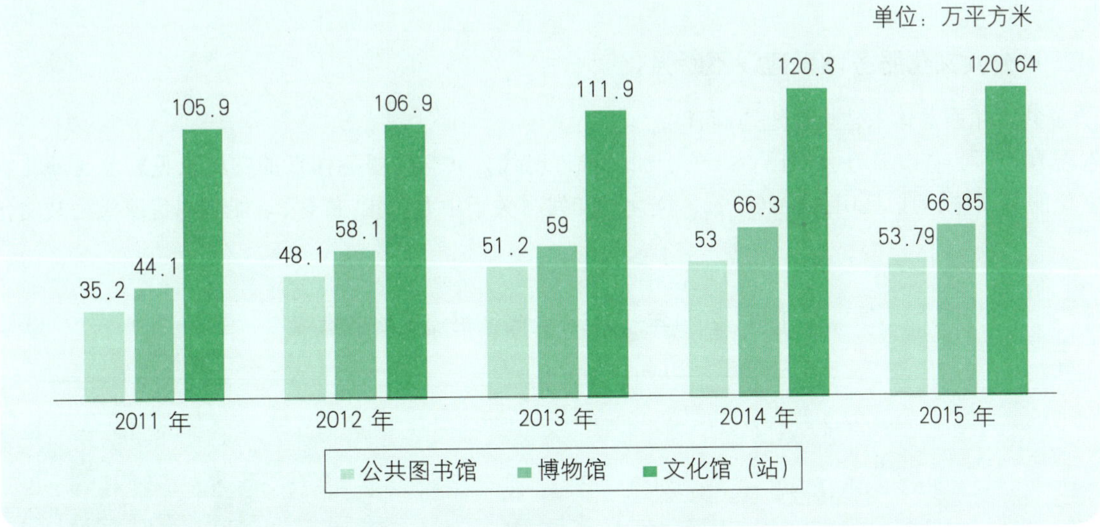


## 四、文化事业发展成果显著

（一）文艺创作和演出精品频现

2015 年，全省文化系统在习近平总书记文艺工作座谈会重要讲话精神的鼓舞下，坚持以人民为中心的工作导向，抓好以“中国梦”为主题的艺术创作。成功举办第二届湖北艺术节、第六届湖北省楚剧艺术节、“深入生活、扎根人民”主题展演、“我们的中国梦”湖北地方戏曲获奖剧目展演、纪念中国人民抗日战争暨世界反法西斯战争胜利 70 周年优秀剧目展演、2015 年秋之韵·东湖音乐会等系列展演活动，丰富了基层人民群众精神文化生活。

### （二）艺术表演团体演出情况及收入总体平稳

图3 2011年-2015年全省专业艺术表演团体演出收入

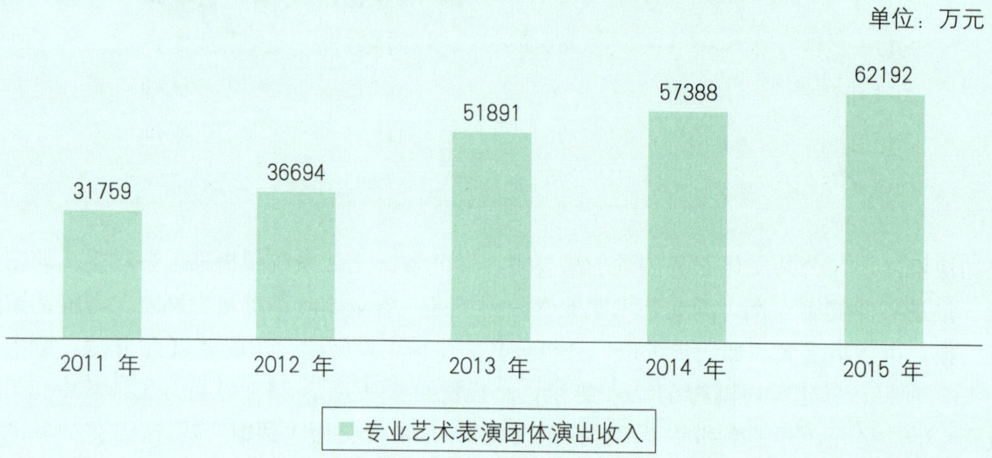


截至 2015 年底，全省专业艺术表演团体共为社会提供各类演出 2.021 万场，平均每团演出场次 235 场。其中，农村演出 1.197 万场，农村观众 1341 万人。本省专业艺术表演团体共计收入 6.22 亿元，与上一年度略有上涨。其中，演出收入为 0.73 亿，本年度专业艺术表演团体总支出为 6.35 亿，经费自给率为 11.5%，低于全国平均水平。

### （三）公共文化服务体系建设不断强化

1. 公共文化服务体系建设推进措施有力

省委办公厅、省政府办公厅出台《关于加快推进现代公共文化服务体系的实施意见》及《湖北省基本公共文化服务实施标准（2015-2020）》。文化部印发《关于中办、国办〈关于加快构建现代公共文化服务

图4 2011年-2015年全省图书流通服务情况

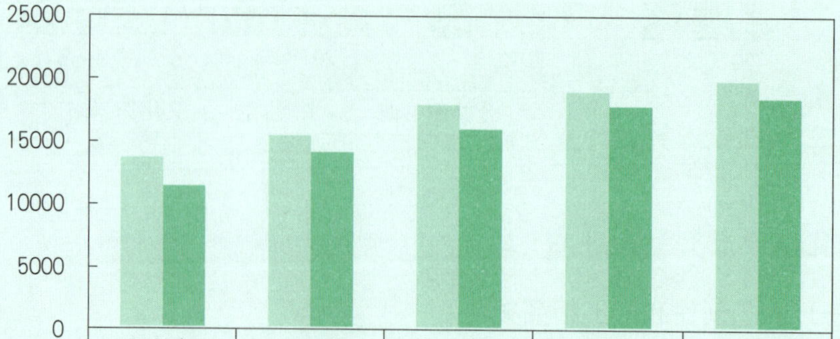


| | 2011年 | 2012年 | 2013年 | 2014年 | 2015 |
|---|---|---|---|---|---|
| 总流通人次（千人次） | 13419 | 15163 | 17627 | 18677 | 19545 |
| 图书流通册次（千册） | 11141 | 13865 | 15701 | 17554 | 18164 |

体系的意见〉贯彻落实情况的通报》，对我省推进工作给予肯定。同时，湖北省全面深化改革领导小组将“促进基本公共文化服务标准化和均等化”确定为全省 14 个重大改革项目之一，由省改革办挂牌督办。随着现代公共文化服务体系建设能力的不断增强，群众的文化获得感不断提高。以图书馆为例，在投入不断加大的情况下，图书总流通人次、流通册次、人均拥有公共图书馆资源都在逐年呈上涨趋势。

图5　2011年-2015年全省图书馆举办活动情况

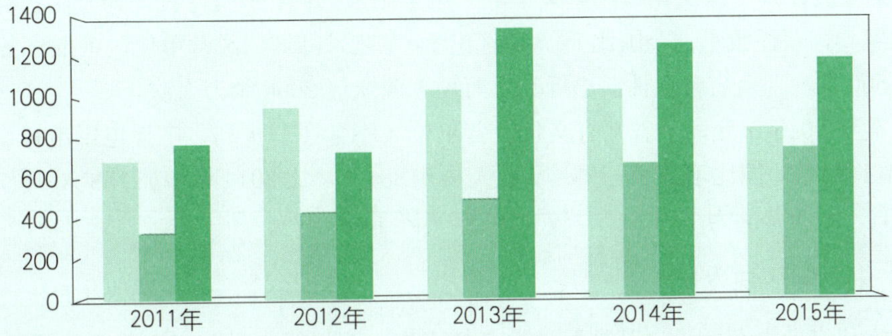


| | 2011年 | 2012年 | 2013年 | 2014年 | 2015年 |
|---|---|---|---|---|---|
| 举办培训班次数（千人次） | 686 | 947 | 1029 | 1025 | 833 |
| 举办展览次数（千人次） | 329 | 427 | 487 | 661 | 734 |
| 参观展览人次（千人次） | 768 | 724 | 1330 | 1250 | 1174 |

2. 公共文化服务体系示范区创建进展顺利

宜昌市创建第三批国家公共文化服务体系示范区，申报成绩列中部组 10 省市第一名；荆门市农村文化广场建设、十堰市图书馆总分馆建设申报创建第三批国家公共文化服务体系示范项目，获全票通过。襄阳市创建工作扎实推进。第一批省级示范区制度设计成果验收和重难点问题破解情况评审，有效促进、提高了示范区公共文化服务体系建设整体水平。

3. 创新性推进公共文化服务工作取得明显成效

针对群众新需求，首次将“百姓舞台”文体广场示范点建设纳入市州党委政府目标考核指标，研究文体广场建设标准和规范，推进文体广场示范点建设，推广文体广场建设经验，全省文体广场建设呈现良好发展态势。随着文艺活动演出的阵地建设不断增强，全省群众文艺活动场次总体保持稳定。

图6　2011年-2015年全省群众艺术馆、文化馆（站）组织群众文艺活动场次（场）

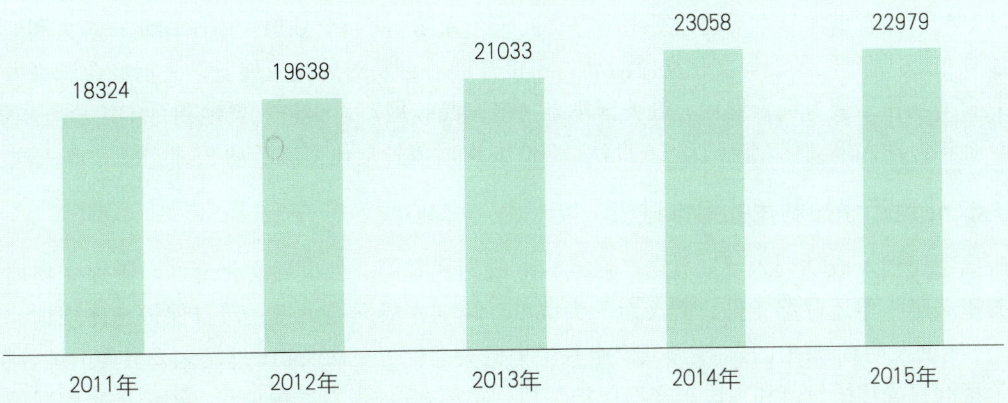

## （四）文化市场规范有序

全面推进互联网上网服务行业转型升级，出台了《湖北省文化厅关于加快推进互联网上网服务行业转型升级工作的指导意见》，评选了25家转型升级示范场所。指导组织了湖北省互联网上网服务行业转型升级成果展暨电子竞技大赛。大力推进文化市场技术监管与服务平台应用，积极推动湖北省文化市场诚信体系建设，实现文化市场管理与执法业务的互联互通、数据共享。深入开展全省文化市场“雷霆行动”暨“暑期集中行动”，加大对基层文化市场管理的暗访抽查和考核督办力度，成功办理了一批在全国有影响的重大案件，5个案件被评为全国文化市场重大案件，居全国前列；1个案卷被评为全国优秀案卷，2个案卷被评为全国规范案卷，获评数量占全国比5%。评选出14家艺术品诚信经营单位，审批、备案营业性演出活动170批次、近500场次，全省营业性演出近2.7万场，观众达2000余万人次。

据统计，截至2015年底，全省共有文化经营单位（不含图书报刊、广播电影电视、音像）10651家，比2014年增加1484家，同比增加16.19%；从业人员51881人，比2014年增加158人；资产总计为80.25亿，同比增长4.53%，利润总额为15.02亿，较2014年下降了44.47%。

## （五）文化产业加快发展

开展全省文化产业示范园区（基地）巡检考核工作，评选第二批省级文化产业示范园区9家、第五批省级文化产业示范基地34家。制定出台《湖北省扶持文化产业示范园区及基地专项资金管理办法》，对71家优秀文化产业示范园区（基地）给予928万元的资金扶持。组织召开全省特色文化产业现场会，推动各地大力发展特色文化产业。成功举办第二届中国湖北文化艺术品博览会、第二届湖北省大学生文化创意设计大赛，积极搭建文化产业发展平台。扎实推进中部地区（武昌区）拉动城乡居民文化消费试点工作，得到文化部高度评价。文化产业项目申报取得新突破，一批重点项目入选国家文化产业重点项目库。

据统计，截至2015年底，全省的文化产业总产出值为86.54亿，较去年下降了6.97亿。从产业构成看，艺术业产业增加值比去年增加了8114万元，同比增长13.49%；图书馆业产业增加值比去年增加了6662万元，同比增长24.06%；群众文化产业增加值比去年增加了1.31亿元，同比增加40.94%。与去年相比，艺术教育业产业增加值比去年减少了46万，同比下降不足0.01%；文化市场经营机构增加值出现了下降，下降了13.42亿，同比下降22.70%。由此可以得出，文化市场经营机构增加值的下降是全省文化产业总产出值同比出现下降的主要因素。

## （六）对外文化交流日趋活跃

积极参与国家重大文化交流活动，组织京剧演展讲、中国大漆走世界等项目等项目，参加“荆楚风 中埃情——湖北文化走埃及”对口合作活动，组织“长江之韵”艺术使团赴俄罗斯参加“第二届国际布兰诺沃艺术节”，组织京剧《真假美猴王》赴日本巡演，选派京剧演出团赴智利参加“中国文化年”暨“华艺新颜”活动。配合我省重大外事活动，组织举办“同一个太阳 同一个梦想”中国湖北—澳大利亚昆士兰儿童艺术交流项目20周年回顾展等文化交流活动。积极开展对台及对外交流展览，先后赴台湾举办《铸鼎熔金——湖北省博物馆馆藏青铜器展》、赴美国举办《皇家品味展》，引进《奥地利百年绘画展》等10多个特色展览。全年办理入境文化交流活动75批次、860人次，境外文化交流活动25批次、200人次。

## （七）文化遗产保护利用扎实推进

恩施唐崖土司遗址成功列入《世界遗产名录》，成为我省第3处世界文化遗产，国家文物局正式确定我省为“万里茶道”申遗联络省份、武汉为牵头城市。编制完成武当山古建筑群保护总体规划，实施明显陵外罗城、外明塘及明楼修缮工程。实施武汉中共中央机关旧址等革命文物、恩施地委县委旧址等抗战文物、五里村、羊楼洞村等传统村落和古民居文物保护工程；实施36项考古发掘项目，枣阳郭家庙曾国墓地考古发掘项目荣获 2014 年度“全国十大考古新发现”；完成 1000 余件文物修复并及时充实到展览中。

1. 文物业机构与从业人数数量总体稳定，藏品位居全国前列。全省文物业机构共计 302 个，比去年增加 2 个。其中博物馆 175 个，文物科研机构 3 个、文物保护管理机构 48 个、其他文物机构 75 个。

截至 2015 年底，全省文物机构从业人员共 5045 人，中级以上职称共 26.72%，比上年略有回落。文物藏品按等级分类，一级品、二级品、三级品的种类分别为 6798 件 / 套、10793 件 / 套和 10211 件 / 套。其中，本年新增藏品为 28827 件 / 套，比 2014 年增长 20641 件 / 套，同比增长 252.15%。

图7　文物藏品分布情况

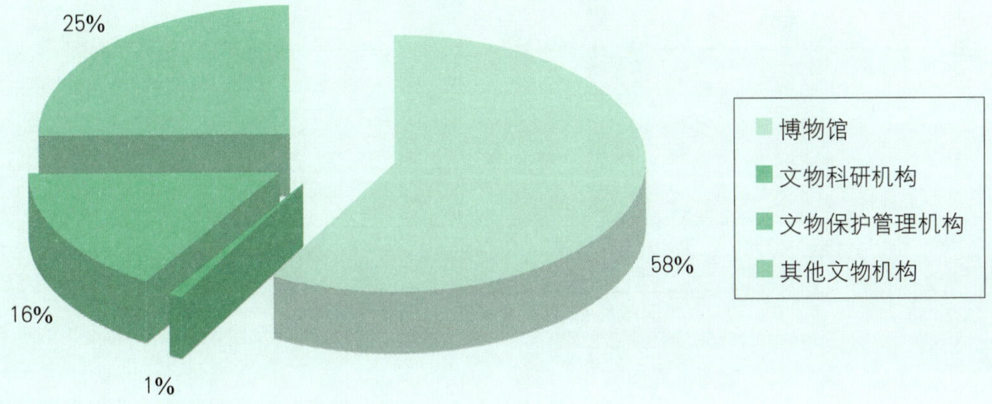


2. 博物馆事业蓬勃发展

有序推进省博物馆三期扩建工程建设，扩建后的省博物馆面积将达到 11 万平方米。积极推动重点市县博物馆建设，宜昌、孝感、天门等市级博物馆完成主体建设，红安、黄梅、通山、南漳、枣阳等县级博物馆协调推进，启动布展工程。省博物馆“铸鼎镕金”展览荣获“2015 年度全国博物馆十大精品评选之国际合作奖”。

图8　2011年-2015年文物业收入情况

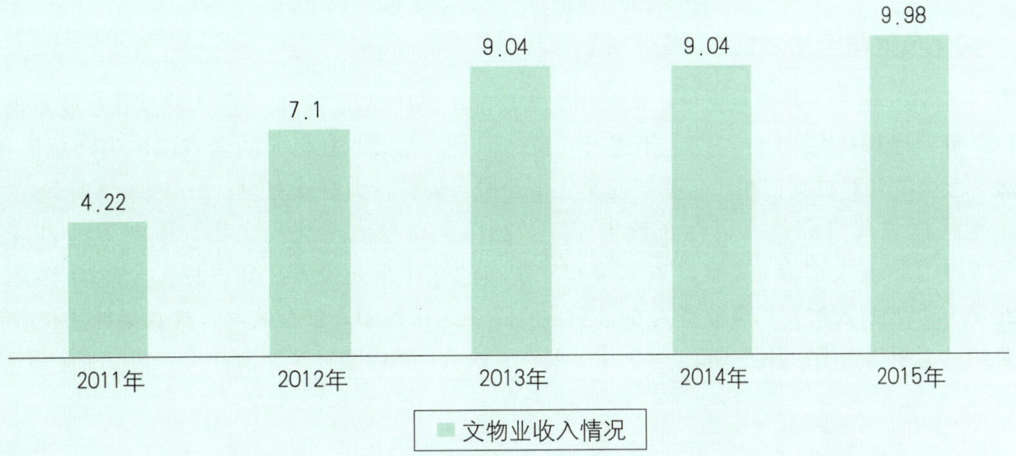

据统计数据显示，全省博物馆机构共175家，从业人数为3449人。其中，中级以上职称专业技术人员1033人，占博物馆从业人员总人数的29.95%。2015年，全省举办各类展览600余个，接待观众2600余万人次。开展“学生走进博物馆”等博物馆社会教育活动2000余场。

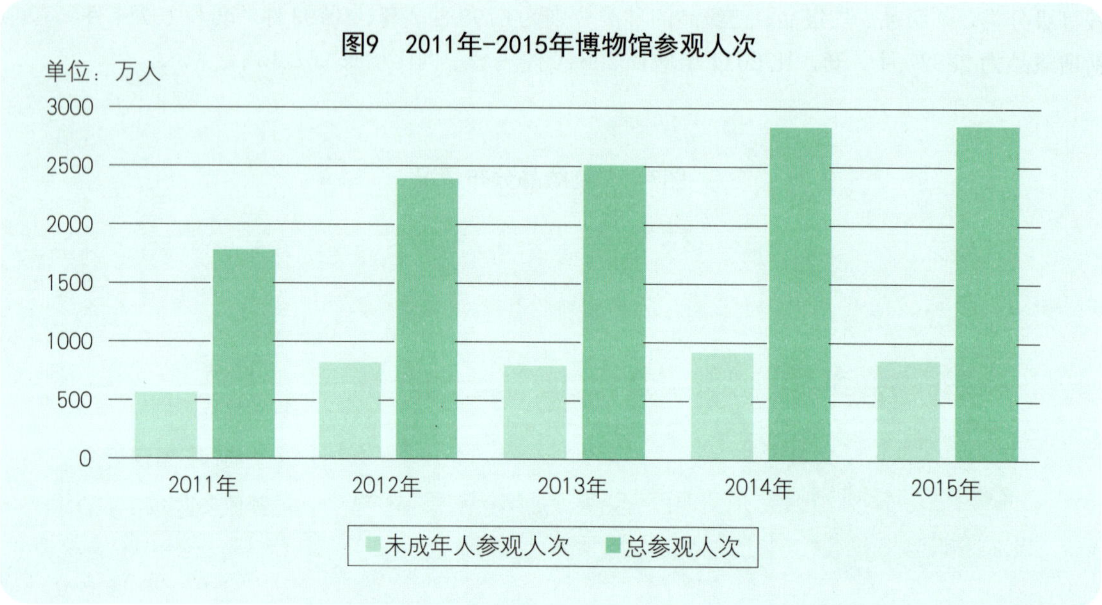


（八）非遗保护展示、传承队伍建设及非遗研究工作取得显著成绩

承办了3个文化部主办的非遗传承人群培训班，承办数量全国最多。举办了全省非遗保护工作、代表性传承人等培训班。命名6所院校和科研机构为省级第二批非物质文化遗产研究中心，目前我省有22家省级非遗研究中心，启动了民间文学等6大类保护规范研究。在全省开展非物质文化遗产保护“十个一”行动计划，研究命名了22个单位为省级非遗传承示范基地。举办了全省第十个文化遗产日系列活动，成功举办了“中国长江非物质文化遗产大展”，400多个项目、589名代表性传承人、11台非遗剧目汇聚武汉，观众20多万人次。指导成立了湖北省中国漆文化研究会。

## 五、存在的主要问题及发展瓶颈

（一）文化投入与经济发展水平不协调

2015年，全省文化事业费投入总量相比去年大大增加，同比增长39%。全省人均文化事业费也由28.89增长到40.32元，全国排名21位，比上年提升4位。但是，与29550亿元的全省国内生产总值和3021.6亿元的省级一般公共预算总支出相比，我省的文化事业投入仍有较大提升空间。

同时，地区间文化事业投入也存在较大差距。2015年，全省文化（文物）事业费为32.29亿，其中省本级为7.4亿，武汉市为9.7亿，省本级和武汉市的文化事业投入之和占据了全省的半壁江山，达52.96%。2015年，全省人均文化事业费为40.27元，17个地市州中，仅有武汉、神农架林区和潜江市人均文化事业费超过了平均水平；各县（市、区）中，仅有五峰县、神农架林区和潜江市三市高于全省平均水平。

表 3　2011 年 –2015 年人均文化事业费排名情况

| | 2011 | | 2012 | | 2013 | | 2014 | | 2015 | |
|---|---|---|---|---|---|---|---|---|---|---|
| | 人均经费 | 位次 | 人均经费 | 位次 | 人均经费 | 位次 | 人均经费 | 位次 | 人均经费 | 位次 |
| 全国 | 24.11 | -- | 29.14 | -- | 35.46 | -- | 38.99 | -- | 42.65 | -- |
| 湖北 | 18.77 | 20 | 24.00 | 25 | 26.58 | 24 | 28.89 | 25 | 40.32 | 21 |

（二）现代公共文化服务体系建设仍有短板

各地以全面深化改革精神为指导，取得了显著成绩。但也要看到，与“十三五”全国全省经济社会发展的目标和纲领相比，与加快构建现代公共文化服务体系的要求相比，当前公共文化服务体系建设还存在一些问题和差距：如一些地方重视不够、投入不足，乡镇、村级文化建设仍存在薄弱环节，基本公共文化服务标准化均等化程度不高，基层文化资源缺乏整合，社会力量参与不够，服务效能有待提高等等，这些问题制约了公共文化服务的发展，亟需采取措施加以解决。

（三）文化产业发展仍有提升空间

尽管文化产业对经济增长的拉动作用日益显现，文化实力与竞争力明显增强，但仍面临文化产业整理规模偏小，集约化程度偏低等情况。同时，地区发展不均衡、文化资源开发力度不足、缺乏复合型文化人才等因素也严重制约着我省文化产业的发展。

## 六、2016 年文化发展目标

步入“十三五规划”的开局之年，全省文化系统将科学谋划“十三五”时期文化事业发展，开好局，起好步。统筹协调推进，加快文化强省建设。

（一）强化党的领导，为文化强省建设提供政治保证

通过全面落实从严治党要求，做到“六抓”，即抓教育、抓制度、抓考核、抓创建、抓作风、抓队伍，全面推进党的思想建设、组织建设、作风建设、反腐倡廉建设和制度建设，不断提高党建科学化水平。

（二）强化人才工作力度，为文化强省建设提供坚强人才支持

积极实施“两个一百”人才工程，在加大优秀青年人才培养力度和打造高层次人才双措并举的基础上，提高现有专业技术人才的业务素质。同时，继续引进各类高层次人才和紧缺人才，通过多种灵活用人机制，吸纳社会优秀人才为文化事业服务。

（三）推动精品生产工作争先进位，提档升级

贯彻落实中共中央《关于繁荣发展社会主义文艺的意见》，通过深化改革、完善政策、健全机制，按照“中部领头、全国一流、湖北特色、世界影响”的标准，提高精品生产组织化程度，加大精品艺术创作力度，并围绕重要事件节点和大型文艺活动抓好剧目创作。

（四）进一步促进公共文化服务体系建设

进一步推进基层综合文化服务中心建设，建立若干示范点，探索一条适合湖北现状的发展之路，争取在整合基层资源、解决人员编制等重难点问题上有所突破。抓牢第二批省级公共文化服务体系示范区创建，

督促第一批省级示范区完善建设，推进各重大改革项目的深入开展，争取形成可借鉴、可复制的经验和做法，适时加以推广。

### （五）提升文化产业发展水平

依托现有资源，提升文化产业园区和基地；集中力量办好有关活动，打造文化产业活动品牌；加强创意转化，发展特色文化产业；加快武汉东湖国家文化和科技融合示范基地与武昌．长江文化创意设计产业园发展，促进文化与科技融合发展。

### （六）大力加强文化遗产保护力度，加快文物强省建设

统筹协调推进，加快文物强省建设，加快构建中华优秀传统文化传承体系，大力加强文化遗产保护，力争文物保护与管理上求突破，文物展示与利用上求突破，文物研究与宣传上求突破。

### （七）加快构建非遗传承体系

加快构建非遗传承体系为总目标，以“十个一行动计划”为总抓手，以抢救性记录、队伍培训、活态传承与展示、规范建设等为重点，加强调查研究，加强先进经验的总结推广，推动全省非遗活态传承取得实质性成果。

（湖北省文化厅）

## 湖北：公共文化服务体系建设多措并举

2015年，全省各级党委政府和文化部门以习近平总书记系列重要讲话精神为指导，以贯彻落实中办、国办《关于加快构建现代公共文化服务体系的意见》为主线，不断加大公共文化服务体系建设力度，取得了可喜成绩。

一是着力加强基层设施建设，构建覆盖城乡的公共文化设施网络。2015年省级向下投入11.8亿元，较上年净增约2亿元，切实带动了基层设施提档升级。市级"三馆"预计新建建筑规模56万平方米，总投资42亿元（不含土地费用），县级"两馆"预计新建建筑规模43万平方米，总投资22亿元（不含土地费用）。将"四馆三场"建设工程纳入"十三五"省发改委、省财政厅支持项目。将"百姓舞台"农村文化广场示范点建设纳入市（州）党委领导班子考核内容。

二是大力实施文化精准扶贫，保障贫困地区群众基本文化权益。2015年我省贫困县文化事业费约15.36亿元，与"十一五"末相比，增长43.64%，高于全省约10个百分点。实现"四个一批"：制定一批扶持政策，出台《关于扎实推进文化扶贫的工作方案》，建立对口联系制度，明确19项支持政策。实施一批文化惠民工程，2015年落实各类补助资金3.89亿元。支援一批文化专业人才，2015年选派30多名优秀专业人才、招募400多名文化志愿者到"三区"县文化单位服务。打造一批文化艺术精品，指导贫困地区创作出《我的汉水家园》、《余三胜轶事》、《土家魂》等一批文艺精品，促进了文化旅游发展。

三是坚持重心资源服务三下移，提高基层优质文化产品供给能力。引导广场文化活动健康开展，第二届"文化力量民间精彩"群众广场舞展演期间，组织各级培训班4000余个，培训人员15万余人次，参展团队16000余支，参演群众近40万人次，观众逾300万人次。重视对草根文化力量的扶持培育。举办全省社会文艺团队骨干培训班，130名业余文艺骨干参训；开展全省社会文艺团队普查，命名表彰全省百佳社会文艺团队，编印百佳社会文艺团队名录和事迹汇编；投入200万元，对优秀社会文艺团队进行奖励扶持。

四是扎实推进示范区创建，探索公共文化服务体系建设科学路径。推进第一批省级示范区创建在全省取得示范引领作用。省财政2000万元创建补助资金撬动了地方投入约25.66亿元。一批文化设施建设项目得到当地党委、政府的重点支持。各创建县市党委政府出台文件54个，形成比较健全的公共文化指导、管理、保障和考核制度体系。公共文化服务模式和机制不断创新，更好满足了基层群众的文化需求。

# 湖南省 2015 年文化发展情况分析

2015 年，全省文化系统全面贯彻党的十八大和十八届三中、四中、五中全会精神，认真落实习近平总书记系列重要讲话精神，紧紧围绕文艺创作、文化民生、文化产业、文化保护“四大攻坚战”，齐心协力，真抓实干，为“十二五”我省文化改革发展划上圆满句号。

## 一、机构和人员

2015 年末，纳入统计范围的全省各类文化（文物）单位 1.58 万个，比上年末减少 0.19 万个，主要是文化市场经营机构减少；从业人员 10.17 万人，增加 0.1 万人。其中，各级文化文物部门所属单位 3597 个，增加 90 个；从业人员 27681 人，增加 3636 人。

图1 2011年-2015年全省文化单位机构数及从业人员数

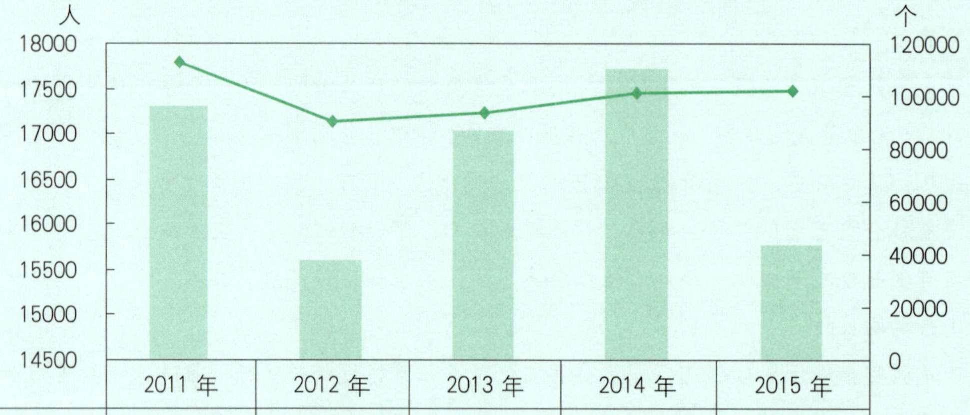


| | 2011 年 | 2012 年 | 2013 年 | 2014 年 | 2015 年 |
|---|---|---|---|---|---|
| 机构数 | 17293 | 15589 | 17034 | 17704 | 15755 |
| 从业人数 | 112222 | 90043 | 93135 | 100644 | 101665 |

## 二、艺术创作演出

2015 年，全省文化系统恪守文艺工作使命和担当，上下联动全面发力，艺术创作展示新气象。广大文艺工作者以崭新的面貌投入创作生产，“深入生活、扎根人民”活动的丰富性、深入性近年来少有，全年新创重点剧目 41 台、小戏小品 82 个和一大批群众文艺作品，木偶剧《留守大山的孩子》获全国木偶皮影剧展演最佳剧目奖。下大力气夯实创作基础，制定了舞台艺术创作生产规划，组建了全省艺术专家委员会，建立了首批 32 个文艺创作基地，成立了湖南书法院，启动文艺院团“名师传艺”工程，面向全国征集剧本 362 个。狠抓创作扶持力度，省级创作专项引导资金增加到 1500 万元，投入 2870 万元为 113 个国有演出团体统一配送流动演出通勤车，全省 23 个项目获得 2225 万元的国家艺术基金资助，在入选项目和受助金额上都比上年增加近三倍。长沙、湘潭、株洲、湘西、郴州、娄底等地创作投入大幅增长。成立“争鸣文艺评论社”，开展“我是评委—寻找全国舞台艺术观众评委”活动，文艺评论正本清源、成果丰硕。高质量成功举办第五届湖南艺术节，充分展示近年来全省艺术创作所取得的丰硕成果，共有5000多名专业演职人员和7万余名群众演职人员参与演出，吸引5000多万人次的观众通过现场和网络观看展演和展览。同时，围绕纪念中国人民抗日战争暨世界反法西斯战争胜利70周年，组织了展演、展览等活动。首次大规模组织获得梅花奖、文华奖等国家大奖的艺术名家，深入全省14个市州巡演35场。完成“雅韵三湘”高雅艺术普及计划演出219场、“送戏下乡”惠民演出10291场。

年末全省共有艺术表演团体273个，比上年末增加2个，从业人员8686人，增加530人。其中各级文化部门所属的艺术表演团体101个，占37%，从业人员4228人，占48.7%。

全年全省艺术表演团体共演出6.61万场，比上年增长32.9%，其中赴农村演出3.2万场，增长47.7%，赴农村演出场次占总演出场次的48.4%，比重比上年提高4.8个百分点；国内观众1911.4万人次，比上年增长11.8%，其中农村观众1090.5万人次，比上年增长3.4%；总收入7.04亿元，比上年增长1.9%，其中演出收入2.99亿元，比上年减少7.2%。

**表1　2011年–2015年全省艺术表演团体基本情况**

| 年　份 | 机构数（个） | 从业人员数（人） | 演出场次（万场） | 国内演出观众人次（万人次） | 总收入（万元） | |
|---|---|---|---|---|---|---|
| | | | | | | #演出收入 |
| 2011年 | 114 | 5002 | 2.07 | 1442.9 | 2.51 | 0.58 |
| 2012年 | 141 | 5431 | 2.72 | 1450.2 | 4.83 | 1.79 |
| 2013年 | 227 | 7890 | 3.55 | 1774.9 | 8.24 | 2.46 |
| 2014年 | 271 | 8156 | 4.97 | 1709.4 | 6.91 | 3.22 |
| 2015年 | 273 | 8686 | 6.61 | 1911.4 | 7.04 | 2.99 |

全年全省文化部门所属艺术表演团体共组织政府采购公益演出0.77万场，比上年增长8.5%；观众525.4万人次，增长6.3%。利用流动舞台车演出0.93万场次，比上年减少5.1%；观众613.8万人次，比上年增长7.6%。

年末全省共有艺术表演场馆71个，观众坐席数5.89万个。各级文化部门所属艺术表演场馆61个，比上年增加5个，观众坐席数5.07万个，比上年增长3.9%；全年共举行艺术演出0.24万场次，比上年增长20%；艺术演出观众人次152万人次，比上年增长18.8%。

年末全省文化系统所属的国有美术馆16个，从业人员80人。全年共举办展览140个，比上年增长42.8%，参观人次75.7万人次，比上年减少8.3%。

## 三、公共文化服务体系

2015年，全省文化系统围绕加快构建现代公共文化服务体系，强力推动公共文化服务协调发展，标准化均等化建设取得标志性成果。在出台《湖南省加快构建现代公共文化服务体系实施意见》的同时，促成建立湖南省公共文化服务体系建设联系会议制度，成立湖南首届现代公共文化服务体系建设专家委员会。推动出台我省《关于做好政府向社会力量购买公共文化服务工作的实施意见》，引导社会力量参与公共文化服务体系建设。岳阳市制定了实施意见和标准，湘潭、衡阳等市州也即将出台相关文件。株洲市进入第三批国家公共文化服务体系建设示范区创建行列，湘潭市“少年儿童主题读书活动”和湘西州“民族传统节庆活动”入列第三批国家示范项目创建名单。长沙国家公共文化服务标准化试点工作全面铺开，宁乡县等 14 个县市区全面启动省级公共文化服务体系示范区创建工作。各类公共文化服务场馆服务水平不断提升，各地普遍开展文化志愿服务活动，我省文化志愿者服务经验分别在全国、全省作典型推介。

### （一）公共图书馆

年末全省共有公共图书馆 137 个，比上年末增加 1 个。其中少儿图书馆 7 个，增加 1 个。年末全省公共图书馆从业人员 2092 人，比上年末减少 14 人。其中具有高级职称的人员 154 人，占 7.4%；具有中级职称的人员 465 人，占 22.2%。

年末全省公共图书馆实际使用房屋建筑面积 41.4 万平方米，比上年末增长 8.4%；图书总藏量 2555.2 万册，比上年增长 5.5%，其中古籍 109.8 万册；电子图书 929 万册，比上年增长 31.6%；阅览室座席数 3.26 万个，比上年增长 4.5%；计算机 0.65 万台，比上年增长 1.6%；供读者使用的电子阅览终端 0.44 万台。

年末全省平均每万人公共图书馆建筑面积 61.1 平方米，比上年末增加 4.4 平方米，全国排名第 29 位；全省人均图书藏量 0.38 册，增加 0.02 册，全国排名第 27 位；全年全省人均购书费 0.58 元，比上年增加 0.14 元，全国排名第 25 位。

**图2　2011年-2015年全省公共图书馆人均资源情况**

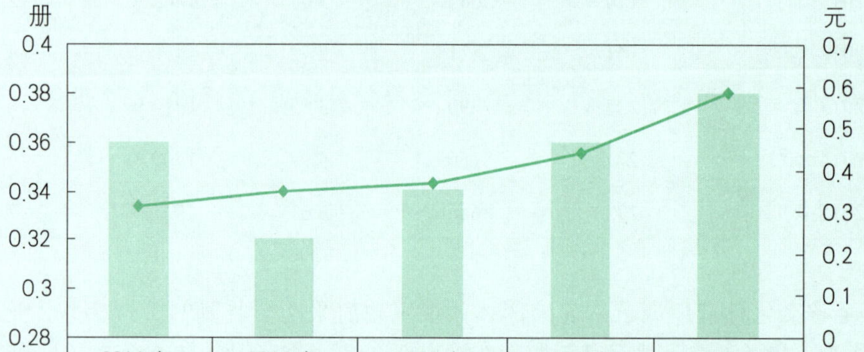


| | 2011 年 | 2012 年 | 2013 年 | 2014 年 | 2015 年 |
|---|---|---|---|---|---|
| 人均图书藏量 | 0.36 | 0.32 | 0.34 | 0.36 | 0.38 |
| 人均购书费 | 0.31 | 0.35 | 0.37 | 0.44 | 0.58 |

全年全省公共图书馆发放借书证 106 万个，比上年增长 7.2%；总流通人次 1617.1 万，比上年增长 2.9%。书刊文献外借册次 1539 万，比上年增长 4.3%；外借人次 823.4 万，比上年增长 3.9%。全年共为读者举办各种活动 5026 次，比上年增长 10.9%；参加人次 174.4 万，比上年增长 9.1%。

**图3　2011年-2015年全省公共图书馆总流通人次及书刊外借册次**

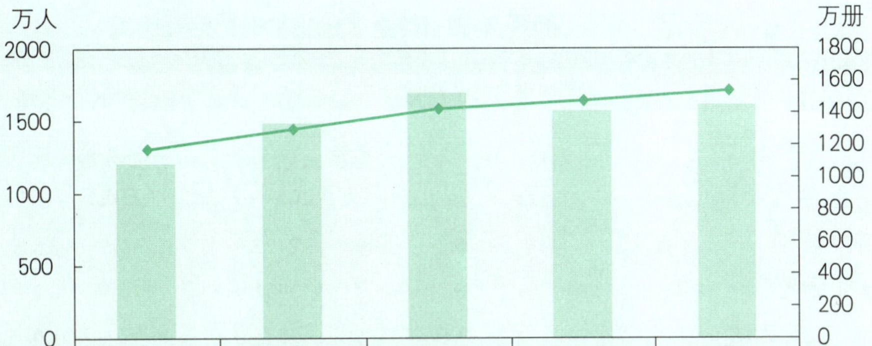


| | 2011年 | 2012年 | 2013年 | 2014年 | 2015年 |
|---|---|---|---|---|---|
| 流通人次 | 1215 | 1490 | 1694 | 1570 | 1617 |
| 书刊外借册次 | 1173 | 1304 | 1424 | 1476 | 1539 |

## （二）群众文化机构

年末全省共有群众文化机构2677个，比上年末增加4个，其中乡镇综合文化站2238个。年末全省群众文化机构从业人员8062人，比上年末增加4人，其中具有高级职称的人员138人，占1.7%；具有中级职称的人员686人，占8.5%。

年末全省群众文化机构实际使用房屋建筑面积151.5万平方米，比上年末增长6.7%；藏书1461万册，比上年增长9.9%；计算机1.8万台，比上年增长15.4%；对公众开放的阅览室4.3万平方米，比上年减少4.4%。年末全省平均每万人群众文化设施建筑面积223.43平方米，比上年末提高12.53平方米，全国排名第20位。

**图4　2011年-2015年全省平均每万人群众文化设施建筑面积**

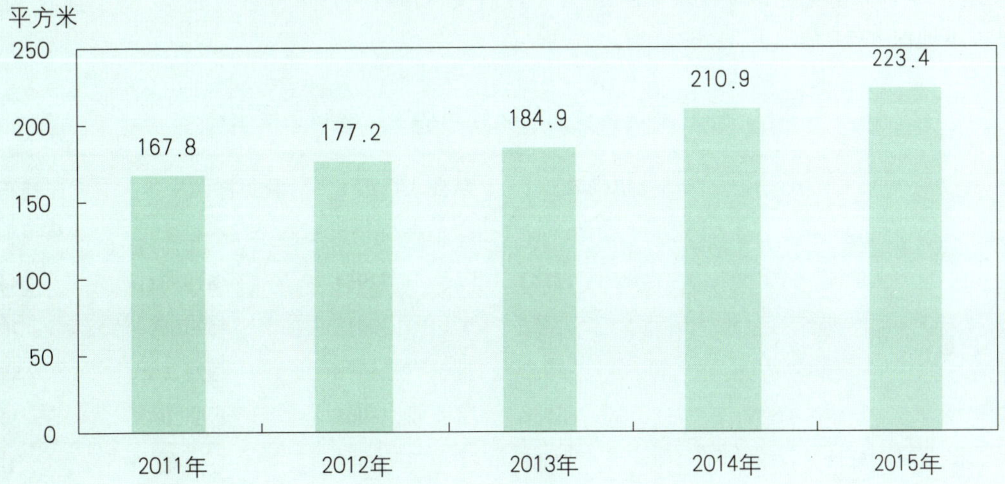

全年全省群众文化机构共组织开展各类文化活动 5.2 万场次，比上年增长 2.8%；服务人次 2122 万，比上年增长 3.4%。

**表 2　2015 年全省群众文化机构开展活动情况**

| | 总量 | | 比上年增长（%） | |
|---|---|---|---|---|
| | 活动次数（万次） | 服务人数（万人次） | 活动次数（万次） | 服务人次（万人次） |
| **各项活动总计** | **5.2** | **2122.0** | **2.8** | **3.4** |
| 其中：展览 | 0.5 | 451.9 | 8.2 | 7.0 |
| 文艺活动 | 3.0 | 1525.6 | 1.0 | 3.2 |
| 公益性讲座 | 0.1 | 21.7 | 33.3 | 19.8 |
| 训练班 | 1.6 | 122.8 | 3.2 | -7.7 |

年末全省群众文化机构共有馆办文艺团体 225 个，演出 5459 场，观众 302.1 万人次。由文化馆（站）指导的群众业余文艺团体 1.9 万个，馆办老年大学 51 个。

## 四、文化市场

2015 年，全省文化市场坚持简政放权、放管结合、优化服务，力推 472 家上网服务企业实现转型升级，开展“春雷”、“利剑”等专项整治，严厉打击网吧违规接纳未成年人等违法行为，举办全省综合执法岗位大练兵技能大比武，不断提高文化市场管理水平。全年检查各类经营单位 18.4 万家次、立案调查 3087 件、警告 2737 家、责令停业整顿 375 家。

年末全省文化市场经营单位 1.21 家，比上年末减少 0.2 万家；从业人员 7.3 万人，增加 0.1 万人。全年全省文化市场经营单位营业总收入 81.86 亿元，比上年增长 31%；营业利润 18.48 亿元，比上年减少 42%。

分区域看，年末城市文化市场经营单位 4455 个，占文化市场经营单位总量的 34.8%；县城 3933 个，占 33.6%；县以下地区 3754 个，占 31.6%。

**表 3　2015 年按区域全省文化市场经营单位主要指标**

| | | 机构数（个） | 从业人员数（人） | 营业总收入（万元） | 营业利润（万元） |
|---|---|---|---|---|---|
| 总量 | **总计** | **12142** | **72951** | **818632** | **184813** |
| | 城市 | 4455 | 39615 | 525656 | 70049 |
| | 县城 | 3933 | 24428 | 226776 | 85190 |
| | 县以下 | 3754 | 8908 | 66200 | 29574 |
| 比重（%） | **总计** | **100.0** | **100.0** | **100.0** | **100.0** |
| | 城市 | 36.69 | 54.3 | 64.21 | 37.9 |
| | 县城 | 32.39 | 33.49 | 27.7 | 46.1 |
| | 县以下 | 30.92 | 12.21 | 8.09 | 16 |

年末全省共有娱乐场所2298个，比上年末减少544家；从业人员2.82万人，比上年增加0.57万人。全年营业总收入22.15亿元，比上年减少6.4%；营业利润6.46亿元，比上年减少41.3%。

年末全省共有互联网上网服务营业场所9531个，比上年末减少1573家；从业人员3.25万人，比上年减少0.22万人。全年营业总收入30.7亿元，比上年减少14.4%；营业利润12.28亿元，比上年减少37.7%。

## 五、文化产业

2015年，全省文化产业积极融入全省经济建设主战场，坚持以产业培育和市场监管为抓手，文化在适应和引领经济新常态中的作用日益凸显。充分发挥文化产业在稳增长、调结构中的积极作用，全省文化产业增加值占GDP比重为5.6%以上，连续三年进入全国十强，继续领跑中西部省份。铜官窑陶瓷文化城等2个项目入选国家特色文化产业重点项目，《芷江1945》等2个项目入选国家弘扬社会主义核心价值观动漫扶持计划。17家企业、4个项目入选国家文化出口重点企业和重点项目。推动出台《湖南省文化产业示范基地和园区基地管理办法》。成功举办第六届海峡两岸文化创意产业展湖南展、湖湘动漫月、中国湖南（国际）艺术博览会、第三届中国湖南安化黑茶文化博览会等活动，文化创意经济凸显活力。

年末全省共有1个国家级文化产业示范园区和12个国家文化产业示范基地，比上年增加1个。从业人员11.97万人，其中具有大专以上学历人员10.1万人，占84.4%；具有中级职称以上人员1.8万人，占15%。全年营业收入296.6亿元，比上年增加14.8%；营业利润59.4亿元，比上年减少20.9%。

## 六、文化遗产保护

2015年，积极推进文化遗产保护与利用协同发展，湖湘传统文化更具影响力。永顺老司城遗址申遗成功，我省世界文化遗产实现零的突破。老司城遗址考古荣获“世界十大田野考古发现”，老司城本体保护工程荣获“第二届全国十佳文物保护工程”，这是湖南首次获此殊荣。我省考古工作队在孟加拉国援外考古取得重大成果，引起国内外强烈反响。传统村落保护有效推进，创新性推介11个传统村落对外招商，在全国开创传统村落保护与利用新模式，会同县高椅村、永顺县双凤村、永定区石堰村试点工作进展顺利。革命文物保护修缮工作深入开展，湖南抗日战争纪念馆基本陈列顺利完成开馆。老司城国家考古遗址公园建成开园，胡耀邦故居和纪念馆提质改造完成开放。各级文博单位推动文物资源生动呈现，策划播出全国首部文物题材系列动画片《时空博物卡》。

年末全省共有文物机构265个，比上年末增加6个。其中，文物保护管理机构84个，占31.7%，博物馆113个，占42.7%。年末全国文物机构从业人员4.5万人，比上年末增加0.2万人。其中高级职称133人，占2.9%，中级职称493人，占10.9%。

年末全省文物机构拥有文物藏品98.5万件，比上年末增加1.8万件，增长1.9%。其中，博物馆文物藏品53.1万件，占文物藏品总量的53.9%；文物商店文物藏品22.2万件，占22.5%。文物藏品中，一级文物1910件，占0.2%；二级文物6820件，占0.7%；三级文物63762件，占6.5%。

全年全省文物机构共安排基本陈列252个，举办临时展览259个，接待观众5218.4万人次，比上年增长32.3%。其中未成年人1887.6万人次，比上年增长46.7%，占参观总人数的36.2%。博物馆接待观众4758.5万人次，比上年增长33.1%，占文物机构接待观众91.2%。

图5 2011年-2015年全省文物机构接待观众人次情况

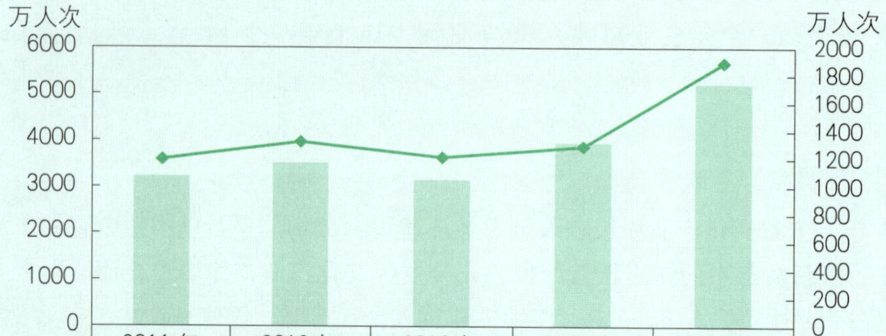


| | 2011年 | 2012年 | 2013年 | 2014年 | 2015年 |
|---|---|---|---|---|---|
| 参观人次 | 3217.9 | 3506.6 | 3150.5 | 3946 | 5218.4 |
| 未成年人参观人次 | 1194.9 | 1319.2 | 1209.5 | 1286.4 | 1887.6 |

非物质文化遗产保护传承水平进一步提高，新增省级传承人16人，推荐54人申报国家传承人，完成首批20个省级非遗项目数字化记录保护试点。非遗进校园扩大到全省200所学校，在全国率先开展戏曲动漫进校园活动。各类非遗展示活动丰富多彩，成功打造我国首台以非遗元素为主题的大型演出《梦里张家界》，全国非遗保护与市场化论坛等活动取得实效。文化遗产日期间扎实开展非遗展演、文物保护成果全民共享经验交流会、非遗进万家、百馆微展“三进”等活动，全省首个非遗博览园—韶山非遗博览园正式开园，文化遗产保护宣传普及有新提高。古籍保护工作扎实推进，举办大型古籍馆藏精品主题展览等活动。

年末全省共有非物质文化遗产保护机构131个，从业人员889人。全年全省非物质文化遗产保护机构共举办展览746个，比上年增长21.5%，接待观众114.7万人次，比上年减少19.9%；举办演出1793场，比上年减少8.2%，观众116万人次，比上年减少34.3%；举办民俗活动504次，比比上年减少19.6%，观众141.3万人次，比上年增长2.2%；举办培训班227次，比上年减少66.5%，培训人数0.8万人次，比上年减少81.8%。

## 七、对外和对港澳台文化交流

2015年，积极推动湖湘传统文化“走出去”迈出新步伐，对外文化交流的批次、团组和项目均大幅增长。赴悉尼举办“湘风楚韵—湖南文化季”活动，组织4个艺术团共95人参加在澳大利亚、意大利、葡萄牙、保加利亚、捷克等国家举办的“欢乐春节”活动，充分展示湖南文化魅力。

全年经文化系统审批的对外文化交流项目48个，比上年增长54.8%，参与交流人次538，比上年增长31.2%，演出（展览）55场，演出（展览）观众493.8万人次，比上年增长487%。对港澳文化交流项目5项，参与交流人次78人，演出5场，演出观众106.4万人次；对台文化交流项目4项，参与交流人次207人，演出6场，演出观众6.4万人次。

## 八、文化资金投入

2015年，全省文化系统共争取到中央补助地方专项资金11.51亿元，较去年增加1.66亿元，增幅16.8%，争取省级文化专项资金共5.26亿元（含省博物馆基建经费），较去年增加0.61亿元，增幅11.6%。

全年全省文化事业费 19.38 亿元，全国排名第 12 位，比上年增加 3.12 亿元，增长 19.2%，增长幅度比上年提高 6.8 个百分点；全省人均文化事业费 28.57 元，全国排名第 27 位，比上年增加 4.43 元，增长 18.4%，增长幅度比上年提高 6.8 个百分点。

图6　2011年-2015年全省人均文化事业费及增速情况

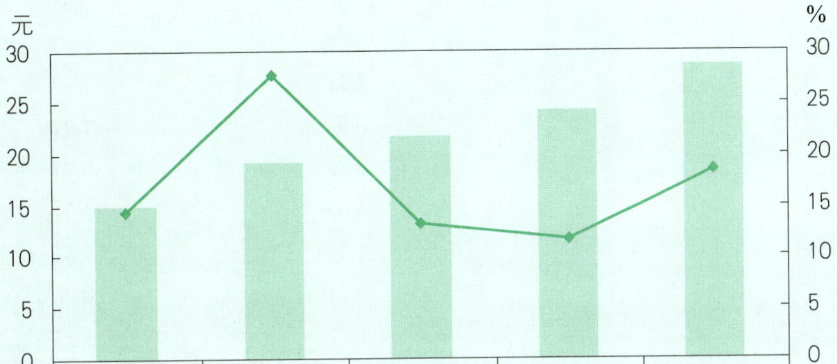


| | 2011 年 | 2012 年 | 2013 年 | 2014 年 | 2015 年 |
|---|---|---|---|---|---|
| 人均文化事业费 | 14.98 | 19.12 | 21.63 | 24.14 | 28.57 |
| 增长速度 | 14.3 | 27.6 | 13.1 | 11.6 | 18.4 |

全年全省文化事业费占财政总支出的比重为 0.34%，比重比上年提高 0.02 个百分点。

图7　2009年-2015年全省文化事业费占财政总支出比重情况

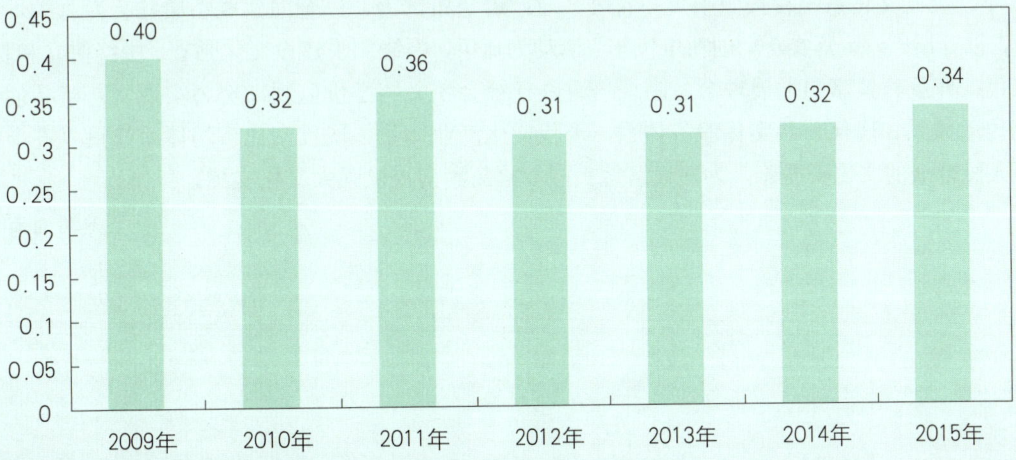


2015 年，全省文化事业费中，县以上文化单位 11.6 亿元，占 59.9%；县及县以下文化单位 7.78 亿元，占 40.1%。

**表 4　2015 年全省各市州文化事业费投入情况**

| 市州 | 文化事业费（亿元） | | 比上年增长（%） |
|---|---|---|---|
| | 2014 年 | 2015 年 | |
| 全省 | 16.26 | 19.38 | 19.18 |
| 省本级 | 3.18 | 3.67 | 15.42 |
| 长沙市 | 1.71 | 2.67 | 55.60 |
| 株洲市 | 0.94 | 1.27 | 34.72 |
| 湘潭市 | 0.88 | 0.77 | -12.00 |
| 衡阳市 | 1.06 | 1.34 | 26.45 |
| 邵阳市 | 1.20 | 1.51 | 26.42 |
| 岳阳市 | 0.74 | 0.96 | 31.09 |
| 常德市 | 1.47 | 1.55 | 5.04 |
| 张家界市 | 0.28 | 0.43 | 53.46 |
| 益阳市 | 0.67 | 0.67 | 0.57 |
| 郴州市 | 0.79 | 0.82 | 3.41 |
| 永州市 | 0.73 | 0.80 | 9.96 |
| 怀化市 | 0.87 | 0.95 | 9.05 |
| 娄底市 | 0.48 | 0.55 | 14.15 |
| 湘西土家族苗族自治州 | 1.27 | 1.42 | 12.21 |

2016 年，全省文化系统将按照中央和省委、省政府决策部署，以全面建成小康社会为总揽，以进位争先为标杆，以开展“政策落实年、创新争优年”活动为抓手，围绕加快建设文化强省，围绕树立和贯彻创新、协调、绿色、开放、共享的发展理念，围绕培育践行社会主义核心价值观，努力实现文艺精品创作、优秀传统文化传承体系、现代公共文化服务体系、现代文化产业体系、现代文化市场体系建设“五个突破”，不断增强人民群众的文化获得感，为建设富饶美丽幸福新湖南提供强大文化支撑。

（湖南省文化厅）

## 湖南：永顺老司城遗址成功申报世界文化遗产

2015 年 7 月 4 日，在第 39 届世界遗产大会上，由湖南永顺老司城遗址、湖北唐崖土司城遗址和贵州播州海龙屯遗址联合代表的中国土司遗产，成功入选世界文化遗产名录，成为中国第 48 个世界遗产项目。永顺老司城遗址也成为湖南首个世界文化遗产。

兴建于南宋绍兴五年(1135 年)的老司城，是古溪州彭氏土司政权的司治所在地，也是目前中国规模最大、保存最完整、历史最悠久的古代土司城遗址，是西南少数民族地区保存最为完整的军事性城堡，是中国南方少数民族地区最具典型性的古文化遗存。老司城完整地见证了汉文化与民族文化的交流与融合，是民族区域自治的成功案例，为研究土家族传统民族文化、乡土文化提供了实物例证。

目前，老司城遗址已完成考古发掘 4800 平方米，勘探面积 2 万平方米，出土各类文物 5 万余件。其核心城区面积 25 万平方米，随行就势分为首领生活区、衙署区、文教区、街市区、信仰区、墓葬区等功能区。遗址为“三纵五横”的棋盘式布局，八条街道全由红褐色花纹卵石砌成的图案，表现出浓郁的土家族风格。

9 月 29 日，永顺老司城国家考古遗址公园正式开园，该园的标志性建筑——老司城博物馆也同时开馆。该馆主体建筑面积为 5464 平方米，以遗址生活区为蓝本依山而建，将土家文化、土司文化与现代建筑形式和工艺融为一体，并与周边环境协调统一。馆内陈列布展以考古发掘成果为主，分为老司城遗址、土司制度、民间民俗文化等八个展厅，比较全面地向世人展示了中国土司制度和土司文化。其中的“镇馆之宝”是高 4 米、重 2500 公斤、刻有 2000 多字的溪州铜柱。

老司城遗址申遗，经历了五年艰辛的时间，虽然领导人事在变动，但一届接着一届干，申遗力量没有减弱，而是得到了加强。同时，拥有一支能吃苦、能吃亏、能战斗的申遗团队，他们在五年时间里，发扬“白＋黑”、“5+2”的精神，舍小家为大家，流汗流泪也流血，秉持“坚持就是胜利”信念，做到不放弃、不抛弃，坚持不懈，锲而不舍，十分出色地完成了省委省政府确定的“老司城遗址 2015 年成功申报世界文化遗产，实现湖南省世界文化遗产零的突破”这一目标工作重任。老司城遗址能够申遗成功，揭示了“只要有恒心，铁棒磨成针”、“世上无难事，只要肯登攀”所蕴含的哲理和力量。

# 广东省 2015 年文化发展情况分析

2015 年，广东省文化厅认真学习贯彻党的十八届三中、四中、五中全会和习近平总书记系列重要讲话精神，按照文化部和省委、省政府的部署，全省文化系统改革创新，积极进取，推动文化改革发展取得新进展新成效。

## 一、机构和人员

2015 年末，纳入统计范围的全省各类文化（文物）单位 19997 个，比上年末增加 1931 个；从业人员 231887 人，增加 61477 人。其中，各级文化文物部门所属单位 2535 个，增加 3 个；从业人员 33272 人，增加 2007 人。

图1　2011年-2015年全省文化单位机构数及从业人员数

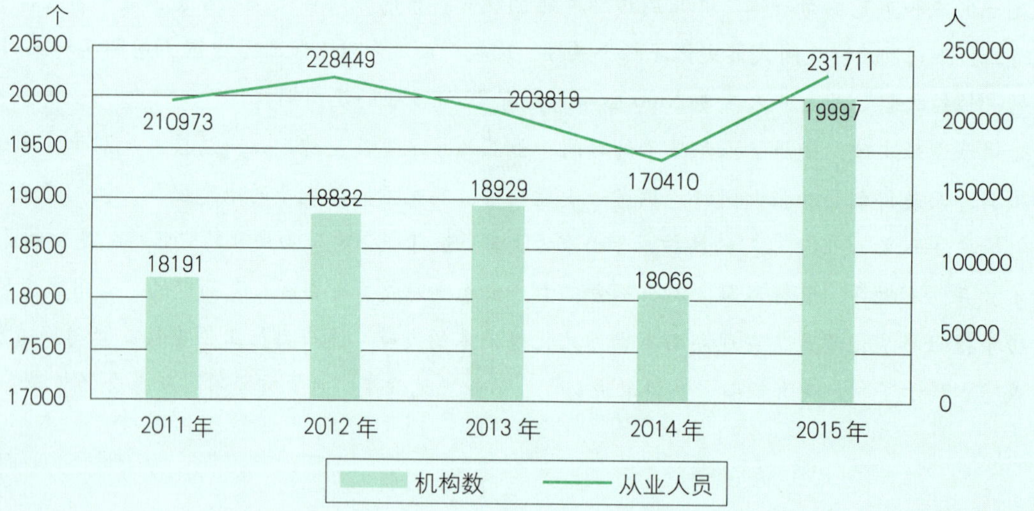


## 二、艺术创作演出

2015 年，广东省艺术精品创作有较大突破，呈现良好势头。全国两会期间在北京保利剧院上演由广东歌舞剧院有限公司打造的舞剧《沙湾往事》受到热评，文化部雒树刚部长给予高度肯定；9 月 5 日又在国家大剧院推出广东民族乐团创作的大型民族交响套曲《丝路粤韵》，这两部作品均在全国进行巡演。广州交响乐团的交响诗《霸王别姬》、广东省话剧院有限公司的话剧《小战士与大俘虏》、广东粤剧院的粤剧《沙家浜》、南方歌舞团有限公司的音乐剧《烽火·冼星海》等一批优秀作品先后推出，深受观众欢迎。全省各地结合独特资源优势积极参与新剧目创作生产，陆续推出了粤剧《凉茶王传奇》、音乐剧《啊鼓岭》等优秀新作品。

年末全省共有艺术表演团体 391 个，比上年末增加 66 个，从业人员 11392 人，增加 633 人。其中各级文化部门所属的艺术表演团体 67 个，占 17.1%，从业人员 4173 人，占 37.2%。

全年全省艺术表演团体共演出 4.13 万场，比上年末减少 0.568 万场，其中赴农村演出 2.411 万场，增长 15.4%，赴农村演出场次占总演出场次的 58.4%，比重比上年提高 13.9 个百分点；国内观众 2141.95 万人次，比上年末减少 599.73 万人次，其中农村观众 1424.22 万人次，比上年末减少 420.24 万人次；总收入 14.52 亿元，比上年末增长 27.1%，其中演出收入 7.62 亿元，增长 139.6%。

**表 1　2011 年 –2015 年全省艺术表演团体基本情况**

| 年　份 | 机构数（个） | 从业人员数（人） | 演出场次（万场） | 国内演出观众人次（万人次） | 总收入（万元） | |
|---|---|---|---|---|---|---|
| | | | | | | #演出收入 |
| 2011 年 | 400 | 12736 | 5.45 | 4401 | 123817.3 | 32206.7 |
| 2012 年 | 337 | 13712 | 4.996 | 9082 | 62668.2 | 27859 |
| 2013 年 | 405 | 13363 | 4.239 | 4601 | 102373.1 | 38839.6 |
| 2014 年 | 325 | 10759 | 4.698 | 2741.677 | 114275.8 | 31783 |
| 2015 年 | 391 | 11392 | 4.13 | 2141.95 | 145227.5 | 76153.5 |

全省文化部门所属艺术表演团体共组织政府采购公益演出 0.144 万场，比上年末增长 35.8%；观众 132.528 万人次，增长 31.2%。利用流动舞台车演出 0.014 万场次，比上年末减少 0.003 万场次；观众 10.874 万人次，增长 25%。

年末全省共有艺术表演场馆 66 个，观众坐席数 7.3363 万个。各级文化部门所属艺术表演场馆 42 个，比上年末增加 2 个，观众坐席数 4.85 万个，比上年末增加 0.23 万个；全年共举行艺术演出 0.46 万场次，比上年末增长 113.9%；艺术演出观众人次 151.54 万人次，增长 5.4%。

年末全省共有国有美术馆 14 个，与上年末持平，从业人员 344 人，增加 4 人。全年共举办展览 355 次，比上年末减少 7 次，参观人次 172.49 万人次，比上年末减少 25.94 万人次。

## 三、公共文化服务体系建设

2015 年是我省实施公共文化基础设施全覆盖工程的收官之年，我厅周密部署、扎实推进，下达专项资金 2.5 亿元奖补扶持欠发达地区县级公共图书馆、文化馆、美术馆，乡镇（街道）文化站及各级公共电子阅览室建设。两次组织专项督查检查，将基层文化场馆建设、达标情况特别是薄弱环节向各市党委政府通报，督促各地查漏补缺、抓紧扫尾，加强专项资金绩效管理。截止 2015 年底，我省基本实现了省、市、县、镇、村五级公共文化设施全覆盖，全省每万人拥有室内公共文化设施面积达到 1189 平方米。

在加强文化阵地建设的基础上，持续推动各级文化场馆服务效能的提档升级。2015 年下达“三馆一站”免费开放专项资金了 8107 万元，为免费开放工作提供了基本资金保障。深化文化体制机制改革，稳步推进标准化、综合文化服务中心和法人治理结构改革等公共文化服务体系建设试点工作。推进国家和省级示范区（项目）创建，强化公共文化服务体系建设示范引领。坚持以群众需求为导向，以群众满意为标准，创新举办了省群众艺术花会、百歌颂中华、“客家山歌大赛”、“民间潮乐大赛”、打工者歌唱大赛、社区文化节、南粤幸福活动周等一系列品牌活动。下大力气抓队伍建设，完成了对全省文化馆馆长、图书馆馆长、文化站站长的轮训；完善省市县镇村五级志愿者队伍架构，建成文化志愿者队伍1200多支，注册文化志愿者达8万多人，受到文化部和兄弟省市的广泛好评；督促全省26000多个村和社区设立协管员，落实粤东西北地区协管员的专项补助资金。

### （一）公共图书馆

年末全省共有公共图书馆140个，比上年末增加2个。其中少儿图书馆5个，增加1个。年末全省公共图书馆从业人员4159人，比上年末增加112人。其中具有高级职称的人员276人，占6.6%；具有中级职称的人员1285人，占30.9%。

年末全省公共图书馆实际使用房屋建筑面积125.76万平方米，比上年末增长11.5%；图书总藏量7007.74万册，增长10.1%，其中古籍81.47万册；电子图书4425.731万册，增长8.7%；阅览室座席数8.99万个，增长11.6%；计算机1.52万台，增长5.4%；供读者使用的电子阅览终端0.90万台，增长7.4%。

图2　2011年-2015年全省公共图书馆人均资源情况

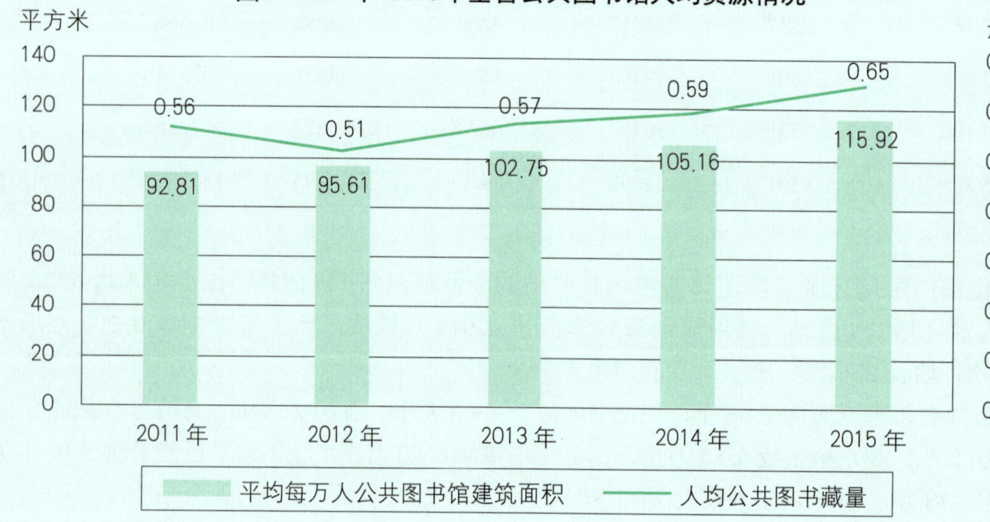


图3　2011年-2015年全省公共图书馆总流通人次及书刊外借册次

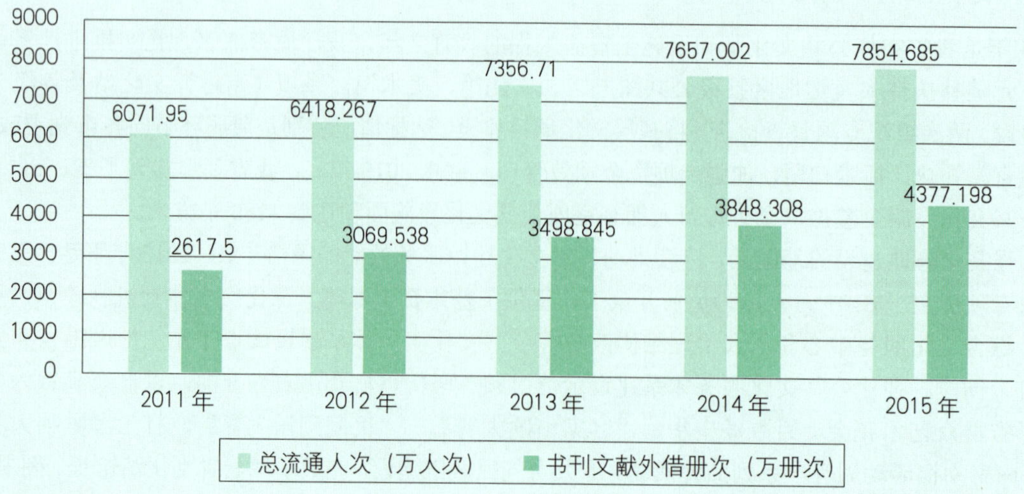

年末全省平均每万人公共图书馆建筑面积 115.9 平方米，比上年末增加 10.7 平方米；全省人均图书藏量 0.65 册，增加 0.06 册；全年全省人均购书费 2.18 元，比上年末增加 0.44 元。

全年全省公共图书馆有效借书证数 5244111 个，比上年末增长 19.6%；总流通人次 7854.69 万，增长 2.6%。书刊文献外借册次 4377.20 万，增长 13.7%；外借人次 1697.33 万，比上年末减少 0.34 万人次。全年共为读者举办各种活动 11127 次，增长 12.3%；参加人次 1170.52 万，增长 32.1%。

### （二）群众文化机构

年末全省共有群众文化机构 1742 个，比上年末减少 4 个。其中乡镇综合文化站 1171 个，比上年末减少 2 个。年末全省群众文化机构从业人员 11445 人，比上年末增加 494 人。其中具有高级职称的人员 203 人，占 1.8%；具有中级职称的人员 584 人，占 5.1%。

年末全省群众文化机构实际使用房屋建筑面积 389.441 万平方米，比上年末减少 23.131 万平方米；藏书 2649.842 万册，增长 8.9%；计算机 19130 台，增长 4.2%；对公众开放的阅览室 7.872 万平方米，增长 7.7%。年末全省平均每万人群众文化设施建筑面积 358.97 平方米，比上年末提高 17.39 平方米。

图4　2011年-2015年全省平均每万人群众文化设施建筑面积

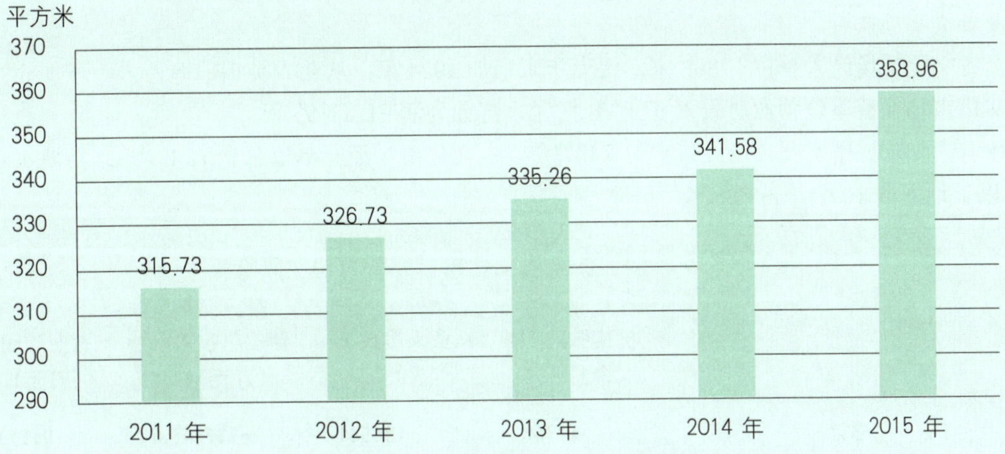


全年全省群众文化机构共组织开展各类文化活动 10.5576 万场次，比上年末增长 3.3%；服务人次 6725.89 万，增长 13.6%。

**表 2　2015 年全省群众文化机构开展活动情况**

| | 总量 | | 比上年增长（%） | |
|---|---|---|---|---|
| | 活动次数（万次） | 服务人数（万人次） | 活动次数 | 服务人次 |
| **各项活动总计** | **10.6** | **6725.89** | **3.3** | **13.6** |
| 其中：展览 | 0.8 | 1543.52 | 2.8 | 17.2 |
| 文艺活动 | 5.0 | 4704.60 | 5.2 | 13.8 |
| 公益性讲座 | 0.1 | 25.88 | 5.3 | -13.0 |
| 训练班 | 4.6 | 451.89 | 1.3 | 2.5 |

年末全省群众文化机构共有馆办文艺团体 371 个，演出 5906 场，观众 511.45 万人次。由文化馆（站）指导的群众业余文艺团体 13056 个，馆办老年大学 34 个。

## 四、文化市场与文化产业

落实“先照后证”，进一步厘清各级文化市场管理职责，调整降低文化市场的准入门槛。完善上网服务场所管理政策，开展上网服务场所转型升级试点工作。推进广东自贸实验区和粤港澳服务贸易自由化建设，在自贸区范围内调整落实外资进入相关政策，在省内新增试点地区调整部分文化市场准入事项。探索制定强化事中、事后监管标准。积极推进文化市场监管与服务平台的建设和应用，目前全省文化市场审批项目基本实现在线审批、在线监管。加大文化市场执法力度，有针对性地部署开展系列专项整治工作，确保全省文化市场繁荣稳定。2015 年以来，广东文化市场没有出现重大事件。大力推动文化产业发展，举办银企对接活动，成功促成文化及文化旅游企业 319 个项目共获得银行授信 766.69 亿元；做好深圳文博会等重要文化会展相关工作，2015 年第十一届深圳文博会总成交额达 2648.18 亿元人民币，其中广东团总成交 1419.37 亿元。编印《文化产业政策汇编》，举办全省文化部门文化产业管理工作培训班，指导各地推动文化产业发展；开展全省文化系统文化产业园区、基地考核巡检工作；加大对重点企业和项目的扶持，一大批优秀项目成功进入国家各类项目库及文化产业项目服务平台，一批重点项目成功获得国家级、省级文化产业资金及各类奖项扶持。

年末全省文化市场经营单位 17368 家，比上年末增加 1924 家；从业人员 18.65 万人，增加 5.41 万人。全年全省文化市场经营单位营业总收入 672.78 亿元，营业利润 91.17 亿元。

分区域看，年末城市文化市场经营单位 7497 个，占文化市场经营单位总量的 43.2%；县城 4261 个，占 24.5%；县以下地区 5610 个，占 32.3%。

**表 3　2015 年按区域全省文化市场经营单位主要指标**

| | | 机构数（个） | 从业人员数（人） | 营业总收入（万元） | 营业利润（万元） |
|---|---|---|---|---|---|
| 总量 | **总计** | **17368** | **186541** | **6727845.6** | **911730.8** |
| | 城市 | 7497 | 109107 | 6138437 | 792278.8 |
| | 县城 | 4261 | 41597 | 338542.2 | 91679.1 |
| | 县以下 | 5610 | 35837 | 250866.4 | 27772.9 |
| 比重（%） | **总计** | **100.0** | **100.0** | **100.0** | **100.0** |
| | 城市 | 42.2 | 58.5 | 91.2 | 86.9 |
| | 县城 | 24.5 | 22.3 | 5.0 | 10.1 |
| | 县以下 | 32.3 | 19.2 | 3.8 | 3.0 |

年末全省共有娱乐场所 6649 个，从业人员 86716 人，全年营业总收入 64.93 亿元，营业利润 7.30 亿元。

年末全省共有互联网上网服务营业场所 8307 个，从业人员 37314 人，全年营业总收入 27.56 亿元，营业利润 4.77 亿元。

年末全省有 1 个国家级文化产业示范园区，18 个国家文化产业示范基地（单体企业），8 个国家文化产业示范基地（集聚类），5 个省级文化产业示范园区。

## 五、文化遗产保护

以中国人民抗日战争暨世界人民反法西斯战争胜利 70 周年、全社会广泛关注抗战文物为契机，主动加大重点文保单位保护力度，特别是做好抗战文物的保护利用工作，消除了一批文物保护隐患，对一批媒体社会的关注焦点，积极回应，有力地带动了全省文物保护工作。在非遗保护方面，成功举办第十个中国文化遗产日系列庆祝活动，我省主会场活动选择在粤北山区云浮的郁南县兰寨村举办，传递文化遗产保护重在基层、重在乡村的理念，在全国属于首创，受到各方好评。

年末全省共有文物机构 270 个，比上年末减少 1 个。其中，文物保护管理机构 34 个，占 12.6%，博物馆 177 个，占 65.6%。年末全省文物机构从业人员 4406 人，比上年末增加 144 人。其中高级职称 211 人，占 4.8%，中级职称 761 人，占 17.3%。

图5　2011年-2015年全省文物机构及从业人员情况

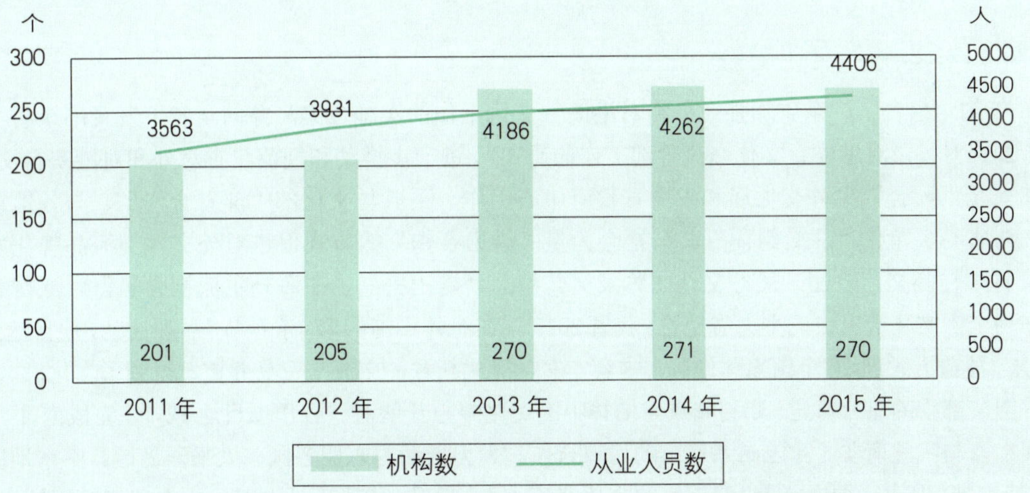


图6　2011年-2015年全省文物机构接待观众人次及未成年人观众人次

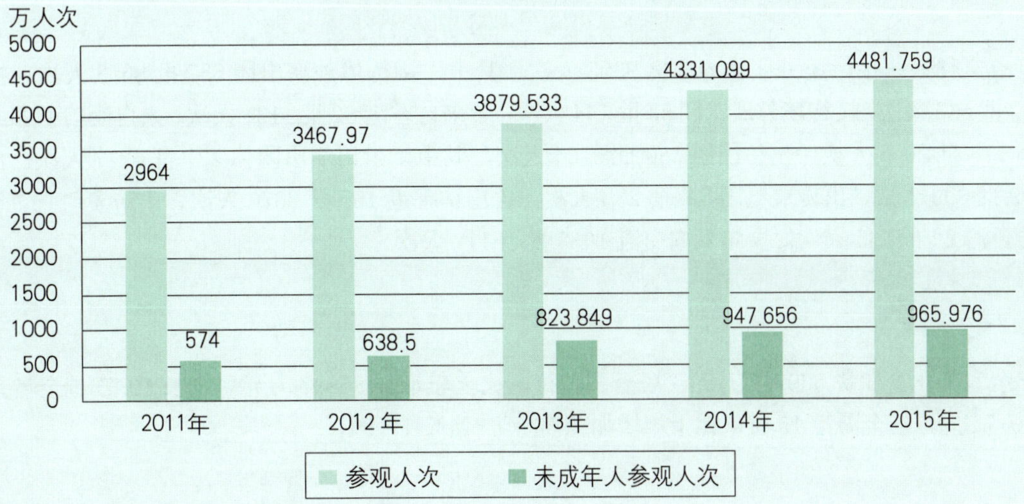

年末全省文物机构拥有文物藏品 1283237 件，比上年末减少 452309 件，减少的主要原因为统计单位由原来的“件”变为“件／套”。其中，博物馆文物藏品 958465 件，占文物藏品总量的 74.7%；文物商店文物藏品 236668 件，占 18.4%。文物藏品中，一级文物 1380 件，占 0.1%；二级文物 14974 件，占 1.2%；三级文物 67141 件，占 5.2%。

全年全省文物机构共安排基本陈列 542 个，举办临时展览 1010 个，接待观众 4481.759 万人次，比上年末增长 3.5%。其中未成年人 965.976 万人次，增长 1.9%，占参观总人数的 21.6%。博物馆接待观众 4251.60 万人次，比上年末增长 5.7%，占文物机构接待观众 94.9%。

据初步统计，年末全省共有非物质文化遗产保护机构 128 个，从业人员 863 人。全年全省非物质文化遗产保护机构共举办展览 865 次，比上年末减少 268 次，接待观众 246.75 万人次，比上年末降低 14%；举办演出 1644 场，观众 205.22 万人次，分别比上年末降低 14% 和 45%；举办民俗活动 817 次，比上年末降低 4.2%，观众 457.53 万人次，比上年末降低 11.9%；举办培训班 1525 次，比上年末增长 11.2%，培训人数 8.54 万人次，比上年末降低 3.2%。

## 六、对外和对港澳台文化交流

2015 年制定出台《广东省加强对外和对港澳台文化工作的实施方案》并向全省下发《广东省文化厅关于进一步加强对外及对港澳台文化交流管理工作的通知》，进一步推动和规范我省对外和对港澳台文化工作，维护文化安全。配合国家外交大局和省委省政府中心工作，采取与文化部“部省合作”、与各地市“厅市合作”、与省有关单位“联合组团”、与社会力量“借力合作”等方式促进对外文化交流品牌化发展，推动一大批省市转制文艺院团、民办文艺团体及文艺精品“走出去”，在海外主流社会赢得广泛赞誉，体现了广东作为全国文化走出去的主力省地位。我省 2015 年在海外实施的“欢乐春节”品牌活动，项目达到 42 批、1208 人次，覆盖五大洲 16 个国家和地区，内容丰富，形式新颖，交流与贸易并重，得到了文化部、外交部、国侨办等国家部委的充分肯定。顺利完成与柏林中国文化中心开展对口合作项目达 12 个，完成南非“中国年”开幕式演出及与我驻南非、津巴布韦使馆的对口合作。大力推动与东盟各国、太平洋岛国、中东地区等“一带一路”特别是“海上丝绸之路”沿线国家的文化交流，努力提升中国国际马戏节、广东现代舞周等文化交流、交易平台国际化水平。推出“粤港澳区域博物馆优惠证”、“粤港澳文化生活电子地图”移动终端软件等促进三地公共文化服务一体化的新成果。成功举办“2015 年粤港澳青年文化之旅”、“2015 年粤港澳青少年粤剧艺术培训夏令营”、“2015 年台湾青少年中国舞研习交流夏令营”、广东青年艺术团访台交流演出等活动。

全年省文化系统接待境外团体 653 批 9353 人次，其中，接待境外演出团 537 批 8673 人次、接待境外考察团 63 批 536 人次、接待境外展览团 53 批 144 人次，含来自香港 82 批 1134 人次、来自澳门 4 批 53 人次、来自台湾 178 批 2055 人次；出访团组 380 批 6764 人次，其中，出访演出团体 227 批 6217 人次、出访考察交流团 99 批 309 人次、出访展览团 54 批 238 人次，含出访香港 155 批 3070 人次、出访澳门 91 批 1473 人次、出访台湾 22 批 235 人次。全年双向交流 1033 批 16117 人次。

## 七、文化资金投入

全年全省文化事业费 539257 万元，居全国首位，比上年增加 86997 万元，增长 19.7%；全省人均文化事业费 49.71 元，居全国第 15 位，比上年增加 7.54 元，增长 17.9%。

图7　2011年-2015年全省人均文化事业费及增速情况

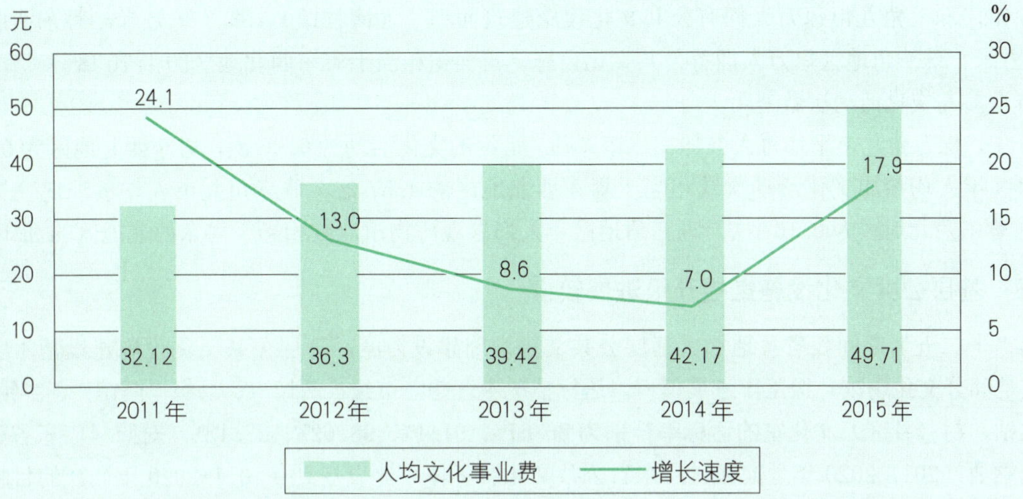


全年全省文物事业费 141217.8 万元，比上年增加 36504.9 万元，增长 34.9%。

2015 年，珠三角地区九市文化文物事业费（不含基建拨款）57.75434 亿元，占全省的 84.87%，比上年增加 20.9 个百分点；2015 年珠三角地区文化文物事业费是东西两翼及粤北山区总和的 5.61 倍。

## 八、存在问题

在分析我省文化建设成绩的同时，我们也清醒地看到，我省文化发展还存在总量大但人均水平不高、区域发展不平衡、文化设施服务效能有待加强等问题。

### （一）人均水平偏低

1. 人均文化事业费仅居全国第 15 位

虽然我省 2015 年的文化事业费达 53.93 亿元，居全国首位，但人均文化事业费 49.71 元，落后于上海、北京、浙江、天津、江苏等省（市），仅居全国第 15 位。

2. 人均拥有公共图书馆藏量仅居全国第 10 位

2015 年，我省公共图书馆总藏量 7007.744 万册，藏书规模位于全国前列，但人均拥有公共图书馆藏量 0.65 册，落后于上海、天津、北京、浙江、江苏、福建、辽宁等省（市），仅居全国第 10 位。

3. 每万人拥有公共文化设施建筑面积居全国第 9 位

2015 年，我省公共文化设施建筑面积（不含文化室）居于全国前列，但平均每万人拥有公共文化设施建筑面积（不含文化室）588.37 平方米，落后于西藏、浙江、上海、江苏、宁夏、内蒙古、新疆、重庆等省（市），仅居全国第 9 位。

### （二）区域发展差距大

1. 文化投入差距大

2015 年，全省人均文化文物事业费 62.72 元，珠三角九市人均文化文物事业费 98.32 元，粤东西北人均文化文物事业费 20.69 元。珠三角地区人均文化文物事业费相当于粤东西北地区的 4.8 倍。粤东西北地区人均文化文物事业费远远低于全省及珠三角地区平均水平，河源市人均文化文物事业费 34.22 元，在粤东西北地区居首位，但仅相当于全省平均水平的54.56%；茂名、揭阳两市人均文化文物事业费均不足10元。

2. 文化设施建设水平不均衡

2015年，珠三角九市每万人拥有公共文化设施建筑面积（含博物馆）733.7平方米，粤东西北地区为416.7平方米。珠三角地区每万人拥有公共文化设施建筑面积相当于粤东西北地区的1.76倍。

3. 群众参与文化活动次数差距大

2015年，珠三角九市平均每人参加文化馆（站）组织的文化活动为0.96次，粤东西北地区为0.21次。珠三角地区年人均参加文化活动次数相当于粤东西北地区的4.57倍。珠三角九市人均参观博物馆次数为0.58次，粤东西北地区为0.167次。珠三角地区年人均参观博物馆次数相当于粤东西北地区的3.47倍。

### （三）基层公共文化设施提档升级进展较慢

虽然“十二五”期间我省各地加大基层公共文化设施建设力度，基层公共文化设施建设基本实现了全覆盖，但是部分文化场馆升级工作进展偏慢，达标情况不理想。市级“两馆”、县级“两馆”、乡镇（街道）综合文化站、村（社区）文化室的达标率分别为86.67%、91.1%、98.62%、87.12%，对照《广东省建设文化强省规划纲要（2011-2020年）》和《广东省公共文化服务体系建设规划（2011-2020年）》的目标任务仍有一定差距。

### （四）服务效能偏低

一些地方公共文化设施“重建设，轻管理”现象仍然存在，设施完成后忽视加强公共文化管理、服务和长期效能，缺乏相关配套措施。有的地方设施设备陈旧、管理水平不高、服务项目单一、开放时间不足、服务效能低下，公共文化设施效用未能完全发挥。许多村（社区）文化室存在电子阅览室、农家书屋使用率低；宣传橱窗年久失修、残破不堪、更新缓慢；图书室新增图书量不足，图书老旧、复本过多等问题。

### （五）文化队伍素质有待提升

我省公共文化事业单位编制配置标准偏低，部分地区文化队伍存在数量不足、素质偏低、能力不强、专业人员门类不全的问题，直接导致当地文化场馆在免费开放、群文创作、活动开展、服务创新等方面欠缺，不能充分发挥文化场馆应有的服务效能。

## 九、对策建议

### （一）建立和完善政府主导、全社会共同参与的多元筹资机制

建议各级政府继续提高对文化建设的重视程度，加大文化投入力度，确保全省各级财政文化事业投入随着当地经济社会发展逐年增加、稳步增长。充分调动社会各方面力量的积极性，鼓励社会力量参与到文化建设中来，使文化投入的筹资方式由单一政府投入向政府引导、社会参与等多元融资方式转变。进一步完善和落实捐赠公益性文化事业的政策措施，引导和鼓励社会各阶层通过捐助、捐赠、自办等方式，投资建设公共文化设施，开展公益性文化活动。

### （二）深化创新管理，完善运行机制

督促指导各地加强领导，落实责任，进一步创新体制机制，努力在重要领域和关键环节改革上取得新突破。按照政事分开、政社分开的原则，推动政府职能转变，理顺政府、公益性文化事业单位和行业协会之间的关系，建立文化行政部门宏观管理和行业微观管理相结合的公共文化管理体制，探索政府、市场和社会良性互动、共建共赢的模式。完善绩效考评机制，增强公益性文化事业单位的发展活力。

（三）加快构建现代公共文化服务体系，加大文化惠民力度

一是加强公共文化设施建设。支持公共文化设施建设向基层农村、城镇社区倾斜。实施公共文化服务场提升工程，全面推动设施建设提档升级，完善网格化布局。扶持欠发达地区和面向特殊人群的公共文化设施建设，因地制宜开展流动文化服务。二是增强公共文化设施服务效能。加强对基层馆站的业务指导，继续补助欠发达地区基层“三馆一站”运作经费，推动完善服务项目、丰富文化产品供给，提升免费开放水平。三是创新开展文化惠民服务。举办一批示范性文化惠民活动，吸引各界群众广泛参与。推进公共文化服务与科技融合发展，重点打造“广东公共文化云”，建设全域共享、互联互通的公共数字文化服务网络。完善公共文化配送体系，把优秀文化产品送到基层、送到群众中。四是开展文博惠民。扩大广东省流动博物馆网，进一步加强古村落、古民居保护，组织非遗精品到基层巡演巡展。

（四）加大欠发达地区的扶持力度，促进文化事业均衡发展

我省经济欠发达地区由于经济基础薄弱，文化建设水平远远落后于全省平均水平。需进一步加强资金的统一规划部署，促进全省各地区文化事业协调、均衡、可持续发展。一是申请中央财政将东部欠发达地区文化建设纳入补助范围，并不断加大补助力度；二是争取省级补助资金对我省欠发达地区继续适当倾斜，加大文化建设扶持力度；三是探讨制定发达地区对落后地区的对口帮扶政策，提高欠发达地区的文化设施建设水平。

（五）壮大文化队伍，提高人员素质

落实公益性文化事业单位的机构设置和人员编制，配备必要的人员队伍，并做到在编在岗、专职专用。对现有机构编制难以满足工作需要的公益性文化事业单位，合理增加服务人员。完善培训工作体系建设，加强培训教育，提高基层文化队伍的专业素养和服务能力。进一步加强农村文体协管员队伍和文化志愿者队伍建设，建立公共文化辅助队伍。贯彻落实《广东省宣传思想文化领军人才培养工程实施方案》，健全人才激励和保障机制。引进高端人才，培育领军人物，扶持优秀中青年文化人才，打造我省文化人才高地。

（广东省文化厅）

## 广东：积极加强抗战文物保护与利用

2015年是中国人民抗日战争暨世界反法西斯战争胜利70周年，中央和省委省政府高度重视文物保护工作。全省文物系统以全社会广泛关注抗战文物为契机，加大重点文保单位特别是抗战文物的保护力度，消除了一批文物保护隐患，带动了全省文物保护工作。

一是抗战文物保护基础工作较为扎实。2015年，我省的十九路军抗日阵亡将士坟园和东江纵队纪念馆被列为第一批80处国家级抗战纪念设施、遗址名录。总体上，列为全国重点或省级文物保护单位的抗战文物基本设立了专门的管理机构或指定专人管理，部分单位编制了保护规划。部分市、县级抗战文物保护单位也制定了相应的保护措施，有些地区还进行了专题调研，如广州市组织文博单位完成《广州市抗战史迹田野调研报告》，共调查并确认的抗战史迹约149处，分为四种类型：日军侵华罪证、中国军队作战遗址、抗日活动及游击队驻所遗址、抗战纪念物及纪念建筑。

二是抗战文物保护资金投入不断增长。据统计，“十二五”期间，中央和省财政共补助我省抗战文物22个项目共计1832万元。其中2015年省财政对抗战文物进行了重点倾斜，专项补助抗战文物7个项目共计805万元。各地也把抗战文物的抢救修缮作为文物保护工作的重点，加大对抗战文物的资金投入。如中共粤北省委旧址在“十二五”期间，共争取省、市文物保护资金共1750万元，编制完成了《抗日战争时期中共广东省委暨粤北省委机关旧址保护规划》和省委旧址的保护修复工程。云浮罗定市蔡廷锴故居在“十二五”期间，地方政府已投入近100万，用于更新展览图片，维修倒塌围墙，制作视频资料以及环境整治等工作。

三是部分抗战文物安全工作有保障。省级以上抗战文物基本做到有专门人员定期和不定期开展安全检查，并配备安防和消防设施。其中，大岭山抗日根据地旧址使用管理单位广东东江纵队纪念馆设有安全工作委员会，下辖治安管理组、消防管理组等；该馆安全保卫工作委托物业服务管理公司负责，安保人员实行三班倒24小时值班。旧址配备了监控系统、烟感探测器、温感探测器、红外入侵探测器等报警系统、消防喷淋系统以及悬挂式干粉灭火器等消防安全设备，安全工作较到位。

四是抗战文物成为爱国主义教育的重要场所。部分抗战文物单位结合现有资源开展展览展示活动，普遍实行免费开放，组织开展爱国主义教育和党组织教育等系列活动，文物的社会教育功能得到发挥。中共粤北省委旧址陈列馆于2012年对外开放，是韶关市传承党的光荣历史和优良传统作风、进行理想信念和爱国主义教育的一个重要场所。陈列馆内容丰富，展示方式新颖多样，除了文物、档案、图片、文字展示等传统方法外，还采取了多种高科技展示手法增强吸引力、感化力，年接待观众量达5万人次。蔡廷锴故居作为广东省公安消防部队思想政治教育基地、广东省红色旅游示范基地、广东省统一战线基地等，每年接待观众30000人次。

五是进一步挖掘抗战文物资源。广州委托科研机构编制了《广州市抗战史迹保护与利用纲要》，对全市194处抗战文物进行了现场调查、制定了史迹的保护纲要、利用规划和管理措施等。珠海市文物主管部门在保护好三灶岛侵华日军罪行遗迹的基础上进一步做好日军罪证收集工作，因三灶侵华日军罪证见证者年龄都在80岁以上，2015年由区、镇、村三级文物保护工作者组成工作组对7个重点村居的21位三灶侵华日军罪证见证者做了详细的采访记录工作，保存了见证者提供的第一手资料。

# 广西壮族自治区2015年文化发展情况分析

2015年，在自治区党委、政府的正确领导下，广西文化系统深入贯彻党的十八大和十八届三中、四中全会精神，深入学习贯彻习近平总书记系列重要讲话精神特别是在文艺工作座谈会上的重要讲话精神，围绕自治区党委、政府中心工作，积极推动文化改革发展，文化事业、文化产业发展再上新台阶，为加快民族文化强区建设，实现我区“两个建成”奋斗目标夯实了文化基础。

## 一、机构与人员

2014年，广西各类文化（文物）机构总数9008个，比上年增加187个；从业人员62217人，比上年增加6694人；专业技术人员8812人，比上年增加788人。其中，文化文物部门所属单位1977个，增加34个；从业人员16986人，增加1693人；专业技术人员7952人，比上年增加485人。

图1　2015年广西各地区文化（文物）机构及从业人员情况

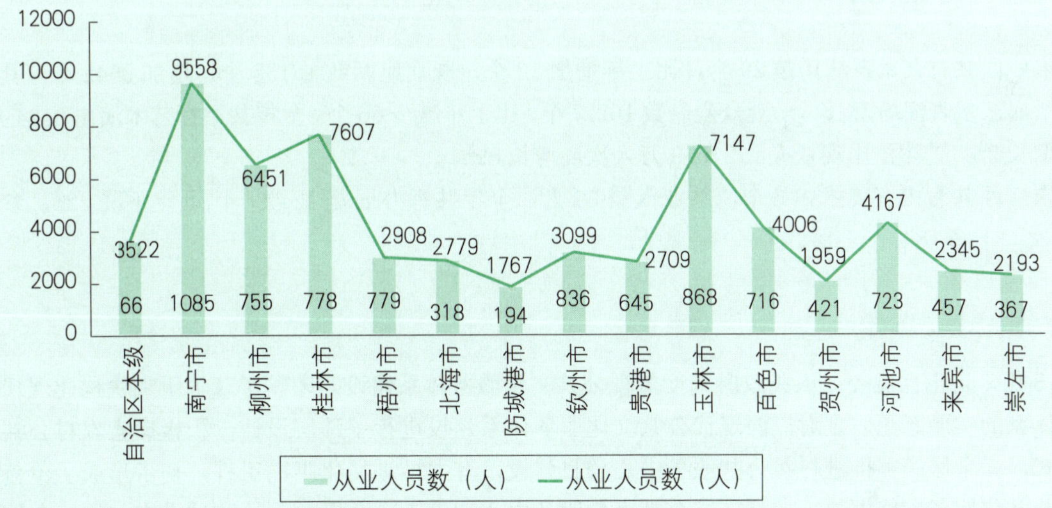


## 二、文艺创作演出

2015年，广西建立了24个艺术创作基地，分批组织文艺家到革命老区、边境地区、红水河流域等全区少数民族村屯开展“深入生活　扎根人民”主题活动，深入挖掘民族艺术资源，突出民族地区特色，推出了壮剧《冯子材》、彩调剧《紫金袍》等一批具有桂风壮韵、展现美丽南方、讴歌时代精神的文艺佳作。成功举办了第九届广西戏剧展演，31部题材多样、富有民族特色的大型剧目以及88个小戏小品集中展示。“南国之声”周末音乐会等10个驻场演出品牌发展壮大。组织各级文艺院团在全区400多个村屯、社区、企业、学校、军营开展“唱响八桂中国梦　艺术精品到基层”惠民演出1000多场。

年末广西共有艺术表演团体92个，比上年增加25个；从业人员4613人，增加了1571人。其中，文化部门所属的艺术表演团体22个，占24%，从业人员1870人，占41%。

全年广西艺术表演团体共演出1.37万场，比上年增长49%，其中赴农村演出0.46万场，增长42%；国内观众1824万人次，全国排名第17名，增长175%，其中，农村观众269万人次，比上年增长5%；总收入6.54亿元，比上年增长103%，其中，演出收入3.48亿元，全国排名第9名，增长533%。

全年广西文化部门所属艺术表演团体共组织政府采购公益演出0.18万场，比上年增长89%；观众266万人次，增长62%。利用流动舞台车演出0.07万场次，观众93万人次。

表1　2010年–2015年广西艺术表演团体基本情况

| 年　份 | 机构数（个） | 从业人员数（人） | 演出场次（万场） | 国内演出观众人次（万人次） | 总收入（万元） | |
|---|---|---|---|---|---|---|
| | | | | | | #演出收入 |
| 2010年 | 141 | 4946 | 1.58 | 1507.60 | 21629.60 | 3678.80 |
| 2011年 | 148 | 5461 | 1.31 | 1207.25 | 26022.00 | 4176.60 |
| 2012年 | 68 | 2744 | 1.20 | 757.91 | 17340.00 | 4630.60 |
| 2013年 | 59 | 3777 | 1.54 | 881.79 | 35746.60 | 9108.50 |
| 2014年 | 67 | 3042 | 0.92 | 663.89 | 32238.30 | 5496.90 |
| 2015年 | 92 | 4613 | 1.37 | 1824.04 | 65364.80 | 34801.00 |

年末广西共有艺术表演场馆29个，比上年增加12个，观众座席数15135个，增加3542个。其中，文化部门所属艺术表演场馆16个，观众坐席数10227个，比上年减少66个。全年共举行艺术演出2.24万场次，比上年增长9%；艺术演出观众人次216.9万人次，增长89%。

年末广西共有国有美术馆3个，从业人员34人。全年共举办展览42次，比上年下降22%，参观人次23万人次，下降18%。

## 三、公共文化服务体系

2015年，自治区党委、人民政府高度重视公共文化服务体系建设，印发了《关于加快构建现代公共文化服务体系的实施意见》，对广西现代公共文化服务体系建设进行了顶层设计，积极探索农村公共文化服务新模式，在全区统筹推进村级公共服务中心项目建设，有力推进文化惠民工程，初步形成了覆盖全区城乡的公共文化服务网络框架，使基层综合性文化服务中心建设走在全国前列。防城港市、柳州市柳南区成为第三批创建国家公共文化服务体系示范区（项目）。

### （一）公共图书馆

年末广西共有公共图书馆112个，其中，省级图书馆3个，地市级图书馆15个，县区级图书馆94个。年末全区公共图书馆从业人员1509人，比上年末增加1人，其中，具有高级职称的人员102人，占7%；具有中级职称的人员529人，占35%。

年末全区公共图书馆实际使用房屋建筑面积34.52万平方米，比上年末增长3%；图书总藏量2606.27万册，增长5%，其中，古籍43.37万册；电子图书1267.2万册，增长6%；阅览室座席数27856个，增长3%；计算机6063台，增长4%；供读者使用的电子阅览终端4098台，增长4%。

年末全区平均每万人公共图书馆建筑面积 71.98 平方米，全国排名第 24 名，比上年末增加 1.72 平方米；全区人均图书藏量 0.54 册，全国排名第 14 名，增加 0.02 册；全区人均购书费 1.05 元，全国排名第 16 名，比上年增加 0.45 元。

图2 2010年-2015年广西公共图书馆人均资源情况

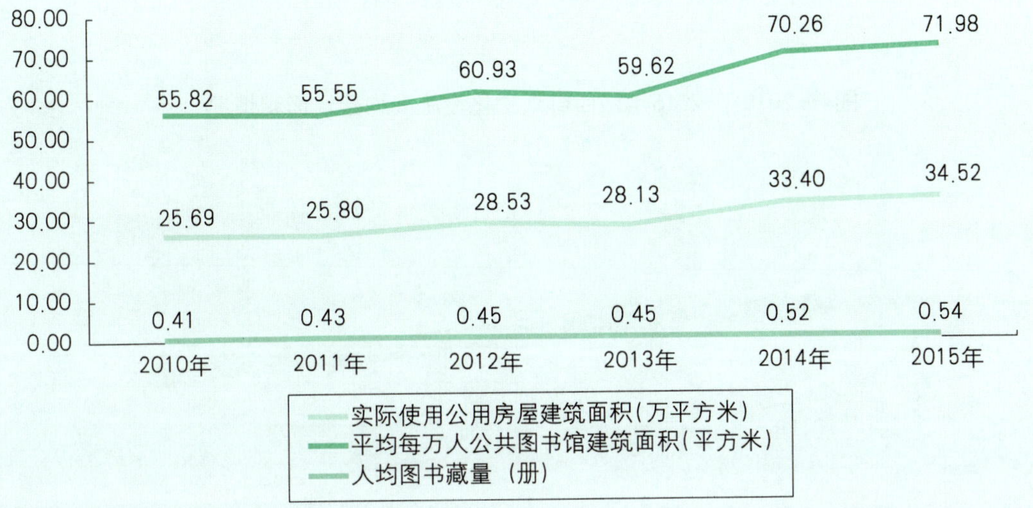


全年广西各级公共图书馆发放借书证 584222 个，比上年下降 5%；总流通人次 2065.2 万，增长 3%。书刊文献外借册次 1155.03 万，增长 5%；外借人次 520.99 万，下降 31%。全年共为读者举办各种活动 4081 次，增长 6%；参加人次 241.86 万，增长 35%。

图3 2010年-2015年广西公共图书馆总流通人次和书刊外借册次情况

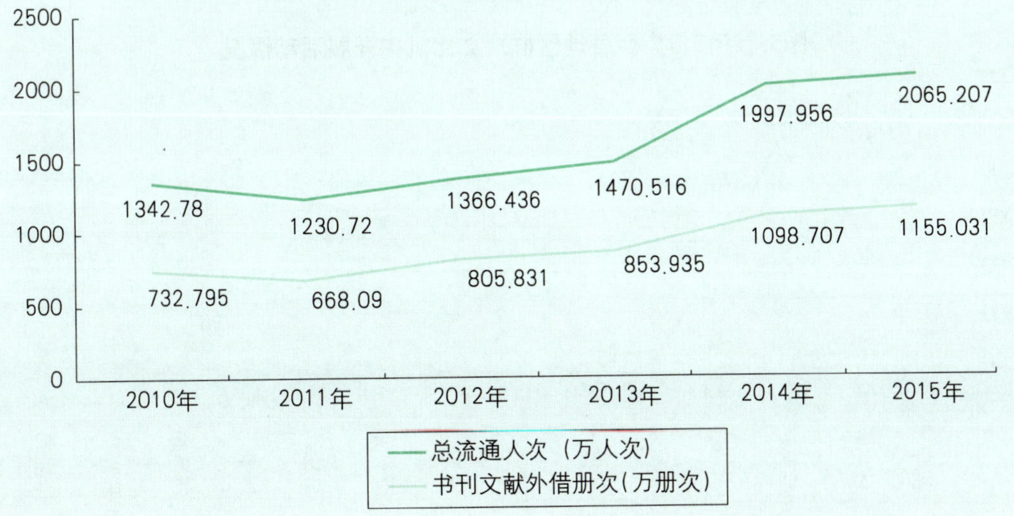


## （二）群众文化机构

年末广西共有群众文化机构 1291 个，其中，省级群众艺术馆 1 个，地市级群众艺术馆 14 个，县市级文化馆 108 个，文化站 1168 个。年末全区群众文化机构从业人员 5285 人，比上年末增加 3200 人。其中，具有高级职称的人员 123 人，占 2%；具有中级职称的人员 653 人，占 12%。

年末广西群众文化机构实际使用房屋建筑面积 75.65 万平方米，比上年末增长 1%；藏书 697.89 万册，增长 2%；计算机 16315 台，增长 34%；对公众开放的阅览室 2.69 万平方米，下降 25%。

年末广西平均每万人群众文化设施建筑面积 157.74 平方米，全国排名第 29 名，比上年末提高 0.04 平方米；人均群众文化业务活动专项经费 1.99 元，全国排名第 29 名，比上年末提高 1.21 元。

图4　2010年-2015年广西群众文化设施人均建筑面积情况

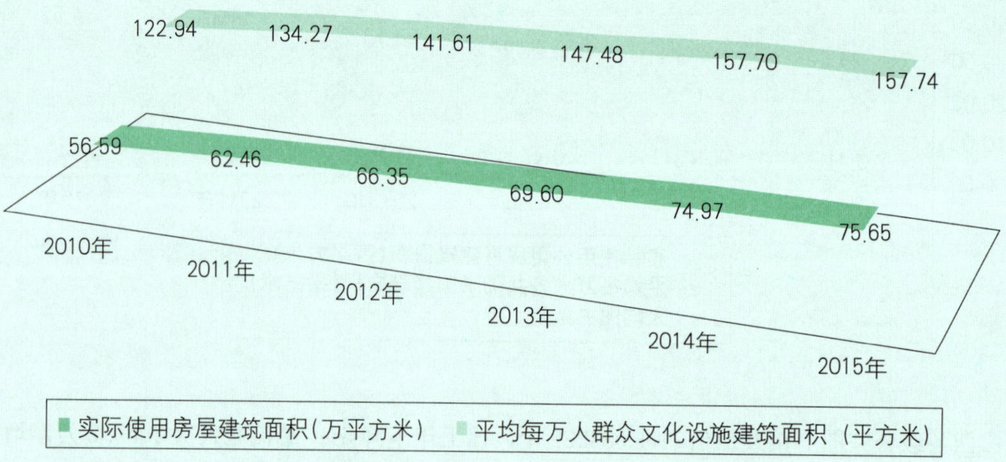


全年广西群众文化机构共组织开展各类文化活动 45217 场次，其中，文艺活动 28663 次，培训班 12507 次，展览 3425 个，公益性讲座 622 次；服务人次 1962.7 万，下降 4%。

图5　2015年广西各地区群众文化机构开展活动情况

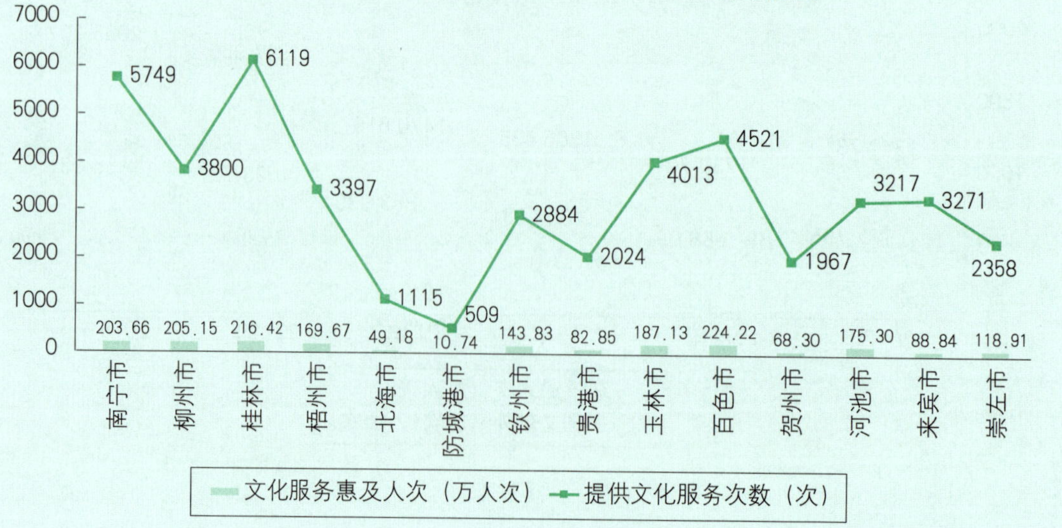


年末广西群众文化机构共有馆办文艺团体 417 个，演出 7427 场，观众 537.44 万人次。由文化馆（站）

指导的群众业余文艺团体 14789 个，馆办老年大学 38 个。

## 四、文化演出市场

2015 年，广西文化市场管理部门坚持一手抓繁荣，一手抓管理，坚持简政放权、放管结合、优化服务，管理水平不断提高。有序推进“阳光、平安、健康”的文化市场建设，积极推动落实《关于推进互联网上网服务营业场所转型升级的意见》，形成了“试点先行、带动全区”的发展态势，完成转型升级上网服务场所 243 家；重点抓好文化市场专项整治工作、安全隐患大排查专项行动，抓好演出、游艺娱乐、网吧、网络游戏等重点领域监管，进一步维护了民族地区、边境地区文化市场安全稳定。

图6　2010年-2015年广西文化市场经营机构城乡布局情况

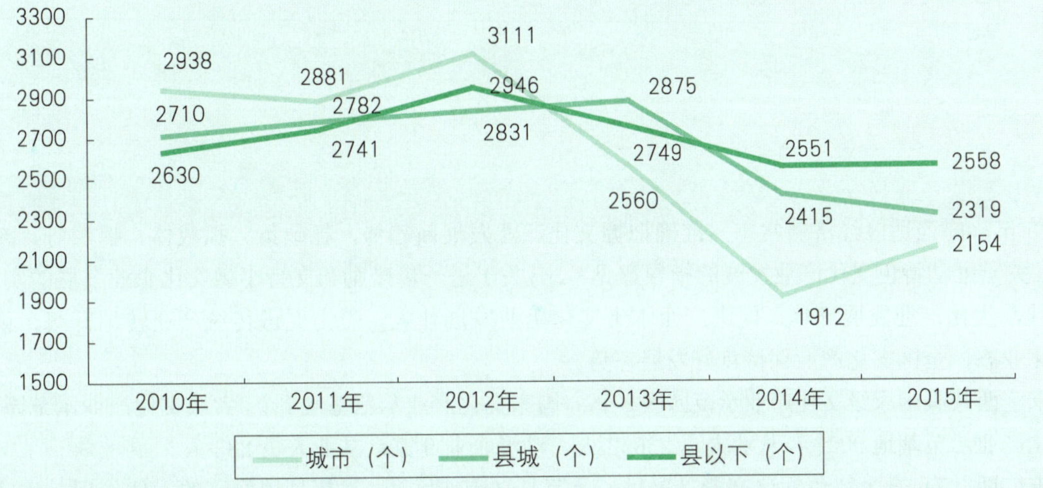


年末广西文化市场经营单位 7031 家，比上年末增加 153 家；从业人员 45231 人，增加 5001 人。全年全区文化市场经营单位营业总收入 35.13 亿元，比上年增加 10.43 亿元；营业利润 9.88 亿元，比上年增加 3.03 亿元。

分区域看，年末城市文化市场经营单位 2154 个，占文化市场经营单位总量的 31%；县城 2319 个，占 33%；县以下地区 2558 个，占 36%。

年末广西共有娱乐场所 2794 个，比上年末增加 49 家；从业人员 24957 人，增加 1031 人；全年营业总收入 17.64 亿元，比上年增加 1.74 亿元；营业利润 4.78 亿元，比上年增加 4072 万元。

年末广西共有互联网上网服务营业场所 4028 个，比上年末增加 38 家；从业人员 15279 人，增加 213 人；全年营业总收入 9.09 亿元，比上年增加 5607 万元；营业利润 2.56 亿元，比上年增加 1719 万元。

年末广西非国有艺术表演团体 70 个，比上年增加 25 个；从业人员 2743 人，比上年增加 1505 人；全年营业收入 3.16 亿元，比上年增加 2.89 亿元；利润总额 1.11 亿元，比上年增加 1.03 亿元。

年末广西非公有制艺术表演场馆 12 个，经营性互联网文化单位 16 个，艺术品经营机构 84 个，演出经纪机构 27 个。

图7　2015年广西文化市场经营机构组成情况

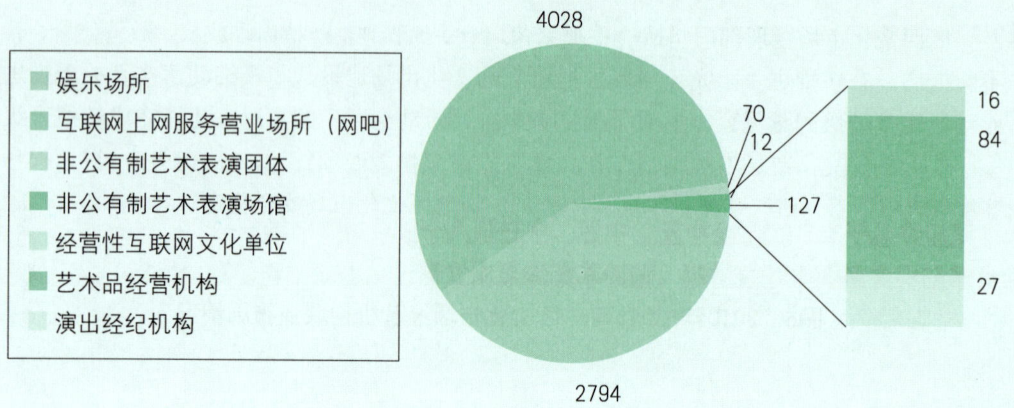


## 五、文化产业

2015年，广西适应经济新常态，准确把握文化产业发展新趋势，抓政策、抓载体、抓服务，率先在全国出台《关于推动特色文化产业发展的指导意见》、《关于进一步鼓励和支持小微文化企业发展的实施意见》两个文件，优化产业发展环境，促进广西本土文化企业发展壮大。着力促进传统产业转型升级，积极培育新兴文化业态，全区文化产业保持良好发展态势。

年末广西共有国家级文化产业示范园区2个，国家文化产业示范基地7个，省级文化产业示范园区3个，省级文化产业示范基地90个，从业人员23063人。动漫企业9家，从业人员282人。

年末广西共有38个特色文化产业（项目）示范县（市、区），发挥县域经济的主体作用，推动形成统筹城乡文化产业发展新格局。阳朔县、田东县成立了县级文化产业发展公司，兴安县、合浦县、博白县出台了引导当地特色文化产业发展的优惠政策和奖励办法。靖西旧州绣球、临桂五通农民画、钦州坭兴陶、北海珍珠、博白芒编、梧州人造宝石、凭祥红木等成为当地支柱性产业和群众致富的重要渠道。

年末广西共有9个项目入选国家文化金融合作重点项目库、8个项目入选国家特色文化产业重点项目库、3个项目入选国家丝绸之路文化产业重点项目库。争取中央、自治区文化产业发展专项资金1.2亿元，扶持近40个重点文化产业项目发展，共有11家动漫企业通过国家认定，8个动漫游戏类项目入选文化部、工信部、商务部重点扶持计划。

全年广西文化系统文化及相关产业总产出65.38亿元，与上年相比增长47%；实现增加值37.51亿元，比上年增长11%。

## 六、文物遗产保护

2015年，广西抓住文化遗产保护传承工作重要发展机遇，文物保护和利用协同推进取得新突破。左江花山岩画文化景观顺利通过了联合国教科文组织世界遗产委员会专家的现场考察评估和视频咨询评估，列入正式向世界遗产大会的推荐名单。国家和自治区共投入4亿多元用于文物保护，实施了花山岩画、灵渠、钟山英家戏台等重点文物保护工程以及各类考古调查、勘探、发掘工作100多项，抢救保护了大批文物，在多个学术领域取得重要学术成果。桂林甑皮岩遗址成为华南地区唯一的国家考古遗址公园。超额完成了百家博物馆建设任务，全区博物馆数量达到了225家，极大地促进了广西博物馆事业的发展。广西民族博物馆“BEIXNUENGX（贝侬）—壮族文化展”荣获全国博物馆十大陈列展览精品。

年末广西共有文物机构 206 个，比上年末增加 19 个。其中，文物保护科研机构 4 个，占 2%；文物保护管理机构 67 个，占 33%；博物馆 124 个，占 60%；文物商店 4 个，占 2%；文物行政主管部门 7 个，占 3%。

年末广西文物机构从业人员 2595 人，比上年末增加 351 人，其中，高级职称 124 人，占 5%，中级职称 429 人，占 17%。

图8　2015年广西各地区文物机构及从业人员情况

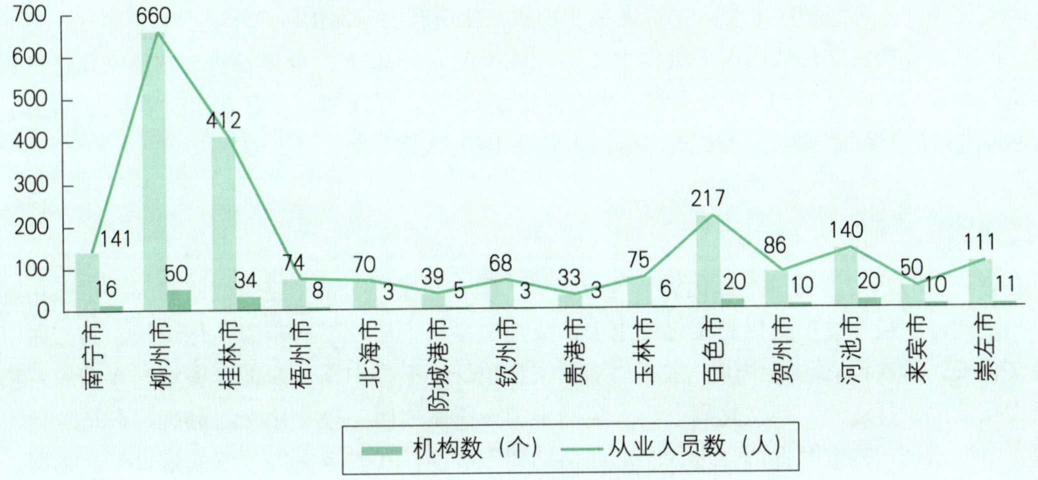


年末广西文物机构拥有文物藏品 508649 件 / 套，比上年末增加 26730 件 / 套，增长 6%。其中，博物馆文物藏品 422677 件 / 套，占文物藏品总量的 83%；文物保护管理机构文物藏品 34929 件 / 套，占 6.8%；文物商店文物藏品 38200 件 / 套，占 8%。文物藏品中，一级文物 382 件 / 套，二级文物 5395 件，三级文物 67023 件。

全年广西文物机构共安排基本陈列 270 个，举办临时展览 228 个，接待观众 1825.05 万人次，比上年增长 9%，其中，未成年人 552.82 万人次，增长 33%，占参观总人数的 30%。博物馆接待观众 1655.48 万人次，增长 10%，占文物机构接待观众 90%。

图9　2010年-2015年广西文物机构陈列展览数与参观人次情况

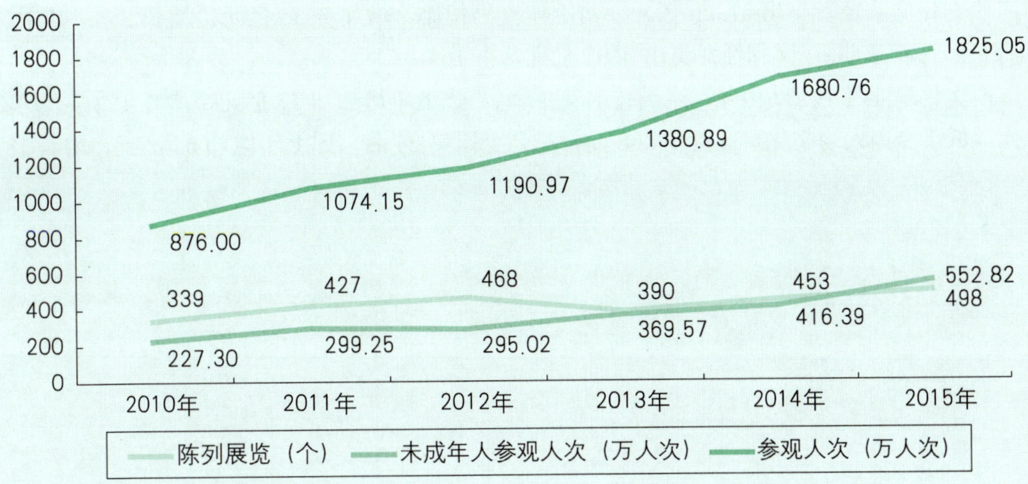

## 七、非物质文化遗产保护

2015 年，非物质文化遗产保护传承水平进一步提高，广西新认定 155 名自治区级非物质文化遗产项目代表性传承人，新建自治区级非物质文化遗产传承基地、展示中心和生产性保护示范基地 59 个，构建了国家、自治区、市、县四级非物质文化遗产名录保护体系。

年末广西共有国家级非物质文化遗产代表性项目名录 50 项；自治区级非物质文化遗产代表性项目名录 446 项；市级非物质文化遗产代表性项目名录 980 项；县级非物质文化遗产代表性项目名录 2305 个。国家级非物质文化遗产代表性项目传承人 26 人；自治区级非物质文化遗产代表性项目代表性传承人 395 人。国家级非物质文化遗产生态保护区 1 个；自治区级非物质文化遗产生态保护区 7 个。

年末广西共有非物质文化遗产保护机构 124 个，从业人员 2350 人。全年各级非物质文化遗产保护机构共举办展览 383 次，接待观众 64.49 万人次；举办演出 2182 场，观众 251.7 万人次；举办民俗活动 616 次，观众 194.96 万人次；举办培训班 1322 次，培训人数 5.19 万人次。

## 八、文化交流

2015 年，广西发挥对东盟的地缘优势、区位优势，配合国家“一带一路”战略布局，不断拓宽文化交流的渠道和形式，积极推动广西优秀文化走出去。成功举办第十届中国—东盟文化论坛、第二届中国—东盟博览会文化展，首次设立论坛中国—东盟“那”文化论坛，举办中国—东盟（南宁）戏剧周。积极参加国家外交文化活动，打造“广西文化周”、“美丽中国・美丽广西”等文化交流品牌，在马耳他、美国举行“欢乐春节”活动，在米兰世博会进行“广西活动周”展演，在香港举办“汉武盛世”文物展，在台湾举办“美丽广西—少数民族文化展演周”等，为推动“中华文化走出去，展现美丽中国、美丽广西”做出积极贡献。

全年广西对外文化交流项目 23 项，579 人参与交流，122.2 万人次参加活动；对港澳文化交流项目 5 项，54 人参与交流，3500 人次参加活动；对台文化交流项目 4 项，39 人参与交流，1.4 万人次参加活动。

## 九、文化资金投入

2015 年，广西继续实施“三馆一站”免费开放、文化遗产保护、公共数字文化建设等文化项目，共落实中央和自治区补助地方专项资金 10.36 亿元，比上年增长 2.7%，提高了各项工作的资金保障度。

全年广西文化文物经费收入 39.13 亿元，与上年收入相比，增加 6.7 亿元，增长 20%。其中，财政拨款 22.3 亿元，与上年财政拨款相比，增加 3.57 亿元，增长 19%。

全年广西文化文物经费支出 37.25 亿元，与上年支出相比，增加 7.36 亿元，增长 25%。其中，文化经费支出 31.28 亿元，占 84%；文物经费支出 5.97 亿元，占 16%。

全年广西文化事业费 17.22 亿元，全国排名第 17 名，比上年增加 2.77 亿元，增长 19%。人均文化事业费 35.91 元，低于全国人均文化事业费 49.68 元，排名全国第 24 名，比上年增加 5.52 元，增长 18%。

图10　2010年-2015年广西文化事业费和人均文化事业费

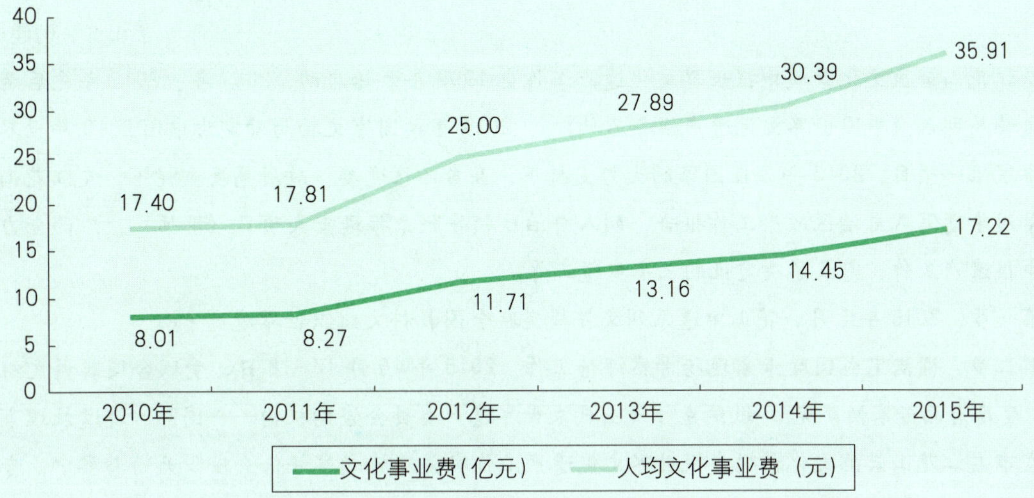


注：2015年广西年平均人口4796万。

全年广西文物事业费4.46亿元，比上年增加1.19亿元，增长36%；人均文物事业费9.3元，比上年增加2.42元，增长35%。

## 十、公共文化基础设施建设

2015年，广西继续稳步推进文化基础设施建设，重点建设广西图书馆地方民族文献中心、地市级公共文化设施以及村级公共服务中心，不断打牢公共文化服务体系基础，稳步提升公共文化服务能力。截止2015年底，全区累计建成村级公共服务中心建设项目7079个，占广西14,357行政村的49.3%。贵港市博物馆、玉林市博物馆顺利建成开馆。

全年广西计划总投资额11.81亿元，与上年相比减少2.02亿元，下降74%；本年到位资金12.3亿元，其中：国家预算内资金11.15亿元，占到位资金的56%。全年完成投资额11.45亿元，完成年度计划的8.47%。

（广西壮族自治区文化厅）

## 广西：申报世界文化遗产工作取得重大成果

左江花山岩画文化景观申报世界文化遗产工作自 1999 年开始启动，2007 年、2012 年先后两次被国家文物局列入《中国世界文化遗产预备名单》。2014 年被国家文物局确定为中国 2016 年世界文化遗产申报唯一项目。2015 年，在国家的大力支持下，在自治区党委、政府高度重视下，左江花山岩画文化景观申遗写入自治区政府工作报告，列入自治区领导联系推进重大项目（事项），广西全力推进花山申报遗产工作，完成了决定性的三步申遗工作。

第一步，2015 年 1 月，花山申遗系列文件提交联合国教科文组织世界遗产中心。

第二步，圆满完成国际专家现场考察评估工作。2015 年 10 月 13—18 日，受联合国教科文组织委派，印度籍岩画专家帕萨克　敏纳克什女士代表世界遗产委员会咨询机构——国际古迹遗址理事会，对崇左市左江花山岩画文化景观申报世界文化遗产工作实施现场考察评估。在 5 天的考察中，专家听取了崇左市关于左江花山岩画文化景观保护管理情况汇报，先后实地考察了崇左市壮族博物馆（左江花山岩画文化景观展示中心）、左江花山岩画文化景观监测中心和档案中心，左江花山岩画文化景观江州、扶绥及宁明、龙州三个遗产区，召开了利益相关者座谈会。期间，专家还认真查阅了为其提供的各项资料，就宁明花山岩画保护工程、左江花山岩画文化景观项目的保护与管理以及遗产区民众参与等问题进行了详细的了解。通过考察，专家认为左江花山岩画文化景观项目整体价值高，对相关的保护展示、环境治理、保护管理、监测情况等工作给予了高度评价。

第三步，完成申遗材料补充和视频咨询评估工作。2015 年 12 月，自治区文化厅牵头调集组织区内外岩画、铜鼓、考古、历史、民族研究权威专家，按照国际古迹遗址理事会提出的涉及国家文化安全的民族、宗教、考古问题的问题清单，认真研究完成了材料补充工作。组织 4 名专家赴京到视频评估会现场备询，由于前期工作扎实、充分，国际专家在会上没有对中方提出任何质询、异议，顺利通过世界遗产委员会委托的专家组视频咨询评估，列入正式向世界遗产大会推荐名单。

2016 年 7 月中旬，将在土耳其伊斯坦布尔召开的第 40 届世界遗产大会，期待左江花山岩画文化景观申遗成功，实现广西世界文化遗产零的突破，填补中国无岩画类世界文化遗产名录的空白。

# 海南省2015年文化发展情况分析

2015年是“十二五”收官和“十三五”谋划之年。海南省文体系统深入学习习近平总书记系列重要讲话精神，坚决贯彻落实中央和省委省政府的决策部署，坚持以“四个全面”战略布局为统领，努力践行“三严三实”，攻坚克难，创新发展，文化凝聚力、民生服务力、经济推动力和对外影响力得到了进一步提升，事业和产业取得了新成效、迈上了新台阶，为“十二五”划上了圆满句号。

## 一、机构和人员

2015年末，纳入统计范围的海南省各类文化（文物）单位共1979个，比上年末增加了393个；从业人员20154人，增加4758人。其中，各级文化文物部门所属单位431个，增加4个；从业人员5653人，增加135人。

图1　2010年-2015年海南省文化（文物）机构数和从业人员数量

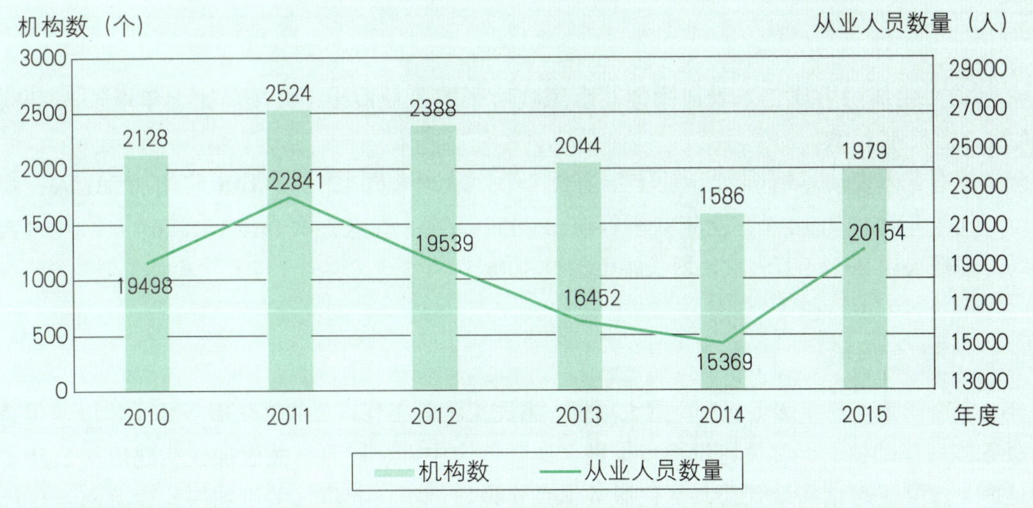


## 二、艺术创作演出

2015年，我省深入贯彻落实习总书记在文艺工作座谈会上的讲话和全国、全省繁荣发展社会主义文艺会议精神，以第十四届中国戏剧节、第二届海南省艺术节、海南省书香节等平台为抓手组织开展了一系列以“中国梦”为主题的精品创作活动，推出了一批思想性、艺术性、观赏性有机统一的优秀作品。省艺术节评出文华大奖剧目4台，文华优秀剧目奖7台，文华表演奖5台，各类单项奖92个，涌现出民族歌剧《南海哩哩美》、琼剧《王国兴》《汉武之恋》、舞剧《秋菊传奇》等精品剧目。评出作品类“群星奖”73个，项目类“群星奖”5个、“群文之星”6名。

2015年年末，海南省共有艺术表演团体66个，比上年末减少5个；从业人员2484人，比上年末减少224人。其中，公有制艺术表演团体20个，占30.3%；从业人员1165人，占46.9%。

全年省内艺术表演团体共演出7720场，比上年减少20.74%，其中赴农村演出4780场，占总演出场次的61.92%，比重比上年减少27.36个百分点；国内观众701.211万人次，减少58.09%，其中农村观众380.028万人次，比上年减少70.24%；总收入18996.7万元，比上年减少2.46%，其中演出收入8448.5万元，占比44.47%，比上年减少5.57%。

**表1　2009年–2015年全省艺术表演团体基本情况**

| 年　份 | 机构数（个） | 从业人员数（人） | 演出场次（万场） | 国内演出观众人次（万人次） | 总收入（万元） | |
|---|---|---|---|---|---|---|
| | | | | | | #演出收入 |
| 2009年 | 60 | 2247 | 8270 | 919.8 | 8774.3 | 4194.8 |
| 2010年 | 67 | 2465 | 8810 | 682.5 | 12174.6 | 6735.3 |
| 2011年 | 86 | 3067 | 8600 | 607.0 | 16938.6 | 11137.9 |
| 2012年 | 61 | 2342 | 8370 | 413.0 | 19004.0 | 10862.9 |
| 2013年 | 67 | 2801 | 9520 | 972.3 | 30343.3 | 15480.5 |
| 2014年 | 71 | 2708 | 9740 | 1673.0 | 19475.6 | 8946.4 |
| 2015年 | 66 | 2484 | 7720 | 701.2 | 18996.7 | 8848.5 |

全年海南省文化部门所属艺术表演团体共组织政府采购公益演出700场，比上年增长32.08%；观众83.19万人次，增长40.49%。

年末全省共有艺术表演场馆11个，比上年增长7个；从业人员428人，比上年增加231人；观众坐席数11210个，比上年增加4214个；全年共举行演出2460场次；观众人次合计151.767万。其中艺术演出场次470场，观众人次26.14万人次，增长幅度超过100%。

## 三、公共文化服务体系

2015年，海南省重点抓了服务机制、重大项目、惠民工程等工作，公共文化服务体系建设取得新成效。公共文化服务体系基础性、制度性建设稳步推进。认真落实中办、国办《关于加快构建现代公共文化服务体系的意见》，成立了海南省现代公共文化服务体系建设协调组；起草《关于加快构建海南省现代公共文化服务体系的实施意见》，已报省政府审定；积极推进我省公共文化服务标准化、均等化，根据国家标准，结合我省实际，拟定我省标准；基本完成第二批国家公共文化服务体系示范区（项目）创建工作。

### （一）公共图书馆

年末全省共有公共图书馆21个，与上年持平；年末从业人员325人，比上年末减少2人。其中具有高级职称的人员5人，具有中级职称的人员82人。

年末全国公共图书馆实际使用房屋建筑面积80580平方米，比上年末减少0.54%；图书总藏量423.619万册，增长2.85%，其中古籍1.23万册；电子图书866.468万册，增长39.36%；阅览室座席数5557个，增长3.83%；计算机1458台，增长5.43%，电子阅览室终端数1047台，增长5.33%。

图2　2010年-2015年海南省公共图书馆拥有资源情况

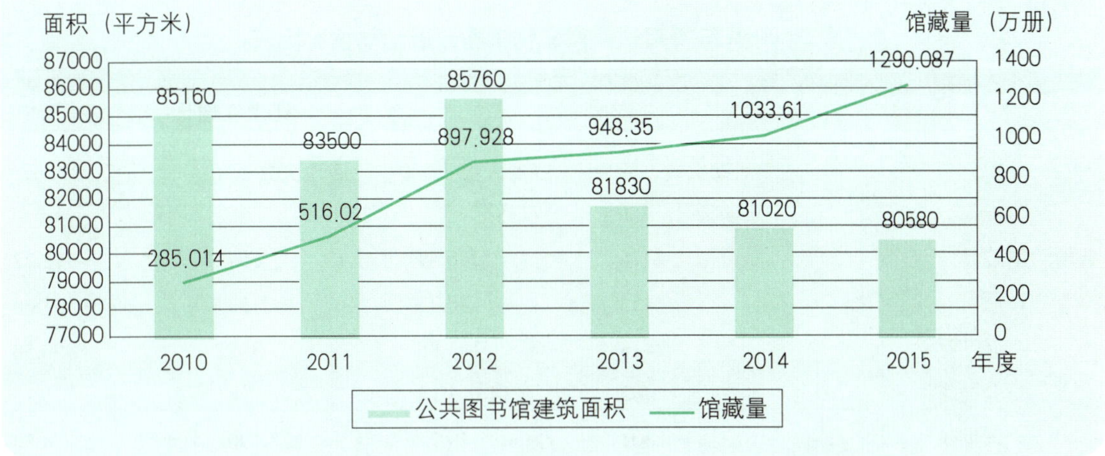


截止到2015年底，全省公共图书馆累计发放借书证21.97万个，年度流通人次444.95万，增长65.63%；书刊文献外借册次221.99万，增长17.9%；外借人次81.492万，增长12.74%。全年共为读者举办各种活动505次，增长9.07%；参加人次20.17万，增长16.23%。

（二）群众文化服务机构

2015年，海南省新建行政村（社区）文化活动室400个；加快推进市县数字影院建设、广播电视节目无线数字化覆盖和南海渔船通广播电视工程，新增城市影院24家、86块银幕，完成2617艘渔船通安装任务，基本完成县城数字影院全覆盖，农村公益电影共放映32219场次；加强对农家书屋管理服务示范典型的指导，在五指山市、琼中县、白沙县开展卫星数字农家书屋试点建设。

年末全省共有群众文化机构228个，其中乡镇综合文化站199个；年末全省群众文化机构从业人员720人，比上年末减少70人。其中，高级职称人员22人，占3.05%；中级职称人员6人，占0.83%。

年末全国群众文化机构实际使用房屋建筑面积10.728万平方米，比上年末减少1.14%；藏书87.984万册，减少23%；计算机2119台，增长2.37%。

图3　2010-2015年海南省群众文化设施建筑面积

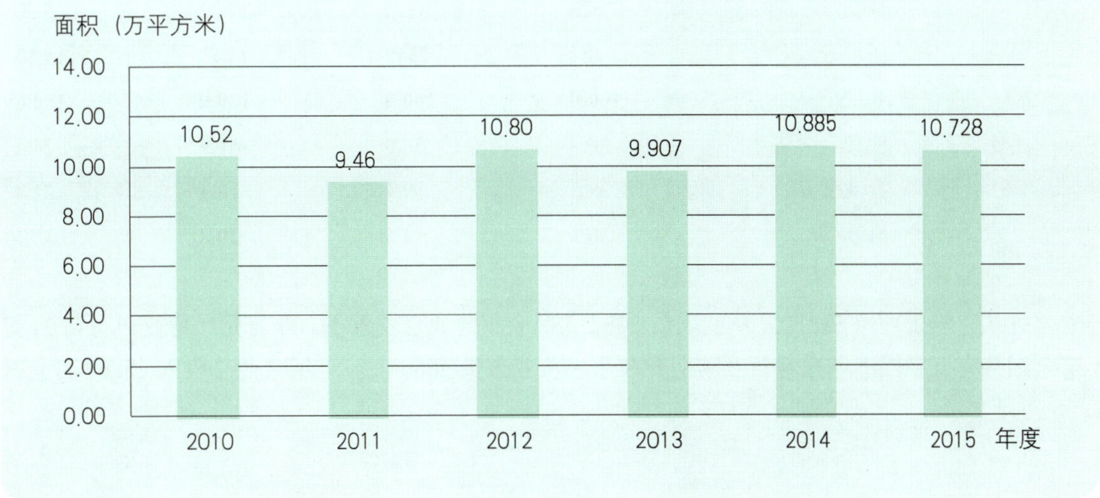

全年全省群众文化机构共组织开展各类文化活动4776场次，服务人次255.491万，分比上年减少13.82%和31.36%。

**表2　2015年海南省群众文化机构开展活动情况比较**

| | 总量 | | 比上年增长（%） | |
|---|---|---|---|---|
| | 活动次数（万次） | 服务人数（万人次） | 活动次数（次） | 服务人次（万人次） |
| **各项活动总计** | **4776** | **255.49** | **5542** | **372.22** |
| 其中：展览 | 455 | 40.75 | 537 | 51.66 |
| 文艺活动 | 2438 | 191.88 | 3022 | 300.50 |
| 公益性讲座 | 82 | 3.14 | 81 | 1.77 |
| 训练班 | 1801 | 19.72 | 1902 | 28.30 |

年末全国群众文化机构共有馆办文艺团体37个，演出285场，观众65.68万人次。由文化馆（站）指导的群众业余文艺团体2510个，馆办老年大学2个。

## 四、文化市场

年末全省文化市场经营单位1597家，比上年末增加387家；从业人员16050人，增加4634人。全年全省文化市场经营单位营业总收入148.26万元，营业利润28.37万元。

分区域看，年末城市文化市场经营单位31个，占文化市场经营单位总量的31%；县城628个，占39%；县以下地区484个，占30%。

**表3　2015年按区域全省文化市场经营单位主要指标**

| | | 机构数（个） | 从业人员数（人） | 营业总收入（万元） | 营业利润（万元） |
|---|---|---|---|---|---|
| 总量 | **总计** | **1597** | **16050** | **148.26** | **28.37** |
| | 城市 | 485 | 7378 | 76.91 | 6.93 |
| | 县城 | 628 | 6323 | 27.22 | 6.30 |
| | 县以下 | 484 | 2349 | 44.13 | 15.13 |
| 比重（%） | **总计** | **100.0** | **100.0** | **100.0** | **100.0** |
| | 城市 | 30.4 | 50.0 | 51.9 | 24.4 |
| | 县城 | 39.3 | 39.4 | 18.3 | 22.3 |
| | 县以下 | 30.3 | 14.6 | 29.8 | 53.3 |

年末全省共有娱乐场所592个，从业人员8082人，全年营业总收入41.80万元，营业利润6.04万元。

年末全国共有互联网上网服务营业场所899个，从业人员4260人，全年营业总收入23.62万元，营业利润7.05万元。

## 五、文化产业与文化科技

一年来，围绕文化产业发展，我们认真谋划，深入开展《优化产业结构、培育新的经济增长点》课题研究，着力加强文化产业示范园区、基地和文体产业重点项目建设，推进传统出版与新兴媒体、文化产业与旅游融合发展，推进海南文化产业博览会、海南书香节等重点文化产业展会转型升级。

年末全省共有12个文化产业示范园区（基地），其中，国家级5个，省级7个；相关从业人员5638人，比去年增长31人，大专以上学历人员2405人，占42.66%，实现营业收入18.49亿元，利润6.1亿元，增加值，3.58亿元。2015年共获国家级文化奖项10个，获著作权、发明专利65项。

## 六、文化遗产保护

文物保护不断加强，全省可移动文物信息采集工作基本完成，登记文物藏品总量10万余件；完成第三批108处省级文物保护单位的核定公布，实施文物保护工程10项；积极参与海上丝绸之路申报世界文化遗产工作，成功举办第二届海上丝绸之路文化遗产保护论坛。考古工作扎实推进，完成了陵水乔山遗址、三亚市江林遗址的阶段性发掘工作，我省东南沿海地区新石器时代遗址入选2015年中国六大考古新发现，西沙水下考古工作项目取得积极进展。国家南海博物馆项目已完成项目选址、规划许可、概念设计等相关工作，2015年11月28日举行了项目启动仪式。国家文物局水下文化遗产保护中心南海基地项目选址、地质初勘等各项前期工作基本完成。西沙水下考古工作站顺利竣工。省博物馆二期和省民族博物馆改扩建主体工程完成。海南省文化监管平台项目开工建设。

非遗保护工作稳步开展，完成第四批国家级非遗代表性项目保护单位认定工作，“黎族原始值陶技艺”、“花瑰艺术”两个非遗保护课题通过验收，举办第六届黎族织锦大赛等35场“文化遗产日”活动，营造了全民关注非物质文化遗产保护的社会氛围。

年末全国共有文物机构43个，比上年末增加4个。其中，文物保护管理机构10个，占23.26%，博物馆18个，占41.86%。年末全国文物机构从业人员579人，比上年末增加48人。其中高级职称14人，占2.42%，中级职称37人，占6.39%。

年末全省文物机构拥有文物藏品45155件，比上年末增加527件，增长1.18%。其中，博物馆文物藏品43375件，占文物藏品总量的96.06%。文物藏品中，一级文物117件，占0.26%；二级文物436件，占

图4 2010年-2015年海南省文物机构接待观众及未成年观众人次

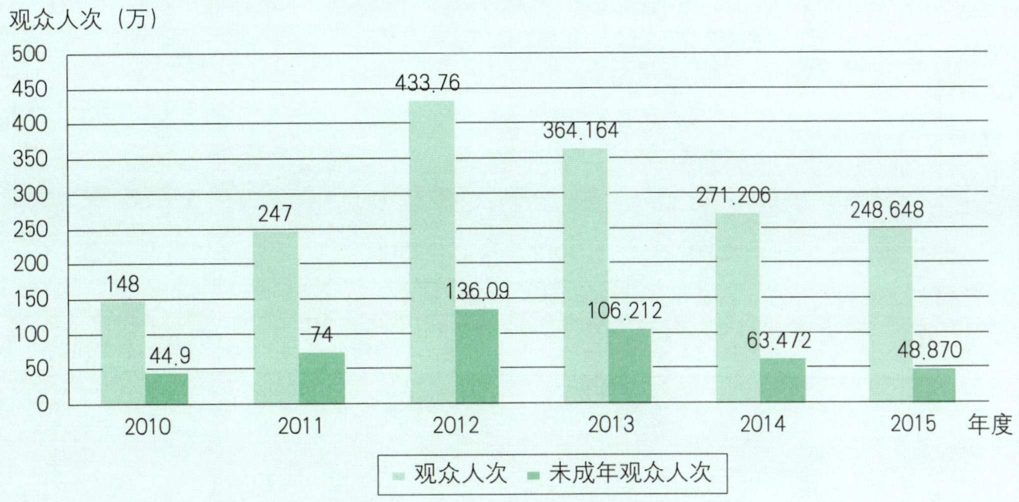

0.97%；三级文物1805件，占4.0%。

全年全文省物机构共安排基本陈列53个，举办临时展览57个，接待观众248.548万人次，比上年减少8.35%。其中未成年人48.87万人次，减少23%，占参观总人数的19.65%。博物馆接待观众136.888万人次，减少12.76%，占文物机构接待观众55.1%。

据初步统计，年末全省共有非物质文化遗产保护机构22个，从业人员147人。全年全省非物质文化遗产保护机构共举办展览161次，比上年增长23.85%，接待观众32.238万人次，比上年降低20.11%；举办演出241场，比上年降低2.03%，观众39.644万人次，比上年增长18.19%；举办民俗活动74次，观众28.978万人次，分别比上年增长10.45%和41.14%；举办培训班199次，比上年增长20.61%，培训人数1.786万人次，比上年增长2.64%。

## 七、对外和对港澳台文化交流

2015年，海南省服务国家“一带一路”战略，凭借相对优势的地理区位，对港澳台、东南亚文化交流深耕厚植，进一步增进了文化认同和交流借鉴。同时，白俄罗斯国家电视广播公司来琼拍摄“欢乐春节”主题纪录片及中国文化旅游系列节目，泰国文化部长威拉访琼交流，与韩国济州道的主题人文交流，以及我省文物部门赴英国、瑞典洽谈沉船保护与展示等活动，都极大地拓展了我省的对外文化交流空间。我省积极推动民间国际艺术交流，2015年，共18个演出团体机构参与对外文化交流活动，参与人员达208人，相关交流活动16场。其中，对国外的交流活动11场，对港澳台交流活动5场；累计47800人次参加。

## 八、文化资金投入

全年全省文化事业费81199.9万元，比上年增加3045.8万元，增长17.1%，增长速度比上年提高3.9个百分点；全省人均文化事业费89.15元，比上年增加2.65元，增长3.05%。

图5 2010年-2015年海南省财政资金补助情况

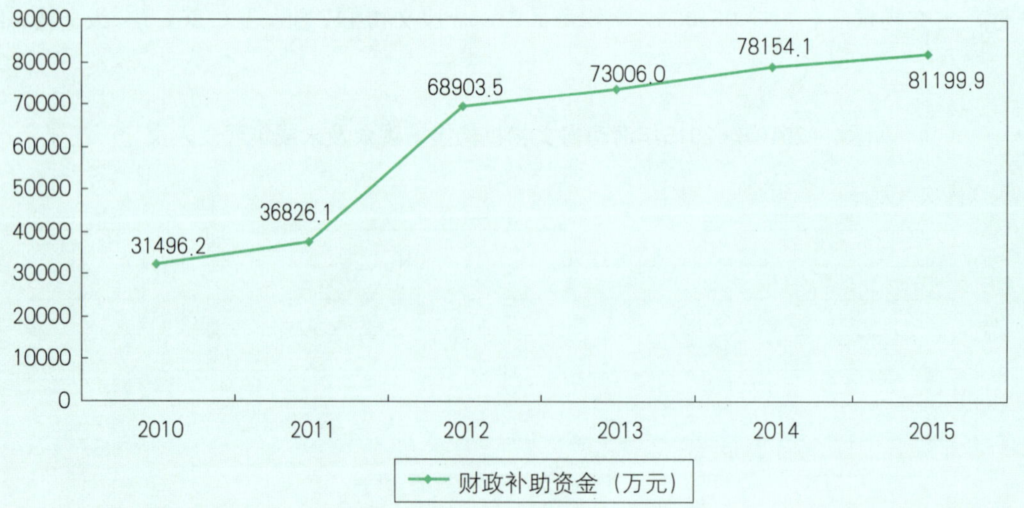

图6　2010年-2015年海南省文化事业费占财政总支出比重

## 九、差距和不足

从统计数据分析，2015 年，全省的文化事业和文化产业发展，继续呈现出平稳向上的态势，个别招标进步明显。但是和全国兄弟省市比较，有些方面还比较落后。

### （一）公共文化基础设施建设任重道远

全省群众文化机构建筑面积 10.73 万平方米，每万人拥有群众文化机构建筑面积 117.78 平方米，远远低于全国 279.95 平方米的平均值，在全国各省市中排名倒数第二。究其原因，一是市县级文化馆建设标准底。全省各级文化馆 20 个，只有 3 级以上文化馆 6 个，三亚市群众艺术馆在建还没有投入使用，三沙市、儋州市没有建地市级群众艺术馆，海口市三亚市六个区，只有一个区文化馆建有馆舍。有部分市县文化馆不是独立的建筑，是和图书馆、博物馆等设施建设在一起，面积远远不能达标。2015 年全省 21 个文化馆，平均每个馆只有 2000 余平方米，省级群众艺术馆也只有 3000 多平方米的建筑面积。二是城镇街道文化站建设严重滞后。海口和三亚市 23 个街道办事处，建有文化站的只有 9 个，建设面积达到 300 平方米以上的只有 3 个。全省没有一家美术馆，由于场地、规划等等原因，省美术馆建设项目，还没有实质性进展。

### （二）全省各级财政文化事业费投入有所减少

2015 年各级财政共投入文化事业费 5.75 亿元，比上年减少 0.31 亿元，同比下降 5.1%。全国平均水平是增长 17.1%，我省增速落后全国 23.2 个百分点。我省基层文化活动业务经费有待增加。文化站是基层群众文化机构主阵地，群众喜闻乐见的文化体育活动，应该由文化馆组织进行。文化站不仅需要硬件建设，业务人员的配备和业务经费的投入需要有保障。随着全省乡镇文化站基础设施建设的全面完成，在全省 203 个乡镇，基本实现了 300 以上平方米的建筑面积的综合文化站的全覆盖。但是，由于乡镇机构改革，文化站作为一个机构，大部分被撤并到社会服务中心，专职人员和专项经费保障成了问题，致使一部分文化站没有发挥作用，文化站房屋、人员、经费、设备仍然有被占用的现象。全省 203 个乡镇文化站，评定等级以上文化站只有 82 个，不到四分之一。2015 年全省 199 个乡镇文化站的文化业务经费拨款 1139 万元，平均每个文化站 5.72 万元，虽然比上年增加 1.3 万元，但基本靠国家和省级补助的免费开放经费维持，本级财政投入有限的状况没有改变。

### （三）文化产业"小、少、散、弱"的状况一直没能得到根本转变，成为制约我省文化产业发展的瓶颈

全省只有12个文化示范基地（园区），国家级只有5个，省级7个，全省列入统计动漫企业只有一个，文化示范园区（基地）实现增加值11.2亿元。文化产业文化市场发展还不太适应国际旅游岛建设的大环境。2015年，全省列入统计的文化市场经营单位1597家，营业收入14.83亿元，利润2.8亿元，实现增加值7.8亿元，占全省GDP比重只有0.02%。

（海南省文化广电新闻出版体育厅）

## 海南：成功举办第二届海南省艺术节

由海南省人民政府主办，海南省文化广电出版体育厅、海口市人民政府承办，各市县人民政府协办的第二届海南省艺术节于 2015 年 9 月 15 日在海口隆重开幕，9 月 28 日闭幕。本届艺术节专业活动组由开闭幕式、海南省“文华奖”评奖活动、省外友情演出、展览展示活动等活动板块组成。演出艺术门类较多，艺术水准较高。有国内知名的交响乐团，有大型舞剧、琼剧、人偶剧、音乐会等。共组织 19 台剧目演出 20 场，除文华奖参评剧目外，友情演出 3 场。3 个展览展示活动。

参评第二届海南省“文华奖”评奖活动“文华奖”的剧目共有 16 台，其中音舞类剧目有 6 台，戏曲类剧目有 10 台。

本届艺术节邀请了国内知名专家和我省有关专家组成评委组对参评的“文华奖”的剧目进行评审，经评奖委员会审核、第二届海南省艺术节组委会批准，大型原创民族歌剧《南海哩哩美》、原创舞剧《秋菊传奇》、新编大型古装琼剧《浴血英魂》、琼剧《汉武之恋》等 4 台剧目荣获“文华大奖”。舞蹈诗《守望》、琼剧《青梅与王子》、木偶剧《孝义谱》等 11 台剧目分别获得文华优秀剧目奖、文华演出奖。大型歌舞《三亚千古情》获得第二届海南省艺术节特别创作奖。大型原创民族歌剧《南海哩哩美》编剧渔夫、导演邢时苗，舞剧《秋菊传奇》编剧肖燕英，舞蹈诗《守望》导演蒙麓光，黎族歌舞诗《山魂》作曲莫柯，琼剧《青梅与王子》舞美设计柯行裕，琼剧《定安娘》莫广珍饰演者徐姝璟等 64 名演职人员分别获得文华剧作（编剧）奖、文华导演奖、文华音乐创作奖、文华舞台美术奖、文华优秀表演奖等文华单项奖。

本届海艺术节期间，先后组织举办了“追寻中国梦”第四届海南省根雕艺术作品展、和谐与灿烂”海南　新疆艺术写生美术作品展和第二届海南省艺术节　全省优秀美术作品展等三个展览展示活动，共收到参展作品 400 多件，展期共 52 天，参观人数多达 2 万人。其中：

本届艺术节邀请省外精品剧目和文华奖参评剧目分别在省歌舞剧院、海口市人大会堂、海南戏院、海南大学思源学堂演出，均实行惠民售票。中国歌剧舞剧院创排的《四大名著》音乐经典—万山红独唱音乐会、长影乐团创排的《花儿还是那样红》电影音乐交响音乐会和甘肃省歌舞剧院创排的中国经典舞剧《丝路花雨》等省外精品剧目的演出受到广大市民追捧，演出观众场场暴满，让海南人民不出岛也能欣赏到了省外的精品剧目，得到了广大市民观众的一致好评。

# 重庆市 2015 年文化发展情况分析

重庆是中国著名的历史文化名城，有文字记载的历史达 3000 多年，是巴渝文化的发祥地。2015 年，是全面深化改革的关键之年，是全面推进依法治国的开局之年，是“十二五”规划收官之年，是“十三五”规划谋划之年。全市文化系统认真贯彻落实习近平总书记系列重要讲话精神，按照市委市政府对文化工作的部署要求，以深化文化体制改革为动力，以完善文化强市体系为抓手，着力推动文化在新常态下创新发展，圆满完成了年初既定的各项目标任务。以下根据文化文物统计资料，从经费、机构、从业人员及业务活动开展情况等几个主要方面，对我市文化文物事业发展情况进行论述。

## 一、基本情况

截至 2015 年底，全市共有 8191 个文化文物机构（含文化市场），从业人员 62030 人。其中，行政事业机构 1294 个，从业人员 11032 人，全年行政事业机构实现总收入 34.27 亿元；企业机构 6897 个，从业人员 50998 人，营业收入 112.79 亿元。

全市现有群众艺术馆 1 个、文化馆 40 个，公共图书馆 43 个、文化站 1004 个（其中乡镇文化站 821 个），博物馆 78 个、区县文物保护管理所 29 个（根据 2013 年统计制度，凡同时挂博物馆、文管所两个牌子的区县，只统计一个博物馆机构，文管所作为挂牌机构）。全市公共图书馆现有总藏量 1303.8 万册，另有电子图书 1045.24 万册，全市文物总藏品 68.99 万余件（套），其中三级以上珍贵文物 33293 件（套）。共登记不可移动文物 25908 处，其中世界文化遗产 1 个（大足石刻），列入世界文化遗产预备名单 2 个（涪陵白鹤梁题刻、合川钓鱼城）；全国重点文物保护单位 55 处、省级文物保护单位 283 个、市区级文物保护单位 1727 个。

### （一）机构、从业人员略有增加

2015 年全市共有各类文化文物机构 8191 个，比 2014 年增加 978 个，增加 13.56%；从业人员 62030 人，比 2014 年增加 9870 人，增加 18.92%。分类型看，机构数增加的主要是文化市场经营机构。今年出台《重庆市推动上网服务行业转型升级实施方案》，制定完善加强执法监督促进游戏游艺行业健康发展专项政策，实施“先照后证”，放宽文化市场准入门槛，新设上网服务场所 741 家，增加投资 6 亿元以上、增加就业 6000 余人。

表 1　2014、2015 年重庆市文化文物机构及人员情况

| 单位 | 机构数（个） | | | 从业人员数（人） | | |
|---|---|---|---|---|---|---|
| | 2014 | 2015 | 同比增幅（%） | 2014 | 2015 | 同比增幅（%） |
| **总计** | **7213** | **8191** | **13.56** | **52160** | **62030** | **18.92** |
| 艺术业（文化部门） | 37 | 37 | - | 1449 | 1741 | 20.12 |
| 其中：艺术表演团体 | 22 | 22 | - | 1289 | 1465 | 2.46 |
| 艺术表演场馆 | 15 | 15 | - | 160 | 276 | 72.5 |
| 图书馆 | 43 | 43 | - | 869 | 874 | 0.58 |
| 群众文化服务 | 1040 | 1045 | 0.48 | 4741 | 5021 | 5.91 |
| 其中：文化站 | 999 | 1004 | 0.5 | 3828 | 4093 | 6.92 |
| 艺术教育业 | 1 | 1 | - | 305 | 426 | 39.67 |
| 文化市场经营机构（含非公有制艺术表演团体） | 5896 | 6864 | 16.42 | 40217 | 49197 | 22.33 |
| 文艺科研 | 1 | 1 | - | 37 | 37 | - |
| 文物业 | 109 | 113 | 3.67 | 2688 | 2632 | -2.08 |

### （二）文化（文物）事业投入增长明显，增幅较大

2015 文化（文物）部门财政投入 24.64 亿元，文化文物经费投入占财政支出的比重逐步提高。

表 2　2015 年文化文物经费投入占财政支出情况

| 年份 | 公共财政预算支出 | 文化事业费（亿元） | 占财政支出比重（%） | 文物业财政拨款（亿元） | 占财政支出比重（%） |
|---|---|---|---|---|---|
| 2011 年 | 2570.24 | 9.38 | 0.36 | 3.65 | 0.14 |
| 2012 年 | 3055.17 | 12.07 | 0.39 | 4.99 | 0.16 |
| 2013 年 | 3062.28 | 12.11 | 0.39 | 5.48 | 0.18 |
| 2014 年 | 3303.7 | 13.33 | 0.40 | 5.01 | 0.15 |
| 2015 年 | 3793.82 | 16.97 | 0.44 | 7.88 | 0.19 |

1. 文化经费增长迅速

全市文化部门 2015 总收入 26.56 亿元，其中文化事业费 16.97 亿元，分别比 2014 年的 20.86 亿元和 13.33 亿元增长了 27.33% 和 27.31%。

图1　2011-2015文化部门经费情况

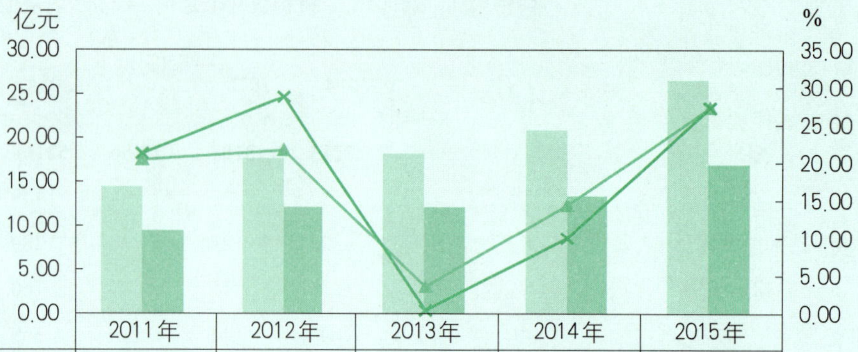


| | 2011年 | 2012年 | 2013年 | 2014年 | 2015年 |
|---|---|---|---|---|---|
| 总收入 | 14.50 | 17.63 | 18.25 | 20.86 | 26.56 |
| 文化事业费 | 9.38 | 12.07 | 12.11 | 13.33 | 16.97 |
| 总收入增幅 | 20.35 | 21.59 | 3.49 | 14.30 | 27.33 |
| 文化事业费增幅 | 21.27 | 28.68 | 0.33 | 10.07 | 27.31 |

从 2011 年到 2015 年的五年时间里，我市的文化事业费的平均增长 12.86%。

2. 文物经费逐年增长

2015 年全市文物业总收入 9.84 亿元，其中财政拨款 7.88 亿元，分别比 2014 年的 6.24 亿元和 5.01 亿元增长了 57.69% 和 57.29%。

图2　2011-2015年文物业收入情况

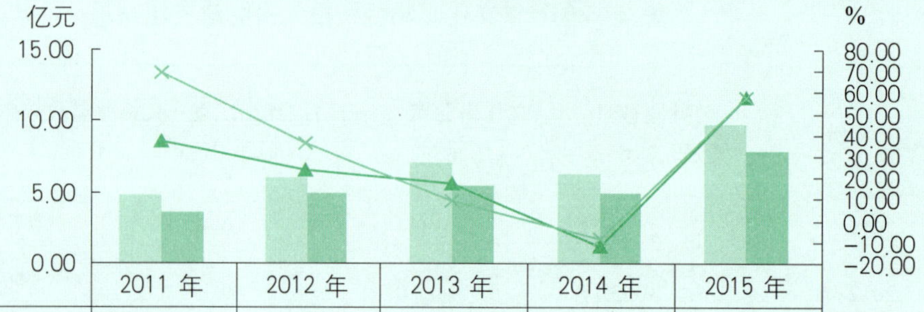


| | 2011 年 | 2012 年 | 2013 年 | 2014 年 | 2015 年 |
|---|---|---|---|---|---|
| 总收入 | 4.86 | 6.03 | 7.1 | 6.24 | 9.84 |
| 财政拨款 | 3.65 | 4.99 | 5.48 | 5.01 | 7.88 |
| 总收入增幅 | 36.76 | 24.11 | 17.80 | -12.11 | 57.69 |
| 财政拨款增幅 | 69.61 | 36.57 | 9.82 | -8.58 | 57.29 |

总收入　财政拨款　总收入增幅　财政拨款增幅

（四）公共文化服务不断提升

1. 公共图书馆服务能力进一步提高。全市公共图书馆现有总藏量 1303.8 万册，另有电子图书 1045.24 万册，分别比 2014 年增长 4.95% 和 12.12%；全年总流通人次 1234.77 万人次，比 2014 年增长 1.12%。2015 年，全市公共图书馆为读者组织各类讲座 1396 次，25.65 万人次参加；举办展览 578 个，157.93 万人次参观；举办培训班 2093 个，11.5 万人次参加。完善主城区公共图书馆“一卡通”服务，向有条件的乡镇（街道）

综合文化站延伸。展览讲座联盟覆盖22个区县，在14个区县开展全民艺术普及试点，今年的展览讲座举办次数及参加人次都有明显增长。

2. 群众文化生活不断丰富

2015年，全市1045个群众文化机构，共举办展览4708个，组织文艺活动25658次，组织公益性讲座620次，举办各类训练班14827班次，培训131.04万人次。

表3 2015年群众文化业情况主要指标

| | 举办展览个数（个） | 组织文艺活动次数（次） | 举办训练班班次（次） | 培训人次（万次） | 组织各公益性讲座次数（次） |
|---|---|---|---|---|---|
| **总计** | **4708** | **25658** | **14827** | **131.04** | **620** |
| 群众艺术馆 | 16 | 63 | 264 | 1.32 | 6 |
| 文化馆 | 491 | 3799 | 3414 | 34.37 | 614 |
| 文化站 | 4201 | 21796 | 11149 | 95.34 | 0 |
| 其中：乡镇文化站 | 3277 | 15088 | 6843 | 66.17 | 0 |

### （五）文艺创作生产呈现整体提升的良好业态，创作工作稳步推进

新创排话剧《朝天门》、舞剧《杜甫》、歌剧《妙善公主》、京剧《大梦长歌》等一批舞台剧目，9个项目获国家艺术基金资助。儿童剧《灰姑娘与水晶鞋》入选文化部“第八届全国儿童剧优秀剧目展演”参演剧目，话剧《朝天门》、京剧《沙家浜》入选文化部纪念中国人民抗日战争暨世界反法西斯战争胜利70周年优秀剧目巡演活动参演剧目。市川剧院吴熙夺得第27届中国戏剧梅花奖，市京剧团程联群夺得第25届“白玉兰戏剧表演艺术奖主角奖”。

### （六）文博事业蓬勃发展

截止2015年全市文物藏品68.99万余件。2015年基本陈列263个，举办临时展览218个，接纳观众2408.34万人次，其中免费开放接待观众1944.59万人次。免费开放观众人次占80.74%。非免费开放文物点门票销售收入1.26亿元，其中世界文化遗产大足石刻门票销售收入0.73亿元，占57.94%。

表4 2015年重庆市文物业基本情况

| | 机构数（个） | 从业人员（人） | 文物藏品（件/套） | 基本陈列（个） | 临时展览（个） | 参观人次（万人次） | 本年收入合计（万元） | 财政拨款（万元） |
|---|---|---|---|---|---|---|---|---|
| **总计** | **113** | **2632** | **689914** | **263** | **218** | **240834** | **98414** | **80157** |
| **按单位类型分** | — | — | — | — | — | — | — | — |
| 文物科研机构 | 1 | 152 | | | | | 5404 | 5144 |
| 文物保护管理机构 | 29 | 266 | 45085 | 16 | 16 | 109.56 | 11037 | 10581 |
| 博物馆 | 78 | 2157 | 607418 | 247 | 202 | 2298.77 | 70240 | 53260 |
| 文物商店 | 2 | 20 | 37411 | | | | 431 | 14 |
| 其他文物机构 | 3 | 37 | | | | | 11303 | 11157 |

文物保护重点工作扎实推进。申报全国重点文物保护专项资金 2.65 亿元、获批 1.4 亿元；获批国保项目 40 个，审批通过市级项目 19 个；实施市级以上重点文物保护工程 50 个（其中：国保项目 12 个、市保项目 38 个），竣工项目 24 个，在建项目 26 个。国家首个文物保护装备产业基地落户重庆。完成大足石刻千手观音修复、白鹤梁题刻参观廊道观察窗更换工程，启动实施南宋老鼓楼衙署遗址本体防风化加固处理等保护工程。推进实施 20 个抗战遗址保护修缮工程。完成三峡文物保护工程终验工作，组织实施三峡后续文物保护工程项目 34 个。做好湖广会馆、大足石刻宝顶山摩崖造像安全防范等安全防护工程。第一次全国可移动文物普查扎实开展，39 个区县 159 个国有文物收藏单位完成文物信息采集和登录工作。对全市古建筑类市级以上文物保护单位全面排查，对重大险情采取措施坚决消除隐患。成功举办了第六届文化遗产宣传月活动，顺利开展了国际博物馆日活动、中国文化遗产日主场城市活动等文化遗产宣传活动。三峡博物馆《抗战岁月》基本陈列获全国十大陈列展览精品奖。

非物质文化遗产传承发展推进有力。渝东南文化生态保护实验区正式启动建设。专题栏目《巴渝寻宝》摄制播出 44 部国家级非遗项目专题片，完成 52 部市级项目专题片摄制，《巴渝国宝》光碟、文集即将出版。完成第四批国家级非遗代表性项目保护单位认定，南岸区文化馆、石柱县文化馆等 5 家单位入选，我市国家级非遗项目保护单位增至 44 家，新增市级项目 123 项。完成首批非遗传承人群培训。第五批国家级非遗代表性传承人申报工作启动实施。举办首届民间文化艺术之星选拔赛，命名民间艺术之星、艺术之秀各 12 名。

### （七）文化产业保持良好发展态势

抓好文化产业重大项目落地。北部新区华侨城、九龙坡皇庭珠宝城、万盛动漫产业园等大型项目快速推进。涪陵印包产业园区建成投用，年产值 20 亿元以上。重庆广告产业园等 5 个园区被评为“重庆市文化产业示范园区”，重庆斯威特钢琴有限公司等 25 家企业被评为“重庆市文化产业示范基地”。大力推动红岩联线 5A 级景区、川剧艺术中心 3A 级景区建设。5 个项目进入国家特色文化产业重点项目库，12 个项目获中央文化产业发展专项资金扶持，2 个项目进入国家动漫企业项目资源库。

加强文化市场主体培育。市财政投入 3.5 亿元，吸引社会资本 14.5 亿元，设立了两支基金规模分别为 3 亿元和 15 亿元的文化产业股权投资引导基金。建设文旅融合发展重点项目库，共征集项目 83 个。实施成长型文化企业培育计划，首批 350 家快速成长小微文化企业、53 家民营文化小巨人、19 家龙头文化企业进入培育名单。推动猪八戒网、天极网、大渝网、维普资讯等做大做强，年销售收入均实现过亿目标。积极组织企业参加第四届重庆文化产业博览会、第二十五届全国图书博览交易会、第十一届深博会、第十届京博会。预计 2015 年全市文化产业实现增加值 536 亿元，同比增长 13%，占 GDP 比重升至 3.4% 左右。全年新注册主营文化的企业 1.85 万户，注册资本金总额增加 535 亿元，年末总量分别达 7.67 万户和 2020 亿元。

1. 演出市场逐步规范，发展有序

非国有艺术表演团体 708 个，比 2013 年的 490 个增长 44.49%，国内演出 9.24 万场，国内演出观众人次 1976.16 万人次，其中农村演出 7.8 万场，观众 1450.33 万人次。在很大程度上的缓解了国有艺术表演团体因机构少，人手不够而造成的覆盖面不广的影响，有效的满足了广大农民群众看演出的需求。

2. 娱乐业在困境中良性调整，逐渐朝着规模化、品牌化发展

**表 5　2014、2015 年娱乐场所对比情况**

| 指　标 | 2014 年 | 2015 年 | 变化幅度（%） |
|---|---|---|---|
| 机构数（个） | 2651 | 2434 | -8.19 |
| 从业人数（人） | 22964 | 20930 | -8.86 |
| 资产总计（亿元） | 23.57 | 34.59 | 46.75 |
| 营业收入（亿元） | 19.53 | 20.3 | 3.94 |

娱乐业机构人员数略有下降，资产和营业收入增加。娱乐业逐步朝着规范和提档升级的方向健康发展，小、散、差的经营场所被逐渐淘汰出市场，各级文化主管部门严把审批关、加强过程监管，联合市文化行政执法总队开展系列专项整治行动，积极引导支持文化市场主体开展健康有益的经营活动，许多业主转变了经营理念，不仅没有减少资金投入，反而加大了投入力度，重新装修店面，增加包房包间数量，一批规模大、经营能力强、有市场竞争力的文化单位得到了更好的发展，布局得到进一步优化，从而极大的改善了重庆娱乐行业形象，提升娱乐产业层次，场所规模有所扩大，品质有所提升，经营管理水平也得到了极大提高，初步形成了“阳光管理、阳光经营、阳光消费、阳光服务”的市场新氛围。

3. 网吧业开始在多元经营中寻求生机

2015 年，出台《重庆市推动上网服务行业转型升级实施方案》，制定完善加强执法监督促进游戏游艺行业健康发展专项政策，实施“先照后证”，放宽文化市场准入门槛，新设上网服务场所 741 家，增加投资 6 亿元以上、增加就业 6000 人。

**表 6　2014、2015 年互联网上网服务营业场所（网吧）对比情况**

| 指　标 | 2014 年 | 2015 年 | 变化幅度（%） |
| --- | --- | --- | --- |
| 机构数（个） | 2755 | 3599 | 30.64 |
| 从业人数（人） | 11850 | 16323 | 37.75 |
| 资产总计（亿元） | 14.76 | 23.98 | 62.47 |
| 营业收入（亿元） | 11.79 | 17.32 | 46.9 |

### （八）文化交流传播影响不断扩大

服务大局工作有亮点。配合国家外交大局和重庆市对外开放战略，努力开拓对外对港澳台文化交流渠道，对外开放水平取得了新的进展。全年共出访 41 批 495 人次，来访 208 批 2247 人次。2015 年 9 月，重庆文化艺术代表团在习近平主席访问西雅图期间，作为文化部安排的唯一一家国内演出团队赴美国西雅图和旧金山访问演出，有力地配合了习近平主席访美，进一步密切了与友城的关系，推动了中国文化走出去，受到了国家文化部和我国驻外使领馆的高度评价，社会各界对此次访演反响热烈。

文化交流合作有拓展。组织了 10 个文化代表团 114 人分赴四大洲的 8 个国家和地区参加“欢乐春节”、“五洲同春”等海外春节庆祝活动，开展各类活动 20 多场。承办巴黎中国文化中心年度合作项目，完成出访项目 5 个，来访项目 2 个。完成赴南太平洋地区、俄罗斯、中东欧、美国等访演、展览任务。川剧赴荷兰参加国际艺术节演出，受到荷兰前女王等热烈欢迎。支持主办二战美国电影展映周。推进重庆中国三峡博物馆海峡两岸文化交流基地建设，举办“魅力重庆、壮丽三峡”、台湾原生态音乐访演等一系列文化交流活动，密切渝台关系。支持重庆演艺集团西班牙公司完成重庆芭蕾舞团在西班牙、法国的商业演出。鼓励支持我市文化企业利用法兰克福书展、明斯克国际书展等平台，更好地进入国际市场，拓展业务范围，推广重庆品牌，传播中国文化。赴俄罗斯、白俄罗斯等国洽谈了文化交流合作项目，开辟了与“一带一路”北线国家交流合作的新领域，组团参加了香港电影节，鼓励本地影视企业与印度、韩国等开展影视项目合作，制定对外文化交流年影视框架方案，启动影视合拍和节目交流等活动。深入开展文化贸易活动，带动了区县对外文化贸易加快发展。

## 二、主要问题

### （一）财政投入增幅有所提高但总量不足

虽然文化（文物）的总收入和财政投入在逐年有所提高，但基数太低、总量不足，重庆文化文物经费投入低排在全国各省市中间偏后，在四个直辖市中最低，在西部也仅处于中游水平。

**表 7　2015 年直辖市及西部文化文物财政拨款情况**

| | 文化事业费（万元） | 位次 | 人均文化事业费（元） | 位次 | 文物事业费（万元） | 位次 | 人均文物事业费（元） | 位次 |
|---|---|---|---|---|---|---|---|---|
| **重　庆** | **169727** | **3** | **56.27** | **4** | **78786** | **3** | **26.11** | **3** |
| 北　京 | 275832 | 2 | 127.08 | 2 | 288778 | 1 | 133.02 | 1 |
| 天　津 | 153744 | 4 | 99.39 | 3 | 26732 | 4 | 17.28 | 4 |
| 上　海 | 365523 | 1 | 151.34 | 1 | 116790 | 2 | 48.36 | 2 |
| **重　庆** | **169727** | **6** | **56.27** | **6** | **78786** | **4** | **26.11** | **6** |
| 四川省 | 395788 | 1 | 48.24 | 8 | 148604 | 2 | 18.11 | 8 |
| 贵州省 | 119936 | 8 | 33.98 | 12 | 34705 | 10 | 9.83 | 10 |
| 云南省 | 191211 | 4 | 40.32 | 10 | 41130 | 8 | 8.67 | 12 |
| 西　藏 | 57816 | 12 | 178.46 | 1 | 38082 | 9 | 117.54 | 1 |
| 陕西省 | 205168 | 3 | 54.09 | 7 | 227087 | 1 | 59.87 | 2 |
| 甘肃省 | 113802 | 9 | 43.78 | 9 | 106205 | 3 | 40.85 | 3 |
| 青海省 | 65393 | 10 | 111.13 | 2 | 17520 | 12 | 29.80 | 5 |
| 宁　夏 | 58611 | 11 | 87.76 | 4 | 23616 | 11 | 35.35 | 4 |
| 新　疆 | 160088 | 7 | 67.84 | 5 | 42770 | 7 | 18.12 | 8 |
| 内蒙古 | 228905 | 2 | 91.16 | 3 | 54783 | 5 | 21.82 | 7 |
| 广西省 | 172230 | 5 | 35.91 | 11 | 44645 | 6 | 9.31 | 11 |

### （二）专业技术人才匮乏，急需引进和培养高素质人才

目前，在我市 62030 名从业人员中，具有中高级专业技术职称的仅有 1822 人，所占比重仅占总人数的 2.94%。

专业技术人才匮乏，制约着我市文化文物事业的进一步发展。专业技术人才多为系统内人员，而在 6149 个文化市场经营机构，40746 个从业人员中，没有拥有中、高级职称的人员。文化市场经营队伍整体素质不高。国家相关法律法规在文化市场经营业主准入时没有对文化程度及业务素质提出要求，没有设明确的标准条件，导致我们在业主审核上无从把关，致使一些文化水平较低、业务素质较差的人员也开始从事文化市场经营活动，给文化市场发展带来消极影响。再者业主自身素质参差不齐，有的政治觉悟较差，利欲熏心，唯利是图，有的打政策查边球，甚至有的时不时从事一些违法乱纪经营活动，给社会造成不良影响，也严重败坏了行业形象。

表 8　2015 年从业人员表

| | 总计 | | | | |
| --- | --- | --- | --- | --- | --- |
| | 从业人员数（人） | | | | |
| | | 专业技术人才 | | | |
| | | | 正高级职称 | 副高级职称 | 中级职称 |
| **总　计** | **62030** | **7132** | **132** | **509** | **1181** |
| 一、文化合计 | 59398 | 6174 | 94 | 393 | 875 |
| 艺术表演团体 | 9785 | 3389 | 42 | 165 | 312 |
| 其中：公有制艺术表演团体 | 1465 | 959 | 42 | 165 | 312 |
| 艺术表演场馆 | 407 | 219 | 7 | 30 | 35 |
| 其中：公有制艺术表演场馆 | 276 | 175 | 7 | 30 | 35 |
| 公共图书馆 | 874 | 584 | 19 | 75 | 218 |
| 文化馆 | 928 | 593 | 18 | 80 | 202 |
| 文化站 | 4093 | 845 | 0 | 0 | 0 |
| 其中：乡镇综合文化站 | 3187 | 696 | 0 | 0 | 0 |
| 艺术展览创作机构 | 84 | 64 | 5 | 14 | 23 |
| 其中：美术馆 | 73 | 56 | 4 | 11 | 20 |
| 艺术教育业 | 426 | 369 | 1 | 24 | 56 |
| 文化科研机构 | 37 | 28 | 1 | 3 | 14 |
| 文化市场经营机构（不包括非公有制院团和场馆） | 40746 | | | | |
| 文化行政主管部门 | 1065 | | | | |
| 其他文化机构 | 953 | 83 | 1 | 2 | 15 |
| 其中：文化市场执法机构 | 94 | | | | |
| 二、文物合计 | 2632 | 958 | 38 | 116 | 306 |
| 博物馆 | 2157 | 802 | 32 | 97 | 248 |
| 文物保护管理机构 | 266 | 108 | 0 | 10 | 39 |
| 文物科研机构 | 152 | 40 | 6 | 7 | 15 |
| 文物商店 | 20 | 2 | 0 | 0 | 0 |
| 其他文物机构 | 37 | 6 | 0 | 2 | 4 |

## 三、下一步工作的建议

### （一）加大资金投入，建立和完善政策保障机制

积极争取国家资金对我市文化文物投入，确保财政对文化文物建设投入的增长高于市级财政经常性收入增长幅度，提高文化文物支出占财政支出比例。同时，要积极引导社会力量参与对文化事业建设和活动，多渠道拓宽文化资金来源。

### （二）优化人才结构，加强人才队伍建设

队伍是基础，人才是关键。要注重中坚力量建设，努力造就一批高层次领军人物和高素质文化文物人才队伍；要大力加强基层文化队伍建设，夯实文化文物事业发展的基础；要建立人才培养、选拔任用等保障机制，努力开创和营造人才辈出、人尽其用的良好氛围和制度环境。

### （三）继续确立对文化市场发展管理并重的工作方针，确保文化市场健康有序发展

对文化市场要认真规划，科学引导，强化教育，加强管理，不断提升我市文化市场总体经营管理水平。要把握文化市场发展新趋势，引导各类市场主体以娱乐市场主体创规模、创品牌，使文化市场各个门类无论是规模、档次，还是效益、服务，都有一个量的增长和品位的提升。

（重庆市文化委员会）

## 重庆：用新的发展理念开创文化建设新局面

2015年全市文化系统抢抓机遇，锐意进取，推动文化建设提档升位，实现了新突破，取得了新成就。

——文化体制改革走在全国前列。紧紧抓住重庆作为全国文化体制改革综合试点地区重要契机，推动出台系列改革方案和配套政策，完成重点改革37项。率先探索文化大部门制，实现文化部门从管系统向管行业、管社会的初步转变。完成164家国有经营性文化事业单位转企改制，推行国有文化企业领导干部聘任制。深化国有文化资产监管与运营分离，成立市文资办和文化产业投资集团；组建重庆图书馆理事会。制定行政权力清单，大幅精简审批事项，推行文化市场“先照后证”，建立文化产权交易中心，全面放开网吧市场。完成了全市564个文化站“入站”试点工作。面向社会购买公共演出服务，建立了全市统一的公共文化物联网服务平台。我市被评为全国文化体制改革先进单位。

——城乡文化设施建设提档加速。以大项目带动大投入推动大建设，建成国泰艺术中心、群艺馆、自然博物馆新馆、大足石刻艺术博物馆、文化艺术职业技术学院一期5个市级文化设施，总投资11.16亿元，总建筑面积10.66万平方米。

——公共文化服务体系日趋完善。始终坚持把保障群众基本文化权益作为工作的落脚点，促进文化惠民，实现信息共享工程、公益电影放映、文艺演出全覆盖。文化信息资源共享工程建成1个市级分中心、42个区县支中心和827个乡镇、8318个村级基层服务点。试点建设数字文化馆7个、数字图书馆43个，图书馆总分馆制和“一卡通”向远郊区县延伸，文、博、图、美“四馆”免费开放。创新实施“渝州大舞台”等活动品牌，文化下基层年均送戏1000场以上，丰富了群众的文化生活。

——文艺创作生产实现数质并举。始终坚持以人民为中心的创作导向，呈现主体不断壮大、两个效益俱佳的良好态势。歌剧《钓鱼城》、话剧《幸存者》等11部作品获中宣部“五个一工程”奖，京剧《金锁记》等3部获中国戏剧节奖，杂技剧《花木兰》等3部获国家舞台艺术精品资助，川剧《白露为霜》等4部获国家艺术基金扶持。

# 四川省 2015 年文化发展情况分析

2015 年是“十二五”收官之年，四川省文化系统广大干部按照国家“十二五”文化发展纲要的总体部署，以高度的文化自觉，践行“三严三实”，围绕中心、服务大局，不断深化文化体制改革，加快构建公共文化服务体系，实施重大文化产业带动战略，不断增强文化遗产保护力度，不断扩大对外文化交流，全省文化建设呈现出提质增效、跨越发展的良好局面。

## 一、2015 年四川省文化文物发展情况

### （一）全省文化文物机构人员有所增长

2015 年末，由文化部门主管和由文化部门审批管理全省文化产业机构总计 22008 个，从业人员 122146 人。其中：文化部门单位机构数 5972 个，从业人员 34500 人；文化市场经营单位 15,448 个，从业人员 76,089 人。与 2011 年相比，全省文化产业机构数增加 109 个，增长了 0.5%；从业人员增加 4269 人，增长了 3.62%。“十二五”期间，我省文化产业机构数和从业人员都有所增加。

**表 1　2011 年 –2015 年四川公共文化机构变动情况**

单位：个

| | 公共图书馆 | 文化馆 | 文化站 | 美术馆 | 博物馆 |
|---|---|---|---|---|---|
| 2011 年 | 169 | 205 | 4593 | 14 | 144 |
| 2012 年 | 188 | 205 | 4595 | 22 | 152 |
| 2013 年 | 197 | 207 | 4595 | 26 | 188 |
| 2014 年 | 198 | 207 | 4601 | 34 | 206 |
| 2015 年 | 203 | 207 | 4578 | 36 | 225 |

### （二）全省文化文物事业投入逐年增长

**表 2　2011 年 –2015 年四川省文化文物投入情况**

| 年份 | 文化部门 | | | 文物部门 | |
|---|---|---|---|---|---|
| | 总收入（亿元） | 文化事业费（亿元） | 人均文化事业费（元） | 总收入（亿元） | 文物事业经费（元） |
| 2011 年 | 31.86 | 20.58 | 25.56 | 11.75 | 7.75 |
| 2012 年 | 44.03 | 27.49 | 34.04 | 14.05 | 9.11 |
| 2013 年 | 53.33 | 30.46 | 37.58 | 15.59 | 11.89 |
| 2014 年 | 55.95 | 34.91 | 42.89 | 15.67 | 12.19 |
| 2015 年 | 69.29 | 39.58 | 48.24 | 17.57 | 12.68 |

2015年，全省文化部门总收入69.29亿元，比2011年相比增长117.48%，其中文化事业费（不含基建拨款）39.58亿元，与2011年相比增长92.32%，人均文化事业费48.24元，排名全国第18位，比2011年相比增长88.73%，排名上升2位。文物部门总收入17.58亿元，其中文物事业费12.68亿元，与2011年相比增长63.61%。

“十二五”时期，全省文化文物事业的总投入逐步增加，文化文物事业费总量及人均文化事业费也逐年增加，呈上升趋势，并呈现出与财政支出同步增长的态势。主要原因是中央和省级加大了对基层公共文化体系的投入，尤其是2012-2015年省级财政继续对基本公共文化服务体系投资10亿元，全省基层文化设施建设尤其是乡镇村体系建设取得显著成效。

### （三）公共文化基础设施建设稳步推进

“十二五”期间，我省大力实施“全国地市级公共文化设施建设规划”、“文化和自然遗产保护设施建设规划”、“藏区经济社会发展规划”、“省级公共文化服务体系建设”等重点文化惠民工程，以农村和基层为重点，公共文化基础设施和公共文化服务能力两加强，公共文化服务体系建设呈现崭新局面。省图书馆新馆、川剧大剧院、省非遗保护中心、广元艺术中心、攀枝花市博物馆等一批等省、市（州）级重点文化工程项目相继建成并投入使用，四川省群众文化活动中心、文化演艺中心、四川大剧院、自贡市文化馆、内江市文化馆、达州市文化馆等一批重点省、市（州）级文化工程项目有序推进。民族地区实施了“藏区经济社会发展规划”、“大小凉山集中连片特困地区扶贫攻坚总体方案”、富民安康工程“牧民定居”行动计划等，推动了藏区和彝区文化基础设施建设，藏区17个文化馆、图书馆建设项目已竣工并投入使用。乌蒙山片区和秦巴山区的152个县级“两馆”建设积极推进，省级公共文化服务体系建设中乡镇村体系建设任务基本完成；芦山地震灾后文化恢复重建107个公共文化设施建设项目完工，完工率99.1%。据统计，“十二五”期间，四川省文化（文物）基本建设项目总数为2906个，完成投资32.74亿元，竣工项目73个，竣工项目面积662.41万平方米，其中新改扩建文化馆、图书馆建设项目370个；乡镇综合文化站建设项目1763个，文物保护管理所建设项目150个，博物馆建设项目218个。

### （四）公共文化服务效能不断提升

不断探索公共文化服务的四川路径，公共文化服务标准化、规范化、均等化建设持续推进，实施文化传承五大行动，面向基层的文化服务更加务实，服务水平显著提高，群众参与度不断提升。

1. 公共图书馆服务能力加强，综合服务水平大幅提升。2015年末，全省公共图书馆机构数203个，比2011年增加了34个，增长率为20.12%，从业人员2,261人，比2011年增加277人。全省公共图书馆实际使用房屋面积56.23万平方米，比2011年增加17.48万平方米，增长45.11%。总藏量3,328万册，比2011年增加203万册，增长6.47%；人均拥有图书馆图书藏量0.41册，比2011年增加0.02册；电子阅览室终端数6936台，比2011年增加2604台，增长60.11%；阅览室面积17.55万平方米，比2011年增加6.81万平方米，增长63.41%；阅览室坐席数45739个，比2011年增加9599个，增长29.92%；少儿阅览室坐席数10367个，比2011年增加2628个，增长33.96%。

全省公共图书馆总流通人次达2010.08万人，比2011年增加576.81万人，增长40.24%；书刊文献外借册次1,617.07万册，比2011年增加575.28万册，增长55.22%；外借人次890.35万人，比上年增加271.13万人，增长43.79%。为读者举办各种活动5530次（个），比2011年增加2557次（个），增长率86%；积极开展延伸服务，流动服务书刊借阅人次139.33万人，比2011年增加71.345万人，增长率104.94%，流动图书馆车书刊借阅册次达233.83万册，比2011年增加163.24万册，增长率231.24%。

“十二五”期间，全省公共图书馆机构数和从业人员逐年增加，实际使用房屋面积、阅览室坐席数和电子阅览室终端数等设施设备条件不断改善，图书文献等资源日益丰富，各级公共图书馆的保障服务能力

图1　2011-2015年公共图书馆主要服务情况

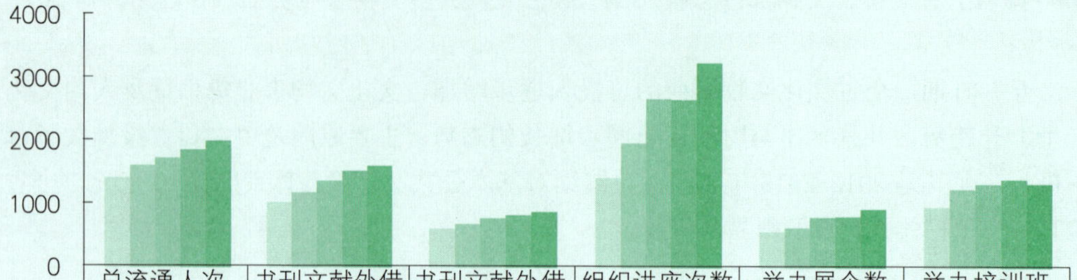


| | 总流通人次（万人） | 书刊文献外借册次（万册） | 书刊文献外借人次（万人） | 组织讲座次数（次） | 举办展个数（个） | 举办培训班班次（个） |
|---|---|---|---|---|---|---|
| 2011年 | 1433 | 1042 | 619 | 1435 | 571 | 967 |
| 2012年 | 1628 | 1194 | 694 | 1985 | 636 | 1254 |
| 2013年 | 1738 | 1374 | 789 | 2680 | 806 | 1333 |
| 2014年 | 1867 | 1535 | 836 | 2670 | 816 | 1405 |
| 2015年 | 2010 | 1617 | 890 | 3258 | 937 | 1335 |

不断提升；全省公共图书馆不断创新服务手段，延伸服务范围，总流通人次和为读者举办各种活动呈逐年增长趋势，社会服务效益逐渐增强。

2. 群众文化活动蓬勃开展。2015 年末，全省群众文化机构 4785 个，比 2011 年减少 13 个，其中乡镇综合文化站 4318 个，比 2011 年减少 43 个，主要原因是城镇一体化建设和拆乡并镇导致行政区划调整。群众文化从业人员 10650 人，比 2011 年增加 2177 人，其中具有高级职称的 150 人，占 1.41%，中级职称的 740 人，占 6.95%。

2015 年末，全省群众文化机构实际使用房屋面积 215.46 万平方米，比 2011 年增加了 26.62 万平方米，增长 14.1%；每万人拥有群众文化设施建筑面积 262.63 平方米，比 2011 年增加了 28.51 平方米，增长 12.18%；对公众开放的阅览室 4.7 万平方米，比 2011 年增加 0.07 万平方米，增长 1.6%，全省群众文化设施状况得到较大改善。资产总额 33.02 亿元，比 2011 年增加 9.98 亿元，增长 43.3%；藏书 1561.87 万册，比 2011 年增加 521.89 万册，增长 50.18%；计算机 3.85 万台，比 2011 年增加 2.39 万台，增长 164.29%，群众文化服务资源更加丰富。

2015 年末，全省群众文化机构提供文化服务 111652 次，比 2011 年增加 40,754 次，增长率 57.48%，文化服务惠及 3831.33 万人，比 2011 年增加 1084.61 万人，增长率 39.49%。文化馆（站）组织品牌节庆活动 378 个，比 2011 年增加 258 个，增长率 215%。积极开展延伸服务，利用流动舞台车演出 2287 场，比

**表 3　2011 年 –2015 年四川省文化馆（站）提供文化服务情况**

单位：次、个、万人次

| 年份 | 组织讲座次数 | | 举办展个数 | | 举办培训班班次 | | 组织文艺活动 | |
|---|---|---|---|---|---|---|---|---|
| | 次数 | 参加人次 | 个数 | 参观人次 | 班次 | 培训人次 | 次数 | 参加人次 |
| 2011 年 | 1261 | 23 | 7976 | 620 | 22212 | 165 | 39449 | 1939 |
| 2012 年 | 1393 | 25 | 8561 | 690 | 26129 | 211 | 52552 | 2964 |
| 2013 年 | 1327 | 25 | 9208 | 649 | 25350 | 190 | 56310 | 2646 |
| 2014 年 | 1373 | 26 | 10356 | 741 | 27787 | 174 | 58761 | 2426 |
| 2015 年 | 1475 | 31 | 11226 | 765 | 32833 | 224 | 66118 | 2811 |

2011 年增加 1379 场，增长 151.87%；观众人次达 176.83 万人，比 2011 年增加 52.89 万人，增长 42.67%。随着服务条件的改善，文化馆（站）群众文化活动形式、内容日益丰富，通过幸福美丽新村文化院坝、农民工文化驿站、留守儿童文化之家、汉藏文化交流等一系列公共文化民生活动，使基层群众共享多样化的公共文化服务，社会效益更加显著。

### （五）艺术创作生产日益繁荣

我省艺术创作生产紧扣“中国梦”主体，围绕抗战 70 周年，加强文艺创作引导，搭建艺术展演平台，四川特色艺术创作生产更加繁荣。

1. 艺术创作生产机构和人员总体情况。2015 年末，全省有艺术表演团体 543 个，比 2011 年增加 173 个，增长 46.76%；从业人员 11,588 人，比 2011 年增加 1,194 人，增长 1.15%；其中各级文化部门所属的艺术表演团体 52 个，占艺术表演团体总数 9.58%。各级文化部门所属艺术表演场馆 44 个，比 2011 年减少 1 个，从业人员 595 人，比 2011 年增加 80 人；观众坐席数 27,271 个，比 2011 年减少 1159 个。艺术展览创作机构 56 个，比 2011 年增加 24 个，增长 75%，从业人员 283 人，其中画院 5 个，剧目创作室 15 个。

2. 艺术表演团体演出市场平稳发展。2015 年末，全省艺术表演团体演出 10.263 万场，比 2011 年增加 3.99 万场，增长 63.61%，赴农村演出 3.75 万场，比 2011 年增加 1.2 万场，增长 47.22%；其中各级文化部门所属艺术表演团体演出场次 0.612 万场，比 2011 年减少 0.37 万场，增长 -37.83%；赴农村演出 0.248，比 2011 年减少 0.08 万场，增长 -24.59%。“十二五”期间，全省国有院团转体改制基本完成，文化部门艺术表演团体机构数大幅减少，演出场次和观众人次相应减少，演出市场中民营艺术表演团体继续发挥主导作用，演出市场平稳发展。

**表 4　2011 年 –2015 年四川省艺术表演团体基本情况**

| 主要指标 | 2011 年 | 2012 年 | 2013 年 | 2014 年 | 2015 年 |
|---|---|---|---|---|---|
| 机构数（个） | 370 | 469 | 510 | 492 | 543 |
| 演出场次（万场） | 6.27 | 6.674 | 7.653 | 6.418 | 10.263 |
| 农村演出场次（万场） | 2.55 | 3.013 | 4.205 | 3.518 | 3.754 |
| 文化部门机构数（个） | 75 | 71 | 52 | 51 | 52 |
| 所占比重 (%) | 20.27 | 15.14 | 10.2 | 10.37 | 9.58 |
| 演出场次（万场） | 0.987 | 0.686 | 0.557 | 0.558 | 0.612 |
| 所占比重 (%) | 15.74 | 10.28 | 7.28 | 8.69 | 5.96 |
| 农村演出场次（万场） | 0.329 | 0.252 | 0.195 | 0.236 | 0.248 |
| 所占比重 (%) | 12.9 | 8.36 | 4.64 | 6.71 | 6.61 |
| 其它部门机构数（个） | 295 | 398 | 458 | 441 | 491 |
| 所占比重（%） | 79.73 | 84.86 | 89.8 | 89.63 | 90.42 |
| 演出场次（万场） | 5.289 | 5.988 | 7.1 | 5.86 | 9.651 |
| 所占比重 (%) | 84.35 | 89.72 | 92.77 | 91.31 | 94.04 |
| 农村演出场次（万场） | 2.221 | 2.761 | 4.01 | 3.282 | 3.506 |
| 所占比重 (%) | 87.1 | 91.64 | 95.36 | 93.29 | 93.39 |

3. 地方特色艺术生产展演更加繁荣。2015 年末，全省艺术表演团体原创首演剧目 28 个，新创、复排、

提升重点剧目30余台，涌现出川剧《还我河山》、民族歌舞剧《彝红》、舞剧《家》、木偶剧《龙门传说》等一批优秀剧目。自贡市的川剧《还我河山》等20个项目入选2015年度国家艺术基金立项资助项目。南充市的木偶剧《龙门传说》、成都市的木偶童话剧《绿野仙踪》获2015年第四届全国木偶皮影剧（节）目展演最佳剧目奖。

搭建艺术展演平台，成功举办首届四川艺术节。2015年舞蹈新作比赛、曲艺杂技木偶皮影比赛、第二届四川省文华美术奖作品评选及“纪念中国人民抗日战争暨世界反法西斯战争胜利70周年”优秀剧目展演、第十五届四川省小戏小品比赛等系列重要赛事活动。其中首届四川艺术节舞台剧目展演29台演出33场，征集1100余件美术和舞美作品，推荐130余个原创剧本、吸引观演观展群众59万人次。

### （六）文化产业提质增效步入转型

文化产业机构发展壮大。2015年末，全省有文化产业机构数22,008个，与2011年相比增加109个，增长0.5%；从业人员122,146人，与2011年相比增加4269人，增长3.5%。2015年末，国家级文化产业示范基地15个，比2011年增加3个，增长25%；省级文化产业示范基地55个，比2011年增加28个，增长103.7%。国家级文化产业示范园区1个，国家级文化和科技融合示范基地2个，国家级动漫游戏基地1个，省级文化产业示范园区5个，省级文化参与试验园区5个。

“十二五”期间，我省搭建高效的文化企业融资平台，开通西部动漫游戏共性技术服务平台，组建四川文化企业服务中心，成立四川民营文化企业协会，文化产业发展服务平台进一步完善。推进藏羌彝文化产业走廊发展，围绕“互联网+”，依托四川特色鲜明的文化产业基础，四川文化产业整体业态升级。

### （七）文化市场规范有序发展

1. 文化市场经营单位结构有所变化。2015年全省有文化市场经营单位15993个，比2011年增加4个，增长0.02%，从业人员86070人，比,2011年减少3588人，增长-4%。其中娱乐场所5827个，占文化市场经营单位总数的36.43%，比2011年减少688个，增长-10.56%，从业人员36065人，比2011年减少6178人，增长-14.62%；互联网上网服务营业场所（网吧）9,401个，占文化市场经营单位总数的58.88%，比2011年增加603个，增长6.85%，从业人员37381人，比2011年增加2465人，增长7.06。“十二五”期间，我省娱乐业机构数和从业人员都减少，呈规模减小趋势，互联网上网服务营业场所（网吧）机构数和从业人员有所增加，规模有扩大趋势。

2. 优化环境激发市场主体活力。继续推进文化行政审批改革，削减行政审批事项。出台《游戏游艺设备销售内容审核备案办事指南》、《四川省推动互联网上网服务行业转型升级的指导意见》和支持四川省多层次多业态演艺场所建设的政策措施，培育新兴文化市场。建设四川省文化市场网络舆情平台信息系统，汇总分析全省文化重点舆情信息。加强综合执法指导监督和队伍建设，开展业务技能训练100余场次，培训执法人员6000余人次，检查经营场所21万余家，责令整改8081家，吊销许可证7家，立案查处1640件，办结案件1305件。

### （八）文化遗产保护传承有效推进

1. 文物业机构和从业人员稳定增长。2015年末，全省有文物机构462个，比2011年增加139个，增长43.03%，从业人员8283人，比2011年增加2358人，增长39.8%。其中文物保护管理机构175个，占37.88%，博物馆225个，占48.7%。

2. 文物保护利用力度不断加强。2015年末，全省完成了67处国家级和94处省级文物保护单位的维修；完成194个文物保护规划和方案设计。配合基本建设的考古勘探、发掘及科研工作有序开展，全省考古发掘面积316.9万余平方米，出土器物13,642件。

“十二五”期间，我省相继编制完成了《大遗址成都片区保护规划纲要》、《鱼凫古城保护规划》、《成都平原史前城址群"十二五"考古工作计划》等一系列文物保护规划。"桃坪羌寨灾后文物抢救保护工程"、"茶马古道－观音阁灾后文物抢救保护工程"先后获评全国十佳文物保护工程；"金川刘家寨新石器时代遗址"、"成都老官山西汉木椁墓"、"石渠吐蕃时代石刻"先后获评年度全国十大考古新发现。邛窑、三星堆、金沙等大遗址保护展示工作深入开展，"三星堆遗址"和"金沙遗址"被列入国家文物局授予的 "国家考古遗址公园"。泸县屈氏庄园、古蔺二郎镇红军街等国保省保集中成片传统村落整体保护利用工作有序推进。"古蜀文明遗址"、"藏羌碉楼与村寨"、"中国白酒老作坊"、"蜀道"4 处文化遗产成功入选更新的《中国世界文化遗产预备名单》，蜀道申报世界文化遗产文本编制完成。我省文物抢救保护成效显著，文物事业助推经济社会发展能力显著提升。

3. 博物馆事业蓬勃发展。2015 年末，全省有各类博物馆（纪念馆）225 个，比 2011 年增加 81 个，增长 56.25%，从业人员达 6107 人，比 2011 年增加 1644 人，增长 36.84%；其中文物部门博物馆 195 个，占博物馆总数的 86.67%，文物部门博物馆在总数中所占比重大。

全省博物馆（纪念馆）基本陈列 541 个，比上年增加 139 个，增长 34.58%，举办展览 387 个，比上年增加 21 个，增长 5.74%，参观人次 5996.77 万人次，比上年增加 668 万人，增长 12.54%。其中免费开放博物馆 168 个，比 2011 年增加 79 个，增长 88.76%，接待参观人次 4340.48 万人次，比 2011 年增加 1997 万人次，增长 85.23%，其中接待未成年人约 1127.71 万人次。"十二五"以来，全省免费开放博物馆逐年增加，博物馆服务水平得到不断提升，博物馆纪念馆的社会效益进一步增强。

4. 非物质文化遗产保护水平不断提高。2015 年末，我省共有国家级非遗项目 139 个，国家级非遗代表性传承人 69 人；省级非遗项目 522 个，省级非遗代表性传承人 764 人；市县级非遗项目 4123 个，市县级非遗代表性传承人 3823 人；国家级非遗生产性保护示范基地 7 个，省级非遗生产性保护示范基地 23 个，遗保护名录体系得到进一步充实完善。2015 年非物质文化遗产宣传展示活动异彩纷呈，全省举办各类宣传展示培训活动 4883 个，比上年增加 758 个，增长 18.38%；参与人次 694.27 万人。其中举办展览 1168 个，比上年增加 341 个，增长 41.23%；参观人次 246.71 万人，比上年减少 12.42%。开展非遗工作人员培训班次 797 次，培训人员 4.97 万人次，开展传承人培训班次 391 次，培训人员 1.44 万人次。成功举办第五届中国成都国际非物质文化遗产节，非遗节开展 400 多项学术交流、展示展演、产品展销、推介签约活动，65 个国家（地区）代表、4000 多名国内代表和 280 多万群众参与活动，取得了显著的社会效益和经济效益。"十二"期间，全省非物质文化遗产宣传展示活动数及参与人次略有波动，但总体呈上升趋势，宣传展示培训及传承推广活动特色鲜明，进一步提高了全民非物质文化遗产保护意识，促进了区域经济社会协调发展，提升了四川的国际影响力。

### （九）对外文化交流影响力提升

1. 对外文化交流活动深度拓展。2015 年末，我厅审核审批对外和对港澳台文化项目 266 个，参与交流 2925 人次，演展活动 15903 场（天）。其中非商业对外文化交流项目 96 个，参与交流人员 1335 人次，演出（展览）826 场，演出观众（参观）人次达 414.5 万人，与上年相比演出（展览）场次和演出（参观）观众人次有所减少。结合"一带一路"国家战略，实施"中俄两河流域合作计划"，推动四川交响乐团与俄罗斯国家民族乐团互访巡演，组织"纪念中尼建交 60 周年美术家互访采风活动"、"捷克中波西米亚州历史文化展"、成都非遗民乐参加突尼斯"苏塞之春"音乐节、南充大木偶参加克罗地亚木偶艺术节、美国"神秘的古蜀文化"巡回展等活动。

"十二五"期间，我省对外文化交流项目数年增长达 15%，成功举办了第 4、5 届中国成都国际非物质文化遗产节、第 21 届国际木偶联会大会暨国际木偶节、成都国际友城青年音乐周、自贡国际灯展和恐龙展、安仁 • 博物馆国际论坛等重大国际文化交流活动，对外文化工作成果丰硕，文化交流与合作已成为四川对外开放的重要力量。

表 5 2011 年 –2015 年四川省非商业对外文化交流基本情况

| 年份 | 非商业对外交流项目（个） | 参与交流人员（人） | 演出（展览）场次（场） | 演出观众（参观）人次（万人） |
|---|---|---|---|---|
| 2011 年 | 74 | 1501 | 1010 | 178.70 |
| 2012 年 | 96 | 2089 | 1968 | 135.79 |
| 2013 年 | 110 | 1998 | 760 | 106.98 |
| 2014 年 | 99 | 1881 | 852 | 247.33 |
| 2015 年 | 96 | 1335 | 826 | 141.50 |

2. 对外文化贸易大力推进。牵头制定《四川省进一步加强对外和对港澳台文化工作的工作规划》，采取多渠道、多方式搭建四川文化“走出去”平台，首次组织 50 余家四川文化机构赴香港国际授权展、美国华人工商大展、台北国际礼品文具暨伴手礼名品展和上海国际艺术节等国际展会参展，重点推出四川元素的创意设计等特色文化产品；通过驻外使馆对合作方进行资质审查等手段，推动彩灯、杂技等文化品牌拓展海外市场。2015 年，我省核心文化产品出口额 ,5.01 亿美元。

“十二五”期间，我省四川文化海外合作机制进一步完善，文化贸易保持增长，2011-2015 年我省核心文化产品出口 25.63 亿美元，在西部处于领先地位。

## 二、文化建设中存在的突出问题

2015 年，在全省各级文化部门的努力下，我省文化事业绩效显著、亮点频频。在步入新阶段、面临新挑战、承担新任务方面，我省公共文化服务体系还存在投入不足，公共文化服务能力不足，区域及城乡文化发展不平衡等问题，公共文化服务体系建设有待进一步加强。

### （一）公共财政支持力度有待进一步加强

1. 纵向比较。全省公共财政对文化的投入逐年增加， 2015 年，我省文化事业费为 39.58 亿元，占地方财政支出的比重为 0.53%，比重比上年略有增加，近 10 年来，我省文化事业费在财政支出中比重始终处于 0.5% 左右较低水平。人均文化事业费 48.24 元，位于全国第 18 位，低于全国平均水平 49.68 元。

表 6 2011 年 –2015 年四川省文化事业费及其他社会事业费总量及占财政支出的情况表

| 年份 | 文化事业费 | | 教育事业费 | | 卫生事业费 | | 科技事业费 | |
|---|---|---|---|---|---|---|---|---|
| | 数量（亿元） | 比重（%） | 数量（亿元） | 比重（%） | 数量（亿元） | 比重（%） | 数量（亿元） | 比重（%） |
| 2011 年 | 20.58 | 0.44 | 685 | 14.65 | 372.96 | 7.98 | 45.8 | 0.98 |
| 2012 年 | 27.49 | 0.51 | 993 | 18.29 | 424.60 | 7.82 | 59.4 | 1.09 |
| 2013 年 | 30.45 | 0.49 | 1030 | 16.63 | 482.10 | 7.78 | 67.8 | 1.09 |
| 2014 年 | 34.91 | 0.51 | 1057 | 15.58 | 584.00 | 8.61 | 82.0 | 1.21 |
| 2015 年 | 39.58 | 0.53 | 1252 | 16.67 | 686.42 | 9.14 | 96.7 | 1.29 |

2. 横向比较。2015 年全省文化事业费 39.58 亿元，占教育事业费 1,252 亿元的 3.16%，占卫生事业费 686 亿元的 5.76%，占科技事业费 97 亿元的 40.93%，与社会事业其它部门相比，财政对文化事业的投入比例偏低。

2015 年，四川省文化事业费 39.58 亿元，居西部 12 个省（市、区）地区第一位；人均文化事业费 48.24 元，居全国第 18 位，在西部地区仅高于广西、云南省、贵州省和甘肃省，居西部地区的第 8 位。我省文化事业费总量大，但人均文化事业费和西部地区其他省市还存在一定差距，在全国各省市中排名偏后，在西部也处于落后水平。

**表 7　2015 年西部地区文化事业费情况**

| 地区 | 文化事业费（亿元） | 全国位次 | 人均文化事业费（元） | 全国位次 |
|---|---|---|---|---|
| 重庆市 | 16.97 | 18 | 56.27 | 12 |
| 四川省 | 39.58 | 4 | 48.24 | 18 |
| 贵州省 | 11.99 | 26 | 33.98 | 25 |
| 云南省 | 19.12 | 13 | 40.32 | 20 |
| 西　藏 | 5.78 | 30 | 178.46 | 1 |
| 陕西省 | 20.52 | 11 | 54.09 | 13 |
| 甘肃省 | 11.38 | 27 | 43.78 | 19 |
| 青海省 | 6.54 | 28 | 111.3 | 4 |
| 宁　夏 | 5.86 | 29 | 87.76 | 8 |
| 新　疆 | 16.01 | 20 | 67.84 | 9 |
| 内蒙古 | 22.89 | 9 | 135.51 | 7 |
| 广西省 | 17.22 | 17 | 35.91 | 24 |

3. 文物事业的财政投入。2015 年我省文物事业费 12.68 亿元，在财政支出的比重为 0.17%，与上年相比，文物事业费增加 1.89 亿元，增长率为 17.52%，在财政支出中的比重上升了 0.01%。文物事业费总量持续增加，文物事业的财政投入与我省文物保护的实际需要相比，仍然存在总量偏少的问题。

## （二）文化事业发展不均衡

1. 地区发展不均衡。我省平原地区、盆周山区、民族地区、贫困地区和革命老区之间文化事业发展极不平衡

文化投入地区间差异大。成都、攀枝花、德阳、绵阳、宜宾、乐山等经济发达地区财政对文化的投入较多，2015 年仅成都市、攀枝花市、德阳市、绵阳市、宜宾市、南充市、乐山 7 个地区的文化事业费就占了全省文化事业费的 56.78%，其中成都地区文化事业费 13.45 亿元，占全省文化事业费的 33.98%，发达地区公共文化基础相对较好，其余大部分市州文化发展相对滞后。人均文化事业费差距大，排名前二名的甘孜州、阿坝州超过了 100 元，而排名后四位的广安、达州、遂宁和眉山不足 25 元文化投入差异直接影响力基层公共文化的均等化发展。

文化基础设施地区间差异大。从设施情况看，虽然我省基本建立了覆盖城乡的公共文化设施网络，但各地文化基础设施在服务和工作空间、服务设施设备、建筑设计标准等方面有较大差异，部分地区仍然建筑年代久远，建筑面积不足的现象，民族地区尤为突出。我省 3 个少数民族自治州，48 个少数民族县，拥

有人口 668.82 万，公共文化设施建筑面积共计 38.47 万平方米，人均拥有公共文化设施面积 0.058 平方米。其中 51 个公共图书馆平均每馆实际使用房屋面积 819 平方米，远低于全省人均水平 2770 平方米；每万人拥有公共图书馆面积 62.5 平方米，远低于全省人均水平 68.53 平方米。公用房屋建筑面积在 500 平方米及以下的县图书馆 29 个，占公共图书馆总数的 56.86%，至今尚有 2 个县公共图书馆租赁房屋；51 个文化馆平均每馆实际使用房屋建筑 1103 平方米，远低于全省人均水平 2481 平方米；公用房屋建筑面积在 500 平方米及以下的县级文化馆有 8 个，占文化馆总数的 15.69%。

**表 8　2015 年四川省和三州地区公共文化设施状况**

单位：个、万平方米、平方米、万人

| | 四川省 | | | “三州”民族地区 | | |
|---|---|---|---|---|---|---|
| | 机构数 | 实际使用房屋建筑面积 | 平均房屋建筑面积 | 机构数 | 实际使用房屋建筑面积 | 平均房屋面建筑积 |
| 公共图书馆 | 203 | 56.23 | 2769.95 | 51 | 4.18 | 819.61 |
| 文化馆 | 207 | 51.35 | 2480.68 | 51 | 5.62 | 1102.55 |
| 文化站 | 4601 | 164.12 | 356.71 | 1120 | 23.16 | 206.79 |
| 博物馆 | 225 | 129.48 | 5754.67 | 22 | 5.46 | 2479.55 |
| 美术馆 | 36 | 2.52 | 700.00 | 6 | 0.06 | 91.67 |

2. 城乡发展不均衡。2015 年末，全省文化部门机构 5541 个，其中农村文化机构数 5089 个，占文化部门机构的 91.84%，其中乡镇综合文化站 4318 个，其中有 1151 个乡镇综合文化站实际使用房屋面积低于 300 平方米，占乡镇文化站总数的 26.65%，有 383 个乡镇文化站实际使用房屋面积低于（含）100 平方米，占乡镇文化站总数的 8.87%，有 24 个乡镇文化站实际使用房屋面积低于（含）50 平方米，占乡镇综合文化站总数的 0.6%。全省 33872 个村文化活动室，村文化活动室面积 168.023 万平方米，平均每村 49.6 平方米，尚有 12446 个村尚未设立村文化室没有活动阵地。

**表 9　2010 年 –2015 年农村文化事业费情况**

| | 2010 年 | 2011 年 | 2012 年 | 2013 年 | 2014 年 | 2015 年 |
|---|---|---|---|---|---|---|
| 文化事业费（亿元） | 14.39 | 20.58 | 27.49 | 30.46 | 34.91 | 39.58 |
| 农村文化事业费（亿元） | 4.49 | 7.92 | 12.44 | 9.45 | 11.38 | 13.55 |
| 农村文化事业费占文化事业费的比重（%） | 31.20 | 38.48 | 45.25 | 31.02 | 32.60 | 34.23 |

2015 年我省农村文化事业费 13.55 亿元，与上年相比上升了 2 个百分点，但城市与农村文化投入比为 6.6:3.4，近年来农村文化得到了各级政府的高度重视，各级财政尤其是中央和省级财政通过转移支付等手段逐步加大了农村文化投入的力度，如农村文化建设专项资金、乡镇综合文化站免费开放专项资金，省级公共文化服务体系乡镇、村体系建设，使农村文化投入状况有了明显改善，但是与满足农村居民文化生活的需要比，我省广大农村地区还存在着公共文化服务短缺、错位的现象；与城市文化投入水平比，还存在着总量少、比例低的状况。

### （三）公共文化设施有待完善

1. 人均拥有公共文化设施数量偏低。2015 年，全省常住人口 8204 万人，公共文化活动机构 5316 个，公共文化设施面积 422.524 万平方米，人均公共文化设施 0.049 平方米，与上年相比，人均公共文化设施面积增加 0.002 平方米，增长率为 4.08%。“十二五”全省文化设施建设成效显著，人均公共文化设施建筑面积逐年有所增加，但与全国平均水平（0.052 平方米）相比，人均拥有公共文化设施面积仍然偏低，公共文化设施建设任务艰巨。

2. 各类公共文化设施有待进一步改善。2015 年末，全省每万人拥有公共文化设施建筑面积 490.37 平方米，位于全国第 18 位，西部地区仅高于贵州、云南和广西，也远远低于全国平均水平（523.60 平方米）。其中全省有公共图书馆 203 个，实际使用房屋建筑面积 56.23 万平米，每万人拥有公共图书馆面积 68.54 平方米，位于全国第 25 位，也远远低于全国平均水平（95.79 平方米），仍有 4 个县（区）无公共图书馆机构，公共图书馆实际使用房屋面积不足 1000 平方米的有 60 个，占总数的 29.56%，实际使用房屋面积不足 500 平方米的有 42 个，占总数的 20.69%。群众文化机构 4,785 个，实际使用房屋建筑面积 215.47 万平方米，平均每万人拥有实际使用房屋面积 262.64 平方米，低于全国平均水平（279.95 平方米），文化馆实际使用房屋面积不足 1000 平方米的有 43 个，占总数的 20.77%，实际使用房屋面积不足 500 平方米的有 17 个，占总数的 8.21%。美术馆 36 个，实际使用房屋面积 2.52 万平方米，平均每馆 700 平方米，但是美术馆实际使用房屋面积不足 1,000 平方米的有 27 个，占美术馆总数的 75%。博物馆 225 个，实际使用房屋建筑面积 129.48 万平米，实际使用房屋面积 2000 平方米以下的 97 个，占博物馆总数的 43.11%，其中实际使用房屋面积 1,000 平方米的就有 53 个，占博物馆总数的 23.56%。

### （四）文物保护有待加强

2015 全省有文物点 65231 个，藏品数 368 万件 /（套），我省文物点多，文物藏品数量大，大量文物本体年久失修，文物保护和安全工作形势严峻；全省现有文物机构 462 个，实际使用房屋面积 156.3 万平方米，其中展览用房 69.8 万平方米，占总数的 44.66%，文物库房 13.42 万平方米，占总数的 8.59%，文物机构基础设施薄弱，展览和文物库房面积狭小，馆藏文物保管环境差，设施设备陈旧落后，“硬件”条件的缺失直接影响文物保护与管理；全省文物机构从业人员 8283 人，专业技术人才 2191 人，仅占总数的 26.45%，现有文物机构从业人员和专业人员不足，尤其是文物修缮和保护专业人员的匮乏，影响了文物保护管理工作。文物保护机构、人员数量以及相应的设施设备与我省文物资源大省所要求的文物保护工作不成正比，与经济社会发展水平和文物保护的需要相距甚远。

### （五）文化队伍整体素质有待提高

2015 年我省文化部门机构数 5972 个，从业人员 34500 人，其中专业技术人员 11418 个，占从业人员总数的 33.1%，其中高级职称 1198 人，占从业人员总数的 3.47%，中级职称 3,769 人，占从业人员总数的 10.92%。文化部门专业技术人才比重居第一位的是艺术表演团体，占从业人员总数的比重 72.66%；专业技术人才最少的是文化站，仅占从业人员总数的比重 21.33%。我省文化部门机构专业技术人员总数少，所占比重偏低，各门类人才不够齐全，艺术创作队伍中剧作家缺乏，尤其是中青年创作人员极度匮乏，后备人才不足；艺术表演人员缺乏出类拔萃的尖子演员，艺术水平有待提高。图书馆专业管理人员匮乏，尤其是电子信息建设、文献检索编排和二次搜索人才紧缺。

**表 10　2015 年文化文物部门从业人员及职称构成情况**

| | 机构数（个） | 从业人员数（人） | | | | | | |
|---|---|---|---|---|---|---|---|---|
| | | 合计 | 专业技术人才 | | | | | |
| | | | 小计 | 所占比例 % | 高级职称 | 所占比例 % | 中级职称 | 所占比例 % |
| 合计 | 5972 | 24500 | 11418 | 46.6 | 1198 | 4.9 | 3769 | 15.4 |
| 艺术表演团体 | 52 | 2963 | 2153 | 72.7 | 310 | 10.5 | 923 | 31.2 |
| 艺术表演场馆 | 44 | 577 | 334 | 57.9 | 51 | 8.8 | 173 | 30.0 |
| 图书馆 | 203 | 2261 | 1368 | 60.5 | 138 | 6.1 | 536 | 23.7 |
| 文化馆 | 207 | 2906 | 1995 | 68.7 | 150 | 5.2 | 740 | 25.5 |
| 文化站 | 4578 | 7744 | 1652 | 21.3 | | | | |
| 艺术展览创作机构 | 56 | 283 | 190 | 67.1 | 39 | 13.8 | 70 | 24.7 |
| 艺术教育业 | 3 | 899 | 632 | 70.3 | 91 | 10.1 | 183 | 20.4 |
| 文艺科研 | 6 | 394 | 258 | 65.5 | 70 | 17.8 | 119 | 30.2 |
| 其他文化机构 | 185 | 2665 | 822 | 30.8 | 117 | 4.4 | 376 | 14.1 |
| 文物业 | 431 | 7094 | 2014 | 28.4 | 232 | 3.3 | 649 | 9.2 |

## 三、有关对策和建议

### （一）下一步的对策和措施

1. 认真编制实施“十三五”文化改革发展规划。认真编制《四川省国民经济和社会发展第十三个五年规划纲要》、《四川省文化厅“十三五”时期文化改革发展规划》、《四川省＜“一带一路”文化发展规划（2016—2020）实施方案》。

2. 注重协调发展，补齐文化发展短板，加快构建覆盖城乡的公共文化服务体系。推进公共文化资源向基层特别是向社区和乡村倾斜，推进文化精准扶贫，加大对民族地区、贫困地区的文化扶持力度，提升基层公共文化服务均等化水平。省财政 2016 年继续安排 1.5 亿元基层公共文化服务体系建设专项资金，用于乡（镇）、村两级公共文化服务体系建设的填平扫尾；安排 1.25 亿元文化扶贫专项资金用于 88 个国贫县的 2500 个村级文化室建设；安排 8800 万元文化扶贫专项资金用于 88 个国贫县系列文化惠民服务。

3. 坚持实施精品战略，加大文化惠民力度。继续实施艺术精品战略和国家舞台艺术精品创作工程，鼓励原创和现实题材创作，实施优秀剧本创作扶持计划，推出一批重点剧（节）目和优秀美术作品。实施戏曲振兴工程和戏曲剧本孵化工作。加大政府采购项目力度，推进高雅艺术进校园、进社区、文化列车进老区、进藏区等文化惠民实践活动。加强巴蜀画派理论研究，为美术创作提供更多对外交流展示平台。

4. 以文化民生为重点，推进现代公共文化服务标准化均等化。做好国家公共文化服务示范区（项目）创建工作，加快推进现代公共文化服务体系示范县试点建设。加强“中国民间文化艺术之乡”建设。推进全国文化信息资源共享工程和国家数字图书馆推广项目，启动“文化四川云”平台建设。开展“书香四川”“畅享院坝”等文化惠民活动；实施文化志愿服务帮村计划，组织文化志愿者示范活动，开展春雨工程活动。

5. 以提质增效为先导，推动文化产业成为支柱性产业。实施重大产业项目带动战略，加快藏羌彝文化产业走廊建设；加快文化产业数字化转型升级，推进文化与科技融合发展、“互联网＋文化”行动计划等。实施原创动漫推广计划，推进动漫游戏公共技术服务平台建设。打造特色文化产品集中展销平台，打造特色文化城镇和乡村。加快文化产业服务平台建设，完善“四川文化企业服务网”平台功能。

6. 规范文化市场管理，完善文化市场服务体系，促进各类文化市场发展。推进创建文化市场行政审批规范示范点，加强数据监测点和专家队伍建设；加强省级行业协会管理。推进文化娱乐等行业转型升级工作，推进上网服务场所、文化娱乐场所参与社区、乡镇公共文化服务。探索建立开放共享、互联互通的信息系统平台。落实中西部地区文化市场综合执法能力提升三年行动计划，进一步提高执法办案能力。

7. 以保护利用为基础，构建巴蜀优秀文化传承体系。推动文物工作由抢救性保护向预防性保护转变，实施一批“国保”和“省保”单位维修保护工程。推进国保省保集中成片传统村落整体保护利用，加强成都片区及川东北大遗址保护展示工作。加强世界文化遗产保护管理和监测预警体系建设。启动博物馆（纪念馆）免费开放绩效评估和智慧博物馆试点，鼓励支持博物馆通过文博创意产品开发培育一批知名文创品牌。

完善非遗保护工作机制，开展国家级非遗代表性传承人抢救性记录工程。做好羌族文化生态保护实验区和摩梭家园建设、格萨尔文化保护工作，支持文殊坊非遗主题街区建设。

7. 加大高层次人才引进、培养优秀青年文化人才的支持力度；强化优秀年轻干部培养选拔工作，加强后备干部和年轻干部队伍建设；深入推进“三区计划”文化工作者和“文化名家”工程；贯彻落实文化部“千人培养计划”，加大文艺人才培养支持力度；依托在川高等院校开展非遗传承人群研修研习培训。研究完善全省文化类高级职称评审条件，建立民间文化艺术人才评审机制。

### （二）有关建议

1. 继续加大公共财政对文化事业的投入力度。中央财政在加大对基层文化事业投入的基础上，要充分考虑地区差异，因地制宜，政策要继续向西部地区倾斜，尤其要向民族地区、贫困地区倾斜，重视少数民族地区、贫困地区公共文化设施建设和内容建设，减免或降低民族地区、贫困地区的地方配套资金比例。

2. 加强文化法规政策协调和实施效果监测评估。党中央和国务院历来重视文化建设，出台了“文化事业费不得低于当地财政支出的1%”、“从城市住房开放投资中提取1%用于社区文化设施建设”等一系列政策，很多政策在实际工作中很难得到落实，建议文化部进一步加强文化法规政策协调力度，同时要加快法规制度建设，用文化立法保障对文化的投入。建立健全绩效考评制度，加强政策的落实督促检查，防范化解财务风险，保障资金使用的安全有效。

3. 切实采取措施，整合资源，凝聚合力。基层文化建设涉及多个部门，重复建设，多头投入，导致资金利用率不高，文化部、新闻出版广电总局等相关部门要加强部门协调，建立相应的机制，采取有力措施，整合资源，凝聚部门合力，推动基层文化事业加快发展。

4. 推动社会主义文化大发展大繁荣，队伍是基础，人才是关键。在加大文化投入的过程中，需要建立全方位、多层次的公共文化服务人才培养机制，实施文化名人带动战略，加强高层次人才、重点专业人才和基层文化骨干力量的培养。

（四川省文化厅）

## 四川：首届四川艺术节圆满举行

首届四川艺术节于2015年11月20日至30日在成都成功举办。此次活动邀请了西部11省（区、市）参与，法国、澳大利亚、泰国、日本等国驻成都领事和港澳驻成都办事机构代表约200人次出席活动。艺术节由舞台艺术展评、美术作品展评、群众文化活动、文化艺术展览、文化消费月五大板块组成，10余种艺术类别、29台舞台优秀剧目、130余个原创剧本、1100余件美术和舞美作品，吸引观演观展群众59万人次；网民点击率近300万、网上评论18万余条。

首届四川艺术节开幕式主题文艺演出《走向繁荣》，汇集了30多个国家和省级优秀文艺作品，集中展示了近年来我省最新舞台艺术创作成果。“四川文华奖”舞台剧目展演29台，演职人员达3000余人，演出33场，涌现出舞剧《家》、川剧《还我河山》等一大批四川风格鲜明的经典剧目。“四川文华奖”评比活动评选出最佳剧目奖6个、优秀剧目奖8个、剧目奖19个；编剧奖、导演奖、表演奖、音乐创作奖、舞美设计奖五类单项奖共计67个。艺术节组织入选剧目深入基层开展惠民演出，其中优秀舞台剧目话剧《巴交龙布》、《雪域忠魂》，川剧《尘埃落定》，歌剧《彝红》等赴基层惠民巡演150余场，吸引观众15余万人次。“四川文华美术奖”评比活动征集美术作品共750余件，298件优秀作品入围，获奖作品58件（包括中国画21件，书法16件，油画综合类21件），选调入围美术作品在成都市和达州市巡展，参观展览8万余人次。

艺术节期间，举办了“四川文化建设成就展”“四川舞台美术成果展”等系列展览，展示10年全省文化建设突出成效，展出优秀舞台美术成果400余个，36个院团、高校、舞美企业组织参展，近5000人次参观了展览；组织了“四川文华奖”参评剧目点评会，邀请知名艺术家开设文艺作品鉴赏专题讲座、开展文化艺术专题培训等系列文化活动。

艺术节期间，举办了中国（四川）剧本创作交易会及文化消费月系列活动。剧本创作交易会推荐130余部原创剧本，参加院团30多个、签约17部，组织专题座谈会、名家讲座、对话讲座等10余次，有5000多名文艺爱好者和剧作家参加了交易活动。四川文化消费月活动，开展了小微文化企业投融资路演、西部成都动漫游戏文化节、藏羌彝文化产业走廊四川区域特色产品展、创意消费嘉年华、四川艺术臻品会等活动，20余家投资机构代表参与，13家小微文化企业参与路演；“创业天府 菁蓉汇文化专场”征集到50多个文创项目，藏羌彝文化产业走廊特色产品展，整合近200余类产品展览交流。据统计，整个文化消费月期间，50余项活动拉动消费110余亿元、项目签约420亿元。

# 贵州省 2015 年文化发展情况分析

2015 年来，贵州省文化厅深入贯彻落实党的十八届三中、四中、五中全会精神，在省委省政府领导和文化部指导下，努力推动全省文化事业与文化产业加快发展，较好地完成了各项工作任务。

## 一、机构和人员

2015 年末，纳入统计范围的全省各类文化（文物）单位 7329 个，比上年末增加 137 个；从业人员 5.2 万人，增加 0.3 万人。其中，各级文化文物部门所属单位 2207 个，减少 28 个；从业人员 1.76 万人，减少 265 人。

图1　2006年-2015年全省文化文物单位机构数及从业人数

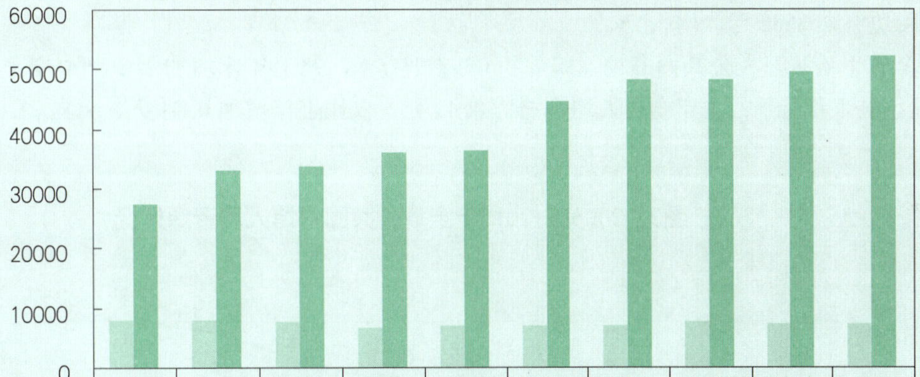


| | 2006 | 2007 | 2008 | 2009 | 2010 | 2011 | 2012 | 2013 | 2014 | 2015 |
|---|---|---|---|---|---|---|---|---|---|---|
| 机构数（个） | 8001 | 8000 | 7678 | 6540 | 6869 | 6903 | 6926 | 7569 | 7192 | 7329 |
| 从业人员（人） | 27498 | 32929 | 33462 | 35978 | 36427 | 44479 | 48084 | 48254 | 49353 | 52005 |

## 二、艺术创作演出

2015 年贵州省文化厅全力抓好艺术精品创作和重大活动，贵州京剧院侯丹梅领衔主演的《铁弓缘》在北京长安大戏院成功上演，完成音乐剧《嘎老》创作演出；花灯剧《盐道》成功首演。在生态文明贵阳国际论坛 2015 年年会开幕式向中外来宾展示了贵州民族生态文化；积极发挥西南片区纪念中国人民抗日战争暨世界反法西斯战争胜利 70 周年优秀剧目巡演办公室作用，与片区内省份合作在贵阳、成都、重庆组织巡演 12 场，本省新编话剧《图云关》巡演中广获好评；推选了纪念题材美术作品参加全省展览评选。

年末全省共有艺术表演团体 95 个，比上年末减少 10 个，从业人员 3153 人，减少 492 人。其中各级文化部门所属的艺术表演团体 41 个，占 43%，从业人员 1515 人，占 48%。

全年全省艺术表演团体共演出 8380 场，其中赴农村演出 4690 场，赴农村演出场次占总演出场次的 56%，比重比上年提高 25 个百分点；国内观众 682.47 万人次，增长 12%，其中农村观众 182.04 万人次；总收入 2.36 亿元，比上年增长 18%，其中演出收入 7488 万元，增长 67%。

全年全省文化部门所属艺术表演团体共组织政府采购公益演出 1370 场，比上年增长 28%；观众 86.07 万人次，增长 0.7%。利用流动舞台车演出 280 场次，增长 7.7%；观众 26.68 万人次，增长 46.9%。

年末全省共有艺术表演场馆 8 个。其中各级文化部门所属艺术表演场馆 6 个，大部分处于改扩建过程中，没有开展业务活动。

## 三、公共文化服务体系

2015 年，贵州省文化厅根据中办、国办《关于加快构建现代公共文化服务体系的意见》精神和省政府领导批示，出台了《贵州省加快构建现代公共文化服务体系实施意见》和《实施标准（2015-2020 年）》。为进一步做好我省文化志愿服务工作，制定了《关于开展文化志愿服务工作的意见》，出台了《贵州省文化志愿者管理暂行办法》，使我省文化志愿服务工作进一步规范化。

### （一）公共图书馆

年末全省共有公共图书馆 96 个，从业人员 1046 人，比上年末增加 31 人。其中具有高级职称的人员 101 人，占 9.7%；具有中级职称的人员 278 人，占 26.6%。

年末全省公共图书馆实际使用房屋建筑面积 22.48 万平方米；图书总藏量 1220.58 万册，增长 0.3%，其中古籍 18.374 万册；电子图书 918.49 万册，增长 0.6%；阅览室座席数 2.02 万个，增长 2%；供读者使用的电子阅览终端 3232 台，增长 2%。

年末全省平均每万人公共图书馆建筑面积 63.7 平方米，比上年末增加 1.36 平方米；全省人均图书藏量 0.35 册，与上年持平；全年全省人均购书费 0.41 元，仅比上年增加 0.01 元。

图2 2006年-2015年全省公共图书馆人均资源情况

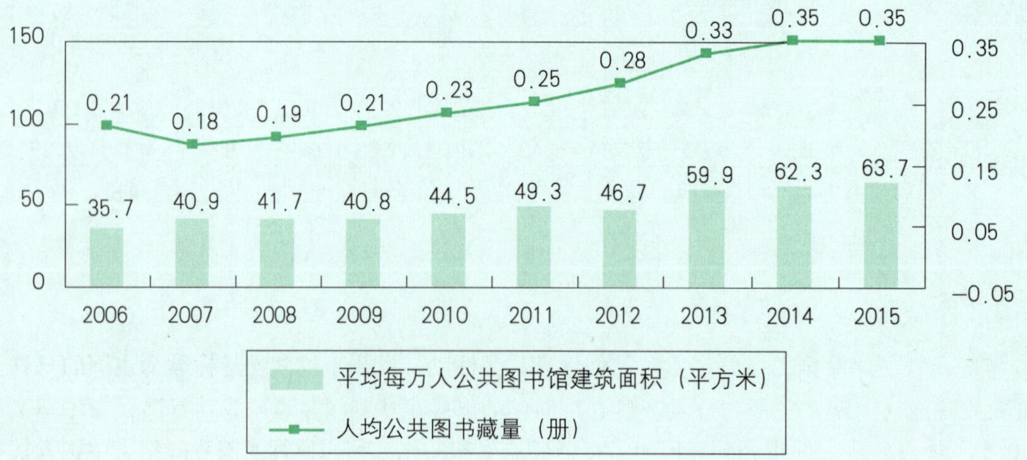


全年全省公共图书馆发放借书证 42.23 万个，比上年增长 8%；总流通人次 594 万，增长 13%。书刊文献外借册次 476.4 万，增长 24%；外借人次 307.35 万，增长 1%。全年共为读者举办各种讲座 1606 次，展览 309 次，培训班 652 次。

## （二）群众文化机构

年末全省共有群众文化机构 1665 个，比上年末减少 21 个。其中乡镇综合文化站 1567 个，减少 21 个。年末全省群众文化机构从业人员 5957 人，比上年末增加 49 人。其中具有高级职称的人员 175 人，占 2.94%；具有中级职称的人员 415 人，占 6.97%。

年末全省群众文化机构实际使用房屋建筑面积 76.89 万平方米，比上年末减少 0.828 万平方米；藏书 801.95 万册；计算机 1.48 万台；对公众开放的阅览室 3.61 万平方米。年末全省平均每万人群众文化设施建筑面积 217.84 平方米，比上年末减少 3.59 平方米。

图3　2016年-2015年全省平均每万人群众文化设施建筑面积

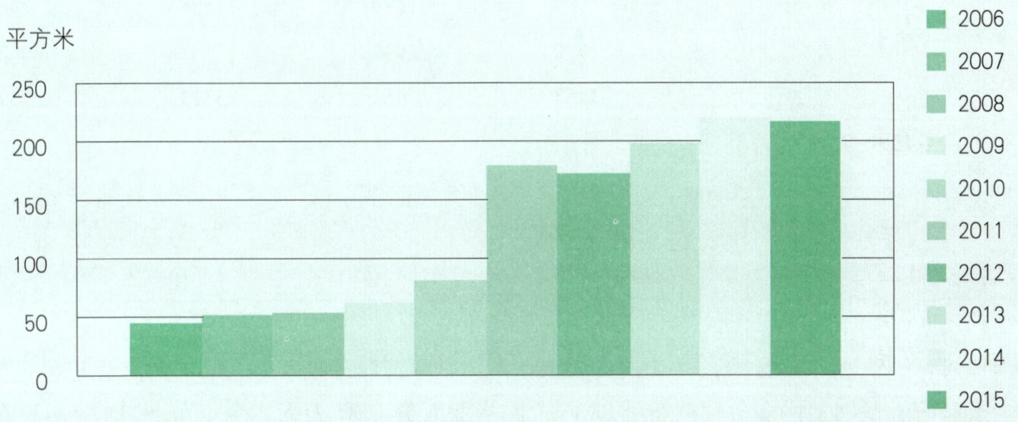


全年全省群众文化机构共组织开展各类文化活动 3.1 万场次，比上年增长 5.36%；服务人次 1308.5 万，增长 27%。

**表 1　2015 年全省群众文化机构开展活动情况**

| | 总量 | | 比上年增长（%） | |
|---|---|---|---|---|
| | 活动次数（万次） | 服务人数（万人次） | 活动次数 | 服务人次 |
| **各项活动总计** | **30976** | **1308.05** | **6** | **28.00** |
| 其中：展览 | 3245 | 251.48 | 2.89 | 38.38 |
| 文艺活动 | 18490 | 989.33 | 10.15 | 31.46 |
| 公益性讲座 | 401 | 7.56 | 15.23 | 18.88 |
| 训练班 | 8840 | 59.68 | -3 | -7.99 |

年末全省群众文化机构共有馆办文艺团体 319 个，演出 3507 场，观众 444 万人次。由文化馆（站）指导的群众业余文艺团体 1 万个，馆办老年大学 40 个。

## 四、文化市场

年末全省文化市场经营单位2177个，比上年末增加156个；从业人员3.59万人，增加0.25万人。全年全省文化市场经营单位营业总收入32.26亿元，营业利润10.39亿元。

分区域看，年末城市文化市场经营单位989个，占文化市场经营单位总量的19%；县城2730个，占52%；县以下地区1458个，占29%。

**表2　2015年按区域全省文化市场经营单位主要指标**

| | | 机构数（个） | 从业人员数（人） | 营业总收入（万元） | 营业利润（万元） | 营业利润（万元） |
|---|---|---|---|---|---|---|
| 总量 | **总计** | **5177** | **35907** | **322582** | **103905** | |
| | 城市 | 989 | 10891 | 115564 | 29660 | |
| | 县城 | 2730 | 20470 | 173885 | 60266 | |
| | 县以下 | 1458 | 4546 | 33133 | 13979 | |
| 比重（%） | **总计** | | | | | |
| | 城市 | 19 | 30 | 36 | 29 | |
| | 县城 | 52 | 57 | 54 | 58 | |
| | 县以下 | 29 | 13 | 10 | 13 | |

年末全省共有娱乐场所1991个，从业人员18190人，全年营业总收入14.87亿元，营业利润5亿元。

年末全省共有互联网上网服务营业场所3036个，从业人员1.37万人，全年营业总收入11.74亿元，营业利润4.22亿元。

## 五、文化产业与文化科技

2015年，为推动落实国务院关于推进文化创意和设计服务与相关产业融合发展的政策措施，省政府印发了《促进全省文化创意与设计服务与相关产业融合发展行动计划》。省文化厅完成了《贵州彝族文化产业走廊建设规划》编制。文化部为推进国家文化产业创新实验区建设，开展拉动城乡居民文化消费试点项目，贵州遵义市汇川区作为国家西部地区唯一文化消费试点区启动了试点项目。开展了县域文化产业发展“三个一工程”第二批示范项目巡检和第三批示范项目评选；与省有关部门共同筹办了首届中国（贵州）民族民间工艺品·文化产品博览会和贵州首届文化创意产业博览交易会。组织文创企业赴俄罗斯、韩国开展了创意精品展示展销；组团赴台湾考察文化创意产业；组织省内70多家企业在厦门举办了贵州第二届“文化创意产业培训班”。

2015年全省国家级文化产业示范基地共6个，其中单体企业5个，集聚类1个。国家级文化产业示范基地资产总额达到28.08亿元，共创造利润总额8891万元，经营面积达到75.55万平方米，获得国家级文化奖项数量25个，获得著作权、发明专利总数1个，向社会捐赠1367万元。

年末经国家认定的动漫企业4个，其中漫画创作企业1个，动画创作、制作企业3个。拥有知识产权数量2个，原创漫画作品3部，动画作品4部，网络动漫（含手机动漫）次数4235次，资产总额达5151万元。

## 六、文化遗产保护

贵州海龙屯土司遗址申遗成功，实现了贵州世界文化遗产零的突破；省人民政府核定公布了第五批省级文物保护单位 77 处；编制全国重点文物保护单位保护规划和方案 150 余项；开展大型基本建设工地考古调查及保护项目 26 个；编制文物“三防”项目立项报告和设计方案 84 个、可移动文物保护方案 15 个；开展了重点文物保护单位“四有”工作。省博物馆新馆基本建成，遵义会议纪念馆新陈列馆建成开馆。完成了传统村落文物保护单位基础数据调查测绘及首批 3 个村落保护工程总体方案；继续实施文化遗产保护“百村计划”。

年末全省共有文物机构 186 个。其中，文物保护管理机构 74 个，占 40%，博物馆 73 个，占 39%。年末全省文物机构从业人员 1986 人。其中高级职称 57 人，占 2.9%，中级职称 157 人，占 7.9%。

年末全省文物机构拥有文物藏品 14.24 万件。其中，博物馆文物藏品 9.53 万件，占文物藏品总量的 67%；文物商店文物藏品 1.99 万件，占 14%。文物藏品中，一级文物 699 件，占 0.5%；二级文物 2219 件，占 1.6%；三级文物 9107 件，占 6.4%。

全年全省文物机构共安排基本陈列 147 个，举办临时展览 106 个，接待观众 1712.98 万人次，比上年增长 23%。其中未成年人 438.26 万人次，增长 34%，占参观总人数的 26%。博物馆接待观众 1581.41 万人次，增长 22%，占文物机构接待观众 92%。

图4　2006年-2015年全省文物机构接待观众总人次及未成年人观众人次

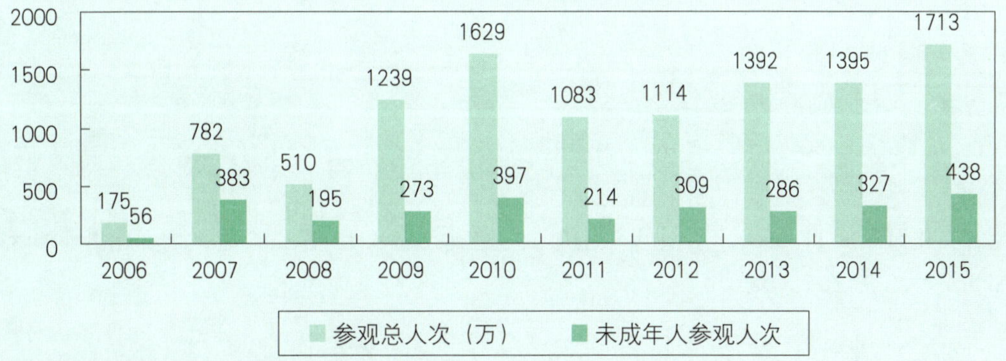


2015 年，文化部制定《国家级非物质文化遗产代表性传承人抢救性记录工作规范》，支持 268 位国家级非遗代表性传承人的抢救性记录，贵州省有 10 位国家级非遗代表性传承人被列为抢救性记录对象。省人民政府公布了第四批省级非物质文化遗产代表性项目 121 项（140 处）；推荐 48 人申报第五批国家级非物质文化遗产代表性项目代表性传承人；　为更好地保护传承和提升我省传统手工技艺，促进社会经济文化全面发展，我厅拟培养一批传统手工技艺传承人，省文化厅联合省经信委等五部门制定了《贵州省传统手工技艺助推脱贫培训计划（2016-2020 年）》。贵州省非遗博览馆建成并正式对外开放。截止 2015 年，全省共有人类非物质文化遗产代表作名录 1 项（侗族大歌），国家级名录 85 项 140 处，省级名录 561 项 653 处，市、州级名录 1000 余项，县级名录 4000 余项。有国家级传承人 57 名，省级传承人 402 名。国家级文化生态保护区 1 个，省级文化生态保护区 2 个。

## 七、对外和对港澳台文化交流

2015 年，省文化厅以项目实施带动促进文化交流与合作。全年对外及对港澳台文化交流共 25 起 366 人次，其中出访 20 起 286 人次，来访 5 起 80 人次。按照文化部安排组织赴泰国参加第 99 届北榄坡府农历新年游神盛会庆祝活动，共演出 12 场，观众达 13 万多人次。与莫斯科中国文化中心共同承办部省合作项目，举办了“2015 俄罗斯·多彩贵州文化年”系列活动，向俄方观众展示了多姿多彩的贵州。应曼谷中国文化中心邀请，贵州省黔剧院赴曼谷进行了庆祝中泰建交四十周年《风华黔韵》民族音乐演出。

## 八、文化资金投入

2015 年，中央财政继续实施“三馆一站”免费开放、非物质文化遗产保护、公共文化服务体系建设、国家重点文物保护等文化文物项目，我省积极向中央财政争取各类文化文物专项资金 7.16 亿元，比上年增长 8.5%。

图5　2010年-2015年中央转移支付文化文物项目资金

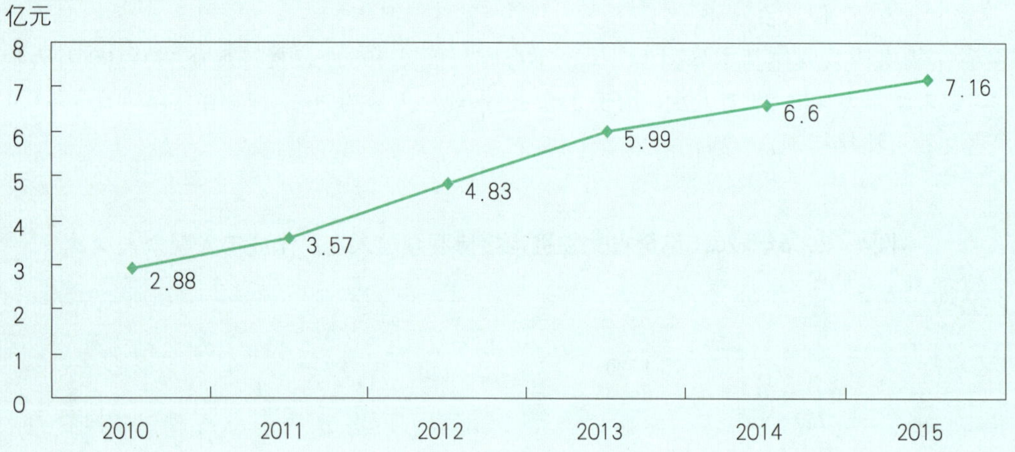


全年全省文化事业费 11.99 亿元，比上年增加 1.4 亿元，增长 13.2%；全省人均文化事业费 33.98 元，比上年增加 3.79 元，增长 12.6%。

图6　2006年-2015年全省人均文化事业费

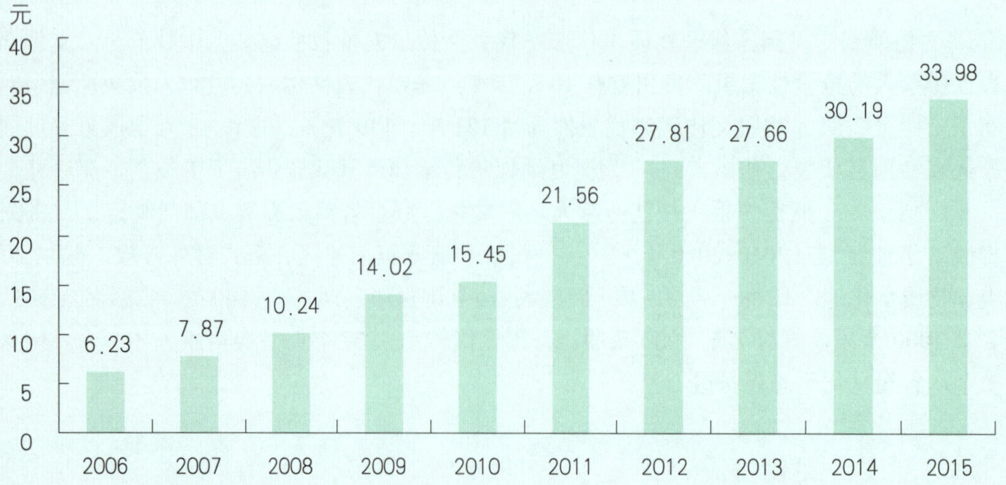

文化事业费占全省财政一般公共预算支出的比重为 0.31%，比重与上年持平。

2015 年全省财政支出中，文化体育传媒经费 61.37 亿元，比上年增长 12.2%，占财政支出的 1.57%，比重比上年提高了 0.02 个百分点。

图7　2006年-2015年全省文化事业费占当年财政支出比重

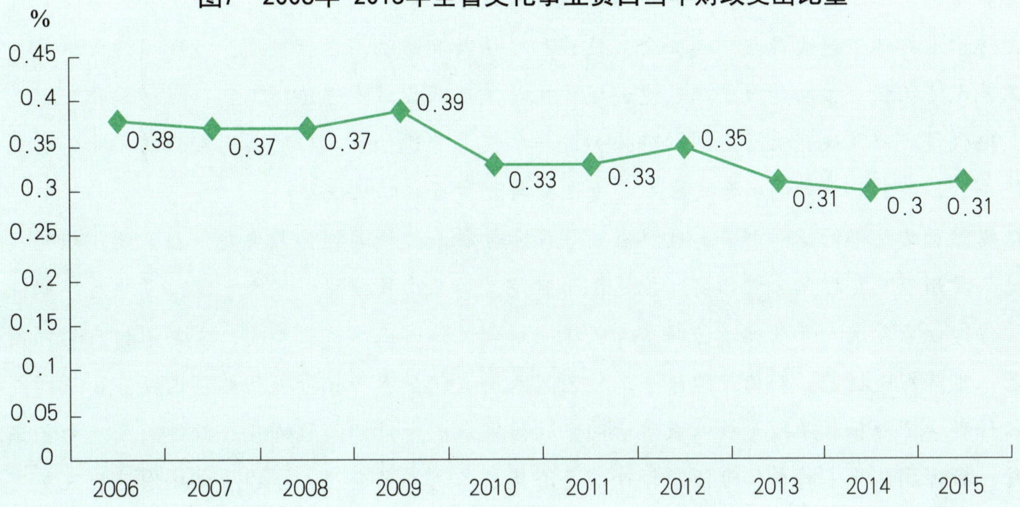


（贵州省文化厅）

## 贵州：提高传统手工艺传承人技艺创新非物质文化遗产保护方式

“中国非物质文化遗产传承人群研修研习培训计划”是今年文化部启动的一项提升非遗传承人群文化素养与工艺水平的新工程，目的是为了提升传统手工艺人的文化素养、审美和创意设计能力，有效扩大传承人群体，建设覆盖门类齐全、民族和地域特色鲜明、素养较高、创新力较强的优秀非遗传统手工艺人才队伍，推动传统手工艺走进现代生活、现代设计走进传统工艺，搭建起传统技艺与现代技术、现代设计以及现代生活之间的桥梁，进一步提高非遗传承人群的当代实践水平和传承能力，实现传统手工艺与创意设计的融合发展、非遗保护与致富百姓的双赢互利。

根据国家文化部的统一部署，按照省领导指示精神和文化部副部长项兆伦在贵州调研时提出的指导意见，贵州省文化厅结合贵州实际推选凯里学院、黔东南民族职业技术学院、贵州盛华职业学院三所学院作为试点学院，开展非遗传统手工艺振兴培训工作。三所试点学院，主要承担我省蜡染和枫香染技艺、银饰锻造技艺、刺绣等传统手工技艺艺人的文化素养和视野提升的培训任务。三所院校充分利用各种教学资源和教学理念投入教学活动，较好完成教学计划，取得良好教学效果。为保证培训工作质量，教师团队除主持单位专任教师外，还汇集了工艺美术专业、非物质文化遗产研究教育专家、大师、行业领袖。本次培训在课程设置上本着理论与实际相结合的原则，开设《蜡染符号文化解读》、《贵州历史文化》、《文化产品消费心理》、《贵州民族文化元素与现代设计理念融合案例》、《蓝花叙事》、《白描基础》、《素描基础》、《图案设计》等专业课程，还适当增加了非物质文化遗产法、非物质文化遗产条例等课程。

广大学员通过系统的培训，文化素养、审美能力、学习能力、创新能力得到一定程度的提升；传统手工艺的设计、制作水平也得到相应提高；学员创业积极性得到培养。同时，也为培养一批师资和提升广大非遗传统手工技艺者综合素质，提高其设计制作技艺能力，更好地保护传承和提升了贵州省非遗传统手工技艺，推出一批非遗手工艺精品品牌，增强其市场竞争力，拓宽群众脱贫致富渠道，促进社会经济文化全面发展奠定了基础。

# 云南省 2015 年文化发展情况分析

2015 年，云南省文化厅在省委、省政府和文化部的领导下，深入贯彻党的十八大和十八届三中、四中、五中全会精神，认真学习习近平总书记系列重要讲话和考察云南重要讲话精神，坚持社会主义先进文化前进方向，坚持以人民为中心的工作导向，全面贯彻落实省委、省政府和文化部的决策部署，努力践行“三严三实”和“忠诚干净担当”要求，积极推进文化体制改革，进一步转变职能，促进文化事业繁荣发展，“十二五”时期任务圆满收官，各项工作在继承中前行、在改革中推进、在创新中发展，全省文化改革发展取得新成效、实现新进展。

## 一、机构和人员

2015 年末，纳入统计范围的全省各类文化（文物）单位 14198 个，比上年末增加 433 个；从业人员 76532 人，增加 128 人。其中，各级文化文物部门所属行政事业单位 2302 个，增加 8 个；从业人员 18633 人，增加 288 人。

## 二、艺术创作演出

全省坚持正确创作导向，繁荣发展文化艺术，深入实施云南文化精品工程和云岭文化名家工程，积极创作弘扬社会主义核心价值观、反映社会正能量的文艺作品，与中国歌剧舞剧院合作完成歌剧《号角》创作排演并在京首演。各文艺院团分别创作排演了《天道行》、《乡谣》、《定西岭》、《护国忠魂》、《彝•歌》、《诺玛阿美》、《寻梦世外桃源》、《牡帕密帕》等一批新剧目。省花灯剧院创作演出的《走婚》入选中国戏剧节优秀剧目，云南文化艺术职业学院获第十九届中国少儿戏曲小梅花奖比赛金奖和银奖，省京剧院朱福获第 27 届中国戏剧“梅花奖”，完成省第十三届新剧目展演筹备工作，省直文艺院团开展“高雅艺术进校园”演出，继续实施优秀剧目巡演活动，在全省开展“深入生活、扎根人民”和文明共建、文化共享“结对子、种文化”主题实践活动。我省获国家艺术基金立项 17 项、资助资金 1286 万元，开展优秀舞蹈作品选拔，组织参加全国少数民族优秀声乐作品展演等系列国内重要赛事，开展“中华优秀传统艺术传承发展计划”戏曲专项扶持、“三个一批”戏曲剧本创作扶持等工作。举办了《画说云南—2015 云南省优秀美术作品》和《非遗画忆—云南非物质文化遗产》等 9 个展览，完成全省美术馆藏品普查工作，进一步加强美术收藏管理。

年末全省共有艺术表演团体 276 个，比上年末减少 8 个，从业人员 9243 人，增加 277 人。其中各级文化部门所属的艺术表演团体 85 个，占 30.8%，从业人员 3371 人，占 36.47%。

全年全省艺术表演团体共演出 4.57 万场，比上年减少 14.41%，其中赴农村演出 1.41 万场，减少 11.3%，赴农村演出场次占总演出场次的 30.85%，比重比上年提高 1.07 个百分点；国内观众 1939.96 万人次，减少 25.55%，其中农村观众 822.45 万人次，比上年减少 26.5%；总收入 77334 万元，比上年增长 1.61%，其中演出收入 32440 万元，增长 38.11%。

全年全省文化部门所属艺术表演团体共组织政府采购公益演出 0.36 万场，比上年增长 114.88%；观众 469.33 万人次，增长 160.05%。利用流动舞台车演出 1830 场次，观众 237.05 万人次。

**表 1　2014 年 –2015 年全省艺术表演团体基本情况**

| 年份 | 机构数（个） | 从业人员数（人） | 演出场次（万场） | 国内演出观众人次（万人次） | 总收入（万元） | |
|---|---|---|---|---|---|---|
| | | | | | | # 演出收入 |
| 2014 年 | 284 | 9866 | 5.34 | 2605.57 | 76107 | 23488 |
| 2015 年 | 276 | 9243 | 4.57 | 1939.96 | 77334 | 32440 |

年末全省共有艺术表演场馆 40 个，观众坐席数 15241 个。各级文化部门所属艺术表演场馆 17 个，观众坐席数 9990 个；全年共举行艺术演出 540 场次；艺术演出观众人次 26.64 万人次。

年末全省共有国有美术馆 6 个，比上年末增加 1 个，从业人员 42 人，增加 1 人。

## 三、公共文化服务体系建设

全省加快推进现代公共文化服务体系建设，促进公共文化服务标准化、均等化，组织起草《关于加快构建云南现代公共文化服务体系的实施意见》并以省两办名义印发，牵头建立跨部门的省级公共文化服务协调机制，启动我省基层综合性文化服务中心建设试点工作。认真贯彻落实政府向社会力量购买公共文化服务要求，组织起草《向社会力量购买公共文化服务的实施意见》。基层公共文化设施不断完善，完成楚雄州第二批国家公共文化服务体系示范区建设制度设计课题并通过省级验收，组织曲靖市申报创建第三批国家公共文化服务体系示范区，完成 2015 年新建 100 个文化惠民示范村（社区）任务，全省公共图书馆、文化馆达标率分别达到 80% 和 69%。

### （一）公共图书馆

年末全省共有公共图书馆 151 个。其中少儿图书馆 3 个。年末全省公共图书馆从业人员 1826 人，比上年末增加 22 人。其中具有高级职称的人员 302 人，占 16.54%；具有中级职称的人员 798 人，占 43.7%。

年末全省公共图书馆实际使用房屋建筑面积 35.63 万平方米，比上年末增长 4.18%；图书总藏量 1944.22 万册，增长 4.29%，其中古籍 95.74 万册；电子图书 1697.97 万册，增长 19.19%；阅览室座席数 26255 个，减少 4.37%；计算机 7335 台，增长 22 台；供读者使用的电子阅览终端 5235 台。完成全省文化信息资源共享工程（农文网培训学校）、公共电子阅览室、数字图书馆、边疆万里数字文化长廊年度建设任务，全省文化共享工程地方资源总量达 16.9TB，数字图书馆资源总量达 44.6TB，公共文化服务能力迅速提升。

年末全省平均每万人拥有公共图书馆建筑面积 75.15 平方米；全省人均图书藏量 0.41 册；全年全省人均购书费 0.57 元。

全年全省公共图书馆发放借书证 44.45 万个，比上年增长 9.13%；总流通人次 1222.57 万，增长 1.04%。书刊文献外借人次 534.13 万，增长 0.79%；外借册次 1071.66 万，增长 20.12%。全年共为读者举办各种活动 4228 次；参加人次 197.89 万。

### （二）群众文化机构

年末全省共有群众文化机构 1564 个，比上年末增加 6 个。其中乡镇综合文化站 1302 个，增加 7 个。年末全省群众文化机构从业人员 7198 人，比上年末增加 323 人。其中具有高级职称的人员 288 人，占 4%；具有中级职称的人员 1113 人，占 15.46%。

年末全省群众文化机构实际使用房屋建筑面积 105.56 万平方米，比上年末增长 2.64%；藏书 601.93 万册，增长 3.52%；计算机 16474 台，增长 4.99%；对公众开放的阅览室 2.71 万平方米，减少 23.98%。年末全省平均每万人群众文化设施建筑面积 222.62 平方米。

全年全省群众文化机构共组织开展各类文化活动 52071 场次，比上年增长 5.19%；服务人次 2109.75 万人次，增长 6.63%。

**表 2　2015 年全省群众文化机构开展活动情况**

| | 总量 | | 比上年增长（%） | |
|---|---|---|---|---|
| | 活动次数（万次） | 服务人数（万人次） | 活动次数 | 服务人次 |
| **各项活动总计** | **52071** | **2109.75** | **5.19** | **6.63** |
| 其中：展览 | 5205 | 412.96 | 0.44 | -13.55 |
| 文艺活动 | 30717 | 1553.20 | 5.57 | 17.04 |
| 公益性讲座 | 613 | 8.38 | 24.09 | -52.43 |
| 训练班 | 15536 | 135.21 | 5.49 | -7.21 |

年末全省群众文化机构共有馆办文艺团体 351 个，演出 7698 场，观众 350 万人次。由文化馆（站）指导的群众业余文艺团体 27042 个，馆办老年大学 36 个。

## 四、文化市场

认真贯彻落实文化部“先照后证”改进文化市场行政审批工作要求，修订完善《云南省文化市场行政许可办事指南及规范性文书》并下发全省贯彻实施，进一步加大简政放权力度，简化审批程序，规范审批行为，放宽市场准入门槛，激发市场活力。全省文化市场通过培育和有效管理，营造了公平有序的文化市场环境，努力推动云南文化市场安全、健康、有序发展。

截止 2015 年底，我省有各类文化市场经营机构 11933 个，其中：文艺表演团体 212 家、演出场所经营单位 35 家、演出经纪机构 55 家、娱乐场所 6799 家、互联网上网服务营业场所（网吧）4734 家、经营性互联网文化单位 13 家、艺术品经营机构 85 家，从业人员 59764 人，资产总计 102.73 亿元，营业总收入 50.96 亿元，营业利润 11.98 亿元，上缴税金 2.32 亿元，经营面积 159.6 万平方米。

### （一）农村文化市场量多质少

农村文化市场发展迅速，县级及县以下文化市场经营机构数占全省机构数的 69.38%，但规模相对较小，资产总计仅占全省文化市场经营机构总资产的 50.29%。

**表 3　2015 年全省县级及县以下文化市场所比重**

| | 县级及县以下市场情况 | 全省文化市场情况 | 所占比重（%） |
|---|---|---|---|
| 机构数（个） | 8279 | 11933 | 69.38 |
| 从业人员（人） | 32956 | 59764 | 55.14 |
| 资产总计（万元） | 516646 | 1027298 | 50.29 |
| 营业收入（万元） | 221197 | 509648 | 43.40 |

（二）网吧市场经营呈下滑态势

从数据上看，机构增长较快的主要是互联网上网服务营业场所，比上一年新增机构数 933 个，其主要原因是我省深入贯彻落实国务院关于深化行政审批制度改革和转变政府职能的要求，根据《公安部、工业和信息化部、文化部、国家工商行政管理总局关于开展无照经营网吧整治工作的通知》（公信安〔2013〕2042 号）精神，在坚决取缔无照经营网吧的同时，适当放宽总量，改进网吧区域布局和准入政策，进一步规范网吧市场秩序，促进了网吧行业健康有序发展。

图1 2014、2015年互联网上网服务营业场所数据对比

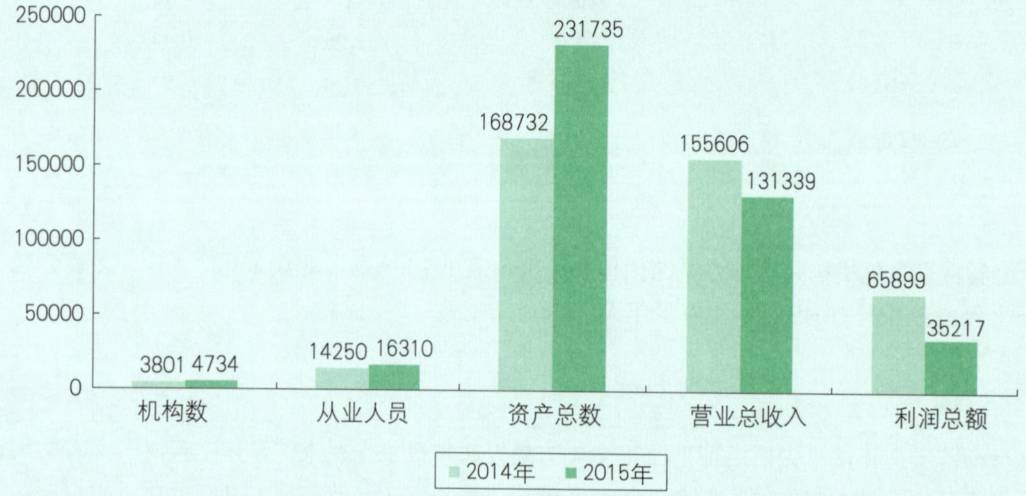


新设立的网吧投资规模更大、环境更好，但整个网吧行业经营状态不佳，营业收入和营业利润比上一年度大幅减少，特别是利润总额，比 2014 年减少了 46.56%，且处于暂停营业的单位较多，可见网吧市场经营不景气。

（三）游戏游艺经营场所经营困难

我省游戏游艺经营场所大部分经营规模小、设施设备落后简陋，近年来，大部分经营单位长期处于停业状态，主要原因是：一是高校的搬迁导致经营场所分布散乱、经营状况不佳；二是大规模城中村和旧城改造，企业没有固定经营场所，被迫关闭或暂停营业；三是规模小、质量低、不具备竞争力而无法正常经营；四是经营的机型机种不合格，导致被公安机关大面积强制关停。

## 五、文化产业与文化科技

加大扶持力度，促进文化产业发展。继续推进全省藏羌彝等民族聚居地区文化与生态、旅游的融合发展，迪庆州德钦梅里雪山传统古村落传承保护及文化旅游建设项目、丽江中国纳西文化传承基地、丽江宋城旅游区被列为 2015 年国家藏羌彝走廊文化产业重点项目。丽江玉龙雪山印象旅游文化产业有限公司、云南汇通古镇文化旅游开发集团有限公司入选第六批国家文化产业示范基地，全省国家文化产业示范基地达到 10 家。制定印发《云南省文化厅关于推进文化创意和设计服务与相关产业融合发展的实施方案》，以“互联网 +”为抓手，继续扶持以动漫为代表的创新型文化企业发展，联合省级有关部门对全省 9 家国家级动漫认证企业进行实地检查年审，完成全省动漫企业年度初审认定上报。推进文化与金融合作，不断激发文化领

域创业创新活力

## 六、文化遗产保护

加强文化遗产保护传承，大力弘扬民族优秀传统文化。2015 年，云南文物保护和利用水平得到全面提升。祥云大波那古墓群考古发掘被评为“2014 年度全国十大考古新发现”，文物考古夏令营活动荣获第三届中国公共考古论坛一等奖，安宁曹溪寺宝华阁文物保护工程荣获护 2014 年度全国十佳文物维修工程”，以上奖项的获得，表明云南的文物考古、维修和利用水平处于全国前列。制定和落实了 132 项国家级文物保护单位和 332 处省级文物保护单位中木构件文物“一项一策” 的文物安全消防制度，使云南重要文物保护的消防安全制度得以落到实处。加快推进景迈山古茶林申报世界文化遗产，完成景迈山古茶林申报世界文化遗产申报文本和规划文本的编制工作并正式提交国家文物局，制定景迈山古茶林民居维修、环境整治和民居加固技术导则，指导景迈山古茶林管委会开展原状保护提升改造两种民居维修整治样板房的设计和实施工作，开展翁基村民居整治和功能改善工程，推进景迈山民居村落的维修改造。目前我省世界遗产数达到全国世界遗产数的 1/9，迈入世界遗产大省行列。继续组织申报第二批中国传统村落整体保护项目和第三批中国传统村落保护名单，目前我省共有中国传统村落 502 个，数量位居全国第一。开展了云南滇西抗战文物及滇缅公路遗迹的资源调查，为滇西文物的保护、利用和宣传提供支持。启动云南茶马古道保护规划编制工作，为茶马古道的整体保护和展示利用提供技术支撑。实施省级文物保护项目 85 个，使这些濒危文物得到有效保护 。颁布试行《云南省全国重点文物保护单位保护工程审批管理暂行规定》，进一步规范文物保护工程管理。

截止 2015 年末，全省共有文物机构 219 个。其中，文物保护管理机构 124 个，占 56.62%，博物馆 86 个，占 39.27%。年末全省文物机构从业人员 1855 人，比上年末减少 49 人。其中高级职称 225 人，占 12.13%，中级职称 621 人，占 33.48%。

年末全省文物机构拥有藏品 1301043 件，比上年末减少 43877 件，减少的主要原因是经可移动文物普查重新认定后文物藏品数量发生变化。其中，博物馆藏品 1206919 件，占总藏品的 92.77%；文物藏品中，一级文物 968 件，占 0.07%；二级文物 2272 件，占 0.17%；三级文物 17957 件，占 1.38%。全省文物机构基本陈列 298 个，举办临时展览 243 个，接待观众 2205.65 万人次，比上年增长 3.68%。其中未成年人 570.02 万人次，减少 18.84%，占参观总人数的 25.84%。博物馆接待观众 1700.37 万人次，增长 1.29%，占文物机构接待观众 77.09%。

云南是中国非遗保护的试点省份，抢救性保护、整体性保护的重点区域，保护工作任务繁重。目前，拥有国家级名录 105 项，省级名录 285 项（含 66 个省级传统文化生态保护区），州（市）级名录 2778 项，县（区）级名录 5422 项；国家级传承人 69 名，省级传承人 1016 人，州（市）级传承人 970 名，县（区）级传承人 1853 名；2 个国家级文化生态保护区、4 个国家级项目生产性保护示范基地、28 个省级非遗保护传承基地。2015 年，组织举办第九届全省民族民间歌舞乐展演，开展了非遗代表性项目整体保护规划和云南民族传统文化生态保护区规划编制，23 个保护区规划通过评审。完成 12 项非物质文化遗产国家级名录项目、1 项省级非物质文化遗产名录项目和 30 名省级传承人的抢救性记录拍摄及入库工作。成功举办 2015 年文化遗产日系列主题宣传活动。云南艺术学院列为非遗传承人群全国首批培训试点单位，完成《中国非物质文化遗产普查报告 • 云南卷》编写。

据初步统计，年末全省共有非物质文化遗产保护机构 141 个，从业人员 619 人。全年全省非物质文化遗产保护机构共举办展览 600 次，比上年增长 3.81%，接待观众 228.48 万人次，比上年增长 44.38%；举办演出 1039 场，观众 199.62 万人次，分别比上年增长 1.17% 和 34.11%；举办民俗活动 727 次，比上年降低 2.02%，观众 292.66 万人次，比上年降低 38.78%；举办培训班 1086 次。

## 七、对外和对港澳台文化交流

2015 年全省共派出文化交流团组及个人 26 起 475 人次分别前往 21 个国家和地区开展对外和对港澳台文化交流活动，接待外来文化交流团组及个人 5 起 35 人次。与马耳他中国文化中心开展为期一年的文化交流年度合作，共组派 6 个团组赴马耳他开展文化交流。组织“驻华使节探寻茶马古道”活动。文山州民族艺术团赴格林纳达参加中格复交系列庆祝活动，红河州《哈尼古歌》参加 2015 年意大利米兰世博会，云南文化遗产代表团赴德国参加第 39 届世界遗产大会。

## 八、文化资金投入

全年全省文化（文物）事业费 23.20 亿元，比上年增加 4.37 亿元，增长 23.21%；其中文化事业费 19.12 亿比上年增加 3.6 亿元，文物事业费亿元 4.08，比上年增加 0.77 亿元。

图2　2007年-2015年全省文化(文物)事业费财政投入情况

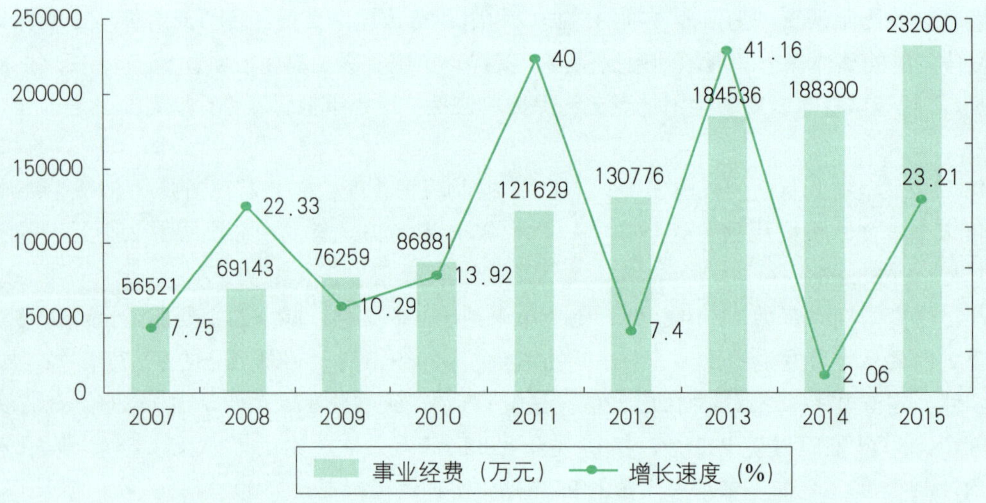


文化事业费占财政总支出的比重为 0.41%，比重比上年降低 0.01 个百分点。

分地区看，文化（文物）事业费财政拨款增长幅度达到和超过全省平均水平的州市有 11 个，其中普洱市由于景迈山古茶林非遗申报资金的投入增幅达到 99.05%，玉溪市为负增长，基本保持了事业费投入的稳定，事业费财政投入进一步向基层倾斜。

表 4 2014、2015 年各州市文化（文物）事业费财政拨款对比情况

| 地区 | 2014 年度（千元） | 2015 年度（千元） | 本年比上年增减绝对额（千元） | 本年比上年增减百分比（%） |
|---|---|---|---|---|
| 玉溪 | 184514 | 148425 | -36089 | -19.56 |
| 省级 | 274745 | 276181 | 1436 | 0.52 |
| 临沧 | 56705 | 58876 | 2171 | 3.83 |
| 丽江 | 70565 | 77741 | 7176 | 10.17 |
| 保山 | 77455 | 88288 | 10833 | 13.99 |
| 楚雄 | 115618 | 138684 | 23066 | 19.95 |
| 云南 | 1883270 | 2320415 | 437145 | 23.21 |
| 昆明 | 247015 | 317606 | 70591 | 28.58 |
| 迪庆 | 101363 | 134362 | 32999 | 32.56 |
| 版纳 | 46092 | 61209 | 15117 | 32.80 |
| 红河 | 163850 | 222673 | 58823 | 35.90 |
| 大理 | 145083 | 197773 | 52690 | 36.32 |
| 曲靖 | 103840 | 142192 | 38352 | 36.93 |
| 文山 | 80349 | 112738 | 32389 | 40.31 |
| 昭通 | 53729 | 75558 | 21829 | 40.63 |
| 怒江 | 30731 | 43813 | 13082 | 42.57 |
| 德宏 | 50651 | 75003 | 24352 | 48.08 |
| 普洱 | 75002 | 149293 | 74291 | 99.05 |

全省人均文化事业费 40.56 元，比上年增加 5.56 元，增长 15.2%，仍未达到全国 49.68 元的平均水平，在全国位列第 20 位，在西部 10 省区中仅高于贵州省位列第 9 位。加大对文化扶持的投入力度仍然是各级政府应高度关注的事情。

（云南省文化厅）

## 云南：强化政策措施　做好文化遗产管理

近几年来，云南文物资源普查和认定工作成效显著、文物保护项目和经费申报数额大幅增加、经费使用和管理制度建设不断完善，文物保护项目经费使用管理工作规范有效。

### 一、文物资源普查和认定工作成效显著

经过2007年至2013年开展的云南第三次文物普查，全省不可移动文物由5300处增加到14704处；不可移动文物中有各级文物保护单位4205项（数量占全国79254项的5.3%），比2010年的2047项增加了一倍。2013年以来，积极认定和公布各级文物保护单位，使云南的全国重点文物保护单位达到132项，省级文物保护单位达到332项，州市级文物保护单位619项，县级文物保护单位3122项。2013年，红河哈尼梯田成功入选世界文化遗产，使云南省现有世界遗产达5处，数量名列全国第二，跨入世界遗产大省行列。公布各级历史文化名城（村、镇）81处，占全国1200处的6.75%，数量居全国前列；申报中国传统村落502个，占全国2555处的19.65%，数量位居全国第一。

### 二、文物保护项目和经费申报数额大幅增加

“十二五”期间，中央财政投入云南文物保护经费9.19亿，实施了226个文物保护项目；云南省级财政投入云南文物保护经费2.07亿元，实施了 543个文物保护项目，确保了云南省级文物保护单位得到基本保护。2014年，申请落实国家文物保护项目经费2.8亿、省级文物保护专项经费8000万元；2015年，申请落实国家文物保护项目经费2.3亿、省级文物保护专项经费1亿元，保护项目和经费数额比往年大幅增加。2015年，省级财政首次安排省级文物保护单位消防专项经费2000万元，建立和实施了“一项一策”文物消防制度，为云南省级文物保护单位的安全消防工作提供了资金保障。

### 三、文物保护经费管理法规建设不断完善

2010年，编制了《云南省文物保护项目及经费需求“十二五”规划》，涉及全国重点文物保护单位和省级文物保护单位保护项目797个，经费21.55亿，基本理清了“十二五”期间我省文物保护工作的基本状况和经费需求。2013年以来，公布实施《云南省级文物保护项目经费管理办法》、《云南省文物保护工程勘察设计方案评审要求》、《云南省全国重点文物保护单位文物保护工程审批和管理暂行规定》、《云南省文物维修工程评标办法》等一系列文物维修管理的法规性文件，对云南省重点文物保护单位保护维修的项目立项、方案审批、工程招标、质量检查以及竣工验收工作做出了规定，有效地规范了云南的文物维修工程管理工作。

### 四、开展文物保护维修项目的专项检查

在2015年，组织开展文物保护工程和考古发掘工地检查和“云南省文物保护项目专项督查”工作，在项目实施各环节加强管理和监督，对文物维修重大项目严格实施开工前的技术交底、工程中的工地检查和完工后的竣工验收，加强对文物维修保护工程的规范管理；联合云南省公安消防总队，组织开展云南省全国重点文物保护单位和省级文物保护单位“一项一策”消防安全制度落实情况督查工作，对重大文物消防设施建设工程项目实施工程中的工地检查和完工后的竣工验收。

# 西藏自治区 2015 年文化发展情况分析

2015 年是自治区成立 50 周年的大庆之年，是学习贯彻中央第六次西藏工作座谈会精神的第一年，也是实施“十二五”规划的决战之年。一年来，在区党委、政府的坚强领导下，在自治区有关部门的大力支持下，全区各级文化部门和广大文化工作者认真学习贯彻党的十八大、十八届五中全会、中央第六次西藏工作座谈会和区党委八届七次八次全委会精神，紧紧围绕党和政府中心工作，按照年初确定的任务和要求，积极推进各项工作，全区文化工作呈现出主题鲜明、重点突出、多点开花、全面发展的特点，取得了显著成效。

## 一、机构和人员保持平稳

2015 年末，全区文化系统人员队伍建设有了较快发展，机构逐步健全，全区共有各类文化机构 1036 个，比 2014 年增加 3 个，增长 0.3%；从业人员 6281 人，比 2014 年增加 728 人，增长 11.6% 。增长主要原因：2015 年全区部分地（市）乡镇综合文化站增加人员编制。

## 二、经费投入显著提升

2015 年文化事业经费财政总投入 9.65 亿元，文化经费投入占财政支出的 0.6 比重逐年提高。

表 1　2013 年—2015 年文化经费投入占财政支出情况

| 年份 | 财政支出（亿元） | 从业人员（人） | 文物藏品（万件） |
|---|---|---|---|
| 2013 年 | 1033 | 4.45 | 0.4 |
| 2014 年 | 1185 | 7.24 | 0.4 |
| 2015 年 | 1427 | 9.65 | 0.6 |

从文化资金的投入情况可以看出，2015 年全区文化事业费 96500 万元，其中：财政拨款 95891 万元，占全区文化事业费的 99.36%，事业收入 339 万元，其他收入 202 万元，经营收入 68 万元，以此可以看出我区的文化投入基本是国家投入。

**表 2　2015 年财政投入情况表**

单位：万元

| | 艺术表演业 | 艺术表演场馆 | 图书馆 | 群众文化服务机构 | | 文化行政管理部门 | 艺术科研机构 | 其他文化事业单位 | 合计 |
|---|---|---|---|---|---|---|---|---|---|
| | | | | 群艺馆\文化馆 | 乡镇文化站 | | | | |
| 拉萨市 | 2359 | 105 | 160 | 671 | 368 | 5041 | | | 8704 |
| 林芝地区 | 1268 | | 427 | 618 | 1464 | 2836 | | | 6613 |
| 山南地区 | 2483 | 1267 | 713 | 2040 | 2943 | 8421 | | | 17867 |
| 那曲地区 | 1376 | | 176 | 591 | 3830 | 2255 | | | 8228 |
| 阿里地区 | 1204 | | 183 | 797 | 331 | 6151 | | | 8666 |
| 日喀则地区 | 2456 | 188 | 310 | 1090 | 6167 | 3976 | | | 14187 |
| 昌都地区 | 2118 | | 562 | 756 | 670 | 3868 | | | 7974 |
| 自治区本级 | 9591 | | 5047 | 2163 | | 5910 | 478 | 1072 | 24261 |
| 合计 | 22855 | 1560 | 7578 | 8726 | 15773 | 38458 | 478 | 1072 | 96500 |
| 占全部投入的 % | 23.68 | 1.61 | 7.85 | 9.04 | 16.34 | 39.85 | 0.49 | 1.11 | |

| | 本年收入合计 | | | | | | 本年支出合计 | |
|---|---|---|---|---|---|---|---|---|
| | 财政拨款 | 事业收入 | 演出收入 | 经营收入 | 其他收入 | 合计 | 基本支出 | 项目支出 |
| 艺术表演团体 | 22597 | 150 | | 68 | 40 | 22855 | 19919 | 1379 |
| 艺术表演场馆 | 1371 | 189 | | | | 1560 | 1447 | 107 |
| 图书馆 | 7578 | | | | | 7578 | 2873 | 2225 |
| 群众文化服务机构 | 24329 | 8 | | | 162 | 24499 | 21271 | 1322 |
| 文化行政管理部门 | 38458 | | | | | 38458 | 19062 | 19297 |
| 艺术科研机构 | 478 | | | | | 478 | 503 | |
| 其他文化事业单位 | 1072 | | | | | 1072 | 892 | 20 |
| 合计 | 95891 | 339 | | 68 | 202 | 96500 | 65967 | 24350 |

从文化事业费支出结构情况看：基本支出 6.59 万元，占全区文化事业费财政投入 68%，文化专项支出 2.4 万元，占全区文化事业费财政投入的 25.23%，表明文化事业费主要用于支付人员费用，直接用于业务活动的经费仍然比较紧张。

## 三、文化设施增量提质

“十二五”文化设施建设项目圆满收官，顺利实现乡乡有综合文化站、53% 的县民间艺术团有排练场的目标。完成了自治区群艺馆、图书馆改扩建和那曲地区图书馆新建，山南地区图书馆和博物馆新建，昌都市图书馆改扩建和博物馆新建项目。落实了地市级 6 个图书馆、群艺馆改扩建项目资金。争取国家投入近 3000 万元，启动山南、林芝、拉萨市边疆万里数字文化长廊建设项目。争取自治区投入 2850 万元，安排 39 个县民间艺术团排练场设备和那曲、山南、日喀则图书馆内部设备。为 36 个县配备了流动图书车，实现了县级流动图书车全覆盖。

## 四、提高效能，扩大覆盖，促进公共文化服务体系建设见成效

深入贯彻落实《西藏自治区贯彻落实〈关于加快构建现代公共文化服务体系的意见〉的实施意见》和文化部等七部委印发的《“十三五”时期贫困地区公共文化服务体系建设规划纲要》精神，强化公共文化服务体系标准化、均等化建设的思路和措施，显著提升公共文化产品和服务供给能力。显著提升公共文化设施使用率，提高群众参与率和服务满意率。

### （一）公共图书馆服务能力进一步提高

2015 年我区 79 个公共图书馆，从业人员 187 人。藏书总量 162.1 万册，较上年增加 35.9 万册，增长 29.5%，人均拥有公共图书馆藏书籍 0.54 册。当年购买报刊种类 3.135 种，读者总流通人次 20 万人次，人均图书购置经费 0.7 元。全区 78 个县配备流动图书车。完成那曲、山南、日喀则、昌都、林芝图书馆（新改扩）建设。

**表 3　2013 年—2015 年公共图书馆事业情况**

| 年份 | 机构数（个） | 总藏书量（万册） | 从业人员数（人） | 营业总收入（万元） | 营业利润（万元） |
|---|---|---|---|---|---|
| 2013 年 | 78 | 100.0 | 0.4 | 30475 | 0.33 |
| 2014 年 | 78 | 125.2 | 0.4 | 36075 | 0.41 |
| 2015 年 | 79 | 162.1 | 0.7 | 39403 | 0.50 |

### （二）丰富群众文化

继续抓好群众文化活动的组织工作，推动实现“一县一品”，促进“一乡一品”，充分组织和调动群众参与文化建设、享受文化建设成果的积极性和创造性。市间和各县间的交流与合作。加强公共数字文化建设，加强县乡村服务点建设和管理使用工作，完善数字文化服务网络。山南、拉萨、林芝三个地市要加快推进边疆数字文化长廊建设项目，进一步提升乡镇基层服务点服务条件，建成一批村级文化驿站。

**表 4　2015 年群众文化业情况主要指标**

| | 举办展览个数（个） | 组织文艺活动次数（次） | 举办训练班班次（次） | 培训人数（万次） |
|---|---|---|---|---|
| **总计** | **715** | **5575** | **1858** | **12.2** |
| 群众文化馆 | 35 | 297 | 303 | 4.5 |
| 活动中心 | 186 | 1556 | 333 | 2.6 |
| 乡镇文化站 | 494 | 3722 | 1222 | 5.1 |

2015 年全区 774 个群众文化服务业，从业人员 2824 人。其中：自治区级 1 个，地市级 7 个，县级文化活动中心 74 个，乡镇文化站 692 个。组织文艺活动 5575 次，举办展览 715 个、举办各类训练班 1858 班次，培训 12.3 万人。

## 五、加强保护，合理利用，推动文化遗产保护上水平

完善非遗地市和县级名录，命名第一批自治区级珍贵古籍和古籍重点保护单位。全面启动戏曲普查工作，对以藏戏为重点的戏曲剧种名称、艺术渊源、流传地区、演出团队、代表人物、生存现状等方面进行全面普查，力争年内完成普查任务。继续实施国家级非遗传承人抢救性记录工程。加强全区古籍普查收尾工作，完成全区面上普查任务。

2015 全区 8 个非物质文化遗产保护中心，113 个传习所，323 个非物质文化遗产名录，其中：国家级 89 个、省级 234 个，代表性传承人 350 人，其中：国家级 68 人，省级 282 人。自治区政府命名 65 个民间文化艺术之乡，4 个乡入选中国民间文化艺术之乡。藏戏、格萨尔 2 项入选联合国教科文组织“人类非物质文化遗产代表作名录”。

## 六、加强培育，强化监管，着力推动现代文化市场

2015 年，全区共有文化市场经营单位 847 家，比上年减少 24 家。从业人员 6382 人；比上年增加 327 人。其中娱乐场所 408 家，网吧经营机构 362 家，文艺表演团体 5 家。积极推进文化市场技术监管和服务平台建设，设置区、地、县三级平台用户 78 个。加强了文化娱乐市场演出人员管理和各类商业演出内容审查，监管水平进一步提高。制定实施《西藏自治区娱乐场所演出人员管理办法》，与全区 771 家娱乐场所、网吧签订了《政治安全责任书》，为 539 名社会演员办理了《上岗证》。基本建成了全区文化市场技术监管与服务平台，完成 775 家文化经营主体的录入工作，激活率达到 93.72%。

## 七、着力繁荣文艺创作和演出

2015 年，我们把深入学习贯彻习近平总书记在文艺座谈会上的重要讲话精神和中共中央《关于繁荣发展社会主义文艺的意见》作为首要任务，进一步加强对文艺创作的引导，大力开展爱国主义和现实题材文艺创作，加强演出和交流，取得了丰硕成果。全区专业文艺团体和各县民间艺术团创作各类文艺作品 1000 余件。其中，50 大庆主题晚会《中国梦•雪域欢歌》、民族舞剧《太阳的女儿》、驻村题材话剧《守望左旋柳》、爱国主题话剧《共同家园》、新编藏戏《朵雄的春天》等一批重点剧目顺利搬上舞台，得到广泛好评。特别是《太阳的女儿》、《朵雄的春天》、《共同家园》在全国 4000 多个优秀剧目的竞争中，成功入选国家艺术基金资助项目，并先后通过文化部结项验收。

**表 5　2013 年 –2015 年艺术业情况主要指标**

| 项目 | 机构数（个） | 从业人员（人） | 新剧目首演（个） | 演出场次（万场） | 其中：到农村演出场次 | 到农村演出场次比重 (%) | 观众人数（万人） |
|---|---|---|---|---|---|---|---|
| 2013 年 | 78 | 2292 | 24 | 0.4 | 0.3 | 75 | 252 |
| 2014 年 | 85 | 2365 | 26 | 0.5 | 0.3 | 60 | 410.7 |
| 2015 年 | 85 | 2345 | 16 | 0.5 | 0.4 | 60 | 389.8 |

## 八、积极推动特色文化产业发展

2015 年，我们把推动文化产业与旅游、金融等相关产业融合发展作为首要任务，完成第三批自治区级文化产业示范基地和第二批自治区级文化产业示范园区评选命名工作，自治区级文化产业示范基地（园区）总量突破 30 家，形成四级评选命名管理体系。24 个项目获 4300 余万元的自治区文化产业发展专项资金扶持。批准成立了国内首个“藏民族音乐产业基地”启动了藏羌彝文化产业走廊 18 个重点项目建设。其中，西藏文化旅游创意园区进入实质运营阶段，并名列“2015 年中国文化产业园区 100 强”第 42 位。《文成公主》、《寻找香巴拉》、《江孜印迹》等重点演艺项目运营状况不断优化。

## 九、努力深化对外文化交流

2015 年，我们把深化对外文化交流作为推动西藏文化“走出去”的重要抓手，积极配合国家总体外交，先后派出 3 个团组 30 余人次赴法国、台湾等国家和地区进行文艺演出等文化交流活动。深化与尼泊尔的交流合作，邀请尼泊尔中国文化中心优秀学员到我区开展文化交流活动。配合接待国外团组 30 多个。加强“中国西藏・扎西德勒”品牌建设，积极建立对外文化交流项目库。

2015 年，我区文化工作呈现出重点突破、亮点纷呈、整体推进的喜人景象。特别是在事关文化长远发展的体制机制创新、基层队伍发展、设施网络建设等方面取得了显著成果。

我区文化建设迈入了全面、协调、可持续发展的崭新道路，取得了前所未有的巨大发展成果，在实现我区由文化资源大区向文化发展强区转变，建设重要的中华民族特色文化保护地的征程上迈出了具有重要意义的一大步。但由于起步晚、底子薄、欠账多，受特殊的地理位置、社会历史和经济发展水平等各种因素影响和制约，西藏文化工作还存在政策保障体系不完备、文化设施网络亟待完善、公共文化服务覆盖有限、优秀文化产品供给不足、文化产业发展较慢，文化带动形成新的经济增长点的作用急需提升，满足各族人民日益增长多样化精神文化需求任务更加紧迫等困难和问题。这些问题在很大程度上制约了我区文化发展，影响了西藏由文化资源大区向文化发展强区的快速转变，需要我们在今后的工作中深入思考、认真研究、着力解决。

（西藏自治区文化厅）

## 西藏：文化建设稳步推进

一是抓好《规划》出台和文化援藏会议筹备。协调国家有关部委和自治区相关单位，进一步落实“十三五”文化建设重点项目的落地工作。积极对接，全力筹备第五次全国文化援藏会议，确保会议取得实效。扎实推进文化扶贫。

二是全力提升公共文化服务水平。着力推进国家和自治区加快构建现代公共文化服务体系相关文件贯彻落实，实施一批新设置乡镇文化站和县民间艺术团排练场所等重点建设项目。推动县乡文化设施和管理服务逐步达到国家标准。加强公共数字文化建设，健全数字文化服务网络。继续加强以拉萨为重点的公共文化服务体系示范区创建工作。

三是集中资源打造文艺精品。以第十一届中国艺术节和第五届全国少数民族文艺调演为契机，重点打磨好精品艺术剧节目，力争拿大奖。围绕党的治藏方略在西藏成功实践，推出一批有筋骨、有道德、有温度的文化精品力作。借助“中国西藏文化周、欢乐春节”等重大外事平台，继续打造“中国西藏扎西德勒”对外文化交流品牌。

四是推进文化遗产保护。推动非遗专项规划的完善，深入推动藏医药申遗工作。实施非遗传统工艺振兴计划，启动第五批自治区级非遗项目申报，举办唐卡传承人群普及培训研习研修。加快古籍普查登记和珍贵古籍数字化建设。

五是加快特色文化产业发展。协助办好第三届“藏博会”，推进首届丝博会参展工作。促进文化与旅游、科技、金融产业等的有机融合。实施“藏羌彝文化产业走廊”等项目，加大骨干文化企业培育力度，推动国有文化企业把社会效益放在首位，实现社会效益和经济效益相统一。

六是持续加大文化市场监管。坚决抵御和打击十四世达赖集团的“反宣渗透”，抵制有害文化，绝对确保意识形态和国家文化安全。继续推动上网服务、歌舞娱乐行业转型升级。加快《西藏自治区娱乐场所管理条例》完善修订进度。完善市场准入和退出机制，推动审批便利化、规范化、透明化。

# 陕西省2015年文化发展情况分析

2015年，在省委、省政府的正确领导下，省文化厅深入贯彻落实党的十八大和十八届三中、四中、五中全会精神，以习近平总书记系列重要讲话特别是在文艺工作座谈会上的讲话和来陕视察重要讲话精神为指引，认真贯彻落实《关于繁荣发展社会主义文艺的意见》，以业务建设为中心、以制度建设为保障、以目标考核为抓手、以人才队伍建设为动力、以重大文化项目建设为突破口，全面筹备第十一届中华人民共和国艺术节，持续提升丝绸之路国际艺术节影响力，保护传承陕西传统文化，加快构建现代公共文化服务体系，印发《政府向社会力量购买公共文化服务的实施意见》，组织编制《陕西省“十三五”文化发展规划》，积极推动“文化陕西”建设，为陕西经济社会发展和构建和谐社会作出积极贡献。

## 一、基本情况

2015年末，纳入统计范围的全省各类文化单位6189个，比上年末减少172个；从业人员5.1442万人，增加1650人。其中，各级文化部门所属单位2134个，减少182个；从业人员2.1523万人，减少496人。

图1　2010-2015年全省文化部门机构数及从业人员数

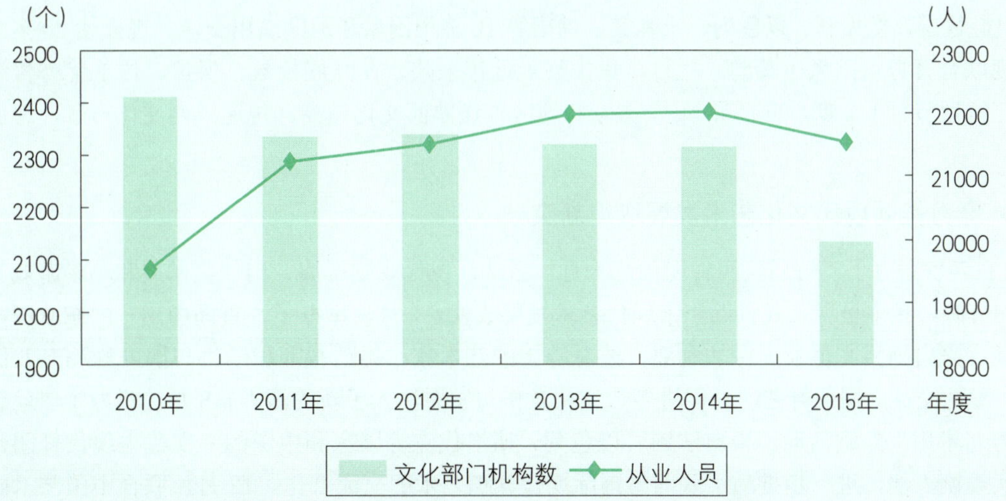


## 二、艺术创作与演出

### （一）全力筹备第十一届中华人民共和国艺术节

第十一届中华人民共和国艺术节（以下简称十一艺节）将于2016年10月在我省举办，为精心筹备、全力办好十一艺节，省文化厅按照“建设一批文化设施、创作一批艺术精品、形成一批文化品牌、培养一批文艺人才、建立一套成熟机制”的总体目标，紧抓艺术精品创作和场馆建设两个重点，突出推新品、新作、新人，努力办一届“永不落幕的艺术节”。一是加强组织领导。以省政府名义印发了《关于做好第十一届中国艺术节筹备工作的通知》和《关于分解落实十一艺节筹备工作任务的通知》等一系列文件，对十一艺节艺术创作和场馆建设等筹备任务进行了分解落实，夯实了责任。二是加强艺术精品创作，以丝绸之路国际艺术节等重要艺术活动以及“今日丝绸之路”美术创作工程、“从长安到罗马”等重点文艺创作工程为抓手，策划推出了舞剧《丝绸之路》《传丝公主》，戏曲《丝路长城》《大唐玄奘》《文成公主》，话剧《灯火阑珊》《秦岭深处》《明天》《白鹿原》（专业版、校园版）等精品剧目十余部，正在重点打磨提升。创作推出群众文艺作品二十余部，充分发挥了“群星奖”在繁荣群众文艺创作丰富基层群众文化生活方面的重要作用。三是加快推进场馆建设，全省新建、维修改造场馆共 51 个，覆盖到全省各地市。四是组织倒计时一周年系列文化惠民活动。2015 年 10 月 15 日，在习总书记文艺工作座谈会讲话发表一周年之际，我厅以西安和延安为主会场，在全省组织开展了十一艺节倒计时一周年系列活动。先后在延安举行了“艺术火种”采集仪式，在西安举行了一周年倒计时牌揭牌仪式，组织召开了纪念习总书记文艺座谈会讲话一周年暨十一艺节倒计时一周年座谈会，同时，以新创秦腔历史剧《丝路长城》在西安首演为标志组织部分优秀剧目进行了展演。百县千乡文化惠民活动也在全省拉开帷幕。

### （二）成功举办第二届丝绸之路国际艺术节

今年第二届丝绸之路国际艺术节参与的国家和地区达 62 个，有 50 多部舞台艺术剧目实施了 100 余场惠民演出、15 场文化论坛、30 场文化惠民讲座、5 场国际性美术展览，举办了动漫创意文化周、国际儿童戏剧周、国际现当代舞艺术周、陕港音乐交流 2015 等专题文化活动。丝绸之路国际艺术节作为“一带一路”发展战略的重要文化项目，其规模效应不断扩大，品牌价值日益提升。

### （三）〝国风·秦韵〞传统文化项目绽放陕西风采

省文化厅精心策划创办了传统文化品牌项目“国风·秦韵”。组织具有浓郁陕西特色的民俗文化优秀剧（节）目赴德国、意大利、以色列、土耳其、韩国等 10 多个国家和地区演出交流，观众达 20 多万人次。与陕西卫视联合开办《国风·秦韵》栏目，集中展示近年来陕西在开展抢救、保护、传承优秀传统文化方面的成果，策划节目 112 期，向世界 68 个国家和地区推送陕西文化精品，传递陕西文化声音，彰显文化陕西风采。

### （四）努力推动现代文化艺术发展取得新突破

5 月，在西安举办了“首届陕西省现代艺术月”活动，现代戏剧展演、当代美术展和动漫游戏文化节三项活动交相辉映，集中呈现了我省近年来现代艺术发展成就。7 月，举办了“首届中国—中东欧国家舞蹈夏令营”活动，来自斯洛文尼亚、保加利亚、波兰等国的艺术家、舞蹈教师和学生与国内舞蹈专业优秀师生齐聚一堂、参访交流、切磋舞艺，为促进多边文化合作与发展注入了新的活力。8 月，举办了“丝绸之路国际现当代舞艺术周”专题活动，来自法国、以色列、斯洛伐克等国家和中国的 6 支优秀现代舞团带来 6 部优秀现当代舞剧表演，进一步推动了陕西与国际现代舞蹈艺术的交流合作。12 月，联合中国艺术研究院举办了首届陕西省现代文化艺术节，内容包括现代艺术创新发展论坛、现代艺术展演、现代时尚表演艺术大赛和现代美术展览展示等多项活动，推出了一批原创现代作品，充分展示了文化陕西时尚现代的新形象和新魅力。

### （五）围绕中心工作，推动全省文艺创作繁荣发展

繁荣发展文艺创作是我厅一项常抓不懈的重要工作，一年来，围绕中心工作，我厅积极采取措施，推动全省文艺创作繁荣发展。一是启动中国陕北民歌传承与创新工程，包括创建陕北民歌学术基地、举办演

唱及创作大赛、推出系列主题音乐会等“十个一”民歌项目，对陕北民歌进行保护、规划和创新。二是举办陕西省终身成就艺术家艺术展演系列活动，目前已向全省12位老艺术家颁发荣誉证书并举办专场音乐会。三是为纪念歌剧《白毛女》首演70周年，弘扬经典文艺作品，文化部组织复排歌剧《白毛女》全国巡演首演在延安启动。四是大型情景交响音乐会《木兰诗篇》在西安上演。五是在清明公祭轩辕黄帝期间举办“华夏同根”主题音乐会，充分展现黄帝陵作为中华文明精神标识的重要价值。六是组织召开全省戏曲院团长工作座谈会，修改完善《关于陕西省振兴秦腔（小剧种）传承发展的若干政策（2015-2020年）》，推动秦腔保护传承工作取得新发展。七是加强艺术研究和人才培养，向文化部申报2015年度国家社会科学基金艺术学项目课题87项，与艺术类高等院校联合办学，选派优秀艺术人才进修深造，举办年度专题培训班等形式加大人才培养力度。八是继续抓好国家艺术基金申报工作，全年全省共30项目入选，较上年度大幅增加。九是为弘扬文学经典，引导创作方向，组织改编歌剧《白鹿原》和话剧《白鹿原》并成功搬上舞台，我厅将努力把两台剧目打造成攀登艺术高峰的精品力作，打造成具有国际水准的陕西文化名片。

全年全省艺术表演团体共演出3.363万场，比上年增长40.1%，其中赴农村演出2.268万场，增长45%，赴农村演出场次占总演出场次的67.4%，比重比上年提高2.3个百分点；国内观众4322万人次，增长104.8%，其中农村观众2422万人次，比上年增长65.6%；总收入6.22亿元，比上年增长15.1%，其中演出收入1.39亿元，增长24%。

全年全省文化部门所属艺术表演团体共组织政府采购公益演出0.62万场，比上年增长49%；观众566.9万人次，增长26.9 %。利用流动舞台车演出0.413万场次，增长10%；观众368.7万人次，增长10%。

**表1　2010年–2015年全省艺术表演团体基本情况**

| 年　份 | 机构数（个） | 从业人员数（人） | 演出场次（万场） | 国内演出观众人次（万人次） | 演出收入（万元） |
|---|---|---|---|---|---|
| 2010年 | 127 | 7162 | 2.073 | 3093.4 | 4966.3 |
| 2011年 | 115 | 7092 | 2.599 | 2168.8 | 14227.7 |
| 2012年 | 116 | 7161 | 2.332 | 2418.3 | 13006.3 |
| 2013年 | 119 | 7037 | 2.484 | 2681.2 | 8613.4 |
| 2014年 | 143 | 7745 | 2.399 | 2110.1 | 11233.4 |
| 2015年 | 177 | 9411 | 3.363 | 4322.4 | 13926.8 |

## 三、公共文化服务体系建设情况

一是积极贯彻落实国家《关于加快构建现代公共文化服务体系的意见》，牵头起草《陕西省关于加快构建现代公共文化服务体系的实施意见》。经多次修改并经省全面深化体制改革领导小组审议通过，9月15日以省委办公厅和省政府办公厅名义正式印发。按照实施意见精神，2020年我省将基本建成覆盖城乡、便捷高效、保基本、促公平、具有陕西特色的现代公共文化服务体系。二是铜川市和西安市公共图书馆总分馆信息化建设平台、榆林市榆林古城六楼民俗文化展演项目通过第三批国家公共文化服务体系示范区（项目）评审。三是继续深入推进文化志愿服务工作，分别在渭南市开展了“大地情深”国家艺术院团志愿服务走基层活动，赴新疆阿勒泰等地区实施了“春雨工程”文化志愿服务活动。四是提高基层文化队伍的业务能力和服务水平。制定了《2015年全省基层文化队伍示范性培训工作计划》，依托中央文化管理干部学院、全国基层文化队伍培训基地、省图书馆和省艺术馆，组织12期各类基层文化人才培训。五是举办专题惠民文化活动，分别举办“深入生活、扎根人民”春节文化惠民演出、陕西省庆祝建党94周年《七月的光辉》文化惠民主题音乐会、纪念中国人民抗日战争暨世界反法西斯战争胜利70周年惠民音乐会等文化惠民活动，同时启动实施了第三批政府购买公共演出服务活动。六是为少年儿童办好“优秀儿童剧走进山区小学”“首届国际儿童戏剧周”等本年度10件实事。七是举办第三届陕西省阅读文化节，继续突出弘扬传统文化主题，邀请众多国内顶尖文化大家，以传统文化为核心举办大师传国学系列讲座、国学课堂、亲子国学知识竞赛、诵读国学经典和国学小达人竞赛活动，公布2014-2015年度老陕最爱买的十本书、最爱借阅的十本书两大榜单，并为全省28个县发放流动图书车。八是组织参加第十七届中国老年合唱节、第六届中国少年儿童合唱节和第十三届中国西部民歌歌会，取得优异成绩。

### （一）公共图书馆使用情况

年末全省公共图书馆实际使用房屋建筑面积24.434万平方米，比上年末减少0.1%；图书总藏量1506万册，减少0.5%，其中古籍57万册；电子图书3447万册，增长9.8%；阅览室座席数2.0015万个，增长6.5%；计算机0.5642万台，增长0.2%；供读者使用的电子阅览终端0.392万台，增长6.4%。

年末全省平均每万人公共图书馆建筑面积64.7平方米，比上年末减少0.7平方米；全省人均图书藏量0.399册，减少0.002册；全年全省人均购书费0.80元，比上年增加0.03元。

全年全省公共图书馆发放借书证35.7228万个，比上年增长12.9%；总流通人次982.427万，增长5.9%。书刊文献外借册次680.7万，增长7.2%；外借人次389.1万，增长9.9%。全年共为读者举办各种活动3306次，增长4.9%；参加人次146万，增长30.4%。

图2　2010年-2015年全省公共图书馆总流通人次及书刊文献外借册次

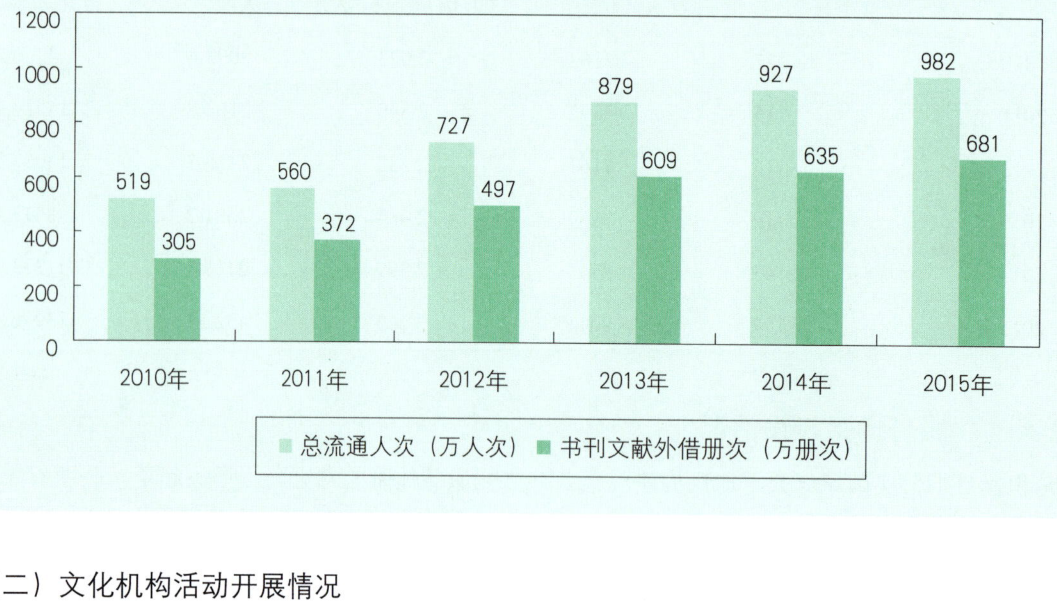


### （二）文化机构活动开展情况

年末全省群众文化机构实际使用房屋建筑面积87.914万平方米，比上年末减少3.2%；藏书493万册，减少4.4%；计算机1.0391万台，增长1.7%；对公众开放的阅览室4.397万平方米，增长6.5%。年末全省平均每万人群众文化设施建筑面积232.88平方米，比上年末减少7.71平方米。

全年全省群众文化机构共组织开展各类文化活动3.9431万场次，比上年增长2.4%；服务人次1312万，增长 12.1%。

表 2　2015 年全省群众文化机构开展活动情况

| | 总量 | | 比上年增长（%） | |
|---|---|---|---|---|
| | 活动次数（万次） | 服务人数（万人次） | 活动次数 | 服务人次 |
| **各项活动总计** | **3.94** | **1311.79** | **2.4** | **12.1** |
| 其中：展览 | 0.52 | 257.6 | -1.3 | -1.5 |
| 文艺活动 | 2.15 | 939.82 | 6.7 | 18.4 |
| 公益性讲座 | 0.08 | 14.92 | 6.8 | 19.9 |
| 训练班 | 1.18 | 99.43 | -3.4 | -3.1 |

年末全省群众文化机构共有馆办文艺团体 282 个，演出 8704 场，观众 280 万人次。由文化馆（站）指导的群众业余文艺团体 1.238 万个，馆办老年大学 39 个。

## 四、文化市场

年末全省文化市场经营单位 4169 家，比上年末增加 95 家；从业人员 3.2 万人，增加 0.38 万人。全年全国文化市场经营单位营业总收入 24.19 亿元，营业利润 5.47 亿元。

分区域看，年末城市文化市场经营单位 1478 个，占文化市场经营单位总量的 35%；县城 1563 个，占 38%；县以下地区 1128 个，占 27%。

表 3　2015 年按区域全省文化市场经营单位主要指标

| | | 机构数（个） | 从业人员数（人） | 营业总收入（万元） | 营业利润（万元） |
|---|---|---|---|---|---|
| 总量 | **总计** | **4169** | **32128** | **241700** | **54500** |
| | 城市 | 1478 | 17956 | 126000 | 19800 |
| | 县城 | 1563 | 8765 | 78006 | 18600 |
| | 县以下 | 1128 | 5407 | 37100 | 16100 |
| 比重（%） | **总计** | **100.0** | **100.0** | **100.0** | **100.0** |
| | 城市 | 35 | 55 | 52 | 36 |
| | 县城 | 38 | 27 | 32 | 34 |
| | 具以下 | 27 | 23 | 12 | 30 |

年末全省共有娱乐场所 901 个，从业人员 1.1 万人，全年营业总收入 8.75 亿元，营业利润 1.83 亿元。

年末全省共有互联网上网服务营业场所 3110 个，从业人员 1.46 万人，全年营业总收入 11.2 亿元，营业利润 3.18 亿元。

## 五、文化产业与文化科技

我厅通过加强政策引导和项目带动，深入推进文化产业健康发展。一是加强政策引导。年初开始分赴全省各市区调研文化产业发展情况，起草《陕西省文化产业发展调研报告》，启动《陕西省文化产业促进条例》立法调研工作，着手制定《陕西省关于扶持小微文化企业发展的实施意见》，同时正在修改完善《陕西省文化产业发展“十三五”规划》。二是继续实施重大项目带动战略。积极与省发改委、省财政厅等部门协同做好全省 30 个重大文化项目的相关工作，参与组织了半数以上项目的规划评审。8 月 18 日，我省重大文化建设项目——省图书馆新馆正式开工建设。省群众文化艺术中心、省戏曲研究院实验剧场等省级重点文化设施建设工作有序推进。三是积极推进对外文化贸易发展，在西安高新区综合保税区打造文化产品跨境电子交易中心，建设国家级对外文化贸易基地。四是加强文化产业示范基地建设，召开文化产业工作会议，命名了第五批陕西省文化产业示范基地（单位）。五是指导延安市参加第十一届中国（深圳）国际文化产业博览交易会，参加第五届陕粤港澳经济合作周，展示推介我省优秀文化精品。六是文化科技创新项目取得突破，“一带一路”文化共享机制和演示系统研究、全国文化信息资源共享工程文化微博平台、中国章草书数码字库创建及推广应用等 3 个项目入选国家和文化部文化科技创新项目。

## 六、文化遗产保护

省文物局全年完成维修项目 198 个，其中国保单位保护维修项目数 62 个，省保单位保护维修项目数 72 个，市县保单位保护维修项目 28 个，非文物保护单位维修项目 36 个，总计 71.29 万平方米。全年完成考古调查面积 1500 万平方米、线路 457 公里，考古勘探面积 1200 万平方米，发掘古墓葬 336 座，发掘遗址 8770 平方米，出土各类文物 1600 余件（组），重点开展了石峁、周原、秦雍城等 20 余项大遗址考古工作，周原遗址发掘获评中国社会科学院“2015 年中国考古新发现”，为探寻中华文明起源与发展，丰富陕西文化内涵提供了新的科学资料，在学界引起重大反响。考古遗址公园建设继续领跑全国，大明宫、汉阳陵、秦始皇帝陵在首次全国国家考古遗址公园运营评估中名列三甲。正是由于文物事业经费支出的增长有力保障了这些重点项目的顺利实施，促进了文物事业的快速发展。

2015 年末，纳入统计范围的全省各类文物单位 625 个，比 2014 年增加 12 个，增加的机构中主要为新增博物馆，比去年增加 11 座。625 个机构包括：科研机构 15 个，文保机构 211 个，博物馆 249 座，文物商店 1 个，其他文物事业机构 149 个。2015 年，全省文物系统从业人员 14099 人，比 2014 年增加 1045 人，增长 8.01%。其中文物科研机构 389 人，占总人数 2.76%；文物保护管理机构 2998 人，占总人数 21.26%；博物馆 8245 人，占总人数 58.48%；文物商店 8 人，占总人数 0.06%；其他文物机构 2459 人，占总人数 17.44%。

2015 年陕西省共有各类文物机构 625 个，比 2014 年 613 个增加 12 个。其中：科研机构 15 个，占 2.40%，文物保护管理机构 211 个，占 33.76%，博物馆 249 座，占 39.84%。

文物从业人员分布情况：2015 年，全省文物系统从业人员 14099 人，比 2014 年增加 1045 人，增长 8.01%。其中文物科研机构 389 人，占总人数 2.76%；文物保护管理机构 2998 人，占总人数 21.26%；博物馆 8245 人，占总人数 58.48%；文物商店 8 人，占总人数 0.06%；其他文物机构 2459 人，占总人数 17.44%。

从专业技术人员构成情况看，2015 年全省文物系统共有专业技术人员 3039 人，占从业人员 21.55%，其中：副高以上职称 484 人，比 2014 年增加 71 人，增加 17.20%；中级职称 1216 人，比 2014 年增加 86 人，增长 7.61%。

**表4　2013年–2015年文物从业人员对比情况**

| 从业人员（人） | | | | | | | | | | | | | | | | | | |
|---|---|---|---|---|---|---|---|---|---|---|---|---|---|---|---|---|---|---|
| 合计 | | | | 专业技术人才 | | | | | | | | | | | | | | |
| | | | | 小计 | | | 正高职称 | | | 副高职称 | | | 中级职称 | | | | | |
| 2013年 | 2014年 | 2015年 | 增长率(%) | 2013年 | 2014年 | 2015年 | 2013年 | 2014年 | 2015年 | 2013年 | 2014年 | 2015年 | 2013年 | 2014年 | 2015年 | | | |
| 11555 | 13054 | 14099 | 8.01 | 2730 | 2876 | 3039 | 142 | 125 | 142 | 294 | 288 | 342 | 1051 | 1130 | 1216 | | | |
| 394 | 408 | 389 | -4.66 | 261 | 286 | 277 | 26 | 24 | 31 | 53 | 56 | 54 | 109 | 112 | 106 | | | |
| 2859 | 3064 | 2998 | -2.15 | 621 | 671 | 748 | 3 | 3 | 3 | 26 | 28 | 44 | 285 | 311 | 322 | | | |
| 6225 | 7101 | 8245 | 16.11 | 1737 | 1795 | 1898 | 106 | 91 | 101 | 202 | 189 | 232 | 622 | 668 | 753 | | | |
| 6 | 7 | 8 | 14.29 | 0 | 0 | | 0 | 0 | 0 | 0 | 0 | 0 | 0 | 0 | 0 | | | |
| 2071 | 2474 | 2459 | -0.61 | 111 | 124 | 116 | 7 | 7 | 7 | 13 | 15 | 12 | 35 | 39 | 35 | | | |
| 2071 | 2474 | 2459 | -0.61 | 111 | 124 | 116 | 7 | 7 | 7 | 13 | 15 | 12 | 35 | 39 | 35 | | | |

2015年全省藏品总计288.58万件，比2014年增加124.94万件，其中一级品8612件，比去年增加432件；二级品15878件，比去年增加1286件，三级品87292件，比去年增加785件。年末全省不可移动文物共有49058处。

全年文物机构共安排基本陈列701个，举办临时展览407个，接待观众5291万人次，比上年增长7.39%。其中未成年人1014万人次，增长11.55%，占参观总人数的19.16%。博物馆接待观众4208万人次，增长9.87%，占文物机构接待观众79.53%

为保护传承优秀传统文化，我厅以依法、科学保护为核心，通过法制建设、传承人队伍建设、宣传及展演展示活动，积极推进非遗工作稳步开展。一是全面做好非遗保护工作。通过开展《中华人民共和国非物质文化遗产法》和《陕西省非物质文化遗产条例》执法检查，督促各地不断加大非遗保护经费投入。组织做好我省第五批省级非遗项目评审工作，79个入选项目列入名录。根据文化部工作安排，经推荐评审，确定29名省级代表性传承人申报第五批国家级非遗项目代表性传承人。启动拍摄100集大型3D系列电视专题片《非遗之光》。二是举办庆祝第十个国家文化遗产日系列活动。先后组织开展陕西省联合国教科文组织人类非物质文化遗产代表作名录项目——西安鼓乐赴福建省与福建南音共同举办“穿越千年的丝路交响——西安鼓乐与福建南音的对话”、国家非遗项目秦腔代表性传承人“薪火相传——非遗项目秦腔代表性传承人惠民演出”、陕西省传统戏曲优秀剧目展演周等活动。三是举办中俄人文合作委员会第十六次会议陕西非遗展。展览遴选了联合国教科文组织“人类非物质文化遗产代表作名录”和国家以及省级非物质文化遗产代表性项目名录的非遗项目。四是组织非遗品牌项目参加联合国教科文组织、文化部主办的第五届中国成都国际非遗节，我省两个项目获展览活动“太阳神鸟”金奖，省文化厅获组织工作“太阳神鸟”金奖。五是公布了第一批陕西省重点古籍保护单位和第二批陕西省珍贵古籍名录。据初步统计，年末全省共有非物质文化遗产保护机构107个，从业人员821人。全年全省非物质文化遗产保护机构共举办展览868次，比上年减少3.6%，接待观众85.71万人次，比上年降低25.3%；举办演出1283场，观众182.35万人次，分别比上年增长8%和减少23.9%；举办民俗活动539次，比上年增长14.2%，观众120.98万人次，比上年降低1.2%；举办培训班771次，比上年增加2.9%，培训人数12.6万人次，比上年增长121.4%。

## 七、对外和对港澳台文化交流

积极宣传陕西文化，扩大文化陕西影响力。一是积极参与文化部“欢乐春节”品牌活动，组织多个以陕西传统文化为载体的演出展览艺术团分赴美国、瑞士、意大利、新西兰和澳大利亚等国演出。二是应日本京都书画院的邀请，陕西书画代表团赴日本参加“第32届中国陕西·日本京都书画联展”和“第一届中国陕西·日本学生书画联展”活动。自1983年陕西与日本京都府缔结友好省府关系31年来，两地画院举办了30余次各种类型的书画艺术交流活动，累计作品达5000余幅，随展览两国互派书画家开展交流活动已有2000多人次，在两地文化界引起极大反响，为中日文化交流作出了积极贡献。三是举办“艺海流金——丝路寻根之旅”内地与港澳文化交流活动。港澳特区政府文化官员、文化艺术机构负责人、文化艺术界知名人士以及内地相关单位领导和专家等100余位嘉宾于7月27日至8月2日赴西安、宝鸡、黄陵、韩城参加活动。活动以“感知国风秦韵，体验丝路文化，扩大交流合作，增进彼此友谊”为宗旨，以弘扬陕西优秀传统文化为主线，全面展示我省深厚的历史文化和人文资源，为推动陕西与港澳文化交流与合作起到了积极作用。

全年经文化系统审批的对外文化交流项目11起，229人次参加；对台文化交流项目2项，61人次参加。

## 八、文化资金投入

2015年，中央财政通过继续实施“三馆一站”免费开放、非物质文化遗产保护、公共数字文化建设、地市级公共文化设施建设等文化项目，共落实中央补助地方专项资金1.9859亿元，比上年增长8.1%。

全年全省文化事业费 20.52亿元，比上年增加1.2亿元，增长6.2%，增长速度比上年提高5.5个百分点；全省人均文化事业费54.35元，比上年增加3.17元，增长6.2%。

文化事业费占财政总支出的比重为0.47%，比重比上年减少0.02个百分点。

（陕西省文化厅 陕西省文物局）

## 陕西：第十一届中国艺术节筹备工作全面进入倒计时

中华人民共和国艺术节是我国规格最高、规模最大、最具国际影响力的国家级艺术盛会，每三年举办一届。艺术节名誉主席、主席由党和国家领导人担任。第十一届中华人民共和国艺术节2013年由我省成功申办，将于2016年10月在陕西举办。为精心筹备、全力办好十一艺节，省文化厅按照“建设一批文化设施、创作一批艺术精品、形成一批文化品牌、培养一批文艺人才、建立一套成熟机制”的总体目标，紧抓艺术精品创作生产和文化设施建设，突出推新品、新作、新人，努力办一届“永不落幕的艺术节”。今年10月15日，在习近平总书记文艺工作座谈会讲话发表一周年之际，以西安和延安为主会场，在全省组织开展了十一艺节倒计时一周年系列活动，先后在延安举行了“艺术火种”采集仪式，在西安举行了十一艺节一周年倒计时牌揭牌仪式，组织召开了纪念习近平总书记文艺工作座谈会讲话发表一周年暨十一艺节倒计时一周年座谈会，同时组织以新创秦腔历史剧《丝路长城》为代表的多部优秀剧目进行展演。百县千乡文化惠民活动也在全省拉开帷幕。在十一艺节文化部和陕西省政府第一次部省联席会议上，文化部部长雒树刚对陕西省筹备工作高度肯定，娄勤俭省长提出了办节要求。目前，十一艺节筹备工作全面进入倒计时阶段。

# 甘肃省 2015 年文化发展情况分析

2015 年，全省文化系统坚持以党的十八大和十八届三中、四中、五中全会和省十二次党代会精神为指导，深入学习贯彻习近平总书记系列重要讲话精神，按照“四个全面”的总体要求，以“八抓八推”为重点，围绕中心、服务大局，团结一心、奋力拼搏，改革创新、攻坚克难，各方面工作都取得新的重要进展和比较显著的工作成效。

## 一、2015 年甘肃省文化展总体情况

### （一）文化文物单位机构和人员基本情况

2015 年末，全省各类文化（文物）单位 5434 个，比上年末增加 258 个；从业人 47838 人，增加 3296 人。其中，各级文化文物部门所属单位 2210 个，增加 29 个；从业人员 26141 人，增加 1136 人。

图1　2006年-2015年甘肃省文化单位机构数及从业人员数

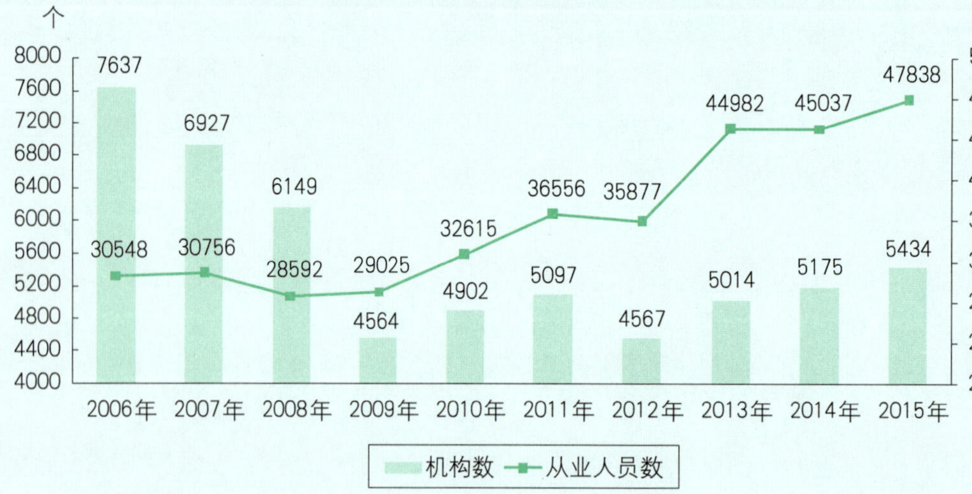


### （二）艺术创作演出

2015 年，全省新创首演剧目 27 个。话剧《天下第一桥》、歌剧《貂蝉》、秦剧《大秦文公》等多部剧目正在进一步打磨提升，积极向“五个一”工程奖冲刺。开展了“纪念中国人民抗日战争暨世界反法西斯战争胜利 70 周年”演出季、“2015 舞台精品惠百姓”演出年、推进戏剧大省建设剧目展演、百姓文化广场演出等惠民演出活动。启动实施了全省地方戏曲剧种普查工作。

年末全省共有艺术表演团体 191 个，比上年末增加 1 个，从业人员 6739 人，增加 528 人。其中各级文

化部门所属的艺术表演团体 67 个，占 35%，从业人员 3592 人，占 53.3%。

全年全省艺术表演团体共演出 2.31 万场，比上年增长 3.41%，其中赴农村演出 1.65 万场，增长 2.17%，赴农村演出场次占总演出场次的 71.4%，比重比上年减少 0.9 个百分点；国内观众 2034.22 万人次，比去年减少 5.38%，其中农村观众 1457.97 万人次，比上年减少 12.84%；总收入 4.18 亿元，比上年增长 11.7%，其中演出收入 0.92 亿元，增长 19.4%。

**表 1　2007 年 –2015 年全省艺术表演团体基本情况**

| 年　份 | 机构数（个） | 从业人员数（人） | 演出场次（万场） | 国内演出观众人次（万人次） | 总收入（万元） | |
|---|---|---|---|---|---|---|
| | | | | | | 演出收入 |
| 2007 年 | 77 | 4197 | 1.55 | 2256.4 | 12891.8 | 2021.7 |
| 2008 年 | 82 | 4401 | 1.54 | 2394.9 | 16979.2 | 2290.5 |
| 2009 年 | 81 | 4450 | 1.61 | 2043.2 | 19702.6 | 2707.2 |
| 2010 年 | 81 | 4421 | 1.65 | 2267.7 | 20200.6 | 4025.8 |
| 2011 年 | 84 | 4398 | 1.65 | 2019.8 | 25698.1 | 4808.3 |
| 2012 年 | 103 | 4788 | 1.97 | 1908.9 | 26860.2 | 5954.4 |
| 2013 年 | 124 | 5647 | 1.93 | 2190.1 | 38252.8 | 5727.8 |
| 2014 年 | 190 | 6211 | 2.23 | 2149.9 | 37430.6 | 7784.1 |
| 2015 年 | 191 | 6739 | 2.31 | 2034.2 | 41832.2 | 9258.2 |

全年全省文化部门所属艺术表演团体共组织政府采购公益演出 0.28 万场，比上年增长 4.1%；观众 259.3 万人次，增长 15.1%。利用流动舞台车演出 0.21 万场次，增长 50%；观众 231.1 万人次，增长 58.2%。

年末全省共有艺术表演场馆 24 个，观众坐席数 1.42 万个。各级文化部门所属艺术表演场馆 16 个，比上年增加 1 个，观众坐席数 0.92 万个，比上年减少 0.08 万个；全年共举行艺术演出 0.13 万场次，比上年减少 77.5%；艺术演出观众人次 36.91 万人次，减少 1.28%。

年末全省共有国有美术馆 51 个，比上年末增加 3 个，从业人员 320 人，增加 10 人。全年共举办展览 518 次，比上年减少 17.52%，参观人次 147 万人次，减少 11.33%。

### （三）公共文化服务体系

2015 年，全省文化精准扶贫和现代公共文化服务体系构建取得新成效。完成了 2884 个贫困村文化场所建设和 268 个乡镇综合文化站达标建设任务，比年初确定的任务分别超额完成 44.2%、34%。“乡村舞台”建设列入省政府“为民办实事”项目，累积建成“乡村舞台”11559 个，占全省行政村的 72%。印发了《关于加快构建现代公共文化服务体系的实施意见》和《实施标准》，公共文化服务标准化、均等化建设推动实施，这项工作走在了全国前列。实现了全省 58 个贫困县流动图书车配送和全省乡镇综合文化站公共电子阅览室全覆盖。白银市、平凉市泾川县“文化社团”和陇南市康县“乡村舞台”获批进入第三批国家公共文化服务体系示范区（项目）创建名单。

1. 公共图书馆

年末全省共有公共图书馆 103 个，其中少儿图书馆 4 个。年末全省公共图书馆从业人员 1443 人，比上年末减少 15 人。其中具有高级职称的人员 81 人，占 5.6%；具有中级职称的人员 348 人，占 24.1%。

图2　2006年-2015年全省公共图书馆人均资源情况

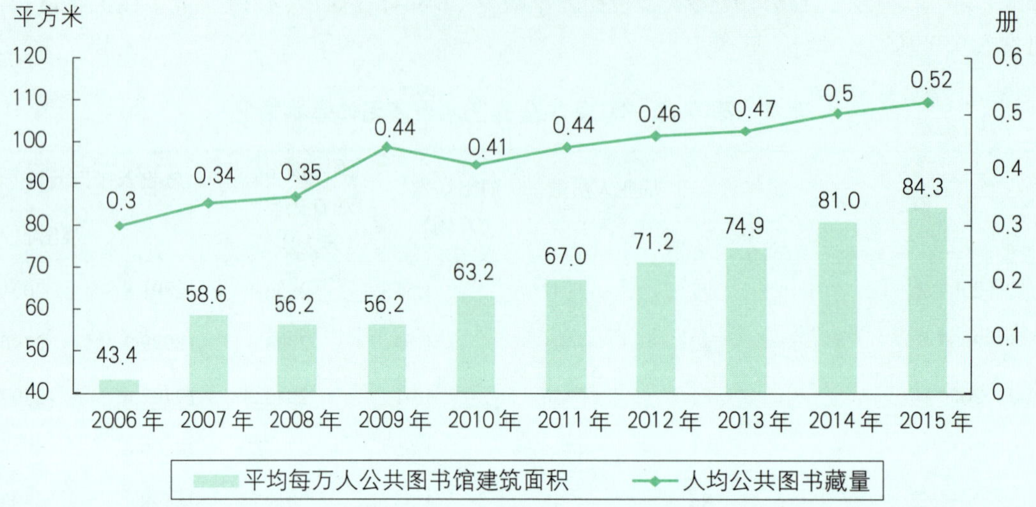


年末全省公共图书馆实际使用房屋建筑面积 21.91 万平方米，比上年末增长 4.37%；图书总藏量 1339.57 万册，增长 2.52%，其中古籍 52.25 万册；电子图书 194.41 万册，增长 13.58%；阅览室座席数 1.88 万个，减少 0.5%；计算机 0.49 万台，增长 4.2%；供读者使用的电子阅览终端 0.32 万台，增长 3.2%。

图3　2006年-2015年全省公共图书馆总流通人次及书刊外借册次

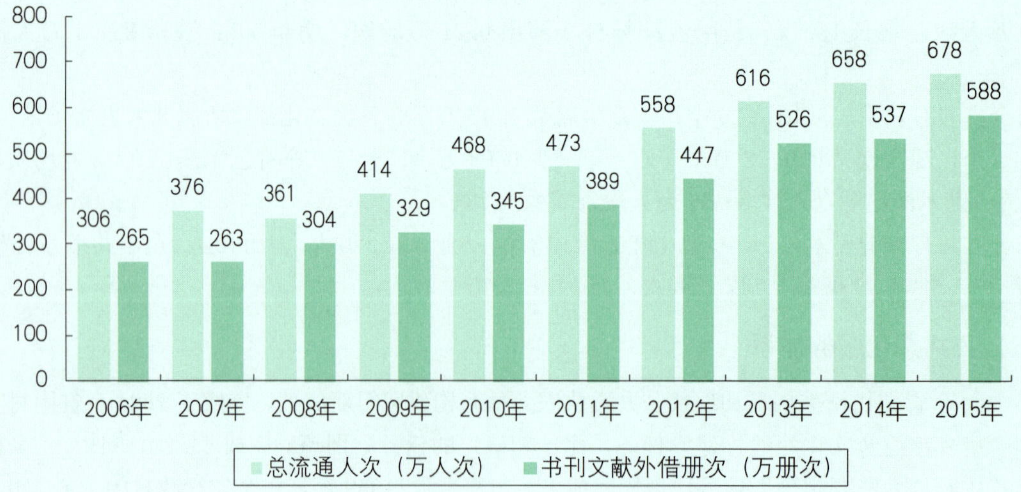


年末全省平均每万人公共图书馆建筑面积 84.28 平方米，比上年末增加 3.28 平方米；全省人均图书藏量 0.52 册，增加 0.02 册；全年全省人均购书费 0.92 元，比上年减少 0.44 元。

全年全省公共图书馆发放借书证 31.45 万个，比上年增长 12.1%；总流通人次 678.1 万，增长 11.0%。书刊文献外借册次 588.47 万，增长 2.9%；外借人次 343.9 万，增长 2.7%。全年共为读者举办各种活动 1013 次，增长 6.18%；参加人次 19.3 万，减少 12.99%。

2. 群众文化机构

年末全省共有群众文化机构 1455 个，比上年末增加 21 个。其中乡镇综合文化站 1229 个，增加 1 个。年末全省群众文化机构从业人员 6400 人，比上年末增加 209 人。其中具有高级职称的人员 122 人，占 1.9%；具有中级职称的人员 417 人，占 6.5%。

年末全省群众文化机构实际使用房屋建筑面积 72.55 万平方米，比上年末增长 4.3%；藏书 433.23 万册，增长 0.51%；计算机 1 万台，增长 13.25%；对公众开放的阅览室 2.98 万平方米，增长 1%。年末全省平均每万人群众文化设施建筑面积 279.11 平方米，比上年末提高 10.72 平方米。

图4　2006年-2015年全省平均每万人群众文化设施建筑面积

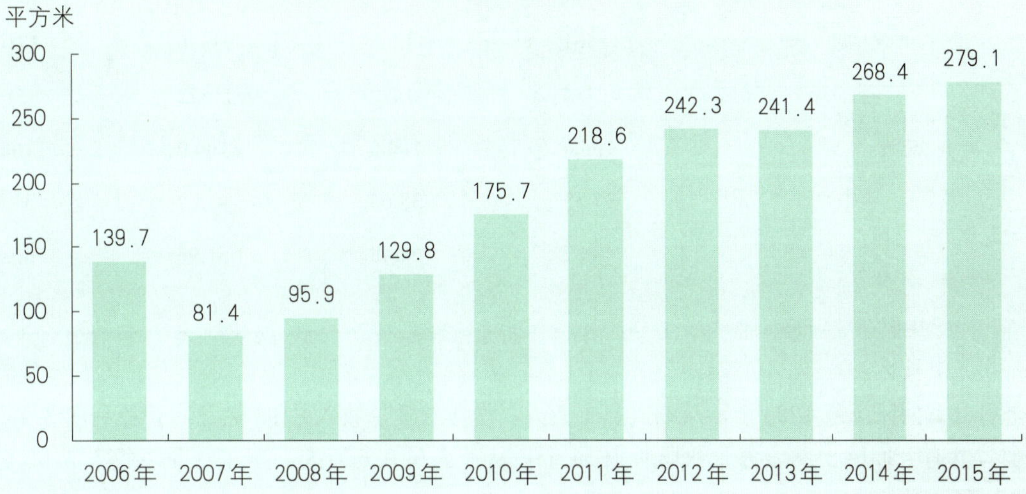


全年全省群众文化机构共组织开展各类文化活动 2.69 万场次，比上年增加 9.7%；服务人次 919.42 万，增长 13.74%。

**表 2　2015 年全省群众文化机构开展活动情况**

| | 总量 | | 比上年增长（%） | |
|---|---|---|---|---|
| | 活动次数（万次） | 服务人数（万人次） | 活动次数 | 服务人次 |
| **各项活动总计** | **2.69** | **919.42** | **9.7** | **13.74** |
| 其中：展览 | 0.39 | 229.62 | 9.4 | 0.03 |
| 文艺活动 | 1.47 | 621.42 | 8.8 | 21.30 |
| 公益性讲座 | 0.04 | 6.90 | -1.9 | -9.21 |
| 训练班 | 0.76 | 61.46 | 8.3 | 3.17 |

年末全省群众文化机构共有馆办文艺团体 203 个，演出 2624 场，观众 160.93 万人次。由文化馆（站）指导的群众业余文艺团体 8277 个，馆办老年大学 20 个。

（四）文化市场

年末全省文化市场经营单位 3194 家，比上年末增加 226 家；从业人员 2.06 万人，增加 0.22 万人。全年全省文化市场经营单位营业总收入 17.97 亿元，营业利润 6.12 亿元。

分区域看，年末城市文化市场经营单位 1199 个，占文化市场经营单位总量的 37.53%；县城 1561 个，占 48.87%；县以下地区 434 个，占 13.58%。

**表 3 2015 年按区域全省文化市场经营单位主要指标**

| | | 机构数（个） | 从业人员数（人） | 营业总收入（万元） | 营业利润（万元） |
|---|---|---|---|---|---|
| 总量 | **总计** | **3193** | **20564** | **179677** | **61234** |
| | 城市 | 1199 | 7947 | 74786 | 19014 |
| | 县城 | 1561 | 11205 | 93370 | 37101 |
| | 县以下 | 434 | 1412 | 11522 | 5118 |
| 比重（%） | **总计** | **100.0** | **100.0** | **100.0** | **100.0** |
| | 城市 | 37.53 | 38.64 | 41.62 | 31.05 |
| | 县城 | 48.87 | 54.48 | 51.96 | 60.58 |
| | 县以下 | 13.58 | 6.8 | 6.41 | 8.35 |

年末全省共有娱乐场所 1230 个，从业人员 1 万人，全年营业总收入 8.99 亿元，营业利润 3.18 亿元。

年末全省共有互联网上网服务营业场所 1634 个，从业人员 0.6 万人，全年营业总收入 5.92 亿元，营业利润 2.17 亿元。

### （五）文化产业与文化科技

2015 年，全省文化系统文化产业在经济下行压力较大的情况下，与去年同期相比增长 24.45%。全省有 8 个特色文化产业重点项目通过文化部审定，3 个文化金融合作项目入选国家文化金融合作项目库。兰州创意文化产业园等 5 个园区和基地进入全省文化产业前 30 强。249 家互联网上网服务企业确定为互联网转型升级试点，建立了我省与山东省文化市场综合执法对口协作交流机制。

年末全省共有 1 个国家级文化产业示范园区和 6 个国家文化产业示范基地，6 个省级文化产业示范园区。

2015 年，全省共有 9 家国家认定的动漫企业，主营业收入 5 千万元，营业利润 484 万元，本单位拥有自主知识产权 509 个，其中自主知识产权动漫软件 33 个，原创动画作品 14 部。

### （六）文化遗产保护

2015 年文物保护利用和非遗保护传承实现新突破。嘉峪关关城保护、拉卜楞寺、郎木寺等重点文物保护工程进展顺利。启动实施“历史再现”工程，全省博物馆总数已达 385 个，超额完成年度任务。

全省共有文物机构 316 个，比上年末增加 4 个。其中，文物保护管理机构 57 个，占 18.03%，博物馆 150 个，占 47.46%。年末全省文物机构从业人员 6855 人，比上年末增加 507 人。其中高级职称 190 人，占 2.77%，中级职称 502 人，占 7.32%。

年末全省文物机构拥有文物藏品 60.98 万件，比上年末减少 0.19 万件，减少 1.9%。其中，博物馆文物藏品 55.87 万件，占文物藏品总量的 91.62%；文物商店文物藏品 2.1 万件，占 3.4%。文物藏品中，一级文物 3506 件，占 0.57%；二级文物 1.26 万件，占 2.1%；三级文物 10.56 万件，占 17.31%。年末全省不可移动文物共有 16895 处。

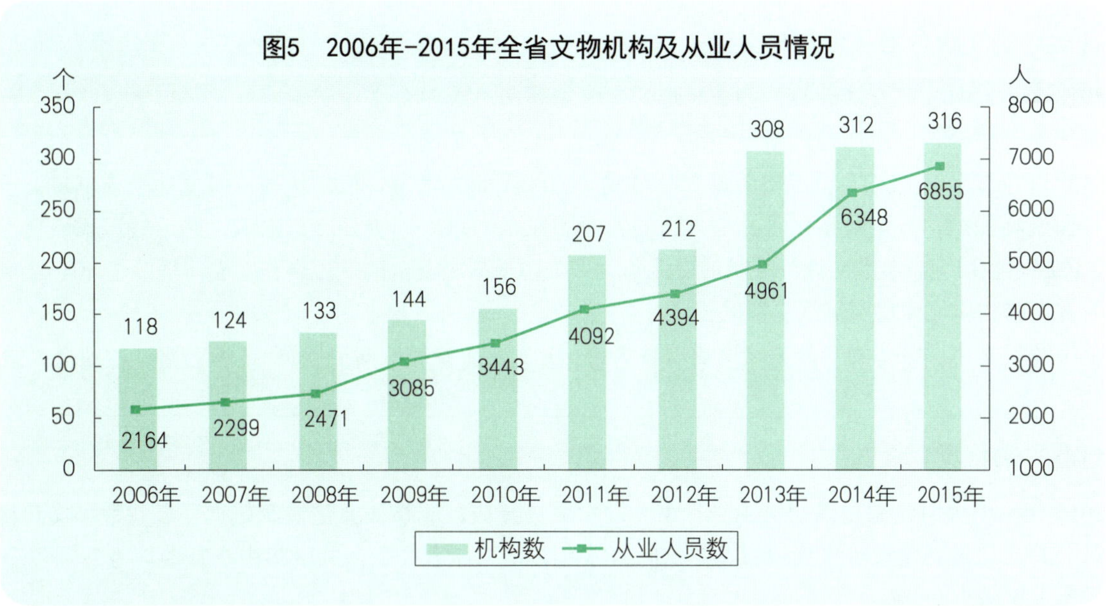


全年全省文物机构共安排基本陈列 365 个，举办临时展览 356 个，接待观众 2699 万人次，比上年增长 12.36%。其中未成年人 697 万人次，增长 14.26%，占参观总人数的 25.82%。博物馆接待观众 2190 万人次，增长 9.12%，占文物机构接待观众 81.14%。

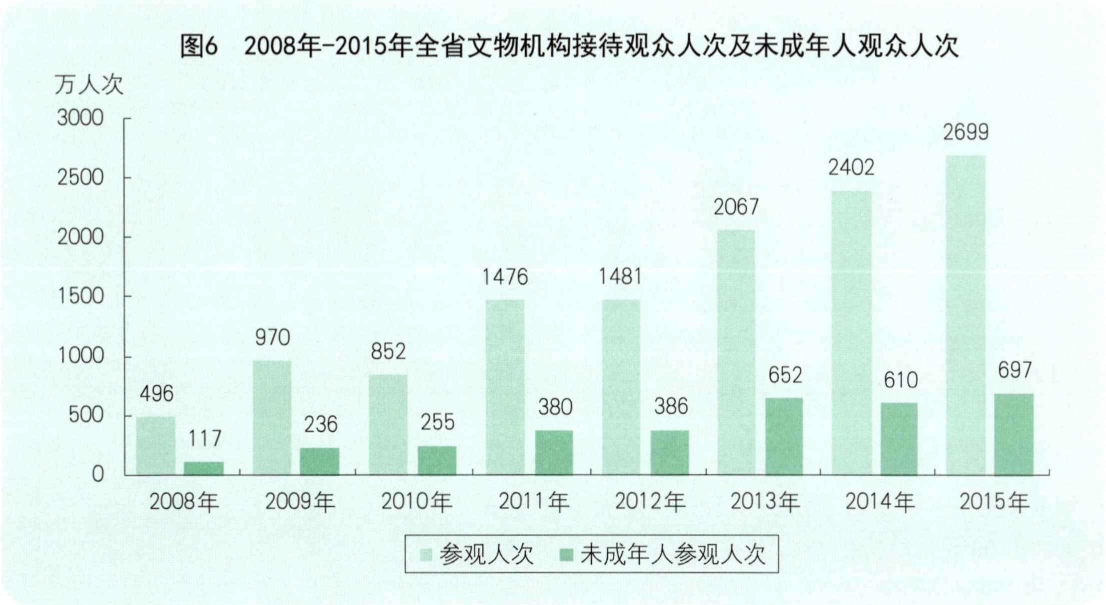


2015 年，经推荐评审，167 名传承人成为甘肃省第四批省级非物质文化遗产代表性传承人。协同举办了 2015“我的手艺”第二届全国青年设计大赛，组织 10 个非遗项目参加洛阳丝绸之路非物质文化遗产博览会。

据初步统计，年末全省共有非物质文化遗产保护机构 124 个，从业人员 745 人。全年全省非物质文化遗产保护机构共举办展览 700 次，比上年增长 10%，接待观众 103.3 万人次，比上年增加 15%；举办演出 1615 场，观众 159.78 万人次，分别比上年增长 1.57% 和 34.99%；举办民俗活动 540 次，比上年增长 4.24%，观众 165.46 万人次，比上年增加 2.71%；举办培训班 456 次，比上年降低 1%，培训人数 151 万人次，比上年增长 22.96%。

### （七）对外和对港澳台文化交流

2015 年，对外文化交流建设再创新辉煌。全年对外和对港澳台文化交流项目 82 起，678 人次。组织我省艺术团组赴尼泊尔、孟加拉、斯里兰卡、新加坡、希腊、英国、韩国、蒙古、俄罗斯、印度等国家，参加了“欢乐春节”、“2015 中国旅游年”开幕式、国际民间艺术节、庆国庆演出等文化交流活动。充分发挥我省在壁画保护、石窟数字化研究等方面的科研和技术力量，积极开展与丝绸之路沿线国家在文化遗产保护、民族宗教研究、学术交流等领域的交流与合作。加强与港澳台的交流合作，成功举办了 2015 香港“根与魂—甘肃非物质文化遗产展演”活动。

全年经省文化厅组团的对外文化交流项目 3 起，142 人次参加，演出展览 42 场（次），观众人数 13.5 万人次。

### （八）文化资金投入

2015 年，中央财政通过继续实施“三馆一站”免费开放、非物质文化遗产保护、公共数字文化建设、地市级公共文化设施建设等文化项目、“三区人才”文化工作者经费，共落实中央补助地方专项资金 2.15 亿元，比上年减少 0.9%。

图7　2011年-2015年中央对地方文化项目补助资金情况

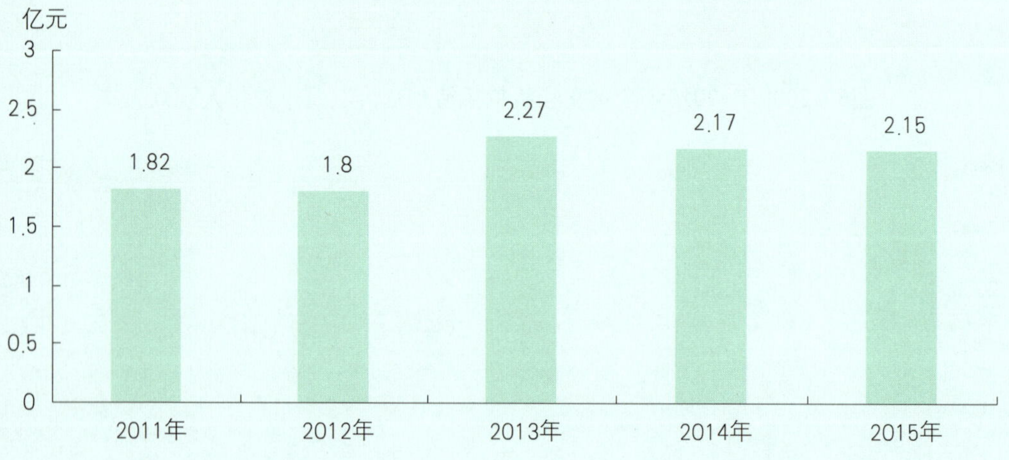


全年全省文化事业费 24.39 亿元，比上年增加 3.99 亿元，增长 19.58%；全省人均文化事业费 43.78 元，比上年增加 1.05 元，增长 2.45%。

2014 年文化事业费占财政总支出的比重为 0.44%，比重比上年提高 0.01 个百分点。

全省文化事业费中，县以上文化单位 19.34 亿元，占 48.5%；县及县以下文化单位 20.54 亿元，占 51.5%。

全年全省文物事业费 15.49 亿元，比上年增加 3.6 亿元，增长 30.28%。

据 2015年甘肃省国民经济和社会发展统计公报，2015 年全省财政支出中，文化体育传媒经费 62.6 亿元，占财政支出的 2.1%。

图8　2006年-2015年全省人均文化事业费及增速情况

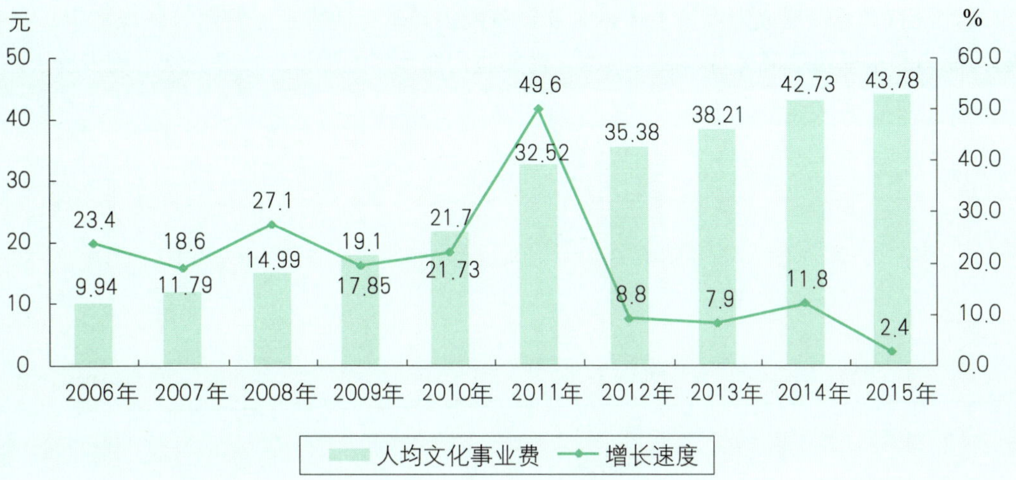


图9　全省文化事业费占财政总支出比重

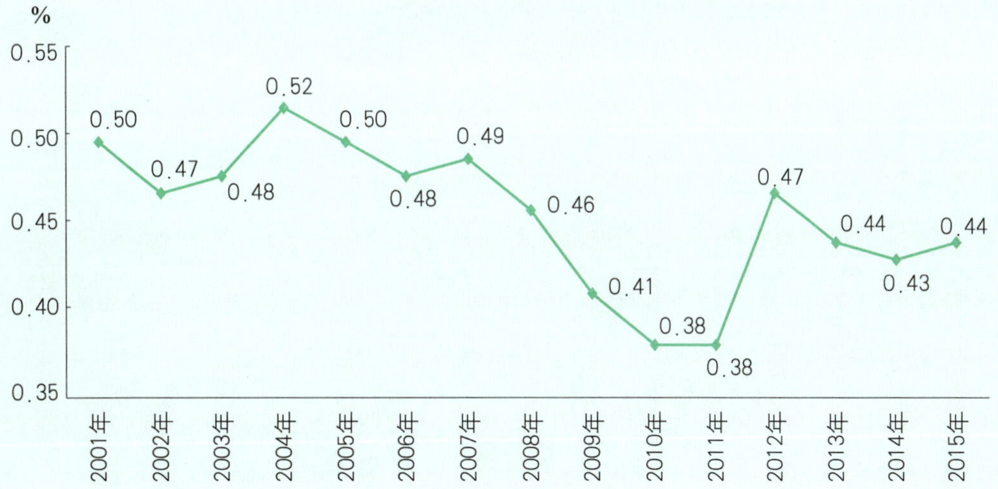


## 二、甘肃文化在发展中存在的问题

全省文化建设还存在着诸多不足和问题，面临的工作形势依然严峻，工作压力依然很大。

### （一）公共文化基础设施建设存在短板

公共文化服务欠账问题多，还不能满足人民群众多层次、多方面、多样化的精神文化需求。

### （二）各类文化人才比较短缺

在全省实施大景区建设中，游客“有看的、没带的”的问题还普遍存在，反映出我省的文化创意、设计和生产还比较滞后，严重缺乏高端的文化创意人才。

（三）文化企业没有形成品牌

许多文化企业还没有真正摆脱小、散、弱、差的现状，文化品牌的打造还较为乏力，转企院团还没有真正走向市场，没有真正发展成为市场主体，企业竞争能力、生存能力还比较弱等。谋大事，抓大事，破解发展难题的能力和水平还急需提高。这些问题，需要我们在今后的工作中攻坚克难，逐步解决。

（甘肃省文化厅）

# 甘肃：大力推进“乡村舞台”建设

党的十八届三中全会提出的“整合基层宣传文化、党员教育、科学普及、体育健身等设施，建设综合性文化服务中心”，甘肃省委、省政府本着文化为民、文化育民、文化富民的思路和原则，于2013年11月启动实施了“乡村舞台”建设项目。项目启动实施两年来，在省委、省政府的正确领导下，各级、各部门围绕构建农村综合文化服务中心这一中心任务，坚持以华夏文明传承创新区建设为驱动，以农村文化服务为重点，以整合资源为抓手，以“精准扶贫精准脱贫”为攻坚重点，以“乡村舞台”建设为载体，推动管理体制改革，创新农村公共文化服务模式，取得了显著成效，极大丰富了农民群众精神文化生活，有效推动了我省农村全面小康社会的建设。

2015年“乡村舞台”建设任务共4000个（非贫困村2000个、贫困村2000个），实际完成4934个（非贫困村2050个、贫困村2884个），完成计划任务的123%，投入资金约9.51亿元；精准扶贫乡镇综合文化站达标建设任务203个，实际完成达标建设任务268个，完成计划任务的132%，投入达标建设资金约8840.68万元。截至2015年底，全省累计投入资金26.39亿元，完成11559个“乡村舞台”建设任务，占总任务（16024个）72%。省财政为已完成“乡村舞台”建设任务的10323个民间自办文化社团，按照每个社团补助5000元用于购置文化活动器材，共补助5161.5万元。

2015年“乡村舞台”建设进入了攻坚克难、啃硬骨头的关键期，针对全省6220个建档立卡的贫困村资金筹措难度大的实际情况，各地按照“乡村舞台”建设的“五有”标准，各地结合自身实际，因地制宜，把村委会、小学、废弃仓库等充分利用起来，有效整合资金，充分调动双联单位、企业等多方力量，统筹扶贫开发、乡村建设、文化体育、科技教育等有关资金，积极对接社会资源，引导一大批社会资金投入文化公益事业，助力贫困乡村文化场所建设，形成了多元化投入机制，有效解决了建设资金短缺问题，“乡村舞台”建设顺利推进。

“乡村舞台”建设在省委、省政府的正确领导下与时俱进，突出在“建”、“管”、“财”、“物”、“人”、“用”上下功夫，不断完善工作方法和工作机制，不断加大政策支持和保障力度，统筹协调各方资源，盘活引导社会各方“存量”，培养壮大人才队伍，深挖内涵激发新的活力，逐步扩大“乡村舞台”的影响力和覆盖面，在农村公共文化服务发展方面走在了全国各省的前列。“乡村舞台”建设鲜明的特色和突出的成就受到与会代表的充分肯定和一致好评，极大地宣传和扩大了甘肃“乡村舞台”的影响力，我省“乡村舞台”建设已逐步成为我省基层尤其是农村公共文化服务体系建设一张靓丽的“名片”。

# 青海省 2015 年文化发展情况分析

2015 年，青海文化系统以党的十八大和十八届历次全会精神为指导，深入学习习近平总书记系列重要讲话精神，按照省委省政府治青理政战略部署，紧紧围绕“三区”建设，着力构建现代公共文化服务体系、现代文化市场体系和优秀文化传承体系，为建设文化名省、推进“三区”建设、全面建成小康社会奠定了坚实的文化基础。

## 一、文化机构和人员概况

截止 2015 年底，全省共有文化部门机构 690 个，较上年同期增加 21 个；从业人员 4549 人，较上年同期增加 505 人，增长 12.5%（机构、人员均不包括文化市场经营机构）。已基本形成覆盖城乡、农牧区的公共文化服务网络体系，各项文化事业发展稳中有升，呈现繁荣发展的良好趋势。

**表 1　2015 年文化部门机构数、从业人员数**

| 区　分 | 总　计 | | | | | |
|---|---|---|---|---|---|---|
| | 机构数（个） | 从业人员数（人） | | | | |
| | | | 专业技术人才 | | | |
| | | | | 正高级职称 | 副高级职称 | 中级职称 |
| 总　计 | 690 | 4549 | 1977 | 34 | 281 | 690 |
| 公有制艺术表演团体 | 30 | 1003 | 611 | 4 | 74 | 124 |
| 公有制艺术表演场馆 | 16 | 86 | 8 | 0 | 0 | 0 |
| 公共图书馆 | 49 | 411 | 305 | 5 | 38 | 146 |
| 文化馆 | 55 | 727 | 405 | 4 | 58 | 162 |
| 文化站 | 359 | 470 | 63 | 0 | 0 | 0 |
| 其中：乡镇综合文化站 | 359 | 470 | 63 | 0 | 0 | 0 |
| 艺术教育业 | 1 | 96 | 83 | 0 | 16 | 65 |
| 文化科研机构 | 1 | 15 | 11 | 1 | 3 | 5 |
| 文化行政主管部门 | 55 | 703 | 0 | 0 | 0 | 0 |
| 文物业 | 108 | 654 | 226 | 6 | 39 | 97 |
| 其他文化机构 | 16 | 384 | 265 | 14 | 53 | 91 |

各行业具体分布艺术表演团体 30 个，从业人员 1003 人（其中：艺术表演团体事业单位 12 家，从业人

员 497 人）；艺术表演场馆 16 个、从业人员 86 人；公共图书馆 49 个、机构数与上年持平，从业人员 411 人、人员较上年同期增加 41 人；群众艺术馆、文化馆 55 个、机构数与上年持平，从业人员 727 人；乡镇综合文化站 359 个、机构数较上年增加 1 个，从业人员 470 人、人员较上年同期减少 9 人。

## 二、公共文化服务体系建设

2015 年全省累计投资 6.51 亿元，实施了 6 项公共文化设施建设和文化惠民项目。省级“三馆”建设累计完成投资 1.7 亿元，主体建设项目已封顶。共投资 2.34 亿元实施藏区 28 个县级文化馆图书馆建设项目，19 个县已完工；共投资 1.74 亿元实施藏区 530 个村级文化活动室建设项目，412 个村已完工；“文化进村入户”工程完成 400 个村的建设任务；为 23 个连片贫困地区州、县级公共图书馆配发了流动图书车。落实“三馆一站”免费开放资金 7325 万元，免费开放绩效考评工作在文化服务基层、服务群众中发挥出积极作用。山东、湖南和中国煤矿文工团“春雨工程”－全国文化志愿者边疆行、“欢乐乡村”巡回演出等活动，极大丰富了广大群众的精神文化生活。慰问农民工文艺演出、全国助残日文艺演出等活动，保障了特殊群体的基本文化权益。

### （一）公共图书馆业发展情况

完成省图书馆和西宁等 7 个市州的数字图书馆建设项目，更新补充全省 4169 个行政村“农（牧）家书屋”图书，探索新建藏区卫星数字“农（牧）家书屋”试点，为贫困地区州、县级公共图书馆配发流动图书车，方便基层服务广大农村社区，实施藏区县级图书馆建设改造项目及藏区行政村文化活动室建设项目，农牧区书报刊、音像制品发行网点建设进一步加强。

**表 2　2011–2015 年度公共图书馆主要指标**

| 项目<br>年份 | 机构数（个） | 从业人员（人） | 总藏量（万册件） | 当年新购藏量（万册件） | 书架单层总长度（米） | 累计发放有效借书证（个） | 书刊文献外借册次（万册件） |
|---|---|---|---|---|---|---|---|
| 2011 年 | 49 | 406 | 368 | 4.38 | 84017 | 125852 | 426 |
| 2012 年 | 49 | 394 | 380 | 7.63 | 84397 | 134560 | 447 |
| 2013 年 | 49 | 393 | 379 | 17.19 | 87480 | 105806 | 889 |
| 2014 年 | 49 | 370 | 394 | 18.12 | 77549 | 122632 | 105 |
| 2015 年 | 49 | 411 | 414 | 19.08 | 75912 | 133899 | 91 |

### （二）群众文化业发展情况

2015 年，全省群众文化事业单位总收入 1.37 亿元，组织文艺活动 5067 场次，服务群众惠及 346.76 万人次，藏书 85.52 万册。其中：县市级文化馆组织文艺活动 1986 场次，文化服务群众惠及 134.81 万人次，藏书 15.19 万册；乡镇综合文化站组织文艺活动 2590 次，文化服务群众惠及 76.49 万人次，藏书 67.97 万册，以上数据表明全省基层文化服务能力进一步得到提升。

如下图所示，全省乡镇综合文化站 60% 分布于六州藏区，多数处于交通不便利，居住点分布较广，相距县级政府较远，自然条件严酷的高原农牧区，服务人民群众相对较为困难。

图1 青海省乡镇综合文化站分布

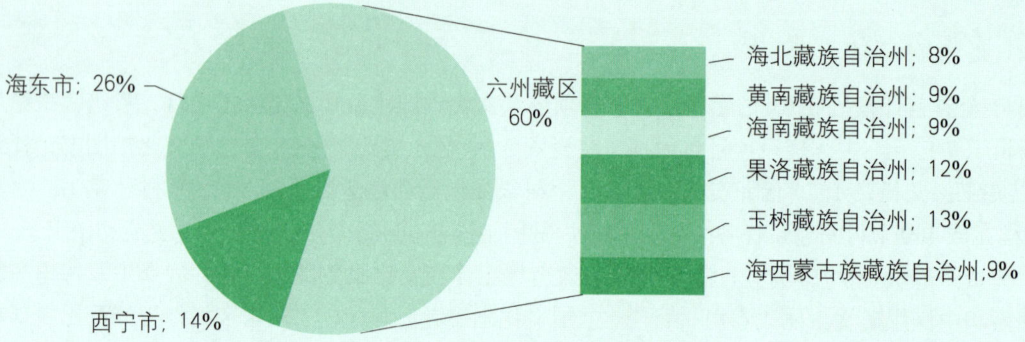


2015年全省乡镇综合文化站共359个

## 三、文艺创作演出情况

2015 年创作《大美青海·丝路之光》、《千里和缘》、《音画玉树》等剧目和动漫作品《格萨尔王》剧目，组织修改京剧《七个月零四天》、歌舞话剧《草原之子》等 4 部剧目。省演艺集团反映青藏公路建设的现代京剧《七个月零四天》弘扬主旋律、宣传正能量，演出获专家及观众高度好评；指导省内相关艺术团体和个人成功申报国家艺术基金项目 85 项，共获资助金近 700 万元。全省各专业艺术院团积极开展送戏下乡活动，各专业艺术表演团体共演出 1097 场，其中送戏下乡、下基层 742 场，观众人数达 115 万人次。

## 四、文化产业与科技

2015 年下达省级文化产业发展专项引导资金 5000 万元，95 个项目获得支持。全省 19 个项目纳入文化部文化产业重点项目库。其中 3 个入选特色文化产业重点项目库，10 个入选藏羌彝文化产业走廊重点项目库，6 个入选丝绸之路文化产业重点项目库。18 个文化产业项目获中央文化产业发展专项资金 7390 万元。中国首个藏文图书批销中心暨省新华发行集团仓储配送中心开工建设。落实《青海省关于推动传统出版单位和新兴出版融合发展的实施意见》，传统出版业数字化转型取得重大进展。先后组织 120 余家文化企业参加义乌、深圳、北京、厦门文博会及刊博会、书博会，引进文化产业项目 9 个，资金达 4.11 亿元。文化产业增加值达到 46.7 亿元，占全省国民生产总值的 2.03%。

## 五、文化市场整治和“扫黄打非”

2015 年全省开展网络监管服务体系建设，推进上网服务场所转型升级工作。开展“固边”、“清源”、“净网”、“秋风”、“护苗”等“扫黄打非”专项行动，加强政治性非法出版物的打击力度，维护全省文化市场健康有序发展。2015 年，全省各级文化执法部门共出动文化市场综合执法人员 47507 人（次），检查文化经营单位 36753 家（次），查处违规经营单位 409 家（次），查缴涉藏、涉疆等各类非法出版物及宣传品 4.3 万件，删除网络有害信息 2.6 万条，取缔游商摊点 320 个，查办“扫黄打非”案件 14 起，处理违法犯罪人员 30 名。

## 六、文化遗产传承保护

2015年，落实国家文物保护专项补助资金2.87亿元，省级文物保护专项资金2000万元。喇家国家考古遗址公园四个立项和五个方案获国家文物局批准，发现房址4座，墓葬4座，灰坑70余条，灰沟2条，遗址房址遗迹保护与展示、环境整治工程建设顺利推进；第一次全国可移动文物普查重点文物收藏单位已基本完成普查登录，整体工作进度实现与全国同步；瞿昙寺、拉加寺、保安古屯田寨堡古建筑群等一批全国重点文物保护单位的保护修缮工程顺利推进，同仁县郭麻日传统村落保护工程开工建设；长城保护工程湟中二期、门源一期二阶段开工，大通一期二阶段、贵德明长城完成招标，平安、乐都段完成方案申报。国家长城项目办专家组认为，青海长城保护工作起步晚，特色鲜明，保护成果显著，修缮工程坚持原则。落实国家“非遗”保护资金1870万元，省级“非遗”保护资金400万元。热贡、格萨尔（果洛）两个国家生态保护实验区建设顺利推进，互助土族、循化撒拉族、海西德都蒙古族、玉树康巴四个省级文化生态保护实验区建设积极推进。部署开展第三批“寻根行动---全省非遗资源再调查”工作，传承人群培训工作扎实推进。

## 七、对外文化交流活动

“走出去”和“请进来”步伐不断加快。圆满完成文化部委派的与尼日利亚、韩国两个中国文化中心的“部省合作”计划。组派8批90人次赴两国开展培训、讲座、展览、演出等活动，形式多样、内容丰富、特色浓郁的文化展示和认真敬业、吃苦耐劳的工作态度，受到两国各界人士的赞扬和文化部的肯定，前方使馆均发来信函表示感谢，期待长期合作，进一步拓展了我省对外文化交流的空间和渠道。派出塔尔寺“藏艺三绝”表演团首次走出国门，在法国、德国举办酥油花现场制作、花架音乐表演和堆绣展示活动，正面积极宣传了藏传佛教艺术的保护成果。在青举办香港青少年藏族文化艺术考察行、第五届青海湖国际诗歌节、“走进大美青海”——中韩缘文化节等国际交流活动，丰富了我省各族群众的精神文化生活，有效提升了青海的国际知名度和美誉度。

## 八、文化改革和建设

2015年，全省文化系统继续推进行政审批事项和简政放权，6次清理、核对和确认行政审批事项，确认保留行政审批事项21项。编制完成行政权力清单和责任清单。全面完成公共文化服务体系建设协调机制、服务标准制定和事业单位法人治理结构3项改革任务。按照资源整合、归口划转的原则，完成省外文书店划转归并工作中清产核资、人员安置等工作。建立文化新闻出版法律顾问制度，健全了法律顾问参与重大决策合法性审查机制。

人才队伍建设进一步加强，创新性完成文化部“三区”人才支持计划阶段性工作任务，拨付经费2309万元，选派志愿者、文化工作者1000名，培养基层文化工作者143名，召开全省“三区”人才支持计划文化工作者专项工作现场观摩会，在具体工作中，早部署、早行动，调研充分、方案细致，注重实效、形式灵活，及时总结、推广学习，多次得到文化部表扬。全年举办各类文化新闻出版人才培训班79期，培训5102人（次），为文化建设提供了有力的智力支持。

## 九、文化事业费投入

2015年，文化投入实现新增长，全年共争取各类专项资金8.4亿元，其中中央6亿元，省级配套2.4亿元，为文化建设提供了有力的资金支撑。

2015年文化部门所属文化产业机构总收入13.99亿元，总支出13.57亿元，分别比上年增长27%和

16%，具体情况如下表所示：

**表 3　2015 年青海省文化部门经费收支情况**

| | 收　入（亿元） | 占总收入比重（%） | 上年收入（亿元） | 与上年比较 | |
|---|---|---|---|---|---|
| | | | | 绝对值 | 增长率（%） |
| 总收入 | 13.99 | 100.00 | 10.99 | 3.00 | 27.30 |
| 其中：财政补贴收入 | 8.29 | 59.26 | 6.38 | 1.91 | 29.94 |
| 事业收入 | 0.33 | 2.36 | 0.32 | 0.01 | 3.13 |
| 经营收入 | 0.06 | 0.43 | | 0.06 | |
| 其他收入 | 5.31 | 37.96 | 4.29 | 1.02 | 23.78 |
| | 支　出（亿元） | 占总收入比重（%） | 上年支出（亿元） | 与上年比较 | |
| | | | | 绝对值 | 增长率（%） |
| 总支出 | 13.57 | 100.00 | 11.69 | 1.88 | 16.08 |
| 其中：基本支出 | 5.86 | 43.18 | 3.91 | 1.95 | 49.87 |
| 项目支出 | 7.27 | 53.57 | 6.35 | 0.92 | 14.49 |
| 经营支出 | 0.02 | 0.15 | 0.01 | 0.01 | 100.00 |
| 费用中：工资福利支出 | 2.40 | 17.69 | 1.69 | 0.71 | 42.01 |

财政拨款占总收入的 59.26%，表明全省文化事业特别是公益文化事业单位的发展主要依靠各级政府的投入；事业收入基本保持稳定，表明文化工作在适应市场发展规律、积极开拓市场方面取得了一定的成绩。在总支出中，基本支出占总支出的 43.18%，较上年小幅上升；项目支出占总支出的 53.57%，较上年小幅下降，主要是公共文化建设和文化民生项目的实施进入收尾；人员工资福利支出占总支出的 17.69%，表明全省文化工作人员待遇较上年有了一定的提升，为文化从业人员服务人民群众日益提高的文化需要打下了坚实的物质基础。

（青海省文化和新闻出版厅）

## 青海：文化产业转型升级增速提质

2015年是“十二五”收官之年，青海文化产业以推动全面完成《规划》及“八大工程”重点目标任务为重点，狠抓政策落实和重点项目建设，积极搭建文化产品“走出去”平台，加大文化创意创业人才培养，不断推进文化产业发展速度和质量。

一是加大“十二五”文化发展规划及“八大工程”重点规划项目的跟踪指导督促力度。全年27个文化产业项目全部开工建设，新增投资8.89亿元，累计完成投资45亿元，比《规划》计划投资35亿元超额完成128%。二是协调完成2014年文化产业统计工作，据统计全省文化及相关产业增加值46.7亿元，较2010年增加值22亿元增长212.27%，年均增长约为22%，提前一年实现翻一番，完成“十二五”确定的文化产业增加值年均增长18%，达到45亿元的目标。三是推动实施特色文化产业发展工程、藏羌彝文化产业走廊、丝绸之路文化产业带等重点项目建设，全省一批重点项目开工建设，加快推动区域特色文化产业聚集，在产业与市场的结合中实现民族民间特色文化资源传承保护、转化利用和可持续发展。四是积极推进文化金融合作，继续履行金融支持文化产业战略合作协议，全年各金融机构发放文化产业贷款20.40亿元，累计发放文化产业贷款近68.62亿元，2015年底贷款余额36.48亿元。五是通过深圳文博会平台，青海塔尔寺文化旅游资源开发有限公司与深圳市文旅中量投资有限公司签订2000万元股权投资项目，促进文化产业深度融合发展。

# 宁夏回族自治区2015年文化发展情况分析

2015年，宁夏以文化强区为目标，坚持文化事业推进和文化产业发展两轮驱动，文化建设取得明显成效。

## 一、主要指标稳步增长，文化发展环境逐步优化

1. 文化投入稳步增长。2015年，我区文化文物财政投入继续稳步增长，为全区文化发展繁荣提供资金保障。全区文化部门总收入13.69亿元，总支出12.03亿元，分别比上年增长9%、3%。从全区五市对文化投入的绝对量来看，银川市、固原市居前，分别达到3.64亿元、2.61亿元；从投入增速来看，吴忠市、固原市居前，分别比上年增长4.38%、75.17%。具体情况如表1：

表1 2014、2015年全区文化文物部门经费对比情况

| 收入（亿元） | 2014年 | 2015年 | 占总收入比%（2015年） | 与上年增减变动 | |
|---|---|---|---|---|---|
| | | | | 绝对值 | 增长速度% |
| 总收入 | 12.56 | 13.69 | / | 1.13 | 9 |
| 其中：财政拨款 | 8.07 | 8.61 | 62.9 | 0.54 | 6.7 |
| 上级补助收入 | 0.1 | 0.29 | 2.12 | 0.19 | 190 |
| 事业收入 | 0.02 | 0.07 | 0.52 | 0.05 | 250 |
| 经营收入 | 0.04 | 0.04 | 0 | 0 | 0 |
| 其他收入 | 4.33 | 4.68 | 34.19 | 0.35 | 8 |
| **支出（亿元）** | **2014年** | **2015年** | **占总支出比重%（2015年）** | **与上年增减变动** | |
| | | | | **绝对值** | **增长速度%** |
| 总支出 | 11.68 | 12.03 | / | 0.35 | 3 |
| 其中：基本支出 | 3.9 | 4.70 | 39.07 | 0.8 | 21 |
| 项目支出 | 4.9 | 5.89 | 48.96 | 0.99 | 20 |
| 经营支出 | 0.06 | 0.81 | 6.74 | 0.75 | 125 |
| 工资福利支出 | 2.11 | 2.58 | 21.45 | 0.47 | 22 |
| 对个人和家庭补助支出 | 0.7 | 1.15 | 9.56 | 0.45 | 64 |

2. 文化队伍不断壮大。全区各级文化文物行政事业单位共375个，从业人员3772人。其中，专业技术人员中图书馆和乡镇文化站从业人员增加显著，分别比上年增长4.11%、5.22%，基层服务人员队伍不断扩大。

图1 2015年全区文化文物行政事业单位人员职称结构

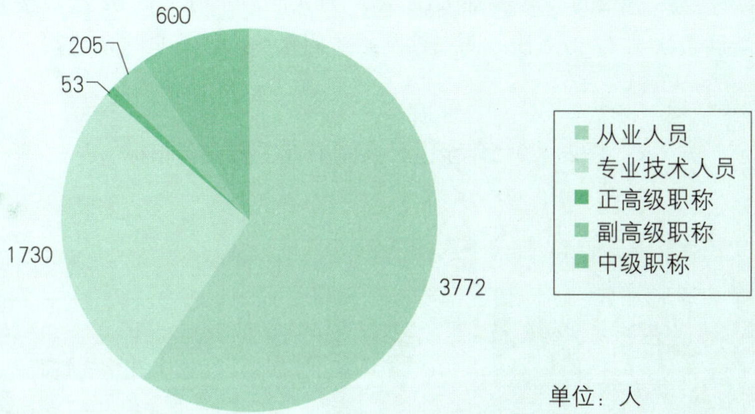


3. 制度建设取得新进展。出台《关于推进文化创意和设计服务与相关产业融合发展的实施意见》、《扶持成长型小微文化企业工作方案》、《关于构建现代公共文化服务体系的实施意见》及《实施标准》，探索形成“执法+协会”文化市场管理模式，得到文化部认可并在全国推广。

4. 文化体制改革不断深入。简化行政审批，文化行政事项由原来的117项精简到31项。积极探索公益性文化事业单位改革路径，完成文化系统公益事业单位分类改革，事业单位法人治理结构建设在银川图书馆、西夏区文化馆试点。创新公共文化设施免费开放模式，全区图书馆实现错时服务、延时服务。

## 二、齐推并进，各项文化建设成效明显

### （一）艺术创作演出及对外文化交流繁荣发展

1. 舞台精品创作不断。2015年，推出了新创排话剧《丝路天歌》、京剧《庄妃》、眉户剧《河湾村的女人》、纪录片《神秘的西夏》、微电影《金色的鱼钩》等文艺作品5部，打磨提升秦腔《狗爷儿涅槃》、舞蹈诗《九州花儿美》、儿童剧《绿野仙踪》等优秀剧目3部。

2. 院团演出日益活跃。2015年，全区艺术表演团体共演出0.6万场次，观众492.6万人次，其中，农村观众263.4万人次，政府采购的公益演出0.17万场次，观众184.3万人次。

3. 文艺人才不断涌现。宁夏演艺集团京剧院刘京获第27届中国戏剧梅花奖，秦腔剧院李小雄获第四届全国中青年德艺双馨文艺工作者。

4. 对外文化交流有声有色。2015年赴泰国参加“欢乐春节”，赴苏丹、埃及和毛里塔尼亚参加“丝绸之路文化之旅”，赴阿联酋参加建国44周年文化活动，成功开展老挝文化年活动。成功举办了2015中阿文化艺术展示周，3大版块8项活动，12台文艺演出、6项美术展览、170个展位产品集中展示，近10万人参与；第十三届中国西部民歌（花儿）歌会，西部十三省（区、市）及中亚、西亚部分国家的400位艺术家进行民歌交流和艺术展演，观众达万人；第四届全国“黄河大合唱”合唱邀请赛，全国31支合唱艺术团进行合唱交流。在台湾成功举办海峡两岸（宁夏）经贸文化旅游周，在宁成功举办了“情系丝路·牵手宁夏”两岸文化联谊行活动和台湾大学校园艺术交流活动。宁夏杂技赴韩国、日本交流演出。承办2015康

斯坦丁—阿拉伯国际文化艺术节。

（二）公共文化事业长足发展

1. 公共图书馆综合服务能力提高。全区初步形成了省、市、县（区）、乡镇（街道）、村（社区）的服务网络架构。2015 年，图书藏量增加 16.6 万册，主要增加盲文图书和少儿文献藏量，分别比上年增加 0.11 万册、8.17 万册；组织各类讲座 295 次，参加人次 5.87 万人次，举办展览 62 次，参加人次 6.46 万人次，举办培训班 150 个，培训人次 1.17 万人次；图书馆网站访问量 26.85 万页次，公共服务覆盖面进一步扩大。

图2　2015年全区公共图书馆主要业务指标

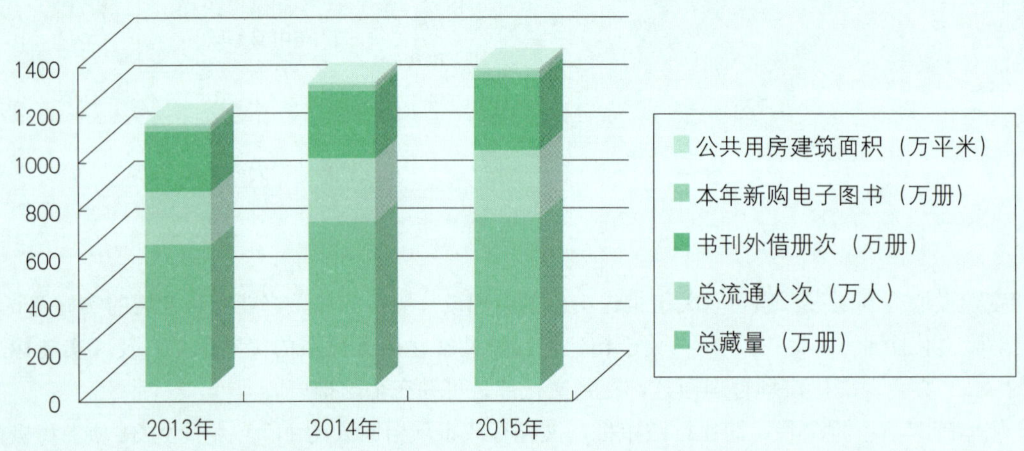


2. 群众文化蓬勃开展。形成“群众演、演群众、演给群众看”“欢乐宁夏”群众会演的浓厚氛围，现场观众达 20 多万人次。“清凉宁夏”主题广场文化演出引导全区形成 40 个品牌活动，覆盖全区所有市县区，惠及群众 100 万人次。

全区全年共组织品牌节庆活动 62 个，文化服务惠及 579.8 万人次。为老年人组织专场文艺活动 416 场、为未成人组织专场文艺活动 254 场、为残障人士组织专场 88 场、为农民工组织专场 243 场，文艺活动参加人次达 506.4 万人次，为群众送上丰富的文化大餐。

3. 公共文化服务体系建设再上台阶。2015 年全区文化文物基本建设计划总投资 9.48 亿元，建设项目 29 个，建筑面积 12.883 万平米，本年完成投资 10.33 亿元，新增固定资产 3.91 亿元，竣工项目 8 个，竣工面积 1.31 万平米。宁夏大剧院基本建成投入使用，宁夏美术馆完成选址，新建标准化乡镇文化站 8 个；石嘴山形成了资源整合、综合利用、共建共享、统一管理的创建特色，吴忠市被列为第三批示范区创建城市，固原市公共文化服务进移民新村、中卫市“民办公助”民族文艺团体惠民服务示范项目被列为第三批示范项目；农民文化大院依托民间乡土人才、打通公共文化服务；扶持 150 个农村示范文化室、文化大院，送戏下乡演出 1790 场，广场文艺演出 1656 场，图书馆、博物馆等公共文化场馆免费开放服务群众 110 万人次。

图3 2010年-2014年全区每万人拥有公共图书馆及群众文化设施面积

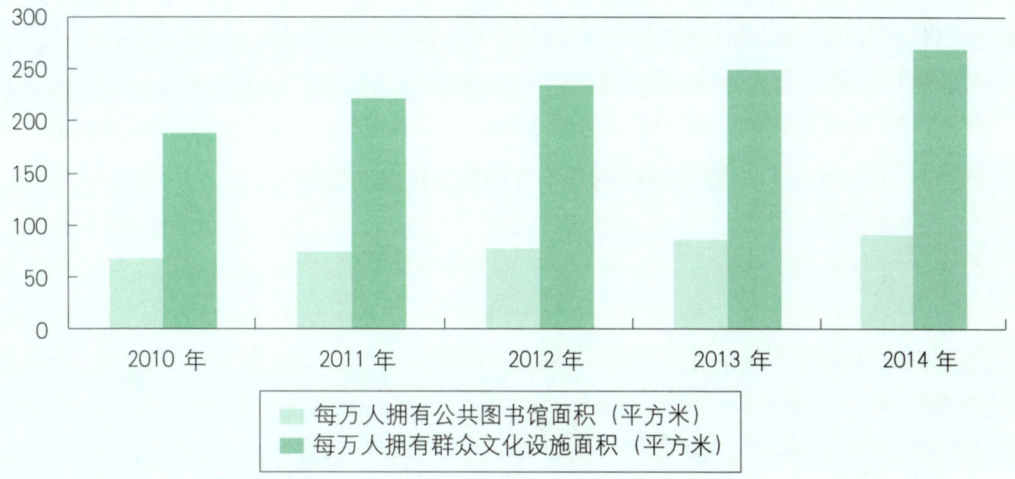


## （三）文物事业全面发展

1. 文物藏品及征集情况

2015 年藏品总数 103783 件（套），一级品 367 件（套），二级品 3752 件（套），三级品 8716 件（套）。本年度新增藏品 1825 件，其中征集文物藏品 1743 件，共修复文物 296 件（套）。

2. 展览陈列水平逐步提升

2015 年举办陈列 44 个、展览 60 个，比上年度分别增加 7 个、4 个；博物馆参观人次 571.4 万人次，比上年度增加 310.6 万人次，其中未成年参观人次 88.26 万人次。

3. 文物保护资金投入加大

2015 年，全区共有全国重点文物保护单位 35 处，自治区级文物保护单位 125 处，市、县级文物保护单位 345 处。本年度文物保护资金支持项目 51 个，项目总预算 22290.4 万元。其中，全国重点文物保护单位项目 35 个，区级文物保护单位项目 7 个，市、县级文物单位项目 3 个，非文物保护单位项目 6 个。从统计数据分析国保单位文物维修项目多，占总维修项目的 69%，区级及以下文物保护单位数量多，但维修项目少，预算相应很少，反映了大面积文物维修还严重不足。

## （四）文化产业不断发展壮大

编制《宁夏丝绸之路文化产业发展规划》和《贺兰山东麓葡萄文化长廊文化发展规划》。指导编制中阿文化园、中阿文化创意园规划，开展自治区级文化产业示范基地和示范户评选命名。争取中央文产资金 5400 万元，扶持宁夏演艺集团、中华回乡文化实业有限公司、新科动漫有限公司等 9 家重点骨干文化企业；宁夏文化产业种子基金为 21 家文化旅游企业融资 3.35 亿元。建立文化产业项目库，96 个项目列入国家文化产业项目库。搭建旅游演艺“花儿大舞台”，打造大型文化旅游实景剧《梦回·一千零一夜》，争取文化部将贺兰山东麓葡萄文化长廊作为特色文化产业予以支持。

## （五）文化遗产保护卓有成效

西夏陵申遗扎实推进，完成西夏陵保护规划、西夏陵博物馆展陈设计方案编制，实施了西夏陵文物本体加固工程，召开西夏陵突出普遍价值学术研讨会，开展了西夏陵申遗区空军部队老营区拆迁回填和周边环境集中整治。丝绸之路宁夏段申遗扩展项目，开展了北朝隋唐墓地遗产点环境风貌整治，编制《北朝隋唐墓地保护总体规划》，组织北朝隋唐墓地、开城遗址等遗产点考古勘探。加强文物保护利用，文物普查登录国有可移动文物信息近 6.8 万件（套），实施了明长城、贺兰山岩画、固原古城墙、固原城隍庙保护性修缮，开展了水洞沟、鸽子山遗址等考古发掘。引进和推出大型文物展览 16 个。建立非遗保护微信平台，命名自治区第五批非物质文化遗产代表性项目保护传承基地 16 个，资助优秀传承基地 8 个、代表性传承人 134 名。

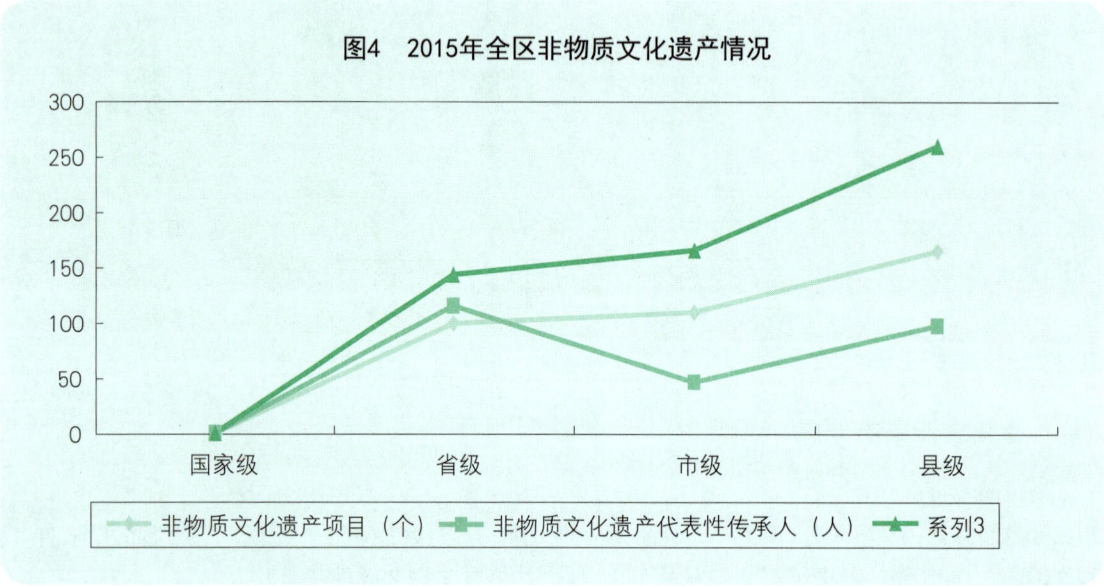


（六）文化市场管理依法规范

实施宁夏互联网上网服务营业场所监管平台升级改造，加强文化市场整治和大案要案督查，开展暗访督查和交叉执法行动。截止 10 月底，全区共出动执法人员 34270 人次，检查经营单位 32930 家次，受理群众举报 82 件，立案调查 187 件，结案 185 件，移交案件 18 件，警告 234 家次，责令改正 689 家次，责令停业整顿 56 家次，罚款金额 19 万元，取缔非法出版物经营单位 35 家，收缴非法出版物 8000 余册（张）。

## 三、存在问题

一是公共文化投入不足，基层基础设施薄弱，文化设施资源分散，文艺骨干缺乏；

二是文化产业发展资金规模小，文化企业“弱、小、散”，文化产品科技含量不够高，文化产业人才紧缺，特别缺乏懂文化、善经营的复合型管理人才；

三是丝绸之路申报世界文化遗产是中国和哈萨克斯坦、吉尔吉斯斯坦联合申报项目，属吉尔吉斯斯坦申报名额，需从国家层面进行沟通协调。

## 四、几点建议

一是建议加大公共财政投入，建立文化设施阵地经费投入保障机制，推动设立自治区、市、县（区）三级财政的农村文化专项资金，加快基层文化设施建设。

二是建议成立发展文化产业的组织领导机构，增加文化产业专项资金，并按文化产业增加值的增长比例逐年递增。

三是建议根据保护传承发展需求，每年以 20%的增幅增加宁夏非遗保护专项经费。

（宁夏回族自治区文化厅）

## 宁夏：打通公共文化服务的“最后一公里”

宁夏积极探索创新公共文化服务供给机制，推进由“送文化”向“种文化”转变，依托民间乡土人才，打通公共文化服务“最后一公里”，推进农民文化大院快速发展，这一做法宁夏农民文化大院建设依托民间乡土人才、打通公共文化服务“最后一公里”的做法得到刘云山同志的肯定，并通过《人民日报》、新华网等中央媒体的宣传报道向全国推广。

政策扶持、加大投入，农民文化大院建设快速发展。全区各级党委、政府相继出台了一系列扶持政策措施，每年将扶持农民文化大院列入“为民办实事”文化民生工程，累计投入资金800多万元，为410个农民文化大院配送开展文化活动所需的音响、乐器、服装、电脑、书柜、图书等器材。扎根农村、贴近实际，为农民种出可口的文化“庄稼”。农民文化大院的创办者多为当地文化艺术能人、带头人，是真正热爱群众文化事业、愿意为之付出且不求回报的“热心人”。许多创办者在文化大院创办之初，都是自筹资金、自建场地、自购设备，免费供当地群众开展文化活动，没有向当地政府伸手要过资金。利用传统节日、农闲时间，组织当地群众常态化开展自娱自乐班、书法绘画、读书看报、文艺演出、健身舞等活动，极大丰富了当地群众的文化生活。文化大院组织的各项活动贴近百姓生活、符合群众口味、情趣健康向上，改善了农民群众闲暇时间单调乏味的生活，有效遏制了赌博、酗酒等不良风气，培养良好兴趣爱好的同时，也提升了农民文明素质和农村精神文明建设水平。在自娱自乐的同时，一些水平较高的团队和节目还受邀参加商业性演出，不仅能够维持日常运行，还可以创收盈利，增强自身“造血”功能，走上良性循环的轨道。能人带动、示范引领，促生一批乡土艺术人才和民间文艺团队。在文化“能人”带动和感召下，当地农民群众参与文化活动的积极性显著提高，一批有一定文艺特长和创作才能的乡土人才汇集一堂，经常开展群众文艺创作和演出活动，使农民喜闻乐见的歌舞、社火、地方戏剧等得到推广和普及，创作演出水平得到有效提升。优秀农民文化大院的带动引领，使得一批民间艺术人才、文艺团队脱颖而出，成为常年活跃农村文化生活的骨干力量。

农民文化大院将公共文化服务“触角”延伸到最基层，打通“最后一公里”，成为破解公共文化服务不均衡问题的有效手段，有效增强了基层群众文化组织的动力和活力。政府在后期通过少量的经费补助和设备器材支持，就可以使农村精神文化生活得到丰富，农民群众文化活动和非遗保护传承常态化开展，为农村精神文明建设探索出新的途径，对社会力量参与公共文化具有很强的借鉴意义。

# 新疆维吾尔自治区 2015 年文化发展情况分析

2015 年度是全面贯彻党的十八届三中、四中、五中全会和自治区党委八届十次全委（扩大）会议精神，深入学习贯彻习近平总书记系列重要讲话精神，坚持围绕大局、服务基层，把“去极端化”作为最为紧迫的任务，按照“到人、管用、有效”的要求，以现代文化为引领，培育和践行社会主义核心价值观，各项工作取得了新进展新成效。文化在凝聚人心、鼓舞精神、增进各族群众之间的交流交往交融、维护社会稳定和长治久安等方面的作用日益凸显。

## 一、公共文化服务网络日益健全

截止 2015 年底，新疆维吾尔自治区已建成区、地（州、市）、县（市）级公共图书馆 107 个、文化馆 118 个、文化站 1168 个（其中乡镇文化站 1021 个、街道文化站 147 个）、各类艺术表演团体 132 个（含非公有制企业）、艺术展览创作机构 50 个（美术馆 48 个），南疆喀什、和田、克州三地 4151 个行政村（社区）文化室覆盖建成，其他地州通过自筹建设、资源整合等方式有效推进村级（社区）公共文化服务中心建设，区、地、县、乡、村五级公共文化服务网络基本建成。

**表 1　2010 年 –2015 年新疆文化机构发展变化分析表**

| 名称＼年度 | 2010 年 | 2011 年 | 2012 年 | 2013 年 | 2014 年 | 2015 年 |
|---|---|---|---|---|---|---|
| 图书馆 | 103 | 103 | 105 | 106 | 107 | 107 |
| 文化馆 | 111 | 112 | 116 | 116 | 117 | 118 |
| 文化站 | 1097 | 1147 | 1143 | 1144 | 1147 | 1168 |
| 艺术表演团体（含企业） | 132 | 133 | 137 | 138 | 138 | 132 |
| 艺术展览创作机构（含美术馆） | 0 | 4 | 36 | 39 | 42 | 50 |

“十二五”期间，新疆各级公共图书馆由 103 增加至 107 个、文化馆由 111 增加至 118 个、文化站由 1097 增加至 1168 个、艺术展览创作机构（含美术馆）从 0 发展至 50 个，五年时间累计新增各类文化服务机构达 132 家，增幅 9.14%。艺术展览创作机构（含美术馆）快速设立壮大，实现我区地、县级 47.2% 区域的覆盖，在美术馆免费开放经费的保障机制下，其馆藏能力、布撤展服务、展陈能力、服务保障能力等各方面均实现大幅提升。

## 二、文化、文物经费投入稳定可持续

2015 年度全疆文化部门经费投入 27.4 亿元，其中：财政补贴收入 16.2 亿元（含基建拨款）、事业收入 0,23

亿元、上级补助收入 0.63 亿元、其他收入 9.9 亿元，文化事业费 16.01 亿元、人均文化事业费 67.84 元。对比“十二五”初期，文化部门经费投入较 2010 年度的 11.2 亿元增加了 16.2 亿元，增幅 145%；文化事业费较 2010 年的 7.12 亿元增加了 8.89 亿元，增幅 125%；人均文化事业费较 2010 年的 32 元增加了 35.84 元，增幅 112%。对比“十二五”中期，文化部门经费较 2013 年度 22.3 亿元增加了 5.1 亿元，增幅 22.8%；文化事业费较 2013 年的 13.9 亿元增加了 13.5 亿元，增幅 49.3%；人均文化事业费较 2013 年的 61.43 元增加了 6.41 元，增幅 10.4%。

2015 年度全疆文物部门经费投入 5.4 亿元，其中：财政补贴 4.3 亿元、事业收入 0,21 亿元、上级补助收入 0.3 亿元、其他收入 0.77 亿元，文物事业费 4.27 亿元、人均文物事业费 18.09 元。对比“十二五”初期，文物部门经费投入较 2010 年度的 3.69 亿元增加了 1.71 亿元，增幅 46%；文物事业费较 2010 年的 2.41 亿元增加了 1.86 亿元，增幅 77.2%；人均文物事业费较 2010 年的 11.05 元增加了 7.04 元，增幅 63.7%。对比“十二五”中期，文物部门经费较 2013 年度 8.74 亿元减少了 3.34 亿元，减幅 38.2%；文物事业费较 2013 年的 6.57 亿元减少了 2.3 亿元，减幅 35%；人均文物事业费较 2013 年的 29.55 元减少了 11.46 元，减幅 38.8%。

从 2015 年文化部门经费投入分项构成来看，艺术业投入 7.42 亿元占总经费的 27%、图书馆投入 2.42 亿元占 8.8%，群众文化投入 5.21 亿元占 19%，艺术创作展览机构投入 0.23 亿元占 0.8%，其他文化投入 44.4%。

艺术业 2015 年投入 7.42 亿元较 2014 年的 5.86 亿元增加 1.56 亿元，主要是由于自治区政府购买演出专项经费的可持续、“四个一批”文化惠民活动的启动和补助经费保障以及“去极端化”系列活动深入、自治区成立六十年大庆文化系列活动等有力地推进文化艺术事业的全面发展；图书馆 2015 年投入 2.42 亿元较 2014 年 2.38 亿元增加 0.04 亿元，群众文化投入 2015 年投入 5.21 亿元较 2014 年 4.28 亿元增加 0.93 亿元，公共图书馆和群众文化活动经费保持稳固并持续增加，得益于 2014 年启动的 20 万名干部“访惠聚”，各级党委政府、各单位部门工作重心全部向基层倾斜，加大公共文化服务资金投入、扩大服务区域，深入开展送书下乡、送文艺演出下乡、农民画大赛、农民小品大赛等系列活动；其他文化 2015 年投入 12.12 亿元较 2014 年 11.23 亿元增加 0.89 亿元。

**表 2　2014 年 –2015 年文化事业经费主要构成比例分析表**

| 构成 / 指标 | 艺术业 | | 图书馆 | | 群众文化 | |
|---|---|---|---|---|---|---|
| | 2014 | 2015 | 2014 | 2015 | 2014 | 2015 |
| 经费投入（亿元） | 5.86 | 7.42 | 2.38 | 2.42 | 4.28 | 5.21 |
| 占总经费投入比 (%) | 24.7 | 27.0 | 10.0 | 8.8 | 18.0 | 19.0 |

## 三、人才结构日趋合理

自 2010 年中宣部、教育部、财政部启动新疆文化艺术人才定向就业培养和定向培训计划以来，新疆已经先后五批输送各类文化人才到中央音乐学院、上海戏剧学院等 20 多所高校进行培养、培训。通过“十二五”期间的贯彻实施，人才培养和培训进入到收获成果的阶段，第一、二批次学员已参与到工作实践中，将逐步缓解文化队伍人才短缺、水平不高、青黄不接的局面，极大地促进新疆文化人才的储备和崛起。

2015 年专业技术人才占从业人员数的比例 23.25%，较“十二五”初期 2010 年的 7.75% 增加 15.5 个百分点，增幅 200%；较“十二五”中期 2013 年的 19.8% 增加 3.45 个百分点，增幅 17.4%。

表 3　2010 年 –2015 年新疆文化领域从业人员发展分析（含文物、文化市场）

| | 2010 年 | 2011 年 | 2012 年 | 2013 年 | 2014 年 | 2015 年 |
|---|---|---|---|---|---|---|
| 从业人员数 | 37711 | 35614 | 35442 | 39314 | 32263 | 33599 |
| 专业技术人才 | 2926 | 6708 | 7709 | 7788 | 7786 | 7813 |
| 正高职称 | 742 | 185 | 156 | 130 | 150 | 154 |
| 副高职称 | | 582 | 653 | 646 | 693 | 748 |
| 中级职称 | 2184 | 2228 | 2301 | 2119 | 2002 | 2134 |

## 四、公共文化服务体系进一步完善

### （一）公共图书馆方面

依据《关于加快构建现代公共文化服务体系的意见》（中办、国办发〔2015〕2 号）和《国家基本公共文化服务指导标准》（国办发〔2015〕74 号）文件精神，截止 2015 年末，新疆建成并拥有公共图书馆 107 个，其中省级 1 个、地州（市）级 14 个、县市（区）级 92 个，图书总藏量 1303 万册、电子图书 608 万册，总流通人次 473.694 万次，书刊文献外借 439.691 万册次，组织各类讲座 960 次、参加人次 15.974 万人次，举办展览 726 个、参加人次 69.689 万人次，举办培训班 786 个、培训人次 8.254 万人次，图书馆坐席数 23057 个，依托国家实施流动图书车配置工程，全疆共配置流动图书车 44 辆、流动图书馆车书刊借阅册次 75.598 万册次，实现图书阅读多渠道、无限延伸地服务基层群众，提升了服务质量、培养了群众热情。

“十二五”以来，在“三馆一站”免费开放经费保障机制、地市级公共文化设施建设、数字图书馆建设、文化信息资源共享等一系列政策的支撑下，新疆公共文化服务能力得到完善和提升。截止 2015 年底，新疆各级公共图书馆的服务能力、范围、质量都有答大幅提升，较“十二五”初期 2010 年的图书总藏量 1113 万册增加了 190 万册，增 17.07%；总流通人次 350.444 万人次增加了 123.25 万人次，增幅 35.2%；书刊文献外借 316.735 万册次增加了 122.956 万册次，增幅 38.8%；讲座次数 439 次增加了 521 次，增幅 118.7%；展览 466 个增加了 260 个，增幅 55.8%；培训班 329 个增加了 457 个，增幅 138.9%。较“十二五”中期 2013 年的图书总藏量 1241 万册增加了 62 万册，增幅 5%；电子图书 430 万册增加了 178 万册，增幅 41.4%；总流通人次 501.76 万人次下降了 28.066 万人次，降幅 5.6%；书刊文献外借 419.09 万册次增加了 20.6 万册次，增幅 5%；讲座次数 728 次增加了 232 次，增幅 31.86%；展览 478 个增加了 248 个，增幅 51.88%；培训班 610 个增加了 176 个，增幅 28.85%。

表 4　2010 年 –2015 年公共图书馆服务能力数据对比情况

| | 图书总藏量（万册） | 电子图书（万册） | 总流通人次（万人次） | 书刊文献外借册次（万册次） | 讲座次数（次） | 展览（个） | 培训班（个） |
|---|---|---|---|---|---|---|---|
| 2010 年 | 1113 | * | 350.444 | 316.735 | 439 | 466 | 329 |
| 2013 年 | 1241 | 430 | 501.76 | 419.09 | 728 | 478 | 610 |
| 2015 年 | 1303 | 608 | 473.694 | 439.691 | 960 | 726 | 786 |

### （二）群众文化方面

2015 年末，新疆拥有 1286 个文化馆（站），其中文化馆 118 个（省级 1 个、地州级 15 个、县市级 102）、文化站 1168 个（乡镇文化站 1021 个、街道文化站 147 个）。长效实施“百日广场文化活动”、“乡村百日文体活动竞赛”以及自治区“群星耀天山”音乐、舞蹈大赛等群众文化活动。围绕“访惠聚”和自治区“去极端化”工作部署，组织开展品牌节庆活动 166 个、提供文化服务 78112 次，文化服务惠及 1864 万人次，馆办文艺团体 202 个、群众业余文艺团队 5510 个。较“十二五”中期 2013 年的组织节庆活动 129 个增加了 37 个，增幅 28.7% ；提供文化服务 46669 次增加了 31443 次，增幅 67.4%；服务惠及人次 1324 万人次增加了 540 万人次，增幅 40.1%；馆办文艺团体 189 个增加了 13 个，增幅 6.9%；群众业余文艺团体 4929 个增加了 581 个，增幅 11.8%。

表 5　2010 年 –2015 年新疆群众文化活动服务能力数据对比情况

| | 组织节庆活动（个） | 提供文化服务（次） | 服务惠及人次（万人次） | 馆办文艺团体（个） | 群众业余文艺团队（个） |
|---|---|---|---|---|---|
| 2010 年 | * | * | * | * | 1185 |
| 2013 年 | 129 | 46669 | 1324 | 189 | 4929 |
| 2014 年 | 154 | 57474 | 1429 | 188 | 5183 |
| 2015 年 | 166 | 78112 | 1864 | 202 | 5510 |
| 2015 年 | 44 | 3.07 | 3.1 | 2 | 6.5 |

## 五、艺术创作生产逐渐丰富

2015 年，围绕纪念抗战胜利 70 周年、“中国梦”、“去极端化”、“民族团结”等主题，依托国家艺术基金支持、财政专项资金保障及自治区政府购买演出等，开展“深入生活、扎根人民”主题实践活动。区级院团创作了歌舞晚会《丝路舞魂》等优秀剧目，基层院团创排的《英雄玛纳斯》《疏勒之恋》《春寒》《阿依汗阿娜》《醒悟》《净化的灵魂》《载歌载舞庆婚礼》等剧目，民营演艺企业创排了《千回西域》《丝路秀》《在他的歌声里》等剧目，部分剧目在第四届中国新疆国际民族舞蹈节成功演出。开展第三届“新歌唱新疆”新创作歌曲征集活动，推出一批反映自治区 60 年巨变、思想性艺术性相统一的优秀歌曲。举办“第三届中国西部交响乐周”。首次举办全疆戏曲表演大赛等。

表 6　2010 年 –2015 年新疆艺表团体、场馆（事业）基本数据对比情况

| 单位 | 艺术表演团体 | | | | 艺术表演场馆 | | |
|---|---|---|---|---|---|---|---|
| 指标<br>年度 | 本团原创首演剧目（个） | 演出场次（万场次） | 国内演出观众人次（万人次） | 政府采购公益演出场次（万场次） | 坐席数（个） | 演（映）出场次合计（万场次 | 观众人次（万人次） |
| 2010 年 | 35 | 1.68 | 1052 | 0.15 | 9242 | 2.018 | 98.4 |
| 2013 年 | 43 | 1.35 | 837.9 | 0.5 | 11841 | 3.44 | 96.71 |
| 2015 年 | 59 | 1.45 | 1135 | 0.859 | 11857 | 3.95 | 342.48 |

## 六、文化产业发展成绩喜人

新疆维吾尔自治区人民政府印发《自治区关于贯彻落实〈国务院关于推进文化创意和设计服务与相关产业融合发展的若干意见〉的实施意见》《自治区贯彻落实〈国务院关于加快发展对外文化贸易的意见〉的实施意见》。开展文化产业示范基地评选命名工作，新增2家国家级文化产业示范基地、24家自治区级文化产业示范基地。加大文化产业扶持力度，13个项目进入文化部文化产业重点项目名录，争取2015年中央文化产业发展专项资金2260万元。组团参加第十一届深圳文博会、第十届北京文博会。成功举办第三届新疆丝绸之路文化创意产业博览会。

## 七、对外文化交流精彩纷呈

2015年在乌鲁木齐市举办的第四届中国新疆国际民族舞蹈节荟集了国内外25个演出团26台剧目，呈现80场精彩演出，设立克拉玛依市、阿克苏市分会场。“中国海外文化中心——新疆文化展示周”在西班牙马德里、法国巴黎中国文化中心成功举办。服务国家外交大局，组织艺术院团分别赴新加坡、阿塞拜疆、土耳其等国家和澳门地区参加了“欢乐春节”“诺鲁孜节”等文化艺术交流活动。

## 八、文化遗产保护平稳有序

2015年底，全疆共有文物机构189个，其中：文物保护管理机构84个、博物馆86个、文物科研机构2个，与2014年相比，博物馆机构数量增加4个。文物业从业人员总计1849人。

新疆文物藏品总量241046（含文物总店22747件），较2014年保持少量增长。

新疆文物基本陈列171次、临时展览199次，参观人次809.695万人次，比2014年增加100万人次，其中青少年群体参观人次224.208万人次。

新疆免费开放经费补助的各级博物馆85个，2015年度免费开放补助经费总额为6173万元，其中中央6000万元，地方配套173万元。

新疆辖区内有文物点9804个，全国重点文物保护单位113处、自治区级文物保护单位558处、县级文物保护单位4317处。

## 九、文化市场规范有序

2015年，新疆维吾尔自治区共有文化市场经营单位3793家，其中，文艺表演团体40个，演出场所经营单位1个，演出经纪机构73个，娱乐场所经营单位1443个，经营性互联网文化单位26个，互联网上网服务营业场所2210个，艺术品经营机构0个；从业人员18100人，经营面积616625平方米，资产总计363343.8万元，营业收入147029万元，营业利润总额33465.9万元。

图1 2015年各类文化市场经营单位所占比重

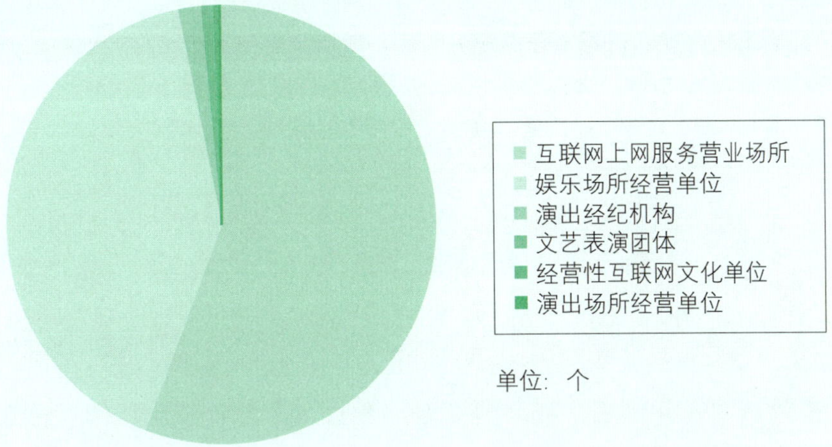


1. 网吧市场持续规范。截至 2015 年底，我区共有互联网上网服务营业场所 2210 家，比 2014 年减少 23 家。其中，县（含县级）以下 1086 个，连锁门店由 36 个减至 0 个；从业人员 6971 人，较去年相比增加 225 人；计算机终端 196454 台，较去年相比增加 19744 台；经营面积 541016.97 平方米，较去年相比增加 673239 平方米；资产总计 116307.5 万元，营业收入 59004.1 万元，营业利润总额 19191.1 万元，以上三项较去年相比都有小幅下降。2015 年新疆选取乌鲁木齐市、伊犁州、巴州、阿克苏地区、塔城地区和哈密地区 100 多个互联网上网营业场所开展转型升级试点工作，提高了服务的意识、水平和经营理念，改善了上网服务场所环境，经营模式从以往单一经营逐步发展形成多元经营的雏形。

2. 演出市场保持活跃。演出场所经营单位 1 家，从业人员 15 人，观众人次 600 人次，经营面积 500 平方米，资产总计 300 万元，营业收入 30 万元；文艺表演团体 40 家，从业人员 945 人，演出场次 5367 场，经营面积 29469 平方米，资产总计 15772.6 个万元，营业收入 3775.1 万元；演出经纪机构 73 家，从业人员 968 人，经营面积 29551.4 平方米，资产总计 47518.3 个万元，营业收入 14149.0 万元。演出市场生存特点：（1）节目形式单一，商业演出有待发掘。从演出节目类型上看，歌舞类、小品、乐器类演出达到 85% 以上，纯商业演出场次占 64%。在主营收入排名前位的演出经纪机构中，新疆演出展览中心、江阿湾演出经纪公司等主要以经营周边国家，如哈萨克斯坦、俄罗斯、吐尔其等国小型团队涉外演出为主，其它公司主要经营国内综合性演出为主；（2）机构联盟与品牌打造是发展热点。依托 2014 打造的新疆大舞台，定期从国内外引进优秀演艺人员和专业演出节目，丰富了演出内容、提升了演出档次。

3. 娱乐市场在调整中发展。歌舞娱乐场所 1200 家，从业人员 7576 人，VOD 点播系统使用率达 64.7%，资产总计 126682.4 个万元，营业收入 51299.9 万元，营业利润总额 14679.2 万元；游艺娱乐场所 189 家，从业人员 798 人，电子游戏及游艺机 5007 台，资产总计 21201 万元，营业收入 4878 万元，营业利润总额 1473 万元。2015 年度，新疆加大娱乐市场综合整治力度，深推游艺娱乐场所的准入和退出机制、打击无证照经营及赌博等违法违规经营行为，规范了市场主体、优化了市场结构。

4. 网络文化市场平稳发展。经营性互联网文化单位 26 家，从业人员 625 人，运营网络文化产品 19168 个（网络游戏 11 个、网络音乐 19085 个），注册用户 986 万人次，资产总计 30953.7 个万元，较 2014 年增加 12 家，运营网络文化产品和网络音乐分别增长 93% 和 93.5%。

总体来看，新疆文化市场发展总体平稳，网络音乐市场发展势头良好，电信、移动运营商依旧强势。

随着新技术、新设备的普及推广，文化市场主体接受挑战，实现技术创新、服务升级，市场的法制体系不断完善、执法手段不断加强、行政监管力度不断加大。

（新疆维吾尔自治区文化厅）

## 新疆：成功举办第四届中国新疆国际民族舞蹈节

2015年7月20日至8月5日，“多彩丝路，中国梦想”第四届中国新疆国际民族舞蹈节在新疆举办。

全面聚焦丝路主题，国际视野更显大气。舞蹈节响应“一带一路”战略，邀请俄罗斯、白俄罗斯、哈萨克斯坦、乌兹别克斯坦、土耳其等丝绸之路经济带沿线国家和地区的11支优秀演出团和中国歌剧舞剧院、福建省歌舞剧院、广东歌舞剧院等6个国内演出团以及新疆艺术剧院歌剧团、新疆生产建设兵团歌舞剧团、新疆军区文工团、新疆大剧院等8个疆内演出团。

文化惠民遍及基层，各族群众共享盛会。以“人民的节日”为办节宗旨，设立主、分会场推进文化惠民，乌鲁木齐市的新疆人民剧场、新疆艺术剧院剧场、昌吉新疆大剧院等9个剧场为主会场，阿克苏地区文化中心、克拉玛依市文化中心为分会场，共计奉献78场演出。配套举办第三届中国网络舞蹈节、国际舞蹈大师课、2015年丝绸之路演出交易会、舞动生命 乐扬心声——新疆古代舞乐艺术的记忆展、首届中国新疆丝绸之路艺术品竞买交流会、十年新疆油画学术展6项舞蹈节专题社会活动。邀请文化部、国家民委、教育部、中国文联以及广西壮族自治区、宁夏回族自治区、山西省等中央部委办、兄弟省市区的领导嘉宾和孟加拉驻华使馆大使、巴基斯坦驻华使馆公使、阿尔及利亚、乌兹别克斯坦的嘉宾及艺术家们，全疆10万余名群众现场观演和参与。

内容效果圆满呈现，现实意义影响深远。舞蹈节精彩纷呈、美轮美奂，风格迥异、特色鲜明，国际视野更加宽广、主题加突出，成为促进丝绸之路经济带国家互联互通的桥梁和推手，营造了自治区60周年大庆良好氛围。展示了新疆各族人民传承发展现代文化的自信与自觉，展现了“民族和睦、艺术繁荣、文化开放”的新疆魅力，促进了国内外文化艺术的交流合作，扩大了新疆对内对外影响力，凝聚各族群众热爱伟大祖国、建设美好新疆的强大正能量，扎实推进新疆社会稳定和长治久安具有重要意义。

2016 Statistical Analysis Report
on Cultural Development

# 2016文化发展统计分析报告

# 背景篇

# 2015 年国民经济运行情况分析

2015 年是“十二五”规划的收官之年，是全面深化改革的关键之年，也是世界经济深度调整、国内“三期”叠加阵痛持续深化的一年。面对错综复杂的国际形势和不断加大的经济下行压力，党中央、国务院保持战略定力，谋划发展全局，主动适应引领新常态，以新理念指导新实践，以新战略谋求新发展，不断创新宏观调控，深入推进结构性改革，扎实推动“大众创业、万众创新”，经济保持了总体平稳、稳中有进、稳中有好的发展态势，圆满完成“十二五”规划目标任务，为“十三五”发展、决胜全面建成小康社会奠定了坚实基础。

## 一、经济运行稳中略缓，仍处在合理区间

初步核算，2015 年国内生产总值 676708 亿元，比上年增长 6.9%，增速比上年回落 0.4 个百分点。其中，第一产业增加值 60863 亿元，比上年增长 3.9%；第二产业增加值 274278 亿元，增长 6.0%；第三产业增加值 341567 亿元，增长 8.3%。分季度看，一、二、三、四季度分别增长 7.0%、7.0%、6.9% 和 6.8%。

### （一）农业生产再获丰收

2015 年，全国粮食总产量 12429 亿斤，比上年增加 288 亿斤，增长 2.4%。其中，夏粮产量 2822 亿斤，增长 3.3%；早稻产量 674 亿斤，下降 0.9%；秋粮产量 8932 亿斤，增长 2.3%。全年猪牛羊禽肉产量 8454 万吨，比上年下降 1.0%。

### （二）工业生产基本平稳

2015 年，规模以上工业增加值比上年增长 6.1%。分季度看，一、二、三、四季度分别增长 6.4%、6.3%、5.9% 和 5.9%。其中，12 月份同比增长 5.9%，增速比上月回落 0.3 个百分点。

图1　规模以上工业增加值当月增长速度

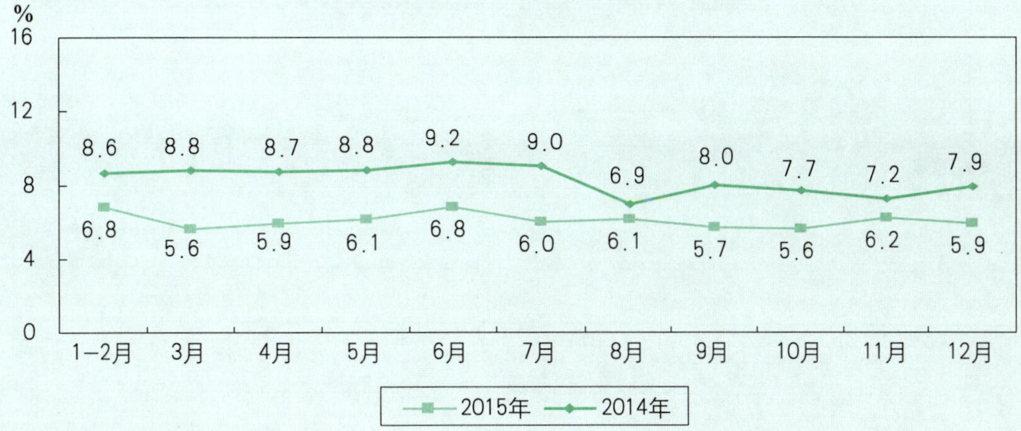

（三）服务业增长较快

2015 年，服务业增加值比上年增长 8.3%。分季度看，一、二、三、四季度分别增长 8.0%、8.5%、8.6% 和 8.2%。分类别看，批发和零售业增加值比上年增长 6.1%，交通运输、仓储和邮政业增长 4.6%，住宿和餐饮业增长 6.2%，金融业增长 15.9%，房地产业增长 3.8%。

（四）投资增速持续回落

2015 年，固定资产投资（不含农户）551590 亿元，比上年增长 10.0%。分季度看，一季度、上半年、前三季度分别增长 13.5%、11.4% 和 10.3%。分三大领域看，基础设施投资比上年增长 17.2%，制造业投资增长 8.1%，房地产开发投资增长 1.0%。

图2　固定资产投资（不含农户）累计增长速度

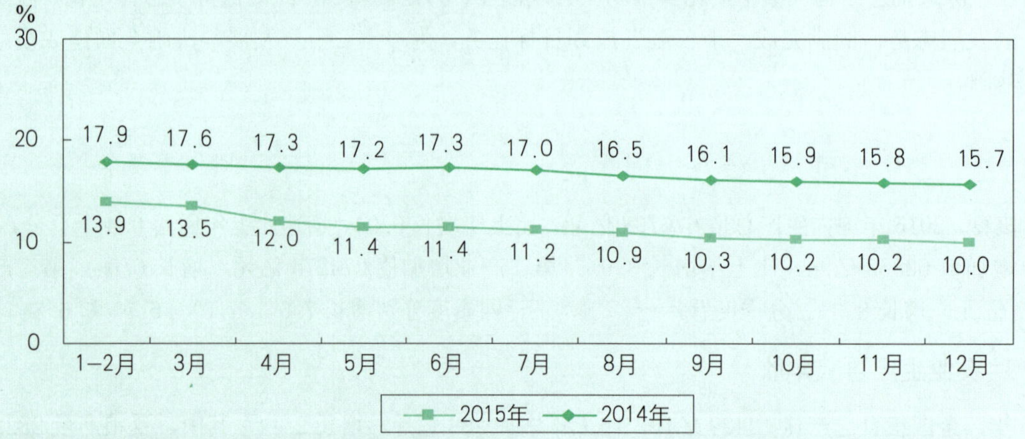


（五）消费增长稳中有升

2015 年，社会消费品零售总额 300931 亿元，比上年增长 10.7%。分季度看，一、二、三、四季度分别增长 10.6%、10.3%、10.7% 和 11.1%。其中，12 月份同比增长 11.1%。

图3　社会消费品零售总额当月增长速度

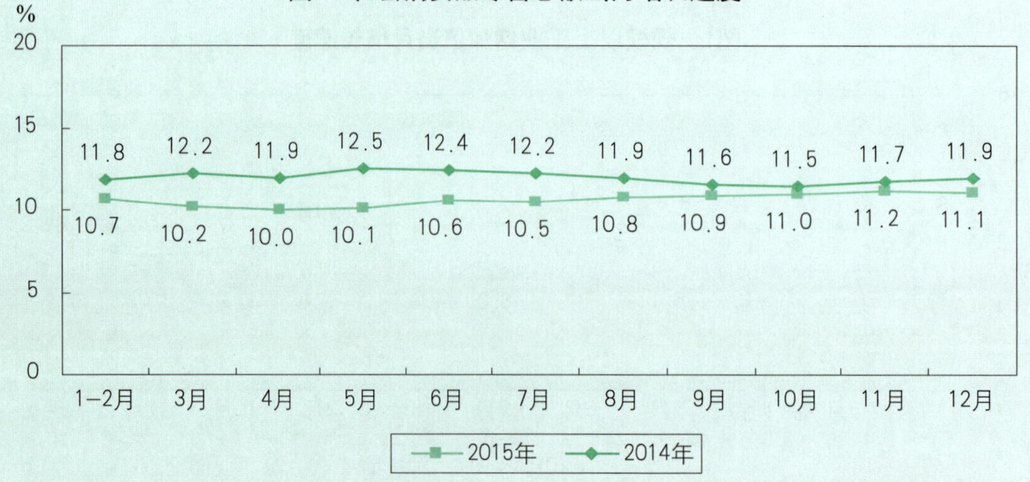

（六）出口降幅收窄

2015 年，进出口总额 245849 亿元，比上年下降 7.0%。其中，出口额 141357 亿元，比上年下降 1.8%；进口额 104492 亿元，下降 13.2%。分季度看，一季度出口增长 4.8%，二、三、四季度分别下降 3.2%、5.8% 和 1.8%，四季度出口降幅比三季度收窄 4.0 个百分点。12 月份出口同比增长 2.3%，上月为下降 3.7%。

图4 出口总额当月增长速度（按人民币计价）

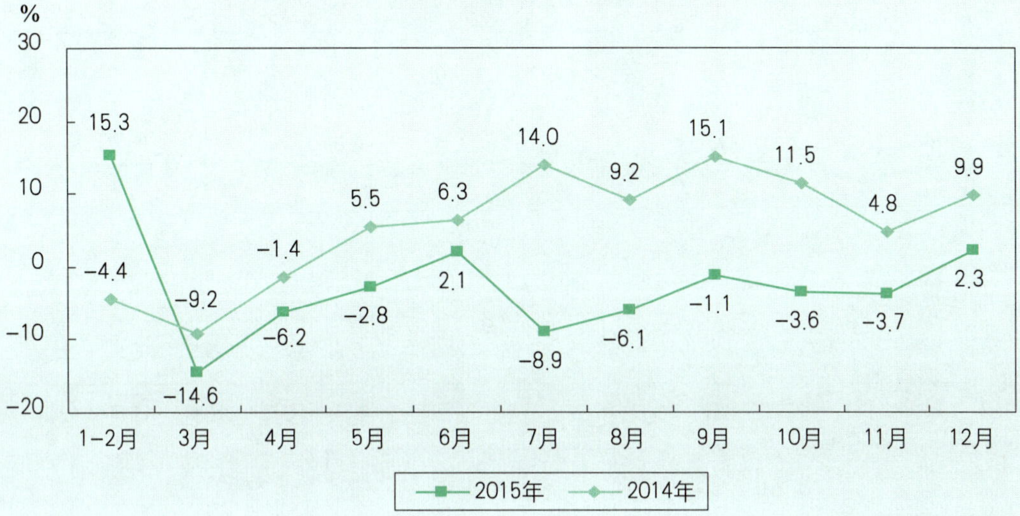


（七）居民消费价格涨势温和

2015 年，居民消费价格总水平比上年上涨 1.4%。其中，食品价格比上年上涨 2.3%，影响居民消费价格上涨约 0.79 个百分点；服务价格上涨 2.0%，影响居民消费价格上涨约 0.59 个百分点。

图5 居民消费价格总水平当月涨（跌）幅

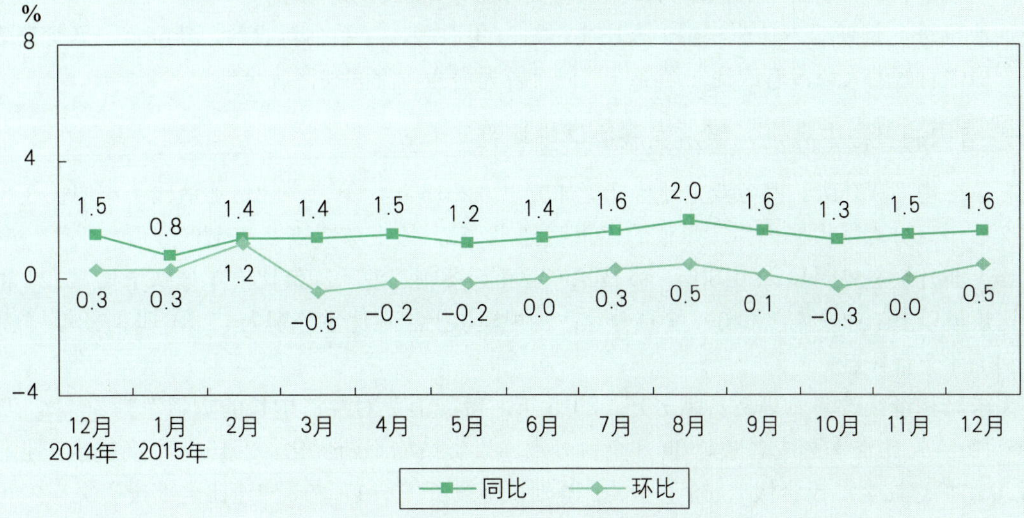

（八）工业品出厂价格下降较多

2015 年，工业生产者出厂价格比上年下降 5.2%，降幅比上年扩大 3.3 个百分点。其中，生产资料价格比上年下降 6.7%，影响工业生产者出厂价格下降约 5.1 个百分点；生活资料价格下降 0.3%，影响工业生产者出厂价格下降约 0.1 个百分点。

图6　工业生产者出厂价格总水平当月涨（跌）幅

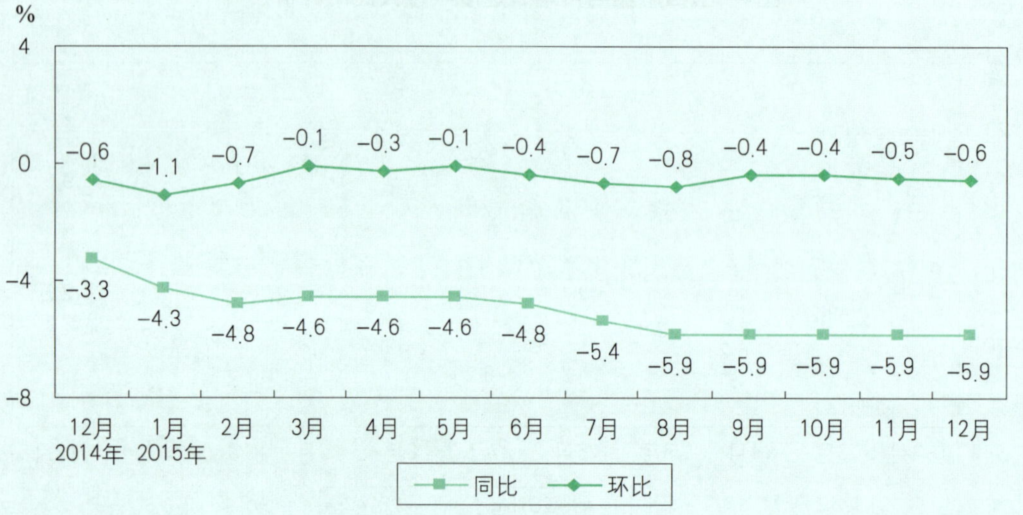


（九）就业总体稳定

在工业趋缓形势下，由于简政放权、“双创”力度加大，就业形势良好。2015 年，城镇新增就业 1312 万人，超额完成全年目标任务。全年农民工总量为 27747 万人，比上年增长 1.3%。

## 二、以新理念指导新实践，经济发展稳中有进、稳中有好

2015 年，受趋势性周期性因素叠加、内外部困难交织影响，我国经济增速继续放缓，但经济结构加速优化，转型升级加快推进，新兴动力加速积聚，人民生活进一步改善，一系列新成就、新亮点、新突破表明经济稳中有进、稳中有好的大势没有改变，经济增长仍有较大潜力、空间和回旋余地。

（一）结构调整稳中有进，经济发展协调性增强

一是产业结构不断升级。服务业主导特征更加突出。2015 年，第三产业增加值比上年增长 8.3%，比第二产业快 2.3 个百分点，占国内生产总值的比重达到 50.5%，比上年提高 2.4 个百分点，比第二产业高 10 个百分点。工业升级态势明显。2015 年，高技术产业和装备制造业增加值比上年分别增长 10.2% 和 6.8%，增速分别比规模以上工业快 4.1 和 0.7 个百分点；占规模以上工业比重分别为 11.8% 和 31.8%，分别比上年提高 1.2 和 1.4 个百分点。

二是需求结构继续改善。消费贡献上升。2015 年，最终消费对经济增长的贡献率为 66.4%，比上年提高 14.8 个百分点，比资本形成总额高 30.3 个百分点。投资结构不断优化。2015 年，高技术产业投资比上年增长 17.0%，增速比全部投资快 7.0 个百分点；基础设施投资增长 17.2%，增速比全部投资快 7.2 个百分点，占固定资产投资（不含农户）的比重达到 18.4%，比上年提高 1.2 个百分点。

三是城乡统筹发展迈出新步伐。城镇化水平继续提高。2015 年末，城镇化率达到 56.10%，比上年提高 1.33

个百分点。城乡居民收入差距继续缩小。2015 年，城乡居民人均可支配收入倍差为 2.73，比上年降低 0.02。

四是区域协调亮点纷呈。中西部地区主要指标增长快于东部。2015 年，中、西部地区规模以上工业增加值比上年分别增长 7.6% 和 7.8%，增速分别快于东部地区 0.9 和 1.1 个百分点；中部地区固定资产投资（不含农户）增长 15.7%，快于东部地区 3.0 个百分点。

### （二）新旧动力有序转换，创新驱动后劲增强

一是创业创新热潮涌动。简政放权、行政体制改革加力持续推动形成大众创业、万众创新热潮。2015 年，全国新登记企业 444 万户，比上年增长 21.6%，注册资本（金）增长 52.2%，平均每天新登记企业 1.2 万户。2015 年，国内发明专利授权量 26.3 万件，比上年增长 61.9%。

二是“三新”发展势头良好。网上零售快速增长。2015 年，网上商品零售额比上年增长 31.6%，明显快于社会消费品零售总额增速。信息消费爆发式增长。2015 年，移动互联网接入流量达 41.9 亿 G，同比增长 103%。高附加值、高技术含量的新产品不断涌现。2015 年，新能源汽车产量比上年增长 163.1%，运动型多用途乘用车（SUV）增长 46.9%，工业机器人增长 42%，光电子器件增长 22.9%，智能电视增长 21.8%，智能手机增长 14.6%。

三是市场活力持续迸发。非公经济较快发展。2015 年，规模以上工业中非公有制企业增加值比上年增长 7.9%，比规模以上工业快 1.8 个百分点；私营企业利润同比增长 3.7%，明显好于同期规模以上工业企业利润。民营企业出口保持较快增长。2015 年，民营企业出口比上年增长 3.1%，而全部出口为下降 1.8%；民营企业进出口占全部进出口的比重为 37%，比上年提高 2.5 个百分点。

### （三）节能降耗成效突出，绿色发展步伐稳健

一是清洁能源消费比重上升。能源生产与消费结构发生深刻变化。2015 年，我国原煤产量和消费量比上年分别下降 3.5% 和 4.0%。在能源消费结构中，煤炭消费量占比为 64.0%，比上年下降 1.6 个百分点；水电、风电、核电、天然气等清洁能源消费量占比为 17.9%，提高 0.9 个百分点。

二是能源利用效率整体提升。2015 年，万元国内生产总值能耗比上年下降 5.6%，降幅比上年扩大 0.8 个百分点。主要耗能产品综合能耗继续下降。

三是高耗能行业生产和投资增长放缓。产能过剩和市场需求不振倒逼高耗能行业压缩生产和投资。2015 年，高耗能行业增加值比上年增长 6.3%，增速比上年回落 1.2 个百分点，占规模以上工业的比重为 27.8%，比上年下降 0.6 个百分点；高耗能行业投资增长 4.5%，增速比上年回落 7.3 个百分点，占全部投资的比重为 11.7%，下降 0.6 个百分点。

### （四）对外开放纵深推进，国际影响力不断提升

一是我国经济仍然是世界经济的稳定之锚、增长之源。2015 年，我国经济增速有所放缓，但仍然是全球增长最快的主要经济体之一，对世界经济增长的贡献超过 25%。尽管由于大宗商品价格大幅下跌导致进口金额下降，但进口数量稳中有增。2015 年，我国大豆进口量比上年增长 14.4%，铜矿砂及其精矿增长 12.6%，原油增长 8.8%，铁矿砂及其精矿增长 2.2%，为稳定国际市场做出了重要贡献。

二是“一带一路”战略扎实推进。我国与“一带一路”沿线国家经贸合作的步伐不断加快，进出口表现好于我国总体进出口。2015 年，我国与“一带一路”相关国家进出口总值 9955 亿美元，占同期我国进出口总值的比重超过 1/4。全年我国企业共对“一带一路”相关的 49 个国家进行了直接投资，投资额达 148 亿美元，比上年增长 18.2%。不少企业觅机抱团出海，赢得了新的发展机遇。

三是对外投资加速发展。在美元升值、全球资本回流、流动性减少以及投资收益大幅下滑的大背景下，我国对外投资保持了两位数的高增长。2015 年，我国累计实现对外非金融类直接投资 1180 亿美元，比上年增长 14.7%，2015 年末我国对外直接投资存量首次超过万亿美元大关。国际产能合作积极推进，对外投资

保持强势增长。2015 年，我国企业对“一带一路”相关国家的投资中，投向交通运输、电力、通讯等优势产业直接投资 117 亿美元，比上年增长 80.2%，装备制造业对外投资 70 亿美元，增长 154.2%。

### （五）民生事业持续改善，发展成果全民共享

一是居民收入稳定增长。2015 年，全国居民人均可支配收入 21966 元，比上年名义增长 8.9%，扣除价格因素，实际增长 7.4%，快于国内生产总值增速。其中，农村居民人均可支配收入 11422 元，名义增长 8.9%，实际增长 7.5%；城镇居民人均可支配收入 31195 元，名义增长 8.2%，实际增长 6.6%。2015 年，农村外出务工劳动力月均收入 3072 元，比上年增长 7.2%。

二是居民收入相对差距缩小。2015 年，全国居民人均可支配收入五等份中，最高收入组与最低收入组的人均收入倍差为 10.45，比上年降低 0.29。全国居民人均可支配收入中位数比上年名义增长 9.7%，比平均数增速高 0.8 个百分点。

三是居民消费结构持续升级。基本生存类消费占比下降，发展享受型消费占比提高。2015 年，全国居民人均消费支出中，食品烟酒、衣着消费支出占比分别比上年下降 0.4 和 0.2 个百分点；交通通信、教育文化娱乐、医疗保健支出占比分别比上年提高 0.4、0.4 和 0.2 个百分点。在限上企业商品零售额中，通讯器材类、体育娱乐用品类和文化办公用品类比上年分别增长 29.3%、16.6% 和 15.2%，增速明显快于社会消费品零售总额。

四是民生保障投入增加。在财政收入增速放缓、收支矛盾突出的情况下，政府对重点领域民生投入仍保持较快增长。2015 年 1-11 月份财政支出中，节能环保、社会保障和就业、医疗卫生与计划生育、交通运输支出、科学技术、教育同比分别增长 35.4%、21.9%、21.8%、21.5%、21.4% 和 17.7%。截至 2015 年 12 月底，全国城镇保障性安居工程已开工 783 万套，基本建成 772 万套，其中棚户区改造开工 601 万套，均超额完成年度目标任务。

2015 年我国经济爬坡前行，走过了不平凡的发展历程，克服了国内外多种风险挑战，取得的成绩来之不易，积累的经验弥足珍贵。

## 三、转型升级进入紧要关口，下行压力不容忽视

在看到经济稳中有进、大势未变的同时，也要深刻认识到我国转型升级已经进入攻坚克难、不进则退的关键阶段。经济运行面临产能过剩与有效供给不足、去产能去库存与稳增长、融资难融资贵与财政金融风险上升、“走出去”与国际市场萎缩等两难、多难问题，趋势性、阶段性、周期性矛盾相互叠加，加大了经济下行压力。

### （一）国际形势分化调整加剧，外部环境更趋复杂严峻

一是世界经济复苏持续乏力。发达经济体中，美国经济复苏态势相对较好，但受加息周期重启影响，2016 年走势存在不确定性；欧元区内部分化严重，量化宽松政策继续加码，杠杆率进一步攀升；日本经济受结构性矛盾突出等的制约，2016 年难见明显改善。新兴经济体受美国加息影响，资本外流、汇率波动、债务上升等问题将更趋突出，经济下行压力进一步加大。据世界银行 2016 年 1 月《全球经济展望》预计，2015 年全球经济增长 2.4%，2016 年增长 2.9%，均比 6 月份预计下调 0.4 个百分点。

二是国际贸易延续低迷态势。世界经济复苏缓慢，加上贸易保护主义盛行，导致国际贸易持续低迷，国际贸易量增速连续低于世界经济增速，波罗的海指数大幅低于贸易平衡点，截至 2016 年 1 月 12 日已跌到 402 点，创历史最低。此外，以美国为首的发达国家通过签署 TPP、TISA 和 TTIP 等协议，正在重塑全球贸易新规，将进一步冲击新兴市场国家出口。

三是全球金融市场大幅震荡。资本外流加剧。据国际金融协会（IIF）预计，2015 年新兴市场国家资本

净流出规模约为5400亿美元，是20多年的首次净外流。汇率波动频繁。2015年多国货币兑美元汇率一度跌至历史最低点。其中，12月15日，俄罗斯卢布兑美元汇率暴跌逾10%，创1999年以来最大单日跌幅；12月17日，阿根廷比索兑美元汇率贬值幅度超过30%。股市震荡剧烈。8月份，道琼斯工业指数、日本日经225指数、德国DAX指数、法国CAC40指数和香港恒生指数最大跌幅均超过了10%。

四是大宗商品价格深度下跌。美元走强进一步加大国际大宗商品价格下跌。2015年，国际能源价格比上年下跌45.1%，农产品价格下跌13.0%，原材料价格下跌9.4%，金属和矿产品价格下跌21.1%。国际大宗商品价格下跌加大了全球主要经济体通缩压力。

五是地缘政治冲突加剧。中东地区形势不稳，恐怖主义较为猖獗，地区争端不断升级，加大了全球贸易和世界经济复苏的不稳定性。

### （二）国内供需矛盾加剧，经济下行压力加大

一是企业生产经营更加困难。营收增长连续放缓。2015年，规模以上工业企业实现主营业务收入同比仅增长0.8%，增速比前三季度放缓0.4个百分点。成本仍然居高难下。2015年，每百元主营业务收入中的成本为85.68元，比上年同期上升0.04元。资金周转比较困难。12月末，规模以上工业企业产成品存货和应收账款同比分别增长3.3%和7.9%，增速分别比2015年主营业务收入高2.5和7.1个百分点。效益继续下降。2015年，规模以上工业企业实现利润总额同比下降2.3%，降幅比前三季度扩大0.6个百分点。预期持续偏弱。12月份，制造业采购经理指数（PMI）为49.7%，已连续5个月位于临界点以下。

二是通缩压力继续加大。生产领域价格持续下跌。2015年，工业生产者出厂价格比上年下降5.2%，降幅比上年扩大3.3个百分点。其中，12月份同比下降5.9%，连续46个月下降；环比下降0.6%，连续24个月下降。生产价格下降向消费领域传导的态势明显。12月份，工业生产者出厂价格中，生活资料价格同比下降0.4%，连续14个月下降。反映全社会整体价格水平的GDP缩减指数下降。2015年，GDP缩减指数为99.6%，而2013年、2014年分别为102.2%、100.8%。分季度看，一季度、上半年和前三季度，GDP缩减指数分别为99.6%、99.8%和99.7%。此外，在美国加息的情况下，国际大宗商品价格进一步下跌，加大了我国输入性通缩压力。

三是部分地区、部分领域失业风险不容忽视。从我局开展的企业用工典型调查情况看，12月份企业用工人数比6月份下降1.4%。分行业看，住宿和餐饮业用工人数比6月份下降9.2%，批发和零售业下降4.9%，制造业下降1.6%。

这些情况表明，外部环境更趋复杂严峻，国内面临不少困难挑战，经济仍将面临较大的下行压力。需要指出的是，经济运行中的一些困难和问题，是发展中的问题，是前进中的问题，也是转型升级阶段必然会出现的问题。对此，要高度重视、辩证思维、顺应规律、积极作为。

2016年，是全面建成小康社会决胜阶段的开局之年，也是推进结构性改革的攻坚之年。必须根据中央经济工作会议的全面部署，坚持以创新提升供给、以减负激励供给、以新供给创造新需求、以市场机制去产能，加快培育新的发展动能，改造提升传统比较优势。从近期看，针对经济下行压力仍在加大，特别是一季度经济往往波动较大的情况，应未雨绸缪，坚持底线思维，进一步加大稳增长、稳信心、稳预期的力度，力促全年经济开好局、起好步。

（国家统计局综合统计司）

# 近几年文化产业发展情况分析

近几年来，以习近平同志为总书记的党中央明确提出扎实推进社会主义文化强国建设的战略任务，出台实施了一系列推进文化改革与发展的政策措施。文化体制改革不断向纵深推进，文化产业发展环境改善优化，文化产业规模稳步扩大，文化投资消费出口全面增长，公共文化服务均等化水平提高，文化产业实现快速发展。

## 一、文化产业规模扩大，文化新业态发展强劲

### （一）文化产业保持较快发展

根据统计基本单位名录库中的文化及相关产业法人单位标识认定的结果显示，截至 2015 年底，我国共有文化及相关产业法人单位 114 万家，比 2013 年底（经济普查年份）增加了 22.2 万家，年均增长 11.4%。全年我国文化产业实现增加值 27235 亿元，比 2013 年增长 24.5%（未扣除价格因素影响，下同）；年平均增长 11.6%，比同期 GDP 现价增速高 4.3 个百分点。文化产业增加值占 GDP 的比重为 3.97%，比 2013 年增加 0.3 个百分点。

在文化产业实现较快增长的同时，产业结构得到优化，文化服务业占比提高。2015 年我国文化产业实现增加值比 2014 年增长 11%。其中，文化服务业增加值 13640 亿元，增长 14.1%，高于文化产业平均增幅；占文化产业增加值的比重为 50.1%，比 2013 年提高了 3 个百分点。文化制造业增加值 11053 亿元，增长 8.4%，占比为 40.6%，比 2013 年降低了 2.5 个百分点；文化批发零售业增加值 2542 亿元，增长 6.6%，占比为 9.3%，比 2013 年降低了 0.5 个百分点。

### （二）“互联网 + 文化”发展势头迅猛

随着我国新型工业化和信息化的加快发展，跨界融合成为文化产业发展最显明的特点。网络、数字等高新技术的迅猛发展和广泛应用，深刻改变了人们获取知识、传递信息、鉴赏文化的渠道和方式，尤其是互联网和移动互联网的日益大众化、媒体化，为新兴文化业态和新的表现形式提供了广阔空间，“互联网 + 文化”发展势头迅猛。

在文化产业的 10 个行业类别中，以“互联网 +”为主要形式的文化信息传输服务业发展迅猛，2015 年实现增加值 2858 亿元，比 2013 年增长 58.5%，增速位居 10 个行业之首；占文化产业的比重为 10.5%，比 2013 年提高 2.3 个百分点。文化创意和设计服务业也呈现良好发展势头，2015 年实现增加值 4953 亿元，比 2013 年增长 33.3%；所占比重为 18.2%，比 2013 年提高 1.2 个百分点。

### （三）文化骨干企业迅速壮大

近年来，有关部门及各地区认真贯彻中央决策部署，积极推进文化产业资源整合，优化产业布局和结构，文化骨干企业数量逐年增加，企业规模持续扩大，对文化产业发展的贡献程度不断提高。

据初步统计，2015 年我国文化骨干企业 4.7 万家，比 2013 年增长 13.2%，年平均增长 6.4%；企业从业

人员为829.6万人，比2013年增长10.1%，年平均增长4.9%；实现营业收入84163亿元，比2013年增长31.5%，年平均增长14.7%。

## 二、文化投资消费出口全面增长，走出去取得新进展

### （一）文化产业投资稳步增长

在国家文化产业发展扶持政策的引导下，我国文化产业固定资产投资规模持续扩大，投资主体多元化趋势明显，社会资本进入文化产业的步伐不断加快。

投资规模持续扩大。2015年，我国文化产业固定资产投资额达28898亿元，比2012年增长84.7%；年平均增速达22.7%，比同期全社会固定资产投资年均增速高8.2个百分点。文化产业固定资产投资占全社会固定资产投资的比重达5.14%，高于2012年4.17%的水平。

社会资本比重上升。2015年，在我国文化产业固定资产投资实际到位资金中，国家预算资金和国内贷款所占比重分别为4.7%和6.0%，比2012年分别降低0.4个、1.9个百分点；而自筹资金比重达85.0%，比2012年提高4.4个百分点。

### （二）文化走出去取得新进展

近年来，我国文化产业发展注重统筹国际、国内两个市场，尤其是国务院《关于加快发展对外文化贸易的意见》颁布后，政策支持力度加大，文化产品贸易规模不断扩大，贸易结构得到优化，我国文化贸易迈上新台阶。

文化产品贸易连续实现顺差。2015年，我国文化产品进出口总额达1013.1亿美元，比2012年增加125.6亿美元，增长14.1%，年平均增长4.5%；文化产品进出口总额占全国货物进出口总额的比重为2.6%，比2012年提高0.3个百分点。实现贸易顺差729.3亿美元，比2012年增长13.0%，年平均增长4.2%。在文化产品出口总额中，出版物出口占比提高。2015年，我国出版物出口总额为36.2亿美元，占文化产品出口总额的4.1%，比上年提高0.8个百分点。

### （三）文化消费增长强劲

近年来，随着文化产业的快速发展和居民生活质量的逐步改善，群众多样化、多层次、多方面的精神需求得到更多的满足，文化消费保持了强劲增长势头。

2015年，全国居民用于文化娱乐的人均消费支出为760.1元，比2013年增长31.8%；年均增长14.8%，增速比同期全部人均消费支出高5.8个百分点。文化娱乐支出占全部消费支出的比重为4.8%，高于2013年4.4%的水平。

## 三、公共文化服务均等化水平提高，推动了文化产业的共享发展

### （一）公共文化服务水平不断提高

近年来，各级政府积极履行在文化领域的公共服务职能，加大政府公共文化投入力度，覆盖城乡的公共文化服务网络初步建立，公共文化服务能力不断提高。

基本公共文化设施逐渐完善。2015年，我国有博物馆2956个，比2012年增加352个，增长13.5%；文化馆3315个，比2012年增加14个，增长0.4%；公共图书馆3136个，比2012年增加60个，增长2.0%；公共图书馆总流通人次58339万人次，比2012年增长34.3%。

广播电视覆盖面持续扩大。截至2015年底，全国广播综合人口覆盖率为98.17%，比2012年增加

0.66 个百分点；全国电视综合人口覆盖率 98.77%，比 2012 年增加 0.57 个百分点。2015 年，全国有线电视实际用户达 2.39 亿户，比 2012 年增长 11.2%，年平均增长 3.6%；其中，数字电视用户 2.02 亿户，增长 41.3%，年平均增长 12.2%，远高于同期有线电视用户的增速；数字电视用户占有线电视用户的比重达 84.5%，比 2012 年提高 18 个百分点。

电影市场强劲崛起。2015 年，全国电影票房收入为 440.7 亿元，是 2012 年的 2.1 倍；年均增速达到 28.4%，比 2008-2012 年的年平均增速高 3 个百分点。

出版物市场稳步发展。2015 年，全国新闻出版、印刷和发行服务实现营业收入 21449.4 亿元，比 2012 年增长 28.9%，年平均增长 8.8%；利润总额 1678.5 亿元，增长 27.4%，年平均增长 8.4%。

### （二）中西部地区文化投入快于东部

近年来，各地区高度重视公共文化服务建设，地方财政文化体育与传媒支出持续增加，中部地区增幅居于首位，文化产业地方财政投入的区域协调程度提高。2015 年，我国东部地区地方财政文化体育与传媒支出为 1226.4 亿元，比 2012 年增长 40.7%；中部地区地方财政文化体育与传媒支出为 540.0 亿元，增长 48.8%，比东部地区高 8.1 个百分点。

从固定资产投资情况看，由于中西部地区文化产业固定资产投资增速较快，在文化产业固定资产投资中，中西部地区占比提高，东部地区占比降低。2015 年东部地区文化产业固定资产投资占比为 43.5%，比 2012 年降低 5 个百分点。中西部尤其是西部地区占比提高较快，2015 年西部地区文化产业固定资产投资所占比重达 22.1%，比 2012 年提高 5.7 个百分点；中部地区占比为 28.2%，提高 2.1 个百分点。

### （三）农村居民文化消费增长快于城镇

随着新型城镇化的推进尤其是城乡一体化进程的加快，我国城乡居民收入和消费支出不断提高，城乡居民在文化消费上的差距进一步缩小。

2015 年城镇居民人均文化娱乐消费支出 1216.1 元，比 2013 年增长 28.6%，年平均增长 13.4%；占城镇居民人均消费支出的比重为 5.7%，高于 2013 年 5.1% 的水平。农村居民人均文化娱乐消费支出为 239.0 元，比 2013 年增长 36.7%，年平均增长 16.9%，比同期城镇居民人均文化娱乐消费支出增速高 3.5 个百分点；占农村居民人均消费支出的比重为 2.6%，高于 2013 年 2.3% 的水平。由于农村居民文化娱乐消费支出的增速高于城镇居民，城乡居民文化娱乐消费支出之比由 2013 年的 5.41 ∶ 1，减少到 2015 年的 5.09 ∶ 1。

### （四）文化产业吸收了大量就业人员

截至 2015 年底，我国文化产业法人单位共吸纳就业人员 1925 万人，比 2013 年增长 16.0%，占全社会就业人员的比重为 2.6%，比 2013 年提高 0.3 个百分点。分产业类型看，文化服务业吸纳就业能力最强。2014 年，文化服务业吸纳就业人员 910.4 万人，比 2013 年增长 12.6%；占全部文化产业从业人员的比重为 47.3%，提高 1.4 个百分点。文化制造业从业人员 853.9 万人，增长 6.0%；文化批发零售业 160.3 万人，增长 9.7%。

（国家统计局社会科技和文化产业统计司）

2016 Statistical Analysis Report
on Cultural Development

# 2016文化发展统计分析报告

# 附　录

## 表 1 2015 年全国文化发展主要统计数据

| 指标 | 单位 | 总量指标 | | 增长速度（%） |
|---|---|---|---|---|
| | | 2014 年 | 2015 年 | |
| **机构和人员** | | | | |
| 机构数 | 个 | 287356 | 299149 | 4.1 |
| 从业人员数 | 人 | 2040199 | 2294445 | 12.5 |
| **文化投入** | | | | |
| 文化事业费 | 亿元 | 583.44 | 682.97 | 17.1 |
| 人均文化事业费 | 元 | 42.65 | 49.68 | 16.5 |
| **公共图书馆** | | | | |
| 机构数 | 个 | 3117 | 3139 | 0.7 |
| 总藏量 | 万册 | 79092 | 83844 | 6.0 |
| 总流通人次 | 万人次 | 53036 | 58892 | 11.0 |
| **群众文化** | | | | |
| 机构数 | 个 | 44423 | 44291 | -0.3 |
| # 文化站 | 个 | 41110 | 40976 | -0.3 |
| 提供文化服务次数 | 万次 | 147.21 | 166.39 | 13.0 |
| 举办展览 | 万次 | 13.17 | 13.98 | 6.2 |
| 组织文艺活动 | 万次 | 84.54 | 95.99 | 13.5 |
| 组织公益性讲座 | 万次 | 2.56 | 2.79 | 9.0 |
| 举办训练班 | 万次 | 46.93 | 53.63 | 14.3 |
| 文化服务惠及人次 | 万人次 | 50668 | 54826 | 8.2 |
| **艺术表演团体** | | | | |
| 机构数 | 个 | 8769 | 10787 | 23.0 |
| 演出场次 | 万场次 | 173.91 | 210.78 | 21.2 |
| # 农村演出场次 | 万场次 | 114.04 | 139.08 | 22.0 |
| 国内演出观众人次 | 万人次 | 91019.68 | 95798.99 | 5.3 |
| # 农村观众人次 | 万人次 | 55862.67 | 58453.69 | 4.6 |
| 演出收入 | 万元 | 757028 | 939310 | 24.1 |
| **艺术表演场馆** | | | | |
| 机构数 | 个 | 1338 | 2143 | — |
| 艺术演出场次 | 万场次 | 6.95 | 13.68 | — |
| 艺术演出观众人次 | 万人次 | 2598.27 | 2853.63 | — |
| 艺术演出收入 | 万元 | 84512 | 257173 | — |
| **文化市场** | | | | |
| 机构数 | 个 | 220164 | 231709 | — |
| 从业人员数 | 个 | 1323902 | 1564660 | — |
| 营业收入 | 万元 | 16142494 | 29656347 | — |
| 营业利润 | 万元 | 4682893 | 10020910 | — |
| **文物业** | | | | |
| 机构数 | 个 | 8421 | 8676 | 3.0 |
| 总藏品 | 万件 / 套 | 4063.58 | 4138.86 | 1.9 |
| 参观人次 | 万人次 | 84256 | 92508 | 9.8 |

注：1.2014 年文化市场数据包括民营艺术表演团体、互联网上网服务营业场所及娱乐场所数据。2015 年文化市场数据包括民营艺术表演团体、民营艺术表演场馆、互联网上网服务营业场所、娱乐场所、经营性互联网文化单位、艺术品经营机构、演出经纪机构数据。鉴于统计口径有所调整，因此增长速度不可比； 2.2014 年艺术表演场馆仅包括公有制场馆，2015 年艺术表演场馆包括公有制场馆和非公有制场馆。鉴于统计口径有所调整，因此增长速度不可比。

## 表 2　按年份全国主要文化机构数

单位：个

| 年　份 | 公共图书馆 | 文化馆 | 文化站 | 博物馆 | 艺术表演团体 | 公有制艺术表演场馆 |
|---|---|---|---|---|---|---|
| 1949 年 | 55 | 896 | | 21 | 1000 | 891 |
| 1952 年 | 83 | 2430 | | 35 | 2084 | 1510 |
| 1957 年 | 400 | 2748 | | 72 | 2884 | 2296 |
| 1962 年 | 541 | 2575 | 1192 | 230 | 3320 | 2249 |
| 1965 年 | 562 | 2660 | 2125 | 214 | 3458 | 2943 |
| 1970 年 | 323 | 2332 | 1794 | 182 | 2541 | 1432 |
| 1975 年 | 629 | 2670 | 2717 | 242 | 2836 | 1464 |
| 1978 年 | 1218 | 2840 | 4053 | 349 | 3150 | 1095 |
| 1980 年 | 1732 | 3130 | 5609 | 365 | 3533 | 1444 |
| 1985 年 | 2344 | 3295 | 5281 | 711 | 3317 | 1377 |
| 1986 年 | 2406 | 3330 | 5583 | 777 | 3195 | 2058 |
| 1987 年 | 2440 | 3321 | 5653 | 827 | 3094 | 2148 |
| 1988 年 | 2485 | 3333 | 5712 | 903 | 2985 | 2081 |
| 1989 年 | 2512 | 3321 | 5716 | 967 | 2850 | 2050 |
| 1990 年 | 2527 | 3321 | 5895 | 1013 | 2805 | 1955 |
| 1991 年 | 2535 | 3265 | 7242 | 1075 | 2772 | 2068 |
| 1992 年 | 2558 | 3272 | 6292 | 1106 | 2753 | 2037 |
| 1993 年 | 2572 | 3256 | 6899 | 1130 | 2707 | 2024 |
| 1994 年 | 2589 | 3261 | 8015 | 1161 | 2698 | 1998 |
| 1995 年 | 2615 | 3259 | 10228 | 1194 | 2682 | 1958 |
| 1996 年 | 2620 | 3284 | 41969 | 1219 | 2664 | 1934 |
| 1997 年 | 2628 | 3286 | 42163 | 1282 | 2663 | 1947 |
| 1998 年 | 2662 | 3287 | 42547 | 1339 | 2652 | 1929 |
| 1999 年 | 2669 | 3294 | 42543 | 1363 | 2632 | 1911 |
| 2000 年 | 2675 | 3297 | 42024 | 1392 | 2619 | 1900 |
| 2001 年 | 2696 | 3241 | 40138 | 1461 | 2605 | 1854 |
| 2002 年 | 2697 | 3243 | 39273 | 1511 | 2587 | 1829 |
| 2003 年 | 2709 | 3228 | 38588 | 1515 | 2601 | 1900 |
| 2004 年 | 2720 | 3221 | 38181 | 1548 | 2759 | 1928 |
| 2005 年 | 2762 | 3226 | 38362 | 1581 | 2805 | 1866 |
| 2006 年 | 2778 | 3214 | 36874 | 1617 | 2866 | 1839 |
| 2007 年 | 2799 | 3217 | 37384 | 1722 | 4512 | 1732 |
| 2008 年 | 2820 | 3218 | 37938 | 1893 | 5114 | 1662 |
| 2009 年 | 2850 | 3223 | 38736 | 2252 | 6139 | 1499 |
| 2010 年 | 2884 | 3264 | 40118 | 2435 | 6864 | 1461 |
| 2011 年 | 2952 | 3285 | 40390 | 2650 | 7055 | 1429 |
| 2012 年 | 3076 | 3301 | 40575 | 3069 | 7321 | 1279 |
| 2013 年 | 3112 | 3315 | 40945 | 3473 | 8180 | 1344 |
| 2014 年 | 3117 | 3313 | 41110 | 3658 | 8769 | 1338 |
| 2015 年 | 3139 | 3315 | 40976 | 3852 | 10787 | 1358 |

注：2007 年以前艺术表演团体为文化部门系统内数据，2007 年起含非文化部门单位。1996 年以前文化站数据未包括其他部门所属乡镇综合文化站，1996—1998 年文化站数据包括其他部门所属单位，1999 年以后，其他部门所属文化站归文化部门管理。

**表 3 按年份全国文化事业费基本情况**

单位：亿元、%

| | 文化事业费 | 国家财政总支出 | 文化事业费总支出占国家财政比重 |
|---|---|---|---|
| 1978 年 | 4.44 | 1122.09 | 0.40 |
| 1979 年 | 5.84 | 1281.79 | 0.46 |
| 1980 年 | 5.61 | 1228.83 | 0.46 |
| **六五时期** | **36.03** | **7483.18** | **0.48** |
| 1985 年 | 9.32 | 2004.25 | 0.47 |
| **七五时期** | **62.45** | **12865.67** | **0.49** |
| 1986 年 | 10.74 | 2204.91 | 0.49 |
| 1987 年 | 10.77 | 2262.18 | 0.48 |
| 1988 年 | 12.18 | 2491.21 | 0.49 |
| 1989 年 | 13.57 | 2823.78 | 0.48 |
| 1990 年 | 15.19 | 3083.59 | 0.49 |
| **八五时期** | **121.33** | **24387.47** | **0.50** |
| 1991 年 | 17.28 | 3386.62 | 0.51 |
| 1992 年 | 19.46 | 3742.20 | 0.52 |
| 1993 年 | 22.37 | 4642.30 | 0.48 |
| 1994 年 | 28.83 | 5792.62 | 0.50 |
| 1995 年 | 33.39 | 6823.72 | 0.49 |
| **九五时期** | **254.51** | **57043.46** | **0.45** |
| 1996 年 | 38.77 | 7937.55 | 0.49 |
| 1997 年 | 46.19 | 9233.56 | 0.50 |
| 1998 年 | 50.78 | 10798.18 | 0.47 |
| 1999 年 | 55.61 | 13187.67 | 0.42 |
| 2000 年 | 63.16 | 15886.50 | 0.40 |
| **十五时期** | **496.13** | **128022.85** | **0.39** |
| 2001 年 | 70.99 | 18902.58 | 0.38 |
| 2002 年 | 83.66 | 22053.15 | 0.38 |
| 2003 年 | 94.03 | 24649.95 | 0.38 |
| 2004 年 | 113.63 | 28486.89 | 0.40 |
| 2005 年 | 133.82 | 33930.28 | 0.39 |
| **十一五时期** | **1220.40** | **318970.83** | **0.38** |
| 2006 年 | 158.03 | 40422.73 | 0.39 |
| 2007 年 | 198.96 | 49781.35 | 0.40 |
| 2008 年 | 248.04 | 62592.66 | 0.40 |
| 2009 年 | 292.31 | 76299.93 | 0.38 |
| 2010 年 | 323.06 | 89874.16 | 0.36 |
| **十二五时期** | **2669.62** | **702498.68** | **0.38** |
| 2011 年 | 392.62 | 109247.79 | 0.36 |
| 2012 年 | 480.10 | 125952.97 | 0.38 |
| 2013 年 | 530.49 | 139744.26 | 0.38 |
| 2014 年 | 583.44 | 151785.56 | 0.38 |
| 2015 年 | 682.97 | 175768.10 | 0.39 |

注：①国家财政总支出系国家财政决算数。
②文化事业费：1953 年~1980 年系国家财政决算数（“一五”至“四五”时期含文物、出版经费，“五五”时期不含文物、出版经费）；1981 年以后系文化事业统计年报数（不含文物、出版及科学研究费；不含基本建设的财政拨款和行政运行经费，以下各表同）

**表 4　按年份各地区文化事业费**

单位：万元

| 地　区 | 1995 年 | 2000 年 | 2005 年 | 2010 年 | 2014 年 | 2015 年 |
|---|---|---|---|---|---|---|
| **全　国** | **333853** | **631591** | **1338193** | **3230646** | **5834368** | **6829708** |
| 中　央 | 20973 | 55498 | 113028 | 152787 | 358420 | 369620 |
| 北　京 | 8427 | 24008 | 64587 | 161693 | 249386 | 275832 |
| 天　津 | 5098 | 9796 | 31592 | 56348 | 122666 | 153744 |
| 河　北 | 11393 | 18984 | 39626 | 70307 | 143751 | 185348 |
| 山　西 | 9215 | 12347 | 29832 | 78000 | 140919 | 182007 |
| 内蒙古 | 8624 | 14515 | 30543 | 112982 | 189673 | 228905 |
| 辽　宁 | 17525 | 26790 | 47578 | 113430 | 148061 | 165405 |
| 吉　林 | 10613 | 15711 | 26566 | 90327 | 136021 | 156425 |
| 黑龙江 | 10722 | 16598 | 33742 | 74631 | 125077 | 152601 |
| 上　海 | 15431 | 42608 | 79201 | 186266 | 332623 | 365523 |
| 江　苏 | 18234 | 38527 | 77658 | 163123 | 343980 | 403417 |
| 浙　江 | 14764 | 35334 | 110397 | 242002 | 379174 | 488225 |
| 安　徽 | 8836 | 15849 | 30541 | 76813 | 119933 | 146252 |
| 福　建 | 11023 | 22174 | 42949 | 101855 | 148123 | 187522 |
| 江　西 | 7404 | 10696 | 23398 | 73401 | 103717 | 127094 |
| 山　东 | 16315 | 30944 | 61687 | 138876 | 253539 | 299770 |
| 河　南 | 12447 | 20948 | 37708 | 95143 | 173942 | 206034 |
| 湖　北 | 11268 | 19367 | 43585 | 114389 | 168048 | 235648 |
| 湖　南 | 10525 | 16564 | 34771 | 86133 | 162613 | 193798 |
| 广　东 | 27486 | 58321 | 128095 | 269940 | 452260 | 539257 |
| 广　西 | 8617 | 14608 | 28089 | 80097 | 144457 | 172230 |
| 海　南 | 2965 | 3468 | 6007 | 27356 | 60611 | 57512 |
| 重　庆 |  | 9151 | 17505 | 77350 | 133289 | 169727 |
| 四　川 | 16905 | 20500 | 44523 | 143902 | 349146 | 395788 |
| 贵　州 | 4785 | 9131 | 18731 | 53676 | 105913 | 119936 |
| 云　南 | 14563 | 23945 | 42036 | 86881 | 174862 | 191211 |
| 西　藏 | 2124 | 4264 | 8003 | 21050 | 50826 | 57816 |
| 陕　西 | 8583 | 13976 | 23462 | 89457 | 193209 | 205168 |
| 甘　肃 | 6935 | 9130 | 20882 | 55563 | 110710 | 113802 |
| 青　海 | 2574 | 3696 | 7349 | 41114 | 63784 | 65393 |
| 宁　夏 | 2108 | 3625 | 9646 | 24483 | 46671 | 58611 |
| 新　疆 | 7371 | 10518 | 24877 | 71273 | 148975 | 160088 |

### 表 5 按年份各地区人均文化事业费及位次

单位：元

| 地 区 | 1995 年 | | 2000 年 | | 2005 年 | | 2010 年 | | 2014 年 | | 2015 年 | |
|---|---|---|---|---|---|---|---|---|---|---|---|---|
| | 人均经费 | 位次 | 人均经费 | 位次 | 人均经费 | 位次 | 人均经费 | 位次 | 人均经费 | 位次 | 人均经费 | 位次 |
| **全 国** | **2.75** | | **4.99** | | **10.23** | | **24.11** | | **42.65** | | **49.68** | |
| 北 京 | 8.74 | 2 | 17.37 | 2 | 41.99 | 2 | 82.44 | 1 | 115.91 | 3 | 127.08 | 3 |
| 天 津 | 7.56 | 3 | 9.79 | 4 | 30.29 | 3 | 43.55 | 7 | 80.87 | 5 | 99.39 | 5 |
| 河 北 | 1.78 | 25 | 2.81 | 25 | 5.78 | 25 | 9.78 | 31 | 19.47 | 30 | 24.96 | 29 |
| 山 西 | 3.12 | 15 | 3.74 | 19 | 8.89 | 16 | 21.84 | 17 | 38.63 | 19 | 49.67 | 16 |
| 内蒙古 | 4.13 | 9 | 6.11 | 11 | 12.80 | 9 | 45.73 | 5 | 75.72 | 6 | 91.16 | 6 |
| 辽 宁 | 4.31 | 6 | 6.32 | 10 | 11.27 | 12 | 25.93 | 14 | 33.72 | 21 | 37.74 | 23 |
| 吉 林 | 4.21 | 8 | 5.76 | 12 | 9.78 | 14 | 32.89 | 9 | 49.42 | 12 | 56.81 | 11 |
| 黑龙江 | 2.95 | 16 | 4.50 | 16 | 8.83 | 17 | 19.48 | 21 | 32.63 | 22 | 40.03 | 22 |
| 上 海 | 13.10 | 1 | 25.45 | 1 | 44.54 | 1 | 80.92 | 2 | 137.13 | 2 | 151.34 | 2 |
| 江 苏 | 2.62 | 8 | 5.18 | 15 | 10.39 | 13 | 20.74 | 19 | 43.21 | 14 | 50.58 | 14 |
| 浙 江 | 3.26 | 13 | 7.55 | 5 | 22.54 | 5 | 44.46 | 6 | 68.84 | 8 | 88.14 | 7 |
| 安 徽 | 1.48 | 28 | 2.65 | 26 | 4.99 | 30 | 12.91 | 29 | 19.72 | 29 | 23.81 | 30 |
| 福 建 | 3.27 | 12 | 6.39 | 9 | 12.15 | 11 | 27.61 | 12 | 38.92 | 18 | 48.85 | 17 |
| 江 西 | 1.94 | 22 | 2.58 | 28 | 5.43 | 27 | 16.47 | 25 | 22.83 | 28 | 27.84 | 28 |
| 山 东 | 1.93 | 23 | 3.41 | 21 | 6.67 | 21 | 14.50 | 27 | 25.90 | 26 | 30.44 | 26 |
| 河 南 | 1.34 | 30 | 2.26 | 31 | 4.02 | 31 | 10.12 | 30 | 18.43 | 31 | 21.73 | 31 |
| 湖 北 | 2.04 | 21 | 3.21 | 23 | 7.63 | 19 | 19.98 | 20 | 28.89 | 25 | 40.27 | 21 |
| 湖 南 | 1.67 | 26 | 2.57 | 29 | 5.50 | 26 | 13.11 | 28 | 24.14 | 27 | 28.57 | 27 |
| 广 东 | 3.93 | 10 | 6.75 | 7 | 13.93 | 7 | 25.88 | 15 | 42.17 | 17 | 49.71 | 15 |
| 广 西 | 1.93 | 24 | 3.25 | 22 | 6.03 | 24 | 17.40 | 24 | 30.39 | 23 | 35.91 | 24 |
| 海 南 | 2.50 | 19 | 4.41 | 17 | 7.25 | 20 | 31.55 | 11 | 67.09 | 9 | 63.14 | 10 |
| 重 庆 | | | 2.96 | 24 | 6.09 | 23 | 26.81 | 13 | 44.56 | 13 | 56.27 | 12 |
| 四 川 | 1.56 | 27 | 2.46 | 30 | 5.42 | 28 | 17.89 | 23 | 42.89 | 15 | 48.24 | 18 |
| 贵 州 | 1.36 | 29 | 2.59 | 27 | 5.02 | 29 | 15.45 | 26 | 30.19 | 24 | 33.98 | 25 |
| 云 南 | 3.47 | 11 | 5.58 | 13 | 9.45 | 15 | 18.90 | 22 | 37.09 | 20 | 40.32 | 20 |
| 西 藏 | 3.22 | 14 | 16.27 | 3 | 28.89 | 4 | 70.12 | 4 | 160.06 | 1 | 178.46 | 1 |
| 陕 西 | 2.42 | 20 | 3.88 | 18 | 6.31 | 22 | 23.97 | 16 | 51.18 | 11 | 54.09 | 13 |
| 甘 肃 | 2.93 | 17 | 3.56 | 20 | 8.05 | 18 | 21.73 | 18 | 42.73 | 16 | 43.78 | 19 |
| 青 海 | 5.30 | 5 | 7.14 | 6 | 13.53 | 8 | 73.07 | 3 | 109.33 | 4 | 111.13 | 4 |
| 宁 夏 | 4.23 | 7 | 6.45 | 8 | 16.18 | 6 | 38.85 | 8 | 70.55 | 7 | 87.76 | 8 |
| 新 疆 | 5.39 | 4 | 5.46 | 14 | 12.38 | 10 | 32.67 | 10 | 64.81 | 10 | 67.84 | 9 |

**表 6 按年份各地区文化事业费占财政支出比重**

单位：%

| 地区 | 1995 年 | | 2000 年 | | 2005 年 | | 2010 年 | | 2014 年 | | 2015 年 | |
|---|---|---|---|---|---|---|---|---|---|---|---|---|
| | 比重 | 位次 | 比重 | 位次 | 比重 | 位次 | 比重 | 位次 | 比重 | 位次 | 比重 | 位次 |
| **全　国** | **0.49** | | **0.40** | | **0.39** | | **0.36** | | **0.38** | | **0.39** | |
| 北　京 | 0.55 | 28 | 0.54 | 14 | 0.61 | 4 | 0.60 | 2 | 0.55 | 3 | 0.48 | 8 |
| 天　津 | 0.55 | 28 | 0.53 | 15 | 0.71 | 3 | 0.41 | 14 | 0.43 | 16 | 0.48 | 9 |
| 河　北 | 0.60 | 23 | 0.46 | 28 | 0.40 | 24 | 0.25 | 31 | 0.31 | 26 | 0.33 | 27 |
| 山　西 | 0.82 | 7 | 0.55 | 11 | 0.44 | 14 | 0.40 | 15 | 0.46 | 12 | 0.53 | 4 |
| 内蒙古 | 0.84 | 5 | 0.59 | 8 | 0.44 | 15 | 0.50 | 7 | 0.49 | 6 | 0.54 | 3 |
| 辽　宁 | 0.64 | 15 | 0.52 | 17 | 0.39 | 25 | 0.35 | 22 | 0.29 | 28 | 0.37 | 24 |
| 吉　林 | 0.88 | 3 | 0.90 | 1 | 0.42 | 18 | 0.51 | 6 | 0.47 | 9 | 0.49 | 7 |
| 黑龙江 | 0.61 | 18 | 0.45 | 30 | 0.42 | 19 | 0.33 | 25 | 0.36 | 22 | 0.38 | 21 |
| 上　海 | 0.59 | 25 | 0.68 | 5 | 0.48 | 9 | 0.56 | 4 | 0.68 | 2 | 0.59 | 2 |
| 江　苏 | 0.72 | 10 | 0.61 | 6 | 0.46 | 12 | 0.33 | 26 | 0.41 | 19 | 0.42 | 15 |
| 浙　江 | 0.82 | 7 | 0.82 | 2 | 0.87 | 1 | 0.75 | 1 | 0.73 | 1 | 0.73 | 1 |
| 安　徽 | 0.65 | 14 | 0.49 | 23 | 0.42 | 20 | 0.30 | 29 | 0.26 | 31 | 0.28 | 31 |
| 福　建 | 0.64 | 15 | 0.69 | 4 | 0.72 | 2 | 0.60 | 3 | 0.45 | 13 | 0.47 | 10 |
| 江　西 | 0.67 | 13 | 0.48 | 26 | 0.41 | 22 | 0.38 | 18 | 0.27 | 30 | 0.29 | 30 |
| 山　东 | 0.59 | 25 | 0.51 | 18 | 0.42 | 21 | 0.34 | 23 | 0.35 | 23 | 0.36 | 25 |
| 河　南 | 0.60 | 23 | 0.47 | 27 | 0.33 | 31 | 0.28 | 30 | 0.29 | 29 | 0.30 | 28 |
| 湖　北 | 0.69 | 12 | 0.53 | 15 | 0.55 | 6 | 0.46 | 10 | 0.34 | 24 | 0.38 | 22 |
| 湖　南 | 0.61 | 18 | 0.49 | 23 | 0.39 | 26 | 0.32 | 28 | 0.32 | 25 | 0.34 | 26 |
| 广　东 | 0.52 | 30 | 0.55 | 11 | 0.55 | 7 | 0.50 | 8 | 0.49 | 7 | 0.42 | 16 |
| 广　西 | 0.61 | 18 | 0.57 | 10 | 0.45 | 13 | 0.40 | 16 | 0.42 | 18 | 0.42 | 17 |
| 海　南 | 0.70 | 11 | 0.51 | 18 | 0.39 | 27 | 0.47 | 9 | 0.55 | 4 | 0.46 | 12 |
| 重　庆 | | | 0.49 | 23 | 0.35 | 29 | 0.45 | 11 | 0.40 | 20 | 0.45 | 13 |
| 四　川 | 0.61 | 18 | 0.45 | 30 | 0.41 | 23 | 0.34 | 24 | 0.51 | 5 | 0.53 | 5 |
| 贵　州 | 0.56 | 27 | 0.46 | 28 | 0.35 | 30 | 0.33 | 27 | 0.30 | 27 | 0.30 | 29 |
| 云　南 | 0.62 | 17 | 0.58 | 9 | 0.54 | 8 | 0.38 | 19 | 0.39 | 21 | 0.41 | 20 |
| 西　藏 | 0.61 | 18 | 0.71 | 3 | 0.43 | 16 | 0.38 | 20 | 0.43 | 17 | 0.42 | 18 |
| 陕　西 | 0.84 | 5 | 0.51 | 18 | 0.36 | 28 | 0.40 | 17 | 0.49 | 8 | 0.47 | 11 |
| 甘　肃 | 0.85 | 4 | 0.50 | 22 | 0.48 | 10 | 0.38 | 21 | 0.44 | 15 | 0.38 | 23 |
| 青　海 | 0.89 | 2 | 0.55 | 11 | 0.43 | 17 | 0.55 | 5 | 0.47 | 10 | 0.43 | 14 |
| 宁　夏 | 0.92 | 1 | 0.60 | 7 | 0.60 | 5 | 0.44 | 12 | 0.47 | 11 | 0.51 | 6 |
| 新　疆 | 0.76 | 9 | 0.51 | 18 | 0.47 | 11 | 0.42 | 13 | 0.45 | 14 | 0.42 | 19 |

**表 7　历年全国公共图书馆主要指标**

| 年 份 | 机构数（个） | 从业人员（人） | 总藏量（万册、件） | 总流通人次（万人次） | 书刊、文献外借册次（万册次） | 本年新购藏量（万册） | 实际使用房屋建筑面积（万平方米） | 阅览座席数（万个） |
|---|---|---|---|---|---|---|---|---|
| 1979 年 | 1651 | | 18353 | 7787 | 9625 | | 86.6 | |
| 1980 年 | 1732 | | 19904 | 9045 | 11830 | | 92.0 | |
| 1985 年 | 2344 | 29350 | 25573 | 11614 | 18942 | 1343 | 172.0 | 23.1 |
| 1986 年 | 2406 | 31849 | 26133 | 11722 | 16205 | 1359 | 210.2 | 33.7 |
| 1990 年 | 2527 | 40247 | 29064 | 12435 | 20242 | 895 | 326.0 | 32.1 |
| 1991 年 | 2535 | 42037 | 30614 | 20496 | 13325 | 771 | 349.1 | 34.0 |
| 1992 年 | 2558 | 43051 | 31175 | 18495 | 12625 | 740 | 363.6 | 34.4 |
| 1993 年 | 2572 | 44656 | 31410 | 16973 | 11685 | 631 | 368.0 | 34.3 |
| 1994 年 | 2589 | 44367 | 32332 | 14451 | 11852 | 556 | 409.1 | 34.8 |
| 1995 年 | 2615 | 45323 | 32850 | 14142 | 11814 | 551 | 415.5 | 35.2 |
| 1996 年 | 2620 | 46457 | 33686 | 14793 | 13544 | 577 | 441.4 | 35.6 |
| 1997 年 | 2628 | 47882 | 37549 | 16114 | 15685 | 680 | 471.5 | 37.4 |
| 1998 年 | 2662 | 48313 | 38514 | 17058 | 15422 | 700 | 492.5 | 39.9 |
| 1999 年 | 2669 | 48792 | 39539 | 18040 | 16290 | 678 | 506.0 | 41.6 |
| 2000 年 | 2675 | 51342 | 40953 | 18854 | 16913 | 692 | 598.2 | 41.6 |
| 2001 年 | 2696 | 48579 | 42130 | 20757 | 17559 | 819 | 561.8 | 43.7 |
| 2002 年 | 2697 | 48447 | 42683 | 21950 | 20021 | 946 | 582.8 | 43.9 |
| 2003 年 | 2709 | 49646 | 43776 | 21440 | 18775 | 1049 | 588.6 | 46.1 |
| 2004 年 | 2720 | 49069 | 46152 | 22095 | 18536 | 1228 | 625.1 | 47.2 |
| 2005 年 | 2762 | 50423 | 48056 | 23332 | 20269 | 1535 | 677.0 | 48.0 |
| 2006 年 | 2778 | 51311 | 50024 | 25218 | 21039 | 1686 | 718.9 | 50.0 |
| 2007 年 | 2799 | 51650 | 52053 | 26103 | 21319 | 1871 | 741.4 | 52.7 |
| 2008 年 | 2820 | 52021 | 55064 | 28141 | 23129 | 2071 | 780.0 | 55.4 |
| 2009 年 | 2850 | 52688 | 58521 | 32167 | 25857 | 2939 | 850.3 | 60.2 |
| 2010 年 | 2884 | 53564 | 61726 | 32823 | 26392 | 2956 | 900.4 | 63.1 |
| 2011 年 | 2952 | 54475 | 63896 | 37423 | 28452 | 3985 | 994.8 | 68.1 |
| 2012 年 | 3076 | 54997 | 68827 | 43437 | 33191 | 5826 | 1058.4 | 73.5 |
| 2013 年 | 3112 | 56320 | 74896 | 49232 | 40868 | 4865 | 1158.5 | 81.0 |
| 2014 年 | 3117 | 56071 | 79092 | 53036 | 46734 | 4742 | 1231.6 | 85.6 |
| 2015 年 | 3139 | 56422 | 83844 | 58892 | 50896 | 5151 | 1301.5 | 91.1 |

## 表 8　按年份各地区人均拥有公共图书馆藏量

单位：册／件

| 地　区 | 1995 年 | 2000 年 | 2005 年 | 2010 年 | 2014 年 | 2015 年 |
|---|---|---|---|---|---|---|
| **全　国** | **0.27** | **0.32** | **0.37** | **0.46** | **0.58** | **0.61** |
| 北　京 | 0.54 | 0.55 | 0.73 | 0.87 | 1.03 | 1.12 |
| 天　津 | 0.72 | 0.79 | 0.83 | 0.97 | 1.05 | 1.10 |
| 河　北 | 0.13 | 0.16 | 0.19 | 0.22 | 0.29 | 0.30 |
| 山　西 | 0.25 | 0.26 | 0.29 | 0.34 | 0.40 | 0.42 |
| 内蒙古 | 0.27 | 0.29 | 0.31 | 0.38 | 0.58 | 0.60 |
| 辽　宁 | 0.44 | 0.46 | 0.55 | 0.68 | 0.81 | 0.85 |
| 吉　林 | 0.36 | 0.38 | 0.44 | 0.50 | 0.60 | 0.64 |
| 黑龙江 | 0.30 | 0.32 | 0.34 | 0.43 | 0.45 | 0.48 |
| 上　海 | 1.12 | 3.29 | 3.40 | 2.96 | 3.04 | 3.13 |
| 江　苏 | 0.34 | 0.36 | 0.43 | 0.56 | 0.79 | 0.86 |
| 浙　江 | 0.35 | 0.37 | 0.47 | 0.69 | 1.02 | 1.13 |
| 安　徽 | 0.13 | 0.13 | 0.14 | 0.21 | 0.29 | 0.32 |
| 福　建 | 0.28 | 0.28 | 0.36 | 0.46 | 0.70 | 0.73 |
| 江　西 | 0.26 | 0.27 | 0.30 | 0.34 | 0.47 | 0.47 |
| 山　东 | 0.20 | 0.22 | 0.30 | 0.38 | 0.46 | 0.48 |
| 河　南 | 0.12 | 0.13 | 0.15 | 0.20 | 0.25 | 0.26 |
| 湖　北 | 0.25 | 0.28 | 0.34 | 0.41 | 0.49 | 0.51 |
| 湖　南 | 0.21 | 0.24 | 0.26 | 0.30 | 0.36 | 0.38 |
| 广　东 | 0.24 | 0.27 | 0.34 | 0.44 | 0.59 | 0.65 |
| 广　西 | 0.27 | 0.29 | 0.32 | 0.41 | 0.52 | 0.54 |
| 海　南 | 0.19 | 0.20 | 0.22 | 0.33 | 0.46 | 0.47 |
| 重　庆 |  | 0.26 | 0.27 | 0.36 | 0.42 | 0.43 |
| 四　川 | 0.21 | 0.21 | 0.24 | 0.32 | 0.39 | 0.41 |
| 贵　州 | 0.18 | 0.19 | 0.20 | 0.23 | 0.35 | 0.35 |
| 云　南 | 0.28 | 0.29 | 0.31 | 0.34 | 0.40 | 0.41 |
| 西　藏 | 0.21 | 0.23 | 0.15 | 0.18 | 0.39 | 0.50 |
| 陕　西 | 0.21 | 0.23 | 0.24 | 0.30 | 0.40 | 0.40 |
| 甘　肃 | 0.27 | 0.29 | 0.33 | 0.41 | 0.50 | 0.52 |
| 青　海 | 0.58 | 0.55 | 0.60 | 0.64 | 0.67 | 0.70 |
| 宁　夏 | 0.66 | 0.68 | 0.63 | 0.73 | 1.04 | 1.06 |
| 新　疆 | 0.29 | 0.30 | 0.41 | 0.51 | 0.56 | 0.55 |

## 表 9 按年份各地区公共图书馆人均购书费

单位：元

| 地 区 | 1995 年 | 2000 年 | 2005 年 | 2010 年 | 2014 年 | 2015 年 |
|---|---|---|---|---|---|---|
| 全 国 | 0.139 | 0.293 | 0.457 | 0.828 | 1.244 | 1.434 |
| 北 京 | 0.201 | 0.661 | 2.219 | 2.286 | 3.348 | 3.866 |
| 天 津 | 0.338 | 0.562 | 1.464 | 2.525 | 2.729 | 3.148 |
| 河 北 | 0.047 | 0.063 | 0.099 | 0.212 | 0.452 | 0.547 |
| 山 西 | 0.043 | 0.089 | 0.115 | 0.415 | 0.742 | 0.673 |
| 内蒙古 | 0.039 | 0.070 | 0.071 | 0.380 | 1.054 | 1.278 |
| 辽 宁 | 0.188 | 0.224 | 0.480 | 1.181 | 1.310 | 1.552 |
| 吉 林 | 0.096 | 0.168 | 0.286 | 0.478 | 1.112 | 1.408 |
| 黑龙江 | 0.063 | 0.107 | 0.107 | 0.414 | 0.477 | 0.639 |
| 上 海 | 1.558 | 6.697 | 5.817 | 6.494 | 7.667 | 7.919 |
| 江 苏 | 0.104 | 0.239 | 0.500 | 1.052 | 1.863 | 1.933 |
| 浙 江 | 0.134 | 0.337 | 0.815 | 2.004 | 2.715 | 3.210 |
| 安 徽 | 0.044 | 0.050 | 0.101 | 0.244 | 0.634 | 0.754 |
| 福 建 | 0.096 | 0.206 | 0.452 | 0.759 | 1.391 | 1.623 |
| 江 西 | 0.024 | 0.073 | 0.150 | 0.291 | 0.543 | 0.575 |
| 山 东 | 0.058 | 0.108 | 0.202 | 0.418 | 0.714 | 0.778 |
| 河 南 | 0.028 | 0.045 | 0.070 | 0.154 | 0.234 | 0.439 |
| 湖 北 | 0.052 | 0.116 | 0.227 | 0.323 | 1.267 | 1.496 |
| 湖 南 | 0.032 | 0.064 | 0.142 | 0.254 | 0.442 | 0.580 |
| 广 东 | 0.173 | 0.328 | 0.804 | 1.199 | 1.744 | 2.182 |
| 广 西 | 0.064 | 0.116 | 0.145 | 0.405 | 0.600 | 1.051 |
| 海 南 | 0.081 | 0.052 | 0.111 | 1.008 | 1.376 | 0.538 |
| 重 庆 |  | 0.107 | 0.203 | 0.564 | 0.941 | 1.071 |
| 四 川 | 0.038 | 0.058 | 0.133 | 0.265 | 0.538 | 0.599 |
| 贵 州 | 0.029 | 0.047 | 0.081 | 0.196 | 0.401 | 0.410 |
| 云 南 | 0.111 | 0.125 | 0.162 | 0.370 | 0.560 | 0.569 |
| 西 藏 | 0.058 | 0.061 | 0.155 | 0.369 | 0.555 | 3.629 |
| 陕 西 | 0.030 | 0.032 | 0.188 | 0.409 | 0.771 | 0.862 |
| 甘 肃 | 0.070 | 0.113 | 0.229 | 0.460 | 1.359 | 0.916 |
| 青 海 | 0.069 | 0.104 | 0.133 | 0.271 | 0.885 | 1.334 |
| 宁 夏 | 0.080 | 0.121 | 0.228 | 0.796 | 1.154 | 2.029 |
| 新 疆 | 0.055 | 0.071 | 0.173 | 0.424 | 0.899 | 0.627 |

## 表 10　按年份各地区公共图书馆总流通人次

单位：万人次

| 地　区 | 1995 年 | 2000 年 | 2005 年 | 2010 年 | 2014 年 | 2015 年 |
|---|---|---|---|---|---|---|
| **全　国** | **14142** | **18854** | **23332** | **32823** | **53036** | **58892** |
| 中　央 | 133 | 380 | 459 | 533 | 398 | 388 |
| 北　京 | 272 | 320 | 715 | 775 | 1146 | 1264 |
| 天　津 | 265 | 461 | 483 | 606 | 681 | 789 |
| 河　北 | 473 | 736 | 635 | 736 | 1210 | 1428 |
| 山　西 | 227 | 261 | 256 | 374 | 676 | 830 |
| 内蒙古 | 282 | 270 | 380 | 312 | 621 | 649 |
| 辽　宁 | 829 | 1184 | 1133 | 1457 | 1892 | 2068 |
| 吉　林 | 385 | 409 | 505 | 503 | 599 | 732 |
| 黑龙江 | 631 | 608 | 505 | 622 | 893 | 968 |
| 上　海 | 687 | 1225 | 1249 | 1853 | 3961 | 3931 |
| 江　苏 | 883 | 1227 | 1735 | 3006 | 5425 | 6001 |
| 浙　江 | 555 | 1140 | 1398 | 3454 | 5480 | 7942 |
| 安　徽 | 372 | 561 | 461 | 760 | 1546 | 1739 |
| 福　建 | 466 | 647 | 734 | 1193 | 2052 | 2396 |
| 江　西 | 413 | 485 | 534 | 639 | 1213 | 1258 |
| 山　东 | 509 | 795 | 1422 | 1717 | 2558 | 2729 |
| 河　南 | 650 | 713 | 828 | 1026 | 1968 | 2233 |
| 湖　北 | 559 | 714 | 1145 | 1516 | 1868 | 1955 |
| 湖　南 | 618 | 808 | 787 | 1028 | 1570 | 1617 |
| 广　东 | 1447 | 2235 | 3543 | 4540 | 7657 | 7855 |
| 广　西 | 809 | 927 | 896 | 1343 | 1998 | 2065 |
| 海　南 | 94 | 121 | 115 | 172 | 268 | 445 |
| 重　庆 |  | 266 | 595 | 621 | 1221 | 1235 |
| 四　川 | 776 | 554 | 766 | 1168 | 1867 | 2010 |
| 贵　州 | 462 | 228 | 187 | 369 | 525 | 594 |
| 云　南 | 559 | 654 | 735 | 907 | 1210 | 1223 |
| 西　藏 |  | 2 | 2 | 3 | 17 | 20 |
| 陕　西 | 242 | 275 | 365 | 519 | 927 | 982 |
| 甘　肃 | 225 | 185 | 317 | 468 | 658 | 678 |
| 青　海 | 39 | 58 | 68 | 89 | 120 | 112 |
| 宁　夏 | 140 | 142 | 167 | 163 | 266 | 282 |
| 新　疆 | 140 | 263 | 212 | 350 | 544 | 474 |

## 表 11 按年份各地区平均每万人公共图书馆建筑面积

单位：平方米

| 地 区 | 1995 年 | 2000 年 | 2005 年 | 2010 年 | 2014 年 | 2015 年 |
|---|---|---|---|---|---|---|
| **全 国** | **34.3** | **47.3** | **51.8** | **67.1** | **90.0** | **94.7** |
| 北 京 | 56.7 | 75.3 | 99.5 | 86.6 | 115.7 | 113.6 |
| 天 津 | 81.6 | 99.9 | 162.0 | 103.1 | 169.4 | 167.4 |
| 河 北 | 26.9 | 33.5 | 38.5 | 34.6 | 65.3 | 59.2 |
| 山 西 | 27.6 | 34.3 | 45.0 | 67.8 | 111.8 | 114.3 |
| 内蒙古 | 46.0 | 53.0 | 65.8 | 90.4 | 137.0 | 135.5 |
| 辽 宁 | 53.8 | 61.6 | 81.3 | 100.8 | 112.6 | 126.7 |
| 吉 林 | 35.5 | 39.6 | 50.1 | 53.3 | 89.6 | 98.9 |
| 黑龙江 | 33.6 | 36.6 | 48.2 | 65.0 | 75.7 | 76.6 |
| 上 海 | 85.8 | 132.6 | 137.2 | 160.9 | 170.8 | 173.2 |
| 江 苏 | 30.3 | 35.5 | 57.9 | 83.1 | 119.4 | 129.3 |
| 浙 江 | 34.8 | 57.7 | 83.7 | 106.7 | 155.9 | 171.7 |
| 安 徽 | 14.6 | 15.9 | 23.9 | 37.0 | 60.6 | 65.0 |
| 福 建 | 42.2 | 47.5 | 65.9 | 117.1 | 98.5 | 99.1 |
| 江 西 | 38.6 | 39.9 | 47.6 | 61.1 | 80.7 | 80.1 |
| 山 东 | 22.6 | 26.9 | 42.3 | 49.7 | 74.7 | 83.8 |
| 河 南 | 21.6 | 25.9 | 27.2 | 34.5 | 57.8 | 57.9 |
| 湖 北 | 35.1 | 39.3 | 49.9 | 57.3 | 91.1 | 91.9 |
| 湖 南 | 33.6 | 38.7 | 39.7 | 54.9 | 56.7 | 61.1 |
| 广 东 | 43.2 | 132.1 | 57.8 | 80.6 | 105.2 | 115.9 |
| 广 西 | 38.1 | 46.8 | 45.1 | 55.8 | 70.3 | 72.0 |
| 海 南 | 36.0 | 41.9 | 53.1 | 98.2 | 89.7 | 88.5 |
| 重 庆 |  | 37.5 | 47.2 | 70.8 | 88.0 | 97.6 |
| 四 川 | 22.6 | 27.3 | 34.2 | 42.1 | 61.4 | 68.5 |
| 贵 州 | 23.9 | 39.7 | 35.7 | 44.5 | 62.3 | 63.7 |
| 云 南 | 44.6 | 48.5 | 78.4 | 65.5 | 72.6 | 75.1 |
| 西 藏 | 52.1 | 61.1 | 104.7 | 89.6 | 134.2 | 156.2 |
| 陕 西 | 32.8 | 33.8 | 52.7 | 53.5 | 65.4 | 64.4 |
| 甘 肃 | 34.5 | 43.7 | 41.6 | 63.2 | 81.0 | 84.3 |
| 青 海 | 60.5 | 73.4 | 68.1 | 78.9 | 77.8 | 105.9 |
| 宁 夏 | 78.2 | 78.3 | 68.8 | 133.9 | 167.1 | 158.8 |
| 新 疆 | 43.1 | 44.7 | 54.7 | 82.0 | 97.5 | 100.6 |

表 12 按年份全国群众文化机构基本情况

| 年 份 | 机构数（个） | 从业人员（人） | 举办展览个数（个） | 组织文艺活动次数（次） | 举办训练班次（次） | 实际使用房屋建筑面积（万平方米） |
|---|---|---|---|---|---|---|
| 1979 年 | 3965 | | 13001 | 114307 | | |
| 1980 年 | 7723 | | 23553 | 202828 | 20359 | |
| 1985 年 | 8746 | 59599 | 30998 | 118888 | 31842 | 308.5 |
| 1986 年 | 8906 | 67501 | 32803 | 106726 | 30576 | 354.8 |
| 1990 年 | 9087 | 67817 | 34292 | 99068 | 37017 | 457.8 |
| 1991 年 | 10507 | 70319 | 35498 | 116618 | 39568 | 484.5 |
| 1992 年 | 9564 | 66938 | 32095 | 96481 | 40707 | 496.1 |
| 1993 年 | 10155 | 68097 | 29636 | 86680 | 34279 | 538.6 |
| 1994 年 | 11276 | 70489 | 30224 | 92167 | 39296 | 560.3 |
| 1995 年 | 13487 | 75263 | 31070 | 110509 | 46023 | 614.1 |
| 1996 年 | 45253 | 127742 | 76397 | 247357 | 130592 | 1110.0 |
| 1997 年 | 43738 | 129194 | 87795 | 278782 | 119873 | 1176.0 |
| 1998 年 | 45834 | 129842 | 86960 | 267351 | 125872 | 1195.3 |
| 1999 年 | 45837 | 128216 | 94270 | 280373 | 138195 | 1195.2 |
| 2000 年 | 45321 | 128420 | 91670 | 276574 | 143370 | 1229.9 |
| 2001 年 | 43397 | 120156 | 89392 | 284316 | 156089 | 1213.8 |
| 2002 年 | 42516 | 119072 | 92917 | 301792 | 137350 | 1203.6 |
| 2003 年 | 41816 | 123458 | 93514 | 327306 | 154502 | 1431.3 |
| 2004 年 | 41402 | 121441 | 116639 | 401818 | 165823 | 1408.4 |
| 2005 年 | 41588 | 122500 | 111300 | 391439 | 190194 | 1507.0 |
| 2006 年 | 40088 | 123465 | 141150 | 497779 | 218696 | 1622.8 |
| 2007 年 | 40601 | 128096 | 90900 | 546477 | 242055 | 1667.4 |
| 2008 年 | 41156 | 131142 | 100877 | 473613 | 299791 | 1931.0 |
| 2009 年 | 41959 | 137484 | 110251 | 555052 | 304955 | 2193.6 |
| 2010 年 | 43382 | 141002 | 117353 | 576799 | 358719 | 2526.7 |
| 2011 年 | 43675 | 147732 | 107785 | 620586 | 339883 | 2982.6 |
| 2012 年 | 43876 | 156228 | 114774 | 688482 | 387201 | 3171.7 |
| 2013 年 | 44260 | 164355 | 138225 | 740611 | 390758 | 3389.4 |
| 2014 年 | 44423 | 170299 | 131728 | 845421 | 469300 | 3686.4 |
| 2015 年 | 44291 | 173499 | 139792 | 959901 | 536328 | 3848.3 |

### 表 13　按年份各地区群众文化机构开展各类活动次数

单位：次

| 地 区 | 2011 年 | 2012 年 | 2013 年 | 2014 年 | 2015 年 |
|---|---|---|---|---|---|
| **总 计** | **1085844** | **1211282** | **1293231** | **1472004** | **1663881** |
| 北 京 | 42490 | 51312 | 54782 | 56360 | 67486 |
| 天 津 | 11448 | 14859 | 13201 | 15750 | 20032 |
| 河 北 | 47228 | 54969 | 56075 | 60590 | 64623 |
| 山 西 | 26961 | 33349 | 34200 | 38218 | 39012 |
| 内蒙古 | 15738 | 17454 | 21306 | 24218 | 28730 |
| 辽 宁 | 53009 | 51979 | 53073 | 60009 | 56786 |
| 吉 林 | 14708 | 18431 | 20812 | 22663 | 25665 |
| 黑龙江 | 27061 | 27885 | 29205 | 31502 | 32766 |
| 上 海 | 58955 | 63416 | 68267 | 91737 | 119820 |
| 江 苏 | 54074 | 66635 | 70494 | 78429 | 88399 |
| 浙 江 | 62956 | 74798 | 82106 | 100433 | 122803 |
| 安 徽 | 35102 | 39035 | 48009 | 57004 | 61974 |
| 福 建 | 20274 | 22642 | 25559 | 28803 | 34627 |
| 江 西 | 22556 | 30384 | 37821 | 35018 | 37535 |
| 山 东 | 86226 | 75522 | 78553 | 96523 | 115435 |
| 河 南 | 57759 | 67112 | 71142 | 76240 | 83360 |
| 湖 北 | 29951 | 33465 | 35388 | 38505 | 40892 |
| 湖 南 | 41941 | 47156 | 46948 | 50639 | 51920 |
| 广 东 | 76218 | 77443 | 81835 | 102237 | 105576 |
| 广 西 | 31354 | 42856 | 41287 | 42667 | 45217 |
| 海 南 | 4503 | 5505 | 5586 | 5542 | 4776 |
| 重 庆 | 27531 | 30749 | 29624 | 33459 | 45813 |
| 四 川 | 70898 | 88635 | 92195 | 98277 | 111652 |
| 贵 州 | 27414 | 20848 | 25582 | 29401 | 30976 |
| 云 南 | 35783 | 42888 | 44433 | 49653 | 52071 |
| 西 藏 | 2445 | 2941 | 2951 | 6226 | 8231 |
| 陕 西 | 30685 | 30980 | 35272 | 38514 | 39431 |
| 甘 肃 | 19011 | 21777 | 21865 | 24594 | 26732 |
| 青 海 | 4697 | 5528 | 7420 | 8249 | 7897 |
| 宁 夏 | 6661 | 8346 | 11571 | 13070 | 15532 |
| 新 疆 | 40207 | 42383 | 46669 | 57474 | 78112 |

**表 14　按年份各地区群众文化机构文化服务人次**

单位：万人次

| 地　区 | 2011 年 | 2012 年 | 2013 年 | 2014 年 | 2015 年 |
|---|---|---|---|---|---|
| **总　计** | **38760.2** | **44035.6** | **44171.2** | **50668.1** | **54826.3** |
| 北　京 | 769.4 | 978.9 | 1281.5 | 824.9 | 875.3 |
| 天　津 | 299.7 | 336.9 | 274.5 | 305.1 | 359.6 |
| 河　北 | 1037.1 | 1026.9 | 1155.3 | 1232.8 | 1408.9 |
| 山　西 | 934.4 | 878.4 | 821.0 | 864.7 | 1053.5 |
| 内蒙古 | 706.9 | 647.8 | 735.9 | 759.3 | 888.2 |
| 辽　宁 | 1394.6 | 1877.1 | 1562.0 | 1347.3 | 1374.3 |
| 吉　林 | 719.7 | 946.5 | 979.6 | 617.0 | 704.9 |
| 黑龙江 | 630.4 | 958.9 | 858.9 | 828.9 | 899.7 |
| 上　海 | 1984.7 | 2015.4 | 1962.1 | 4405.5 | 2363.5 |
| 江　苏 | 1497.0 | 2407.4 | 2147.6 | 2356.6 | 2635.1 |
| 浙　江 | 2368.7 | 2874.5 | 2990.5 | 3847.5 | 5168.8 |
| 安　徽 | 974.0 | 1184.7 | 1427.8 | 1542.1 | 1815.9 |
| 福　建 | 790.3 | 1029.0 | 1012.8 | 1054.4 | 1036.1 |
| 江　西 | 756.1 | 909.7 | 996.6 | 1145.3 | 1248.7 |
| 山　东 | 2442.2 | 2405.6 | 2515.7 | 3107.3 | 3433.4 |
| 河　南 | 1782.0 | 2086.6 | 2243.5 | 2178.9 | 2522.2 |
| 湖　北 | 1780.7 | 1814.2 | 1638.6 | 1713.7 | 1695.0 |
| 湖　南 | 1747.9 | 1805.9 | 1616.3 | 2051.7 | 2122.0 |
| 广　东 | 4627.2 | 4253.2 | 4527.8 | 5922.8 | 6725.9 |
| 广　西 | 1375.6 | 1722.6 | 1718.0 | 2048.0 | 1969.7 |
| 海　南 | 186.9 | 195.7 | 267.6 | 372.2 | 255.5 |
| 重　庆 | 1316.2 | 1184.9 | 1133.4 | 1315.2 | 1781.9 |
| 四　川 | 2748.2 | 3880.2 | 3508.8 | 3366.2 | 3831.3 |
| 贵　州 | 812.3 | 901.6 | 801.6 | 1028.0 | 1308.1 |
| 云　南 | 1675.8 | 2036.4 | 1820.2 | 1982.3 | 2109.7 |
| 西　藏 | 64.8 | 82.8 | 96.3 | 133.2 | 217.1 |
| 陕　西 | 954.3 | 882.1 | 1068.3 | 1170.6 | 1311.8 |
| 甘　肃 | 600.3 | 704.0 | 746.2 | 808.3 | 919.4 |
| 青　海 | 143.7 | 161.7 | 207.7 | 351.8 | 346.8 |
| 宁　夏 | 401.3 | 530.5 | 730.8 | 557.2 | 579.8 |
| 新　疆 | 1238.0 | 1315.6 | 1324.3 | 1429.2 | 1864.1 |

**表 15 按年份各地区平均每万人群众文化机构建筑面积**

单位：平方米

| 地 区 | 1995 年 | 2000 年 | 2005 年 | 2010 年 | 2014 年 | 2015 年 |
|---|---|---|---|---|---|---|
| **全 国** | **50.7** | **97.2** | **115.3** | **188.6** | **269.5** | **280.0** |
| 北 京 | 44.2 | 80.3 | 224.3 | 217.8 | 330.0 | 329.2 |
| 天 津 | 61.6 | 138.9 | 130.4 | 174.1 | 197.6 | 205.0 |
| 河 北 | 23.6 | 62.6 | 67.7 | 105.4 | 158.4 | 163.7 |
| 山 西 | 45.4 | 53.4 | 58.1 | 210.6 | 266.0 | 267.3 |
| 内蒙古 | 98.0 | 144.4 | 132.4 | 182.6 | 291.1 | 300.8 |
| 辽 宁 | 84.1 | 79.0 | 102.6 | 201.2 | 276.3 | 283.6 |
| 吉 林 | 38.2 | 42.2 | 38.3 | 81.5 | 171.6 | 185.3 |
| 黑龙江 | 26.2 | 38.5 | 43.2 | 140.2 | 206.0 | 214.0 |
| 上 海 | 71.9 | 216.2 | 379.1 | 485.0 | 561.0 | 567.7 |
| 江 苏 | 97.8 | 168.6 | 181.3 | 302.8 | 436.8 | 475.2 |
| 浙 江 | 135.2 | 190.7 | 276.0 | 432.5 | 622.0 | 677.4 |
| 安 徽 | 17.1 | 23.6 | 44.4 | 93.2 | 161.2 | 166.0 |
| 福 建 | 61.3 | 98.8 | 117.4 | 240.9 | 318.8 | 325.7 |
| 江 西 | 38.0 | 79.5 | 98.4 | 131.2 | 234.5 | 235.3 |
| 山 东 | 22.1 | 41.7 | 71.8 | 218.3 | 250.8 | 255.8 |
| 河 南 | 21.9 | 39.0 | 52.2 | 94.7 | 141.3 | 142.4 |
| 湖 北 | 80.5 | 149.5 | 140.6 | 180.6 | 206.9 | 206.2 |
| 湖 南 | 29.8 | 63.7 | 80.6 | 125.2 | 210.9 | 223.4 |
| 广 东 | 52.1 | 222.4 | 258.2 | 258.5 | 341.6 | 359.0 |
| 广 西 | 33.5 | 76.4 | 100.9 | 122.9 | 157.7 | 157.7 |
| 海 南 | 13.8 | 86.4 | 71.3 | 121.3 | 120.5 | 117.8 |
| 重 庆 |  | 99.4 | 96.5 | 201.4 | 285.9 | 305.9 |
| 四 川 | 43.7 | 107.9 | 83.9 | 166.3 | 258.3 | 262.6 |
| 贵 州 | 26.1 | 28.7 | 40.5 | 81.2 | 221.4 | 217.8 |
| 云 南 | 126.7 | 126.2 | 137.1 | 163.2 | 218.8 | 222.6 |
| 西 藏 | 145.4 | 164.1 | 238.3 | 437.9 | 1164.4 | 1164.2 |
| 陕 西 | 52.4 | 79.1 | 110.5 | 150.2 | 240.6 | 231.8 |
| 甘 肃 | 62.8 | 103.0 | 148.8 | 175.7 | 268.4 | 279.1 |
| 青 海 | 118.1 | 96.5 | 90.2 | 153.4 | 249.4 | 261.3 |
| 宁 夏 | 156.5 | 170.8 | 179.5 | 188.9 | 366.0 | 391.7 |
| 新 疆 | 60.7 | 116.4 | 149.3 | 288.4 | 402.4 | 434.9 |

**表 16　按年份全国文化部门执行事业会计制度的艺术表演团体基本情况**

| 年　份 | 机构数（个） | 演出场次（万场次） | 农村演出 | 国内演出观众人次（万人） | 平均每团演出场次（场） | 总收入（万元） | | | 总支出（万元） | 位次经费自给率(%) |
|---|---|---|---|---|---|---|---|---|---|---|
| | | | | | | | 财政拨款 | 演出收入 | | |
| 1949 年 | 1000 | 30 | | | 300 | | | | | |
| 1952 年 | 2084 | 66 | | 2312 | 317 | | | | | |
| 1957 年 | 2884 | 137 | | 79245 | 474 | | | | | |
| 1958 年 | 3181 | 205 | | 120290 | 644 | | | | | |
| 1964 年 | 3302 | 171 | 82 | 84293 | 518 | 19030 | 5290 | | 19817 | 69.3 |
| 1978 年 | 3143 | 65 | 22 | 79395 | 206 | 32086 | 19644 | 11079 | 30049 | 41.4 |
| 1980 年 | 2183 | 54 | 20 | 61519 | 245 | 34687 | 22503 | 10685 | 29524 | 41.3 |
| 1985 年 | 3295 | 74 | 49 | 72322 | 226 | 48568 | 30942 | 13091 | 47292 | 37.3 |
| 1990 年 | 2788 | 49 | 32 | 51012 | 176 | 71535 | 43759 | 18041 | 67514 | 41.1 |
| 1991 年 | 2760 | 45 | 29 | 46411 | 162 | 71756 | 42638 | 17798 | 76065 | 38.3 |
| 1992 年 | 2744 | 43 | 28 | 46338 | 155 | 80959 | 46617 | 19559 | 87797 | 39.1 |
| 1993 年 | 2698 | 41 | 26 | 42530 | 151 | 92770 | 51093 | 21756 | 100106 | 41.6 |
| 1994 年 | 2691 | 40 | 26 | 40935 | 149 | 127628 | 75583 | 27276 | 134508 | 38.7 |
| 1995 年 | 2676 | 41 | 26 | 43166 | 154 | 151388 | 86620 | 34382 | 160654 | 40.3 |
| 1996 年 | 2656 | 42 | 27 | 47934 | 158 | 184240 | 109781 | 39870 | 183534 | 40.6 |
| 1997 年 | 2651 | 42 | 26 | 46361 | 157 | 206794 | 125300 | 40716 | 202789 | 40.2 |
| 1998 年 | 2640 | 42 | 26 | 53486 | 161 | 218546 | 139913 | 41730 | 223877 | 35.1 |
| 1999 年 | 2622 | 42 | 26 | 46904 | 161 | 242645 | 155609 | 48967 | 242797 | 35.8 |
| 2000 年 | 2619 | 41 | 26 | 46168 | 157 | 263664 | 172864 | 51650 | 268886 | 33.8 |
| 2001 年 | 2590 | 42 | 24 | 47385 | 163 | 311852 | 210018 | 57448 | 312601 | 32.6 |
| 2002 年 | 2577 | 42 | 24 | 45980 | 161 | 365331 | 246661 | 64884 | 363312 | 32.7 |
| 2003 年 | 2601 | 38 | 22 | 39163 | 147 | 400867 | 269640 | 71781 | 397890 | 33.0 |
| 2004 年 | 2512 | 41 | 24 | 37907 | 165 | 459183 | 313068 | 86125 | 459369 | 31.8 |
| 2005 年 | 2472 | 40 | 23 | 35752 | 159 | 500262 | 342807 | 92603 | 488472 | 32.2 |
| 2006 年 | 2456 | 41 | 24 | 40766 | 167 | 565018 | 387812 | 103431 | 558540 | 31.7 |
| 2007 年 | 2455 | 42 | 25 | 45404 | 170 | 691050 | 487842 | 120396 | 670009 | 30.3 |
| 2008 年 | 2465 | 41 | 25 | 41272 | 167 | 803030 | 573623 | 133077 | 777735 | 29.5 |
| 2009 年 | 2481 | 42 | 25 | 43127 | 169 | 889046 | 631197 | 142227 | 860603 | 30.0 |
| 2010 年 | 2421 | 42 | 24 | 44290 | 175 | 946742 | 654258 | 155743 | 917143 | 31.9 |
| 2011 年 | 2249 | 40 | 24 | 38209 | 176 | 1058959 | 777590 | 162684 | 1029564 | 27.3 |
| 2012 年 | 1804 | 32 | 20 | 29796 | 179 | 1076060 | 824265 | 132713 | 1043740 | 24.1 |
| 2013 年 | 1588 | 29 | 18 | 26067 | 183 | 998200 | 773381 | 123340 | 969206 | 23.2 |
| 2014 年 | 1568 | 29 | 18 | 24294 | 183 | 1074246 | 843859 | 116572 | 1059017 | 21.8 |
| 2015 年 | 1548 | 28 | 19 | 24261 | 178 | 1209567 | 969712 | 127431 | 1183497 | 20.3 |

## 表 17　按年份全国文化部门执行事业会计制度的艺术场馆基本情况

| 年份 | 机构数（个） | 演出场次（万场次） | 观众人次（万人） | 收入合计（万元） | | | 总支出（万元） |
|---|---|---|---|---|---|---|---|
| | | | | | 财政拨款 | 艺术演出收入 | |
| 1985 年 | 1377 | 99 | | 11630 | 1506 | 1776 | 9519 |
| 1986 年 | 1928 | 203 | 88670 | 19547 | 2233 | 2488 | 16786 |
| 1990 年 | 1995 | 302 | 89157 | 43491 | 2865 | 3375 | 37402 |
| 1991 年 | 2009 | 367 | 77613 | 47406 | 5505 | 3760 | 44260 |
| 1992 年 | 1987 | 288 | 53188 | 51123 | 4037 | 4487 | 48185 |
| 1993 年 | 1972 | 245 | 43278 | 60204 | 4688 | 4635 | 56846 |
| 1994 年 | 1947 | 221 | 27552 | 68000 | 5359 | 5268 | 66234 |
| 1995 年 | 1918 | 205 | 24252 | 79507 | 5723 | 6481 | 77136 |
| 1996 年 | 1892 | 256 | 59057 | 86147 | 5034 | 7611 | 87204 |
| 1997 年 | 1898 | 231 | 16572 | 88540 | 6559 | 8387 | 89732 |
| 1998 年 | 1882 | 206 | 15368 | 84956 | 6800 | 8869 | 88735 |
| 1999 年 | 1864 | 168 | 11581 | 75675 | 7588 | 10187 | 80731 |
| 2000 年 | 1863 | 136 | 12982 | 81081 | 8643 | 10735 | 82040 |
| 2001 年 | 1840 | 115 | 20544 | 83431 | 13112 | 11601 | 89815 |
| 2002 年 | 1819 | 74 | 11421 | 83643 | 12033 | 13186 | 89374 |
| 2003 年 | 1900 | 56 | 8087 | 103274 | 15703 | 21425 | 104384 |
| 2004 年 | 1552 | 44 | 11286 | 99402 | 15467 | 21477 | 101157 |
| 2005 年 | 1427 | 41 | 6328 | 94363 | 16792 | 29958 | 89301 |
| 2006 年 | 1390 | 38 | 6528 | 117975 | 19603 | 37552 | 117871 |
| 2007 年 | 1330 | 39 | 5906 | 115036 | 24067 | 38414 | 117321 |
| 2008 年 | 1355 | 40 | 5596 | 123572 | 28116 | 28649 | 111036 |
| 2009 年 | 1248 | 27 | 5045 | 113851 | 32074 | 23954 | 112603 |
| 2010 年 | 1176 | 31 | 6003 | 132109 | 45333 | 25935 | 130900 |
| 2011 年 | 1119 | 30 | 3945 | 159185 | 65871 | 22004 | 154849 |
| 2012 年 | 1004 | 27 | 3525 | 136324 | 60356 | 11652 | 171124 |
| 2013 年 | 964 | 26 | 3489 | 181302 | 71838 | 12812 | 146031 |
| 2014 年 | 917 | 27 | 2922 | 167387 | 81671 | 10333 | 169466 |
| 2015 年 | 928 | 30 | 3522 | 196280 | 102043 | 18302 | 195679 |

**表 18　历年全国文物业主要指标**

| 年　份 | 机构数（个） | 从业人员（人） | 文物藏品（件 / 套） | 参观人次（万人次） | 未成年人参观人次 | 本年收入合计（万元） | 实际使用房屋建筑面积（万平方米） |
|---|---|---|---|---|---|---|---|
| 2001 年 | 3717 | 64890 | 9979118 | 11316 | 2383 | 338767 | 1459 |
| 2002 年 | 3847 | 63435 | 13553824 | 11991 | 2634 | 395556 | 649 |
| 2003 年 | 3882 | 64214 | 15460345 | 9446 | 2023 | 400344 | 863 |
| 2004 年 | 3965 | 77101 | 23879724 | 14527 | 3454 | 631645 | 937 |
| 2005 年 | 4030 | 82988 | 23042098 | 17657 | 3979 | 758393 | 1142 |
| 2006 年 | 4092 | 80894 | 18453447 | 18444 | 4005 | 882854 | 1080 |
| 2007 年 | 4277 | 84886 | 25677354 | 45382 | 13855 | 1036917 | 1191 |
| 2008 年 | 4437 | 92060 | 25738228 | 35436 | 9075 | 1246751 | 1025 |
| 2009 年 | 4842 | 101986 | 26802714 | 43248 | 12203 | 1528467 | 1344 |
| 2010 年 | 5207 | 102471 | 28642200 | 52098 | 13541 | 1870728 | 1621 |
| 2011 年 | 5728 | 111338 | 30185365 | 56687 | 14021 | 2363064 | 2208 |
| 2012 年 | 6124 | 125155 | 35054763 | 67059 | 17326 | 2959894 | 2411 |
| 2013 年 | 7737 | 137173 | 38408146 | 74706 | 20237 | 3645841 | 2115 |
| 2014 年 | 8418 | 148095 | 40635827 | 84256 | 22403 | 3926216 | 2435 |
| 2015 年 | 8676 | 146098 | 41388558 | 92508 | 24653 | 4246281 | 2661 |